古史新话——拜占庭研究的亮点

陈志强 ◎ 著

快速发展的拜占庭学进入全面反思的特殊时期。全球拜占庭历史与文化研究工作者接受新理论，发现新史料，采用新方法，拓展新视野，力求在拜占庭学各个领域审视以往的研究结论，提出新见解。本书就是在这一大背景下进行的学术尝试，带着新问题意识，希望为读者提供新成果。

人民出版社

目　录

《牛津拜占庭史》的亮点(代序)

　　21 世纪初以来的十余年,国际拜占庭学的可持续发展表现得特别明显,尤其是拜占庭史研究的变革非常突出,传统的研究结论正在得到普遍的反思,新的研究理论不断突破以往的研究范式,拓展出新的研究领域。诚如学者们注意到的那样,"重新解释和质疑公认观点之风对拜占庭历史的影响比任何其他时期都要深刻。在许多极为重要的问题上,学术界也不再有一致的看法。"①《牛津拜占庭史》主编西里尔·曼戈在全书序言中给出的这一准确判断可以用来描述我们所处的 21 世纪初期拜占庭史研究的概况。

　　由北京师范大学出版社于 2015 年出版的《牛津拜占庭史》是"牛津世界史丛书"(中译本主编郭小凌)中的一本,其史学作品的专业性、图文并茂的可读性、信息周全的教材特点都非常突出,笔者无意在此赘言。这本 21 世纪之初问世的作品汇集了诸多国际拜占庭学界长期争论并逐渐形成共识的"公认知识",它既是对过往一个时期拜占庭学术进展的总结,也是对 21 世纪拜占庭研究动向的预判,因此与"牛津世界史丛书"其他作品一起构成了欧美学界教材的巅峰之作,与剑桥诸史比肩,执发达国家各国教材编纂之牛耳,此间重要意义也非笔者谈论的重点。我们在将该书翻译为中文和而后多次校对过程中几度通读全书,深感曼戈教授的判断值得回味,而书中各章作者提出的真知灼见需要认真"把玩",其中闪烁的思想火花弥足珍贵,对我国从事拜占庭研究的专业人员有特殊的启发价值。

---

　　① 西里尔·曼戈著,陈志强、武鹏译:《牛津拜占庭史》,北京师范大学出版社 2015 年版,序言。Cyril Mango, *The Oxford History of Byzantium*, London: Oxford University Press, 2002.

一、经济生活方面

拜占庭社会经济研究内容复杂,相对于其他方面这一领域的研究难度更高,因为在重视精神文化生活的拜占庭作家那里,物质生活常被忽视,留下的史料故而稀少。除了众所周知的几位拜占庭学"高手",如亨迪之于拜占庭货币研究、里梅尔雷之于拜占庭农业研究、卡拉扬诺布鲁斯和奥斯特洛格尔斯基之于拜占庭军区制研究、斯坦因之于拜占庭手工业行会研究等,詹姆斯对6世纪以前晚期罗马帝国经济概况研究、罗斯托夫采夫对罗马帝国经济全面研究中涉及的拜占庭部分、拉伊奥对6世纪以后拜占庭经济的全面研究等①,都构成了我们对拜占庭经济生活的认识框架和基本知识体系。

《牛津拜占庭史》作为教材,并未深入讨论相关细节,在此方面"建树"虽然不多,却处处闪现出反思的智慧火花。譬如在拜占庭小农经济问题上,该书明确指出:"我们过去被告知说,帝国在9—10世纪的'健康'发展应该被归因于小自耕农经济的繁荣,在不耕种土地的时候,自耕农组成的农兵们还要担负保家卫国的职责,之后,这一完美的制度被那些贪婪的大地产者们颠覆,导致国家在11世纪人心涣散,走向了全面的衰落。的确,10世纪的皇帝们试图通过立法限制'权贵们'对农村公社的侵蚀,但是小自耕农经济究竟有多普遍,又是如何在经济上具有重要性的呢? ……为何较之先前时代,帝国在11—12世纪的经济活动显著地达到了新的高度,同时拥有了更

---

① A.Harvey, *Economic Expansion in the Byzantine Empire 900-1200*, Cambridge: Cambridge University Press 1989,1990. M.F.Hendy, *Studies in the Byzantine Monetary Economy: c.300-1450*, Cambridge: Cambridge University Press 1985. A.H.M.Jones, *Cities of the Eastern Roman Empire*, Oxford: Oxford University Press 1964. A.Laiou, *The Economic History of Byzantium: From the Severth through the Fifteenth Century*, 3 vols.Washington, D.C.: Dumbarton Oaks Research Library and Collection 2002. A.Laiou, *Peasant Society in the Late Byzantine Empire: A Social and Demographic Study*, Princeton, NJ: Princeton University Press 1977. P.Lemerle, *The Agrarian History of Byzantium*, Galway: Galway University Press 1979. R.S.Lopes, *The Byzantine Economy in the Early Middle Ages*, London 1978. G.Ostrogorsky, *Quelques problemes d'histoire de la paysannerie*: Bruxelles: Editions de Byzantion 1956.

多的财富呢?"①显然,作者的用意是强调小农经济并不像我们先前认为的那样对拜占庭帝国有如此重要的作用,此处提出的问题是对传统认识的一种挑战,或者说,这样提出问题比得出某种结论更有震撼力,更令人深思。事实上,小农经济一直被我们认定为拜占庭皇帝专制王朝统治的基础,其缴纳的税收也一直被认为是支撑拜占庭帝国的财政来源。但作者在此提出的问题明显提示我们要充分认识贵族经济对于拜占庭帝国的重要意义。换言之,传统的认识是否高估了拜占庭小农经济的重要性?

由此牵扯出来的问题涉及对拜占庭军区制改革的研究。该书明确质疑说:"现代学者争论的主要问题在于,这些最初出现的军区是如何建立的? 我们掌握的最初确证都来自9、10世纪,这个时期也是我们所有资料最集中的阶段。当时,军区的将士们不是像6世纪及其以前那样主要靠现金军饷,而是靠其军区辖区内划分成特定价值的小块颁授土地,来维系和装备自己。这里的问题是,此时的这些军区是否还多多少少具有7世纪中期首度出现的军区那样的形态,或者它们只是通过某种变革和变化过程才具有这样的形态?"②如此质疑的理由是,7世纪并没有相关的史料提供军役土地是如何颁授的,而后来的立法文件中提供的证据也不详细,只不过是学者根据9世纪以后皇产土地少了,而军役土地多了这个现象合理想象推测出来的。这与其说是怀疑军区制下农兵这一历史事实,不如说是对拜占庭历史上小农经济作用的反思。如果这一反思成立的话,必然将导致拜占庭社会小农经济没有贵族经济重要的结论,这样的意见太具有颠覆性了!

在解释拜占庭历史曲折发展的原因这样重大问题上,该书并未轻易给出结论,作者也没有沿着提问的方向继续追问下去,反而通过拜占庭军队人数在几个世纪中的变动支持传统认识,即"这个时期社会军事化的现象到处可见。具有各自行政总督的旧省区被军区所取代,军区的'将军'及其幕僚按照类似于军事法的法律进行管理"。也就是说,拜占庭军区制改革仍

---

① Cyril Mango, *The Oxford History of Byzantium*, p.9.

② Cyril Mango, *The Oxford History of Byzantium*, pp.132-133.

然可以被认为是决定帝国命运的重大事件，其影响依然十分深远。作者还进一步肯定，"出现的不是一种渐进的社会变革而是突然的管理制度的变革，最有可能的是军役土地颁授取代了大部分军饷。"而7世纪以后货币发行量的减少和中央与地方行政官员的减少也从几个侧面证实了军区制改革带来的影响。①

该书作者反思的真正意图逐渐呈现出来，他提出要"解开这个谜团的线索在于自659年到668年任'边境贸易官'的大教长斯蒂芬，这个最活跃的官员留下了10枚铅封，涉及至少3个军区的5个仓库货栈，他还担任'军需总长'，即朝廷负责供给军队的大臣。这些货栈的主要功能可能就是向将士们出售武器装备，而他们即便假定自己支付开销，也需要有可靠的地方去购买军需装备"。② 也就是说，我们传统研究获得的信息及其得出的结论主要来自零散的文献证据，显然是不充分的，因此需要充分重视包括铅封在内的多种考古文物在军区制改革初期历史研究上的极端重要性。换句话说，有关军区制改革的历史需要在新的文献和文物史料基础上重新构建，形成文献与文物双重证据研究基础。

类似的反思也出现在拜占庭商业贸易研究领域。该书充分肯定了拜占庭商人活动的空间范围遍及地中海、黑海、红海、阿拉伯海、北海各地，同时更扩大了拜占庭商人活跃的时间范围，非常肯定地认为，"即便私人的积极主动性受到限制，活跃的地区间贸易可能还是存在，这从用作运输容器的双耳瓶发掘物可以得到证明。它们装入的货物包括蜂蜜到鱼子酱等各种商品，但是更多专用于航运大宗油类和酒类货物。有6种类型的双耳瓶来自于东地中海……早期拜占庭的双耳瓶已经在整个地中海、不列颠、黑海、红海和阿拉伯海沿岸被发现……中期拜占庭继续使用双耳瓶。在地中海以外

---

① Cyril Mango, *The Oxford History of Byzantium*, p.144.当时，整个中央朝廷官僚机构似乎已经精简到约600人。各省区除了税收官，包括"边境贸易官"在内，很少见到任何行政官员了。Cyril Mango, *The Oxford History of Byzantium*, p.148.拜占庭皇帝们总结了大量政变的历史后，设法将一度成功的大军区分划为更小的单位，避免了叛乱的发生，"或者不再像过去那样流行兵变。尽管拜占庭帝国能够预见到未来会有许多麻烦，但是至少到此时，它不再被迫为生存苦苦挣扎。"Cyril Mango, *The Oxford History of Byzantium*, p.142.

② Cyril Mango, *The Oxford History of Byzantium*, p.146.

的君士坦丁堡和黑海地区还发现了一些被确定属于8—10世纪的文物样本。11世纪以后，拜占庭式双耳瓶再度大量出现在黑海和地中海地区。到14世纪，黏土双耳瓶的使用才逐渐减少，而木桶越来越多，很可能是因为意大利人垄断了商业贸易。"①换言之，科穆宁王朝以后的晚期拜占庭国际贸易不再是传统意见认为的大幅度衰落、其优势地位被意大利商人所取代的状况。至于此后拜占庭帝国"在经济上，通过将海上的国际贸易拱手让给意大利的城市共和国，拜占庭人是自毁前程，还是从中获得了利益呢?"作者再度以提问的方式，促使读者关注传统认识的疑点，其中最大的反思点是11—14世纪的拜占庭对外贸易活动并未萎缩，拜占庭人继续占有海上商业活动的巨大利益。进而我们指责科穆宁王朝皇帝阿莱克修斯一世向意大利商人出让海上贸易特权的传统意见也需要重新思考。② 尤其值得注意的是，这一反思也同样是建立在当代考古学新发现基础上，而不是仅仅依靠文献证据提供的信息。

至于采用生态环境史理论等新研究方法探讨拜占庭经济生活的例子也值得一提。作者从6世纪鼠疫导致的人口减少入手，进而分析了拜占庭城乡经济萎缩和城市生活倒退，认为"人口减少可能是经济萎缩的主要原因，这也影响了这个时期的城镇和乡村。鼠疫瘟疫曾在6世纪袭击过帝国，而后一再爆发。747年到748年的君士坦丁堡瘟疫造成相当多死亡，以至于君士坦丁五世从希腊向这里迁徙并安置居民。帝国内爆发瘟疫的最后一次记载是来自意大利南部，至少晚于767年"。"7世纪期间，拜占庭人放弃古希腊罗马那种宏大城市的风格，那些城市拥有棋格式平面图、宽阔的街道、宽广的广场、宏伟的公共建筑物。这样的城市在人口锐减的时代已经成为一种难以承受的奢华，瘟疫、突然来临的外敌入侵和围困降低了人口。除了像君士坦丁堡和塞萨洛尼基这几个已经修筑起坚固城防要塞的城市之外，居民们节省开支和精力来建造城墙，只把最能够设防的地区围住。他们放弃大部分城市的大部分空间，甚至将一些城市从平原挪到更容易防守的山

---

① Cyril Mango, *The Oxford History of Byzantium*, pp.163,165.
② Cyril Mango, *The Oxford History of Byzantium*, p.9.

坡上去。"①这样的图景确实颠覆了我们过去的看法,以为军区制改革解决了外敌入侵和帝国自身抵抗能力不足的制度性缺陷,进而促使拜占庭经济危机得到缓解,国家实力得到增强。而该书作者提示我们要充分重视多种原因造成的人口减少这一因素。同时,拜占庭社会组织军事化也反映在城乡格局的变化方面。

总之,在拜占庭经济生活研究方面,该书提出了许多新问题,这里仅举几例进行说明。诸如拜占庭货币长期坚挺、保持稳定的国际货币地位是否有利于帝国经济发展?判断拜占庭经济繁荣是不是应该在国库盈余、税收稳定等因素之外,增加生活质量、人们掌握更多财富等因素?这些问题对于仔细揣摩该书细节的读者一定具有启发性。

二、政治生活方面

《牛津拜占庭史》对拜占庭政治生活研究领域的反思也同样丰富多彩,我们长期形成的有关拜占庭政治生活的知识大多受到了质疑,富有启发性。②

拜占庭皇权继承制度是帝国政治生活的核心内容,从君士坦丁一世开始推行血亲世袭继承制的王朝体制后,这几乎成为此后十几个王朝一直坚

---

① 陈志强:《地中海首次鼠疫研究》,《历史研究》2008 年第 1 期;陈志强:《"查士丁尼瘟疫"影响初探》,《世界历史》2008 年第 2 期。Cyril Mango, *The Oxford History of Byzantium*, pp. 149,148.

② 拜占庭政治研究特别是官制研究一直是个难点,我们对此的了解多从下列这些主要参考书籍中获得。A.E.R.Boak,J.E.Dunlop, *Two Studies in Later Roman and Byzantine Administration*, New York, London: Macmillan 1924. J.B.Bury, *The Imperial Administrative System in the Nine Century*, London: Pub. For the British academy by H. Frowde, Oxford University Press 1911. F. Dolger, *Das Kaiserjahr der Byzantiner*, Munich: Verlag der Bayerischen Akademie der Wissenschaften 1949. J.F.Haldon, *Byzantine Praetorians. An administrative, institutional and social survey of the Opsikion and Tagmata*, Bonn: R.Habelt 1984. I.J.Maksimovic, *The Byzantine Provincial Administration*, Amsterdam: A.M.Hakkert 1988. S.Vryonis, *Byzantine Imperial Authority*, Paris 1982.如果读者细心阅读,则他们的观点大多受到挑战。

持的制度。然而，传统的研究更多关注的是具体王朝或者某位皇帝的继承问题，形成的基本共识也主张自君士坦丁大帝以后这一制度得到了有效的落实，并形成了与欧洲其他古代国家不同的特点，同时也忽视了这一制度发展的过程和演变的阶段性特征。[①] 该书注意到了这样的缺陷，它在肯定了拜占庭帝国"最终突显出来的是王朝世袭原则的强大力量，它使马其顿王朝能够在所有这些兴衰变迁中幸存下来，它也阻止了篡位者们杀害继承皇位的幼子和女性继承人的企图"的同时，特别强调了这一制度在科穆宁王朝时期达到全盛。"阿莱克修斯一世开始的王朝男性血统世袭继承制延续了一个多世纪。科穆宁家族还是拜占庭历代帝王中延续最持久的皇族，因为从1118年到1461年相继为帝的所有君士坦丁堡的皇帝和拜占庭皇位继承者几乎没有例外地都来自阿莱克修斯，并且使用科穆宁的名号……拜占庭帝国最后几个世纪出现的这种异乎寻常的变化，原因……在于他把皇室建设纳入帝国中央朝廷制度框架的系统政策。"特别难得的是，该书并非简单认定科穆宁王朝是拜占庭皇权继承制度发展的顶峰，而是深入解析了变革的结构性内容，认为"其王朝世袭继承的基础是王朝的统治，其中皇帝的身份并不仅仅是垂直地代代相传，而且还横向扩展到他的整个亲族和相互联姻的各个家族，首先和最重要的是阿莱克修斯自己的妻子伊琳尼所属的杜卡斯家族。马其顿王朝未能寻求与其他家族建立联姻关系，或至少没有区分各家族的等级次序，但是阿莱克修斯一世却精心经营着这些关系。结果，一代人以后就形成了一个完整的新贵族，他们拥有大量财富，生活方式典雅尊贵，占据军界要职，均为皇帝的亲戚，具有'贵族'以上高等级头衔，这个希腊语头衔相当于'奥古斯都'"。[②] 这也许是我们通常肯定阿莱克修斯一世帝国政治治理的成果，也是拜占庭帝国"中兴"的重要方面。[③] 作者在对比马其顿和科穆宁两个王朝政治治理策略中提出的见解值得重视。

---

① 陈志强：《拜占庭皇帝继承制度特点研究》，《中国社会科学》1999年第1期；《拜占庭皇帝谱牒简表》，《南开大学历史系建系75年周年纪念文集》，南开大学出版社1998年版。

② Cyril Mango，*The Oxford History of Byzantium*，pp.203-205.

③ 陈志强、李秀玲：《皇帝阿莱克修斯的帝国政治治理研究》，《华中师范大学学报》2016年第1期。

但是,作者在涉及这一"成果"的影响时,却给出了负面的评价,"然而,越来越多的挑战却来自日益膨胀的皇家内部,最终当曼努埃尔一世(1143—1180 年在位)去世并留下个 11 岁大的儿子阿莱克修斯时,这种挑战便具有破坏性。曼努埃尔的堂兄安德罗尼库斯一世(1183—1185 年在位)废黜并杀害了阿莱克修斯二世(1180—1183 年在位),这使得他本人或者在他以后轮番夺取皇权的皇帝都不可能确保王室贵族的忠诚……也就不能阻止第四次十字军占领君士坦丁堡了。"①也就是说,当拜占庭皇位继承制在断绝了皇族血亲之外觊觎者梦想的同时,并没有根除拜占庭皇权专制的根本矛盾:即过度集中的公权力与利益集团分权倾向间的冲突,只不过是将这种深层次矛盾转移到了皇族内部,引发了此后愈演愈烈的皇族内部血腥厮杀的历史现象。这一深度反思发人深省。

我们通常从外部观察拜占庭帝国政治生活时,认为其政治结构稳定,官僚体系庞大,专制权力集中,存在的时间长远,在欧洲地中海世界无出其右者。但《牛津拜占庭史》并不这样认为,其观点非常明确,"拜占庭帝国并没有发达的政治理念也没有现代专制国家残暴的国家机器,它只在有限的范围内推行国营经济。但是,没有任何人力或物质资源不是在国家宣称的控制和剥削范围之内,也几乎没有什么经济或社会制度不是来源于政府出于政治目的进行的资源调配。""人们对这些更宽泛的一般情况作出合理肯定的同时,对这个时期拜占庭历史更详细的细节描述就比较困难了,多多少少存在争议。我们拥有的成文史料并不令人满意,因为它们提供不了多少拜占庭帝国究竟是个什么样子的描述。考古学家们提供的有关拜占庭文物的报告支离破碎,形成的意见和通常人们具有的模糊不清的看法也差不多。有些历史学家认为拜占庭帝国在 7 世纪期间就是个组织良好的国家,与早期的罗马帝国没有根本区别,而其他历史学家则坚持说拜占庭帝国发生了深刻的变化,是一个没有组织的社会,更像是早期中世纪的西欧。"②"更像"西欧中古社会? 这个说法彻底颠覆了我们传统的认知,也促使我们重

---

① Cyril Mango, *The Oxford History of Byzantium*, pp.205-206.

② Cyril Mango, *The Oxford History of Byzantium*, pp.198,142.

新审视欧洲东、西部的社会政治生活，在强调两者间的差异的同时，还要注意它们的共同性。而做好这类宏观对比思考的基础则是进一步厘清拜占庭帝国国家制度。

《牛津拜占庭史》认为，不仅中央权力结构不成体系，而且地方权力发展也不够成熟，"在这些大贵族中的福卡斯和斯科莱鲁斯两大家族于976年到989年几乎就要夺取皇帝瓦西里二世的皇位后，瓦西里便千方百计设法削弱贵族和土地之间的联系，没收他们的产业，取消他们通过购买和馈赠得到土地的机会，让他们接受短期的军事调令离开各自的地方……11、12世纪的拜占庭上流社会整体上明显缺乏地方主义和地方观念。这可能造成了拜占庭小亚细亚地区的瓦解；很明显，这也对帝国能在如此众多高级官员失去领地后仍然长期存在发生了影响。"①换言之，传统上一直认为地方分裂势力对中央集权侵蚀是有害帝国中央集权政治的观点存在缺陷，至少足够强大的地方势力对于拜占庭帝国整体实力的强盛并不都是负面因素。这与我们传统的认识确实非常不同。

在该书作者看来，"拜占庭君主政治的原理中包含着一些自相矛盾之处，这些问题还没有被足够地讨论过。首先，皇帝在理论上应该是全体人民、至少是全体基督徒的统治者。这很明显与事实不符……其次，如果说皇帝是由上帝选择的话，那么为什么偶尔会出现邪恶的皇帝（如福卡斯等）、异教徒皇帝（如朱利安等）、信仰异端的皇帝（如君士坦提乌斯二世和瓦伦斯等），抑或在奥斯曼苏丹统治时期出现青睐穆斯林的皇帝呢？一个简单的答案是：为了惩罚基督徒犯下的罪恶。那么要服从这样皇帝的统治吗？答案是肯定的。"②人们不由得产生这样的问题，是皇帝决定帝国还是帝国决定皇帝？拜占庭君主政治的矛盾核心问题是什么？这些都需要深入思考和研究。换句话说，我们至今对拜占庭政治思想史的研究还非常欠缺，还需要借鉴我国古代政治思想史的优质资源进行深入探讨。

那么，拜占庭政治上的不成熟源于何处呢？该书认为来自于罗马时代

---

① Cyril Mango, *The Oxford History of Byzantium*, pp.199-201.

② Cyril Mango, *The Oxford History of Byzantium*, p.14.

的遗产,因为古代罗马帝国"地方社区享有高度的自治权,因此国家的最高机构实质上旨在维护一种植根于意大利地区并以罗马为中心的、服从于元老院且相当保守的秩序"。"罗马世界的军事安全……岌岌可危。而那些蛮族部落自身在来自欧亚大草原的任何威胁面前也十分脆弱……欧亚大草原的不稳定会导致那些具有高度机动能力的游牧部落向西迁徙……在北方给罗马帝国造成极大的混乱。"这种不稳定性到了拜占庭时代便逐渐消失了,因为拜占庭国家的行政网络彻底固定了人口流动的机动性。换言之,拜占庭人从罗马帝国继承的并非完善的国家体制和理念原则。该书甚至认为,"在这些基本原则方面,拜占庭帝国与西方基督教世界完全一样。的确,它正是从西方学会帝王们尊崇教士权威的榜样……拜占庭帝国以不同于西方的方式……皇帝参与统治圣徒国度。"长久以来,我们一直认为,拜占庭皇权专制及其相关礼仪,特别是皇权神授的观念来自于包括波斯在内的东方。该书作者提出此类影响来自西欧的看法确实颠覆了传统的观念,不仅不是拜占庭帝国为欧洲皇权增加了信仰的色彩,而是相反,拜占庭人从西欧人那里学会了教权高于皇权。直到 6 世纪,"皇帝才扮演更为积极的角色……查士丁尼比他之前的历代皇帝更为明确地宣称,皇帝和教士的权威都来自于同一个神圣的源泉,因此皇帝有责任独自控制教士和基督教会的活动。皇帝的典礼仪式也逐渐变得更具宗教气息,强调皇帝处在神权与世俗权力交汇点独一无二的位置。"①

拜占庭帝国政治生活研究一直是学界的重点,因此从启蒙时代直到 21 世纪之初,人们已经形成了大体类似的看法,即便在个别问题上存在争论,总的结论类似,并形成了固定的思维。《牛津拜占庭史》提出的新问题几乎在所有知识点上都形成挑战,对我们不再存疑的结论都进行了彻底的反思,或者在观察的角度上,或者在思维的理论上,或者在史料的考证上,或者在史实的重构上,或者在文字的表述上都提出疑问。这样的教材对初学者十分有益,同时对研究者也具有启发性。

---

① Cyril Mango, *The Oxford History of Byzantium*, pp.22,36,207,45.

三、宗教生活方面

拜占庭宗教生活也是《牛津拜占庭史》反思的重中之重。[1] 在涉及拜占庭宗教思想、教会组织、制度礼仪、神学信条、发展结点等重大问题上，该书均进行了实实在在的反思，提出了一系列发人深省的问题。这里仅举几例加以展示。

基督教产生于公元 1 世纪的巴勒斯坦地区，并在东地中海沿岸各地逐渐传播，最终使整个欧洲地中海都接受了这种信仰。4 世纪君士坦丁大帝统治时期，它实质上成为帝国的"国教"，"传统的多神教甚至在晚期罗马帝国崩溃之前就从东部帝国消失了。我们已经大胆推测，在君士坦丁时代，基督徒大约占全国总人口的 10%。到 4 世纪末期，他们的数量增长到 50%，而到 5 世纪晚期则达到 90%。查士丁尼毫不留情地抹去了多神教徒的最后一丝残迹。"[2]基督教在这数百年的时间里发生了什么变化？君士坦丁大帝这位被封圣为"第 13 使徒"的君主采取的基督教政策在其中是否发挥决定性的作用？崇拜一神上帝的基督教是如何与信奉多神的古典文化相结合并演变为拜占庭帝国（乃至整个欧洲）信仰的核心和最鲜明的标志？诸如此类的问题都在该书的多种叙述中被提了出来，其解答的方式也与众不同。

该书首先注意到基督教兴起的最初几百年里那些复杂的背景，其丰富多彩达到了令人目不暇接的程度。譬如按照罗马人的看法，基督教是不是

---

[1] 拜占庭宗教生活研究也是学界的关注重点，出现了大量成果，如 M. Angold, *Church and Society in Byzantium Under Comneni, 1081 – 1261*, Cambridge: Cambridge University Press, 1995; P. R. Brown, *Society and the Holy in Late Antiquity*, Berkeley: University of California Press 1982; C. N. Cochrane, *Christianity and Classical Culture: a study of thought and action from Augustus to Augustine*, Oxford: Oxford University Press, A Galaxy Book 1957; F. Dvornik, *Early Christian and Byzantine Political Philosophy*, 2 vols, Washington D.C.: Dumbarton Oaks Center for Byzantine Studies1966; J. M. Hussey, *The Orthodox Churchi in the Byzantine Empire*, Oxford: Clarendon Press 1986; R. MacMullen, *Christianzing the Roman Empire*, New Haven 1984。

[2] Cyril Mango, *The Oxford History of Byzantium*, p.111.

宗教还无定论,"基督教是一种宗教、迷信还是哲学呢? 按照罗马的标准来说它很难被归为一种宗教。"其次,基督教自身的思想和组织发展也达到了令人眼花缭乱的程度,在数百年的神学、哲学、教义争议中,基督教最初的简单信条变化出许许多多教派,它们以正统和异端的形式活跃在各个地区。该书把这个过程看作是基督教自身完善的过程,"因为就在那个时候,基督教思想家们已经着手启动不可逆转的进程……也就是说一种协调一致的完整体系,这一进程被评价为古代晚期知识领域最重要的成就。"再者,作为国家权力最高代表的皇帝——君士坦丁一世在这个过程中的特殊作用,也不像我们通常解释的那样"高、大、上",对基督教的青睐不过是他个人的选择,迁都"新罗马"只是庆贺战胜了最后的对手李锡尼,"为了褒奖这场胜利,君士坦丁命令将位于尼科米底亚邻近地区,也就是博斯普鲁斯海峡欧洲一侧的希腊古城拜占庭重新敬献给自己,并将其命名为君士坦丁堡。"①正是在这个新都城及其周围的东罗马世界,君士坦丁皇帝强制地把基督教与古典文明结合起来。一切都好像重新还原到了具体的实际生活中。

《牛津拜占庭史》提示我们要重新思考如下几个问题。

一是基督教与罗马的宗教不同之处在于,"罗马的宗教是公共性而非个体性的宗教,这就意味着它由国家操控运转。这种宗教没有神圣的经典,没有职业的教士,也没有教义……古罗马的宗教并不考虑'大问题',如宇宙的起源、生命的意义,或是终极的末日等等。"因此,罗马人认为基督教"不是那种罗马式的公共宗教,而看上去像是国际性的地下犯罪组织。它没有那些罗马人习惯的崇拜活动,如向神像献祭牺牲。当然它也有自己的仪式,但是这些仪式是关起门来进行的"。② 基督教的私人信仰形式让罗马人很不适应,而基督思想家们谈论的高深问题也让罗马人感到玄妙,至少认为是些"杞人忧天"的奇怪想法。事实上,基督教从犹太教的一个弱小派别萌发出来,与时俱进地与罗马世界复杂的"国情"相适应,不断调整、修改、完善自身的信仰体系。在这个基督教早期发展进程中,基督教教父们长期

① Cyril Mango, *The Oxford History of Byzantium*, pp.97,99,21.

② Cyril Mango, *The Oxford History of Byzantium*, pp.96~97.

探讨、争辩、论战的问题都关系着基督教神学体系的建立，他们在有意无意地建构着基督教的独立信仰，这一信仰既要摆脱犹太教的"母体"，又要脱离古典哲学的"父体"，成为具有独立地位的新宗教。其核心信仰的"三位一体"是天国和现世的结合，其具体形象是"在天为父、在地为子"的耶稣基督，他既是有形可见的，又是无形神秘的。

二是基督教萌发阶段与基督教后期发展不同，换言之，它并非从始至终一成不变。"从君士坦丁打开其身上枷锁时起，一直到拜占庭历史结束为止，基督教的教义绝非一直没有变化。""尤其是关于圣子的阐述，在君士坦丁之后还要延续整整 3 个世纪。然而，如果我们回到更早的时代，就会发现并非所有的基督徒都热衷于将基督教转化为一门哲学，他们牢记圣保罗的警示：'你们要谨慎，恐怕有人用他的理学和虚空的妄言，就把你们掳去'。（《歌罗西书》，2:8）在这一问题上，基督教徒内部有广泛的歧见，一些人，如殉教者查士丁认为，基督教是唯一'确定和有益的'哲学派别。而德尔图良则有一句名言，认为雅典和耶路撒冷毫无关系。（'所以雅典和耶路撒冷有什么关系呢？学术对教会有什么益处呢？……我们的教规是来自于所罗门的柱廊。'）基督徒不是哲学家不仅仅是因为哲学的虚空性，它不为我们提供固定的答案，而更重要的是哲学没有效用，它不能驱走恶魔，而基督教可以。"[1]也就是说，基督教经历了几百年的思想争论和试验，在其最初"百家争鸣"的神学思辨和组织建构时期，既保留了许多理论和实践成果，也淘汰了大量"错误的"和不合时宜的结论。因此，后人在描述这个时期的基督教时也不能简单化。

三是基督教初期许多教派及其殉教者寻求的目的存在很大差异。该书明确认为，基督教初期存在的多种异端是一种思想上的斗争，"阿里乌派学说……在许多方面都被聂斯脱里派所承袭……此后就是基督一性论……基督一志论是基督一性论苍白无力的后续理论，它的提出是出于政治考量，在680 年的基督教大公会议上遭到彻底埋葬。这是最后一次'壮观的'异端运动。""我们至今依然没有得到令人满意的答案，为什么数以千计的人宁愿

---

[1] Cyril Mango, *The Oxford History of Byzantium*, pp.99–100.

承受迫害甚至死亡，也要就基督是在两性之中（en）还是由两性而来（ek）的问题争论不休，他们都坚信自己的论敌犯了弥天大错，分割或者混淆基督的人性。当然，政府越去迫害那些异见者，分歧就越难以弥合。此后，只是在对神学的热情趋向神秘主义时，这些争论方才告一段落。也许这就是为什么在600年之后没有新的教会史作品产生的原因。""第七次基督教大公会议（787年）后，拜占庭基督教会'合上他们的书卷'。看上去所有的异端都已经灭绝。大家最终达成一致的教义是如此完美，以至于此后没有什么可以增加或剔除的了。"①毫无疑问，该书作者确信基督教早期历史上的教义之争只是一种理论多元化的言说，一旦这种思想释放完结，即该说的都说过了，可以用语言表达的不同意见都提出来后，神学争辩便逐渐消停，最终停顿在神秘主义的诠释之中，即语言无法表述的神学思维极限之处。而基督教神学在西欧的传播只是其思想精华的退化和对外在形式的追求，其神秘主义的思想被顽强地维护在东部帝国，这一理论特征直到今天仍然是东正教区别于天主教的核心点。②

四是对修道生活和禁欲苦修制度形成原因的理解与后世非常不同，就像对圣徒崇拜的理解一样，后世以为是普通信徒敬仰德高望重的修道士们对上帝的献身精神，而作者却这样提出问题，"圣徒崇拜究竟是贬损原始基督教的迷信活动，还是恰恰相反，反映出有益的发展，抑或能安抚普通民众并带给他们信心？此外，君士坦丁之前的基督教是否如我们想象的那么纯洁？"修道生活也不是如传统意见认为的那样，遁世避俗，躲进古墓深山寻求清静，而是早期基督教那个"天堂里的圣徒俱乐部在上帝的恩准下可以增添新成员。现在，殉教的大门已经几乎完全关闭，所以禁欲苦修成为受人垂青的选择。在一个被认为肉体堕落的世界里，很多人愿意通过禁欲节食甚至自残（如奥利金）的手段来修行：这样做不是因为对肉体有益处，而是使精神获得自由，同时有助于获得基督许诺给其真心追随者的那些超能

---

① Cyril Mango, *The Oxford History of Byzantium*, pp.106, 111.

② 布尔加科夫著，徐凤林译：《东正教——教会学说概要》，商务印书馆2001年版，中译本"前言"。弗·洛斯基著，杨德友译，吴伯凡审译：《东正教神学导论》，河北教育出版社2002年版，中译本"导言"。

力——治愈病人、驱逐恶魔、预言未来、展示'标志'（也就是奇迹）"。作者还在当时的教、俗权力关系方面找到了背景因素，"有一个问题出现了，为什么总体看来修道士把那些超能力从已经地位稳固的教会那里夺走了呢？一个很简单的答案是，自从君士坦丁时代后，教会便失去其魅力。它变成政府机关的一部分，负责意识形态和福利事业。领着薪水的主教们掌握着大笔金钱，他们管理着众多的农业和商业财富，凌驾于市政议会之上，行使司法职能。他们中间很少有人能得到公众的垂青。修道士则不然。他们独立于教会之外，看上去就像在扮演基督肉身的角色。即使他们居住在荒漠，也没有切断和社会的联系。一位著名的圣徒可以吸引拜访者不远万里前来膜拜，以享受和他相聚、治愈病痛和获得箴言的欢愉。"①实事求是地说，这样的负面思维一定会遭到基督徒的批判，但是却启发学术思考走向深入。

　　《牛津拜占庭史》对拜占庭毁坏圣像运动这一重大事件的研究也进行了反思。该书声称"拜占庭帝国毁坏圣像运动开始的准确年代或者运动最初爆发的形式目前都不清楚。那部禁止崇拜偶像的法令究竟是 726 年还是 730 年颁布的？在其颁布前是否进行过公开辩论？是什么促使利奥三世禁止'崇拜'圣像呢？"利奥皇帝首先发表毁坏圣像法令的原因，并非其他而只是对崇拜圣像这一渎神行为导致上帝惩罚的恐惧，"如同许多拜占庭人一样，利奥似乎早就把拜占庭帝国自阿拉伯人兴起后的厄运归之于上帝的愤怒，但是他还是无法肯定帝国在哪些方面惹恼了上帝……于是，当 726 年夏季爱琴海火山喷发后，利奥命令其卫士们摘下大皇宫门前的基督圣像"。"皇帝利奥对这场争论没有做出任何神学贡献……没有证据表明毁坏圣像最初具有神学性质。"②我们也曾探讨过毁坏圣像运动的宗教起因，但是对利奥的这些迷信观念并不太重视，而这正是心态史学特别关注的。③　正因为研究视角的变动，该书确信"毁坏圣像派要禁止的那些圣像绝不是我们

---

　　①　Cyril Mango, *The Oxford History of Byzantium*, pp.108-110.

　　②　Cyril Mango, *The Oxford History of Byzantium*, pp.155,139,157.

　　③　陈志强：《拜占庭毁坏圣像的原因》，《世界历史》1996 年第 3 期；陈志强：《拜占庭毁坏圣像原因新观点》，《新华文摘》1996 年第 8 期；陈志强：《拜占庭毁坏圣像运动影响的研究》，《世界中世纪史新探》，内蒙古大学出版社 1996 年版。

今天认识的圣像"。后人之所以热衷但又误解当时人的观念是因为现实需要,"拜占庭历史上没有任何其它课题能够受到西方学者如此热烈的关注,这主要是因为8、9世纪爆发的毁坏圣像运动一直被视为类似运动的古代案例,从加尔文开始的宗教改革运动继续发展到清教徒革命,甚至影响了1789年的法国大革命。毁坏圣像派作为'迷信'的敌人一直享有普遍的舆论同情。"作者进而推断,"我们很难对拜占庭毁坏圣像运动给出公允的评价……有一件事情越来越清楚:大多数高级官员乘势抓住机会获得好处。"也就是说,我们先前远距离观察这场运动得出的结论很多是抽象的、模糊的,甚至是不合理的。例如这场运动的被迫害者并非都是因为信仰,"迫害活动显然更多地是由于政治原因而非宗教原因。最确定的受难者是小圣斯蒂芬,他曾卷入一系列反对皇帝的宫廷阴谋活动,一批高级军事将领和达官贵族也参与其中。"还有很多受迫害的教士也是如此,他们过多地卷入了政治斗争,"崇拜圣像派狂热地证明自己突破法律限制和必要的理由。大教长尼基弗鲁斯事实上强烈反对在毁坏圣像当局统治下遵守法律。他说到,有太多教士'按照政治法律行事,还承认行政权威。这不是雅各的遗风,也不是靠虔诚主宰其教义和思想的人的处事方式'。"[1]总之,拜占庭历史上的这一重大事件还远没有抵达研究的终点,还存在太多待解的难题,现在就认为它已经没有什么可探讨的了,不免为时过早。无论在观察的视角或基本的史料方面,还存在巨大的研究空间。

四、文化生活方面

拜占庭文化方面可以反思的问题更多。事实上,拜占庭学界一直关注拜占庭帝国这一最具亮点的领域,学者们出版了许多著作探讨相关问题,挖掘拜占庭文化宝藏。譬如布莱耶尔就将其三大卷拜占庭史姊妹篇中的一卷集中在文化方面,德姆斯则描述了拜占庭艺术的强大影响力,佛雷德和特雷

[1] Cyril Mango,*The Oxford History of Byzantium*,pp.151,153,157-158.

高德更是将拜占庭末代王朝的文化复兴活动与意大利文艺复兴同等看待，孟发萨尼则细致描述了拜占庭学者在意大利文艺复兴中的具体作用，像里斯和曼戈对于拜占庭艺术的研究、老一代的仁西曼和拜尼斯对于拜占庭文化的概述等更是闻名遐迩。① 这些成果对于我们的传统认识非常重要，但是在《牛津拜占庭史》中受到了挑战。

该书在谈到拜占庭人继承古代地中海生活方式的问题时，认为"在任何合理的界定下，拜占庭都应被视作罗马帝国在地中海世界东部的直接延续者，即罗马帝国在语言和文化上受到希腊影响的那个部分。作为一个延续的概念，它没有起始"。作者将视线集中在拜占庭文化存在的环境上，"但是从780年到1180年间，控制着地中海北部沿海和黑海沿岸地区……拜占庭帝国所有最富庶肥沃的农业区域，以及帝国的城市中心区都靠近大海，其沿海地区与公元前7、6世纪时希腊人的定居区和殖民区几乎完全重合……从这些事实看，大海显然对于财富、生存和拜占庭帝国真正的身份认同具有极为重要的意义……帝国对大海的依赖性和对航海活动的蔑视之间存在明显反差，这部分地来源于古代世界的遗产，特别是受罗马帝国的影响，因为后者拥有庞大的陆军和地主元老贵族。"②这里，作者将古罗马文明特征归结为大陆性是有争议的，但是对拜占庭文明的海洋性特征加以肯定。

---

① L.Brehier, *La civilisation byzantine*, Paris: P.Geuthner 1946. O.Demus, *Byzantine Art and the West*, New York: New York University Press 1970. S. B. Fletcher, *A History of Architecture*, London: University of London, The Athlone Press 1975. E.Fryde, *The Early Palaeologan Renaissance (1261-1360)*, Leiden; Boston: Brill 2000. Deno John Geanakoplos, *Medieval Western Civilization and the Byzantine and Islamic Worlds: Interaction of Three Cultures*, Lexington, Mass.: D.C.Heath, 1979. A.Guillou, *La civilisation byzantine*, Paris: Arthaud 1974. R. R. khawam, *L'univers culturel des chretiens d'Orient*, Paris: Editions du Cerf 1987. H. Maguire, *Byzantine Court Culture from 829 to 1204*, Washingtong, D.C.: Dumbarton Oaks Research Library and Collection 1997. A.Moffatt, *Classical, Byzantine and Renaissance Studies*, Canberra: Australian Association for Byzantine Studies 1984. John Monfasani, *Byzantine Scholars in Renaissance Italy*, Hampshire & Vermont: Ashgate Publishing Company, 1995. D. T. Rice, *Art of the Byzantine Era*, London: Thames and Hudson 1963. S. Runciman, *Byzantine Civilization*, New York: Meridian Books 1959. W.N.H.拜尼斯主编，陈志强等译：《拜占庭：东罗马文明概论》，大象出版社2012年版。T.Treadgold, *Renaissances before the Renaissance: cultural revivals of late antiquity and the Middle Ages*, Stanford, Calif.: Stanford University Press 1984.

② Cyril Mango, *The Oxford History of Byzantium*, pp.2,197.

至于如何划定这个中古帝国的时间范围的问题,该书主编曼戈先生认为"如果我们能够不再无果地寻求一个从罗马到拜占庭转型的精确时间,而去寻找一个或几个更宽泛的、见证了深刻变革时段的话,我们就会发现存在着两个这样的时代。第一个可以被定位在 4 世纪,第二个则大约在 575 年至 650 年。这两个时段的性质并不相同"。这里所指就是戴克里先——君士坦丁时代和"后查士丁尼时代",只不过作者认为两个时代巨变的性质不同。同时,我们可以看出曼戈对历史分期的解读方式也发生了变革,亦即"模糊法"而不是"事件法",也许这种历史解读更符合认知的客观趋势,由点到段,以面代点。该书以更为广阔的视野看待拜占庭文化,把它看作是一种生活方式,并提出"从时间上,它即使没有延存至今,也至少到了 1800 年前后,欧洲启蒙运动和受到鼓舞的民族主义浪潮最终破坏了当时还被承认的拜占庭生活方式"。① 毫无疑问,作者将拜占庭"生活方式"终止于启蒙运动,确实是很有深意的看法,也令人深思,从欧洲文明发展的角度看,其价值更为重大。

既然拜占庭文化长期得到整个欧洲的认同,那么拜占庭人的文化认同是什么? 作为欧洲一部分的拜占庭人与西欧人有何不同? 人们通常谈论的拜占庭文化最重要的特征又是什么? 在这类问题上,该书都有深度思考,并提出了不同寻常的看法。"古代晚期提供了一种文化土壤,在这里同时孕育出了中世纪的西欧与中世纪的东欧。一个需要提出的问题是,为什么东欧的发展如此不同? 或者换句话说,为什么作为欧洲毋庸置疑的一个部分,拜占庭偏离了我们认为的(我们的认识可能是正确的,也可能是错误的)欧洲前进的阳关大道?"这样提问题虽然涉嫌西欧中心论,作者在此加入的括号就表明了自我反省的态度,但深入思考东欧和西欧生活方式的不同确实很有意义。"就在 50 年之前,人们还习惯于把保卫欧洲(或者基督教世界)对抗来自亚洲的持续入侵看作拜占庭的政治成就,但是这种意见现在已经不为人所接受了。今日,我们不再因其迎击亚洲人,而是为它拥有多种族和多元性的文化而称颂拜占庭……拜占庭的宽容性逊于伊斯兰世界,而比西

---

① Cyril Mango, *The Oxford History of Byzantium*, pp.3,6.

欧基督教世界稍胜一筹。"①相比而言,我们获得的信息以及由此产生的观点都显得陈旧过时了,我们强调拜占庭人捍卫欧洲的看法也许还停留在 20世纪中期,而我们突出不同文化之间对立的观念也似乎应该被多元文明交流融合的理念所取代。

拜占庭文化发展史历来争论就很多,同一个文人或同一个史家,现代研究者们会给出不同的分析评价,《牛津拜占庭史》更是就拜占庭文化主要发展线索和阶段性特征提出了新思维。作者认为拜占庭历史的早期阶段,"虽然所有的军官和教士都有文化,但是他们总的看只是满足于接受过基础教育……文学发展趋向于仅限写作布道词、韵律唱诗、圣徒传记和某些神学作品……只有一些历史作品能够留给我们一些史实后果的单纯描述……世俗书籍没有任何内容,这就描绘出一幅教育败落的灰暗图景。当然,图书的毁坏也不可能坏到哪里去,因为在 6 世纪以后的岁月里,拜占庭人仍然拥有的只是他们以前拥有的那些书。"作者提出,拜占庭文化逐渐繁荣要后推数百年,"这一复兴的开端大约可以上溯到 780 年前后。拜占庭文学复兴与西欧发生的同样事件即我们称之为'加洛林文艺复兴'大体同期……这种时间上的巧合绝非偶然。如果我们只是来观察欧洲这两次复兴运动,就会发现非常相似的情况:两者都是为复兴罗马国家的梦想而激发起来,不是指异教的罗马国家而是指君士坦丁皇帝及其继承者的基督教国家;两者都出现了培养教化正确的也就是古代语言方言的热潮,一方面这使得用于仿效学习目的的'古典'文学作品大量积累起来,另一方面编纂整理了许多手抄本、概要和其他有助于学术的文献;两者都伴随着采用更为简洁的字体,即用于书籍制作的文字;两者都见证了宫廷学校的建立;两者也都扩张到视觉艺术领域,特别突出的是珍贵材料艺术品加工……相似之处非常明显,以至于它们本身就提出某些相互影响的可能性。然而,这个课题尚未引起学术界足够的注意力。"②我们长期以来持有的拜占庭文化水准远远高于欧洲其他地区的看法显然受到质疑,而作者提到了同一时期东、西欧文化发展至

① Cyril Mango, *The Oxford History of Byzantium*, pp.5,13.
② Cyril Mango, *The Oxford History of Byzantium*, p.149.

少在五个方面的相同点都再次呼应了全书寻求欧洲发展共性的倾向,反映出本书关照欧洲现实的思想特征。

至于谈到拜占庭人的文化贡献,该书明确认为,"拜占庭学术复兴最重要的成就不在于'促进'当时的文学,而在于保护拯救了相当大范围的古代希腊古典文学作品,偶尔也保护了早期基督教文学作品。从西方文化的观点看,甚至应该说这种拯救行动是我们得益于拜占庭帝国最多的地方。除埃及破烂文献中个别零散的残片外(有时候它们相当珍贵),我们所知道的希腊古典作品大部分是通过拜占庭手抄本传给我们的。假如9、10世纪没有这些默默无闻辛勤耕耘的人,我们就根本不会知道柏拉图或者亚里士多德……更进一步说,所有现存有争议的文献都是因为当时在手抄本中重复抄写造成的。凡是没有重新抄写的都已经遗失了。"是拜占庭修道士们对此作出了卓越的贡献,"人们开始使用小写形式抄写书籍,其年代尚不能精准确定,但是可以肯定是在8世纪末之前:能够确定年代现存最早的书籍是斯图迪乌斯修道院抄写的书,其年代在835年。"①《伊利亚特》因此出现了第一部双面抄写的单行本。"拜占庭学术复兴的目的应是修复黑暗时代留下的裂痕,并重新恢复古代晚期考究典雅的文学文化,以及它的语法、规范、韵律,及其多种多样知识广博的补充读物。在这方面,复兴是成功的。"众所周知的马其顿黄金时代,在文化方面也达到了拜占庭文化发展的顶峰。然而,《牛津拜占庭史》不同意这种判断,"以瓦西里一世创立的王朝名字命名的'马其顿文艺复兴'多少有些误导人,这种现象更多的是受少数学者意见的影响,而缺乏相应的文献证据。其影响范围也极其有限。"②

直到我们细读该书的最后部分时,才惊喜地发现作者认同晚期拜占庭学者对意大利文艺复兴运动产生了深刻影响,且认为有关的研究还远远不足。作者明确提出,"穆罕默德并没有通过这次胜利摧毁一种文化、一种信仰,或者一个民族。拜占庭生活的基本节奏还将在奥斯曼统治秩序框架内、外继续持续。"这种说法不禁让我们联想起奥斯特洛格尔斯基和瓦西列夫

---

① Cyril Mango, *The Oxford History of Byzantium*, pp.217-218.

② Cyril Mango, *The Oxford History of Byzantium*, p.226.

各自名著的结语,他们不约而同地高度赞扬了拜占庭文化的深远影响。①
"尽管晚期拜占庭国家疆域狭小,政治衰败,持续贫困,但是其分散各地的
希腊城市仍然绽放出绚丽多彩的文化之花。""我们要提出的问题是,帕列
奥列格时代文学复兴究竟是否在与其相关的古典遗产方面开拓出新的领
域,是否扩大了其旨趣的范围,最后是否摆脱了传统的拜占庭模式的束缚。
在所有这三方面,我们可以给出大体肯定性的回答。"甚至具体到艺术领
域,该书也提出,"流行的观点认为,帕列奥列格风格虽然借鉴了某些西方
的圣像画法,但是源自拜占庭艺术,可以上溯到非常古老的画法,特别是10
世纪手写本插图画技术。"②手抄本插图画竟然还有如此强大的影响力,这
是我们未曾想到过的。

我们仅通过《牛津拜占庭史》在经济、政治、宗教、文化等方面几个最为
突出的"新"观点来说明学术反思如今在拜占庭学界已经蔚然成风,大量习
以为常的学术观点受到了挑战和质疑,在新世纪学者的带动下,传统的拜占
庭"学"正在被颠覆。事实上,拜占庭学发展数百年的历史表明,学术常新
是其长盛不衰的动力所在。浩瀚的拜占庭史料经由不同时代的学者解读,
总会提出大大小小的问题,一定要受到后代年轻学人的修正。但是,能在一
本书中,概览拜占庭千年历史与文化研究中的所有争议,实属难得。我们还
有很多未能提及的方面,比如拜占庭多样性的族群与拜占庭人的身份认同、
拜占庭核心信仰与这个千年帝国的精神凝聚力、拜占庭军队建设和军事技
术的发展、十字军骑士与拜占庭人、拜占庭城市文明和古典城市文化、拜占
庭帝国多边外交和文化交流、拜占庭土地制度和法权的变迁、拜占庭货币的
坚挺和贬值、拜占庭丝绸纺织印染成农业等民族产业的发展,等等。无论如
何,《牛津拜占庭史》倡导的学术反思和大胆颠覆传统观点的精神值得我们
学习。

---

① Cyril Mango, *The Oxford History of Byzantium*, p. 283. G. Ostrogorsky, *History of the Byzantine State*, tr. J. Hussey, Oxford: Blackwell 1968, p.470. A. A. Vasiliev, *History of the Byzantine Empire*, Madison, Wis.: University of Wisconsin Press 1958, p.722.

② Cyril Mango, *The Oxford History of Byzantium*, pp.283, 287, 303.

第一章　生态环境史观下的"查士丁尼瘟疫"

　　谈到欧洲的"黑死病",人们更为熟知的是 13 世纪爆发在意大利的瘟疫,而很少了解爆发于 6 世纪的"查士丁尼瘟疫"。普罗柯比《秘史》中有这样一段记述:"此后不久,另一个灾难又降临在他(指查士丁尼)身上。正如我在以前书中所描述的,拜占庭城(或称君士坦丁堡)人中流行瘟疫(λοιμός),皇帝查士丁尼身染重病;甚至说他已病死于瘟疫。谣言一直传播到罗马军营。"[①]研究表明,普罗柯比提到的这次瘟疫就是后人称作"黑死病"的鼠疫。这次爆发于 6 世纪中期的鼠疫很可能是地中海地区历史上爆发的第一次大规模鼠疫,其造成的人口和物质破坏相当严重,由此引发的社会影响也相当深远,由于当时皇帝查士丁尼一世(527—565 年在位)统治,后人因此称其为"查士丁尼瘟疫"。[②]

　　长期以来,由于史料比较分散,拜占庭学界并未充分注意到"查士丁尼瘟疫"及其影响,许多著名的拜占庭学家也忽视了对相关史料的解读,使如此重大的灾难性事件在现代拜占庭史书中一直保持沉默。一些学者甚至对提供了有关这次瘟疫主要史料的 6 世纪作家普罗柯比的记载产生了怀疑。近年来,随着环境史学新研究视角的开阔,学术界开始关注"查士丁尼瘟

---

　　①　Ὑπὸ τοῦτον τὸν χρόνον καί τι ἕτερον αὐτῷ ἐπιπεσεῖν ξυνηνέχθη τοιόνδε. ὁ μὲν λοιμὸς, οὗπερ ἐν τοῖς ἔμπροσθεν λόγοις ἐμνήσθην, ἐπενέμετο τοὺς ἐν Βυζαντίῳ ἀνθρώπους. βασιλεῖ δὲ Ἰουστινιανῷ χαλεπώτατα νοσῆσαι ξυνέβη, ὥστε καὶ ἐλέγετο ὅτι ἀπολώλει. τοῦτον δὲ τὸν λόγον περιαγαγοῦσά ἡ φήμη διεκόμισεν ἄχρι ἐς τὸ Ῥωμαίων στρατόπεδον. Procopius, *The Anecdota or Secret History*, tran. By H. B. Deving, Harvard University Press 1998, IV, 1–2.

　　②　本章文字曾以《地中海首次鼠疫研究》为名,发表于《历史研究》2008 年第 1 期上,这里略有调整。

疫"及其严重影响。事实上,对"查士丁尼瘟疫"展开研究不仅能够加深人们对查士丁尼时代历史的全面认识,而且可以通过这一具体案例促进包括疾病史、生态史、环境史学这一新兴研究领域的发展。

一、相关史料

关于"查士丁尼瘟疫"的原始资料分散在当时的许多拜占庭作品中,根据笔者的调查,至少有十余种拜占庭原始文献涉及这一课题。[①] 正是由于史料的分散、研究者的专业限制以及史学研究视角的狭隘等原因,导致大多数后世研究者未能深入了解这场灾难及其严重的后果。至今,这一课题仍未引起国际拜占庭学界应有的重视,而专门从事古代疾病史研究的学者则因为对拜占庭史缺乏必要的研究而不能全面掌握相关的史料。

关于"查士丁尼瘟疫"最重要的资料来自 6 世纪拜占庭历史作家普罗柯比(Procopios,500？—565 年)。根据后人研究,普罗柯比是查士丁尼的同代人,比后者小近 20 岁。也就是说,当查士丁尼于 45 岁登基正式成为皇帝时,普罗柯比刚刚出道。由于他结识了当时杰出的军事将领贝利撒留而受到重用,才华得以施展。仕途的顺达和才尽其用使他对查士丁尼的雄才大略深感折服。普罗柯比出身地方贵族家庭,接受过全面系统的贵族式教育,并按照拜占庭当局的规定接受了全面的法律培训,在离其家乡凯撒利亚不远的贝利图斯(Berytus)法律学校中攻读法学多年,最后进入君士坦丁堡大学深造。系统的教育使天资过人的普罗柯比很快就脱颖而出成为挂牌律师。他多才多艺,通晓多种西亚语言,并擅长古典风格的写作,其声名远播,这有助于他结识当时著名的青年将军贝利撒留,后者刚刚被提升为帝国东部波斯边境达拉要塞的统帅。这个地区长期受到古代叙利亚文化的影响,无论在民间还是在官方文件中普遍使用叙利亚语。由于普罗柯比通晓叙利

---

① 国际拜占庭学界的大多数学者一般只提到 3 种基本史料,笔者近几年的调查扩大了这一范围,对瘟疫爆发后不同地区和年代的史料进行比较彻底的收集整理,加强了本课题研究的史料基础。这里笔者特别感谢哈佛大学拜占庭研究中心提供的慷慨帮助。

亚语,所以被任命为贝利撒留的秘书兼法律顾问。① 从此,普罗柯比开始其追随贝利撒留的生涯,而后者也因为其卓越战功权势日隆,此后成为普罗柯比的保护人。533 年 6 月,贝利撒留被任命为远征军最高统帅,奉命出征北非汪达尔王国。普罗柯比作为其顾问也随军出征,成为这位杰出将领的主要幕僚。由于他渊博的学识得到贝利撒留的倚重,故与之过从甚密,成为其家庭的密友,甚至参与了贝利撒留的一些私人事务。此后,他追随贝利撒留东征西讨,转战北非和意大利,既因战功显赫而升迁,也因战局失利而失落。540 年,由于朝廷中出现了不利的传言,贝利撒留应召回京,普罗柯比也因此一同回到君士坦丁堡。② 此后,普罗柯比除了偶尔奉旨出访外地或外国,几乎没有离开过君士坦丁堡,因此他亲身经历和目睹了 542 年发生在京城的大瘟疫。这次瘟疫是地中海世界爆发的第一次鼠疫,其传播速度之快,危害范围之广,病患死亡人数之多,造成的破坏之严重可谓空前绝后。普罗柯比被这次瘟疫所震惊,因此不惜笔墨,详细记载了瘟疫爆发的惨状。如果说他的其他文字带有政治倾向的话,那么他对大瘟疫的记载还是客观的,因为他坦言这场瘟疫是来自上帝的惩罚,他的记载不敢妄加任何评论。③ 普罗柯比的《战史》版本之多可能属拜占庭史书版本之最,目前比较可靠并公认比较权威的版本包括 1838 年的"丁多夫(Dindorf)版本"、1906 年的"赫利(J.Haury)版本"、④1935 年的"得温(H.B.Dewing)版本",后者被收入哈佛大学出版社策划出版的"罗耶布古典丛书"、⑤1961 年由密歇根大学出版社出版的"阿特沃尔特(Richard Atwater)版本"、1966 年由英国企鹅丛书组织出版的"华盛顿(G.A.Washington)英译本"和 1967 年纽约出版的"凯莫琳

---

① J.B.Bury, *History of the Later Roman Empire*, Amsterdam: Adolf M.Hakkert 1966, p.429.

② 刘榕榕、董晓佳:《查士丁尼与贝利撒留:拜占庭帝国皇权与军权关系的一个范例》,《世界历史》2016 年第 6 期;崔艳红:《查士丁尼大瘟疫述论》,《史学集刊》2003 年第 3 期。

③ 这一版本目前仍在再版。Procopius, *History of the Wars*, trans.by H.B.Deving, Harvard University Press 1996.

④ 该版本曾被认为是取代丁多夫译本的权威版本,并于 1962 年再版。Procopius, *History of the Wars*, trans.by J.Haury, Harvard University Press 1962.

⑤ 此书于 1996 年重印,笔者即以该版本为依据。另见普罗柯比著,崔艳红译,陈志强审校注释:《战争史》,商务印书馆 2010 年版;普洛科皮乌斯著,王以铸、崔妙因译:《普洛科皮乌斯战争史》,商务印书馆 2010 年版。

（Averil Cameron）版本"。

作为拜占庭历史上最伟大的作家,普罗柯比的《战史》一经问世就受到关注,成为其后拜占庭作家的必读书,其中诸多记载成为后世作家的史料来源。埃瓦格里乌斯（Evagrios Scholastikos,536—595 年）和以弗所人约翰（John of Ephesus,507—586 年）也在他们各自的作品中提到了这次瘟疫。埃瓦格里乌斯（536/537—594 年）比普罗柯比小 30 余岁,是拜占庭历史上重要的教会史作家。他出身于叙利亚贵族家庭,曾随父母前往地中海东岸重要宗教文化中心安条克接受完整的教育,并像当时贵族子弟一样接受了长期的法学教育,成为律师,因此后世人赋予他"律师"的绰号。由于他受到时任安条克大主教的格利高里（Gregory）的赏识,因此办理和参与审理了许多重要的案子,使其迅速发展成为当地闻名遐迩的律师,甚至受聘前往首都办理大案。他多次陪同大主教前往京城,使他有机会了解当时拜占庭帝国宗教界上层事务,并进入宫廷。在皇帝提比略二世（574—582 年在位）和莫里斯（582—602 年在位）统治时期,他得到重用,曾官至帝国大法官之职。① 其流传后世最重要的作品是 6 卷本《教会史》,该书记述 431 年第二次以弗所宗教会议以后直到莫里斯皇帝统治第 12 年即公元 594 年的宗教史,同时也涉及了大量世俗政治经济生活的情况。其中与本书有关的是其关于君士坦丁堡爆发的瘟疫以及其在叙利亚首府安条克传播肆虐的情况。值得注意的是,埃瓦格里乌斯并非单纯使用普罗柯比关于大瘟疫的记载,而是广泛采用了当时尚存在的许多书籍,因此具有独立的史料来源,能够对普罗柯比的记载提供佐证和史料补充。根据学者研究,他的《教会史》涉及其前代和同时代作家如尤西比乌斯（Eusebius,275—339 年）、苏克拉底（Socrates Scholasticus,380—? 年）、索左门（Sozomen,400—450 年）、塞奥多利（Theodores,5 世纪）、左西莫斯（Zosimus,? —510? 年）、普里斯库斯（Priscus,5 世纪）、马拉拉斯（John Malalas,490—574 年）和阿加塞阿斯（Agathias,536—583 年）等人的作品,而这些作家的许多作品早已散失,故而后

---

① Evagrius,*A History of the Church in Six Books ,from A.D. 431 to A.D. 594 ,A New Translation from the Greek ;With an Account of the Author and his Writings* , trans. by E.Wlaford, London : S. Bagster and sons 1854,vi. 23.

人高度重视他的作品。① 客观考察其作品,我们不得不指出其虔诚的正统信仰影响了其写作的客观性。但是就本书所涉及的大瘟疫方面的材料还是没有掺杂任何宗教派别偏见的,特别是他关于安条克地方大瘟疫流行的情况记载具有相当重要的意义,因为它们丰富了普罗柯比记载以外的史料。埃瓦格里乌斯的《教会史》自 1673 年首次出现了现代文字版本后,多次重印再版,目前最权威可靠的新版为著名英国拜占庭学家布瑞主编的"拜占庭文献丛书"版,②笔者即以此为据。

以弗所人约翰与埃瓦格里乌斯不同之处在于,他是普罗柯比的同时代人,可能比普氏小几岁,但属于当时的长寿者,近 80 岁才去世。他是拜占庭历史上最重要的使用叙利亚语写作的作家。约翰出生于基督教一性论派别势力最为强大的叙利亚北部(今天土耳其东南部)山区,22 岁即因信仰虔诚和能言善辩而被任命为当地专职神职人员,后来因受到正统教派的排挤而流亡巴勒斯坦和首都君士坦丁堡。就是在其流亡期间,他收集了大量资料作为日后在京城写作的基本素材。他的办事能力极强,受到查士丁尼一世皇帝的赏识和重用,曾担任大主教之职,受命督办帝国范围内一性论教派教堂的收入,并于 542 年被派往小亚细亚劝说 7 万余异教徒皈依了基督教,他还在朝廷支持下将各地异教徒神庙改建为教堂和修道院,558 年被任命为以弗所大主教。但是,571 年查士丁二世(565—578 年在位)即位后推行迫害异端派别的宗教政策,约翰作为一性论教派的主要领袖因此受到严厉惩罚,身受牢狱之灾,他"被这些痛苦折磨得精疲力竭,这些大量可怕的有害的寄生虫造成了其身体肿胀发炎,他几乎命绝顷刻,奄奄一息。除此之外,他感到被人遗弃,极度绝望,他渴望有什么人来怜悯他,但是没有任何人来,他幻想来个安慰他的人,但却找不到任何人。这就是他的经历,他遭受到的严厉折磨"使之生不如死。③ 但正是在此期间,他写下了许多传之后世的重

---

① 他们认为他的作品"唤醒了尘封在历史尘埃中已经被忘却的回忆,这些记忆随着他的笔端被激活,呈现为永恒不朽的记忆"。Evagrius, *A History of the Church in Six Books*, Preface.

② J.B.Bury ed., *Byzantine Texts*, London 1849.

③ John of Ephesus, *Historiae Ecclesiasticae pars tertia*, trans.by E.W.Brooks, Louvain, L.Durbecq 1952, vol.3, Ⅱ, 6.现代学者推测,他就是在迫害中受到严重伤害而去世的。

要作品,其中最重要的是《基督教会史》。该书涉及自罗马帝国历史之初一直到 588 年为止的 600 多年的历史,特别是对其经历的当代历史有非常详细的记载。全书共分 3 卷,其中第一卷基本散失无存,第三卷基本完好,但内容所涉及的 571 年以后的历史不在我们研究范围,最重要的第二卷涉及提比略二世统治后直到查士丁二世的历史。但是,在相当长的时期里,学者们发现该卷自查士丁一世(518—527 年在位)统治第 7 年以后部分散失,而这部分记载对于研究查士丁尼一世时代的历史具有重要意义。学者们坚持不懈的搜寻终于有了结果,这部分散失的《基督教会史》先后在大英博物馆和梵蒂冈图书馆被发现,它们保存在一部名为《叙利亚编年史》的古籍中。①著名拜占庭文献学家布鲁克斯(E.W.Brooks)经多年研究,认为《叙利亚编年史》中引用了以弗所人约翰和其他作家的记载,特别是关于查士丁尼一世统治的部分记载弥足珍贵,可以补充普罗柯比记载的不足之处,并提供重要的叙利亚语文献支持。② 目前该史料最可靠的版本即由布鲁克斯等人整理出版。

上述几种基本史料已经为学者们所注意并整理问世,但是尚有一些文献还未得到应有的重视。根据笔者的调查研究,与这几位作家同时代的阿加塞阿斯(Agathias,536—583 年)也在其《五卷本历史》中涉及了相关情况,其后的作家约翰·马拉拉斯(John Malalas,490—574 年)在其《编年史》中则提到瘟疫的可怕后果。③ 特别值得一提的是,一部被认为是匿名作家完成的《复活节编年史(284—628 AD)》和 6 世纪问世的另一部由匿名作家完成的《阿贝拉编年史》也提供了不少资料,理应得到学者们的注意。此外,拜占庭诸多著名作家也在其作品中描述瘟疫,如安娜·科穆宁娜(Anna Komnene,1083—1153 年)在其《阿莱克修斯传》中、塞奥发尼斯(Theophanes

① Michel le, Syrien *Chronique de Michel le Syrien*, *Patriarche Jacobite d'Antioche*, (*1166-1199*), trans.by J.B.Chabot, Tomes I, II.Paris:Leroux 1899-1904.

② Zachariah Mitylene, *Syriac Chronicle*, trans by F.J.Hamilton and E.W.Brooks, in *Byzantine Texts*, ed.by J.B.Bury, London:Methuen & Co.1899, Introduction.

③ Agathias of Myrina, *Historiarum Libri V*, Bolin 1967, V, 10. 3. John Malalas, *Chronicle*, trans.by E.Jeffreys, M.Jeffreys & R.Scott, Australian:University of Sydney 2006(Melbourne 1986), Ⅷ,13.

Confessor, 758? —818 年)在其《编年史》中、尼基弗鲁斯(Nikephoros, 758—828 年)在其《当代编年纪》中、尼基乌主教约翰(John of Nikiu, 7 世纪)在其《编年史》中都谈到大瘟疫及其恐怖的影响,并一致将之归于上帝的惩罚。

　　还是让我们对这些拜占庭古代文献作必要的简练分析,以供下文引用。阿加塞阿斯与前述埃瓦格里乌斯同龄,出生在小亚细亚梅利纳,①其早年的生活几乎与其他贵族子弟没有区别,在接受了系统的教育后从事律师工作,并逐步进入仕途。其代表性作品为《五卷本历史》,所涉及的内容主要为世俗社会政治和外交生活的情况。虽然他开章明义指出,"由于查士丁尼统治时期的大部分事件均由修辞学家凯撒利亚的普罗柯比作了准确的描述,因此我觉得没有必要再涉及同样的内容了,但是我应该尽可能完整地描述后来发生的事情。"②事实上该作品提供了许多"查士丁尼瘟疫"在地中海地区传播和反复爆发的记载,十分珍贵。其后百余年的作家约翰·马拉拉斯的《编年史》则补充了大瘟疫造成的可怕后果,③并在此次瘟疫爆发和流行的年代确定方面提供了佐证。《复活节编年史(284—628 AD)》取名于基督教"复活节"历法,这是 7 世纪拜占庭编年史的一种惯例,④原文用拜占庭希腊语写成,内容涉及基督教亚当时代直到 7 世纪前期伊拉克略一世(610—641 年在位)统治第 20 年。书中有关"查士丁尼瘟疫"的一段记载比较详细,在全书简练的编年纪事写作风格中显得十分突出。这也与该书不同于皇家编年史和教会编年史比较严肃的记述方式相一致,即关注逸事传闻并特别重视地震天灾和大瘟疫等异常现象的记载。《阿贝拉编年史》也完成于 6 世纪,由自称为"被基督征服的人"所作。根据内容判断,作者可能出生于拜占庭帝国东部两河流域地区,曾是古代文化中心尼西比斯(Nis-

---

　　①　他就此说:"我的出生地在梅利纳,我父亲是蒙诺尼乌斯,我的职业是实践罗马人的法律,履行法庭律师的职务。至于梅利纳,我指的不是色雷斯的那个城市,也不是指欧洲或利比亚可能存在的任何同名的城市,而是指亚洲那个梅利纳。"Agathias, *The Histories*, translated with an introduction and short explanatory notes by Joseph D. Frendo, Berlin: Walter de Gruyter & Co., Germany 1975, I, 14.

　　②　Agathias, *The Histories*, I, 22.

　　③　John Malalas, *Chronicle*, Ⅷ, 13.

　　④　*Chronicon Paschale*, *284—628 AD* translated with notes and introduction by Michael Whitby and Mary Whitb, Liverpool University Press 1989, X.

ibis)学校的学生,因为他在书中讲到的内容细节只有身在当地课堂听课的人才能描述出来。该书写作的时间应该在 550 年至 569 年,因为他提到这所学校的校长正是在 509 年至 569 年间主管学校的事务,而他使用现在时态来描述当时的事情。目前该文本尚在出版过程中,所以笔者的资料来源于电子文献资源。① 有趣的是,该文献提供了大瘟疫对于战争中正在交战双方的影响,这是其他史料中从未涉及过的。安娜·科穆宁娜是拜占庭历史上最著名的女作家,虽然她生活在"查士丁尼瘟疫"爆发 5 个多世纪以后,但是她的写作却每每涉及古代。这是与其尚古精神和模仿古代作家写作风格相一致的,因为作为科穆宁王朝最尊贵的公主,她接受的宫廷教育涉及范围极为广泛。其《阿莱克修斯传》虽然对其父亲颇多褒奖,但在古典风格的历史叙事中还是提供了对瘟疫的客观描述。② 塞奥发尼斯是基督教的圣徒,至今天主教和东正教均保持着纪念他的节日。他虽然出身拜占庭帝国京都贵族,却早年痛丧双亲,由皇帝君士坦丁五世(741—775 年在位)批准留在宫廷中长大,早年便出家自愿成为修道士。后来他因为坚持崇拜圣像的立场受到毁坏圣像派的迫害致死。其《编年史》因其特殊的经历涉及了 284 年至 813 年间诸多拜占庭历史重大事件的细节,著名的德国拜占庭文献学家科隆巴赫尔(Krumbacher)高度评价该编年史,认为它比其他拜占庭编年史更为可靠。③ 对于本书而言,塞奥发尼斯《编年史》提供了又一个可靠的年代佐证。尼基弗鲁斯与塞奥发尼斯同年出生,与其供职于宫廷的父亲一样,后来成为毁坏圣像皇帝的宫廷秘书,并因其毁坏圣像派宗教观点而任拜占庭帝国大教长近 10 年之久,最终因卷入朝野教俗斗争太深而受到迫害,被迫出家成为修道士,在修道院老其终生。其《当代编年纪》的前半部分依惯例从基督创世写起,价值不大,但是涉及其当代的历

---

① *The Chronicle of Arbela*, http://www. tertullian. org/fathers/index. htm # Evagrius _ Scholasticus(2007 年 5 月 15 日星期二),IV。

② 目前比较权威的两个版本分别是 Anna Comnena, *The Alexiad*, trans by Elizabeth A. Dawes,London 1928 和 Anna Comnena, *The Alexiad*, edited and translated by E. R. A. Sewter. Harmondsworth:Penguin 1969,后者增加了更多的注释,是长于前者之处。

③ K. Krumbacher, *Geschichte der byzantinischen Literatur*, Athens:Gregoriades (Αθήναι: Εκδόσεις Βας. Ν. Γρηγοριάδης)1974,I,p.342。

史则多持中立观点,在拜占庭编年史中也属难得。[1] 就本书的研究看,该文献的价值大体与塞奥发尼斯《编年史》类似。尼基乌主教约翰是 7 世纪埃及地区人,696 年曾担任尼基乌城主教,但不久因被指控滥用职权而被罢免。他用柯普特语完成的《编年史》是了解 7 世纪埃及历史的最重要史料,但是包括著名史家爱德华·吉本在内的很多学者都未能注意其重要性。这本《编年史》在流传过程中散失严重,幸好阿拉伯史家将其翻译为阿拉伯语,而他使用的柯普特语对阿拉伯作家来说更易理解,这也使阿拉伯译本相对准确。该书涉及 7 世纪末以前的历史,其中就包括关于"查士丁尼瘟疫"的材料。[2]

上述拜占庭古代文献来自于帝国不同地区不同时代,用多种语言写成,其中许多记载显然与普罗柯比的资料来源有所不同,因此可以为普氏的记载提供更丰富的补充材料或佐证材料。但是比较而言,在所有相关史料中,普罗柯比的记载价值最为重要。其所长之处,一是记述最为翔实,此次瘟疫涉及的方方面面都有细致描述,这是其他作家没有做到的;二是记载依据其亲身经历,且秉承了古典时代的写作风格,因此描述感性直观、鲜活生动,读来真实可靠,就此而言,其他作家无出其右;三是记载涉及的瘟疫是地中海地区首次爆发的鼠疫,其他作家或记其后果,或记其传播,或记载个别地区的情况,或摘抄其材料,均缺乏普氏的首记之功。

二、"查士丁尼瘟疫"

根据普罗柯比的记载,"查士丁尼瘟疫"的爆发十分突然,即便在秉承了古希腊发达医学知识的拜占庭帝国,医生们仍然找不到任何相关的解释依据,更没有应对办法。从作者描述的当时人表现出的那种无奈慌乱和束

---

[1]　Nicephorus, *Historia syntomos*, Athēna: Ekdoseis Kanakē, 1994.

[2]　John, Bishop of Nikiu, *Chronicle*, trans. by R. H. Charles, London: Oxford: Published for the Text and Translation Society by Williams & Norgate 1916, XC, 54-58, CXX, 31.

手无策可以看出,这次瘟疫是此前人们从来未曾经历过的。①

为了使读者更准确地了解"查士丁尼瘟疫"的细节,笔者认为有必要比较全面地引用相关史料。普罗柯比写道:"这时候发生了一场灭绝人类的大瘟疫。以往凡是上天降灾于人世时,一些睿智的人都想方设法对其进行解释,提出了许多人们根本无法理解的原因,捏造一些自然哲学的古怪理论。他们的说法都不足为信,他们只是用自己的理论欺骗他人,说服他们同意自己的观点而已。但是现在的这场灾难若想用言语表达或在头脑中构思对它的解释都是不可能的,除非把它说成是上帝的惩罚。"作为一个客观的历史作家,普罗柯比承认自己无法说明这次瘟疫爆发的原因,声称"在人类理智的范围内找不到解释这种瘟疫的理由",因此他开章明义地声明他所要做的就是如实记载,"也许只有诡辩家和占星学家能够对这件事表达自己的看法,而我却只想讲出这种疾病起源何处以及通过什么方式毁灭人类。"②

这里,普罗柯比将"查士丁尼瘟疫"爆发的原因归于"上帝",说它代表了"上帝的惩罚"。这种说法真实地反映了作家所处的时代是一个笃信基督教的时代。我们从其他拜占庭作家那里也听到了基本相同的说法。例如埃瓦格里乌斯就无奈地说:"接下来还要发生什么事情我也不清楚,因为这是上帝所掌控的,只有他知道瘟疫的原因和走向。"③尼基乌主教约翰认为人类违背了上帝的意志,"因而上帝正义的审判就要落在他们身上,将许多瘟疫播撒在人间和畜群"。④ 阿加塞阿斯也认为"上帝惩罚的标志显示得特别明显",但是他同时也提到了其他一些看法,"有人说这个地区的空气被污染了,认为污染的空气是这场瘟疫的祸根。而其他人认为,由于他们生活

---

① 有人研究认为,早在公元前 11 世纪,埃及地区就爆发过鼠疫,其根据来自犹太《圣经·撒姆尔记》中的文字,其中提到菲利斯丁人就遭受了一次大瘟疫的打击,整个菲利斯丁人的城市和政治中心区都经历了"老鼠的摧毁,即大瘟疫的破坏",古希伯来人将其症状描述为"隐私部位肿胀"。*Hebrew Bible*, I Samuel,5:6。这个以《圣经》为依据的推测还有待其他证据的证明。

② Procopius,*History of the Wars*,II,ii,22.

③ Evagrius,*A History of the Church in Six Books*,IV,29.

④ John,Bishop of Nikiu,*Chronicle*,CXX,31.

方式的突然改变造成了灾难,因为在历尽强行军和不时发生战斗的磨难后,他们都沉湎于奢华和放纵。他们都未能最终察觉到是什么真正导致了这场灾难,事实上使得它不可避免,他们也不了解他们蔑视上帝和人类的法律将要遭受到无情的灾祸"。"另外一些人持这样的观点,他们认为这次毁灭是因为上帝的愤怒,完全是对人类犯罪的报应和惩罚,是要毁灭整个人类。"①约翰·马拉拉斯则说:"我主上帝眼见人类的罪恶越来越严重,便向地上的人类施行惩罚,摧毁了所有的城市和土地。"②基督教于公元 1 世纪初兴起于巴勒斯坦地区后,经过数百年的发展,在晚期罗马——拜占庭帝国统治者的支持下,从下层民众的宗教演变为王朝统治的工具,成为排他性的国教。到查士丁尼时代,基督教信仰已经确定无疑地成为拜占庭社会的主流意识形态。这样的思想背景,决定了普罗柯比及其他拜占庭作家在字里行间反映出的基督教徒对上帝的虔诚信仰。英国拜占庭学家喀麦隆就明确分析过普罗柯比的这种"基督教思维方法"。③ 这种思维方式显然与普氏崇尚的修昔底德的理性思维方式有明显区别。④

关于"查士丁尼瘟疫"起源地和流行地区,普罗柯比是这样写的:"这次瘟疫最先从生活在佩鲁希昂的埃及人开始流行,而后分两个方向传播,一个方向传入亚历山大和埃及其他地方,另一个方向传入靠埃及边境的巴勒斯坦地区。由此它迅速蔓延扩散,传遍整个世界。它肆意横行,随心所欲,但其运行似乎又有某种预定的安排。它在一段时间内在一个国家肆虐,毫不留情地到处抛下疫种。它通过两个方向传到世界的尽头,唯恐某个角落被漏掉,就连岛屿、山洞和山区中生活的居民也不放过。假如这次它从一些地方经过,没有传染当地居民,过些时候它又会回来肆虐,而这块土地周围的居民因为上次曾被传染过,这次就不会再遭殃了。瘟疫横行之处死亡人数

---

① Agathias, *The Histories*, II, 3 and V, 10.

② John Malalas, *Chronicle*, XVIII, 92.

③ A. M. Cameron, "The 'Scepticism' of Procopius", *Historia*, 1966, XV, p.474.

④ 修昔底德在谈到记载雅典瘟疫的目的时说"我自己只描述这种病症的现象,记载它的症候;这些知识使人们能够认识它,如果它再发生的话",其中透射出古典作家近乎冷酷的理性思维的特点。修昔底德著,谢德风译:《伯罗奔尼撒战争史》,商务印书馆 1997 年版,第 137 页。

不达到一定的数量它就不会离开,从而使这里的死亡人数与相邻地区以前死亡的人数大体持平。这种疾病通常先从海岸边爆发,进而传播到内地。第二年仲春时节,它到达拜占庭城,那时我碰巧也在拜占庭城。"①这里,作家认为瘟疫的源头在一个名为"佩鲁希昂"的地方,后来扩散到埃及,根据吉本的考证认为这个地方位于"埃塞俄比亚沼泽地和尼罗河东流域之间"②。这个地区在查士丁尼时代属于拜占庭帝国的埃及行省,是帝国首都君士坦丁堡的主要粮食供应地。埃瓦格里乌斯与普氏说法略有不同,他记载道:"据说这场瘟疫来自于埃塞俄比亚,之后它就席卷了整个世界,除了一些感染过疾病的人,剩下所有的人都被波及。有些城市受到的危害十分严重,以至于几乎没有人存活下来,反之有些城市则受灾较轻并且继续生存发展。这场瘟疫没有按照一个固定的时间发作,也从不以同一个时间离开:它在一些地方于初冬的时候爆发,在另一些地方则是春天,还有一些地方则是夏天,甚至在一些地方是在秋天肆虐。"特别值得注意的是,埃瓦格里乌斯就大瘟疫周期爆发的记载,"通常情况下,瘟疫以每5个财政年(即15年)的周期循环波及各地。但是尤其是在每个循环的第一两年时最为严重。"③

埃及地区属于定居农业区,人口比较稠密,环境湿热,病毒病菌都易于滋生。自古希腊时代,埃及,特别是沿尼罗河的上埃及地区就是疾病的多发地区。而欧洲和地中海北部沿海地区的生态环境"普遍寒冷、潮湿、土壤多呈酸性",既不利农耕也不易成为瘟疫发源地。④ 在这一记载中,埃瓦格里乌斯关于大瘟疫爆发时间的意见可能比普罗柯比更准确,普罗柯比认为瘟疫在春季降临,事实上由于携带病源细菌的跳蚤在温暖和潮湿的夏季最为活跃,而一旦鼠疫爆发,其传播流行就不分季节了。另外,地中海沿海各地区之

---

① Procopius, *History of the Wars*, II, ii, 22.

② 爱德华·吉本著,黄宜思等译:《罗马帝国衰亡史》下册,商务印书馆 1997 年版,第227 页。

③ 淋巴腺鼠疫最早于541 年秋天发生在埃及,次年传到整个近东地区和君士坦丁堡,埃瓦格里乌斯的记载补充了大瘟疫提前在埃及爆发的史实,同时他认为瘟疫可以在全年任何季节爆发,这一点普氏没有提到。Evagrius, *A History of the Church in Six Books*, IV, 29. 拜占庭人每3 年测量土地收入以确定税收数量,习惯上称之为"财政年"。

④ R.S. Gottfried, *The Black Death, Natural and Human Disaster in Medieval Europe*, New York: Free Press; London: Collier Macmillan 1983, p.2.

间自古就有密切的物质联系,作为地中海北岸各大城市主要的食品供应地,埃及各海港与帝国首都和其他大都市,特别是沿海城市保持最密切的贸易联系。作为地中海世界最大的城市,君士坦丁堡的粮食供应主要来自埃及,携带鼠疫的老鼠也因此随粮食贸易船只抵达了拜占庭京城。查士丁尼时代,这种联系尤其密切,因为查士丁尼为打破波斯人在远东贸易上的垄断地位,绕开陆上商贸线路,大力拓展红海商业通道,使这种联系进一步得到强化。① 可以推断,当时频繁的海上谷物贸易与"查士丁尼瘟疫"的爆发有直接关系。

根据现代流行病专家的意见,普罗柯比记载的"查士丁尼瘟疫"毫无异议地被确定为鼠疫。而鼠疫"全部分布在北纬 45 度和南纬 35 度之间",② 其病源地在湿热的东非和埃及也大体可以肯定。近年来,一些研究者更进一步追寻埃及瘟疫的来源,提出了中亚是原发地,病菌随商旅和军队传入埃及的意见。③ 但是,依据历史大事年表可以发现,埃及是最早出现疫情的地区(541 年),第二年春季瘟疫扩散到首都君士坦丁堡,而后于 543 年使意大利、叙利亚等地成为疫区。④ 波斯是这次瘟疫最后感染的地区,其传染源是东地中海的安条克,病菌随入侵到此地的波斯军队传播终成大规模瘟疫,并迫使疫病流行的军队撤退,波斯人与拜占庭人遂于 545 年订立休战协定。⑤

① 陈志强:《拜占庭帝国史》,商务印书馆 2003 年版,第 139—140 页。

② 王凝芳等主编:《21 世纪医师丛书:传染病分册》,中国协和医科大学出版社 2000 年版,第 355 页。

③ J. W. Barker, *Justinian and the Later Roman Empire*, Madison: University of Wisconsin Press 1966, pp.191-192.这种意见以 14 世纪爆发的鼠疫为根据推断 6 世纪的鼠疫发源地,实不可取。克莱夫·庞廷著,王毅等译:《绿色世界史》,上海人民出版社 2002 年版,第 257 页也提出了相同的观点,但是缺乏必要分析,不足为凭。

④ *Chronicon Paschale*, *284-628 AD*, X. Theophanes Confessor, *The Chronicle*(*AD 284-813*), X, [AM6034],塞奥发尼斯在此处记载君士坦丁堡瘟疫爆发于 10 月是与埃瓦格里乌斯"秋季爆发说"相吻合的,只是他没有提到病源地埃及。Nicephorus, *The Chronicle*, X. John of Ephesus, *Historiae Ecclesiasticae pars tertia*, II, p.234.

⑤ 《阿贝拉编年史》就此记载,"上帝打算惩罚双方,向他们播撒可怕的瘟疫,使无数的人死去。罗马人被迫停止追击,退回他们的国家,但是,即便如此在这退却中也难以找到安全之所,因为瘟疫一直追踪着他们,将他们大批杀戮掉"。*The Chronicle of Arbela*, IV. L. Brehier, *The Life and Death of Byzantium*, New York: North-Holland Pub. Co. 1977, pp.35-54.普罗柯比也说:"科斯劳正面临困境:他的儿子在国内起兵反叛,声称要建立僭主政治;而他本人和波斯军队又都感染上了瘟疫,这就是他现在急于签约的原因。"Procopius, *History of the Wars*, II, ii, 24.

显然,普罗柯比的记载符合历史事实。研究还证明,普罗柯比记载的瘟疫是第一次出现在地中海地区,此前修昔底德记载的"雅典瘟疫"与之有明显区别。由于修氏记述不够详尽,后人至今未能确定"雅典瘟疫"属于何种疾病,例如格罗特就认为"雅典瘟疫"是斑疹伤寒,因其病症和斑疹伤寒的病症较为类似,但是有人推测其为埃博拉出血热。[①] 如果修昔底德记载的"雅典瘟疫"确为伤寒,则其病源地应在"较寒冷地区的农村以及高寒山区",相反,如果"雅典瘟疫"是埃博拉出血热,则其发源地点当在非洲。[②] 这样,我们对"查士丁尼瘟疫"的病源地、爆发时间和其周期性发病的情况有了比较清楚的了解。

三、瘟疫症状

古希腊和拜占庭医学虽然比较发达,但同样是建立在经验基础上,而不是建立在类似近现代医学实验的基础上。因此,现代学者的研究主要依据古代作家有关瘟疫症状的记述。根据普罗柯比的记载,"查士丁尼瘟疫"的症状与鼠疫相同。他就瘟疫发病情况写道:"瘟疫来临时,许多人声称看到了像人形装束的鬼怪幽灵,这些人都认为自己是被鬼怪身上的某一部分所迷惑。其实他们在看到幽灵时就感染上了瘟疫,他们开始大喊圣徒的名字以驱除魔鬼,但根本无济于事,因为连生活在教堂中的人也未能幸免于难。到了后来,即使是他们的朋友召唤他们,也得不到回应了,他们把自己封闭在房间里,就算门被打破了,他们也装作没听见,很明显他们害怕召唤他们的人就是魔鬼中的一员。其他人则以另一种方式被感染上的:他们先是在

---

① P.Olson 和 A.Brugg 等人都怀疑"雅典瘟疫"是埃博拉出血热,转引自 Christine A. Smith,"Plague in the Ancient world:a study from Thucydides to Justinian",*The Student Historical Journal*,vol.28,1996—1997,Loyola University,New Orleans,4/5/2002(http://www.loyno.edu/~history/journal/ 2002-10-28),p.11,note 36。

② 李梦东主编:《实用传染病学》,人民卫生出版社 1998 年版,第 299 页。医学界认为现代人类埃博拉出血热首次爆发于 1976 年的东非。王季午、刘克洲等主编:《人类病毒性疾病》,人民卫生出版社 2002 年版,第 704 页。

梦中看到了一个幻象,忍受着站在面前的魔鬼的折磨,还有的人则听到一个声音告诉他已经被记入黑名单了。但大多数人都是在不知不觉的情况下染病的,而不是通过看到幻象或做了一个梦。他们的症状是这样的:先是突然发烧,有的人是突然从梦中惊醒,还有的人是在走路时或其他的场合突然出现发烧症状。皮肤的颜色没有变化,一直处于低烧状态,也没有发炎,发烧使人四肢无力。但是,医生不会认为发烧有什么危险,得此病的人也没有一个认为自己会死掉。但有一些人会在头一两天内出现腹股沟淋巴结膨胀的现象,这种情况仅发生在身体的'腹股沟'(Βουβών)部位,①即在腹部以下,也可出现在腋窝处、耳朵侧面和大腿的各处"。②

埃瓦格里乌斯的《教会史》也提到"疾病有不同的表现形式。有些人的表现是从头部开始的,他们的眼睛充血,面部肿胀,然后会感染到喉咙,最后离开人世。还有些人会发生腹泻现象。还有一些感染者的淋巴肿胀,然后发高烧;他们一般在次日或者第三日就会去世,而智力以及身体结构和没有感染的人没有什么不同。还有一些人会发疯,并且抛开生命不顾。还有一些人会出现红疹。还有一些病例表明,有些人被感染了一两次之后就逃脱了死亡,但是却死于再一次感染"。③ 阿加塞阿斯记述说,病人"意识变得模糊不清,像个疯子一样胡言乱语。他变得浑身可怕地打着寒战,嗓子眼里发出痛苦的呻吟呼噜声。忽而他会脸朝下翻倒躺在地面上,忽而又翻来覆去满地打滚,口吐白沫,两眼可怕地直勾勾地盯着前方。这个可怜的家伙好像犯了狂躁型的精神病人一样,竟然开始啃食起他自己的胳膊,用牙齿咬吃胳膊上的肉,撕烂吞吃着,舔着脏兮兮的伤口。他就这样吃着自己的肉,慢慢地精疲力竭,最终极其悲惨地死去。其他人也都如此这般像苍蝇一样死去,瘟疫继续肆虐,直到整个军队都死光了为止。他们大部分人尽管受着高烧的折磨,但仍然保持头脑清醒直到死去。一些人被突然感染倒下就完蛋了,而另外一些人则昏昏沉沉迷迷糊糊,还有的变得完全精神错乱了。这场瘟

---

① 即鼠蹊。

② Procopius, *History of the Wars*, II, ii, 22.

③ 埃瓦格里乌斯的记载表明瘟疫除了感染淋巴之外,还有引起败血症和肺部疾病,这些并发症会比淋巴感染更快致人死亡。Evagrius, *A History of the Church in Six Books*, VI, 29.

疫表现的形式多种多样,而每一种都是致命的"。"人们大量地死去,好像遭受到突然而凶狠的袭击。那些能抵抗住疾病的人最多也就多活 5 天。此次瘟疫流行的形式与早先那次爆发似有不同。腹股沟淋巴腺体的肿胀伴随着持续不断的高烧,日夜折磨着患者,使他们神经始终高度紧张,精神狂乱,直到死亡为止。还有一些人毫无疼痛、发热或任何其他的最初症状,正当他们在家里或大街上或其他什么碰巧所在的地方正常地干着什么,就突然跌倒死去了。所有年纪的人都无一例外地统统遭受到打击,但是遭到打击最为沉重的是那些年轻而充满活力的人,特别是那些感染非常轻微的男人和女人。"①《复活节编年史(284—628 AD)》记载:"有一些人在睡梦里也得了这种病。另外一些人不知不觉突然发起高烧,受到精神错乱病症和嗜睡的痛苦折磨。他们中有的死于饥饿,因为他们只是想睡觉,但另一些则因不睡觉而毙命。一些人吐血不止,很快被夺去了生命。很多人虽然没有遭受心智错乱的痛苦,但是他们身体的某些部位,特别是腋窝里面肿胀后疼痛难忍,痛不欲生。有的人身上长出火烧火燎疼痛的脓包,他们即刻就死去了。"②

这里提到的幻觉、发烧和淋巴结肿大等三种发病症状均属于鼠疫病人典型症状,其发病初期的炎症都会引起高烧和一系列"中枢神经系统症状",其表现被现代流行病手册记录为精神萎靡、衰弱嗜睡、出现幻觉、焦躁不安、谵语等,其中包括在清醒、睡眠和未知情况下的发病。根据流行病学,鼠疫潜伏期可以长达一周左右。③ 在此期间,病人发病的情况多种多样,普罗柯比对此记载得十分完整生动,而阿加塞阿斯所谓"瘟疫表现的形式多种多样"则十分准确。与修昔底德的记载对比分析,我们可以发现大瘟疫

---

① Agathias, *The Histories*, II, 3 and V, 10.

② *Chronicon Paschale, 284-628 AD*, Appendix 10.

③ 前引《21 世纪医师丛书:传染病分册》提出在没有预防接种的情况下,鼠疫潜伏期约为 3 天(第 356 页),而《实用传染病学》认为其潜伏期为 2—8 天(第 495 页),后一种意见也为斯崇文等主编的《现代传染病治疗学》(安徽科学技术出版社 1998 年版)所肯定,参见该书第 322 页。

发病阶段出现的淋巴结肿大及其溃烂发黑是两次瘟疫最大的不同点，[①]这成为我们断定"查士丁尼瘟疫"为鼠疫的决定性因素。

为了能够准确地了解普罗柯比有关"查士丁尼瘟疫"的记述，细致考察他关于瘟疫临床症状细节的记载是必要的。"此后病人的症状就有明显的不同了，我不能肯定能从身体的哪些部位找到发病的原因，因为实际上它是遵照上帝的意愿把疾病带到人间来的。一些人随之而来的是沉沉昏睡，另一些人则是强烈的精神错乱，这两种情况都是瘟疫进一步发展的典型症状。那些被鬼怪附身的人忘记了所有的熟人，持续昏睡。如果这时有人照顾，他们便可以在昏迷的情况下进食，而没有人照料的病人则会因为饥饿而死亡。那些精神错乱者要忍受失眠的痛苦，被可怕的幻象所折磨，认为有人要来杀他们，异常激动到处乱跑，大声喊叫，护理他们的人会精疲力竭，难以忍受。虽然被传染的危险并不大（医生或其他人都不认为这种疾病是通过与病人或尸体接触而传染上的。因为有很多焚烧尸体和照顾病人的人都坚持下来而没有被传染，而不可思议的是其他人却在没有任何预示的情况下感染上了，而且不久就死去了），但他们却承受着巨大的痛苦：当病人躺在床上或在地板上翻滚时，他们要不断地将其拉回原处；当病人拼命地要冲出房间时，他们还得连推带搡地使其回来；当附近有水源时，病人就要跳下去，不只是因为他们口渴（因为他们中的很多人都跳到海里去了），而是他们头脑中犯病的状态所导致的。他们不能顺利进食，吃东西很费力，许多人因为无人照料，或者是饥饿而死或者是从高处跳下去摔死。至于那些既不昏迷、精神也不错乱的患者，他们腹股沟处的淋巴结由膨胀变成腐烂，患者因不堪忍受痛苦而死。在所有的病例中，死亡都是最终归宿，但有些人因为精神错乱而失去知觉，所以没有感到这种痛苦。""医生们也对此不知所措，因为他们根

---

① 修昔底德提到了"身体完全健康的人突然开始头部发烧……胸部发痛，接着就咳嗽。以后就肚子痛，呕吐……抽筋"，就是没有提到淋巴结肿大。修昔底德，前引书，第138页。由于斑疹伤寒和埃博拉出血热的症状有许多相似之处，所以现代医学研究人员无法根据修昔底德的简单记述对雅典瘟疫作出准确的判断。这两种瘟疫的潜伏期最长都可达到21天，发烧时间长，多为稽留热，伴有出血、咳嗽、皮疹等现象，同时因高烧引起的头痛、恶心、呕吐、嗜睡、谵语等症状也无区别。参见前引《人类病毒性疾病》，第706页；前引《21世纪医师丛书：传染病分册》，第281页。

本不知道这种病症的病因,他们猜测这种疾病的病灶在腹股沟处,便决定检验死者的尸体,切开一些肿块后,发现在里面长着一种痈疽。一些患者很快就死去了,另一些则在几天后死去。而那些身上长满小扁豆状黑色脓疱的人活不过一天就会死去,还有很多人吐血而死。我可以宣称,即使最杰出的医生也治不好这种病,他的患者照样会死去。但有些从痛苦中坚持活下来的幸存者说有很多注定要死的人也都活下来了。这种疾病不是人为原因造成的,因此在所有的病例中病人的结果是不可预测的。例如,有的人因为洗澡而减轻病情,而另一些人则因洗澡而病情加重;没有照顾的病人虽然死亡的人很多,但也有幸存者,不同的治疗方法在不同的病人身上取得的结果是不同的。实际上从这件事可以得出这样的结论:人们既没有发现救治自己的办法,也没有发现预防该病或是减轻患者病情的办法;痛苦在不知不觉中来到,或在没有任何外来帮助下痊愈。""那些腹股沟淋巴腺异常肿胀并破口流出脓水的病人逐渐摆脱了瘟疫并死里逃生,显然急性痈疽由此找到了排放的出口,而这一般也是恢复健康的标志。如果淋巴肿胀还像以前一样大小,那么可以肯定上述的病痛还不会消除。有些病人的痈脓虽然流出来了,但是大腿却萎缩了,这种病人的淋巴腺肿胀没有发展到化脓的程度。"①这些描述与现代传染病学研究得出的鼠疫症状特点基本吻合。鼠疫"病菌自皮肤侵入后,一般经淋巴管到达局部淋巴结,引起原发性淋巴结炎及周围组织炎症反应。淋巴结高度充血、出血、受累淋巴结可相互融合,周围组织水肿、出血。淋巴结内含大量病菌及其毒素,进入血流引起全身感染、败血症及严重毒血症状。如病变不继续发展,即成为临床上的腺鼠疫。若病菌经血进入肺组织可产生继发性肺鼠疫。再由呼吸道排出的病菌通过飞沫传给他人又可引起原发性肺鼠疫。各型鼠疫均可引起继发性败血型鼠疫,极严重者可以皮肤、淋巴结或肺损害,而迅速成为原发性败血鼠疫"。② 三种主要类型鼠疫都表现出腹股沟(占70%)、腋下(20%)和颈部(10%)淋巴结肿大,耳后及身体其他部位淋巴结也同时发炎。其中四分之一病人出现皮

① Procopius, *History of the Wars*, II, ii, 22.
② 前引《21世纪医师丛书:传染病分册》,第355页。

疹并发展为水泡、脓疱和溃疡。一般缺乏有效治疗的病人可在 2—3 日内死亡,因发绀和瘀斑,死后皮肤常呈紫色,故有"黑死病"之称。如果病人淋巴结破溃,则病情缓解,可以存活。①

普罗柯比详细记载的症状为后人确诊"查上丁尼瘟疫"为鼠疫提供了可靠的根据。比较而言,伤寒病的临床表现为发病急骤,皮疹出现的当天遍及全身是其典型表现,而因发烧出现的中枢神经系统症状则与其他疾患类似。② 由于修昔底德的记载中提到的多种症状多与消化系统相关,导致现代医学研究怀疑雅典瘟疫为埃博拉出血热。③ 这里,普罗柯比及其他拜占庭作家详细准确的记载使我们有幸能够准确判断"查士丁尼瘟疫"就是鼠疫,并与其他流行病相区别。根据现代医学的研究,鼠疫是由鼠疫杆菌所致的烈性传染病,在 1894 年日本学者北里柴三郎和法国细菌学家 A.耶尔森发现这种病菌以前,其病死率高达 50%—100%。④ "查士丁尼瘟疫"是鼠疫在地中海的首次大规模爆发,其病死率一定相当高,侥幸逃脱死亡的病人可能是人体对鼠疫产生的自身免疫力的结果。普罗柯比简单地谈到这一情况,"还有些幸存下来的人舌头僵硬,不再自然灵活,发音口齿不清,说话语无伦次,言语困难。"⑤就此而言埃瓦格里乌斯记载得更为详细,"在其他一些地区,有时一座城市里的一两户全部被瘟疫感染,但是城市其余人家却安然无事;我们认真调查后会发现,那些没有被感染的人会成为来年瘟疫的主要受害者。而令人更惊奇的是,如果一座城市被瘟疫波及但那里的居民在没有被感染的情况下逃往其他城市,那么他们在那座城市还是会遭遇不

---

① 前引《实用传染病学》,第 495 页。

② 前引《21 世纪医师丛书:传染病分册》,第 281 页。

③ 前引《人类病毒性疾病》(第 706 页)认为这些症状的病理改变表现在单核吞噬细胞系统遭受损伤,因此出现一系列脏器出血症状。Patrick Olson, "The Thucydides Syndrome: Ebola Virus? (or Ebola Reemergent?)" *Emerging Infectious Diseases*, 2(Apr.—Jun. 1996), 1—23. Allison Brugg, "Ancient Ebola Virus?" *Archaeology*, (Nov./Dec. 1996) 28. Bernard Dixon, "Ebola in Greece?" *British Medical Journal*, 313(17 Aug. 1996), 430.

④ 现代流行病学认为,鼠疫是可以预防和治疗的,人们发现,鼠疫杆菌对干燥、热或紫外线抵抗力弱,煮沸 1 分钟即可被杀死,一般消毒药如甲酚、漂白粉、新洁尔灭和乙醇等均能杀死鼠疫杆菌,使用链霉素、磺胺、四环素、氯霉素、庆大霉素可治疗各型鼠疫。

⑤ Procopius, *History of the Wars*, II, ii, 22.

幸——也就是说,那些从被瘟疫波及的城市逃亡的居民仍然会在没有被感染的城市得病",他还结合自己幸免于瘟疫的经历说,"在大瘟疫最初爆发的时候,我还是个小学生,但是在随后的几次瘟疫中,我失去了我的子女、妻子、仆人和住在我家里的其他一些人,就仿佛这一循环特意将我排除出去一样。现在写下这些内容的时候,我已经58岁了,大约两年前瘟疫第四次波及了安条克,在这次循环中,除了之前失去的亲人,我又失去了一个女儿和她生育的儿子。"①从埃瓦格里乌斯和普罗柯比没有感染鼠疫和查士丁尼轻度感染鼠疫的例子中,我们可以了解到当时有一部分居民确实幸运地躲过了瘟疫的打击这一情况。多年以后,安娜·科穆宁娜在《阿莱克修斯传》也提到一些人从瘟疫流行地区幸免于感染的情况。②

在了解了"查士丁尼瘟疫"的症状等情况后,我们的注意力自然转向这次瘟疫造成的巨大破坏,包括其在物质和精神方面的严重影响。

四、影　响

6世纪中期地中海地区流行的鼠疫可能是当地历史上爆发的第一次大规模鼠疫,然而由于人们对"查士丁尼瘟疫"了解不多,其恶劣的影响更是学界和公众尚未充分注意到的。爱德华·吉本在其《罗马帝国衰亡史》中对此分析说:"战争、瘟疫和饥馑这三重灾祸同时降临在查士丁尼的臣民的头上;人类数量明显的减少成了他的统治时期的一个极大的污点,这人口减少的情况,在地球的某些最美好的地方至今也并未完全恢复。"③可是,吉本并没有进一步展开说明此次瘟疫的严重影响。英国著名学者琼斯在其《晚期罗马帝国史》论及查士丁尼时代历史的部分中也指出:"可能这个时期对

---

① Evagrius, *A History of the Church in Six Books*, VI, 29.

② Anna Comnena, *The Alexiad*, XIII. 她描述了一个名叫威廉·克拉利勒斯的伯爵如何从瘟疫流行的军营中逃脱的故事。

③ 由于当时的作家普罗柯比等人记述非常详尽,这次瘟疫被公认为鼠疫。爱德华·吉本,前引书,下册,第230页(为方便我国读者,本书使用该书中文本)。

帝国影响最严重的灾难是鼠疫",①可惜的是他也没有对此详加说明。这两位罗马拜占庭史权威一个说此次瘟疫是"最严重的灾难",一个说其影响"至今也未完全"消除,这样的说法是否言过其实了呢?② 爱德华·吉本、琼斯,以及美国新生代拜占庭学者特里格尔德③等人已经注意到"查士丁尼瘟疫"造成的巨大人员损失,他们在这个问题上的独到见识在拜占庭学界无人可比。问题只是在于,他们的作品没有提供必要的文献资料依据,也没有详细讨论瘟疫事件。

在谈到这场鼠疫造成当地空前严重的人力损失方面,我们最好直接引用普罗柯比等拜占庭作家的记载,因为这些作家不仅生动地描述了瘟疫爆发后当地居民的大量死亡,而且提供了比较具体的数字。"拜占庭城的瘟疫流行了 4 个月时间,其传染最强烈的阶段持续了大约 3 个月。起初死亡人数略低于正常状态,而后死亡率持续上升,后来,死亡总人数高达每天5000 人,最多时甚至达到每天 10000 人或更多。"④根据以弗所人约翰的记述,瘟疫高峰时在公共场所中每天死亡的穷人从 5000 人上升到 7000 人或10000 人,最多时到达 16000 人。这个数字可能是所有相关史料中最高的。在君士坦丁堡城门记录运到城外埋葬的尸体的官员在数到 23 万时便停止继续统计,因为尸体数量太多难以全数。他惊恐地写道:在巴勒斯坦的一些城市和村庄,所有的人都死去了,无一幸存,"所有的居民都像美丽的葡萄一样被无情地榨干、碾碎",从叙利亚到色雷斯"在收获季节里居然没有人

---

①　琼斯认为这次瘟疫"从佩鲁希昂爆发,542 年席卷埃及、巴勒斯坦和叙利亚,次年传到君士坦丁堡,并传播到整个小亚细亚、色雷斯和伊里利亚,还通过美索不达米亚传入波斯。它也向西传播到意大利、非洲,进入高卢。有关其后来肆虐的情况记载很少,但是它间隔一段时间在许多地方重新爆发,尽管不再是致命的。阿加塞阿斯记载了晚至 558 年它在君士坦丁堡的再度流行,一些西方编年史家则记载了 570—571 年间它在意大利和高卢的严重爆发,还有人记载了 573—574 年君士坦丁堡再次爆发的鼠疫"。A. H. M. Jones, *Later Roman Empire 248-602*, Oxford: Basil Blackwell, 1964 pp.288-289, 300.

②　笔者曾就此问题做过专门探讨,见陈志强:《"查士丁尼瘟疫"影响初探》,《世界历史》2008 年第 2 期。

③　特里格尔德认为"这次传遍整个半岛东部地区的瘟疫造成了广泛的人口下降和非常明显的大量违法行为"。Warren Treadgold, *A History of the Byzantine State and Society* Stanford: Press of Stanford University, 1997, p.248.

④　Procopius, *History of the Wars*, II, ii, 23.

收获谷物,城市的街道上也看不到人影"。①《阿贝拉编年史》也说,"这次瘟疫流行了 3 个月,整户整户地消灭了大量当地居民。"②埃瓦格里乌斯写道:"据说这场瘟疫来自于埃塞俄比亚。之后就席卷了整个世界,除了一些感染过疾病的人,剩下所有的人都被波及。有些城市受到的危害十分严重,以至于几乎没有人存活下来。"③

居民突然大量死亡带来的首要问题是如何妥善处理死尸,起初人们还按照基督教传统下葬,但是"逐渐地,当以前存在的坟墓都埋满了死尸时,他们就在城市郊区各个地方一个接一个地挖坑摆放尸体,尽其所能一个死者一个坑,而后离去。但是后来那些挖沟埋死尸的人应付不了大量尸体的埋葬工作,他们爬上西耶要塞的塔楼,先掀掉屋顶,胡乱地把尸体扔进去,使得大量的尸体保持着坠落下来的样子堆积起来,几乎所有的塔楼都堆满了死尸后,再把屋顶重新盖好"。④《复活节编年史(284—628 AD)》也记载说:"如此众多的人死于所说的这种瘟疫,致使人们只能将运尸板车套在不会说话的牲畜身上,然后把尸体扔在上面;当运尸的骡子被累死时,车子也就翻倒了,到处都像这样乱七八糟。当墓地都被占满了时,甚至连干渴的池塘也被填满了死人的尸体。"⑤"这场瘟疫持续了很长时间,以至于没有足够的人来掩埋尸体。有些人将死尸搬出他们自己的房屋,扔到担架上就不再去管他们。还有的尸体暴尸多日而无人掩埋……上帝的惩罚在拜占庭城持续了两个月。"⑥

综合分析这些史料可知,瘟疫在帝国京城流行了 4 个月,其中 3 个月为高峰期。在此期间,死亡人数迅速增加。《牛津拜占庭史》估计此次瘟疫使

---

① John, Bishop of Nikiu, *Chronicle*, II, pp.228-232.

② *The Chronicle of Arbela*, IV.

③ Evagrius, *A History of the Church in Six Books, from A.D. 431 to A.D. 594, A New Translation from the Greek; with an Account of the Author and his Writings*, VI, 29.

④ Procopius, *History of the Wars*, II, ii, 23.

⑤ *Chronicon Paschale*, 284-628 AD, X.

⑥ John Malalas, *Chronicle*, XVIII, p.92.

君士坦丁堡丧失了三分之一人口。① 布鲁宁认为瘟疫使君士坦丁堡丧失了五分之二人口。② 兰布则认为瘟疫使君士坦丁堡人口减少了一半。③ 阿兰等人提出此次瘟疫在君士坦丁堡的死亡率达到57%。④ 还有人推测在4个月内君士坦丁堡人口减少了40%，即是说死亡20万人，这个数字可能偏低。⑤ 因为如果以90日计算，平均每天死亡5000人（不考虑最高死亡数），则总死亡人数为45万人，按照现代学者对该城居民总数60万—100万的估计计算，死亡率当在75%—45%之间。⑥ 如果考虑到还有一定比例的居民没有感染瘟疫的话，那么病死率可能更高达80%—90%。⑦ 这里，学者们难以计算出准确的死亡率的原因在于，他们无法确定当时君士坦丁堡的总人口数。无论如何，"查士丁尼瘟疫"使拜占庭帝国首都一时间成为死神横行的真正的人间地狱。

特别值得注意的是，造成拜占庭人口持续下降的另一个原因是大瘟疫在地中海世界各地周期性爆发。我们由此可以设想，受到大瘟疫严重影响的不仅一代人，可能是几代人。"通经情况下，瘟疫以每5个财政年（即15年）的周期循环波及各地。但是，尤其是在每个循环的第一两年时最为严重。"⑧"查士丁尼瘟疫"反复爆发，每次发作的威力均未有丝毫减弱。阿加塞阿斯记录了其第二次爆发的严重情况，"那一年（558年）初春时节，瘟疫第二次大爆发，肆虐整个京城，杀死了大批居民。自从皇帝查士丁尼统治开始的第15年瘟疫

---

① C.Mango ed., *The Oxford History of Byzantine*, p.49.西里尔·曼戈著，陈志强、武鹏译：《牛津拜占庭史》，北京师范大学出版社2015年版，第69页。

② R.Browning, *Justinian and Theodora*, New York：Thames and Hudson 1987, p.120.

③ H.Lamb, *Theodora and the Emperor*, Garden City：Doubleday 1952, p.153.

④ 阿兰依据以弗所人约翰的记载，推算总死亡人口为23万，占总人口40万的57%。P. Allen, "The 'Justinianic' Plague", *Byzantion*, 1979, p.49.Christine A.Smith, "Plague in the Ancient world：a study from Thucydides to Justinian", *The Student Historical Journal*, p.11.

⑤ R.S.Gottfried, *The Black Death*, *Natural and Human Disaster in Medieval Europe*, p.11.

⑥ 学者们对于君士坦丁堡人口问题持有不同的估计，其中估计人口数最高的达到100万，最低的25万。S.Runciman, *Byzantine Civilization*, New York：Meridian Books 1959, p.124.

⑦ 1976年埃博拉出血热首次爆发时，病死率高达50%—90%。王季午、刘克洲等主编：《人类病毒性疾病》，第704页。同样，"查士丁尼瘟疫"作为地中海世界首次爆发的鼠疫，其病死率也可想而知相当高。

⑧ Evagrius, *A History of the Church in Six Books*, VI, 29.拜占庭人每3年测量土地收入以确定税收数量，习惯上称之为"财政年"。

第一次传遍我们这个地区以后,它……从一个地方蔓延到另一个地方,只是让那些一时躲过其暴虐摧残的人获得暂时的喘息。现在,它又回到了君士坦丁堡……人们大量地死去,好像遭受到突然而凶狠的袭击。那些能抵抗住疾病的人最多也就多活5天。"①埃瓦格里乌斯就提到安条克城遭受多次鼠疫袭击,"我已经58岁了,大约两年前瘟疫第四次波及了安条克,在这次循环中,除了之前失去的亲人,我又失去了一个女儿和她生育的儿子。"②

根据拜占庭作家的记载,由于感染鼠疫而导致人类繁殖能力受到损害。"如果是怀孕的妇女,只要她们染上这种病就死定了。一些人死于流产,另一些人在生产时和她们的新生儿一起死亡。然而,有人说三个分娩的妇女活了下来,她们的孩子却死去了,有个妇女在她的孩子出生的一刻死去,而她的孩子出生后活了下来。"③阿加塞阿斯明确说,瘟疫使侥幸活下来的人失去了生育能力。④ 鼠疫降低人类生殖能力的说法并未得到现代医学的证明,但是因为患病而导致普遍的体质下降可能是影响人口增加的重要因素。这在医疗卫生条件并不理想、半数儿童活不过5岁、人口增长速度缓慢的拜占庭中古时代表现得特别明显,给拜占庭作家留下了深刻印象。

史料提供的证据确定无疑地表明,拜占庭帝国和地中海世界因大瘟疫造成的人口损失极为严重。这里,我们还要从社会学角度分析问题。对于后世研究者或帝国官员来说,损失的人口只是一个数字概念,甚至对当时的作家来说,那也只不过是个传闻或看到的事实而已。但是,对于在大瘟疫中遭受感染或因此而失去亲朋好友的拜占庭人来说,其精神上遭受的痛苦和打击是刻骨铭心的。埃瓦格里乌斯心情沉痛地提到了他在瘟疫中失去的7个家人⑤,而《阿贝拉编年史》所说的,"整户整户"地死亡对他们及其亲友的心理影响,对我

---

① Agathias of Myrina, *Historiarum Libri V*, V, X.

② Evagrius, *A History of the Church in Six Books*, VI, 29.

③ Procopius, *History of the Wars*, II, ii, 22.

④ Agathias of Myrina, *Historiarum Libri V*, V, X.

⑤ 他记载:"在大瘟疫最初爆发的时候,我还是个小学生,但是在随后的几次瘟疫中,我失去了我的子女、妻子、仆人和住在我家里的其他一些人……大约两年前瘟疫第四次波及了安条克,在这次循环中,除了之前失去的亲人,我又失去了一个女儿和她生育的儿子。" Evagrius, *A History of the Church in Six Books*, VI, 29.

们这些经历过流行病的现代人也不应该陌生吧。① 拜占庭国家是由拜占庭人构成的,帝国的大厦是建立在许许多多拜占庭人家庭基础之上的。当大瘟疫打击了多数家庭,波及几乎所有家庭时,拜占庭人的家庭或者瓦解或者遭受重创或者失去了生活的乐趣,帝国大厦的基础不是被瘟疫侵蚀甚至挖空了吗? 拜占庭经济史家安德列德斯正确地估计了这一点,他说:"希腊教会在其祈祷上帝保佑虔诚的信徒时,放在头一等的邪恶不幸就是瘟疫和饥荒(λοιμός和λιμός)。这两个词的连用不是仅仅因为合辙押韵。这两种不幸同样可怕,并不断威胁(拜占庭)帝国的居民"。② 这里,作者涉及的是个人对于瘟疫和饥荒的心理感受,是从一个特殊的角度观察拜占庭人对于整个帝国的重要性,这在学术界,特别是经济史学界流行的冷酷无情的理性分析中真是凤毛麟角,难能可贵。

让我们考察一下"查士丁尼瘟疫"造成的深远的社会影响。首先从物质方面考察,人口的大量损失必定对社会物质生活产生不利影响。"查士丁尼瘟疫"肆虐的主要地区是人口密度大的海港、城市和军营,因此其对帝国劳动力和兵员的破坏就显得更加严重。诚如史料显示的那样,"遭到打击最为沉重的是那些年轻而充满活力的人,特别是那些感染非常轻微的男人和女人。"③根据普罗柯比的说法,拜占庭京城的所有活动都因瘟疫而停止了,拜占庭帝国的正常秩序和社会生活受到严重干扰。"这段时间里,要在拜占庭城大街上看到行人绝非易事,因为所有有幸保持健康的人都躲在自己家里,或照料病人或为死者举哀。假定有人真的在外面碰到一个人,那他一定扛着一个死人。各类工作都停顿了,手艺人也放弃了所有活计,手工从事的各种其他工作也都是如此。的确,在一座完全停止了所有善事的城市里,饥荒十分肯定会导致骚乱……在拜占庭城根本不可能看到任何穿着官袍的人,特别是当皇帝也传染上瘟疫的时候(他的腹股沟淋巴腺也发生肿胀),

---

①　*The Chronicle of Arbela*, IV.

②　A. M. Andreades, "Economic Life of the Byzantine Empire", in *Byzantium; an introduction to East Roman civilization*, eds. by Baynes Norman Hepburn, and H. St. L. B. Moss, Oxford: Clarendon Press 1948, p.52.

③　Agathias of Myrina, *Historiarum Libri V*, V, X, and V, X.

但是在这个统治整个罗马帝国的城市里,每个人都……悄然无声地呆在家里。这就是罗马帝国和拜占庭城发生瘟疫的全部情况。"①约翰·马拉拉斯也提到,由于人口和牲畜大量死亡,在收获庄稼的季节无人下地收割,因此加剧了饥荒。"城市正常的食品供应中断了,加工谷物的磨房和面包房停止了工作。这样瘟疫灾祸又加上了饥荒……瘟疫流行对公众道德产生了灾难性的后果。"②这里,我们可以设想当时查士丁尼帝国行政管理体系陷于瘫痪的情形,城市工商业活动完全停止,由此导致的哄抢偷盗等各种暴力活动急剧增加。事实上,包括君士坦丁堡在内的各个大中城市和军营,特别是那些位于沿海地区的城市,是拜占庭帝国的神经中枢,是帝国国家机器运转的关节点。这些中心停止活动就意味着整个帝国失去了活力,丧失了基本的功能。

史料所记涉及两方面,一是官方极力组织人力和调拨财力参与抗击瘟疫,但是由于缺乏有效的方法阻止瘟疫的蔓延,因此只能在处理尸体上采取一些简单原始的措施,草草埋葬了事。正常的行政管理活动遭到破坏,原本由政府负责的粮食供给不能得到保证,出现了饥荒,而食品短缺不仅加强了瘟疫的破坏力,而且造成了城市动乱。君士坦丁堡是整个帝国的政治中心,庞大的官僚机构和众多的官吏是首都的一道风景线,但是在鼠疫流行期间,街道上看不到贵族官吏,行政活动显然陷于停顿。另外,民间生活也受到极大冲击,城市各行各业的生产活动停止了,与城市居民日常生活相关的商业贸易和手工业正常活动都因瘟疫而中断。政府出于维持统治秩序的需要,一度动用军队分发救灾资金,极力安抚民众,③但是,瘟疫的传播很快破坏

---

① Procopius, *History of the Wars*, II, ii, 23. 阿加塞阿斯在这个地方与普氏显然不同,他记载道:"然而,可能就在瘟疫传播到首都那年里,所有的匈奴部落却都活得好好的,而且好像因为某些原因,他们正好闻名退迹,当时他们决定南下,就在离多瑙河不远的地方驻扎下来"。Agathias of Myrina, *Historiarum Libri V*, I, XIV.

② R. Browning, *Justinian and Theodora*, pp.119-121.

③ "自然,这样就轮到皇帝面临粮食供给的麻烦了。他不得不从皇宫派遣士兵分发钱财,命令塞奥多鲁斯负责这项工作。这位先生担任宣读皇帝谕旨的职务,一直负责向皇帝呈报其臣民的申述,并反过来向臣民宣布皇帝的意愿所在。在拉丁语里罗马人称这个官职为'咨询官'。那些家务尚未陷入彻底贫穷的人还分别参加与他们有联系者的葬礼。而塞奥多鲁斯则分发皇帝的钱和自己掏腰包支付更多的费用,以便不断地掩埋没人处理的尸体"。Procopius, *History of the Wars*, II, ii, 23.

了官方的赈济活动,这就不能不动摇民众的政治信念,随后出现的首都民众骚乱是其外在表现。

瘟疫对拜占庭帝国中央集权统治产生了直接冲击,进而对使皇帝为中心的专制制度发生动摇。拜占庭帝国政治权力高度集中,皇帝的安危和帝国政府的稳定直接决定着整个帝国的命运。因此,当王朝行政统治一度停顿时,首都这种政治中心难免谣言流行,各种觊觎皇权的势力乘机行动,政治阴谋随即而起。普罗柯比写道,由于"拜占庭城(或称君士坦丁堡)人中流行瘟疫,皇帝查士丁尼身染重病;甚至说他已病死于瘟疫。谣言一直传播到罗马军营,一些军官说如果罗马人在君士坦丁堡拥立像他(查士丁尼)一样的人为皇帝,那么他们绝不承认。皇帝病情好转后,军官们互相指控,彼得将军和暴食者约翰声明他们听信了贝利撒留和布泽斯的话才发表了上述言论"。① 这次流产的宫廷阴谋,起源于皇帝查士丁尼感染鼠疫,终止于他奇迹般的康复。这次宫廷政变是否确有证据,目前尚不得而知。但是此后,一批文臣武将,包括战功赫赫的贝利撒留都因卷入其中而受到惩罚。这应该被视为瘟疫的一个直接恶果。贝利撒留作为查士丁尼时代最伟大的将领,在查士丁尼时代发挥了举足轻重的作用,其个人在拜占庭帝国军事史上占有重要地位,像他这样的军事将领对于帝国繁荣和皇帝统治的稳定是十分关键的。可以想象,连他都遭到怀疑并受到惩罚,那么帝国的统治还能稳定吗?

"查士丁尼瘟疫"对查士丁尼统治和当时拜占庭社会政治经济生活产生了巨大的影响,甚至对此后数百年拜占庭历史发展产生了深远的影响,但是要说清这个问题还需要做细致的探讨,还需要进行多学科交叉的研究,特别是需要有更多的数字统计进行量化的说明。这里笔者权且根据史料提供的几个明显事实分析大瘟疫对拜占庭帝国及其后来的历史的破坏作用。大瘟疫造成了拜占庭人口大量损失,进而直接对拜占庭帝国政治稳定造成了不利影响。根据现代学者的研究,查士丁尼统治以前,拜占庭军队总数达到65 万人,但是到了其统治末年,这一数字大幅度下降到 15 万人,也就是说,

---

① 普罗柯比著,吴舒屏、吕丽蓉译:《秘史》第 4 卷第 1—4 章,上海三联书店 2007 年版。

武装力量总数下降了七成以上。据说其后的皇帝伊拉克略能够投入其重大战事——波斯战争的兵力只有区区 6000 人而已,迫使他不得不常年驻屯在远离京城的东方前线,招募大量山民充军。当然,军队人数下降的原因是多方面的,但是地中海世界第一次鼠疫造成的人员损失大概是个关键因素。过去人们对此给出的解释是查士丁尼长期推行对外战争政策,导致兵力下降,目前这一解释看来需要反思和调整。①

　　文献提供的另一个事实是拜占庭帝国自查士丁尼时代以后人力长期短缺,甚至经过一个世纪也未能恢复,帝国被迫采取移民政策,仅 7 世纪末年就向奥普西金军区迁徙了 7 万斯拉夫人,762 年又再度向小亚细亚地区迁徙 21 万斯拉夫人,以补充劳动力和兵员。②“我们只从一个例子就可以见证到它们(瘟疫)肆虐的威力:君士坦丁五世统治时期,大瘟疫相当严重地消减了君士坦丁堡的人口,以至于皇帝毫不犹豫地强制从几个省区,主要是从伯罗奔尼撒半岛调集居民进京定居以补充人口。公元 746—747 年的大瘟疫,事实上是已知中世纪希腊世界最惨烈的瘟疫,然而还有许多其它的不幸。”③“查士丁尼瘟疫”爆发前,拜占庭帝国进行大规模征服战争,开疆拓土,将地中海变为帝国的内海,帝国疆域之广大堪称空前绝后。但是瘟疫后,帝国大厦轰然倒塌,不但强敌入侵屡屡得手,领土日益缩小,而且强大的中央集权政治迅速为内战所取代。显然,拜占庭帝国局势的突然变故是与“查士丁尼瘟疫”的巨大影响直接相关。当拜占庭国家遭受重大的人员损失、政治经济活动陷于停顿,尤其在政治中枢、军事重地和精神文化中心的城市遭到毁灭性破坏以后,帝国很难继续保持其强盛。就此而言,我们可以大胆地认为,到目前为止关于查士丁尼时代的研究都缺乏环境史学的观念,因此对这位皇帝的研究结论都存在重大缺欠,需要重新探讨加以修正。如果说大瘟疫前拜占庭军队兵强马壮、屡战屡胜,那么大瘟疫流行后帝国重大

---

① I. Καραγιαννόπουλος, *Ιστόρια Βυζαντινού Κράτους*, Θεσσαλοίκη Thessalopniki 1991,I,pp.638-639.陈志强:《拜占庭学研究》,人民出版社 2001 年版,第 59—60 页。

② Theophanes Confessor,*The Chronicle of Theophanes Confessor*,*Byzantine and Near Eastern History AD 284-813*,Translated with Introduction and Commentary by Cyril Mango and Roger Scott, Oxford:Clarendon Press 1997,vol.2,p.432.

③ A.M.Andreades,"Economic Life of the Byzantine Empire",p.52.

战事久拖不决,哥特战争又拖延了十余年才分出胜负。其中反映出大瘟疫影响拜占庭军队战斗力下降这一明显的史实。

大瘟疫还摧毁了帝国慈善救助机制的稳定运行。拜占庭东正教要求皇帝要仁慈、善良和宽容,因此他和皇家都要用自己的钱去资助大量的救济慈善机构,例如为朝拜者修建的驿站(Χενοδοχεìα)、为穷人建立的济贫院(πτοχοτροχεìα)、为病残人建立的医院(νοσοκομεìα)、为老年人建立的托老所(γεροκομεìα),这些都是帝国最重要的公共服务体系,是对罗马传统的继承。在大瘟疫期间,这些机构承担着巨大的压力,"治疗病人的那些人则感到持续的疲惫不堪,始终处于极为艰难的状态。由于这个原因,所有人对他们的同情不亚于对患者的同情。不是出于看到他们受到近距离接触瘟疫的威胁,而是出于理解他们经历的事情极度艰难。无论医生们或其他人……一直超负荷进行服务工作,超出了所有想象。"①这里记载的就是慈善机构工作人员的艰苦努力,以及他们近距离接近瘟疫感染人员而造成的巨大牺牲。这一切后来都停止了,原因可能是医护人员因为成为鼠疫高发人群而自行解散了。这样一套公众服务体系的恢复和建立可能不是短期能够完成的任务,而其人员培养、队伍组织、内部运作的完善至少在经济上又是国家沉重的负担。

最后,我们还要注意的是拜占庭民众对帝国长盛不衰和皇帝神圣信念的动摇。拜占庭帝国是笃信基督教的国家,其官方信仰是建立在民众个体信仰基础上的。自君士坦丁一世这个所谓的"第一位基督教皇帝"确定了基督教实质上的国教地位后,拜占庭君主们就必须顺应这个民意。朱利安皇帝企图改变现实,在基督教之外恢复古代多神教的信仰仪式,结果遭到了暗算,在战斗冲锋中被长矛从后背刺中,死于非命。这样一个基督教信仰占主流的帝国,当大瘟疫袭击发生后,整体信仰发生了动摇。一方面人们更加笃信上帝的无边法力和可怕的惩罚;另一方面,帝国伟大、皇帝尊严等观念也一定受到了冲击。人们相信,如果上帝保佑他们的帝国的话,如果英明神圣的皇帝真的是上帝在人世间的代表的话,那么瘟疫这样的惩罚是不应该

① Procopius, *History of the Wars*, II, ii, 22.

降临在他们身上的。查士丁尼晚年孤单多疑,不相信任何人,可能连其最信任、功绩最卓著的贝利撒留都背叛了他,更不用说朝野中其他各种觊觎皇位的势力了。这种宫廷内的尔虞我诈争权夺利是所有专制统治的通病,但是,大瘟疫对拜占庭人精神上的打击必定加剧了统治阶层的内讧,动摇了民众对帝国的信心。

最有代表性的人物是普罗柯比,他曾对查士丁尼推崇备至,在其早年完成的几部书中大肆吹嘘查士丁尼,甚至到了肉麻的地步。"我们这个时代产生了皇帝查士丁尼,他领导危机重重的国家威名远扬,更加伟大辉煌","他把诸多蛮族国家都纳入罗马帝国,建立了许许多多城市,确立了纯正的信仰,堵塞了错误的思想道路,宽容地对待那些反对者"。他还将查士丁尼称为"伟大的立法者""伟大罗马帝国的保护者",说这个皇帝"在边远的边疆完善了城墙和要塞,皇帝查士丁尼是我们时代之主,我想,人们应该正确地称其为天道大王,或者如荷马曾说的那种慈父领袖,那些历史上的贤明君主在他面前都不过是小儿科"。可是,正是这同一个作家在其晚年秘密撰写的《秘史》中大骂查士丁尼是"蠢驴""人形恶魔""吸血鬼""野兽""杀人魔王""白痴""披着人皮的魔鬼""低能儿""善于欺骗""弄虚作假""奸诈不直""虚伪矫饰""两面三刀""冷酷无情""变态心理","一意孤行,顽固不化,毫无顾忌地坦然从事极端丑恶的事情","对任何人都不会以诚相待,其一言一行总是显得特别狡诈,然而又很容易被任何想要欺骗他的人所哄骗。他本质上是愚蠢和邪恶的特殊混合物"。[①] 对于普氏这样的思想转变,笔者在《秘史》中文版长篇前言中作了分析,而大瘟疫对此是否有影响还是个未知的问题。无论如何,大瘟疫流行前后帝国民众思想的变化在这里表现得十分充分。

"查士丁尼瘟疫"是否和如何对地中海世界乃至整个欧洲的历史产生了深刻影响,这个问题并不是笔者能够解决的,我们希望提出这一课题留待以后探讨。根据欧洲中古史学者的研究,埃及于541年最早出现疫情,同年鼠疫就传播到罗马,第二年即542年春季,首都君士坦丁堡爆发鼠疫,随之

---

① 前引普罗柯比:《秘史》,全书相关部分。

维罗纳、马赛等城市也感染瘟疫,543 年意大利全境和叙利亚等地成为疫区,此后,鼠疫随军队传播到波斯。整个地中海沿岸都成为疫区,其中君士坦丁堡、安条克、罗马和马赛是重灾区,在百年内四度流行鼠疫,而西班牙东南部、高卢和北非地区三度爆发鼠疫,甚至英格兰西部和爱尔兰东部沿海地区也两度感染鼠疫,"简而言之,除了阿奎丹和西班牙的大西洋沿岸地区,罗马世界所有的古代城市都遭到了大瘟疫的荼毒,人口由此锐减。"①爱德华·吉本到 18 世纪时在论及"查士丁尼瘟疫"造成的巨大人口损失时还哀叹,"在地球的某些最美好的地方至今也并未完全恢复"。不断爆发的鼠疫在缺乏抵御经验的地中海和欧洲毫无疑问造成了重大破坏,也留下了诸多历史问题,例如其对地中海农业经济和城市生活的破坏、其引发的欧洲人口下降和劳力短缺,②以及欧洲民族构成和经济发展的结构性变化,特别是"查士丁尼瘟疫"与 14 世纪爆发的"黑死病"之间的联系等,这些都是需要进一步深入研究的历史课题。

五、后世研究

"查士丁尼瘟疫"在相当长的时间里并没有引起后人足够的重视,许多著名的拜占庭学家甚至不把这次瘟疫列入当时发生的重大事件,因此更谈不到对之开展研究。例如,最著名的现代拜占庭学者奥斯特洛格尔斯基在其名著《拜占庭国家史》有关查士丁尼时代的历史部分中,只字不提这次瘟疫。

---

① R.Fossier ed.,*The Cambridge Illustrated History of the Middle Ages*,Cambridge:Cambridge University Press 1986-1997.R.福西耶主编,陈志强等译:《剑桥插图中世纪史(350—950)》,山东画报出版社 2006 年版,第 475—479 页。特别值得注意的是,福西耶认为"人口统计资料显示,这一时期人口重心的总体趋势呈现从地中海沿岸向欧洲大陆北部未受大瘟疫感染的地区转移",因而对欧洲民族史进程产生了深刻影响。《黑死病》一书提到,"查士丁尼瘟疫"爆发后的 200 年间,鼠疫在地中海沿岸地区每隔 10—24 年间重复爆发,致使当地人口水平长期得不到恢复。R. S. Gottfried, *The Black Death*:*natural and human disaster in medieval Europe*, London:A Division of Macmillan Publishing Co.,Inc.1983,pp.11-12.

② 根据关于欧洲中世纪人口变化的资料显示,"查士丁尼瘟疫"之后人口数降到谷底,直到 8 世纪末查理曼时代才恢复到 3000 万左右。

这种疏漏不是出于节省篇幅的需要,而是因为作者认为这次瘟疫"天灾"还不如帝国的各项政策重要,他的这种看法可以从他对查士丁尼的评价中看到:"查士丁尼虽有诸多成功之处,他还是给其后人留下了一个内力耗尽,财政经济完全崩溃的帝国。"①这里,鼠疫造成的巨大物质和精神损失被忽略了。与奥斯特洛格尔斯基齐名的拜占庭通史作家瓦西列夫同样对普氏这段记载提供的重要信息给以充分的注意,他的《拜占庭帝国史》以近50页篇幅讨论查士丁尼时代的历史,可以说,当时人力所为的大小事件都涉及到了,惟独没有对这次大瘟疫进行分析。因为瓦西列夫同样认为查士丁尼政策的重要性"超过"鼠疫"天灾"的影响,由于"查士丁尼这个强力人物退出历史舞台,其精心打造并曾一度维系帝国均衡发展的整个政府体系轰然崩坏"。②

有的学者显然接触过上述史料,但未给予足够的重视。法国最有代表性的拜占庭通史作家布莱赫尔在涉及"查士丁尼瘟疫"时也惜字如金,在其400多页的《拜占庭帝国兴亡》中,他对查士丁尼时代的大事,特别是宗教和军事外交活动进行细致描述,着墨甚详,但只用了少半句话谈到大瘟疫,"农村荒芜了,艺术品、道路、引水渠和排水管道破败不堪,城市被鼠疫所摧毁。"在评价查士丁尼时代三个阶段的历史时,他认为截止到公元540年以前的前两个阶段,皇帝的统治是成功的,而后的第三个阶段是失败的,犯了重大的政策性失误。③ 这里,布莱赫尔将第三个阶段的衰败归咎于"政策性

① 他的作品几乎涉及了这位皇帝统治时期的所有重大事件,诸如强化中央集权、发动三次大规模军事远征、帝国的斯拉夫人政策、首都民众的起义、当时活跃的商业贸易,《罗马民法大全》的编纂、查士丁尼的宗教政策和他去世后形势的全面恶化等等,却没有提到这次瘟疫。G. Ostrogorsky, *History of the Byzantine State*, trans by Joan Hussey, Oxford: B. Blackwell 1956, p.72.

② 他不仅叙述了查士丁尼登基的背景,其发动的对外战争和恢复罗马帝国的政治理想、其编纂《罗马民法大全》的伟大历史功绩,而且分析了其各项政策的成败得失,如镇压"一性论派"的宗教政策、税收与财政政策以及褒奖工商业政策等等,甚至平息"尼卡起义"的细节,关闭雅典学院的影响和当时的文化发展乃至皇后塞奥多拉的种种传闻都在其叙述的范围。A. A. Vasiliev, *History of the Byzantine Empire*, Madison: University of Wisconsin Press 1970, vol.1, p.169.

③ 路易·布莱赫尔是大名鼎鼎的拜占庭学家查理·迪尔的得意门生,他撰写的《拜占庭帝国兴亡》《拜占庭帝国制度》和《拜占庭文化》洋洋洒洒百余万字,分别涉及拜占庭帝国军事外交史、王朝统治政治制度史和物质文明及文化史,它们是有关全部拜占庭帝国社会生活的姊妹篇,涉及拜占庭人生活的各个方面。L. Brehier, *Vie et mort de Byzance*; *Les institutions de l'Empire byzantin*; *La civilisation byzantine*, Paris: A. Michel 1969; *The Life and Death of Byzantium*, p.21.

失误",显然没有将 542 年发生的"查士丁尼瘟疫"纳入其分析视野。

有的学者注意到这次瘟疫的影响,但缺乏深入的研究。例如经典作家爱德华·吉本对于普罗柯比留下的相关史料作出分析后,认为因大瘟疫造成的人口数量下降是查士丁尼一世"统治时期的一个极大的污点"。① 英国著名学者琼斯在其《晚期罗马帝国史》论及查士丁尼时代历史的部分中,正确地指出:"可能这个时期对帝国影响最严重的灾难是鼠疫。它从佩鲁希昂爆发,542 年席卷埃及、巴勒斯坦和叙利亚,次年传到君士坦丁堡,并传播到整个小亚细亚、色雷斯和伊里利亚,还通过美索不达米亚传入波斯。它也向西传播到意大利、非洲,进入高卢。有关其后来肆虐的情况记载很少,但是它间隔一段时间在许多地方重新爆发,尽管不再是致命的。阿加塞阿斯记载了晚至 558 年它在君士坦丁堡的再度流行,一些西方编年史家则记载了 570—571 年间它在意大利和高卢的严重爆发,还有人记载了 573—574年君士坦丁堡再次爆发的鼠疫。"但是,令人遗憾的是,在其 30 余页关于查士丁尼统治的论述中,只有这一段文字涉及瘟疫的情况,而且在后来的分析中也没有反映出他所谓的"对帝国影响最严重"的意思。因为,他在总结查士丁尼时代历史时,还是认为这位皇帝政策上的失误,特别是大规模的对外战争使意大利和北非资源耗尽,人财两空,"尽管我们不能说西部战争已经耗尽了帝国,但是战争的实际结果却是使帝国承负起沉重的军事负担,因而得不到任何补偿以增加其资源。"②美国拜占庭学者特里格尔德,在其《拜占庭国家与社会史》中注意到"查士丁尼瘟疫"对当时社会的负面影响,③但是,他也没有对这次鼠疫及其破坏作用做更多描述。至今,我们在大量有关拜占庭帝国政治经济、军事外交、宗教文化等的专门著作中,还找不到关于拜占庭人疾病或生存环境的系统性研究成果,更不必说关于"查士丁尼瘟

---

① 《罗马帝国衰亡史》下册,商务印书馆 1997 年版,第 230 页。

② 琼斯确定君士坦丁堡爆发瘟疫的时间为 543 年,比大多数作家确定的时间晚了一年。A.H.M.Jones, *Later Roman Empire 248-602*, Oxford: Blackwell 1964, pp.288-289, 300.

③ Warren Treadgold, *A History of the Byzantine State and Society*, Stanford, Calif.: Stanford University Press 1997, p.248.

疫"的专题研究了。①

"查士丁尼瘟疫"这一重要历史事件的资料被许多现代著名拜占庭学家或轻轻放过,或未置一词,究其原因在于,他们研究的重点在社会制度的变化,他们强调的是统治者施行的政策及其效果。其历史研究的视角侧重政治外交和宗教文化考察,因此疾病和自然灾害的史料没有引起他们的重视是可以理解的。西方人对拜占庭历史的关注始于 15、16 世纪,当时受意大利文艺复兴运动影响的德意志和法国学者,在附庸风雅的君主或诸侯们的支持下,开始搜集和整理希腊罗马手稿和艺术品。在此后相当长的时间里,拜占庭文献和文物属于有闲阶层把玩的"古董"。② 当真正的研究逐渐开始后,人们的关注点在王朝斗争、政治博弈、军事角逐、内外战争和宗教艺术领域。历史唯物论使历史研究成为科学,拜占庭学界也深受影响,相关的研究逐步转向经济和政治制度演化,特别注重社会结构的变动。法国年鉴学派的领军人物布洛赫、布罗代尔等人提出的整体史学的分析方法对拜占庭学界也有影响,尽管人们对年鉴学派理论的评价不一,③但是,当代拜占庭学者开展的社会史研究、妇女史研究等,无不带有这种影响的痕迹。以往的拜占庭历史研究侧重社会制度和文化思想演化的原因和过程,忽视自然灾害的影响力,特别是忽视疾病对拜占庭社会生活和历史发展进程的影响。当世界各地联系空前紧密、地球空间范围似乎不断变小、人类面临的资源环境压力日益增强的今天,历史研究自然关注人类的生存环境,疾病史研究的兴起就成为顺理成章的现象了。

近十年来,人们逐渐重视对"查士丁尼瘟疫"的研究,普罗柯比等拜占

---

① 参见拜占庭学最重要刊物《拜占庭研究》(*Byzantinische Zeitschrift*, Munchen: K. G. Saur)提供的专著论文索引;崔艳红:《查士丁尼大瘟疫述论》,《史学集刊》2003 年第 3 期。

② 这种尚古倾向被称为"博古学",见王晴佳:《西方史学如何完成其近代转型——四个方面的考察》,《北京大学学报》2016 年第 4 期。

③ 张芝联先生在布罗代尔《15 至 18 世纪的物质文明、经济和资本主义》中译本序言中,对布氏及其理论作出了精辟的点评,布氏的两部代表作《15 至 18 世纪的物质文明、经济和资本主义》和《菲利普二世时代的地中海和地中海世界》分别由生活·读书·新知三联书店(顾良等译,1996 年)和商务印书馆(唐家龙等译,1996 年)出版了中译本。布洛赫的《封建社会》(张绪山等译)也由商务印书馆于 2004 年出版。

庭作家留下的史料得到越来越多的关注,很多学者,包括医疗卫生界的专家也开始注意他们详细生动的记载,研究这次瘟疫爆发和在君士坦丁堡流行的情况,其中以阿兰和史米斯为突出代表,他们的专题论文从病理学的角度非常专业而详细地探讨了"查士丁尼瘟疫"的细节。① 一些与世界史相关的通史和专题著作也提到这次瘟疫,②我国近年出版的相关书籍对此也有涉及。③ 尽管个别学者还持有"怀疑论",指责普罗柯比模仿古典史家的写作风格而怀疑其相关记载是抄袭修昔底德的伪造之作,但这种怀疑只能被视为学术争论中的一种意见。④ 抄袭修昔底德的说法多少让人对有关"查士丁尼瘟疫"的真实性产生误解。如以研究古代瘟疫而著名的史米斯虽然肯定普罗柯比记载的真实性,但是仍然强调:"普罗柯比刻意模仿修昔底德的作品",认为"普罗柯比在其《战史》前言中声称他'认为,雄辩术需要思维敏捷,讲神话适用诗歌,历史则求真实'(War,I,1)。这段话强调出修昔底德作品的真实,也反映出普罗柯比力图使读者相信他记载的历史……他还仿效希罗多德,把匈奴人称为玛撒该塔伊拉人,把波斯人称为美地人……所有这些意见使普罗柯比的有关记载都成了问题,人们怀疑他直接借用《伯罗奔尼撒战争史》相关部分来描述这场瘟疫"。⑤ 笔者认为上述怀疑论难以成立的证据非常有力,而怀疑论形成的原因则在于这些流行病专家没有直接认真地阅读古代作家的原文,或者没有全面了解相关的诸多拜占庭作品,或者缺乏对这些基本资料的细致分析。

---

① P. Allen, "The ' Justinianic ' Plague" (http://www.loyno.edu/~history/journal/ 2002-10-28).

② 克莱夫·庞廷著:《绿色世界史》,第 257 页。R. S. Gottfried, *The Black Death*, *Natural and Human Disaster in Medieval Europe*, pp. 9-12.

③ 崔艳红:《查士丁尼大瘟疫述评》,《史学集刊》2003 年第 3 期,她的博士论文中有专门章节研究这次瘟疫;徐家玲:《早期拜占庭和查士丁尼时代研究》,东北师范大学出版社 1998 年版;余凤高:《流行病》,山东画报出版社 2003 年版,第 43 页。

④ 例如有学者提出,普罗柯比"甚至不能放过利用瘟疫来模仿古典作家描述雅典大瘟疫的机会,以便与古人的范本媲美"。J. W. Barker, *Justinian and the Later Roman Empire*, Madison:University of Wisconsin Press 1966, pp. 191-192.

⑤ The Massagetae 应翻译为玛撒该塔伊拉人, the Medes 译为美地人,见希罗多德著,王以铸译:《历史》,商务印书馆 1997 年版,第 695 页;另见 C. A. Smith, "Plague in the Ancient world:a study from Thucydides to Justinian"。

六、怀疑论可以休矣

普罗柯比是公元 6 世纪拜占庭帝国最重要的历史作家。542 年，他受贝利撒留的牵连，回到君士坦丁堡，恰好赶上了瘟疫。这里提到的"瘟疫"就是指公元 6 世纪中期在地中海世界爆发的鼠疫。然而，我国学界并未给予足够的重视，也未能充分认识其严重影响，至少没有将它与公元 13 世纪欧洲爆发的"黑死病"相提并论，近年出版的相关书籍在提到这一事件的同时也提到了对普氏记载的怀疑。① 人类社会的发展一直伴随着与各种致命瘟疫的斗争，②但是，古代历史上出现的各类疾病大多因没有或者缺乏详细记载而使后人无法作出准确判断，甚至表示怀疑。其原因不仅在于文物和文献史料提供的信息太少，还在于古今作家对历史事件的不同解读。普罗柯比对"查士丁尼瘟疫"详细记述遭遇的怀疑就是其中的典型案例。③

怀疑论者的第一个根据是普罗柯比抄袭了修昔底德的作品，然而，仔细对比两者的记述，我们就会轻易发现这种说法是不正确的。例如普罗柯比在涉及此次瘟疫的原因时就归之于"上帝的惩罚"，其字里行间反映着基督徒对上帝的信仰和对上帝惩罚的畏惧，这与寻求现世解释的修昔底德完全不同。④ 这种将未知瘟疫爆发的原因解释为上帝惩罚的思路，完全符合当时基督教在拜占庭社会占据主流意识形态地位的客观环境，正如古代先民，将诸多未知灾难解释为神祇对人类违背神意的惩罚一样。又如对于瘟疫起源地的推测，普罗柯比认为它是从"居住在佩鲁希昂地方的埃及人开始流

---

① 余凤高：《流行病》，山东画报出版社 2003 年版，第 43 页。

② 历史上，很多流行病都会导致人类不同族群的灭亡。艾尔弗雷德·克罗斯比著，许友民等译：《生态扩张主义——欧洲 900—1900 年的生态扩张》，辽宁教育出版社 2002 年版，第 202 页。

③ 笔者曾以《"查士丁尼瘟疫"辨析》为题为普罗柯比辩护，见《世界历史》2006 年第 1 期。

④ A.M.Cameron,The"Scepticism"of Procopius,*Historia*,1966,XV,pp.451,474.

行",①这特别符合地中海南岸地区适于疾病流行的特点,而与前此1000年左右修昔底德关于雅典瘟疫的记载明显不同。修昔底德就此记述:"据说,这种瘟疫起源于上埃及的爱西屋比亚,由那里传布到埃及本土和利比亚,以及波斯王国的大部分领土内。它在雅典突然出现"。② 显然,正是后者不详尽的记载,使得后人至今未能确定雅典瘟疫的来源。后人也难以判断它属于何种疾病,格罗特认为雅典瘟疫是发疹伤寒,因其病症和斑疹伤寒的病症较为类似,余凤高的《流行病》也断定雅典瘟疫为斑疹伤寒,但是也有人推测其为埃博拉出血热,奥尔森和布鲁格等人都怀疑雅典瘟疫是埃博拉出血热。③ 如果把修昔底德记载的雅典瘟疫确定为伤寒,则其病源地应在"较寒冷地区的农村以及高寒山区",如果雅典瘟疫是埃博拉出血热,则其发源地点当在非洲。④ 很明显,正是修昔底德记载的模糊性造成了现代学者判定雅典瘟疫的诸多难点,这在普罗柯比那里是看不到的,因为后者详细的记载使得学界对此没有异议。

怀疑论者认为普罗柯比的记载中有许多类似于修昔底德的文字,这也是没有仔细分析文献造成的,因为两次瘟疫表现的发病症状具有相同点,例如发热、高烧、幻觉、口渴、惊厥等。拜占庭医学虽然比较发达,但是仍然与古希腊医学一样建立在实践经验基础上,那时尚未形成以实验为基础的近现代医学。我们不能苛求普罗柯比在描写这些病人种种症状时能够给出完全不同于修昔底德的说法,即便是他关于患者发烧情况的描写也远比后者详细生动,说他们产生了幻觉,看到"怪异幽灵",心生恐惧,"不停呼唤最神圣的名字",或者"不愿意搭理"亲朋好友,"把自己关在各人的房子里",任

---

① A.M.Cameron,The"Scepticism"of Procopius,*Historia*,1966,XV,p.453.

② 雅典的患者也求救于神祇,但那个神祇不是普罗柯比所说的上帝,就此修氏记载:人们"向神庙中祈祷,询问神谶等等办法,都无用处;最后,人民完全为病痛所困倒,所以他们也不再求神占卜了"。修昔底德著,谢德风译:《伯罗奔尼撒战争史》,商务印书馆1997年版,第2卷,第5节,第137—138页。

③ 余凤高:《流行病》,第23—34页。A. M. Cameron, The "Scepticism" of Procopius, *Historia*,1966,XV,n.36.

④ 现代医学已经确知埃博拉出血热的病源。李梦东主编:《实用传染病学》,第299页;王季午、刘克洲等主编:《人类病毒性疾病》,第704页。

凭"他们的房门被敲得山响","一旦附近有水,病人们就希望跳进去,或急着要喝(大部分病人都会冲向大海)"。①对于同样的发烧症状,修昔底德则是这样说的,"突然开始头部发烧;眼睛发红,发炎……抚摸时,外表上身体热度不高,也没有呈现苍白色……但是身体内部发高热……真的,他们大部分人喜欢跳进冷水中……跳进大水桶中,以消除他们不可抑制的干渴;因为他们无论喝多少水,总是一样的。"②事实上,人类多种疾患的症状都包括了体温升高,发热后的口干舌燥,以及因发烧引起的"中枢神经系统症状",其中萎靡嗜睡、谵语幻觉是古今人类病者共有的,因此无论修昔底德还是普罗柯比有类似的记载也没有什么奇怪之处,换言之,这不能成为指控普罗柯比抄袭修昔底德的根据。

对怀疑论者最好的反驳是两位古代作家对两次瘟疫典型症状的不同描述。普罗柯比就此写到,"有的病人发烧当天,有的第二天,还有的几天以后,腹股沟淋巴腺不断肿胀,不仅在腹部以下被称为'腹股沟'的身体特定部位,而且在腋窝,有时在两耳后和大腿的不同部位也出现淋巴腺肿胀。""一些医生因症状无法理解而不知所措,认为这个疾病集中在肿胀的腹股沟淋巴腺,故决定探察死者的尸体。当他们打开一些肿胀部位,发现里面已经长满了一种奇怪的痈疽。""有时患者当即死亡,有时在几天后死去。有的患者身上长出扁豆大小的黑色脓包,他们活不到一天,几乎都立即死去。还有很多患者出现原因不明的呕血,并随即死亡。""那些腹股沟淋巴腺异常肿胀并破口流出脓水的病人逐渐摆脱了瘟疫并死里逃生,显然急性痈疽由此找到了排放的出口……如果淋巴腺肿胀还像以前一样大小,那么可以肯定上述的病痛还不会消除。有些病人的痈脓虽然流出来了,但是大腿却萎缩了,这种病人的淋巴腺肿胀没有发展到化脓的程度。"③那么,修昔底德对雅典瘟疫典型症状是如何描述的呢?他说,病人"口内从喉中和舌上出血,呼吸不自然,不舒服。其次的病征就是打喷嚏,嗓子变哑;不久之后,胸部发痛,接着就咳嗽。以后就肚子痛,呕吐出医生都有定名的各种胆汁……

---

① Procopius, *History of the Wars*, XXII, pp.455-457.

② 修昔底德著,谢德风译:《伯罗奔尼撒战争史》,II,v,p.138.

③ Procopius, *History of the Wars*, XXII, pp.457-465.

皮肤颇带红色和土色,发现小脓包和烂疮……病入肠胃,产生强烈的溃烂和不可控制的大泻……后来多半就会死亡了"。① 这里,修昔底德并未提及鼠疫患者的典型症状,除了身体高热产生的种种中枢神经症状外,主要表现在体表方面和消化道系统。

现代流行病学家认为,雅典瘟疫的多种症状符合伤寒病的临床表现,除了发病急骤外,发低烧、眼睑结膜充血和皮疹是比较突出的表现,特别是发病当天全身出现不规则红色或暗红色斑疹(即修氏所说红色和土色皮肤),这种皮疹呈瘀点状,后发展为瘀斑,并由红色逐渐变暗色。这与普罗柯比所说的"腹股沟淋巴腺异常肿胀"和腹股沟淋巴腺"痈疽"及"扁豆大小的黑色脓包"明显不同。由于修氏记载中没有淋巴腺体发炎的典型症状,所以后人中没有推测其为鼠疫的,而其记载语焉不详的结果是导致后人难以推测和确定其性质。其中消化系统的多种症状特别是便血更成为现代医学怀疑雅典瘟疫为埃博拉出血热的主要根据。② 相比之下,普罗柯比的记述详细准确,因此没有出现后人推断困难的情况。

个别流行病学者认为普罗柯比存在抄袭修昔底德的误解还因为他们并不了解还有许多相关的佐证材料可以证明前者的清白。在普罗柯比之后的多位作家,如埃瓦格里乌斯、以弗所人约翰、阿加塞阿斯等,他们都从不同的角度和不同的时间及空间范围记载了此次鼠疫。事实上,只要对《战史》和《伯罗奔尼撒战争史》相关史料稍加对比,就可以毫无疑义地确定普罗柯比对"查士丁尼瘟疫"的记载并非抄袭之作,而是其亲身经历的真实事件。同时,与之同时代的其他作家的记载也为其真实性提供了佐证。拜占庭作家历来崇尚古典作家的作品和写作风格,普罗柯比也一定熟读了修昔底德的作品,但是,他没有必要抄袭一部脍炙人口的作品而惹来他人的指责。同时由于修昔底德记载的瘟疫完全不同于"查士丁尼瘟疫",他也没有什么可以"借用"的。因此,在我们的考察中完全可以排除怀疑论。

① 修昔底德著,谢德风译:《伯罗奔尼撒战争史》,II,v,pp.138-139.
② 《人类病毒性疾病》确认其病理改变表现为一系列脏器出血症状。王季午、刘克洲等主编:《人类病毒性疾病》,第706页。

七、认识盲点

史料是历史研究的基本依据。历史研究者只有在认真考证史料、准确解读史料、合理运用史料的基础上,才能对历史问题得出相对客观正确的结论。但是,如何从大量的史料中选择必要的素材,如何通过解读这些过往生活的零散"记载"重新描述历史事实,还原历史真相,却常常决定于历史研究者的立场和观察问题的角度。以拜占庭作家普罗柯比及其同时代作家在其作品中留下的关于瘟疫的史料为例,读者无数,但研究结论大不相同。相当长一段时间里,学术界,特别是拜占庭学界对这些史料记述的历史事件却缺乏应有的重视,多数学者的关注点在当时的皇帝查士丁尼一世推行的内外政策上。对于拜占庭学术界在此问题上出现的"失语"现象,笔者认为应该进行必要的研究,从中找到历史学家"失忆"的原因。①

普罗柯比在其著名的《战史》一书和其他作品中都详细描述或提及此次瘟疫。而我们所掌握的 6 世纪大瘟疫事件的信息不仅来自普罗柯比的记载,还来自其他拜占庭史家的文字。② 他们提供的证据,既可以印证普氏记载的真实可靠,又补充了更为丰富的内容,这方面的分析上文已经论及。对这样一个重要的历史事件,现代拜占庭学家们却表现出了不同程度的"失语"现象。根据我们对现代权威拜占庭学者主要作品的分析,大体可以将他们对待"查士丁尼瘟疫"的解读情况分为如下几类。

其一,表现为非常严重的"失语"现象,即在他们有关这段历史的叙述中只字不提如此重要的历史事件。例如拜占庭通史作家奥斯特洛格尔斯基在有关查士丁尼时代的历史论述中,首先涉及的是这位皇帝强化中央集权和发动三次大规模军事远征,其次涉及到这位皇帝的斯拉夫人政策和平息首都民众的起义,再者谈到当时活跃的商业贸易和编纂《罗马民法大全》,

---

① 后世研究者的认知盲点主要源于其时代局限性上,笔者就此做过深入分析,见陈志强:《现代拜占庭史学家的失忆现象》,《历史研究》2010 年第 3 期。

② 见陈志强:《地中海首次鼠疫研究》,《历史研究》2008 年第 1 期。

最后描述的是查士丁尼的宗教政策和他去世后形势的全面恶化。他的作品几乎涉及了这位皇帝统治时期的所有重大事件,却没有提到这次瘟疫。他评论到:"查士丁尼虽有诸多成功之处,他还是给其后人留下了一个内力耗尽,财政经济完全崩溃的帝国。"①这位著者也许是为了节省篇幅,只是描述了他认为当时最重要的事情,却没有提到这次瘟疫及其导致的重大灾难。他认为查士丁尼的好大喜功和穷兵黩武导致帝国资源枯竭。另一位具有世界影响的英国拜占庭学者拜尼斯和奥氏的观点相同,他也认为查士丁尼的政策改变了帝国辉煌的前途,"很不幸的,我们要考察后来发生的与这辉煌相反的事情。对西部疆域的收复虽然一时取胜却并未完成,最终因帝国资源消耗殆尽而中止。"②拜占庭通史作家瓦西列夫同样没有注意到地中海世界第一次鼠疫及其严重的影响,他在《拜占庭帝国史》中以近50页篇幅讨论查士丁尼时代的历史,认为直到"查士丁尼这个强力人物退出历史舞台,其精心打造并曾一度维系帝国均衡发展的整个政府体系轰然衰败"。③ 在此他没有对当时发生的大瘟疫进行分析。显然,如此重要的历史事件并没有引起这些谙熟所有史料的现代拜占庭学者的重视。正是由于他们在这一问题上的沉默,使某些人对该事件的真实性表示某种程度的怀疑,他们以普罗柯比模仿古典史家写作风格为由,蔑称其相关记载是伪造之作。

其二,简单提及,但不作深究。例如,英国史家琼斯在其论及查士丁尼时代时指出:"可能这个时期对帝国影响最严重的灾难是鼠疫"。但是,令人遗憾的是,在其30余页相关论述中,只有这一段文字涉及瘟疫的情况,在后来的分析中也没有展开论述其所谓的"对帝国影响最严重"的说法。因为,他在总结查士丁尼时代历史时,还是认为这位皇帝政策上的失误,特别是大规模的对外战争使意大利和北非实力耗尽,"尽管我们不能说西部战争已经耗尽了帝国,但是战争的实际结果却是使帝国承负起沉重的军事负

---

① G.Ostrogorsky, *History of the Byzantine State*, p.72.

② N.H.Baynes, *Byzantium: an introduction to east Roman civilization*, p.8.

③ A.A.Vasiliev, *History of the Byzantine Empire*, I, p.169.

担而得不到任何补偿以增加其资源。"①法国拜占庭通史作家布莱赫尔撰写的《拜占庭帝国兴亡》《拜占庭帝国制度》和《拜占庭文化》涉及拜占庭人生活的各个方面,但是谈及"查士丁尼瘟疫"时却只有几个字。他在400多页的《拜占庭帝国兴亡》中,只用了少半句话谈到大瘟疫,"农村荒芜了,艺术品、道路、引水渠和排水管道破败不堪,城市被鼠疫所摧毁。"②

其三,表现为对我们涉及的重大鼠疫有所认识,但认识不足。这些学者没有充分认识到"查士丁尼瘟疫"对当时拜占庭帝国造成的破坏的严重性,因此,在解读相关史料时还是把它放到次要地位。美国拜占庭学者特里格尔德,在其《拜占庭国家与社会史》中注意到"查士丁尼瘟疫"对当时社会的负面影响,却没能更深入地探讨此次瘟疫对拜占庭帝国政治和社会生活的负面影响。③ 对于普罗柯比留下的相关史料,吉本也作出了类似的分析,"战争、瘟疫和饥馑这三重灾祸同时降临在查士丁尼的臣民的头上",然而,作者却将此次鼠疫的简单描述放在了有关查士丁尼时代整整一卷书的最后,置于地震、彗星等异常自然现象的后面,显然对此缺乏足够的认识。④

也有的学者对此次瘟疫的认识比较深刻,对普氏描述的瘟疫引发的社会问题比较关注,但是对瘟疫的历史影响的认识仅停留在政治层面上,尤其关注皇帝查士丁尼身染鼠疫而导致的宫廷斗争。只有英国著名拜占庭史家布瑞的看法比较独特,他在"大瘟疫"这一专门章节里,清醒地认识到鼠疫造成的社会大危机,甚至提出,"公元542年的大瘟疫恰好标志一个新时代的开端。如果我们要谈到历史的分水岭,那么这次鼠疫就是我们称之为古代和中世纪之间的分水岭。"⑤他如此强调"查士丁尼瘟疫"的特殊历史地位,主要依据的理由是瘟疫改变了人们的精神世界和道德价值取向。普氏字里行间流露出的因无法确切了解瘟疫而表示出的无奈,以及把瘟疫的降

---

① A.H.M.Jones, *Later Roman Empire 248-602*, pp.288-289,300.琼斯确定君士坦丁堡爆发瘟疫的时间为543年。

② L.Brehier, *The Life and Death of Byzantium*, p.21.

③ Warren Treadgold, *A History of the Byzantine State and Society*, p.248.

④ 《罗马帝国衰亡史》下册,商务印书馆1997年版,第230页。

⑤ J.B.Bury, *History of the Later Roman Empire*, p.399.

临归于"上帝的惩罚",真实地反映着当时人对上帝的笃信和对上帝惩罚的畏惧。新时代因此拉开序幕。与布瑞有相同看法的曼戈在其主编《牛津拜占庭史》中指出:"最终,6世纪40年代目睹了鼠疫流行使肉体遭受打击的帝国。鼠疫最初源于中非,541年经红海首次扩散到帝国。瘟疫很快就从埃及传播到君士坦丁堡、巴勒斯坦、叙利亚、小亚细亚、巴尔干半岛、北非和意大利,帝国城市和乡村内陆地区都受到这种首次光顾的瘟疫及其后来反复爆发的严重影响,这一史实得到当时的许多目击者的记载。普罗柯比在君士坦丁堡爆发鼠疫时恰好在场,他从一个角度描述了在这个城市里仅仅一天就有万人丧命。以弗所的约翰则目睹了'许多村子的居民全部死光'。帝国人口可能因此损失了三分之一。这场瘟疫不仅使人类惨遭涂炭,而且极大消减了帝国得以维系的纳税人的数量。也就是在大瘟疫流行数年后,帝国金币开始一再贬值,并采取措施以使有限的资源能支撑更久。"①

可以看到,不同学者对同样的史料,给出的解释是有区别的。部分现代拜占庭学家表现出"失忆"现象,究其原因在于他们分析史料的研究视角有区别。而研究视角的不同就改变了史料在还原历史事件时的作用,依据同样史料得出的结论也因此发生了变化。史料是历史研究的基本依据。历史研究工作者是在认真选择和考证史料、准确分析和解读史料、合理运用史料的基础上,充分想象进而对以往的历史进行还原,并在预先设定的问题框架内,得出相对客观正确的结论。但是,如何从大量的史料中选择必要的素材以重新描述历史事实,还原历史真实,却常常决定于历史研究者的立场和观察问题的角度。换言之,历史工作者自觉或不自觉预设的价值判断深刻地影响着"客观的历史研究",也决定了现代历史研究工作中的"记忆"和"失忆"。

首先,历史研究的价值取向常常决定历史工作者对史料的取舍,这是由于人们考察问题的角度和眼光不同,他们关注的重点也有所不同。他们在面对浩繁的史料时,要解决的问题是如何选择史料。而不同研究重心的确定必然会使研究主体对不同史料采取重视或轻视的态度。以前引奥斯特洛

---

① C. Mango, ed., *The Oxford History of Byzantium*, p.49.

格尔斯基为例,其关注的重点在于查士丁尼的施政,因此与这个皇帝内外政策有关的史料受到了重视,涉及内政的包括皇帝强化中央集权的改革、对首都民众起义的镇压、为活跃商业贸易采取的措施、编纂《罗马民法大全》和统一宗教争论的政策等,涉及外事的包括查士丁尼发动的三次大规模军事远征、对待斯拉夫人的政策等。他没有提及"查士丁尼瘟疫"是因为,它与作者考察的主题无关,或者至少他认为无关。[①] 大致与奥斯特洛格尔斯基同时代的瓦西列夫也是如此,他之所以同样没有涉及到地中海世界的第一次鼠疫及其严重的影响,不是他没有看到相关的史料,而是其观察的重点不在于此。他关于这个皇帝政策的描述比奥氏还要详细,有些内容如当时的文化发展乃至皇后塞奥多拉的种种传闻都是后者涉及到的。[②] 显然,上述史料不会逃脱其"法眼",只是没有引起重视而已。换言之,部分拜占庭学者对拜占庭历史采取了有选择的"记忆"。

自 15、16 世纪,西方人就开始关注拜占庭文物和文献,当时受意大利文艺复兴运动影响的德、法两国学者,在民族国家强化发展背景下的中央及地方君主们的支持下,大量搜集和整理希腊罗马手稿和艺术品。拜占庭"古物古书"很快引发有闲阶层把玩"古董"的乐趣,富有人家的墙壁上装点些拜占庭物件很能表明业主的品位。真正的研究在学者群里悄然展开,他们关注的重点理所当然在帝王伟业、王朝斗争、宫廷角逐、战场博弈和宗教艺术。而启蒙时代注重学术考证和理性解读使拜占庭学界也深受影响,相关的研究逐步转向政治制度演化、社会结构变动、经济发展规律和帝王施政成败。法国年鉴派的兴起也同样影响了拜占庭研究的走向,其几代领军人物以新史学分析方法拓展出更为宽阔的视野,推动拜占庭研究者也大大扩展了研究范围,[③]当代拜占庭学界开展的社会史研究、妇女史研究、修道生活研究等,都是这种影响的结果。如今,人类环保意识空前高涨,自然促使

---

① 前引奥斯特洛格尔斯基:《拜占庭国家史》。

② 前引瓦西列夫:《拜占庭帝国史》。

③ 布罗代尔著,顾良等译:《15 至 18 世纪的物质文明、经济和资本主义》,生活·读书·新知三联书店 1996 年版;布罗代尔著,唐家龙等译:《菲利普二世时代的地中海和地中海世界》,商务印书馆 1996 年版;布洛赫著,张绪山等译:《封建社会》,商务印书馆 2004 年版。

疾病史研究的兴起。由此看来,前代拜占庭学者忽视对"查士丁尼瘟疫"的研究似乎是可以理解的,他们不甚重视相关史料也可以理解为时代的局限性。社会政治经济制度的变化在他们看来更多地决定于统治者施行的政策及其效果,因此侧重于政治外交和宗教文化政策考察也是合情合理的。正是这样的研究背景决定了他们没有将疾病和自然灾害的史料纳入其"法眼",进而导致他们在 6 世纪地中海大鼠疫问题上的轻视态度。

其次,在解读史料中,不同的价值取向也对研究结论产生重要影响。由于研究主体的立场观点有所不同,他们对于同样的史料会作出不同的解释。换言之,研究人员的思想倾向在一定程度上决定了他/她在解读史料中记忆某些因素而忘却另外一些因素。前述英国著名史家琼斯根据史料正确地描述了"对帝国影响最严重的灾难"——鼠疫,但是他没有对鼠疫的影响作进一步的分析,只是将此次鼠疫当作一次瘟疫来处理,而瘟疫在拜占庭历史上并不少见。也就是说,琼斯只是按照史料描述了事件,而没有将史料包含的其他信息挖掘出来,鼠疫造成的灾难性影响根本没有考虑在内,天灾没能作为一个重要的影响因素纳入其思考这段历史的范围。[1] 类似的情况在前述布莱赫尔那里表现得更加明显,因为鼠疫只是被视作当时整个衰退形势中的一个表现,"农村荒芜了,艺术品、道路、引水渠和排水管道破败不堪,城市被鼠疫所摧毁",它在作者的眼中没有什么特别之处,故不必在这个问题上多花精力浪费笔墨,因此在其 400 多页的《拜占庭帝国兴亡》中,只用了不足 10 个字谈到它,而作者对他认为重要的事情则详细论述,举凡查士丁尼时代的大小事件几乎都涉及到了,特别是那些宗教和军事外交事件描述甚详。[2] 我们说琼斯和布莱赫尔在研究中不具备生态环境理论意识,并不是贬低他们的学术地位,说他们未能充分重视自然灾害对于人类生活的影响,也没有任何指责的意思,分析他们无法理解这种影响是决定性的,因此无法充分认识"查士丁尼瘟疫"对当时拜占庭帝国造成破坏的严重性,更不是认为其研究能力低下,而是要强调新时代的拜占庭研究需要新思维和新

---

[1]　A.H.M.Jones, *Later Roman Empire 248-602*, pp.288-289,300.

[2]　L.Brehier, *The Life and Death of Byzantium*, p.21.

视角。

研究主体价值倾向决定其视角的变化,进而使研究者对史料反映的历史事实的价值判断也受到深刻影响。正是由于历史研究者从不同的视角分析问题,他们呈现给读者的"历史"带有强烈的研究主体的色彩,这一点在他们进行历史事件的价值判断时显得更加突出。现代拜占庭学者中对"查士丁尼瘟疫"引发的社会问题比较关注,但是对瘟疫的历史影响的认识仅停留在政治层面上,例如,他们特别关注皇帝查士丁尼身染鼠疫而导致的宫廷斗争,几乎所有相关的著作都提到在其重病期间出现的另立皇帝的谣言。

英国拜占庭史家布瑞比较清醒地认识到鼠疫造成的严重社会危机,[①]他强调"查士丁尼瘟疫"的特殊历史影响,其主要依据的理由是瘟疫改变了人们的精神世界和道德价值取向。他特别关注拜占庭作家流露出的无奈和对上帝的畏惧,因为这些拜占庭人都把瘟疫的降临归于"上帝的惩罚",他认为这真实地反映着当时人对上帝的笃信,这一变化与瘟疫的影响存在密切关系,基督教深入人心的时刻到来了,新时代因此拉开了序幕。大规模瘟疫往往产生深刻的社会影响,特别是在人类防治疾病能力相对低下的古代社会,人们的精神生活因此发生巨大变化。一方面瘟疫的高死亡率引发强烈的社会恐惧情绪;另一方面,由此导致普遍的绝望心理,特别是普遍出现的信仰危机会改变人们正常的生活秩序。一些学者明确提出,"传染病对罗马覆灭以及阻碍查士丁尼的事业到底起了多大作用,还有待研究"。[②] 但是,我们也注意到,布瑞对"查士丁尼瘟疫"之深远历史影响的判断根据主要是在信仰层面,关乎人类(至少是欧洲人)精神活动的演变,而不是我们今天生态环境史视野下的宏观分析,亦即从自然、社会、个人等系统研究维度观察此次瘟疫的影响,因此也有其局限性。换言之,在布瑞有关此次瘟疫的价值判断中也呈现出某种选择性。

史料是人类过去生活中留下的文字和文物,其反映的客观真实的历史如同云雾中的仙女,她神秘的面容永远遮挡在时间的面纱后面。历史家凭

---

① J.B.Bury, *History of the Later Roman Empire*, p.399.
② 前引弗雷德里克·卡特赖特等著:《疾病改变历史》,第 17 页。

借史料描述的"真实历史"只能部分地再现以往的历史,而不可能尽窥其全貌,因为他们掌握的史料只是个别作家的记载,相对于"真实历史"而言,只能算是零散的和不完整的。不同时代的史家在解读这些史料时,由于其所处时代导致其研究视角的不同,也必然给出不尽相同的解释。在丰富多彩的认识对象面前,历史研究之整体和个体的有限性只能得出相对客观的结论。从这个意义上说,我们所了解的历史都是"个人的"历史,是历史家从某种角度按照某种解释体系重新构建起来的历史。因此,历史家呈现给读者的"历史"多种多样异彩纷呈,不仅带有时代的色彩,还有个人的特点。在经济全球化、政治多极化、文明多元化、表达多样化发展日益强劲的今天,人类在认识自然、社会和人类自身时也在调整思想方法,那么历史研究的价值取向和视角的变换是不是更有助于我们解读浩繁的史料,进而认识丰富多彩的"真实历史"呢?

第二章 拜占庭帝国灭亡史的再考察

拜占庭帝国灭亡的原因历来受到人们的关注,吉本曾就此提出影响深远的分析意见,①而对其中经济因素的分析首先在苏联学者中开展,并取得了相当重要的成就。苏联著名拜占庭学者乌达里曹娃曾全面讨论了有关的原始资料和学术观点,她指出,不能把拜占庭帝国灭亡的原因简单归于奥斯曼土耳其人的军事胜利,应从广泛的历史中去寻找内在原因,若"想顺利完成这个任务,必须研究晚期拜占庭的社会经济和政治关系"。② 她对拜占庭帝国晚期历史中经济生活的分析为人们提供了有益的启示,然而,她的分析仅限于从理论上阐明生产关系不适应生产力发展必然引起社会革命的原理,而未能深入指出拜占庭经济衰败与国家灭亡的关系,使人难以了解当时经济衰败产生的具体而深刻的影响。这一缺陷也使她的见解带有明显的教条主义色彩。另一位苏联拜占庭学家列夫臣柯所著《拜占廷》一书也有类似倾向,区别仅在于他要说明的是有关压迫阶级和被压迫阶级之间阶级斗争的原理。③ 西方拜占庭学界长期注重政治、军事和文化史研究,近十几年来开始对拜占庭帝国灭亡的经济原因开展全面探讨。西方学者彼得·卡兰尼斯首先注意到以农兵为主的小农兴衰对拜占庭帝国存亡的深刻影响,并

---

① 吉本在其名著中探讨罗马帝国灭亡原因问题,先后涉及了十多种因素,特别强调宗教盲从、蛮族入侵和专制制度具有决定性意义。见爱德华·吉本著:《罗马帝国衰亡史》,商务印书馆 1997 年版,相关部分。

② 乌达里曹娃:《论十五世纪拜占庭帝国灭亡的内在原因》,《史学译丛》1955 年第 1 期,第 100 页。

③ 列夫臣柯:《拜占廷》,生活·读书·新知三联书店 1962 年版,第 346 页。该作者在《1453 年土耳其人攻占君士坦丁堡以及这一事件的历史后果》中提出,拜占庭灭亡是十字军攻陷帝国后阶级斗争的必然结果,《历史教学》1956 年第 11 期。

将城市经济的萎缩视为最重要的因素之一。这些见解均很中肯,但是,它们都没有进行深入的理论说明和具体的分析,因而显得缺乏说服力。① 我国学术界对拜占庭史的研究起步较晚,20 世纪 50 年代初,关于拜占庭帝国灭亡的专题文章有两篇见诸专业期刊,②它们提出的观点颇有见地,可惜均未作出详细说明。

一、经济考察

拜占庭帝国曾是中世纪欧洲和西亚极为强大的帝国,其千余年历史上曾几度辉煌,1453 年一朝覆灭后,不复再生,其原因复杂,很有探讨之必要,而研究其中的经济原因则是解开拜占庭帝国灭亡之谜的关键。③ 拜占庭帝国灭亡的经济因素极其复杂,但在诸多因素"中必有一种是主要的矛盾,由于它的存在和发展规定或影响着其他矛盾的存在和发展","捉住了这个主要矛盾,一切问题就迎刃而解了"。④ 笔者认为,军区制管理下的小农经济的瓦解和彻底破坏是拜占庭帝国灭亡的基本经济因素。小农经济的兴起曾为拜占庭国家走出危机并逐步强盛奠定了坚实雄厚的物质基础,而小农经济的衰败则导致拜占庭国势日益衰落,各种社会矛盾急剧激化,最终加速了拜占庭帝国的灭亡。

公元 7 世纪以前的拜占庭帝国社会经济生活的明显特征是小农经济比较发达。拜占庭小农大都是拥有小块土地和生产工具,以一家一户为基本生产生活单位,独立从事个体家庭式生产的农村劳动者。他们的生产和消

---

① P.Charanis, *Social Economic and Political Life in the Byzantine Empire*, *Collected Studies*, London: Variorum Reprints 1973, pp.412-424.

② 尹曲:《拜占庭帝国是怎样灭亡的》,《历史教学》1956 年第 3 期;王莹、张振中:《奥斯曼土耳其帝国攻陷君士坦丁堡述略》,《史学月刊》1982 年第 6 期。

③ 20 世纪 90 年代,笔者对这一问题进行过经济方面的思考,后来以《拜占庭帝国灭亡的经济考察》为题,被彭小瑜教授编入《外国史读本》(北京大学出版社 2007 年版,第 324—336 页),本书略作修改。

④ 《毛泽东选集》第一卷,人民出版社 1991 年版,第 320、322 页。

费活动构成了拜占庭国家发达的小农经济,作为拜占庭帝国的国家编户,成为国家赋税捐役的主要对象。① 但是至 6 世纪末,脆弱的小农经济在战乱环境中遭到极大破坏。7 世纪以后的军区制改革使小农经济得到恢复和重新发展,这种在军区制管理下小农经济的兴起是拜占庭帝国早期历史中经历长期动荡,经济和政治演化的必然结果。6 世纪后半期,皇帝查士丁尼一世企图在古代罗马帝国旧体制框架内恢复"大帝国"的尝试失败以后,拜占庭帝国曾陷入其历史上最黑暗的阶段。皇帝伊拉克略一世于危难之际登上帝位,自觉或不自觉地进行了意义深远的军区制改革,这一改革从调整军事和行政管理制度入手,改善了小农的生产生活环境,为小农经济的复兴提供了良机,由此,拜占庭帝国小农经济开始逐步进入其稳定而活跃的发展阶段。②

军区制是按照军区、军分区、师、团等军队编制划分原有的行政区,军区内各级官兵均按照其服役的级别和军种接收土地,并将经营土地的收入作为军饷和所用军需物资的来源。这种军政合一、农兵合一的管理制度既是拜占庭帝国军事行政改革的成果,也是其经济制度改革的结果,不仅对当时处于危难处境的拜占庭帝国发挥了稳定形势的重要作用,而且对拜占庭社会此后的发展具有深远的影响。首先,军区制使得拜占庭帝国的人力物力资源得到重新组合,产生了适应战争特殊环境的经济运作方式。在军区制下,农民军事化,土地兵役化,农兵平时以生产为主,战胜以打仗为主,屯垦戍边,生产自助。这就将生产和战争、农业和军事、人力资源和土地资源以及兵源有机地结合起来,从而保证了国家的军队人力资源和军需的经济来源,解决了军队人力和财力不足的紧迫问题。其次,由于军队实力增强,国家安全得到保障,小农经济在相对安定的环境中迅速发展,为国家经济实力

---

① 小农经济问题是拜占庭学研究的重要问题之一,其理论概念的复杂性使学者们争论不休。本书所谓小农是泛指的一般意义上的小农。对此有深入探讨兴趣的读者可以参见 P. Lemerle, *The Agrarian History of Byzantium*, Galway: Galway University Press 1979。

② 伊拉克略进行的军区制改革很可能参照了其父亲任总督的迦太基总督区制,这是查士丁尼时代在拉文纳所在的意大利东部和非洲北部地区进行的重要"特区"改革尝试。对此,笔者以前的研究也未曾注意到,应给予高度关注。陈志强:《拜占庭军区制和农兵》,《历史研究》1996 年第 5 期。

的增强创造了有利条件。6 世纪后半期出现的财政困境得到明显的改善，经济危机得到缓解，小农人数急剧增加，仅 7、8 世纪百余年间的移民数量，有据可查者即达到约 30 万人。[①] 他们以军区制下农兵为骨干形成了稳定的小农阶层，这个阶层之明显的发展清楚地反映在 8、9 世纪出现的《农业法》中。这部法律汇编适应于拜占庭农村中小农日常经济生活纠纷。[②] 由于小农经济的发展，拜占庭帝国实力稳步增强，伊拉克略王朝统治时期，拜占庭皇帝不仅打消了迁都迦太基的考虑，而且组建了强大的远征军进军东方，彻底击败宿敌波斯人。此后，拜占庭帝国国势日臻强盛，其标志性事件是将扩张势头强劲的阿拉伯大军阻止在小亚细亚和爱琴海一线。如果说732 年被法兰克人于普瓦提埃战役打败的阿拉伯人已经是强弩之末，那么678 年遭到拜占庭人阻击的阿拉伯人正是硬弓初发，拜占庭帝国国力的增强由此可见一斑。可以说，军区制下小农经济的兴起奠定了 10、11 世纪拜占庭帝国"黄金时代"的物质基础。

然而，军区制改革并没有解决大土地占有制与小规模个体生产之间的矛盾，这个拜占庭帝国社会的基本矛盾导致其后来的衰落。军区制一方面促进了小农经济的发展，同时也为大土地贵族兴起提供了机会，它在加强地方军事贵族权力的过程中增强了大地产主的势力。另一方面，军区制没有、也不可能使小农利益得到彻底的保护，小农经济的脆弱性没有真正得到克服，其暂时复兴获得的有利地位也未能长久巩固，因为，小农经济独立发展所必需的安定环境是通过强化地方军事贵族权力得以实现的，后者必然在扩张自身实力中侵害小农利益。大贵族利用手中的权力占有控制其辖区内小农的发展，而大地产主的发展必然以牺牲小农利益为代价，导致小农经济的破产。9 世纪以后，大地主军事贵族悄然兴起，至 10 世纪，其势力已经坐大，形成了尾大不掉的局面，对拜占庭帝国中央集权构成直接威胁。10 世纪前期，拜占庭皇帝们颁布的法令便成为中央政府限制地方军事权贵斗争的开端，"这一斗争成为 10 世纪拜占庭帝国全部内政演化的核心……不仅

---

① Theophanes Confessor, *The Chronicle of Theophanes Confessor, Byzantine and Near Eastern History AD 284-813*, vol.2, p.432.

② 陈志强:《拜占庭〈农业法〉研究》,《历史研究》1999 年第 6 期。

决定了农业状况嗣后的变化,而且决定了拜占庭帝国的命运。"①这场斗争以军事贵族的胜利为结束,小农经济的衰落势成必然,无可挽回,拜占庭国家经济基础也因此逐渐瓦解,演变为大地产经济占主导地位,其政治上的反映便是大土地军事贵族的代表阿莱克修斯一世(Alexios Komnenos,1081—1118 年在位)登上皇位。而拜占庭帝国衰落的直接表现便是其在小亚细亚、南意大利和巴尔干半岛地区统治的瓦解,13 世纪初第四次十字军攻克君士坦丁堡和拉丁帝国在拜占庭国家的短暂统治只是加速了拜占庭帝国衰亡的过程。

拜占庭帝国小农经济的衰落和瓦解对拜占庭帝国灭亡产生以下重要影响。

第一,小农经济的衰落和军区制的瓦解直接削弱了拜占庭武装力量赖以维持的经济基础,导致国力军力下降,这成为拜占庭帝国晚期历史上军事失败的根本原因。

拜占庭帝国军力下降首先是从农兵破产开始的。在军区制发展的鼎盛阶段,拜占庭帝国各兵种士兵所需粮草、武器和装备均由农兵自备,每个应征农兵至少要配备马匹和铠甲枪械。② 国家以农兵为骨干建立起强大的军队,据阿拉伯史家记载,9 世纪拜占庭军队总数已经达到 12 万人,约占人口总数的 2.4%。③ 农兵及小农经济对国家安全的重要作用在当时即为皇帝们所认识,君士坦丁七世称:"农兵对于国家恰如头颅对于身体一样……谁忽视了它即忽视了国家的安全"。④ 事实的发展不幸被他言中,农兵在 10 世纪频繁的战事环境中,在类似 927 年提前到来的严冬造成的歉收打击下迅速破产,小农经济急剧恶化,一蹶不振。教、俗大地主乘机扩张土地,凭借其雄

① G.Ostrogorsky,"Agrarian Conditions in the Byzantine Empire in the Middle Ages",in *The Cambridge Economic History of Europe*,ed.by M.M.Postan,载郎立华等译:《剑桥欧洲经济史》第 1 卷,经济科学出版社 2002 年版,第 192 页。

② Zepos,*Ius Graeco-Romanum*,Athens 1931,Ⅱ,p.116.

③ 查士丁尼时代军队人数为 15 万,文中推测数字引自 Baynes Norman Hepburn, and H. St.L.B. Moss eds,*Byzantium; an introduction to East Roman civilization*,Oxford:Clarendon Press 1948,pp.299-300. S.Runciman,*Byzantine Civilization*,p.146。

④ Zepos,*Ius Graeco-Romanum*,Ⅲ,p.262.

厚的财力和特权,以保护小农为名,大肆侵吞小农土地。这种状况为当时的立法所记载,指出破产农兵"陷入了极端贫困的境地,已经无力履行军役义务了"。① 农兵的破产和小农人数的锐减使自 7 世纪以后对拜占庭帝国安全起了举足轻重作用的军区制名存实亡。② 1071 年拜占庭军队在曼兹特克战役中的惨败成为一个重要转折点,从此帝国军力由强变弱,军区组织趋于瓦解。至 11 世纪末,军区制几乎完全被取消,有关的名称在此后的史料中也消失了。

拜占庭农兵的消失和小农经济的破产使得拜占庭帝国面临兵源枯竭的问题,外敌入侵迫使朝廷从国外招募雇佣兵。正是由于军区制的瓦解,雇佣兵制度在 12 世纪初迅速确立。自 11 世纪后半期,农兵便被"普洛尼亚"(πρόνοια)农民所代替,后者大都是大土地贵族控制下的农奴,他们因在地主私有土地"普洛尼亚"上耕作而得名。普洛尼亚农民受其主人的派遣和组织,参与对外作战。与农兵相比,他们缺乏作战的主动性,因为他们将出征打仗视同劳役。由于他们所保卫的土地不是自己的地产,而仅仅是为其主人的利益而战,所以其战斗力明显不如农兵。而且,普洛尼亚的主人在派遣和组织士兵出征时常常以老弱低能者充数,而不肯抽调精壮劳力,这就使普洛尼亚农民构成的拜占庭军队更加虚弱,远不如农兵和以战争为职业的雇佣兵。在农兵消失的同时,雇佣兵的作用日益增强。阿莱克修斯一世曾设法组织了一支由本国普洛尼亚农民构成的军队,但是其战斗力极其低下,加之日常军费开支过大而被迫解散。从此,拜占庭皇帝越发依赖雇佣兵从事战争,在皇帝们看来,当需要作战时临时招募雇佣兵比供养本国常备军更"合算",效果也更显著。自 11 世纪末以后的拜占庭帝国科穆宁、安居鲁斯和帕列奥列格三王朝均以雇佣兵作为其主要的武装力量,他们来自欧洲和西亚各族群,其中一些雇佣兵领袖甚至在拜占庭帝国担任高级军职。③

---

① Zepos, *Ius Graeco-Romanum*, III, p.286.

② 尹忠海:《权贵与土地——马其顿王朝社会解析》,人民出版社 2010 年版,第 110—113、278 页。

③ Zepos, *Ius Graeco-Romanum*, III, p.373 提到来自欧洲和西亚地区的多种雇佣兵,而安娜·科穆宁娜公主在其书中提到其父阿莱克修斯一世亲自委任西徐亚人雇佣兵将领担任帝国军队司令。Anne Comnene, *The Alexiade*, trans. by E. R. A. Sewter, England, Clays Ltd. 2003, pp. 208, 267.

雇佣兵的兴起对拜占庭帝国的衰亡起了重要作用。其一,它加速了拜占庭国家经济崩溃,因为雇佣兵的军饷通常大大超过皇帝的预算,成为没有限度的大笔开支,特别是在战事久拖不决的情况下,雇佣兵的军费开支成为无底洞,使拜占庭帝国本已经捉襟见肘的财政更加吃紧。朝廷为增加收入,解燃眉之急,千方百计加重税收,或剥夺教会财产,或没收贵族产业,进而导致新的内乱,酿成社会动荡的祸患。而加重税收的措施无异于杀鸡取卵,使本来已经处于破产过程中的纳税农民雪上加霜,处境更加艰难,进一步加速了小农经济的彻底崩溃。其二,雇佣兵不断排斥拜占庭国家本土士兵,不仅取代了保家卫国的农兵,而且诱使拜占庭将士也仿效雇佣兵为金钱而战。当时的史家记载,许多下层普通居民认为雇佣兵是有利可图的职业,几乎"所有的人都希望成为士兵,他们有的将辛勤劳动赖以为生的缝纫针丢弃一旁,有的离开马厩,有的掸去身上的砖灰或面包烘炉飘落的烟尘,纷纷奔向招兵的军官",这生动的描写反映了当时那些生存没有保障的民众弃工从军的情况。[1] 其三,雇佣兵在拜占庭帝国对外战争中作用极其不可靠,而在内战中却成为对立各派的主力军。1204 年在十字军兵临君士坦丁堡城下的紧要关头,受雇担任城防任务的雇佣兵因提高军饷的要求没有得到满足而拒绝作战,使拜占庭帝国首都轻易落入数千人的十字军之手。在拜占庭帝国晚期历史上的各次内战中,如"两安德罗尼库斯之战"和"两约翰之战"中雇佣兵均扮演了军事对抗的主要角色,其中土耳其雇佣兵乘机扩大势力,入主小亚细亚和巴尔干半岛,最终成为拜占庭帝国的掘墓人。

第二,军区制下小农经济的彻底瓦解伴随着大地产的兴起。以大土地为经济后盾的军事贵族则形成了与中央政府抗衡的势力,他们甚至干预朝政,兴废君主,左右政局,代表着利益各异的分裂势力,使拜占庭帝国内乱进一步加剧。

大地主对小农土地的侵吞无疑是小农经济衰落的重要原因,但是,小农经济的破产也必然刺激大地主的发展,这种互为因果的经济关系在 10 世纪

---

[1]　Nicetae Choniatae, *Historia*, trans. by J.L. van Dieten, Berolini; New York: de Gruyter 1975, p.273.

以后拜占庭帝国皇帝颁布的限制大土地占有的法令中表现得十分清楚。10
世纪中期的一系列立法公开指责大地主,明确保护小农,并规定小农及其所
在村庄享有占用土地的优先权。对此,代表大地主利益的尼基弗鲁斯二世
(Nikephoros II Phokas,963—969 年在位)深表不满,他在其立法中批评前代
皇帝"完全不注意关心权贵的财产,甚至不许他们保有已经得到的产业"。①
由于小农经济自身的脆弱性,小农经受不住各种灾变动乱的冲击,随时处于
破产的境地,部分拜占庭皇帝限制大地产扩张的努力并未奏效,大地主贵族
势力不可遏止地发展起来,而小农无可挽回地衰落,即便法令一时为他们提
供种种优先权,他们也因无力接受而自动放弃,或将其优先权变相转让给大
地主。小农经济的衰落为大地主的兴起提供了条件,而大地产的发展进一
步打击小农经济,这是拜占庭帝国晚期历史中形成的恶性循环。

　　大地产的兴起还得力于拜占庭国家的扶植政策。在 10 世纪以前,军区
制的推行为军事贵族发展大地产创造了条件,中央政府下放权力给地方军
区将领使他们有机会利用权力占有和扩大土地。虽然,部分皇帝采取了保
护小农和发展农兵小土地占有制的措施,并在一定程度上限制了大土地的
发展。但是,军区制的深入发展同时意味着大土地军事贵族的兴起,而大土
地的兴起又是以小农经济为牺牲。随着小农经济的持续衰败,拜占庭帝国
统治者被迫放弃以农兵为核心的小农,而转向依赖大地主。从阶级利益上
看,拜占庭皇帝始终依靠贵族的支持,或是争取军事贵族集团,或是拉拢官
僚贵族集团。为得到大贵族的拥护,11 世纪以后的皇帝更加注意发展新的
大土地贵族。例如,11 世纪的一位皇家禁卫军长官先后从皇帝赏赐中获得
15 个庄园,成为小亚细亚的大地主。小亚细亚最大的土地贵族马林诺夫和
福卡家族也是在皇帝扶植下发展起来的,他们的祖先靠效忠当朝皇帝得到
大量地产,而其势力坐大的后代却成为皇帝的叛逆。特别是在 11 世纪以
后,大地主通过没收、抢夺、强占和低价购买等手段扩大各自领地的作法得
到朝廷的默认,这一时期的大量地契、账簿和合同书清楚地揭示了这些活
动。拜占庭皇帝为拉拢贵族,有意识地赋予大地主各项经济、行政、司法和

---

① Zepos,*Ius Graeco-Romanum*,I,pp.253-254.

军事特权,进而加强了大地产发展的趋势。普洛尼亚地产主最初只能终身占有土地的权利后来即演变为世袭领地权利,他们还逐步获得了在其领地上征税,组建自卫武装力量和自行设立行政机构的权力。这种大土地类似于西欧的封建领地,因此,当十字军骑士奉拉丁帝国皇帝之命在巴尔干半岛建立西欧式领地时,"他们发现了非常熟悉的环境,并能不作多少修改就习惯这一环境"。①

以大地产为后盾的贵族成为拜占庭帝国晚期历史中政治分裂的主要因素。他们不仅凭借其经济实力与中央政府抗衡,而且直接参与皇族内讧,有的甚至爬上皇帝的宝座。像 1077 年发动叛乱迫使皇帝退位的大军事贵族布利恩努斯这类大地主并不少见,其中最具有代表性的人物是约翰·坎塔库震努斯。此人在"两安德罗尼库斯之战"中曾利用其雄厚的家产帮助一方取胜,在其密友安德罗尼库斯三世皇帝去世后,动用大笔财产雇佣土耳其士兵在内战中取胜,成为皇帝。在拜占庭帝国末代王朝统治时期,皇亲国戚在大贵族支持下各霸一方,分别在伊庇鲁斯、特拉比仲德和巴尔干南部拥兵自立,勉强承认君士坦丁堡皇帝的最高宗主权。直到 15 世纪初,拜占庭帝国灭亡前夕,各地大贵族仍然各自为政,对危在旦夕的首都坐视不救,甚至那些被围困在君士坦丁堡城内的教俗贵族宁肯让金钱埋在地下,也不肯借钱给皇帝用于战争。君士坦丁堡失陷后,大贵族仍然置灭族、灭国之灾于不顾,在莫利亚和特拉比仲德等地激烈争斗,相互厮杀,直至全部沦为土耳其人的奴隶。

第三,小农经济的瓦解直接导致国家税收来源的枯竭和税收制度的破坏。拜占庭统治者为满足不断增加的朝政军费开支而采取加重税收的政策,更进一步加快税户的减少,纳税小农进而彻底破产。

拜占庭帝国在政治上实行中央集权君主专制制度,其庞大的国家机器需要巨额的财政开支,如 6 世纪拜占庭帝国将领贝利撒留对非洲的远征,即动用了上千艘舰船和 10 万将士,军费开支高达 13 万金镑,超过了当时拜占

---

① G.Ostrogorsky,"Agrarian Conditions in the Byzantine Empire in the Middle Ages",载《剑桥欧洲经济史》第 1 卷,第 227 页。

庭帝国全年的收入。① 拜占庭国家军政巨额财政需求主要从国家税收中得到满足,因此,自拜占庭历史初期,拜占庭帝国统治者便努力建立税收制度。至查士丁尼一世时,拜占庭税收制度达到完善,其组织机构之严密、制度之严谨、各级税吏之精干和其工作效率之高在中世纪欧洲均首屈一指。

7 世纪以后,拜占庭国家随着军区制和小农经济的稳步发展,以及曾陷入混乱的税收秩序重新恢复,其年收入逐渐增加,国库迅速充盈,中央政府财力增加。小农是国家的主要纳税人,他们除了担负土地税和人头税等常规税外,还需缴纳牲畜税、武器税和军需税等不定期税。为了保证完税,政府在纳税人中实行连保制。该制度由于强调以村庄为纳税单位并注意保护小农的利益,因此国家税收增加较快。10 世纪初年,拜占庭帝国年收入曾达到 64.2 万金镑。瓦西里二世(Basil Ⅱ,962—1025 年在位,976—1025 年亲政)虽然长年进行对外战争,但是他去世后,国库中仍然剩余了 25 万金镑。②

然而,军区制的瓦解和小农经济的衰败使国家税户大量减少。一方面由于农兵破产和军事失利使拜占庭帝国疆域萎缩,领土丧失严重,纳税区域大幅度缩小。另一方面内外战乱对小农经济生存发展环境的破坏使纳税农户纷纷破产,转入教、俗大地主名下。11 世纪末,拜占庭军队从外高加索地区和两河流域防线大举后撤,1071 年以后拜占庭帝国丧失了对小亚细亚农业区的控制,这使其失去了最重要的粮食产地和纳税区。1072 年拜占庭人在意大利南部农业区的统治也被来自北欧的诺曼人所取代,拜占庭帝国税源因此萎缩,纳税人数量锐减。为了维持税收总量不减,拜占庭帝国政府采取增加税额和增设新税等措施,加重对人数急剧减少的国家税户的剥削,安德罗尼库斯即以此使年收入达到 1.4 万金镑。③ 重税政策非但没有解决拜

---

① 普罗柯比记载为 13 万金镑,约合 900 万诺米斯马金币,G.Ostrogorsky, *History of the Byzantine State*, p.57。而同期查士丁尼一世统治下的帝国年收入估计为 11 万金镑,见 Runciman, *Byzantine Civilization*, p.96。

② Runciman, *Byzantine Civilization*, p.96.

③ Nicephori Gregorae, *Historiae Byzantina*, trans by H.Wolfius, Bonnae: Weber 1829, I, p.317 记载为 100 万金币,按照查士丁尼时代的换算比率,大约为 1.4 万金镑。

占庭税收量下降的问题,反而加剧了小农破产的困境,拜占庭帝国有限的税源因此逐渐枯竭。

普遍的动乱和朝不保夕的环境使拜占庭帝国官僚机构处于瘫痪状态,严格的税制被破坏,各级官吏更加腐败。安德罗尼库斯二世朝廷中的 4 名最高法官,有 3 人因贪污被革职查办,流放外省。许多官员为了在任期内迅速聚敛财富,完全不顾法律法规,千方百计搜刮民财,同时想方设法拖延本应上缴中央的税款。这使中央政府几乎无计可施,只好推行包税制度,即由包税人按招标税额向国库缴纳税金,政府则授予他们代征国税的权力。这样,国家就逐渐丧失了对税收的控制,任凭包税人在其包税区域内对纳税人肆意剥削。这使得民怨沸腾,控诉之声不绝于耳,出现了"宁要外国奴役之火,不要本国重税之烟"的民间谚语。税收制度的变化并没有缓解拜占庭帝国的财政危机,当时的年收入仅相当于查士丁尼时代年收入的 12.37%,相当于拜占庭帝国中期历史年收入的 2.18%。拜占庭帝国末代王朝的皇帝们被迫出卖皇宫中财物,14 世纪中期的安妮皇后将传世国宝皇冠大珍珠以 3 万杜卡特金币抵押变卖给威尼斯人,这一宝物至今仍然收藏在威尼斯圣马可教堂的宝库里。① 笔者在该教堂中目睹这一文物时对拜占庭帝国晚期历史的衰落情况有了直接的感受。

第四,小农经济的衰落还对拜占庭商业贸易和手工业的发展产生了间接的消极影响。如果说拜占庭税收体系的崩溃是砍掉了其经济机体的一条腿,那么城市工商业、特别是国际过境贸易的破坏就使之丧失了立足能力。

拜占庭商业贸易曾在古代世界留下的遗产基础上长足发展,一度相当活跃,城市工商业经济构成了其整个经济来源的重要组成部分。拜占庭商业贸易的突出发展首先得益于其得天独厚的经济地理位置,其次得益于其军事战略方面的天然优势。直到威尼斯商业兴起时,拜占庭国际贸易的发展水平在欧洲和地中海世界首屈一指,帝国中央政府从中获利巨大,马克思因此曾将君士坦丁堡形象地比喻为"沟通东西方的金桥"。由于政治军事形势的相对稳定和以小农经济为基础的正常经济生活秩序的恢复,君士坦

---

① Michaelis Ducae, *Historia Byzantina*, trans. by I.Boulliau, Bonnae: Weber 1834, p.238.

丁堡迅速发展成为欧洲和地中海世界最大的商业贸易中心,城区内巨大的商业区成为当时最大的各国商品集散地,而城北的"黄金角"海湾则是世界各国商船最集中的水域。以君士坦丁堡为中心的欧洲和地中海国际商业网的形成是 7 世纪以后该地区经济格局中出现的明显变化之一。从此,"拜占庭商业经济史才真正开始"。① 此后,由于阿拉伯人和拜占庭人恢复正常贸易往来,并进行直接的大宗商业交易,使得拜占庭商业经济在 9、10 世纪时发展到最高峰。在过境贸易的促进下,以首都为核心的国内商业贸易网也日臻完善,手工业发展也因此蓬勃兴隆。

拜占庭国际贸易在欧洲最为活跃,商品不仅来自欧洲、西亚各国,而且还远自中国、印度和西伯利亚,而进出口商品一律被课以 10%—12% 的关税。② 各口岸还对过往的商人征收交通税和港口税等。拜占庭帝国国库从这些税收中得到相当可观的补充,据 12 世纪犹太旅行家图德拉的本杰明估计,曼努埃尔一世(Manuel Komnenos,1143—1180 年在位)每年仅从君士坦丁堡的外商手中就得到 2 万金镑的收入。③ 拜占庭帝国金币长期享有稳定的国际信誉,其使用范围包括欧洲、北非和西亚,甚至在中国西部地区流通。拜占庭国内贸易也很活跃,其商业网点遍及全国各地,直接促进了手工业的发展。拜占庭中央政府对重要手工业和商业实行国家控制和官营,如丝织品生产,从养蚕、收茧、抽丝,到纺织、染色、制衣和出售全部由皇室严密控制。为了保持丝织物的特殊地位,朝廷实行价格垄断,每磅生丝最高价格达到 15 诺米斯马金币。④ 遍布各地的大小城镇成为城乡物质交流的场所,各类集市和市集定期或不定期地为农副产品和手工业商品交换提供机会。拜占庭农民在各类商业贸易中获得大部分所需的手工业品,而不像西欧农民以自己生产为主。

---

① S.Runciman,Byzantine Trade and Industry,《剑桥欧洲经济史》第 2 卷,第 132、137 页。

② 有些学者如卡拉扬诺布鲁斯教授认为拜占庭关税占商品价值的 12.5%,I. καραγcασυύόπουλoς, *To Βυζαντηνόν Κράτος,* Θεσσαλονίκη 1983,p.92,本书采取大多数学者的意见。

③ S.Runciman,Byzantine Trade and Industry,《剑桥欧洲经济史》第 2 卷,第 148 页。

④ R.S.Lopez,Silk Industry in the Byzantine Empire,in *Speculum,*(1945)XX,p.20.

然而,自 13 世纪末以后,拜占庭工商业开始逐渐衰落。[1] 小农经济的瓦解对工商业的消极影响表现在两方面。

其一,以农兵为骨干的军事力量的削弱使工商业、特别是过境贸易保持昌盛的必要条件——安定环境难以维持。无论是边陲还是内地,无论是陆地还是海上,拜占庭帝国各地都处在不安定的状态,商业旅行成为最具有冒险性的活动,国际和国内商业活动逐步减少。1092 年科穆宁王朝皇帝阿莱克修斯一世向意大利商人出让拜占庭帝国贸易特权的作法一直受到后代研究者的指责,其实这一作法既是拜占庭人换取意大利海军支援的权宜之计,也是他们迫于形势,承认既成事实的无奈之举。当时,拜占庭帝国在东地中海的霸主地位受到严重挑战,不得不借助日益强大的威尼斯人海上武装力量。但是,依靠外国军事力量维系暂时安定的政策使拜占庭人付出了惨痛的代价,拜占庭工商业主要的竞争者和掘墓人即意大利各航海商业国家乘机发展,地位因此得到提升。他们在 13 世纪借西欧十字军骑士之手对君士坦丁堡的洗劫彻底摧毁了以该城为中心的东地中海商业贸易结构,又经过数十年提升手工制造业质量的努力,最终取代了拜占庭人的商业垄断地位。此后,君士坦丁堡成为意大利商人和冒险家的乐园,仅在市区内就常驻 6 万意大利人,至 14 世纪中期,拜占庭关税的 87% 被热那亚人所掌握,他们设在君士坦丁堡的海关年收入为 20 万依波里拉金币,而同期拜占庭帝国海关收入仅相当这一数字的 15%。[2] 第四次十字军于 1204 年占领君士坦丁堡以后,拜占庭手工业虽然仍可继续保持优势地位,但商业贸易一蹶不振,再也未能恢复。

其二,小农经济的衰落极大地打击了工商业的发展,缩小了工商业必需的国内外市场。一方面,小农经济的持续衰落迫使农民不得不降低生产和生活标准,他们没有足够的资金补充必要的手工业产品,无力提高生产水平

---

[1] 我们以往将这个时间点前移两个世纪左右,以符合晚期拜占庭衰落的观点。但是,近年来的考古发现表明,拜占庭工商业直到 14 世纪初仍保持着强劲势头,只不过货物运输的方式发生了改变,帝国商人雇佣意大利商船外销拜占庭优质货物使其利润更加丰厚。读者可参见本书绪论的相关部分。Cyril Mango, *The Oxford History of Byzantium*, pp.163,165.

[2] G.Ostrogorsky, *History of the Byzantine State*, pp.526-527.

和改善生活环境,而且随着局势的恶化、劳动强度的加大和耕作时间的延长,他们也没有时间和精力外出,到附近的城市进行交易。拜占庭国内消费力明显下降。另一方面,破产小农因其地位下降或自由身份的改变,不能或没有必要离开其所在的农村进城购物,他们的活动,特别是外出活动受到其所依附的主人的严格限制。而城乡商品交易的减少和购买力普遍的降低,使依靠国内短期贸易和手工业产品消费维持生存的小工商业主首先破产,导致富商大贾也每况愈下。拜占庭帝国普遍出现市场凋敝、城市败落的现象。例如,在以农业为基本经济部门和主要经济来源的拜占庭帝国,维系君士坦丁堡(有学者估计曾达到百万之众)、塞萨洛尼基这类人口庞大的大都市,必须依靠活跃的贸易,以解决城市居民的衣食住行问题,特别是粮食贸易是其生命线。商业活动不仅从阿拉伯人和意大利人占领的农业区,以及拜占庭帝国在小亚细亚的"谷仓"地区为城市输送大量的粮食,也为城市手工业提供了必需的原料和市场。但是,随着工商业的衰落,城市失去了生产生活物质供应的来源,逐步丧失了原有的经济作用,致使城市居民向乡村逃亡,人口大量流失。1453 年时,君士坦丁堡市区人口不足 7 万人(一说 5 万人),[1]城区内原有的大面积的花园、绿地,甚至市场都变为杂草丛生的荒地,或被人辟为小块农田和菜地。

工商业经济的衰败也导致了拜占庭帝国金融货币体系的混乱和崩溃,其晚期历史上伪币劣币盈市,货币贬值严重。11 世纪后半期,拜占庭金币大幅度贬值,每个金币含金量仅相当于 10 世纪金币的三分之一,即由 24 克拉降低到 8 克拉。12 世纪以后,其金币再度贬值,至 14 世纪初以后,其原有的国际货币地位被威尼斯和热那亚金币所取代。工商业的破坏使拜占庭帝国丧失了任何经济自立的能力和复原的最后希望,这种可悲的境地清楚地反映在当时作家的记载中,他们预感到:"现在这座都城的末日已经来临,此时,我们已经看到我们国家灭亡的死光"。[2] 拜占庭帝国末代皇帝君

---

① Doukas's *Decline and Fall of Byzantium to the Ottoman Turks*, an annotated translation of "Historia Turco-Byzantina" by Harry J. Magoulias, Wayne State University, Detroit: Wayne State University Press, 1975, XXXVIII, 3-4, p.224.

② Michaelis Ducae, *Historia Byzantina*, trans by I. Bekker, Bonnae: Weber 1834, p.238.

士坦丁十一世(Constantine Palaiologos,1449—1453 年在位)也无奈地哀叹:我们已经别无出路,一无所靠,只有"依靠我主上帝和救世主耶稣基督之名,依靠我们自己的双手和上帝全能之力赋予我们的力量"。[①]

综上所述,以小农经济衰败为重要特征的拜占庭军区制的瓦解是拜占庭帝国全面衰落的关键因素,对拜占庭帝国最终的灭亡有极为深刻的影响。11 世纪以后,随着军区制的废止和小农的大量破产,拜占庭社会经济和政治陷入恶性循环的怪圈。兵源和财源枯竭使军队无以为继,战乱加剧导致小农生存环境不断恶化,小农经济进一步瓦解刺激大地产加速发展,中央政府经济实力的下降为地方大军事贵族崛起提供了条件,政治分裂更加剧了国家经济的全面崩溃。在诸种社会矛盾交织激化、内忧外患日益严重、帝国社会诸多负面因素互动的恶性循环情势中,小农经济即使偶有复兴的机会,但却没有复苏的可能,个别皇帝即使有重整河山的愿望,也不可能实现。10世纪的一些皇帝推行的保护小农限制大地主发展的政策可以说是拜占庭统治者采取的自救措施,对延缓拜占庭帝国经济危机起了重要而积极的作用。此后,以推翻十字军骑士建立的拉丁帝国和恢复拜占庭人统治为目的的尼西亚流亡王朝,虽然通过重建军区,积极发展军区制下小农经济,并使其实力迅速增强,将十字军骑士逐出君士坦丁堡,完成"光复"大业,但是,新王朝入主君士坦丁堡后,由于大地产经济已经形成,西欧分封制已经在拜占庭土地上扎根,故无力继续推行其比较成功的"复兴"政策,被迫放弃了一度行之有效的军区制。大土地经济的发展已势不可当,新王朝也无力改变这一趋势。这样,拜占庭人就最终丧失了自救的机会,其灭亡已成定局。

二、最后战役的史料

前引乌达里曹娃曾指出,不能把拜占庭帝国灭亡的原因简单归于奥斯

---

① George Sphrantzes, *The Fall of the Byzantine Empire*, *A Chronicle by G. Sphrantzes*, *1401-1477*, Amherst:The University of Massachusetts Press 1980, p.273.

曼土耳其人的军事胜利。但是我们不得不看到,拜占庭帝国最终灭亡的直接原因是军事上的失败,是最后一战中未能守住帝国都城。假设 1453 年君士坦丁堡战役出现了另一个结果,有谁还会认定拜占庭帝国一定会灭亡呢?这一点连此次战役攻城总指挥苏丹穆罕默德二世都有清醒的认识,他坚信不夺取君士坦丁堡就意味着"罗马帝国"没有灭亡。因此在我们考察拜占庭帝国灭亡原因时就不能忽视或者低估战场上较量的因素,特别是要高度关注这场决定帝国命运的战役。

1453 年君士坦丁堡战役无论在世界历史还是在人类军事史上都具有重要地位。后人评论说"君士坦丁堡陷落的消息震惊了西方世界","西方得到的最恐怖的消息莫过于君士坦丁堡陷落和皇帝战死"。① 中世纪史家更将"君士坦丁堡于 1453 年落入土耳其人之手"看作是欧洲"中世纪结束"最重大的标志性事件之一。② 拜占庭史家瓦西列夫甚至称之为"整个世界历史上最重大的事件之一"。③ 对如此重大的历史事件目前的研究还远远不够,特别是在战役细节方面还缺乏充分的探讨,以至于描述模糊,或者以讹传讹。④

经过比较全面的调查,我们目前所知关于这次战役的原始史料有十种左右,其中由幸存的参战者留下的记载不过五六种,其他则都是转述这些亲历者的讲述,或者根据目击者的记载加工而成。这些战役幸存者的记述需要我们仔细研读。

首先要提到是希腊史家劳尼库斯·查尔克康迪拉斯(Laonicus Chalcocondylas,约 1423—1490 年)。他生于雅典文人之家,其父亲和表兄都

① 当时的历史学家约翰·德乌戈什(John Dlugosz)做如是说,"君士坦丁堡的灭亡和预期的结果一样不幸,对土耳其人来说它是一个伟大胜利,但却是希腊的终结和拉丁人的耻辱。为此,天主教信仰受到打击,宗教状况混乱不堪,基督的名誉受到凌辱和玷污"。罗伯特·福西耶主编,李桂芝等译:《剑桥插图中世纪史(1250—1520)》,山东画报出版社 2009 年版,第271、270 页。

② 布莱恩·蒂尔尼等著,袁传伟译:《西欧中世纪史》,北京大学出版社 2011 年版,第579 页。

③ A.A.Vasiliev, *History of the Byzantine Empire*, *324—1453*, II, p.648.

④ 笔者集中考证参战人数的文章为《君士坦丁堡战役参战人数考辨》,见《历史研究》2015 年第 6 期。

是晚期拜占庭的历史作家,他本人接受过系统的拜占庭文化教育,曾拜著名的大学者乔治·耶米斯多斯·普莱松(George Gemistos Plethon)为师,为此他常住伯罗奔尼撒。他在其《土耳其史》(*Turkish History*)中明确描述了此次战役。但是仅就《土耳其史》的资料分析,我们便可以认为它不甚可靠。虽然君士坦丁堡战役爆发时作者已经30岁,并见证了拜占庭帝国的衰亡,但是他并没有亲历战场,相关的信息显然来自他的调查和其他第一手材料。10卷本的《土耳其史》涉及1298年至1463年间发生的所有重大事件,既重点谈论土耳其帝国的兴起,也涉及拜占庭帝国的衰亡,特别是君士坦丁堡的陷落。但是该书第8卷涉及此次战役的章节专门描述君士坦丁堡围城战,尽管仅涉及整个事件的总体进程而没有细节,但在研究资料匮乏的情况下,也能为后人提供一些佐证。然而其记述缺乏细节描写,也没有战役兵力部署的相关叙述,这可能与作者远离战场有关。后世人如吉本鉴于相关史料的匮乏,常常将他这个"同时代人"列入史料来源作者名单。由于他没有亲历现场,只是此次战役的间接记述人,即便他对参战者有过调查,推测也未必十分详细,故其提供的信息不能与其他亲历者相比。①

记载更可信的是莱奥纳多(Leonard of Chios),他是天主教迈提莱内(Mytilene)教区主教,君士坦丁堡战役前,曾作为罗马教宗尼古拉五世(Nicholas V)的特使俄罗斯枢机主教伊塞多利(Isidore of Kiev)的助手前往拜占庭帝国都城,协助后者落实希腊——罗马教会合并事宜。该战役期间,他一直参战,随伊塞多利枢机主教奋战在城头。城破之际他侥幸逃脱,作为君士坦丁堡陷落的目击者,莱奥纳多于1453年8月16日,也就是城破后77天,致信教宗尼古拉五世,心情沉重但详细地讲述了君士坦丁堡陷落的过程,指责希腊人口是心非不遵守两大教会合并协议,因此遭到上帝惩罚。该信件至今保存在梵蒂冈档案馆中,其最大的价值在于,它是根据作者亲历事

---

① 他的记述被整理为现代版本,见 J.P.Migne, *Patrologia Graeca 159*, cols. 375–397,注者还对比了 Darko, Budapest, 1922 年版。*The Siege of Constantinople 1453: Seven Contemporary Accounts*, trans by J.R.Melville Jones, Amsterdam: Adolf M.Hakkert-Publisher, 1972, pp.43,44.

件的回忆,提供了围城战详细的军事部署信息。①

最重要的史料是乔治·斯弗兰齐斯(George Sphrantzes)对战役的记载。从其希腊名字上可以看出他应该是位具有拜占庭贵族家庭背景的高官,在很多史料和后世研究成果中,他又被称为弗兰齐斯(Phrantzes)。根据研究,他之所以成为皇帝君士坦丁十一世的亲信近臣,一方面是他与末代皇族有多重亲戚关系,另一方面是他有一定的才能。他的妹妹嫁给了占据伯罗奔尼撒半岛莫内瓦西亚(Monemvasia)的皇族王公马莫纳斯(Mamonas),他本人则与皇族公主海伦(Helene)结婚,青年时期便任职朝廷,服侍过三朝皇帝,且由于其皇帝心腹的关系,他还请皇帝做了其本人儿女的教父。在守卫都城最后一战的日子里成为皇帝最信任的人,时刻陪伴在皇帝身边,参与调动部署全城防务。特别重要的是他在围城战期间受皇帝的委托对全城兵力做了彻底的调查,留下的文字和相关信息受到后世研究者的极大关注,被认为是"透过拜占庭朝廷高官的眼光……看到的帝国和拜占庭文明放射出的最后一缕霞光","具有无与伦比的可靠性"。②

杜卡斯(Michael Ducas)也是此战参与者,君士坦丁堡陷落后,他有幸逃脱,后撰写《拜占庭史》。③ 杜卡斯身为拜占庭贵族,与皇族有亲戚关系,但更青睐意大利商人,早年便任职于热那亚政府秘书。围城战期间,他成为教会合并计划的坚定支持者,与彻底执行亲西方路线的皇帝关系密切,一直参与抵抗奥斯曼土耳其军事进攻的策划指挥。君士坦丁堡陷落后,他逃亡莱斯伯岛(Lesbos),为控制该岛的加提鲁西(Gattilusi)家族服务,担任与奥斯曼土

---

① 参见根据 Vatican ms.Lat. 4137 号档案整理出来的 J.P.Migne,*Patrologia Graeca 159*,cols 923－943,以及意大利文版本 F.Sansovino,*Historia Universale dell' Origine et Imperio de Turchi*,Book Ⅲ,pp. 304－313,col. 927. 转引自 *The Siege of Constantinople 1453*:*Seven Contemporary Accounts*,pp.15,20,25。

② George Sphrantzes,*The Fall of the Byzantine Empire*,*A Chronicle by G. Sphrantzes*,*1401－1477*,p.11.

③ Doukas,*Ducae Historia Turcobyzantina*(*1341－1462*),ed. and tr. V. Grecu,Thesaurus Linguae Graecae from Homer to the fall of Byzantium in AD 1453,no.3146,ⅩⅩⅩⅧ,3－4;Doukas's *Decline and Fall of Byzantium to the Ottoman Turks*,an annotated translation of"Historia Turco-Byzantina"by Harry J.Magoulias,Wayne State University,Detroit:Wayne State University Press,1975,ⅩⅩⅩⅧ,3－4,p.212.

耳其人打交道的外交官。他撰写的《拜占庭史》(*Byzantine History*)涉及围城战的部分大约有 10 章,作为反映君士坦丁堡战役的少数史料之一,其目击者的亲身感受和对战局的生动解读使它一直成为最重要的史料之一。

佛罗伦萨商人加科莫·特达尔迪(Florentine Giacomo Tedaldi)一直在拜占庭末代王朝京城经商,凭借其意大利人的"外邦"商人身份,游走于威尼斯、热那亚等强势商贾群体之间,获利不菲。当时,控制东地中海贸易和君士坦丁堡国际市场的是威尼斯、热那亚和比萨,后者还在意大利商业集团之间的内讧中败北,只有前两者保持着对拜占庭过境贸易的垄断权,佛罗伦萨则主要凭借其在亚平宁半岛的地理优势占据着意大利区域间商贸优势地位。奥斯曼土耳其军队围攻君士坦丁堡的备战时间很长,大多数佛罗伦萨人早就因为风声越来越紧急而仓促回国了,特达尔迪是最后滞留在君士坦丁堡的一批佛罗伦萨商人。围城战期间,他积极参与守城也是乘机做些小本生意的需要,同时对战役结果还心存幻想,因为毕竟此前土耳其人的多次攻城都失败了。他在此次战役中的表现并无材料证明,但是战役最后关头,他乘土耳其军队破城后忙于抢劫之时,搭乘佩拉城区最后驶出黄金角港湾的意大利商船出逃却是有所记述。他作为交战双方的旁观者,其口述的故事被一位法国教士记载下来,后来作为人们研究相关问题的珍贵史料。①

威尼斯人尼科洛·巴尔巴洛(Nicolo Barbaro)的记载也特别重要,他的情况与加科莫·特达尔迪大体类似,只是作为威尼斯医生,在拜占庭末代京城的处境更好些。作为一名外科医生,巴尔巴洛在君士坦丁堡战役期间一直在城内救治伤员,虽然身处废都处处惊心,但他常年活跃在君士坦丁堡的经历也使他处理其事务驾轻就熟。事实上,他的诊所位于帝国京城北面"黄金角"海湾的对面,这里是意大利人的佩拉商业特区,无论是拜占庭皇帝还是奥斯曼土耳其苏丹都对这个区域另眼看待,给予特殊关照。之所以如此,不仅仅因为意大利商贾背后的强大海军力量和意大利雇佣兵高超的

---

① *The Siege of Constantinople 1453*;*Seven Contemporary Accounts*, p.3. 1303 年,势力强大的热那亚商人在黄金角湾北岸划定商业特区,建立独立管理的城区,常住人口数千人,大战前多数人离开。君士坦丁堡战役期间,他们秘密援助拜占庭守军。参见 C.Mango, ed., *The Oxford History of Byzantium*, p.70。

军事技术,而且还因为这个特区正在成为欧洲西亚地中海世界最富有的商业中心,哪个统治者都不愿意打碎手中或者即将到手的"金娃娃"。巴尔巴洛的医生生涯在拜占庭废都正值风生水起,帝国京城最后的衰败和战乱恰好扩大了他的病人来源。整个围城战期间,他的业务量大增,虽然救治伤员常常是无偿地付出,但是最低的诊疗费也大大超过了平日的总收入。他并不在城头交战的第一线,因此有时间、有精力认真记录下战役的每日进程,甚至可以细致到细数每天重炮轰城的次数。他在城破之际乘乱搭乘意大利船只逃亡回国,并从容带走了随身的私人物品,其中他的日记对于我们极为珍贵。这本日记未经任何其他人加工,被后世研究者认为是"在所有现存目击者记载中,没有任何一部比它更详细更精确的"。①

　　还有一些根据幸存者作品改编的回忆录也需要提及,②如君士坦丁堡陷落后约一个半世纪问世的一部书引用了名叫赫里斯托弗洛·利希赫流(Cristoforo Riccherio)的作品,虽然它并没有提供更多第一手信息,但其中谈到了前引莱奥纳多,因此有力地证明了这位教宗特使助手的事迹。③ 还有一个文献引用了名为佐尔兹·多尔芬(Zorzi Dolfin)的作品,其中也提到君士坦丁堡陷落的故事,尽管如同上述作品一样并不包含任何新信息,但其所述内容多引自莱奥纳多的信件,从一个侧面为后人研究莱奥纳多提供了旁证材料。④ 人们也曾力图找到相关的土耳其文献,但都没有成功,至今保留下的有关记述几乎都来自守城一方的幸存者。前文提到的仁西曼声称他依据了土耳其史料,但从其作品中我们只找到了巴宾格(F.Babinger,1891—1967 年)、君士坦丁·普拉特里斯(Constantine Platris,15 世纪)和凯鲁拉·埃芬迪(Khairullah Effendi,19 世纪)等人的专著,他们不是后世史家就是西方史家,

　　①　Nicolo Barbaro,*Diary of the Siege of Constantinople*,*1453*, trans.by J.R.Jones,New York:Exposition Press,1969,introduction.

　　②　如斯弗兰齐斯的记载后来被希腊南部的莫内瓦西亚(Monemvasia)大主教马卡利奥·迈利森诺(Makarios Melissenos)改写,描写详细生动,吸引了后世的注意力。George Sphrantzes,*The Fall of the Byzantine Empire*,*A Chronicle by G.Sphrantzes*,*1401–1477*,p.120.

　　③　F.Sansovino,*Historia Universale dell' Origine et Imperio de Turchi*, Book III,pp.315–318,转引自 *The Siege of Constantinople 1453:Seven Contemporary Accounts*,pp.117–124。

　　④　G.M.Thomas,*Sitzungsberichte der konigl,bayer*,Akademie der Wissenschaften,1868,pp.1–41,转引自 *The Siege of Constantinople 1453:Seven Contemporary Accounts*,pp.125–130。

没有一个是奥斯曼土耳其作家,因此我们没有找到土耳其方面的原始记载。从这些专著的相关内容看,其资料来源也大多源自拜占庭作家的记载。这就迫使我们还是要具体分析已经掌握的几种原始信息。① 奥斯曼土耳其文方面的史料之所有对此均未有涉及,原因可能在于当时的土耳其作家还没有开展史学方面的工作,奥斯曼土耳其大帝国扩张的紧迫事务大多集中在军事外交方面,或者聚焦于对奥斯曼土耳其苏丹的颂扬及帝国军事扩张和美好远景的期盼,盛世修史和客观记录历史事件的时代尚未到来。而当苏丹统治逐步稳定后,特别是地跨三洲的奥斯曼帝国疆域大体稳固后,奥斯曼土耳其史家再回顾其早期历史时,时间已经流逝,他们已远离事件的发生至少一个世纪了。②

三、参战人数考

1453 年君士坦丁堡战役参战人数问题是认知这一重大历史事件的基础。我国学者早就在大学教材编写时涉及到这个问题,但是相关的叙述却非常混乱,不仅对战役的过程自说自话,而且在攻守双方的参战人数上也有多种意见。有的作者也许考虑到这个问题的复杂性,在相关部分中采取了模糊描述的办法,叙述不确切,或者一笔带过。③

---

① S.Runceman, *The Fall of Constantinople, 1453*, Cambridge:Cambridge University Press, 1965, p.76. 仁西曼的这本书也被译为中文,见斯蒂文·朗西曼著,马千译:《1453——君士坦丁堡的陷落》,时代出版传媒股份有限公司 2014 年版。F.Babinger, *Mehmed the Conqueror and His Time*, trans. Ralph Manheim, ed. William C. Hickman, Bollinger Series XCVI, Princeton, N. J.: Princeton University Press, 1978, p.84.

② 近年来,有些学者认为不必区分一手的原始史料和专著等二手材料的重要性,但我们的研究表明这一区别非常重要,窃以为这方面的认识不同反映了古代史研究和近现代史研究的区别。罗志田、张洪斌:《学术史、思想史和人物研究——罗志田教授访谈》,《学术月刊》2016 年第 12 期。

③ 俗称"周吴本"的《世界通史》(人民出版社 1962 年版,中古分册,第 275 页)和"吴齐本"的《世界史》(高等教育出版社 1994 年版,古代史编,第 289 页)在参战人数问题上就相差了数万人,而相关部分的主编却同为朱寰先生。前一种说法影响了《世界史》(人民出版社 1986 年版,中世纪史,第 138 页)和《世界中古史》(吉林人民出版社 1981 年版,第 143—144 页),后一种说法则影响了其他书籍。更多的书籍对此不做涉及,显然对包括苏联大通史(《世界通史》,苏联科学院 1961 年版,第 3 卷下册,第 1082 页)的不同说法难以把握。

　　世界通史教材出现这种情况是可以理解的,因为其涉及的内容太浩繁,线索太复杂。但是随着我国拜占庭史研究的发展,相关书籍在此问题上的表述似乎更加混乱了。一些拜占庭历史与文化书籍在谈到此次战役的参战人数时,模糊的程度甚至超过了以前。例如《拜占庭帝国史》认为参加攻城的部队有10万—20万人,如此大的数字范围几乎就是个模糊的说法。《拜占庭文明》叙述到此有许多改变传统的说法,但对双方参战人数这个重要信息不置一词。《拜占庭文明》则认为土耳其陆军"总兵力"为15万—20万人;《拜占庭的故事》采用了攻城部队是守军人数的20倍这样的说法;还有的只是使用文学夸张的手法进行表述。①

　　国内多种书籍的混乱说法可能是他们各自依据的外文书籍描述不同造成的,需要加以辨识。经过调查,在此次战役的叙述上,一些公认比较权威的作品果然意见不一,各自表述。例如在双方参战总人数上,说8万者有之,说10万者有之,说20万、30万、40万的亦有之。② 又如在战役开始的准确时间上,"4月1日"者有之,"4月6日"者有之,"4月初"的更多。再如土耳其军队重型火炮的打击目标上,多数人认为是轰击破坏城墙,而军事史家帕克则认为是轰击港口。③ 后世论者在面对这个重要战役时都无法绕开,在相关的研究中都不能不有所涉及,但是他们缺乏对这场战役的深入了解,更缺乏全面系统的史料调查,故人云亦云,不求甚解,或引据孤证,未做全面考辨,难免说法各异。

　　具体到此次战役参战人数问题上,后世学者更是说法不一。英国的爱

---

　　①　陈志强:《拜占庭帝国史》,商务印书馆2003年版,第347页;徐家玲:《拜占庭文明》,人民出版社2006年版,第159页,她提到土军使用滚木滑道将战船运入金角湾与通常说法不同;赵彦编著:《拜占庭文明》,北京出版社2008年版,第132页,这里所说的不是攻城部队而是陆军总兵力。王其钧编著:《拜占庭的故事》,机械工业出版社2009年版,第310页,此处说法产生疑问:是7000∶14万还是9000∶18万呢?"人数众多,绵延不绝,就像天上的繁星……浩瀚大军"等,拉尔斯·布朗沃思著,吴斯雅译:《拜占庭帝国:拯救西方文明的东罗马千年史》,中信出版社2016年版,第330页。

　　②　Warren Treadgold, *A History of the Byzantine State and Society*, California: Stanford University Press, 1997, p.799. Edward Gibbon, *The History of the Decline and Fall of the Roman Empire*, London: George Bell and Sons, 1889, VII, p.303.

　　③　杰弗里·帕克等著,傅景川等译:《剑桥插图战争史》,山东画报出版社2004年版,第103页。

德华·吉本认为,"土耳其军队总人数被杜卡斯(Ducas)、查尔克康迪拉斯(Chalcocondylas)和莱奥纳多(Leonard of Chios)夸大了,数量达到 30 万或40 万人;但是,弗兰扎(Phranza)提供的数字要少得多,却判断更为准确,他精确判断为 25.8 万,这个数字没有超出经验和可能性的范围"。在后来的描写中,他又提供了一个比例数字,"从人数对比上看,一个基督教徒的价值实际胜过 20 多个土耳其人"。① 这个意见具有长期影响,前南斯拉夫的奥斯特洛夫斯基接受了吉本的说法,认为"比较妥当的估计是,进攻一方的军队数量远超防守一方,比例大体为 20∶1"。② 法国的布莱赫尔同意他们的看法,他写到:"根据君士坦丁命令了解部队状况的斯弗兰齐斯计算将士人数为 4973 人,包括僧侣和自愿军,这可能要另外加上 2000 或 3000 外国人。"而"在驻扎于土耳其军营的 16 万到 20 万人中,可能有 6 万战斗人员,他们中许多人都是正规军"。③ 也有人表示不同意见,英国的仁西曼即提出,奥斯曼土耳其军队参战人数仅有 8 万,他认为"希腊人宣称聚集在苏丹军营中的军队达到 30 万、40 万,甚至更冷静的威尼斯人也说有 15 万人。但根据土耳其史料判断,可能其正规军只有约 8 万人,不包括非正规军,他们大概要另加上 2 万人"。这个意见与德国的巴宾格在《穆罕默德传记》中的看法大体相同,后者估计这一数字不超过 8 万人。④ 英国的约翰·弗雷利也支持"8 万之说",他坚持"穆罕默德率领其大军抵达城下,这支军队估计约有 8 万人"。⑤ 美国的沃伦·特里高德支持这一观点,认为"君士坦丁堡守军人数达到了 3000 外国人和 5000 拜占庭人。穆罕默德可能拥有 8 万人"。⑥ 美国的巴图西斯也认为,"总之,合理地估算君士坦丁堡最后一战期

---

① Edward Gibbon, *The History of the Decline and Fall of the Roman Empire*, Ⅶ, pp.303, 307.

② G. Ostrogorsky, *Byzantinische Geschichte, 324 - 1453*, Munchen:Verlag C.H.Beck OHG, 1996, p.499. 奥斯特洛格尔斯基著,陈志强译:《拜占庭帝国》,青海人民出版社 2006 年版,第469 页。

③ L.Brehier, *The Life and Death of Byzantium*, pp.364, 365.

④ S.Runceman, *The Fall of Constantinople, 1453*, Cambridge:Cambridge University Press, 1965, p.76.F.Babinger *Mehmed the Conqueror and His Time*, p.84.

⑤ John Freely, *Istanbul, the imperial city*, London:Penguin Books Ltd.1996, pp.173, 174.

⑥ W.Treadgold, *A History of the Byzantine State and Society*, p.799.

间防卫者的总数应该在 7000 或 8000 人：约 5000 名拜占庭士兵，2000 或 3000 名外国将士。很明显，守军完全寡不敌众。即便以守军最高的数字 9000 人与围城军队最低的数字 6 万人相比，两者也完全不在一个等量级上，"故双方参战总人数合计 7 万人。①

可以看出，对于此次战役参战人数这个基本问题，一直存在着多种意见，也缺乏进一步的研究。这种不求甚解的态度直接影响人们对这一重大事件的了解，阻碍进一步深入地探讨。而产生模糊认识的原因在于史家们依据的原始材料不同或不完整。

劳尼库斯·查尔克康迪拉斯在其《土耳其史》中明确提到此次战役人数，"据说当时这里聚集了大约 40 万大军，而在他的大营中可能拥有两倍于这个数字的托运牲畜……苏丹到达战场不久以后，他的舰队也逼近了，是由 30 艘三层桨大帆船和大约 200 艘小船构成的。当希腊人看到苏丹的舰队正在逼近他们的城市时，便从城市的另一侧河岸向君士坦丁堡那个被称为卫城的地方附近拉了一条大铁链，横跨该地水面。"②然而，由于他没有亲历现场，只是此次战役的间接记述人，其提供的信息的可靠程度也不能与其他亲历者相比。比查尔克康迪拉斯的"40 万之说"更少但记载更可信的是莱奥纳多，他谈到土耳其军队兵力时说："4 月的第五天，他（苏丹）统率 30 万战将，在君士坦丁堡周围安营扎寨，率领他们部署在城市周围。其军队的大部分都调集到这里来，尽管他们大多是步兵"。说到守军的防卫力量时，他认为"希腊人的人数充其量不过 6000 人。其他那些热那亚人、威尼斯人和从佩拉秘密前来援助的人最多不过 3000 人。我们怎么能与敌人相提并论呢？"③最重要的史料是乔治·斯弗兰齐斯（George Sphrantzes）对战役的记载："同年（1453 年）4 月 4 日，苏丹返回战场，以其全部各种军械和陆海军队，包围了京城。他在京城 18 英里长的城墙下，部署了 400 艘大小船只

① M.C.Bartusis, *The Late Byzantine Army, Arms and Society, 1204-1453*, Philadelphia: University of Pennsylvania Press, 1992, p.131.

② J.P.Migne, *Patrologia Graeca 159*, cols. 375-397, 注者还对比了 Darko, Budapest, 1922 年版。转引自 *The Siege of Constantinople 1453: Seven Contemporary Accounts*, pp.43,44。

③ J.P.Migne, *Patrologia Graeca 159*, cols 923-943, 转引自 *The Siege of Constantinople 1453: Seven Contemporary Accounts*, pp.15,20,25。

封锁海面,以 20 万军队围困陆地城墙（διακοσίων δὲ χιλιάδων ἀνδρῶν ἀπὸ τῆς στερεᾶς）。尽管我们的京城面积巨大,我们的守军总数却只有 4973 个希腊士兵,以及正好大约 200 名外国士兵。"①这是土耳其攻城兵力"20 万之说"的主要来源,其中不含海军,这个说法得到了其他战役亲历者的佐证。杜卡斯在其《拜占庭史》涉及土耳其军队参战人数的地方记载,"4 月 23 日,只发生了几次进攻,暴君(苏丹)调集了更多部队。那些征调而来的部队和那些自愿从各地汇集而来的人数难以计算。侦察兵报告说,至少有 40 万土耳其军队"（Ἔλεγον οὖν, ὅσοι κατεσκόπευον, εἶναι ὑπὲρ τετρακοσίας χιλιάδας）。这里提到的"超过 40 万"是来自他人报告而非杜卡斯的判断,因为他的记载中又说,"罗马人不时跳出掩体设法面对面地袭击土耳其人,有时损失将士,有时会抓到俘虏。但是,这样做对他们毫无益处,因为非常明显,一个罗马人面对着 20 个土耳其人（ἕνα Ῥωμαῖον πρὸς εἴκοσι Τούρκους）。他们怎么能在那么大地区袭击对付那么多敌人?"此处提出的双方兵力之比为"1：20",显然是作者本人对双方陆军兵力人数的真实看法。② 他还单独提到过 300 多艘舰船组成的土耳其舰队,但却没有提及海军总人数。

"20 万之说"不仅得到了杜卡斯的佐证,也得到了佛罗伦萨商人加科莫·特达尔迪的证明,"在围城期间,共有 20 万人参战,其中 6 万人进行军事攻击,包括 3 万到 4 万人攻城。他们中四分之一的人穿制服和皮夹克(军服)。其他人则是一些穿戴法国服装,一些穿匈牙利服装,还有些戴铁质头盔、土耳其弓箭和弩箭。其他士兵没有装备,只有些盾牌和土耳其弯刀,这些武器是一种土耳其式样的刀剑。这 20 万人中的其他兵士都是些盗贼匪徒、流浪汉、工匠、铁匠和其他随军人员。"特达尔迪在这里明确提到 20 万人参战,但后世引证者误读为直接参与军事进攻的 6 万人才是参战者,这段

---

① Georgius Sphranzes, *Historia*, ed. V. Grecu, Thesaurus Linguae Graecae from Homer to the fall of Byzantium in AD 1453, no. 3143, work 001, Mich 3. 18. 2, XXXV, 6; George Sphrantzes, *The Fall of the Byzantine Empire, A Chronicle by G. Sphrantzes, 1401–1477*, p. 70.

② Doukas, *Ducae Historia Turcobyzantina (1341–1462)*, XXXVIII, 3–4; Doukas's *Decline and Fall of Byzantium to the Ottoman Turks*, XXXVIII, 3–4, p. 212.

文字的整理校注者琼斯就此注释道"6 万人似乎更合理",但这种解读不准确。① 尼科洛·巴尔巴洛的记载也从一个侧面支持了斯弗兰齐斯的说法,他涉及到土耳其军队人数的记载有两处:1453 年 4 月 5 日时,"天明后第一个时辰,穆罕默德殿下指挥大约 16 万大军抵达君士坦丁堡墙下,在距离城墙 2.5 英里处扎营";1453 年 5 月 29 日,"拂晓前 3 个小时,土耳其人穆拉德(Murat)之子穆罕默德苏丹亲自来到城墙下开始发动使他夺取这个城市的总攻。苏丹将其部队分为三个集群,每个集群 5 万人;第一个集群由基督徒构成,他们都是关押在其大营中反对他的意愿的人,第二个集群是由下等身份的人和农民以及类似的人构成,第三个集群由加尼沙里(janissaries)禁卫军团组成,他们身穿白色军服,全部是苏丹的贴身将士,每天领取军饷,全都装备精良,在战斗中最为强悍,而在禁卫军后面的是全体军官,这些军官后面是土耳其苏丹。"这里提到两天的陆军直接进攻兵力都在 15 万至 16 万人,加上海军、炮兵和其他辅助性部队人数,土耳其攻城部队总数一定超过 20 万人。巴尔巴洛在谈到攻城水兵时还说,"这支土耳其舰队是由 145 艘船构成的,包括大帆船、小帆船(fuste)、快船(parandarie)和补给船(bregantine),其中 12 艘是装满了装备的大帆船,70—80 艘大型小帆船,20—25 艘快船和其他的补给船;在这支土耳其舰队中还有 1 条大船是从辛诺堡(Sinopolis)驶来,满载运输的是石头炮弹、木障和原木,以及其他供给其部队发动攻击的急需战争物资。"②仅发生在 4 月 20 日涉及 4 艘战船的海战,土耳其海军就损失了上万人。③ 对于这次海战的伤亡,莱奥纳多也加以证实,"战斗进行得比以前更为激烈……我们了解到他们大约有 1 万人阵亡,一些是被刀剑砍杀的,其他是被弓箭和火枪击中的,或者伤重不治身亡"。斯

---

① *The Siege of Constantinople 1453:Seven Contemporary Accounts*, p.3. 1303 年,势力强大的热那亚商人在黄金角湾北岸划定商业特区,建立独立管理的城区,常住人口数千人,大战前多数人离开。君士坦丁堡战役期间,他们秘密援助拜占庭守军。参见 C.Mango, ed., *The Oxford History of Byzantium*, p.70。

② Nicolo Barbaro, *Diary of the Siege of Constantinople, 1453*, pp.27,62,31.

③ Nicolo Barbaro, *Diary of the Siege of Constantinople, 1453*, pp.33-34.

弗兰齐斯对此也给出了类似的记载。① 可见海军数量也有数万人之多,不可忽视。

还有一些根据幸存者作品改编的回忆录,也涉及土耳其攻城部队人数,其中提到攻守双方兵力之比为 500∶1②,因其描述过于夸张,在涉及本书相对准确的参战人数考辨中没有太大的意义,故不再引证。值得一提的是拜占庭帝国参战人数的问题,概括各种史料的说法大体在 1 万人左右。但这万人守城将士可能需要数倍的辅助人员,如果我们根据拜占庭军队作战人员结构比例计算,君士坦丁堡战役中拜占庭人参战数应该在 3 万到 4 万人之间。就此而言,我们还需要参考当时城内的总人数,那么君士坦丁堡城破之际到底有多少人呢? 巴尔巴洛认为:"希腊人的人数充其量不过 6000 人。其他那些热那亚人、威尼斯人和从佩拉秘密前来援助的人最多不过 3000人"。这 9000 人是指直接参与作战的士兵,他还提到,"夺取君士坦丁堡战斗结束了,这一天是 1453 年 5 月 29 日星期二。有 6 万人被俘入狱,土耳其人还发现了大量财宝。"③杜卡斯就此提到,"土耳其人也忧心忡忡,因为他们曾估计城里还有至少 5 万士兵。结果他们杀了 2000 人便放手了。假如他们知道抵抗他们的武装士兵总共只有 8000 人的话,他们就不会杀掉他们中的任何人了。因为这个民族热爱金钱,如果一个弑父者落入他们手中,他们也会为了黄金把他放掉。"④根据土耳其人自一个多世纪以前即充当雇佣兵形成的惯例,他们通常不是杀掉战俘,而是将他们拉到市场上出售,或者向对方提出赎金要求。杜卡斯在这里记述的就是这种情况。此次战役结束后第 24 年进行的一次人口普查也提供了一个参考数值,"最早一次人口普查(defter)确定为 1477 年进行,涉及君士坦丁堡城区、正对着黄金角湾的法兰克人住区加拉大城,对这个人口普查有多种分析。总注册户数为 16326

① *The Siege of Constantinople 1453: Seven Contemporary Accounts*, pp.21-22. George Sphrantzes, *The Fall of the Byzantine Empire*, p.108.

② George Sphrantzes, *The Fall of the Byzantine Empire*, p.120.

③ Nicolo Barbaro, *Diary of the Siege of Constantinople*, *1453*, pp.25,70.

④ Doukas's *Decline and Fall of Byzantium to the Ottoman Turks*, p.224.

户,表明人口总数超过 8 万人。"①这与史料反映出来的数字非常接近。

对有关 1453 年君士坦丁堡战役基本史料进行的全面调查使我们掌握了此次战役幸存者关于参战人数的原始记载。然而,由于这些战役参与者留下的文字在这个问题上存在很大差异,因此造成后世研究者的分歧。我们需要进一步对他们提供的信息做深入的分析,以便得出比较客观的结论。

首先要特别注意的是斯弗兰齐斯记述的情况,他提供的土耳其攻城部队 20 万人和拜占庭守城将士 4973 人(另加 200 名外国雇佣军)是比较可信的。一个重要根据是他作为皇帝的重臣曾直接统计了守军的人数,且在参与指挥调动守军过程中亲临城防前线,目睹了攻城土军的阵势,直观估计了敌军的人数。他的表述比较明确,"以 20 万军队围困陆地城墙"这个信息清晰地表明土耳其军队用于陆地进攻的部队人数,其中必然包括炮兵和其他辅助人员,而不包括舰队将士在内。他提供的信息存在的问题是如何理解"大约 200 名外国士兵",笔者同意巴图西斯研究的结论,②即这里提到的外国士兵是指归属拜占庭将领指挥的部队,而不是那些雇佣兵将领独立指挥的部队,后者大约有 3000 人,不在斯弗兰齐斯统计范围内。另一位战役幸存者杜卡斯也支持了斯弗兰齐斯的说法,他提供的攻守双方兵力 20∶1 的比例是杜卡斯个人的估计,与当时的实际情况比较吻合。由于他作为拜占庭皇帝亲信贵族一直参与战斗,在混乱的前线直接估测出敌我兵力差距的悬殊。如果我们大体接受守军总人数在 1 万人左右的意见,那么土耳其陆军攻城兵力就超过了 20 万人,这与其他亲历者提供的信息大体一致。③至于说他提到的"40 万土耳其军队",细心的读者一定注意到这个数字并非杜氏推测,而是拜占庭侦察兵报告的数字,对于这个夸大了的数字连杜卡斯

---

① 该资料接着记载,"其中占绝对多数的是穆斯林 9517 户,还有基督教徒 5162 户,其中多数是罗马人东正教 3748 户,已经包括了 1460 年来自莫利亚、1461 年后来自特拉布宗和 1475 年以后来自克里米亚的住户,后两者住在他们自己的住区内。除了 372 户亚美尼亚人和一些拉丁人及吉普赛人外,最后一种主要人口是犹太人,有 1647 户"。Inalcik(1974),pp. 238-9;Lowry(1986b),pp.323-326.*New Cambridge Medieval History*,Cambridge:Cambridge University Press,2008,vol.7,p.790.

② M.C.Bartusis,*The Late Byzantine Army,Arms and Society,1204-1453*,p.131.

③ Doukas's *Decline and Fall of Byzantium to the Ottoman Turks*,XXXVIII,3-4,p.212.

本人也不太相信,因此才在后来的记载中提供了他自己的推测比例。"20万之说"也得到了另一位战役幸存者特达尔迪的支持,他明确说过"20万人参战",但被后人误读为6万人,因为后世论者确定那些参与直接攻城的将士为参战者,而修桥补路、建筑堡垒、修理刀剑、打制兵器、提供粮草、保证军需、救治伤员、驾驶战船、处理阵亡者的人员都不在统计范围,[①]这样理解中古战争就显得非常不合理了。前引威尼斯人巴尔巴洛提供的信息也十分接近斯弗兰齐斯的说法,他在日记中没有直接给出土军总兵力的估计,但在两天的有关记载中提及15万人和16万人两个数字。我们不能接受由此断定这就是土军总兵力的说法,而确信巴尔巴洛涉及的参战总兵力一定超过16万人,因为如果加上前述海军和多种辅助部队的话,围城土军必定超过20万人。

那么,我们应该如何看待莱奥纳多的"30万之说"、查尔克康迪拉斯的"40万之说"和其他说法呢?应该承认,在大战进行的混乱战场上,对于那些并不担任指挥或参与指挥的战役参与者而言,要准确判断攻守双方参战总人数确实是难以做到的;对于那些并未参战而是战后转引其他幸存者记述的作家而言,要真实推算这类数字也是件难事。但是总体而言,从历史研究的角度看这些信息都是孤证,还不能成为我们得出结论的依据。我们当然不能完全否认这些信息的价值,特别要细致地分析其具体价值所在。譬如迈利森诺给出的双方兵力 500:1 的描述,如果考虑他叙述的是战役最后阶段,守军鏖战近两个月后大量减员且无外援,而进攻者后援不断,持续补充兵力,那么对于后人感受战况惨烈似乎有些帮助。

依据上述考辨,笔者认为君士坦丁堡战役参战人数大约在30万人,其中土耳其军队参战总人数约25万人(包括20余万的步兵和约5万水兵),而拜占庭参战人数在4万人左右(包括守城的拜占庭将士近5000人、雇佣兵3000人和辅助作战人员3万余人)。在考辨此次战役参战人数的过程中,笔者认为还有一个引用史料的误区需要指出,为了强化君士坦丁堡战役攻守双方实力相差悬殊,后世研究者大多有选择性地采用了亲历者原始记

---

① *The Siege of Constantinople 1453: Seven Contemporary Accounts*, p.3.

载中有利的信息,使用土耳其军队参战总人数和拜占庭防守在城墙上的人数,从而忽略了守军城内其他参与防御的人员,这样得出的结论必然远离真实史实。

四、战败责任分析

1453 年 5 月 29 日黎明时分,君士坦丁堡战役关键时刻,攻守双方搏杀正酣,"正当皇帝鼓舞士气时,一支弓箭射中了我们的将领乔万尼,从右腿射到脚踝。乔万尼并没有非常丰富的战斗经验,因此他一看到鲜血从他身体上流淌下来就立即变得脸色煞白;他先前的力量和勇气都消失了,变为惊恐,这以后他的所作所为都无益于他自己,他没有说一句话便离开了其战斗岗位,急着寻找医生。他丧失了其勇气,失去了技巧和杰出表现,而他从一开始一直证明自己是杰出的。他没有对其部下说任何话,也没有指定任何人负责指挥,以防混乱和溃败……当士兵们回头看,找不到他们的将领时(有人说他已经逃走了),他们立即失去了勇气和士气,陷入了巨大的混乱",最后一仗的败局由此开始。① 这是参与此次战役指挥的皇帝助手斯弗兰齐斯留给后人那段著名的史料,人们由此了解到,造成拜占庭守军在此次大战中失败的罪魁祸首是这个担任守军总指挥的乔万尼。谁是乔万尼? 他怎么成为拜占庭军队最后一仗的总指挥? 又怎么会成为拜占庭帝国京城沦陷的第一责任人? 进而成为 500 多年来后世千夫所指的罪人? 其中还隐藏着哪些秘密? 笔者力求解答这一问题,因为那个时代的人怀有指责乔万尼的偏见还情有可原,而后世研究者未经深入探究导致拜占庭帝国最后一仗失败的多种原因且不能摈弃时人的偏见、并对一直英勇奋战在城头的热那亚人继续泼脏水就显失公允,也无助于我们深刻分析拜占庭帝国灭亡的军事原因。笔者力图由此深入探讨该问题,以期丰富我们对这一重大事件的

---

① George Sphrantzes, *The Fall of the Byzantine Empire*, p.127.

认识。①

根据现存的君士坦丁堡战役目击者和亲历者的记载,后人知道了这个乔万尼(Giovanni Giustiniani)。他是来自热那亚的雇佣兵领袖,在君士坦丁堡战役中,被拜占庭帝国皇帝君士坦丁任命为城防总司令。斯弗兰齐斯这样说他,"有一个热那亚贵族叫作乔万尼,当时在京城里,他是个技艺高超、勇敢无畏、聪明敏感、经验丰富的人,善于指挥船只。皇帝看到他在各个方面都十分出色,就任命他为将军,负责统领我们整个防务事务。皇帝对乔万尼给予了非常高的希望,而他也在这次战争的初期阶段表现出令人怀念的举止行为。"②他还记载说,乔万尼是1453年2月带着两条船和数百名战士来到京城的,其中包括400名热那亚武士和300名从休斯岛和罗得岛招募的士兵以及德意志工程师。他的这个说法得到了其他目击者的证实,只不过他们在乔万尼带来的士兵人数上记载不一,大约在三四百人的差距上。

准确的人数固然重要,但本书更关注乔万尼的身份和他在最后一战中的表现,进而判定他对君士坦丁堡守城战失利的责任。首先,他是不是雇佣军这个问题极端重要,因为它直接关系到此后的分析,可是从斯弗兰齐斯的记载中人们还难以作出判断。根据现存其他战役幸存者留下的记载,可以断定乔万尼确定无疑是雇佣军领袖。幸存者之一的莱奥纳多在写给教宗尼古拉五世的信中明确说,"正当我们处境悲惨时,乔万尼这位来自朱斯蒂尼亚尼家族的斗士带着属于他的两艘大船和大约400名将士作为金钱而战的雇佣兵来到了。他是由皇帝支付军饷的,被任命负责守军军事方面的指挥"。③ 这里,莱奥纳多对于乔万尼雇佣兵身份给出的定性非常准确,其一,他及其属下将士不是拜占庭人而是热那亚人,其二,他们前来参加君士坦丁堡守城战的目的是"为金钱而战"。自古以来,地中海世界就存在大量雇佣兵,虽然后世对他们的定义还存在分歧意见,但那些不属于本国军队编制、

---

① 陈志强:《谁该为1453年君士坦丁堡战役的失败负责》,《史学月刊》2015年第1期,第51—57页。

② George Sphrantzes, *The Fall of the Byzantine Empire*, p.103.

③ J.P. Migne, *Patrologia Graeca 159*, cols 923 – 943, 转引自 *The Siege of Constantinople 1453: Seven Contemporary Accounts*, p.17.

为金钱而战的外国士兵都可以被称为雇佣兵,这一点似乎没有疑义。

莱奥纳多的这个说法也得到了另一位幸存者的证明,拜占庭人杜卡斯在其回忆录中写到,"从热那亚来的还有乔万尼,他还带来了两艘大船,满载大量精良的军事装备和全副武装的精壮热那亚将士,他们都尚武好战彪悍勇猛。这个乔万尼在组织联军作战中是个非常老到的战术家。皇帝非常热情地接待了他,并任命他为总司令(Protostrator)。对于他的手下将士,也青睐有加,给予优厚的军饷和待遇。防守皇宫附近城墙的重任就委托给了乔万尼。君士坦丁皇帝在一份黄金诏书中允诺,如果穆罕默德被击退打垮不能达到其夺取君士坦丁堡的目标的话,将把利姆诺斯岛(Lemnos)赏赐给乔万尼。"①显然,乔万尼不仅领取作为雇佣兵酬劳的优厚军饷,而且还能在战后得到一个拜占庭帝国的岛屿。对于乔万尼的雇佣兵身份问题,我们得到了确定的答案。

事实上,在君士坦丁堡保卫战中,攻守双方的阵营中都有外国军队参加,拜占庭守军中就包括有热那亚人、威尼斯人、佛罗伦萨人、德意志人、希腊人、土耳其人等,而进攻一方的土耳其军队中成分更为复杂,莱奥纳多即明确记载,"我敢担保亲眼所见,在土耳其人阵营中有希腊人、拉丁人、日耳曼人、匈牙利人、波希米亚人和所有来自其他基督教国家的人,追随着土耳其人的信仰,为他们工作。正是这些人完全放弃了基督教信仰,攻克了君士坦丁堡",这个文献记载中还提到了一个叫扎干(Zagan)的阿尔巴尼亚军官。② 值得注意的是,这些成分复杂的外国人部队,并非都是雇佣军,特别是在土耳其军队中,许多外国军队是按照附属国协议提供的军事力量。奥斯曼土耳其军队于 14 世纪期间大举扩张,征服了巴尔干半岛许多国家,使它们成为苏丹的附属国。通常情况下,附属国不仅向宗主国缴纳年贡和人质,而且在战时要提供一定数量的军队。因此,幸存者提供的文献中涉及的土耳其人阵营中的外族人大多属于这种性质,而不是雇佣兵。而在拜占庭守军中的外国人是否都是雇佣兵呢? 根据文献研究知道,其中大部分为雇

① Doukas's *Decline and Fall of Byzantium to the Ottoman Turks*, ⅩⅩⅩⅧ,3-4,p.211.

② *The Siege of Constantinople 1453*: *Seven Contemporary Accounts*,p.16.

佣兵,他们相对独立行动,服从雇佣兵领袖的指挥,而少量的则在拜占庭军队编制内、服从拜占庭将领指挥。开战前,斯弗兰齐斯曾受皇帝之命对守军兵力进行全面调查,他写到:"尽管我们的京城面积巨大,我们的守军总数却只有4973个希腊士兵,以及正好大约200名外国士兵"。① 他提供的守军兵力数字之所以最准确,是因为"我的职位恰好使我能够了解我们守军的精确人数,因为:皇帝命令护民官们去查清他们各自社区的人口,记录下准确的人数,即能够参与防卫城墙的教士和普通信徒,以及每个人用来作战的武器。所有的护民官都完成了这个任务,将他们各自社区的人名单带给了皇帝。"皇帝认为斯弗兰齐斯可靠便将统计计算守军人数的工作交给了他。这里提到的"200名外国士兵"值得注意,斯弗兰齐斯"只负责计算那些在皇帝指挥下的守军人数,也就是说,这里不包括那些听命于他们自己首领指挥的外国雇佣兵,这些人并不听从皇帝属下的官员指挥。他这里提到的200个外国人就是指那些分散在全城各地处于拜占庭军官指挥下的将士人数",他们并不包括在另外那3000名雇佣军中。② 乔万尼的部队是在这3000人外国雇佣军中,装备最精良且最有战斗力的,皇帝因此委以重任。

利姆诺斯岛是爱琴海上第八大岛屿,扼守博斯普鲁斯海峡和达达尼尔海峡通往爱琴海的航道,对于东地中海商业而言具有巨大利益,如此重大的悬赏无疑对乔万尼具有极大的诱惑力。"重赏之下必有勇夫",乔万尼在君士坦丁堡最后的防御战中杰出的表现由此可以得到合理的解释。

乔万尼在君士坦丁堡战役中的表现得到了战役亲历者和幸存者一致的肯定,作为雇佣军领袖,他的表现无可指责,他不仅承担着全部防御任务的核心部分,而且对这场面对数十万土耳其大军尚能坚守50多天的防御战作出了巨大的贡献。

乔万尼不仅胜任守军总司令之职,全面筹划,指挥得当,而且总是身先士卒,奋战在城防最关键的区域。斯弗兰齐斯写到:"我们的皇帝对他的总指挥大将军乔万尼·朱斯蒂尼亚尼寄予厚望,这位能力超群、经验丰富的斗

---

① George Sphrantzes, *The Fall of the Byzantine Empire, A Chronicle by G. Sphrantzes, 1401-1477*, p.70.

② M.C.Bartusis, *The Late Byzantine Army, Arms and Society, 1204-1453*, p.131.

士,展示出勇猛无畏大胆精细的品质。他受命负责率领 400 名意大利和罗马(即希腊人)将士驻守在圣罗曼努斯城门区域,土耳其人就是在这个区域对面发动其主要的攻击,用他们威力最大的火炮和其他机械集中轰炸攻击这里的城墙,因为这个区域是最适合发动对城墙的攻击,还因为苏丹的大营就建立在这个城门的对面。"我们从史料中了解到,1453 年 4 月初,苏丹穆罕默德二世统率 20 余万大军进入战场,分左、中、右三军攻击君士坦丁堡西侧的陆地城墙,他的中军大营为土耳其全军的司令部,苏丹亲自坐镇,这个部位恰好就在圣罗曼努斯城门外对面的山丘上。乔万尼以数百守军面对数万敌人,其勇气和胆量确实非常人可比。特别是当苏丹指挥其庞大的加农炮连日轰击城墙,拜占庭将士和城中居民被震天动地的炮声吓坏了的时候,"乔万尼证明了他自己是个极为杰出经验老练的斗士,特别是在这些天来抵抗敌人的表现特别突出;他激励自己的人马,修缮城墙,组织我们的防务。他白天计划抵抗进攻和反击敌人的战斗;他还俘获许多敌人,或者用他的利剑杀死敌人。他的行动令人敬佩,成就也是公认的;他赢得了像'解放者'和'首都的救星'这样的头衔。"①乔万尼作为久经战阵的雇佣兵,在激战中的镇静指挥和英勇搏杀,都是其职业生涯造就的,而这种作战素质恰好是衰败中的拜占庭人所缺少的,故而得到末代皇帝和许多幸存者的赞赏。

斯弗兰齐斯的记载也得到了其他文献的证实,幸存者之一的特达尔迪也认为乔万尼作战英勇,他写到:"乔万尼这个在希腊皇帝军中服役的热那亚人,就在这个区域作战,他无比英勇,在那里表现得最凶猛。整个城市都对他和他的英勇战斗信心百倍。此时,就是在这个地点,苏丹做了他最后的努力,下令两个上万人的军团发动攻击,这些将士都是特别挑选出来贴身保护他的,其他许多士兵则使用木塔、桥梁、云梯和其他器械发动进攻"。② 这里所谓"两个上万人的军团"是指苏丹亲兵加尼沙里军团和精锐部队阿纳托利亚军团,他们是作为苏丹发动总攻时的预备队。土耳其军队此役将战役进攻的重点集中在了乔万尼防御的圣罗曼努斯城门是合理的,因为这个

---

① George Sphrantzes, *The Fall of the Byzantine Empire*, pp.110,115–116.

② *The Siege of Constantinople 1453:Seven Contemporary Accounts*, p.7.佩拉城区的情况可参见 C.Mango,ed., *The Oxford History of Byzantium*, p.70。

城门位于长约 6 公里的西侧陆地城墙的中央,城门外斜对着西侧的小山丘,其攻击地势有利于土耳其人,且扼守着入城大道。因此从一开始布阵,苏丹就将其 14 个炮阵中的主要力量集中于此,号称当时世界上最大的加农炮就架设在这里的火炮阵地上。幸存者之一的巴尔巴洛写到:"在这 4 门安置在圣罗曼努斯城门处的大炮中,有 1 门可以发射 1200 磅重的石弹……它将对炮弹落下的地方造成极大的损坏。第二大的火炮可以发射 800 磅重的石弹,这两门大炮是土耳其苏丹拥有的最大的火炮。"① 显然,饱读史书的穆罕默德了解其前辈先后 7 次进攻君士坦丁堡失利的战术原因就在无法攻破该城市的城墙要塞,因此刻意铸造大炮轰击城墙。苏丹的战术目标被守军一方的莱奥纳多看得非常明白,他指出:"苏丹下令将大炮转移到靠近巴克他提尼城楼的另一个地方,就在圣罗曼努斯城门附近。巨型大炮在这个地方发射沉重的石弹,估计大约有 1200 磅重,整天不停炮轰的目标就是城楼的基础,最终将它击毁在地。城楼的坍塌砖石则可把护城河填满直到河面。很显然,这就为敌人冲入城市打开了道路"。② 但是,苏丹的战役目标并没有实现,最终城破的首要地点也不在乔万尼的防区。根据幸存者关于战役最后时刻的混乱记述,我们知道这个防御地点在城市陷落后仍然有激烈的战斗,当然那时守军一方已经是皇帝及其卫队了。无论如何,乔万尼在防御战期间承担了最重的任务,出色地履行了作为城防总司令的职责,其雇佣兵团的战役任务完成得非常圆满。

作为雇佣兵领袖,乔万尼还具有良好的职业道德。根据莱奥纳多的记载,乔万尼在整个防御战中表现英勇,指挥得当,虽然土耳其军队的猛烈炮轰使城墙损坏严重,"但乔万尼·朱斯蒂尼亚尼还是大体修复了城墙,安排好了守军的阵势,他在乔万尼(同名者)和卡塔内人毛里吉奥(Maurizio Cataneo)的协助下领导所有守城士兵……苏丹看到守军如此防备大为赞赏,说'在我的军队中如何才能找到像乔万尼·朱斯蒂尼亚尼这样尊贵的指挥官呢?'苏丹也确实曾以贵重的礼品和大笔的金钱贿赂过他,但是都不能对

① Nicolo Barbaro, *Diary of the Siege of Constantinople*, 1453, p.30.
② *The Siege of Constantinople 1453: Seven Contemporary Accounts*, p.18.

他产生任何影响。"如此看来,乔万尼不仅表现杰出而且具有雇佣军的职业操守,远非那些在两军阵前投靠出价高者可比,在后一种人中,匈牙利军械工程师就留下了千古恶名。① 莱奥纳多关于苏丹十分赏识这个敌方战将的记载不止一处,他记载:"苏丹看到被炮轰击毁的城墙很快又被修复起来时,便对属下说,'这绝不是希腊人干的,而是法兰克人干的,他们才是守军抵抗的实力所在。没有什么能摧毁他们,无论是如雨的箭矢,还是轰鸣的大炮,或是木塔和一直没有减弱的持续攻击'。"②这些文献都证明了乔万尼在这场防御战中的表现是无可指责的,甚至具有某种"救世主"般的英雄色彩。直到此役最后一天之前,有关乔万尼的记载都是正面的。

乔万尼的万世英名就毁于最后一战之最后一天城市陷落的最后时刻,然而有关这一刻的记载非常混乱,许多关键性的叙述各家多有不同。作为热那亚雇佣兵领袖和整个城防守军总司令,他在战役最后阶段的受伤是公认的事实,他因伤撤出阵地则成为拜占庭军队抵抗不住数十万土耳其大军的猛烈攻击最终败下阵来的替罪羊。

当时出现了什么情况呢? 让我们看看幸存者留下的文献。前引斯弗兰齐斯在大力褒奖乔万尼后,笔锋一转写到:"但是他不能将这样的荣誉保持到最后,而是让胆小退却占了上风,毁掉了自己勇敢无畏赢得的光荣"。这里所说的"胆小退却"就是本节开头提到的他意外受伤并"临阵脱逃"一事。他接着描写了皇帝与乔万尼的对话情景,"尽管皇帝对他说了许多话,但是他什么也没有回答,耻辱地跨过港湾去加拉大了,他在那里很快就痛苦而耻辱地死去","大约在天亮时,乔万尼受伤被抬离战场。守军失去了主帅便发生恐慌,加尼沙里从他撤离的位置上打开缺口,涌入城市……约有一两千拜占庭人和外国人乘坐威尼斯、热那亚和克里特的船只仓惶逃命了,其中就有受伤的乔万尼,不久他便因伤重不治而死在了前往休斯岛的途中。"③请

① The Siege of Constantinople 1453: Seven Contemporary Accounts, p.30.几乎所有幸存者留下的记载都提到了这个叫乌尔班(Urban)的匈牙利人,因为苏丹出价更高便从君士坦丁堡投向土耳其人,并铸造了当时世界上最大的火炮,帮助苏丹轰击打垮了城墙。

② The Siege of Constantinople 1453: Seven Contemporary Accounts, p.18.

③ George Sphrantzes, The Fall of the Byzantine Empire, pp.127,136.

读者注意,这个幸存者说乔万尼中的是箭伤,且受伤的部位是"从右腿射到脚踝"。杜卡斯也记载了乔万尼在战役最后关头的"不光彩"行为,他写到:"他受了重伤,一颗铅弹击中了他,从其臂膀后面穿透了他的铁胸甲……他无法抑制伤口的疼痛,向皇帝尖叫着,'勇敢地坚守你的阵地吧,我先回到船上治疗我的伤口。而后我还会尽快返回来'"。① 请注意,这里说的是枪伤,受伤部位在肩膀。莱奥纳多就此写到:"正在此时,这个城市的厄运降临了,乔万尼被一支箭矢射中了腋窝。他立即像个没有参加过战斗的孩子一样,看到自己流血了而吓得发抖,并担心自己要死了。为了不影响尚不知道他已经受伤的属下,他悄悄离开了自己的岗位,想要找个医生包扎一下。如果他委托部下担负起他的位置,这个城市肯定不会失守","当这个城门打开时,他们的船长(即乔万尼)便逃往佩拉,而后又乘船逃往休斯岛,耻辱地死在了那里,或者是伤重不治,或者是羞愧难当"。② 注意,受伤的部位又转移到了腋窝。特达尔迪提供的信息是:"乔万尼被火枪击中,他撤离战场找寻外科医生包扎伤口。临走时他向两位热那亚绅士委托了其岗位的职责。就在这个时间,土耳其人爬上城墙,越来越多,在城墙里守卫的士兵眼见土耳其人爬进城内越来越多,而乔万尼又没在防守岗位上,误以为他已经逃跑了,因此他们也放弃了防守哨位,纷纷逃窜。这就意味着土耳其人在5月29日凌晨进入了君士坦丁堡,他们挥舞刀剑砍杀刺死所有敢于抵抗的人。"③ 讨厌热那亚人的巴尔巴洛不仅说"这个热那亚人决定放弃其岗位(因为他已经被弓箭射伤),逃到他们停泊在港湾大铁链附近的船上",而且"一边逃窜,一边在穿过城市时大叫,'土耳其人已经冲入城市了!'但是他红口白牙说谎话,因为土耳其人那时还没有进入城市。当人们听到他们的船长指挥官说土耳其人已经冲入城市了,他们便开始大逃亡,全都立即放弃了战场,冲向港湾里的船只,希望逃上船和大帆船"。④ 最后还有劳尼库斯的描述,"乔万尼本人被加农炮的射击伤及胳膊,他的一些将士也受了伤,

---

① Doukas's *Decline and Fall of Byzantium to the Ottoman Turks*, p.213.

② *The Siege of Constantinople 1453: Seven Contemporary Accounts*, pp.30,37.

③ *The Siege of Constantinople 1453: Seven Contemporary Accounts*, p.8.

④ Nicolo Barbaro, *Diary of the Siege of Constantinople*, *1453*, p.65.

于是便离开了战斗岗位。土耳其人乘势占了上风，大举挺进，进攻并砍杀他们。在乔万尼与其手下撤退之际，加尼沙里将士更凶狠地压向他们。而后，希腊人皇帝看到他们正在撤离其战斗岗位，也放弃战斗，跑到那个地方，质问乔万尼他想要去哪里。得到的回答是：'朝着上帝指给土耳其人的道路去'"。①

这里引用了几乎全部现存第一手的相关史料，其中一些是此役亲历者的描述。但是他们提供的信息不一，例如乔万尼是被何种武器所伤，是加农炮还是弓箭或火枪？又伤在了哪里，是脚踝、小腿还是臂膀、胳膊，抑或是腋窝、后背？又如受伤以后的乔万尼是如何撤出战场的，是自己逃跑的还是部下抬下去的？他撤出战场时究竟是否与皇帝照面并对话，是昏迷不醒一言未发还是讲了句不着边际的话，还是边逃跑边散布土耳其人进城的谣言？他在受伤以后是否向下属交代了指挥权？他最终是死在了加拉大（佩拉）还是休斯岛？至少从上述文献中后人得到了多种多样的答案，以至于以讹传讹，无限夸大了乔万尼受伤的事件，并将拜占庭人最后一战的失败归罪于这个城防总司令。② 事实上，前引各位记述者都不是目击者，他们或者奋战在其他战区并不"在场"，或者道听途说事后加工"故事"，或者根据合理想象编写细节，那个关键时刻的关键地点究竟发生了什么，活着的人谁也没有看到，可能将像君士坦丁十一世如何战死一样成为永远的历史之谜了。

那么，乔万尼为何成为替罪羊了呢？显然，无论在当时还是在后世，人们总想为这次防御战的失败寻找一个"责任者"。那么普通的将士乃至于高级贵族都不足以承担这样的责任，而为国捐躯奋战到死的皇帝是不该受到指责的，于是乔万尼这个城防总指挥就自然成为"第一责任人"了。为了给这种推理找到依据，身受重伤退出战场的乔万尼自然就被推上了历史的审判台。正因为如此，上述各位叙述人都从各自的需要出发，"合理地"编

---

① *The Siege of Constantinople 1453：Seven Contemporary Accounts*, p.50.
② 皮尔斯就认为乔万尼的撤退是"顶顶重要的事件，它导致这个城市被攻占和决定了它的命运，给了这个东方帝国以致命的打击"。E.Pears, *The Destruction of the Greek Empire and the Story of the Capture of Constantinople by the Turk*, London 1903 and New York：Greenwood Press 1968, p.353.

造出有关的细节，或者把他说成是毫无战争经验见血晕菜的毛头小子，或者把他说成是罪恶感缠身痛苦而亡的抑郁症患者，或者把他说成是无厘头鬼话连篇的哲人，或者把他说成是满嘴谎话逃命自保的无耻懦夫，全然与那个不畏强敌指挥若定的城防总司令判若两人。他们的故事似乎圆满了，但是留下了太多的疑问，也毁掉了乔万尼的一世英名。

我们这里并非致力于为乔万尼正名，而是力求恢复事件的真相，进而从中深刻理解拜占庭帝国灭亡的军事原因。事实上，末代皇帝君士坦丁于1449年3月入主君士坦丁堡成为皇帝时，他手中已经没有什么可以调配的军事资源，更没有兵力可用。面对苏丹穆罕默德二世有条不紊地围城备战，他除了向西欧各国求援外，没有任何办法。他的两个兄弟在希腊南部地区相互血战，全然不顾危亡在即的皇帝向他们发出的吁求，没有派出一兵一卒前往京城勤王。这些皇亲国戚的表现还不如"外邦人"，因为加固封锁"黄金角湾"的巨型铁链是意大利人资助的，远在莫斯科的俄罗斯君主也派来少许将士送来一笔数目不小的捐款，忙于内讧的拜占庭贵族们却对皇帝的危难无动于衷，致使1453年4月初最后一战打响时，攻守双方的兵力相差极为悬殊。此次战役的参战人数问题，后世学者多有涉及，说法不一，至少相差数十倍。① 一度辉煌而强盛的拜占庭帝国何以败落到如此田地，虽然不能都怪罪末代皇帝的亲属们，但是为什么帝国最后到了无兵可用的地步？这是一个需要深究的课题。

在最后的京城保卫战中，君士坦丁皇帝不得不倚重雇佣兵是个不争的事实。他将城防的大部分重任交给了装备更精良的外国人，将防御战的总指挥权委任给热那亚雇佣兵领袖，这完全是无奈之举。正如莱奥纳多记载的那样，"希腊人大部分都热爱和平，他们操持着盾牌和长矛，也有弓箭和刀剑，但都是本能地挥舞着而没有任何技巧……能够熟练使用弓箭和十字弩的人非常少，不足以分派到各个城垛，他们只能根据各自的知识和能力尽可能地做得最好"。正因为如此，"皇帝的军队人数很少，士气低下，他面临战斗没有信心，而把自己的全部希望都寄托在其总指挥乔万尼身上"。当

---

① 这个问题可以参见前文关于参战人数的讨论。

得知再没有任何外援时,"最尊贵的皇帝殿下开始痛苦地失声痛哭,因为威尼斯人没有派来援助;当皇帝明白了这一切便决定把自己交给我们最仁慈的主耶稣基督、圣母玛利亚和圣君士坦丁大帝这个京都的保护神,因为他们都在保护这个城市".① 在斯弗兰齐斯详细列举的全城 20 多处重要防守区域中,仅有 3 处由拜占庭军士把守,其他都交给了外国雇佣兵。② 与此同时,土耳其军队不仅使用了冷兵器时代战争所用的各种攻城机械,而且大量采用了新式火器。

在这种一边倒的战役中,乔万尼能指挥守军坚守阵地 50 多天已经是个奇迹了,他再有天赋和指挥才能也不可能改变战役的结局,而他奋战在城头最终重伤不治身亡则表明君士坦丁堡的陷落与拜占庭帝国的灭亡一样是历史的必然结果。如果说一定要追究最后一战失利的责任的话,那么首当其冲的应该是末代王朝及其皇帝。后人与其跟着当事人的偏见人云亦云,不加分析地将污水泼向乔万尼,不如还原历史真相,进而深入分析拜占庭帝国衰亡的军事原因。

五、兵器落后

拜占庭帝国末代王朝统治时期(1261—1453 年)国力衰微,军队建设日益萎缩,其早期和中期一度强大的军事武装雄风早已逝去,无论海军还是陆军,其军事技术和兵器几乎没有发展,甚至大幅度倒退,不仅没有跟上欧洲地中海世界从冷兵器向热兵器转变的潮流,而且放弃了强大常备军的建设。③ 大约在同一时期,末代帝国周边其他国家,特别是意大利各城市共和国和奥斯曼帝国凭借商贸活动军事征服建立发展起来基础雄厚的物质条件,在频繁的战事中,战场需求旺盛,军工业发展十分迅速,推动冷兵器逐渐向热兵器转变,战场形势和交战各方的胜负因此极大地依赖于兵器发展的

---

① *The Siege of Constantinople 1453: Seven Contemporary Accounts*, pp.25-26,45.

② George Sphrantzes, *The Fall of the Byzantine Empire*, pp.113-116.

③ 陈志强:《末代拜占庭军队兵器落后原因研究》,《南开学报》2016 年第 5 期。

水平。末代拜占庭兵器的落后反映出拜占庭帝国日益衰落、正在快速走向灭亡的趋势。历史学界对拜占庭帝国衰落的原因进行了多方面深入的探讨，但是对于拜占庭帝国衰亡的军事原因、特别是对于其兵器落后的研究还有所欠缺，不够细致。专门研究晚期拜占庭军队问题的学者巴图西斯被学界誉为少有的拜占庭军事问题专家，他在《晚期拜占庭军队：武装与社会》一书中比较全面地研究了晚期拜占庭军队的变化，着重分析了军队的社会功能及其与拜占庭衰亡之间的关系，谈到末代拜占庭兵器时，他认为 13、14 世纪以后有关拜占庭兵器的材料奇缺，无论是文献的还是文物的，除了后人缺少刻意地收集收藏外，还因为拜占庭人完全效仿其他国家而缺乏本国的特点，使得历史学家们完全忽视了"拜占庭武器装备的特点"。① 笔者希望通过原始史料的记载，重点分析衰亡中的拜占庭军队及其兵器，以此从一个具体的侧面加深认识拜占庭帝国衰亡这一重大历史事件。

末代拜占庭军队兵器首先表现为其数量非常少，而其武器装备数量少的原因又在于帝国军队兵力人数少，兵源枯竭。从早期和中期拜占庭军队总数接近 20 万人，到衰减至数万乃至最后一战不足 5000 人，其中一个影响深刻的因素是大量使用和完全依赖外国雇佣兵。可以说，放弃本国军队建设是末代帝国衰亡最直接的原因，导致其在内外战争中不得不增加雇佣兵的比例，而大量使用雇佣兵又成为帝国停止发展本国军队的重要原因，军备数量急剧减少只是一个表象。

末代拜占庭军队武器装备落后的程度令人惊讶，其数量之少更使人难以相信。在 1453 年关系到帝国生死存亡的首都保卫战中，其武器弹药不足成为所有幸存者共同的印象。留下极为重要记载的幸存者莱奥纳多写到，"我们的人数确实非常少，大部分希腊人都是使用盾牌和长矛的平民，他们操用自己的弓箭刀剑，完全凭着本能而没有任何技能功夫"，仅有的一点弹

---

① 巴图西斯援引根据图画研究拜占庭武器甲胄学者们的成果，认为他们的研究出现了偏差，造成"高度的风格化倾向和拟古主义"。Mark C. Bartusis, *The Late Byzantine Army, arms and society, 1204–1453*, p.322. T.Kolias, *Byzantinische Waffen: ein Beitrag zur byzantinischen Waffenkunde von den Anfangen bis zur lateinischen Eroberung*, Vienna, 1988, pp.30–35. P.Underwood, *The Kariye Djami*, New York, 1966, I, pp.252–258.

药还"常常点不着火儿,因为我们缺少火药和石弹……的确不能用它们来
对敌人造成伤害"。在战事进行的关键时刻,为了争夺有限的火炮,守军总
指挥乔万尼和拜占庭贵族甚至爆发了激烈的争吵,以至于双方要兵戎相见,
因为前者"请求卢卡斯大公将属于城市的加农炮调集给他,以便于他能够
用来打击敌人。但他得到的回答是傲慢的拒绝。于是,乔万尼愤怒地叫道:
'现在谁能阻止我用我的利剑刺穿你这家伙的身体?'而大公对这一侮辱也
大为光火"。① 对于这次几乎令守军分裂的武器之争,另一位幸存者斯弗兰
齐斯也提供了可靠的佐证,他详细描写了两位将领之间的冲突,"乔万尼与
大公争执起来……争吵越来越激烈,以致达到了语言攻击的程度,两个人都
相互指责互倒脏水。乔万尼称大公为毫无价值的人,一个伪君子和叛徒,而
大公也反唇相讥"。② 这些文献都清楚表明,末代拜占庭军队几乎没有军备
建设,而其武器数量奇缺直接反映出军队人数少和兵力不足的事实。

末代拜占庭军队人数之少不仅给许多活跃在君士坦丁堡的外国人留下
了深刻印象,而且令他们极为吃惊。莱奥纳多就惊呼,在庞大的敌军面前,
"我们怎么能相提并论呢,那还不是如狮子张口吞下蚂蚁、狗熊吃掉嘴边的
蚂蚁一样?(我们)一个勇士如何能抵挡住上千个敌人呢?"他正确地观察
到守军人数太少,认为"事实上,我们的部队根本不够用来防御整个城墙一
周,首都被陆地和海洋包围着,整整18000 步长"。③ 对这次战役做了逐日
记录的巴尔巴洛在其4 月5 日的日记中记载说,在这一天苏丹调动了十余
万大军抵达君士坦丁堡城下,"天明后第一个小时,穆罕默德殿下指挥大约
16 万大军抵达君士坦丁堡墙下,在距离城墙2.5 英里处扎营",其中仅用于
直接攻击陆地城墙的兵力就达到了15 万人。④ 而守军一方的兵力不足万
人。根据同为此次战役幸存者的斯弗兰齐斯记载,拜占庭"守军总数却只

---

①　*The Siege of Constantinople 1453 : Seven Contemporary Accounts* , pp.130,16,29-30.

②　George Sphrantzes, *The Fall of the Byzantine Empire* , *A Chronicle by G. Sphrantzes* ,
1401-1477 , pp.118,115.

③　Leonard of Chios' letter, *The Siege of Constantinople 1453: Seven Contemporary Accounts* ,
pp.25-26.

④　Nicolo Barbaro, *Diary of the Siege of Constantinople* , *1453* , p.27.

有 4973 个希腊士兵,以及正好大约 200 名外国士兵"。① 学界关于此处涉及的人数问题虽然争议很多,但是取得共识的看法是交战双方兵力相差悬殊,末代拜占庭军队几乎不存在战斗力。既然无兵可用,末代王朝自然不必养兵,更谈不上打造兵器了。那么缺兵少将、弹尽粮绝的末代帝国靠什么拱卫呢?原来在拜占庭帝国灭亡前的最后一个世纪里,拜占庭人几乎完全依赖外国雇佣兵。

拜占庭皇帝在最后的京城保卫战中,虽然倚重雇佣兵,但是其手下还是有几千名拜占庭将士。可是这些拜占庭士兵如莱奥纳多记载的那样,既不"能够熟练使用弓箭和十字弩",也因为人数太少,"不足以分派到各个城垛,他们只能根据各自的知识和能力尽可能地做得最好"。正因为如此,皇帝不得不"把自己的全部希望都寄托在其总指挥乔万尼身上"。② 在君士坦丁堡全城 20 多处重要防守区域中,大部分也都交给了外国雇佣兵防卫。③ 当苏丹穆罕默德二世大张旗鼓备战准备发动进攻时,拜占庭皇帝及其两个亲弟弟都不能把注意力集中到保卫京城这一生命攸关的战役上去。直到 1453 年 4 月初最后一战打响时,拜占庭人能做的就是等待意大利雇佣军的援兵。

末代拜占庭帝国放弃军事建设的重要表现突出反映在其兵器水平低质量差,不仅缺少数量基础,也没有质量保证。很多文献都反映其弹药常常哑火,盾牌难挡弓弩射击,少得可怜的刀剑无法在搏杀中占据任何优势。究其原因在于末代帝国手工业和军工制造业的瓦解,而直接的原因在于战略思想的保守性。

最能够反映末代拜占庭军队兵器差的战役就是君士坦丁堡保卫战,因为对于这次无论在当时还是在今天都被视为重大事件的文献记载比较详细,是其他拜占庭编年史、教会史、纪事本末史书都无法比拟的。前引莱奥

---

① George Sphrantzes, *The Fall of the Byzantine Empire*, *A Chronicle by G. Sphrantzes*, *1401–1477*, p.70. 作为皇帝的心腹,他奉命调查了末代帝国的兵力,并提供了最准确的数字。

② Leonard of Chios' letter, *The Siege of Constantinople 1453: Seven Contemporary Accounts*, pp.25–26, 45.

③ George Sphrantzes, *The Fall of the Byzantine Empire*, pp.113–116.

纳多不仅具体地记载了拜占庭守军武器弹药极度缺乏的情况,而且明确提到,"随着战事进展,我们从作战经历中也学会了打仗,装备了加农炮来打击他们。然而,我们的炮常常点不着火儿……而我们最大的加农炮还不得不停止发射,因为担心发射的震动会损害我们自己的城墙",从而难以对土耳其攻击者造成威胁。在谈到实战中将士的情况时,他写到,"我们的人确实很善良",不善作战,"都是本能地挥舞着"简单的武器"而没有任何技巧"。① 很显然,拜占庭士兵只是临时从城中百姓中召集来的,他们既没有作战经验,也没有经过军事训练,只是"本能地"使用着最为原始的冷兵器刀剑和长矛,连鼎盛时期的拜占庭弓箭和十字弩都不会使用。杜卡斯也记载说,守军"从城墙的城垛上进行战斗,一些人用弩箭施放方镞箭(角镞箭),一些人使用弓箭射杀敌人。还有一些人发射用火药射出的弹丸,每次能够射出 5—10 枚,个头有黑海胡桃(Pontic walnuts)那么大小。这些弹丸具有可怕的穿透力,如果弹丸碰巧击中了一个全副武装的士兵,它将穿透两层布铠甲和人体,击穿和打击恰巧在弹道上的第二名士兵。它将穿过第二名士兵,击中第三名士兵,直到其穿透力减弱。这样,这种武器的一颗弹丸就有可能杀死两三名士兵"。② 然而,前引威尼斯外科医生巴尔巴洛认为使用枪炮的没有拜占庭人,他就此写到,"为了确保该城门不失,我们布置了 300 名全副武装军纪良好的部队,他们随身带着精致的大炮和精良的火枪,还有大量弓弩和其他装备。他们都是外国人,其中没有一个希腊人"。③ 显然,守军中的拜占庭士兵根本不掌握任何当时最新尖端兵器技术,完全无法胜任这样的战事,他们使用的原始武器刀剑只能在近战肉搏时滥竽充数,而不能抵抗住土耳其将士使用火器发动的疯狂进攻,因为后者"使用的手持火枪、活动火枪、十字弩、抛石机和弩箭"具有强大的杀伤力和肉搏战无法比拟的远距离攻击优势,④即便在冷兵器时代,末代拜占庭军队的兵器也远

---

① 　Leonard of Chios' letter, *The Siege of Constantinople 1453: Seven Contemporary Accounts*, pp.16,25.

② 　Doukas's *Decline and Fall of Byzantium to the Ottoman Turks*, p.212.

③ 　Nicolo Barbaro, *Diary of the Siege of Constantinople, 1453*, p.50.

④ 　Leonard of Chios' letter, *The Siege of Constantinople 1453: Seven Contemporary Accounts*, p.16.

远落后于周边其他国家。

兵器质量低下和军事技术落后的事实还与末代拜占庭人的战争理念有直接关系,他们在帝国实力江河日下之际,不思进取,苟且偷生,面临强敌威胁一味退让,屈辱求和,采取了筑城坚守的策略。因此,他们即便在战争中获得了少数雇佣兵的支援或者得到某些新式武器也不能很好使用,充分发挥其效力。根据幸存者的记载,雇佣兵除了使用安装在车架上的大弓弩和手持弓弩外,还使用小型的混杂火器,例如一些小火炮和火绳枪,但守军的火器都有很大局限性。根据前引莱奥纳多记载,火炮"不能非常频繁地发射,因为火药和弹丸都很缺少"。另外,守军最大的火炮不得不停止射击搁置一边,因为拜占庭人并没有为城墙构筑炮台。巴尔巴洛也对此提供了佐证。另据劳尼库斯说,"起初希腊人也在城墙上发射其火炮,发射重约一塔伦特半(相当 75 磅)的炮弹,轰击苏丹的火炮。但是这使得城墙晃动起来,造成的损害比敌人轰击造成的更严重。另外,其最大的火炮一开始发射就爆炸了"。其质量之差可见一斑。① 读者要通过对比才能充分了解末代拜占庭兵器水平之低下,仅以进攻方的土耳其人为例。据记载土耳其军队占尽了优势,不仅使用了古代战争所用的各种攻城机械,而且大量采用了新式火器,特达尔迪特就此给出的信息非常详细,"围城战期间,有许多大炮和大量重炮,以及用来发射炮弹的装置。在这些军械中,有一种特别巨大的金属炮,铸造成为一体,它可以发射……超过 1200 磅(544.31 公斤)重的石弹。其他的炮可以发射 800、1000、1200 磅重的石弹。每天,大炮要发射100—120 次,围城战持续了 55 天。据计算,他们每天要使用 1000 磅火药用来发射,因此 55 天共使用了 55000 磅火药,别的数字也要记住,因为除了加农炮外,还有 1 万支火枪也在发射"。② 也就是说,末代拜占庭军队最大火炮发射的炮弹还不到土耳其人最小炮弹的 1/10,且弹药供给不足,兵器

---

① Leonard of Chios' letter, *The Siege of Constantinople 1453: Seven Contemporary Accounts*, pp.25,17.Nicolo Barbaro, *Diary of the Siege of Constantinople*, 1453, pp.50—51.*The Siege of Constantinople 1453: Seven Contemporary Accounts*, p.46.Doukas's *Decline and Fall of Byzantium to the Ottoman Turks*, p.335.

② *The Siege of Constantinople 1453: Seven Contemporary Accounts*, p.3.

水平相差之悬殊非常明显。

毫无疑问,末代拜占庭军工制造业发展的停滞除了与末代王朝放弃武装力量建设相关,还与末代帝国城市经济特别是手工业经济的大幅度萎缩衰退密切相关。换言之,末代拜占庭国家既缺乏制造高水平军械的财力也没有相关的技术保证。根据专门探讨该问题的克劳斯—彼得·马特什科研究,拜占庭帝国灭亡前一个世纪左右期间,城市破败,像君士坦丁堡和塞萨洛尼基这样的大城市不仅人口急剧减少,而且城市农村化,城内出现了大片农田菜地。首都原来发达繁荣的手工业急剧衰败,工商区悄然转移到出入城门附近,以便于进行粗制日用手工业品和农产品的交易。高质量的奢饰品商品和原来由国家控制的军工加工业逐渐消失不见了,过去加工军用靴子的手工区也迁移到城市西北角的布雷科奈城门附近。而城市里的居民为了基本生计也不得不在城里种植菜地农田和果园,城市居民农民化必然严重破坏城市手工业的发展。他认为,拜占庭末代王朝统治期间丧失工商业优势的原因非常多,其中最重要的是土耳其人不断增强的军事威胁和意大利商人优质廉价商品的竞争。[1] 在贝尔格莱德附近古代遗址发现的晚期拜占庭军刀长约1米,其刀体下宽上窄,最宽处4.2厘米,质量已经远不能与同时期土耳其弯刀相媲美。据考古学家研究,这个时期的拜占庭军刀深受土耳其兵器的影响,但质量不能与后者相比,无论就硬度和锋利程度也不能与意大利各城市共和国的兵器相比,属于这个地区最差者。[2] "工欲善其事,必先利其器",末代拜占庭兵器质量水平如此之低下,在战事频繁的东地中海地区多国较量中,必然惨遭淘汰,特别是在新兴崛起的奥斯曼土耳其帝国打击下,注定其走向灭亡的命运。[3]

[1]　Klaus-Peter Matschke, "The Late Byzantine Urban Economy, 13th–15th Centuries", *The Economic History of Byzantium, from the Seventh through the Fifteen Century*, ed. by Angeliki E. Laiou, Washington, D.C.: Dumbarton Oaks Research Library and Collection 2002, pp. 471, 488.

[2]　Bartusis, *The Late Byzantine Army, arms and society, 1204–1453*, p. 328.

[3]　关于末代拜占庭帝国的衰败可参见 Donald M. Nicol, *The Immortal Emperor: The Life and Legend of Constantine Palaiologos, Last Emperor of the Romans*, Cambridge, England: Cambridge University Press 1992。D. M. Nicol, *The Last Centuries of Byzantium*, Cambridge, England: Cambridge University Press, 1993. 虽然作者对末代皇帝青睐有加,但仍不得不承认帝国的衰败已到了无可挽救的程度。

　　末代拜占庭军队的武库中不仅兵器数量少、质量差,而且几乎没有任何新式武器,其中的重要原因在于衰落中的拜占庭帝国缺乏研发制造新式武器装备的需求,他们将国防重任委托给了外国雇佣兵,并将原有的骑射技术都转变为王公贵族走马放鹰的游戏。而导致其缺乏研发新式武器的深层原因在于其综合国力的衰微,也就是说,即便出现了发展研制新式武器的机会,末代拜占庭人也轻易放弃了。

　　古今中外的历史都证明,新式武器的出现常常决定战场胜负形势的变化。在拜占庭历史上也是如此,作为拜占庭帝国"最高机密"的"希腊火"曾在战场上大发神威,屡次挫败了正在扩张势头上的哈里发军队对君士坦丁堡的围攻,并由此一举扭转了整个东地中海战局,这已经成为古今拜占庭学者公认的史实。[1] 但是,这种出现在 7 世纪的"新式"武器经过数百年的使用,到末代拜占庭王朝时,已经不再是克敌制胜的法宝了。根据上述多位战场幸存者的记载,拜占庭守军在君士坦丁堡保卫战中也使用了火攻,我们有证据证明它就是"希腊火"。幸存者之一的加科莫记载到,"基督徒们为了对付他(苏丹)也挖掘反地道坑道,时刻监听和确定他们挖掘的地点。他们用浓烟或用燃料,以及气味难闻的东西灌入地道令土耳其人窒息"。这里所说的燃料是否就是指"希腊火"呢?[2] 前引莱奥纳多提到的"液体火焰"($\acute{\upsilon}\gamma\rho o\nu\ \pi\tilde{\upsilon}\rho$)提供了证据,在守军进行反地道战时"地面被刨开,从下面发现了塔楼的地基……在敌人被守军用液体火焰和硫磺烧跑了以后,地道立即被填充上,守军信心大增"。[3] 我们根据现有的史料证明此次战役亲历者记载的"液体火焰"就是"希腊火",因为这种被外族人称为"希腊火"的武器一直被拜占庭人称为"液体火焰"。即便如此,可以确定的是末代拜占庭

　　① 根据帕廷顿的《希腊火和火药的历史》一书,"希腊火"是由建筑材料工匠佳利尼科斯(Callinicos)发明的,是一种以石油为主体、混合了易燃树脂和硫磺等物质的黏稠油脂。它容易点燃,但不具备爆炸力,因此便于运输和用于战场。其性状如油,可以在水面上漂浮和燃烧,而且容易附着于物体表面。J. R. Partington, *History of Greek Fire and Gunpowder*, Cambridge: Cambridge University Press 1960, pp. 18, 30.

　　② Florentine Giacomo Tedaldi, *The Siege of Constantinople 1453: Seven Contemporary Accounts*, p. 5.

　　③ Leonard of Chios' letter, *The Siege of Constantinople 1453: Seven Contemporary Accounts*, p. 18.

军队没有任何新式武器,因为"希腊火"自 7 世纪问世以来,早已成为一种古老的武器,属于古代"火攻"兵器的一种,与 14、15 世纪欧洲地中海世界正在迅速发展起来的火器性质完全不同。

那么让我们仔细分析一下 14 世纪遗留下来的一份武器装备清单,就可以看出末代拜占庭军队兵器之陈旧了。这份清单是 1326 年拜占庭末代王朝皇亲塞奥多利·帕列奥列格写下的,其中提到,全副武装的骑兵还应该随身携带"两匹按照希腊人或者土耳其人方式阉割的小马,或者两匹母驴。他要根据这些马匹和驴子的体力装备武器铠甲,包括软甲(pourpoint)、锁子甲(hauberjon)和护甲(gorgere)、披风(cuiriee),以及铠甲内穿戴的军服(gambison)、头盔(chapel-de-fer),他们应该将长剑、马刀(glaive)和长矛放在一侧,将护腿甲(greaves)和盾牌放在另一侧"。① 据巴图西斯研究,所谓软甲就是指带有衬垫的软甲,通常是套在铠甲内的,而锁子甲,常常是短袖的上身铠甲,也有长及膝盖和手指的锁子甲,可能属于轻装骑兵的防护装备。重装骑兵的甲胄包括用薄金属板或者厚皮革制作的铠甲,保护下身和腿部的护甲则轻、重骑兵都使用,他们还在铠甲外披上斗篷。兵器方面除了刀剑、长矛外,并没有提到弓箭。② 那么,末代拜占庭军队不再使用弓箭了吗?他们真的像前引莱奥纳多所说的那样"能够熟练使用弓箭和十字弩的人非常少"吗?为什么会出现如此巨大的倒退呢?我们从另一个文献中找到了答案,原来骑马射箭这些原本用于战场的武艺后来都因为末代拜占庭军队自废武功而逐渐演变为王公贵族走马放鹰骑马射箭的游戏了。据1432 年到访君士坦丁堡的法国人勃特朗顿·布罗基耶记载称,骑马射箭是王公贵族的时尚,他在大赛场亲眼目睹"皇帝(此处指当时在位的约翰八世)的弟弟、莫利亚专制君主在那里与随身的骑士练习骑射。他们每人都携带弓箭,沿着赛道疾驶狂奔,还不时将骑帽扔向前方,当他们飞马驶向前时便搭弓放箭射向帽子,凡是能射中帽子或者几乎射中帽子的人都会得到

---

①　T.Palaiologos, *Les Enseignemente de Theodore Paleologue*, ed.C.Knowles, London:Modern Humanities Research Association 1983,p.58.

②　Bertrandon de la Brocquiere, *Early Travels in Palestine*, trans.T.Wright, Londong:Henry G. Bohn 1848,p.339,转引自 Bartusis, *The Late Byzantine Army, arms and society,1204-1453*, p.330。

热烈喝彩。这种骑射训练是他们从土耳其人那里学来的,这是一种熟练掌握骑射技术的练习方法"。① 这几段文字反映出,在帝国灭亡前 20 年时,强弓硬弩已经退出拜占庭军队兵器库,到了前引莱奥纳多的时代,拜占庭人中很少再有人掌握这种技艺了。

这些史料确实表明末代拜占庭军队武器装备出现了巨大倒退,根据我们掌握的其他史料表明,12 世纪的拜占庭军队就已经从十字军骑士那里学会了使用弩箭的技术,而且还仿造过多种型号的弩箭发射装置。阿莱克修斯一世皇帝的女儿安娜记载说,弩箭是十字军骑士和拉丁海盗带入希腊的,拜占庭人因其野蛮而不屑使用,她还曾细致地描写了弩箭的杀伤力,"弩箭是蛮族人的一种武器,希腊人完全不了解它……弩箭虽然很短,但相当重,有一个沉重的箭头。在发射过程中,弓弦产生极大的弹射力和攻击力,因此,发射物不管发射到哪里都不会反弹开。事实上,它们能射穿盾牌,射穿厚重的铁质胸甲并继续向更远处飞去,因此,弩箭的发射是不可抵挡和极其有力的。这种弩箭据说可以直接射穿铜像,当射向一座大城市的城墙时,其箭头或者穿墙而过或者射入墙中,外面完全看不见箭头。这就是弩箭,一种真正凶残的武器。被它不幸击中的人根本察觉不到被击中便死去了,尽管它的射击力强大,但伤者对此一无所知"。② 同一个作者还提到当时作战时,拜占庭军队使用过"多种攻城机械"、投石机、石弹弩,参战的还有轻装盾牌兵、弓箭手、矛手和重装步兵等。但我们从君士坦丁堡战役的史料中显然没有看到拜占庭军人使用弓弩之类的兵器,更不用说新式火器了。

谈到这个时期的火器,我们就不能不对比同一时期奥斯曼土耳其人的军事装备了。根据多位幸存者的记载,土耳其人军队在战场上使用了多种型号的加农炮和重炮,还有一些小型火炮、火绳枪,以及常用的传统武器如骑兵十字弩、常用的弓弩(发射石弹)、投石机、吊索和弓箭。前引特达尔迪估计,他们在攻城战期间每天需用 1000 磅火药,而在他们 14 个火炮阵中最大的火炮可能是当时世界上最大的火炮,长约 29 英尺(8.84 米),其发射的

---

① Bartusis, *The Late Byzantine Army, Arms and Society, 1204-1453*, p.323.

② Anna Comnena, *Alexiad*, New York: Kegan Paul, 2003, X, viii, 255-256.

石弹重达 1200 磅(544.31 公斤)。它在当时苏丹的都城亚得里亚堡特设工场内铸造后,动用了 60 头犍牛和 200 名兵士花了数月时间才运抵君士坦丁堡城外战场。① 对阵双方新式兵器的鲜明对比充分说明末代拜占庭军队已经彻底落后于欧洲地中海世界武器装备革新的潮流之后了。②

　　末代拜占庭军队武器装备的陈旧深刻地反映着末日帝国的国力衰微,不仅如前所论源于拜占庭人放弃积极的军事建设,失去了很多引进新技术、发展兵器制造的机会,而且还主要源于国家整体综合实力的大幅度下降,缺乏维持基本军需的资金,更没有必要的经费支持新式武器的生产。这个时期几乎所有文献都不约而同地记载了匈牙利火炮工匠乌尔班(Urban)的故事。他起初是个基督教徒,谙熟火炮特别是大型火炮的铸造技术,1451 年夏季时,曾前往君士坦丁堡拜见皇帝君士坦丁十一世,受雇指导工匠们为拜占庭人制造火炮。但是,据说皇帝只能答应支付他一笔数额不大的薪酬,而且还久拖不付,拖欠工钱长达数月,以至于他因收入不足而难以维系生活。后来,他转而受雇于苏丹,不仅薪酬优厚,而且施工经费和物资保证充足,最终为土耳其军队制造出大量火炮和几门最大的巨型火炮。奥斯曼土耳其军队最后就是动用这些巨型火炮击垮了君士坦丁堡城墙,并从倒塌的城墙缺口杀入城中。③ 这个故事生动地说明,"这是一个变化的时代,不仅由于技巧方面的因素,更重要的是由于社会、政治和经济的现实"。末代拜占庭军队由于帝国的衰败而在这场变革中败下阵来,在当时的兵器革命时代,也就是"'火器',特别是大炮的引进,以及新的防御工事体系确实'革命'了战争"的时代落伍了,其灭亡就是必然的了。④

---

① Florentine Giacomo Tedaldi, *The Siege of Constantinople 1453*: *Seven Contemporary Accounts*, p.3. Bartusis, *The Late Byzantine Army*, *arms and society*, *1204-1453*, p.123.

② 《剑桥插图战争史》明确指出自 13 世纪以后,欧洲地中海世界出现了新武器新战术的变革。杰弗里·帕克等著:《剑桥插图战争史》,第 88 页。

③ Leonard of Chios' Letter, *The Siege of Constantinople 1453*: *Seven Contemporary Accounts*, p.16.Tedaldi, *The Siege of Constantinople 1453*: *Seven Contemporary Accounts*, p.3.Nicolo Barbaro, *Diary of the Siege of Constantinople*, *1453*, p.30.Doukas's *Decline and Fall of Byzantium to the Ottoman Turks*, p.207.

④ 杰弗里·帕克等著,傅景川等译:《剑桥战争史》,吉林人民出版社 1999 年版,第 164、174 页。

　　本书没有更多关注末代拜占庭帝国海军的兵器情况,原因在于末代拜占庭军队不拥有参战的舰队,并将海上防御完全委托给威尼斯、热那亚等意大利城市共和国。[①] 当时,意大利海军技术远远超过其他国家,直到15、16世纪仍然掌控着东地中海的海上霸权。根据史料,虽然在1453年君士坦丁堡战役中,守军拥有十几艘武装商船面对数百条土耳其战船,但是仍牢牢控制着海上主动权,致使奥斯曼土耳其海军在战役中的作用远低于其陆军。而在守军的战船中,末代拜占庭皇帝仅拥有几条船只,不值一提。[②]

　　末代拜占庭军队兵器数量少、质量差、技术水平低下,其直接原因在于末代帝国放弃本国军队建设,不仅兵员人数少,士气低落,而且军事思想和战争理念极为陈旧。由于末代帝国军队缺乏必要的数量基础,因此也难以保障其兵器的质量水平。大量使用乃至最终完全依赖外国雇佣兵既是末代帝国停止发展本国军队的恶果,也是加剧其军事建设全面退化的重要原因。末代拜占庭军队的瓦解从一个侧面反映了拜占庭帝国衰亡的现实,也成为1453年帝国都城君士坦丁堡陷落并导致帝国灭亡的直接原因。末代拜占庭兵器落后直接导致帝国灭亡的惨痛教训留给后人诸多启示,值得吸取。拜占庭帝国衰落时期恰好是中古晚期近代初期欧洲地中海地区民族国家形成之时,在该地区多民族通过战争的激烈较量决定胜负的过程中,战争成为民族国家形成之最终的也是决定性的手段。兵器的优劣常常决定了战场的形势和战争的结果,故而引发这个时期的“军备竞赛”。而新兵器与传统的中古兵器(也包括部分“火攻”兵器)及其军事艺术相比,具有突出的战场优势,特别是其中的尖端武器火炮更具有强大的远距离攻击力和杀伤力,它们的快速发展,进而受到各国的高度关注并争相发展就是顺理成章的了。特别值得注意的是,在新兵器发展的同时,各强国逐步突破中古冷兵器时代的军事艺术定式,大胆改变世界军事攻防体系的战略战术,引发了世界军事的深刻变革。这个时期的世界军事革命推进了热兵器时代的迅速到来,也很

----

　　① *Εκδόσεις Καν άκη*, *Ναυμαχικ ά*, Αθήνα 2005, pp. 10-12.

　　② 有一种意见认为,末代皇帝掌握的几条船中,有1艘战船,且属于拜占庭传统的主力战船。但这种中型船只在14、15世纪地中海海军战船大型化趋势中逐渐落伍,凸显陈旧。见本书第五章相关部分。

快结束了冷兵器时代。新式兵器强化的远距离攻击能力促使火器迅猛发展,特别是火炮作为主动进攻型尖端武器的强势崛起几乎与新兴民族国家在战争中崛起同步发生,绝非偶然。① 可以说,新兵器的发展既体现出新兴民族国家强势形成的历史趋势,也反映着新兴民族国家和老迈帝国之间的优劣,在优胜劣汰的国际政治较量中,强者胜出崛起弱者惨遭淘汰的游戏规则鲜明地昭示出来。末代拜占庭兵器落后的研究给我们的启示值得深思。

六、人心涣散

许多拜占庭史专家都注意到末代帝国民众陷入思想混乱的情况,他们都提到了当时罗马天主教和东正教合并事件在首都君士坦丁堡引发的强烈反对浪潮。② 但是,后世作家普遍忽视了末代帝国民众的精神状态,对当时人提供的大量相关信息缺乏足够的重视,因此也使读者长期缺少这方面的信息。笔者力图依据目前仅存的几份君士坦丁堡战役亲历者和幸存者的记

①　陈志强:《拜占庭火炮研究》,《社会科学家》2014 年第 2 期。

②　吉本详细描述了末代帝国拥护两大教会合并的"统一派"与拥护"永久分裂"的"分裂派"之间的较量。Edward Gibbon, *The History of the Decline and Fall of the Roman Empire*, VII, pp.259-262.奥斯特洛格尔斯基认为"拜占庭民众极为愤怒……他们对这个违背其宗教感情的事件的仇恨就越带有感情色彩"。Geory Ostrogorsky, *Byzantinische Geschichte*, 324-1453, 陈志强译:《拜占庭帝国》,青海人民出版社 2006 年版,第 468 页。几乎所有拜占庭史专家都有类似的叙述,见 John J.Norwich, *A Short History of Byzantium*, New York:A Division of Random House, Inc., 1997, pp.373-375.L.Brehier, *The Life and Death of Byzantium*, pp.361-363.S.Runceman, *The Fall of Constantinople,1453*, p.178. John Freely, *Istanbul, the imperial city*, London:Penguin Books Ltd., 1996, p.173. W.Treadgold, *A History of the Byzantine State and Society*, pp.824-825.巴图西斯还具体提到了 1452 年年底前往君士坦丁堡举行教会合并盛典的教宗代表团。M.C.Bartusis, *The Late Byzantine Army, Arms and Society, 1204-1453*, p.127.瓦西列夫则以大量篇幅详细介绍了这一事件的来龙去脉。A.A.Vasiliev, *History of the Byzantine Empire,324-1453*, pp.657-676.末代帝国研究最知名的专家尼科对此也有细致的描述。Donald M.Nicol, *The Immortal Emperor: The Life and Legend of Constantine Palaiologos, Last Emperor of the Romans*, Cambridge, Eng.:Cambridge University Press, 1992, pp.49-51.他的另一部作品中也有章节涉及这个问题。D.M. Nicol, *The Last Centuries of Byzantium*, 1972.但是本书所涉及的民众精神状态,上述作品都没有提及。

载,探讨末代帝国民众的精神状态,以便有利于我们对拜占庭帝国衰亡史的解读。①

我们从许多君士坦丁堡战役的幸存者那里了解到,末代帝国民众普遍缺乏信仰,没有明确的生活目标,基本丧失了未来美好的希望。而造成这种思想颓废的重要原因是,末代王朝尤其是末代皇帝一再强制推行的天主教和东正教两大教会合并的政策,这一政策将末代帝国民众心中仅存的一丝理想"追求"抹杀掉,使他们失去了思想方向。在"合并派"和"分裂派"的激烈争论中,普通信徒不理解他们一直信仰的东正教"真理"为什么突然错了,并向他们一直反对的天主教"邪说"屈服,民众普遍感到无所适从,圣索菲亚教堂崇高的信仰崇拜地位荡然无存。这样一个丧失了"正确"信仰和理想追求的民众群体,必然陷入严重的思想混乱。

末代帝国民众的精神依托和思想支柱主要是对上帝的信仰和对希腊教会"正确性"的坚守,正如末代皇帝君士坦丁十一世在城破前夜发表的演说中明确指出的那样,"我的弟兄们,你们都十分清楚我们有四大共同义务……那就是第一、我们的信仰和虔诚,第二、我们的祖国,第三、神圣上帝任命的皇帝,第四、我们的亲戚朋友"。② 这里,对上帝的信仰和对东正教的虔诚是第一位的。但是,末代王朝为了争取包括罗马教宗在内的西欧封建领主的军事援助,被迫接受屈辱的条件,承认罗马天主教神学的正确性和罗马教宗为首脑的教廷之最高宗教领导权。这就等于默认了千百万东正教教士和普通信徒一直坚守捍卫的"真理"一夜之间错了,他们要被迫按照天主教的神学信条和崇拜礼仪行事。

对于这种宗教信仰政策的突然变化,不仅东正教教士而且广大普通信徒都难以接受,他们激烈地反对强迫希腊东正教向拉丁天主教的屈服。这种情绪被罗马教宗特派代表的助手莱奥纳多敏感地捕捉到了,他写到:"我们……对希腊人的固执感到恐惧,这使我们绝望。哎! 什么样的理由能够

①　陈志强:《末代帝国民众的精神状态》,《历史教学》2013 年第 12 期。
②　George Sphrantzes, *The Fall of the Byzantine Empire*, *A Chronicle by G. Sphrantzes*, *1401-1477*, p.121.

改变这个固执其偏见恶念而执迷不悟的民族呢？能拯救这么多年来一直断绝与其头颅联系的身体，这肉体没有任何灵魂的生命呢？当他们一直保持与罗马教会的距离，千方百计陷入错谬之中，执迷于大量的谎言，顽冥不化地坚持分裂，他们怎么能不为上帝所抛弃成为弃民呢？甚至直到如今他们被围困，被驱赶出他们的城市，离开他们的教堂，抛弃财产和家园，他们还在极力谴责拉丁人对他们的侵犯，说什么'就是因为我们接受了教会合并的决定，并更加服从罗马教宗，我们才引起上帝的愤怒，遭此大难'"。他还注意到，即便那些公开承认两大教会合并的人，也不是真心拥护末代皇帝的这一政策，为此他写到，"因为（他们）没有信仰、没有宗教，以及其他亵渎神灵的行为都会激发上帝迅猛的狂怒。最尊贵的教宗，请看这种审判是何等正义何等宝贵！希腊人公开庆祝教会合并，但是却私下里拒绝合并。他们的一些领袖，也就是那些将热血洒在大地上且被敌人刀剑砍杀的人说，'让我们将服务于上帝那值得赞赏的荣耀给最高的上帝，但还是不要咏读佛罗伦萨会议这个文件了'。为什么要这么虚伪呢？他们回答说'因为这个文件的一部分宣称圣灵来自圣子和圣父，这个部分应该删除'"。"如果他们不是从内心敬奉上帝，双手被玷污，他们的心灵不虔诚、不真信，如何得到神恩？"①这里明确涉及到东正教与天主教就"和子说"发生的长期神学争议。

除了专职教会事物的教士和官僚贵族外，两大教会合并事件在普通民众中也导致了严重的思想混乱。拜占庭贵族杜卡斯写到，"但是现在那些听信了一些人想法的民众中又出现了激烈的争论。当基督徒前往告解悔罪时，反对联合派分子就要问每一个人，是否与那些被开除了教籍的人一同参加过圣礼，是否曾偶然听过联合派教士主持的圣礼宣道。如果是的话，就要强制执行惩罚性教规，要进行严厉的惩处。根据惯例完成了严厉教规惩罚后，他就被看作是能够领受我主圣体和圣血的信徒，且被禁止前去参加联合派教士的圣礼，否则将受到严厉惩罚。大教堂被视作恶魔的庇护所和古希腊异教的祭坛"。人们在末日废都惶惶不可终日的环境中不禁发问："圣烛到哪里去了？点燃长明灯的橄榄油到哪里去了？黑暗笼罩了一切，没有任

---

① *The Siege of Constantinople 1453：Seven Contemporary Accounts*，pp.13，19，25.

何人阻止黑暗的降临。圣殿被抛弃了,由于居民们的亵渎圣灵和邪恶罪行,早就预示着圣殿将遭受抛弃而荒芜"。这位忠实的"合并派分子"目睹了末代帝国大量普通信徒丧失精神家园的沮丧,看到在 1452 年 12 月举行两大教会合并仪式后的乱象,"从这天起,大教堂里,(东西教会)联合就被看作开始实现了,君士坦丁堡人却躲避它,把它视为犹太人的犹太会所,既不来教堂里献祭也不来奉献,更不来焚香祈祷。如果有个教士在复活节期间向上帝举行圣礼仪式的话,那么祈祷膜拜者只是在领受圣体时呆一会儿,而后他们就都匆匆走开,妇女和男子这样,修士和修女也这样。还要说什么好?他们都把这个教堂看成是异教的祭坛和崇拜阿波罗的圣地"。正是由于帝国末日出现如此严重的信仰危机和思想分歧,拜占庭民众丧失了理想追求,因此也丧失了捍卫帝国首都的意志,其中作为反对教会合并派领袖的鲁卡斯大公,在目睹土耳其大军逼近首都城墙时,"胆敢公然说出反对拉丁人的话:'宁可看到首都中心区出现土耳其人的缠头巾,也不愿看到拉丁人的三重法冠'"。① 末代帝国民众出现如此严重的离心离德现象不仅仅是逆反情绪的宣泄,更重要的是信仰崩溃产生的迷茫,是对其世代坚守的理念被强制扭曲而爆发的愤怒,是丧失了崇高理想而生出的自暴自弃的心理。

　　正因为末代帝国爆发的信仰危机和思想混乱,才导致从上到下的背叛行为,这在土耳其大军兵临城下的危急关头愈发显得严重。前引莱奥纳多就惊呼:"哎呀! 希腊人中怎么那么多叛徒,这个国家怎么这么多贪婪的背信弃义者! 皇帝要一而再再而三地恳求他们,希望他们借一些钱给他,但是他们发誓说他们的钱借光了,因为世事艰难早已耗尽了他们的钱财。但敌人后来发现他们隐藏了相当多的钱财"。② 威尼斯外科医生巴尔巴洛在日记中也证明了莱氏的说法,他讲述的一个具体事例充分表现出末代帝国民众精神颓废的生动图景。当城墙被土耳其军队大炮轰击坍塌后,急需将紧急征集来的一些壁炉运上前线修复城墙,"当这些壁炉架装好车时,它们被送到了广场上,我们的总管下令希腊人把它们马上运上城墙,却遭到希腊人

① Doukas's *Decline and Fall of Byzantium to the Ottoman Turks*, XXXVIII, 3-4, pp. 207, 208, 209, 210.

② *The Siege of Constantinople 1453: Seven Contemporary Accounts*, p. 26.

的拒绝,他们说除非支付给他们报酬才执行命令,当晚就此发生了争执,因为我们威尼斯人愿意支付给那些运送壁炉的人现金,而希腊人却不想支付报酬。最终当这些壁炉被运送到城墙上的时候,天色已晚,它们还是没有被运到城垛之间用于抵抗进攻,最终由于希腊人的贪婪,我们最后也没有用上这些东西"。① 读者可以想象,在城破国亡的最后时刻,拜占庭民众的信仰危机严重危害着城市的防守作战,以至于末代皇帝在最后的演讲中含泪哀求其臣民,"我请求、祈求你们了,如果你们还对我有些微的情感,那么就展示出应有的荣誉感,服从你们的领导、将领、百夫长,每个人都根据各自的官阶、军职和职责行事"。②

显然,作为拜占庭帝国精神支柱的东正教信仰是维系末代帝国民众的精神纽带,是促使普通民众效忠于皇帝的思想核心,也是他们世代保持其价值观、世界观、人生观的精神家园,更是他们自认为区别于其他民族的身份认同。一旦这个信仰传统被否定,末代帝国民众便失去了精神支柱,他们保卫帝国的意志便遭到无情打击和瓦解,他们捍卫京都的斗志也因此丧失了。

拜占庭帝国灭亡之际,其民众因为东正教屈服于天主教而陷入信仰危机和思想混乱,必然严重影响其挽救民族危亡的信心,而对宗教问题的争论更加剧了人心的离散,不仅打击了有识之士的救国之心,制约了他们能力的发挥,而且加剧了整个社会麻木不仁、得过且过的氛围,末代帝国首都成为是非不分、奖罚不明的场所,使得小人当道,恶行频发。这样的场景在君士坦丁堡战役幸存者的记载中比比皆是。

事实上,末代帝国朝野上下、君臣之间似乎都缺乏具有洞察力和政治远见的人才,没有登高一呼万众响应的杰出领袖人物,当奥斯曼土耳其人有条不紊地准备攻打君士坦丁堡时,他们或者看不到即将到来的灾难,或者看到了而拿不出救急方略。前引斯弗兰齐斯就此写到,"我们的皇帝看清了他(苏丹)明白无误的谋略,急于首先采取行动使用军队,以便组织城防计划的完成,但是一些元老、教士、市民坚持说,我们不要招惹他发怒……这使得

---

① Nicolo Barbaro, *Diary of the Siege of Constantinople*, 1453, p.60.

② George Sphrantzes, *The Fall of the Byzantine Empire*, *A Chronicle by G. Sphrantzes*, *1401-1477*, p.124.

皇帝改变了主意;他们一致阻止皇帝采取行动,直到苏丹的计划最终完成了,他们才清醒过来,看到这个城堡要塞完工了,认识到他们自己的行动多么愚蠢"。与其说这些元老、教士、市民看不出土耳其人围困帝国首都的战略,还不如说他们丧失了自卫的决心,因此"一些毫无价值无所事事的贵族和城里的居民带着他们的金银细软仓惶逃亡,因为他们恐惧战争和我们的敌人。当这一消息报告给皇帝后,他没有采取任何行动阻止他们,而是陷入了深深的沉思"。① 面对首都居民这种人心涣散的现象,末代皇帝毫无作为,没有采取任何措施设法改变局面,而是听之任之。这不仅反映出民众的失败情绪,也反映着帝国统治阶层的无能。前引莱氏也注意到了,末代帝国朝廷根本没有进行充分的备战,当土耳其苏丹调动一切资源周密部署围攻废都之际,拜占庭人没有组织任何像样的抵抗力量,也许他们已经组织不起有效抵抗了,他嘲讽拜占庭将士和居民"大部分都热爱和平"。② 说穿了,用于防守城池的拜占庭军队只是些不足 5000 人的散兵游勇,他们既没有组织也没有训练,用来抵抗数十万攻城部队,简直就是以卵击石,必败无疑。也正因为如此,皇帝将城防重担交给了雇佣军,委任热那亚人乔万尼担任城防总司令。

末代帝国平庸之辈充斥朝野,每每在处理重大问题上使出昏着。例如在战役进行的紧要关头,末代皇帝已经从空无一物的国库中拿不出任何钱财来支撑作战,如何解决城墙修复问题迫在眉睫,"(教宗代表)枢机主教的确尽了最大的努力来帮助皇帝,特别是在加固城楼和城墙方面。皇帝稀里糊涂不知道该如何应对这样的局面。他向其大臣会议寻求办法,他们建议他不要惹恼那些市民,因为目前局势艰难。但他们建议还是用惯常的办法收集圣器。于是皇帝下令,从各个教堂收集敬献给上帝的神圣器皿,把它们熔化后制成硬币,发放给士兵、坑道工兵和建筑工兵"。前引莱氏对此深表不满,他接着写到,"由于缺乏组织管理,特别是那些邪恶的事情,使得我们的供给极端困难。皇帝优柔寡断,对于那些拒不服从其命令的人从不进行

---

① George Sphrantzes, *The Fall of the Byzantine Empire*, *A Chronicle by G. Sphrantzes*, *1401–1477*, pp.99,103.

② *The Siege of Constantinople 1453:Seven Contemporary Accounts*,p.25.

惩处,也不杀了他们。这样一来,所有的人都随心所欲为所欲为,他们对皇帝阿谀奉承,献媚安抚他的怒火,这是他们惯常的做法。这个老好人很容易就被其属下伺弄得服服帖帖,丑恶地被他们戏弄,还常常假装对那些正在做的坏事视而不见"。虽然我们深知作为教宗代表的莱氏讨厌拜占庭人,字里间难免充满贬斥之词,但是他记载的事情鲜明地表现了末代帝国民众的自私丑恶,他就此说,"由于希腊人在他们从事的所有事情上都表现得愚蠢,那么人们也就不奇怪在这性命攸关的时刻,在其神圣皇帝从事杰出计划保护整个城市时,他必定成为一群强盗土匪们的牺牲品。特别是当他们最终决定修复内墙时,还缺乏两件事,即金钱和时间。如果他们早在战争开始以前就事前看到这一点,他们本应做好这两件事,但是他们天生的愚钝和办事拖拖拉拉使他们未能完成这些事情"。① 一方面是土耳其人紧锣密鼓地备战,连前引斯氏都惊叹土耳其人备战水平之高,"人们根本想象不到还会有这么多种多样的机器,我怀疑,没有任何一位国王曾相信会有如此多种多样的机械被制造出来用于进攻城堡。"②另一方面,末代皇帝统治下的拜占庭民众无所事事、坐以待毙。一个新兴的奥斯曼帝国和另一个败亡中的拜占庭帝国形成了鲜明的对照,两者民众的精神状态具有悬殊的差异。

有些后世研究者片面地认为最终阵亡的末代皇帝是个治国能手,他为了挽救帝国大厦于不倒尽心竭力,但终因帝国气数已尽而无力回天。这种想当然的描述与战役幸存者的记载不符。根据这些目击者的记述,我们看到的是一个平庸无能、优柔寡断、意志脆弱、绝望自裁的皇帝,恰好是末代帝国的形象。除了我们上面引述的史料外,威尼斯人巴尔巴洛形象地描写他,"在这巨大嘈杂的声浪中,可怜而悲伤的皇帝开始喃喃自语,惊恐万状生怕土耳其人会在那天夜里发动总攻,因为我们基督徒还没有准备好抵抗住攻击,这使得他非常悲伤。"在战役进行的紧要关头,"最尊贵的皇帝殿下开始痛苦地失声痛哭,因为威尼斯人没有派来人援助",于是他决定听凭命运的安排,放弃努力,因为"整个基督教世界都不愿意帮助我抵抗毫无信仰的土

①　*The Siege of Constantinople 1453*:*Seven Contemporary Accounts*,pp.26,29,31.

②　George Sphrantzes,*The Fall of the Byzantine Empire*,*A Chronicle by G. Sphrantzes*,*1401-1477*,p.105.

耳其人这个基督教世界的敌人",甚至自暴自弃,做困兽状,不惜进行"自杀式"的搏杀。① "当我们不幸的主人皇帝看到发生的一切,便满脸泪水地祈祷上帝……已经没有援救的希望了。他猛踢坐骑,冲向土耳其人大批涌入的地点……鲜血从他的臂膀和腿上流淌下来。"②杜卡斯也描写了末代皇帝手足无措的慌乱,"他陷入彻底的绝望无助之中。他向暴君(苏丹)派出使节,恳求后者除了其他事情外,退兵,达成和解。作为回报,皇帝愿意支付穆罕默德要求的年贡,即便超出皇帝能够支付的也答应。"③如果读者仍然难以确定这个末代皇帝的内心世界,那么从他缺乏逻辑的演讲中就可以看到这一点,因为他用于鼓励将士斗志的说辞是那么贫乏,其毫无说服力的理由是多么苍白。他用以比喻守军作战的例子是打猎,"如果一头哑巴的动物都能够促使猎人去追杀,那么我们这些骏马和动物的主人就注定能够更好地打击进攻我们的敌人,因为敌人都是哑巴畜生,甚至是比猪还糟糕的野兽。挥舞你的盾牌、刀剑、弓箭和长矛杀向他们,想象着你们就是在追击野猪的狩猎者,也让这些邪恶的人知道他们正在对付的不是哑巴畜生而是他们的主子和主宰,是我们这些希腊人和罗马人的后裔。"④这里他一会儿谩骂土耳其人是畜生野兽,一会儿又说他们是邪恶的"人",逻辑混乱溢于言表,而将保卫帝国的圣战比附于打猎更是极大降低了保卫首都的重大意义,进而极大消磨了守城将士的意志,更加造成臣民的精神迷茫。

  既缺乏理想又缺乏能力,末代帝国上层阶级的精神状态十分糟糕。俗语说,"兵尿尿一个,将尿尿一窝"。拜占庭末代王朝君臣消极备战、坐以待毙,普通民众更是上行下效,毫无斗志,空谈着虚无缥缈的"荣耀",将自己的命运完全寄托于上帝的"神迹",盼望救世主在一夜之间救其脱离苦难。诚如前引斯氏所说:"我们正在把我们所有的希望寄托于上帝无与伦比的荣耀。有些人笃信装备精良,有些人信赖骑兵、武力和人数,但是我们相信

---

① Nicolo Barbaro, *Diary of the Siege of Constantinople*, 1453, pp.32,45.

② George Sphrantzes, *The Fall of the Byzantine Empire, A Chronicle by G. Sphrantzes, 1401-1477*, p.128.

③ Doukas's *Decline and Fall of Byzantium to the Ottoman Turks*, p.218.

④ George Sphrantzes, *The Fall of the Byzantine Empire, A Chronicle by G. Sphrantzes, 1401-1477*, p.122.

我主上帝和救世主的圣名,而且正是上帝的力量赋予我们臂力和能量",眼见"我们的军队逐渐衰弱,就像逐渐暗淡下去的月亮,逐渐消失在天空",却束手无策。① 在整个君士坦丁堡防御战期间,城防的重担不是由拜占庭人而是由意大利雇佣军承担,前引巴氏就此写到,在城防最关键的战位,都部署了装备精良、英勇无畏的将士,"他们随身带着精致的大炮和精良的火枪,还有大量弓弩和其他装备。他们都是外国人,其中没有一个希腊人,因为希腊人都胆小如鼠"。② 在土耳其军队发动最后总攻的时刻,守军发生了大溃退,"消息传来,许多希腊人立即向港湾方向逃跑,朝着威尼斯和热那亚船只上拥挤……大批人混乱地涌上小船,当小船沉没时他们也都淹死了。就像所有发生混乱时通常出现的情况一样,每个人都毫无纪律地仓惶逃窜,寻求安全。其他希腊人有些在城里四处乱窜,不久也都被俘虏或者被杀死"。甚至风闻土耳其大军攻陷京城的消息时,"几乎所有爱琴海岛居民都开始逃亡。希腊人的领袖们和那些尚在伯罗奔尼撒半岛的人都被这场灾难吓坏了,纷纷出海逃难"。③

　　崇高的理想和远大的抱负能够激发人的无限潜能,提升人的智能和效能,正确的政治方向能促使人明辨是非,选择高效的工作方法,反之亦然。末代帝国王朝和民众在国破家亡之际发生信仰危机和思想混乱,必然导致其整体抗击外敌能力的下降,而精神家园的丧失加剧了整个社会离心离德,平庸之徒辈出,加速末代帝国的崩溃。末代帝国民众的精神状态可以用军无斗志,民心涣散来总结,朝野内外、君臣上下对保卫君士坦丁堡、进而捍卫基督徒的荣耀毫无信心,对顽强抵抗土耳其人的战事也缺乏自信。高昂的斗志来自于取胜的强烈欲望,也可以来自不屈不挠的反抗。末代帝国长期以来持续衰落,不仅上层官僚贵族而且普通百姓对自己的国家都失去了希望,面临超过自己数十倍的土耳其大军一边倒的围攻更是陷入绝望,麻木不仁、自暴自弃,听凭灭亡命运的主宰,他们笃信神迹,一旦危难当头便失去斗

---

① George Sphrantzes, *The Fall of the Byzantine Empire, A Chronicle by G. Sphrantzes, 1401-1477*, pp.121,124.

② Nicolo Barbaro, *Diary of the Siege of Constantinople*, 1453, p.50.

③ *The Siege of Constantinople 1453: Seven Contemporary Accounts*, pp.50,51,53.

志,其几近崩溃的精神状态可想而知。

还是让我们看看此次战役幸存者的记载。仅举几例便可看出末代帝国民众糟糕的精神状态。根据前引斯氏的观察,当时的拜占庭人朝野内外从上到下都毫无责任心,在防御战的关键时刻,或者逃离废都,或者擅离职守,"一些……贵族和城里的居民带着他们的金银细软仓惶逃亡,因为他们恐惧战争和我们的敌人",同时许多无法逃走的希腊人借口照顾家庭而逃离战场,"当皇帝听闻这些离开港外的事情,以及普遍擅离战场的理由,他当场严厉批评了这些部队的将领"。① 前引莱氏也记载说,"这些希腊士兵劳工很少关心公共福祉,他们极端自私,甚至拒绝去干活,除非他们首先拿到工钱……我们不止一次地发现希腊人胆战心惊,离开他们的战斗岗位,借口其家庭需要照料,农田和果园要修整,或者找其他借口。有些人表面上看老实可靠,声称他们的家里有事需要处理,但另一些人指责他们根本没钱养家,被迫来此找个活计挣点钱。这时,我严厉指责他们的错误,批评他们只是想到自己而没有想到整个基督教世界面临的危险"。据说,当皇帝下令给他们配发面包时,他们竟然"藏匿食物,或者借机高价出售食品"。莱氏对于末代帝国民众普遍的堕落行为极为愤怒,指责说"我最好叫你们掠夺者,而不是称呼你们为城市的守卫者! 你们负责的金钱如果能作为你们这些国家捍卫者或被委任者用在了正当之处就好了,而你们却把这些钱当作无主的遗产一样看待,把它们浪费掉了,它们本应该花费在修复城墙上,但是却发现都流入了你们的腰包。这些叛徒……接收了大约12000佛罗伦斯金币的大笔金钱,而后将秘密藏匿在钱罐中的大约7万金币交给了土耳其人。这个城市就是这样被毁灭的"。"呕! 你们这些希腊人,我真为你们感到悲哀,可惜你们藏匿的财宝了! 现在它们最终大白于天下,你们拒不提供给你们国家的这些财富"最后都落入土耳其人手里!②

内心的错乱导致胆怯懦弱情绪迅速蔓延,莱奥纳多目睹了当时民众的极度恐慌用"绝望""惶惶不可终日""丧失信心""非常害怕""极大的恐惧"

---

① George Sphrantzes, *The Fall of the Byzantine Empire, A Chronicle by G. Sphrantzes*, *1401-1477*, pp.103,114.

② *The Siege of Constantinople 1453: Seven Contemporary Accounts*, pp.27,28,29,30,38.

"痛苦挣扎""痛哭流涕""胆战心惊""精疲力竭"和"累得要死"来描述他们。① 这里，我们看到的不是对自卫战争必胜的信心和高昂的斗志，而是战败前心理防线崩溃后的惨状，疲惫、伤亡、恐惧、害怕、恐慌、痛苦、哭啼淹没了守军，这样的精神状态想不败也难，城破是必然的，帝国灭亡也是必然的。

　　失去了道德规范的贵族和民众互不信任，各怀鬼胎，互相怀疑，争执不断，以至于刀剑相见，前引斯氏记载说，守军内部"总是产生出分歧意见、冲突争执，甚至出现骚乱……相互较量、争吵，互相保持着戒备，互相监视。他们总是在争论而无法决定，说的事情比天大，但什么事情也完不成"。斯氏详细描写过守军各部队将领之间的冲突，"乔万尼与大公争执起来……争吵越来越激烈，以致达到了语言攻击的程度，两个人都相互指责互倒脏水。乔万尼称大公为毫无价值的人，一个伪君子和叛徒，而大公也反唇相讥"，②他们几乎要进行决斗，乔万尼狠狠地叫道，"'现在谁能阻止我用我的利剑刺穿你这家伙的身体？'大公鲁卡斯对这一侮辱也大为光火"。末代帝国废都守军各部队之间矛盾深刻，纷争不断，前引莱氏还记载"加拉大城里的威尼斯人和热那亚人也发生了口角，双方都指责对方想要临阵脱逃"。③ 城内居民不仅对抵抗土耳其人进攻没有信心，而且离心离德、心怀异志，暗中捣乱的人越来越多，牢骚怪话算是轻的，其中一些人肆意散布"邪恶的情绪，他们每天都在市中心各处的广场和周边地区煽动骚乱和示威游行，发表演讲，从他们无耻的嘴里吐出责难和指责，公然反对我们不幸的皇帝及其贵族"。由于他们人数太多，势力太大，皇帝对此假装没有看到，喃喃自语道："我们的敌人太活跃了，他们太强大，那些错误地仇恨我的人都是不幸的"。④ 无能的皇帝自知无力回天，对瓦解军心的丑行听之任之，因为他既没有说服守军团结一致共同抗敌的理由，也缺乏凝聚民心感召民众的个人

---

① 　Nicolo Barbaro, *Diary of the Siege of Constantinople*, 1453, pp.57, 55.

② 　George Sphrantzes, *The Fall of the Byzantine Empire*, *A Chronicle by G. Sphrantzes*, *1401–1477*, pp.118, 115.

③ 　*The Siege of Constantinople 1453: Seven Contemporary Accounts*, pp.30, 23.

④ 　George Sphrantzes, *The Fall of the Byzantine Empire*, *A Chronicle by G. Sphrantzes*, *1401–1477*, p.115.

魅力,这种一盘散沙式的防御作战只有失败这一种结果。

　　杜卡斯和巴尔巴洛生动记载了守军中不断扩大的恐慌,后者还描述了民众中谣言盛行,预言灾难降临的情况。"这个预言是圣君士坦丁(指君士坦丁一世)做出的,他是第一个据守君士坦丁堡的皇帝,他预言君士坦丁堡永远不会失守,直到升起的月亮满月之时又被黑暗遮挡,也就是说……城市被摧毁和帝国的灭亡正在临近"。5月22日夜里出现了月食现象,这立即被惊恐万状的拜占庭人视为大难临头的预兆,"当我们基督徒和异教徒都目睹这一奇异的天象时,君士坦丁堡皇帝对此极为恐惧,他的所有贵族也都胆战心惊,因为希腊人有个预言,说只要月亮出现预兆,君士坦丁堡就将陷落,这就是为什么希腊人感到恐惧的原因。但是,土耳其人却在他们的营地举行盛大的庆典,欢庆这个征兆,因为他们认为现在胜利已经掌控在他们手中,真的,胜利真的在他们手中"。同是一种自然天象,末代帝国民众和土耳其人得出了完全相反的结论,表现出他们各自不同的心境,清晰地反映出两者的精神状态差异悬殊。城破之际,拜占庭人更加相信古老的预言,"所有古代的预言都得到了应验,特别是由圣君士坦丁首先做出的预言,他的雕像骑在马上,矗立在这个城市圣索菲亚教堂旁边的圆柱上,他用自己的手势这样预言:'从这个方向将会到来一个人,他将使我从这里消失',他的手指向了东方也就是土耳其。他做出的另一则预言是,当这里出现一个叫作海伦之子的君士坦丁皇帝时,在他统治下,君士坦丁堡将失陷。还有一则预言是说,当月亮在天上出现征兆时,几天之内君士坦丁堡将被土耳其人占领。所有这三条预言都出现了",惊恐不已的皇帝也一反常态,加剧了恐慌情绪的蔓延,"我们基督徒此时都非常害怕,皇帝下令敲响全城的警钟,在城墙的各个战场上,所有的人都高声尖叫,'宽恕吧! 永恒的上帝!'男人们叫喊着,女人们尖叫着,修女们和年轻的女人们叫声最大,这些祈求哀悼甚至打动了那些最冷酷无情的犹太人,他们也多少心生怜悯"。[1] 前引斯氏还记载了"天火"的预兆,"晚上,有一团火从天空滑下来,停止在城市的上空,把整

---

[1]　Nicolo Barbaro, *Diary of the Siege of Constantinople, 1453*, pp.49,56,61,65.

个城市都笼罩在整夜的光亮中"。① 这些谣言和迷信使末代帝国民众早已紧绷的神经不堪摧残,土耳其大军总攻尚未开始,他们先自倒在了自己崩溃的心理防线上。

综上所述,君士坦丁堡战役幸存者们提供的鲜活信息,向我们清晰地展现了末代帝国的真实状况,描述了末代帝国民众面临土耳其大军兵临城下、城破家亡之际的众生图,特别是亡国之人的精神状态:他们丧失了精神家园,失去了崇高的理想追求,缺乏斗志和信心,军心民心涣散,颓废堕落,自暴自弃,在沦为亡国奴的痛苦中惶惶不可终日。这些有关末代帝国民众精神状态的生动信息,为我们更全面地了解拜占庭帝国灭亡的历史真相提供了立体画面。

七、国际氛围

1453 年奥斯曼土耳其大军攻陷君士坦丁堡,标志着拜占庭帝国的灭亡。当时人如此看重这个事件原因很多,因为作为基督教世界东方前哨站的拜占庭帝国惨败于伊斯兰教国家,意味着一个异教的大帝国由此强势崛起。恐惧和担忧刺激着当时的欧洲人,也深刻地影响了后人。但是,一个值得注意的问题却被人们有意无意地忽略了:为捍卫基督教世界而奋战至死的拜占庭人都是些什么样的人? 当时的欧洲人是如何看待他们的? 这个问题之所以重要,不是仅仅出于我们寻求考察这一重大事件的"在场"感,而是关乎当时的欧洲人何以对命悬一线的基督教"兄弟"十分冷漠,对末代皇帝的求救呼吁无动于衷,完全不像他们的祖先在约 350 年前时响应教宗乌尔班二世的号召后第一时间发动远征,此时西欧人失去了发动十字军的热情,眼睁睁地看着那个老迈的帝国灭亡了。笔者力图依据目前保存在梵蒂冈图书馆档案中的莱奥纳多信函分析这个问题,以便帮助我们客观了解这

---

① George Sphrantzes, *The Fall of the Byzantine Empire*, *A Chronicle by G. Sphrantzes*, *1401–1477*, p.116.

一重大事件。①

莱奥纳多以西欧人的立场,对"希腊人"(即拜占庭人)进行坦率的点评。在信中,他一改平和叙述的口吻,多次指责拜占庭人:"哎! 什么样的希望能够改变这个固执其偏见恶念而执迷不悟的民族呢……哎呀! 希腊人中怎么那么多叛徒……啊哦! 你们这些灵魂彻底败坏的家伙"。也许在为数不多的亲历者记载中,他对拜占庭人的描述特别详细,因此后人多以之为据褒贬那个早已消失的拜占庭民族。

莱奥纳多首先指责末代拜占庭民众缺乏信仰,说他们既没有明确的生活目标,也丧失了对未来美好的希望。他直言不讳地指出:在拜占庭帝国,除了"很少数几个修道士外,几乎所有希腊人都被极端的偏见所迷惑,几乎没有人能够为真理的热情所感动,或者为其自己得救而首先反对或放弃他们固守的观点"。② 事实上,他作为罗马教廷委派的官员,自然代表罗马天主教的观点。然而,天主教和东正教为了争夺最高教权展开的数百年较量,早已扰乱了两大教会信徒的思想,破坏了他们心中信仰的圣洁,特别是在拜占庭人中影响尤其恶劣。而造成这种思想混乱的重要原因还在于,末代皇帝一再强制推行的天主教和东正教两大教会合并的政策,加剧了末代拜占庭人对帝国衰败现实的不满,民众心中仅存的信仰坚守也被抹杀掉了,致使他们失去了思想方向。在"合并派"和"分裂派"的激烈争论中,普通信徒不理解他们一直笃信的东正教信仰怎么会突然变成了错误,那个传播异端邪说的天主教却一下子成了正统信仰,精神追求上的天翻地覆促使民众必然陷入严重的思想混乱。他们无法接受的是皇帝也为天主教公开辩护,还强迫他们按照天主教的礼仪举行圣事。③

莱奥纳多对于拜占庭人这种宗教信仰政策的突然变化究竟是否有效也心存疑虑,他深知东正教教士和广大信徒激烈反对朝廷的"屈服",并进而

---

① 陈志强:《同代人眼中的末代拜占庭人——以莱奥纳多书信为例》,《历史教学》2016年第10期。

② *The Siege of Constantinople 1453:Seven Contemporary Accounts*,pp.13,26,30,12.

③ George Sphrantzes,*The Fall of the Byzantine Empire, A Chronicle by G. Sphrantzes, 1401-1477*,p.121.

强化了他们对拉丁人和天主教的仇视。他尽管身负罗马教宗的重任前往君士坦丁堡举行两大教会合并盛典，但对拜占庭人感到绝望，"我们……对希腊人的固执感到恐惧，这使我们绝望。"他批评希腊人把帝国首都遭到野蛮攻击并最终陷落的罪责归之于教宗，"说什么'就是因为我们接受了教会合并的决定，并更加服从罗马教宗，我们才引起上帝的愤怒，遭此大难'"。他还敏感地注意到拜占庭人的两面三刀，说那些公开接受两大教会合并的人也并非真心拥护天主教信仰，并责问道："希腊人……为什么要这么虚伪呢？"①莱奥纳多信件记载的拜占庭人丧失信仰的情况也得到了另一个当事人的佐证。拜占庭贵族杜卡斯写到：为了强制推行教会统一令，当局"要强制实行惩罚性教规，要进行严厉的惩处"，因此东正教最高祭坛圣索菲亚教堂被信徒们"视为犹太人的犹太会所，既不来教堂里献祭也不来奉献，更不来焚香祈祷……他们都把这个教堂看成是异教的祭坛"。②

　　身处君士坦丁堡民众如此恶劣的精神状态环境中的外邦人，都感受到末代拜占庭人的失魂落魄，也因此对这个曾经辉煌强盛的帝国丧失了信心。那些打算各异的外邦人除了为获得雇佣兵军饷而来此冒险的少数职业雇佣兵外，几乎没有人肯为这样一个民族流血牺牲。末代拜占庭人对自己的国家已经丧失了信心，不是出逃就是鬼混，那么外国人凭什么为他们的生死存亡而拼搏。由此观之，在帝国末日的危难之际，欧洲没有发动新的"十字军"，甚至几乎没有出现组织严密的增援军队就不是什么奇怪的事情了。

　　如果说因为官方宗教政策导致普通信徒丧失了传统的信仰，是外国人能够理解末代拜占庭人普遍颓废沮丧的话，那么末代帝国君臣平庸无能、国家体制瓦解的种种乱象就给他们留下了更为深刻的印象。毕竟，天主教与东正教的争斗延续了几个世纪，最终的落败令末代拜占庭人陷入信仰危机和思想混乱，尚值得同情。然而，笼罩在末代帝国首都上空的那种是非不分、奖罚不明、小人当道，竞相比恶的气氛，以及希腊人自私自利、懦弱颓废的窝囊样更加剧了外国人对末代拜占庭人的"恶评"。个别的有识之士虽

---

① *The Siege of Constantinople 1453*：*Seven Contemporary Accounts*，pp.13，19，25.

② Doukas's *Decline and Fall of Byzantium to the Ottoman Turks*，XXXVIII，3-4，pp.207，208，209，210.

然救国心切,却没有机会发挥他们的能力,也找不到为国捐躯抛头颅洒热血的场合。在此背景下,末代拜占庭君臣成了外国人嘲笑的对象,揶揄的笑柄,申斥的恶徒。

莱奥纳多在信中毫不掩饰其对末代拜占庭皇帝这个帝国最高权势人物的轻蔑,他明确写到:"皇帝优柔寡断,对于那些拒不服从其命令的人从不进行惩处,也不杀了他们。这样一来,所有的人都随心所欲为所欲为,他们对皇帝阿谀奉承,以献媚安抚他的怒火,这是他们惯常的做法。这个老好人很容易就被其属下伺弄得服服帖帖,丑恶地被他们戏弄,还常常假装对那些正在做的坏事视而不见。"在民族灭亡近在咫尺的关头,这个皇帝既没有权威,也没有英雄气概和人格魅力,其臣民根本不尊敬和爱戴他,也不服从他的指挥。这种窝囊帝王和佞臣奸贼间的君臣关系令莱奥纳多倍感惊讶:"这个国家怎么这么多贪婪的背信弃义者!皇帝一而再再而三地恳求他们,却得不到他们一丝同情。①末代皇帝对于属下贵族的恶劣言行毫无作为,也拿不出任何像样的措施设法改变局面,而是听之任之,或者以泪洗面祈求这些刁民。这里反映出的不仅仅是民众的失败情绪,也更能折射出帝国统治阶层的无能。

事实诚如莱奥纳多所观察到的一样,末代帝国朝野上下、君臣百姓之中,根本找不到具有远见和洞察力的人才,更缺乏充满英雄气概的杰出领袖人物,大敌当前,仇寇压境,末代拜占庭人却浑浑噩噩、混吃等死。同为守城将士的斯弗兰齐斯也证实了莱奥纳多的看法,先是废都里那些上层人物千方百计阻止皇帝采取防御备战,后是普通民众的"仓惶逃亡",那个平庸到窝囊的皇帝听闻大量此类信息后,想不出任何应对之策,"没有采取任何行动阻止他们,而是陷入了深深的沉思"。②莱奥纳多注意到在平庸君王治下的末代帝国朝廷根本没有进行充分的备战,没有组织任何民众投入抵抗,因此便不无嘲讽地写到:拜占庭"人确实很友好,希腊人大部分都热爱和平",

---

① *The Siege of Constantinople 1453*: *Seven Contemporary Accounts*, pp.29,26.

② George Sphrantzes, *The Fall of the Byzantine Empire*, *A Chronicle by G. Sphrantzes*, *1401-1477*, pp.99,103.

他们虽然手握兵器，"但都是本能地挥舞着而没有任何技巧"。① 这里"本能"一词很有意思，说穿了就是指皇帝从未进行整军操练，他能够指挥的拜占庭人抵抗部队与平日里喜好舞刀弄棍的百姓没有什么区别。正因为如此，这场关系民族存亡之战的城防总指挥不是由拜占庭人来担任，而是由为金钱而战的雇佣军队长来担任。这从一个侧面证明了莱奥纳多对末代拜占庭人总体"负面"的判断是正确的。

　　莱奥纳多作为天主教的官员讨厌拜占庭人是可以理解的，其字里行间充满了对末代拜占庭人的贬斥之词。而他关于末代王朝官员无能和昏庸的记载比较真实地反映出末代帝国国家机器腐朽的状况。他就此写到："由于希腊人在他们从事的所有事情上都表现得愚蠢，那么人们也就不奇怪在这性命攸关的时刻，在其神圣皇帝从事……保护整个城市时，他必定成为一群强盗土匪们的牺牲品"，整军备战本应是"他们早在战争开始以前就事先看到"，"本应做好……但是他们天生的愚钝和办事拖拖拉拉使他们未能完成这些事情"。末代帝国官员平庸之辈充斥朝野，遇到问题便无计可施，他们和皇帝一样"稀里糊涂不知道该如何应对这样的局面"。当皇帝指示属下向城中市民征集金钱以应防卫急需时，这些官员竟然"建议他不要惹恼那些市民"。他接着写到，"由于缺乏组织管理，特别是那些邪恶的事情，使得我们的供给极端困难。"②极端糟糕的皇帝加上腐败透顶的官僚，这样的末代帝国及其君臣根本不可能赢得莱奥纳多的丝毫同情，更别说倾力救援了，难怪教宗只派了几百人来增援这场关键战役。在战役进行的紧要关头，无能且带有娘娘腔的"皇帝殿下开始痛苦地失声痛哭"。③

　　至于普通的拜占庭人，莱奥纳多也非常看不起，认为他们不仅自己无能，还嫉妒他人。在防守土耳其大军攻城期间，他们念念不忘的不是大敌当前团结抗敌，而是忧心忡忡于一己私利，"其他的希腊人也都对拉丁人充满

---

　　① 　*The Siege of Constantinople 1453*：*Seven Contemporary Accounts*，p.25.

　　② 　*The Siege of Constantinople 1453*：*Seven Contemporary Accounts*，pp.26，29，31.前引斯弗兰齐斯对比了攻守双方的情况后，惊叹土耳其人备战水平之高。George Sphrantzes，*The Fall of the Byzantine Empire*，*A Chronicle by G.Sphrantzes*，*1401-1477*，p.105.

　　③ 　Nicolo Barbaro，*Diary of the Siege of Constantinople*，*1453*，pp.32，45.

了焦虑,因为拯救这个城市的荣耀已经落到了拉丁人头上"。一些拜占庭人甚至认贼作父成为土耳其人的帮凶,莱氏愤愤不平地写到:"谁变成那些基督教的叛徒教会了土耳其人这些工作? 我敢担保亲眼所见,在土耳其人阵营中有希腊人……追随着土耳其人的信仰,为他们工作"。而困守在末日都城里的拜占庭人则完全不顾国家危亡,"当我严厉指责他们的错误,批评他们只是想到自己而没有想到整个基督教世界面临的危险时,他们回答说'如果我的家庭一无所有,那我怎么能去考虑打仗的事?'要争取他们回来守卫城墙需要花费最大的努力。"[1]末代拜占庭人如此堕落,外邦人有什么理由对他们出手相救? 莱奥纳多的信件充分地表达了所有外邦人对拜占庭人的鄙视和唾弃。

　　身处废都君士坦丁堡的莱奥纳多深入细致地观察了末代拜占庭人的举止行为,对这个国家丧失了任何信心。某些后世论者想当然地认为,末代皇帝是个治国能手,说他"魅力不凡,勇气十足,并且对拜占庭漫长光辉的历史烂熟于心,下定决心要挽救帝国的悲剧命运"。"君士坦丁十一世是最精明强干和值得信赖的……果断坚定、勇敢无畏,非常爱国……一生都在不懈努力去挽救摇摇欲坠的帝国"。[2] 这种浪漫的推测与莱奥纳多的近距离观察和记载不符。后者分明告诉我们,末代拜占庭人平庸无能、优柔寡断、意志脆弱、自私自利,而他们的皇帝恰好是末代帝国的象征。这样的帝国确实无法呼唤来欧洲基督教兄弟们的援助了。

　　末代拜占庭人既缺乏理想又缺乏能力,帝国各个阶层均无心抗战,内讧不断,君臣上下坐以待毙,普通民众则上行下效,毫无斗志,除了期盼得救的"神迹"外,无所事事。莱奥纳多注意到这个时期的拜占庭人毫无信誉、道德堕落,即便国家灭亡在即,仍然坑蒙拐骗、相互欺诈,从而在个体表现方面充分地反映出末代拜占庭人的劣根性,与气数已尽的老迈帝国非常相配。这种状况显然是由于末代帝国长达200多年的持续衰落造成的,社会精英和普通百姓对自己国家的前途失去了希望,面临兵力压倒守军数十倍的土

---

　　[1]　*The Siege of Constantinople 1453*;*Seven Contemporary Accounts*,pp.30,16,29.
　　[2]　布朗沃思著:《拜占庭帝国:拯救西方文明的东罗马千年史》,第324页;罗杰·克劳利著,陆大鹏译:《1453:君士坦丁堡之战》,社会科学文献出版社2014年版,第76页。

耳其大军,完全陷入绝望,他们民心涣散萎靡不振,听凭灭亡命运的主宰。这些都进一步导致外国人更轻视拜占庭人。

莱奥纳多在信中谈到拜占庭人的狡诈和胆怯,"我们不止一次地发现希腊人胆战心惊,离开他们的战斗岗位,借口其家庭需要照料,农田和果园要修整,或者找其他借口。有些人甚至表面上看老实可靠,声称他们的家里有事需要处理,另一些人指责他们根本没有事要处理"。直到土耳其军队发动总攻的前一天,在皇帝的一再恳求下,"那些直到这个时候还胆怯地退出战斗的希腊人,此时……才将自己的私人事情放置一边,立即一起加入到迎接即将到来的战斗的准备工作,因为他们的安危决定于这次战争"。他还抱怨说,"这些希腊士兵和劳工很少关心公共福祉,他们极端自私,甚至拒绝去(城防)干活,除非他们首先拿到工钱"。据说,他们竟然私吞配给的面包,"藏匿食物,或者借机高价出售食品"。①

莱奥纳多让我们看到的不是守军的信心和斗志,而是末代拜占庭人的心理大崩溃,他们疲惫不堪,惊恐万状,痛苦绝望,慌乱无措,毫无斗志,城破为奴只是早晚的事。莱奥纳多见证了末代拜占庭人中弥漫的恐慌情绪,"由于我们预料土耳其人将在不远的将来发动进攻,我们都在希望和绝望之间徘徊,惶惶不可终日"。"我们这一方的一些人开始丧失信心,因为再不会有援助到来了……也没有其他来源会提供任何援助了,只剩下上帝的援手"。"我们感到非常害怕……处于极大的恐惧中……我们只能将自己的慰藉托付于上帝了,继续在内心的绝望中度日如年痛苦挣扎,不断举行虔诚的仪式,向上帝崇拜、连祷、供奉、焚香、祈祷……以便使我主上帝将胜利赋予我们一方"。②

根据莱奥纳多的信件,可知外国人普遍认为,丧失了伦理道德的末代拜占庭人相互敌视,互相怀疑,争执不断,毒化了团结抗敌的战场氛围。守军中的希腊人拒不服从调遣,拒绝从大局考虑将武器集中调配给防守核心区域的意大利雇佣军,因为拜占庭人根本就不信任拉丁人。拜占庭守军内部

---

① *The Siege of Constantinople 1453*: *Seven Contemporary Accounts*, p.28.

② *The Siege of Constantinople 1453*: *Seven Contemporary Accounts*, p.13.

"总是产生出分歧意见、冲突争执,甚至出现骚乱……相互较量、争吵,互相保持着戒备,互相监视"。① "其他的希腊人也都对拉丁人充满疑虑"。② 最令这些外国人不能容忍的是,末代拜占庭人在即将亡国灭种的时候,还在内讧。皇帝本来就缺乏凝聚民心的感召力和个人魅力,而末代拜占庭人的"不忠不义"更加剧了末代帝国一盘散沙式的瓦解。连作为拜占庭贵族的斯弗兰齐斯都看不下去了,因为在防御战的关键时刻,末代的拜占庭人或者逃离废都,或者擅离职守,"一些……贵族和城里的居民带着他们的金银细软仓惶逃亡",而一时无法逃走的希腊人也大多以种种借口逃离前线,连懦弱的皇帝都忍无可忍,"当场严厉批评了这些部队的将领"。③ 然而,既无理想信念又无道德约束的末代拜占庭人早已斗志全无,最后的结局只能是兵败如山倒。④ 在这样的国际环境中,拜占庭人难以获得外邦人的同情与支持就是顺理成章的了。

可见,当时的外国人对末代拜占庭人十分反感和厌恶,对末代帝国失去了信心和耐心。莱奥纳多为代表的这些欧洲人对末代帝国的近距离观察为我们提供了君士坦丁堡战役现场的生动场景,以及末代拜占庭人的丑态。这样的末代拜占庭人自然得不到外国人的同情。然而需要指出的是,当时是否还有外邦人抱有对拜占庭人的好感? 这个问题至今尚未得到史料的明确证明,至少后世人高度赞扬的末代皇帝及其臣民英勇无畏的说法几乎全部依据拜占庭人自己的记载。我们虽然不能仅凭莱奥纳多等拉丁人留下的"一面之词"来判定末代拜占庭帝国所面临的"国际舆论",但也不能根据末

① George Sphrantzes, *The Fall of the Byzantine Empire, A Chronicle by G. Sphrantzes, 1401-1477*, pp.118,115.

② *The Siege of Constantinople 1453: Seven Contemporary Accounts*, p.30.

③ George Sphrantzes, *The Fall of the Byzantine Empire, A Chronicle by G. Sphrantzes, 1401-1477*, pp.103,114.

④ 希腊史家劳尼库斯·查尔克康迪拉斯生动地描述了守军发生大溃退的场面,"许多希腊人立即向港湾方向逃跑,朝着威尼斯和热那亚船只上拥挤……大批人混乱地涌上小船,当小船沉没时他们也都淹死了……其他希腊人有些在城里四处乱窜……希腊人的领袖们和那些尚在伯罗奔尼撒半岛的人都被这场灾难吓坏了,纷纷出海逃难"。有一种说法,末代皇帝也是死于大溃逃时的踩踏事件。*The Siege of Constantinople 1453: Seven Contemporary Accounts*, pp.50,51,53.

代拜占庭作家自我肯定式的褒奖描述来"大胆"推测，进而得出其"英勇无畏"的结论。

八、末代皇帝

有关拜占庭帝国末代皇帝君士坦丁十一世的传说一直是当时人和后世人绕不开的话题，几乎所有拜占庭史作品都或多或少谈到这个皇帝的末日，似乎这成了精彩的拜占庭历史最完美的句号。但人们在涉及末代皇帝的传说时多有差异，出现了多种迥然不同的说法，有的说这个皇帝"英勇战死"在城头，也有的说他城破之际"仓惶逃亡"，甚至"上吊自杀"，还有的说他"不知所踪"。现代拜占庭史作品中对这个问题涉及最详细的是英国当代拜占庭学专家尼克，他在其著名的《永恒的皇帝》中梳理了有关这个皇帝的所有历史文献，逐一分析了这些史料的价值及其可信度，正如人们评价的那样，此书"现在成为权威的传记，取代了一个世纪前塞尔维亚外交官君士坦丁·米贾托维奇所写的那本外行但刻意政治化的作品（《君士坦丁，希腊人最后的皇帝》，1892 年）"。① 虽然尼克分析详尽，但他显然倾向于"英勇战死"说，这从他大段引证的史料都是末代皇帝正面的描述就可以看出，有关其负面的描写只是提及而已。事实上，关于末代皇帝的最后时刻，目前尚未找到目击者的记载，所有的第一手信息都来自传闻，都需要我们认真加以分析，以便得出客观的结论。②

---

① W.E.Kaegi," Review", *The American Historical Review*, Vol.98, No.4 (Oct., 1993), p. 1223.他的作品中有章节涉及这个问题。D.M.Nicol, *The Last Centuries of Byzantium*, Cambridge：Cambridge University Press, 1993.另见 Donald M.Nicol, *The Immortal Emperor：The Life and Legend of Constantine Palaiologos*, *Last Emperor of the Romans*, Cambridge：Cambridge University Press, 1992.著名学者巴科尔十分赞赏尼克这本传记，称"尼克这位多产而老到的学者，可能是英国拜占庭学传统写作最杰出的贡献者，以前是仁西曼引领这个传统，即意味着坚实可靠的大量文献考据和典雅老到非常可读的英国散文风格写作"。John W.Barker," Review", *Speculum*, vol.69, no.3(Jul., 1994), pp.853–854.

② 陈志强：《拜占庭帝国末代皇帝的最后传说》，《史学集刊》2014 年第 2 期，第 86—91 页。

最常见的说法是:拜占庭帝国末代皇帝君士坦丁十一世为了保卫帝国首都君士坦丁堡,不畏土耳其苏丹数十万大军攻击,英勇奋战在城头,最终战死,为帝国捐躯,捍卫了皇帝的荣誉。但我们细查此役幸存者的记载发现,文献提供的信息多种多样,"英勇战死"说大多出于当时人和后人的"合理"推测和"生动"想象,实在不足为凭。

末代皇帝"英勇战死"的说法见诸于大多数后世拜占庭史。例如约翰·弗瑞利就描写到:苏丹穆罕默德二世发动总攻那天战斗异常激烈,天色渐渐放亮,"这时,人群看到晨星和弯月旗帜在科尔克城门塔楼上飘扬,于是大叫城市失守了,消息传播开来,当守军退却时土耳其人开始涌入城墙。君士坦丁极力阻止逃亡的人流,最后看到他时,他还坚守在穆鲁斯·巴察图流斯的据点上,与其忠实的将领达尔马提亚人约翰并肩英勇地搏杀着。皇帝的尸体后来再也没有被认出来,有传言说他被一些忠诚的希腊人悄悄地埋葬在现今称为维发广场的一个教堂里了"。[1] 这里,末代皇帝英雄的形象不言自明,因为他始终坚守指挥者的岗位,"英勇地搏杀"直至战死。但是,我们在诺维奇的描述中看到了另一种表述,他写到,"几乎可以肯定,就是他们(bashi-bazouks 部队)而不是加尼沙里第一个冲入城市。然而,此时土耳其人所有部队都通过破损的缺口冲入城市,君士坦丁抛掉了其皇帝的徽章,投身加入到搏杀最为激烈的人群。此后人们再也没有看到过他"。[2] 这里的一个细节值得注意,他"抛掉了其皇帝的徽章",也就是那个镀金的双头鹰徽章。他为什么这样做,是担心自己的皇帝身份被土耳其人识别出来,还是因为帝国已亡他的皇帝身份没有必要再保持下去了? 这个行为是胆怯懦弱还是勇敢无畏? 作者接着给出的描述似乎是在肯定后者,因为他最终"投身到搏杀最为激烈的人群"中去了。

特里高德也含蓄地写到君士坦丁十一世"战斗到死","5 月 29 日天亮以前,苏丹下令总攻。这时土耳其人最大的加农炮已经严重损毁了布拉赫奈城区南边一点的城防工事。护城河也被碎石瓦砾填满了,内墙和外墙都

---

① John Freely, *Istanbul, the Imperial City*, London: Penguin Books 1996, p.176.

② John Julius Norwich, *A Short History of Byzantium*, New York: A Division of Random House, Inc., 1999, p.380.

部分地坍塌了。穆罕默德于是派出三波部队冲击城防最薄弱之处,但是他们遭到了严重的伤亡而未能冲入城市。这时他们重伤了热那亚指挥乔万尼。当他被抬下城墙时,其部队开始逃亡,土耳其人从附近的城门冲入城市。当敌人涌入城市,大部分意大利人都逃往他们的舰船,但是几乎所有的拜占庭将士都战斗到死,皇帝君士坦丁就在他们中间。"①这里,作者还加上了一句注释性的解释,"由于君士坦丁穿着普通士兵的甲胄,不同版本的故事都讲到了他的尸体如何被辨认或者没有得到辨认,但是他在战斗中阵亡是没有太多争议的"。作者在此没有说明何以皇帝穿着普通士兵的甲胄,之所以产生疑问是因为皇帝的铠甲都装饰着特殊的皇帝徽章,他特地脱去皇帝的铠甲换上了普通士兵的甲胄是担心被人认出身份吗?奥斯特洛格尔斯基的描述增加了这位皇帝最后时刻"战死"的心理活动,"在这决定性的关头,与皇帝并肩作战的贵斯亭尼安尼不幸受了重伤,被迫撤出战斗。这个损失造成了守城一方阵脚大乱,加速了土耳其军队的突破。首都不久就落入土耳其人之手,君士坦丁十一世战至最后,如其所愿,在战斗中被杀阵亡"。② 这种心理活动可以解释为"与城市共存亡"的豪迈情怀,也可以解释为"不想活着落入土耳其人之手"的无奈追求。著名的瓦西列夫也清楚无误地肯定了末代皇帝"英勇战死",并且是"英雄般"的阵亡,"城墙缺口越来越多失守。皇帝像个普通战士一样英雄般地搏杀,并倒在了战场上"。③布莱赫尔的描写虽然并不详细,但是"英勇战死"的定性却非常清楚,"这时乔万尼胸部受伤,从持续搏杀的战场撤出,这里在他撤走后战斗更加激烈。被围困的战士仍坚守着阵地,这时他们突然看到苏丹的旗帜在城楼上飘扬,土耳其人成功地突入科尔克城门,这个地点距离提奥多西城墙与伊拉克略城墙结合处的亚得里亚城门不远,圣罗曼努斯城门的战斗继续进行着,守军的指挥就是皇帝,但是他们遭到来自背后的冲击,显然被土耳其军队的人流压倒淹没了。就在太阳升起的那一刻,缺口被横扫。也就是在这一刻,君士坦丁十一世与两三个忠实的随从被冲入混战搏杀的人群,攻击部队强大的

---

① Warren Treadgold, *A History of the Byzantine State and Society*, p.800.

② 奥斯特洛格尔斯基著,陈志强译:《拜占庭帝国》,第470页。

③ A.A.Vasiliev, *History of the Byzantine Empire, 324-1453*, II, p.652.

力量压垮了他,在这里他光荣地战死,以适合于拜占庭帝国末代皇帝的方式阵亡。"①作者在描述中不仅说末代皇帝最终"光荣地战死",而且其行动"适合于拜占庭末代皇帝的方式"。

上述这些后世作家的描写并非完全出自他们各自的想象,而是有其原始材料的依据,即此役的亲历者的记载。正是这些所谓的"目击"证词给"英勇战死"说提供了史料证据。但是,我们仔细考察这些史料就会发现,它们的描述并不一样。斯弗兰齐斯这样记载:"当我们不幸的主人皇帝看到发生的一切,便满脸泪水地祈祷上帝,鼓舞战士们勇敢战斗。已经没有援救的希望了。他猛踢坐骑,冲向土耳其人大批涌入的地点。他英勇战斗如同参孙大战菲利斯丁人一样。在他第一次攻击下,他从城墙上推下了邪恶的敌人。对于旁观者而言,这真是令人惊讶神奇的场面:他咆哮着如同雄狮,用右手挥舞出鞘的长剑,他杀死了许多敌人,这时鲜血从他的臂膀和腿上流淌下来。"②这里说他骑在马上,挥舞长剑,生动地再造了古代英雄帝王的形象。斯弗兰齐斯这样写是可以理解的,因为作为皇帝的亲随和助手,他要为末代皇帝保留一个美好的名声。另一位拜占庭作家杜卡斯也力图使末代皇帝的形象更丰满更真实,"皇帝绝望而无助地持剑而立,拿着盾牌,尖声高叫'这里还有基督徒来砍下我的头颅吗?'他被遗弃了,孤独无助。这时一个土耳其人冲过来砍伤了他,他也反手给了这个土耳其人一击。第二个土耳其人从背后给了他致命的一击,皇帝倒在了地上。他们像杀死普通士兵一样杀死了他,并离他而去,因为他们并不知道他就是皇帝。"③他笔下的末代皇帝缺少了古典英雄帝王的形象,而是从马上站到了地上,手中的宝剑不再挥向敌人,而是"持剑而立",他最后的阵亡和普通的将士没有什么区别,这样的描写似乎更接近真实情况。还有一个希腊作家劳尼库斯也正面描写了末代皇帝的"英勇无畏","皇帝返回到坎塔库震努斯(Cantacuzenus)及其周围的一小群将士中,说道'那么让我们无论如何进攻

---

① Louis Brehier, *The Life and Death of Byzantium*, p.370.

② George Sphrantzes, *The Fall of the Byzantine Empire*, *A Chronicle by G. Sphrantzes*, *1401–1477*, p.128.

③ Doukas's *Decline and Fall of Byzantium to the Ottoman Turks*, XXXVIII, 13, p.224.

这些野蛮人吧'。英勇的坎塔库震努斯被杀死,皇帝君士坦丁被击退,直到他被迫后撤,并肩部受伤,伤重身亡。"①显然,这位作者认为末代皇帝的最后时刻是在英勇搏杀敌人。

这里,读者需要注意的是,在这些记载中,我们几乎找不到非希腊人的作品。对末代皇帝正面描述的原始记载主要出自拜占庭作家,他们对自己皇帝的赞赏可以理解,对于亡国之君的褒奖也情有可原。先说斯弗兰齐斯,他可是皇帝君士坦丁十一世的亲信,不仅与末代皇族有多重亲戚关系,而且还长期担任朝廷高官,服侍三任皇帝。在君士坦丁堡保卫战的最后日子里他成为皇帝最信任的人之一,参与指挥全城防务。特别重要的是,他在围城战期间受皇帝委托处理重大事务。他对末代皇帝的忠心是不容置疑的,其留下的文字和相关信息百般呵护皇帝也是可以理解的,但他因其他任务最后也离开了皇帝。再来看杜卡斯,他也是拜占庭作家,与皇族有远亲关系,皇帝推行教会合并计划的坚定支持者,与彻底执行亲西方路线的末代皇帝关系密切。作为皇帝的心腹,他撰写的《拜占庭史》当然偏向皇帝,我们没有理由怀疑他对末代皇帝的赞扬,但根据其他记载也充分了解他并非末代皇帝最后时刻传说的目击证人。最后说说希腊史家劳尼库斯·查尔克康迪拉斯,他并非君士坦丁堡战役的参与者,没有亲历现场,也不是皇帝最后时刻的见证人。正是这些拜占庭作家塑造了末代皇帝的英雄形象,其用意不仅在于怀念已经逝去的帝国和末代皇帝,而且在于保留一份中古帝国的传统和希腊人的自豪,以便为后代复兴民族文化提供根据。在他们的记载中,我们自然找不到对希腊人和末代皇帝的贬低之词,但他们均非目击证人,其记载为后世研究者的一种说法提供了史料依据就不能不受到怀疑了。

有关君士坦丁堡战役的原始材料除了拜占庭幸存者的记载,还主要来自拉丁幸存者的叙述。根据多种文献证明,此次战役中守军主力来自意大利的热那亚、威尼斯、佛罗伦萨等城市共和国的雇佣军和罗马教宗的增援部队,他们英勇奋战在城头的原因很复杂,他们关于末代皇帝的说法与上述拜占庭人的说法完全不同。

---

① *The Siege of Constantinople 1453：Seven Contemporary Accounts*，p.50.

　　"仓惶逃亡说"和"上吊自杀说"大多出自西欧的一些著名史家,而他们的描述又为其他后世作家提供了某些依据。吉本在描写末代皇帝时写道:"在绝望中经过审慎思量,君士坦丁脱掉了其皇帝的紫袍,在乱军中,被一个不知名的人杀死,他的尸体被埋在堆积如山的死尸下"。① 吉本说他脱掉了皇袍是不是意味着他在设法逃跑呢? 毕竟战败的将军脱去军装换上普通士兵的衣服而逃脱的案例史不绝书。仁西曼的描写更为详细:"当皇帝正在安抚乔万尼时,他被告知土耳其人通过科尔克城门进入了城市。他立即跳上马,但他来的太迟了。恐慌情绪在那里的一些热那亚人中蔓延。在混乱中城门是无法关闭的。土耳其人涌向这里,伯西阿德将士们此时所剩无几无法击退他们。君士坦丁调转马匹,急速冲向里库斯谷地和外墙缺口。和他在一起的有勇敢的斯潘尼阿德(Spaniard),他声称自己是皇帝的表弟,还有托莱多人弗朗西斯科(Don Francisco of Toledo)、皇帝的表兄塞奥非鲁斯(Theophilus Palaeologus)和忠诚的武士约翰·达尔马塔(John Dalmata)。他们一起重整希腊人,但毫无用处,追杀者人数太多了。他们下马,四个人几分钟便接近了乔万尼被抬走的那个城门。但是此时城防工事被突破。城门拥挤着基督教将士的人群,他们都设法逃命,同时追击他们的加尼沙里士兵也越来越多。塞奥非鲁斯高喊说他宁可战死也不愿活命,而后便消失在越积越多的人群中。君士坦丁本人此时也清楚帝国完蛋了,他再也不抱拯救它的希望了。于是他抛弃了他的皇帝徽章,与还在他身边的弗朗西斯科和约翰·达尔马塔一起跟随塞奥非鲁斯而去。人们再也没有看到过他。"② 这两位作家的描述非常明显地褪去了末代皇帝英雄主义的色彩,他既没有

---

① Edward Gibbon, *The History of the Decline and Fall of the Roman Empire*, VII, p.322.

② 他解释说,"我的这段描述根据多种资料:首先是目击者的 Phrantzes, op. cit, pp. 280-7;Barbaro, op.cit, pp.51-7;Leonard of Chios, coll.940-1;Tetaldi, coll.1822-3;Pusculus, op. cit,pp.80-1;Montaldo,op.cit,pp.335-8;Richerio,La Presa di Constantinopoli, in Sansovino, Dell' Historia Universale,II,pp.64-6;'The Polish Janissary', pp.132-4.Critobulus, op.cit, pp.67-71 和 Ducas,op.cit.XXXIX,pp.351-61,后者肯定引自幸存目击者的描述。土耳其的史料都非常简单,浓缩在 Saad ed-Din, pp.21-28 中,而 Chalcocondylas, op. cit, pp.354-6 没有任何新意。Slavic Chronicle,pp.124-125 只是增加了搏杀的混乱描述。杜卡斯的细节得到了 Saad ed-Din 的证实而已。1453 年 5 月 29 日这一天是历史的转折点。它标志着旧故事也就是拜占庭文明的历史终结"。S.Runceman,*The Fall of Constantinople,1453*, pp.139-140.

英勇杀敌的举止，也没有战死阵亡的情结了。我们从"脱掉紫袍"、"丧失希望"、"随着逃亡人流而去"等描写中，分明看到了一个大难临头时仓惶逃命的形象。

他们写作的主要史料根据或许来自几个拉丁幸存者的记载。首先是佛罗伦萨人特达尔迪，他的记载虽短，但提到了末代皇帝最后的下场，"皇帝君士坦丁被杀。有些人说，他的头颅被砍掉，另有人说他在城门里被压死了；两种说法都非常真实。"①此处所说"在城门里被压死"就是指城破之际守军大溃逃时，从防御战的外墙向内墙溃逃时拥挤到城门里而发生的踩踏事件。对于这个情节，莱奥纳多记载得更为详细。"很多守军在此之后都被杀死，他们都极力涌向（内墙）城门逃命。皇帝也被卷入这些人流，摔倒了又爬起来，而后又摔倒，就是在这股人流中，他们国家的统治者丧了命。就是在这个地方，我方大约有 800 人被杀害，在城门附近一个摞着一个。"②从他们的叙述中，人们了解到末代皇帝在最后时刻的仓惶逃窜不幸遇难。还有一个传闻说末代皇帝逃出了废都，15 世纪末一位亚美尼亚修士写作"君士坦丁堡陷落的挽歌"，其中提到君士坦丁皇帝是乘坐法兰克人的船只逃跑了，"当皇帝看到土耳其人冲入城门，他在战斗中孤苦伶仃毫无援助，便决定退却，因为上帝的愤怒惩罚着他。一个来自法兰克民族的船主接待了他和他随从的贵族上船，他们逃往到大海上去了"。③ 这个来自君士坦丁堡战役之后半个多世纪作家的传说未必可信，但它似乎在印证着上面两位幸存者的说法。

与这种说法几乎同样有损末代皇帝形象的"上吊自杀"说主要来自威尼斯人巴尔巴洛，他是这样记载的："没有任何人听到皇帝的消息，他干了些什么？或者他是死是活？但是有些人说，他的尸体被发现在尸体堆中，有人说他在土耳其人攻破圣罗曼努斯城门之际上吊身亡"。为了解释他的这

---

① *The Siege of Constantinople 1453 : Seven Contemporary Accounts*, p.8.

② *The Siege of Constantinople 1453 : Seven Contemporary Accounts*, p.37.

③ N.Polites, *Proverbs and Traditions of the Greek People*, Athens, 1904, 2 : 660. 有人推测这个东正教修道士之所以极力诋毁末代皇帝源于对他的仇视，在正统的东正教史叙事中，君士坦丁十一世一直因为其以牺牲东正教信仰换取罗马教廷军事援助的政策而被认为是东正教的叛徒和异端。

种说法,他在正文描述坊间传闻皇帝自杀的说法后,又加了一段注释,说"皇帝祈求其朝臣杀了自己,而后发疯一般抓起他的宝剑冲出去拼杀,倒下去,又站起来,而后再次倒下去,就这样死去了"。① 从这段文字中,我们看不出皇帝是个"英勇杀敌"的英雄,反而是个变相"找死"的自杀者。

还是让我们看一看这些幸存的拉丁人的情况。加科莫·特达尔迪是个佛罗伦萨商人,对拜占庭皇帝并无好感。莱奥纳多则是天主教迈提莱内的主教,因为希腊—罗马教会合遭到拜占庭民众反对而厌恶他们,自然不会为皇帝说好话,而是指责他们口是心非不遵守两大教会合并协议,因此遭到上帝惩罚。尼科洛·巴尔巴洛这个威尼斯外科医生,在其日记字里行间透露出他对拜占庭人的厌恶,他也不会赞扬末代皇帝。他们无一例外地嘲讽揶揄末代皇帝,还说这个皇帝是个毫无主见的人,不仅赏罚不清,任何时候都"稀里糊涂不知如何是好",而且动辄便"绝望痛哭",毫无"男人气"。显然,衰亡中的拜占庭帝国早就遭到了周围民族的鄙视,正在兴起并取代希腊人称霸地中海的意大利商业城市共和国也把这个衰老的帝国当成了任人宰割的羔羊,拉丁作家在其作品中自觉或者不自觉地蔑视希腊人就是自然而然的事情了。只不过,他们杜撰出来的"仓惶出逃说"和"上吊自杀说"与"英勇战死说"一样,都不是目击者的记载,同样不可全信。

事实上,根据现有君士坦丁堡战役幸存者记载看,没有任何活着的人看到过末代皇帝在最后时刻的表现,他的四个贴身护卫,即斯潘尼阿德、托莱多人弗朗西斯科、塞奥非鲁斯和约翰·达尔马塔非死即亡,没有一个幸存下来,而其最亲信的近臣斯弗兰齐斯"在那一刻也没有与我的主人皇帝在一起,而是根据他的命令去城市的其他部分巡视了"。② 前引劳尼库斯在推测末代皇帝的英雄壮举后也承认"不知所踪说",因为没有人清楚这位皇帝的情况,他这样写道:"当时,有个加尼沙里带着希腊人皇帝的头颅来见苏丹,他得到了礼物奖赏,被委任为一个省区的长官之职。但是没有任何加尼沙里将士能够说清楚皇帝是以什么方式遭遇死亡的。他死在了其许多人马所

---

① Nicolo Barbaro, *Diary of the Siege of Constantinople*, 1453, pp.67-68.

② George Sphrantzes, *The Fall of the Byzantine Empire*, *A Chronicle by G. Sphrantzes*, *1401-1477*, p.129.

在的城门处,如同所有普通人一样"。① 因此,无论"仓惶出逃说"还是"上吊自杀说"或"英勇战死说",都不是真正的第一手记载,而是各有写作目的的杜撰。笔者认为,最合理的描述应该是"不知所踪说"。

这样的说法也见诸个别史书,如吉本就模糊处理了末代皇帝的传说,"在人流中,皇帝履行了作为将军和战士的全部使命,有人还一度长时间看见了他,但最终消失了。那些贴身护卫他的贵族都战斗到了最后一息,捍卫了帕列奥列格家族和坎塔库振努斯家族的荣誉"。②《牛津拜占庭史》涉及这个话题时更是含糊其词,"随着君士坦丁十一世在那个悲哀日子的阵亡和穆罕默德胜利进入圣索菲亚教堂——以后它成为君士坦丁堡最大的清真寺,拜占庭国家的核心区就永远被消除了。此后米斯特拉于 1460 年和特拉布宗于 1461 年被攻陷都只不过是余震。然而,穆罕默德的胜利并没有摧毁一种文化、一种信仰,或一个民族。拜占庭生活的基本节奏仍将在奥斯曼秩序的框架之内和以外继续保持"。③ 瓦西列夫在给出了末代皇帝"英勇战死"的描述后,自感心虚,加上了一句比较客观的说明,"关于拜占庭末代皇帝的阵亡没有任何准确的信息;由于这个原因,他的死成为传说的主题,这些传说掩盖着历史的真相"。④ 对此话题意见表达最明确的是巴尔图斯,他写道:"至于君士坦丁十一世,虽然有许多关于这个末代皇帝的传说在流传,但是没有任何目击者报道他的下场。他的尸体也从来没有被找到。人们不应过高估计他的品性以接受他阵亡的普遍说法,即手持利剑,像一个普通战士一样搏杀在他曾经统治的这个城市的城墙上"。⑤

笔者认为,在没有找到新证据的情况下,后世研究者不应完全听信上述各位战役幸存者但非目击者的记述,与其采取"英勇战死说"、"仓惶出逃说"或"上吊自杀说"等带有偏见的描述,不如采用更为客观中性的"不知所踪说",从而保持深入探讨拜占庭帝国灭亡原因的兴趣。

---

① *The Siege of Constantinople 1453: Seven Contemporary Accounts*, p.52.

② Edward Gibbon, *The History of the Decline and Fall of the Roman Empire*, VII, p.322.

③ C. Mango, ed., *The Oxford History of Byzantium*, p.283.

④ A. A. Vasiliev, *History of the Byzantine Empire, 324−1453*, II, p.652.

⑤ M. C. Bartusis, *The Late Byzantine Army, Arms and Society, 1204−1453*, p.134.

第三章　研究路径的新探索

一、文化特征的反思

关于文明与文化的概念，学者们给出了很多定义，虽说法不同，但大体相近。笔者以为无需刻意强调两者的区别，故而提出拜占庭文化是拜占庭人生存方式的结晶，是其精神财富和物质财富的总合。拜占庭文化以其丰富的内容、鲜明的特点和完整的体系独步欧洲和地中海世界，在该地区文化发展过程中发挥了极为重要且深远的作用。①

拜占庭文化最突出的特征是其继承传统的地中海文明，即在地中海（特别是东地中海）地区直接继承了古典时代希腊罗马文化遗产，在拜占庭帝国特殊的环境中，兼收并蓄早期基督教和古代东方诸文化，形成了独特的文化体系。

常言道："一方水土养一方人"，拜占庭人生存的环境赋予其文化以鲜明的特征。拜占庭文化的地中海海洋性是非常突出的。人们从地图上就不难发现，拜占庭帝国核心区集中在从黑海经马尔马拉海和爱琴海至东地中海一线，在这条纵贯南北的"海洋轴线"上，该帝国的千年都城君士坦丁堡恰好坐落在这条轴线的中央部位。这种地图上的巧合准确反映出拜占庭帝

---

① 关于拜占庭文化的历史地位问题，笔者曾与徐家玲合作做过探讨，见《试论拜占庭文化在中世纪欧洲和东地中海文化发展中的地位和作用》，《历史教学》1986 年第 8 期，第 28—34 页。类似问题的探讨后来一直不断，见陈志强：《独特的拜占庭文明》，中国青年出版社1999 年版；陈志强：《盛世余晖：拜占庭文明探秘》，云南人民出版社 2001 年版；徐家玲：《拜占庭文明》，人民出版社 2006 年版。

国继承古典文明海洋性的特征。根据现代学者测算,拜占庭帝国领土的任何地方基本上处于不远离海洋 500 公里的地区。

海洋是拜占庭帝国的生命线。拜占庭帝国首都及其腹地,特别是其都城以海洋为依托。海洋成为这个千年帝国的安全屏障;海洋也是它的物资供给通道;海洋贸易更是该文明的重要财政来源。拜占庭文明虽然具有农耕性质,但作为拜占庭文明中心区和区域经济中心的财政则主要依赖海洋航路上活跃的过境贸易(黎凡特贸易)。拜占庭大中城市几乎全部建立在沿海地带,海上商贸带来的巨大利益支撑着活跃的城市文化生活。自君士坦丁大帝于 330 年启用"新罗马"之后的一千年,拜占庭帝国社会的精英阶层和城市文化都是依海而兴。一旦帝国丧失了海上贸易优势地位和海上霸权,便陷入衰落,当海上物质供给线被切断时,帝国的灭亡之日便到来了,因为拜占庭文明存在的物质基础不存在了。

地中海长期成为古代多种文明集中活动的舞台,也为拜占庭文化继承古典文化创造了良好的人文环境。拜占庭人不仅传承了古典的希腊罗马文化所具有的海洋性特征,将罗马帝国治理下的东西走向的地中海"海洋中轴线"转变为南北走向中轴线,而且继承了古希腊人的语言文学和思辨智慧,将其转变为基督教神学思辨;继承了古罗马人的政治哲学和法律制度,将其转变为皇帝专制集权国家的工具;拜占庭人还坚持了普通百姓中流行的地中海生活习俗,热爱海洋、亲近海洋、拥抱海洋,这与阿尔卑斯山脉以北的欧洲大陆文明和风俗习惯形成明显对照,也与视海洋为"仙界""险境"的大陆文明不同。正是在拜占庭帝国所在的地区存在着许多古代历史上文化昌盛的城市中心,古希腊文明遗址自不必说,罗马文明更是拜占庭人始终引以为荣的"前辈"。正是由于拜占庭文明对古典文明的继承才使得它能够在上千年时间里在欧洲地中海世界保持其领先的优势地位。

地中海世界还是基督教萌发和快速崛起的平台。基督教是从君士坦丁大帝推行"基督教化"政策以后迅速发展的,它随基督教教会经济政治实力增强、势力扩张而兴起。而基督教在其最初发展的几百年间即以地中海盆地为舞台,早期的"五大教区"中心即亚历山大、安条克、罗马、耶路撒冷、君士坦丁堡全部为沿海城市,其中 4 个在东部。① 在这里出现了大量基督教文史著作和圣徒传记,神学论文和传教演讲作品也在该地区宗教争论中成批涌现,充斥拜占庭大小图书馆,各教堂和修道院的藏书量迅猛增加,借阅的信众十分踊跃。可以说,拜占庭文化兼收并蓄古代西亚文化营养的主要成分就是基督教信仰,它通过文史哲作品接受了东方神秘主义文化思想和审美原则,形成了拜占庭帝国官方支持的信仰体系。② 东方神秘主义的影响一直持续到拜占庭帝国末期,其重要原因在于这种思想能够满足拜占庭人在动荡环境中的精神生活需求,使早期拜占庭文化与基督教思想紧密结合。圣像造型艺术在拜占庭帝国的长足发展反映了神秘主义艺术的强大影响,拜占庭人从关注自然景物向追求"通神"艺术转化,他们摒弃绘画雕刻中的真实感和构图和谐的平衡感,主张"通神而忘形",实现对上帝的追求。③

拜占庭文化在其发展的整个过程中,均表现出强烈的尚古倾向。早在君士坦丁一世下令在古城拜占庭兴建"新罗马",并从希腊和亚平宁半岛收集大量古代艺术杰作装饰首都时,拜占庭人即表现出对古典文化的爱好。该城无论从整体规划、具体建筑样式,还是内外装修、建筑材料都模仿古典希腊罗马建筑。④ 古典建筑中流行的大理石屋面、阳台和柱廊使整个城市建筑群显得格外典雅庄重,使人很容易联想起古代名城雅典和罗马。最豪华的建筑群大皇宫是由几个比邻的独立宫院、各式大殿、宫室花园和柱廊组成的,它几乎就是古罗马城的翻版。根据史家统计,在城区内集中了大量优美的古典建筑,除了大皇宫外,还有元老院议事大厦、豪华的公共浴池、大赛

① 于可:《世界三大宗教及其流派》,湖南人民出版社 2005 年版,第 28—32 页;罗竹风主编:《宗教通史简编》,华东师范大学出版社 1991 年版,第 319—320 页;陈钦庄:《基督教简史》,人民出版社 2004 年版,第 98 页;麦克曼勒斯主编,张景龙等译:《牛津基督教史》,贵州人民出版社 1995 年版,第 74—75 页。

② 最能够反映东正教神学这一特点的作品是布尔加科夫和洛斯基的作品,布尔加科夫著,徐凤林译:《东正教——教会学说概要》,商务印书馆 2001 年版,中译本"前言";弗·洛斯基著,杨德友译:《东正教神学导论》,河北教育出版社 2002 年版,中译本"导言"。

③ 陈志强:《拜占庭文明探秘》,第 203—208 页。

④ Sir Banister Fletcher, *A History of Architecture*, revised by J.C.Palmes, London: University of London, The Athlone Press 1975, pp.371-402: Byzantine Architecture.

场、公共学堂、剧场戏院、百余个私人浴池、数十条柱廊街道、引水渠道、囤粮谷仓、蓄淡水池、用于集会和法院公审的大厅及贵族官邸，无不以古典建筑为蓝本。① 可容纳数万人的大赛场也完全仿照罗马斗兽场的式样建造，但比罗马的赛场规模更大，场内均匀地分布着许多来自埃及和希腊的立柱和方尖碑，其上则装饰各种雕像，例如来自古希腊宗教中心德尔斐神庙的三蛇铜柱。② 圆形的君士坦丁广场周围矗立着一大片公共建筑群，是公众从事商业和政治活动的第一大中心，其中有十余级大理石台阶的帝国议会和元老院是按古希腊建筑设计的。广场中心耸立的巨型花岗石圆柱顶端竖立着阿波罗铜像。③ 麦西大道是举世闻名的大理石柱廊大道，两侧巍峨的市政厅、森严的将军府和国库、文雅的国家图书馆与优雅的贵族住宅区也都按罗马城式样建造，全城主要街道、广场和建筑物前都布满了精彩绝伦的古典艺术品，"一言以蔽之，一切凡能有助于显示一座伟大都城的宏伟、壮丽的东西，一切有助于为它的居民提供便利和娱乐的东西，在君士坦丁堡这座城市的四墙之内无不应有尽有。"④

外形上的模仿只是一个方面，更重要的是对古典文化内容上的继承。君士坦丁堡迅速崛起，成为繁荣的政治、经济和文化中心，吸引着整个地中海世界的知识分子。他们携带大量古典文献和古代文物前往首都，这就为推动拜占庭文化的发展提供了丰富的文化物质条件。发展图书馆，建立学府，学习古代希腊语和拉丁语，收集注释古典文史作品，研究古典哲学和文学，这些成为早期拜占庭文化发展的主要现象。除了君士坦丁堡外，亚历山大、安条克、以弗所、雅典均成为当时研究古典之学的重镇。所谓"新亚历山大运动"实际上是将古典哲学遗产纳入基督教神学的学术活动。著名拜

---

① John Freely, *Istanbul, the Imperial City*, London: Penguin Group 1998, pp.37-47.

② 它至今仍然保存在伊斯坦布尔大清真寺前广场上，是游客们关注最多的旅游景点之一。John Freely, *Istanbul, the Imperial City*, London: Penguin Group 1998, pp.35-34.

③ 这个铜像被认为是君士坦丁一世的象征，它和石柱在 12 世纪时被推倒，由于多种资料推算的区别，具体数字不一。Edward Gibbon, *The History of the Decline and Fall of the Roman Empire*, London: J.Murray 1905-1906, II, p.189.

④ 《罗马帝国衰亡史》上册，商务印书馆 1997 年版，第 382 页。这个缩编本由黄宜思父女翻译，译文基本上能够反映出吉本作品的语言风格，但是其中错译、漏译颇多，可能是所选用的英文文本有问题。

占庭学者佛条斯在其《书目》中,概括介绍了直到他那个时代以前所有著名的自然科学和社会科学作家的主要著作,包括大量古典作家的经典作品。这份书目显然是用于他任教的君士坦丁堡学府的课程,是为就学的学生提供的参考资料。① 这种尚古之风一直保持到拜占庭历史的末期,只是其热烈的程度有所不同。11 世纪的拜占庭历史作家普塞罗斯曾自豪地写到,他在少年时代即可背诵《荷马史诗》。② 科穆宁王朝公主安娜撰写的《阿莱克修斯传》带有明显的希罗多德的写作风格,代表当时拜占庭历史写作的倾向。③ 而拜占庭社会中、上层人士和知识分子,包括国家官吏和法官都要接受系统的教育,特别是希腊语言教育,以便使他们的口音"更纯正"。直到拜占庭帝国灭亡前夕,许多胸怀复兴文化以救国的著名学者仍然致力于古典文化的传播,其丰富的古典学问和广博的古希腊哲学和语言文学知识,使他们在意大利学校中指导的学生深感心悦诚服。④

拜占庭人特别重视古希腊哲学、文学和史学,重视罗马的法律和工程技术。在拜占庭帝国,《荷马史诗》脍炙人口,妇孺皆知,能够大段背诵的人不在少数,因此许多作家在引用时不加说明而不至产生误解。君士坦丁堡修辞学家科米达斯(9 世纪人)对照前此多种版本对《荷马史诗》进行重校,使之成为以后几个世纪最权威的版本,⑤而该史诗的第一个拉丁文译本也是拜占庭学者完成的。像希罗多德这样伟大的古希腊史家,更是拜占庭作家学习效仿的榜样,佛条斯在其案头必读书中就始终包括希罗多德的作品。⑥据现代学者研究,拜占庭帝国教俗学术界一直热衷于古典希腊哲学,柏拉图、亚里士多德等著名学者的作品是当时的热门书籍,被不断传抄,在众多的哲学流派中,新柏拉图主义和斯多葛学派特别受到青睐。

---

① A.A.Vasiliev, *History of the Byzantine Empire*, I, pp.361–362.

② Michael Psellos, *The History of Psellus*, ed. J. B. Bury, London: Methuen & Co. 1899, V, p.55.

③ Anna Comnena, *The Alexiad*, Preface.

④ 陈志强、张俊芳:《末代拜占庭知识分子对文艺复兴运动的影响》,《史学集刊》2016 年第 3 期,第 199—208 页。

⑤ K.Krumbacher, *Ιστορία της Βυζαντηνής Λογοτεχνίας*, II, p.644.

⑥ K.Krumbacher, *Ιστορία της Βυζαντηνής Λογοτεχνίας*, II, pp.216–220.

　　拜占庭人一直自称为"罗马人",他们以正宗继承人的身份继承古罗马文化,在政治制度、基督教神学、法律和大型工程技术方面,忠实模仿继承,并有所发展创造。他们清除了罗马帝国中央集权制度中民主制的残余和普通民众参与政治的因素,发展出拜占庭帝国皇帝专制官僚制度,其中皇帝制度成为其政治生活的核心。基督教是古罗马帝国的文化遗产,拜占庭人对之加以改造,使之在神学上摆脱了古代哲学和犹太宗教的双重影响,并始终将它置于皇帝最高权力的控制下,利用东正教强化皇权统治和扩大拜占庭帝国的影响,奠定了保持至今的东正教世界的信仰基础。在法律方面,拜占庭人直接继承古罗马传统,查士丁尼一世的立法活动是其中最有典型意义的代表,他下令编纂的《罗马民法大全》是欧洲第一部完整的传世法律汇编,该法典成为此后数百年拜占庭法律的基础蓝本,如《法律汇编》、《六书》、《皇帝法典》等后世法典无不效仿民法大全,该法典也为近代欧洲法律提供了基本的理论依据。① 查士丁尼认识到建立完善的法律体系对于巩固皇权的重要性,他在《法理概要》中指出:一个好皇帝"应该不仅以其武力而获尊荣,还必须用法律来武装,以便在战时和平时都有法可依,得到正确的指导;他必须是法律的有力捍卫者,也应是征服敌人的胜利者"。② 这种法律至高无上的思想来源于古罗马法律。

　　至于在建筑工程技术方面,拜占庭人继承古罗马遗产就更为突出。拜占庭建筑样式最突出的风格是在平面十字形建筑物上方建造半球形穹顶,此种风格即是在罗马半圆拱顶墙壁基础上发展而来的,而十字形平面建筑则是罗马长方形大会堂(又称"瓦西里卡")建筑的变体建筑形式。君士坦丁堡的圣索菲亚教堂是拜占庭建筑的代表作,人们可以清楚地看到拜占庭人在墙体、门窗和内外柱廊方面是如何继承罗马建筑艺术的。此外,君士坦丁堡、塞萨洛尼基等拜占庭帝国名城完善的引水渠道、地下排污管道、蓄水池等都直接借鉴了罗马城建筑的成功经验,而皇宫中半自动升降的皇帝宝

① *The Cambridge Medieval History*, ed. by J. M. Hussey, Cambridge: Cambridge University Press 1978, IV, ii, pp.55−79.

② Justinian, *The Institutes of Justinian*, trans. by J. A. C. Thomas, Amsterdam: North-Holland Pub.Co.1975, Introduction.

座和宫殿中各种机械动物,如金狮和小鸟,都是拜占庭工匠学习继承罗马人实用工程和机械技术的成就。

拜占庭文化对古代希腊罗马文化的继承表现出两方面的特点,其一,拜占庭人在比较全面系统接受古代文化过程中,不是全盘照搬,简单模仿,而是注意选择对拜占庭社会生活有用的东西。他们在整理古典作品时,着重学习和掌握古典杰作的技能和手段,在模仿中采取"为我所用"的态度,从而在将古典文化价值观运用到中世纪生活的同时,形成了始终贯穿其历史的尚古倾向,不仅为拜占庭文化打上了古典文化的烙印,而且使古典文化在拜占庭文化的特殊形式中得到保护。其二,拜占庭人在积极主动吸收古典文化精华的基础上,注意发展创造,形成自身的特点。他们在古典文化的基础上,在模仿古代作家杰作的过程中,将多种不同文化因素融合在自己的创作中,从而使古典文化成为其基本要素之一,逐渐发展出具有独立的、比较完备的、内容丰富的文化体系。拜占庭文化不仅在文史哲和神学方面见长,而且在医学、建筑工程技术和造型艺术方面独具特色。

拜占庭文化继承古典传统的特征有其深刻的历史背景。一方面,拜占庭帝国所在的地区曾是古代历史上希腊文化昌盛的中心地区,亚历山大大帝东征更使东地中海沿岸和西亚广大区域内的各个民族经历了"希腊化"的历史,因此,古典希腊文化深深地植根于当地各族群中,获得了他们的认同。在拜占庭帝国,居民们大多使用希腊民间语,几乎所有的知识分子均能熟练地使用古希腊语,这使古典文化通过希腊语这一媒介比较容易地传播,大量的古典文献得以世代相传。可以说,作为拜占庭文化基础的古典文化有广泛的社会基础和良好的学术条件。① 另一方面,从 4 世纪以后兴起的拜占庭帝国虽然取代了罗马帝国的地位,但是它与后者有着千丝万缕的联系,在相当长时间里,拉丁语仍然是拜占庭帝国的官方语言,拜占庭皇帝们

---

① 研究表明,正是拜占庭学者的贡献,才使得现存于世的 75% 的古希腊文献以拜占庭手抄本的形式流入意大利并传于后世。M.H.哈里斯著,吴晞、靳萍译:《西方图书馆史》,书目文献出版社 1989 年版,第 78 页。直到 1453 年末代拜占庭人仍称其皇帝为"罗马皇帝",George Sphrantzes, *The Fall of the Byzantine Empire*, *A Chronicle by G. Sphrantzes*, *1401–1477*, p. 128。

始终缅怀罗马大帝国的光荣,特别是在拜占庭帝国早期,皇帝们无不以恢复和重振罗马帝国昔日辉煌为己任。这样,拜占庭人对古罗马文化的继承就具有天然的责任感。可见,拜占庭文化的传统特征是拜占庭历史演化的必然结果。

拜占庭文化的另一个特征是其开放性。拜占庭文化在吸收古典希腊罗马文化的同时,还兼收并蓄古代西亚和远东民族文化的营养,汲取斯拉夫民族保持的生存智慧。①

拜占庭文化通过文史哲作品接受了东方神秘主义文化思想和审美原则。众所周知,古典希腊罗马文化具有理性化的自然主义特点,而包括古代犹太、波斯和亚美尼亚等西亚各民族文化具有非理性化的神秘主义特点,拜占庭文化处于两者的交会之地,其文化虽然以古典文化为基础,但是并不排斥西亚地区各种文化影响。6世纪的以弗所主教约翰(507—586年)出生在美索不达米亚北部地区,对西亚地区古代文化和波斯文化有深刻了解,他的《东方圣徒传》对在拜占庭帝国传播东方神秘主义起了重要作用,②对拜占庭学者了解东方思想有很大帮助。特别值得提出的是起源于基督教早期历史上禁欲苦修思想的修道生活对拜占庭人的影响,其中3世纪上半叶的亚历山大教区教士奥立金和被称为"隐居修道之父"的安东尼(251—356年)影响最大,他们都主张通过远离人群和冥思苦想达到与神的沟通,将"启示"视为与上帝交往的最佳途径,并因此有益于人世间的日常生活。这种生活方式后来在埃及各地流行,并通过西亚地区逐步向拜占庭帝国中心地区传播,最终在君士坦丁堡出现大批修道士。东方神秘主义的影响一直持续到拜占庭帝国末期,其重要原因在于这种思想能够满足拜占庭帝国普通居民在动荡环境中的精神生活需求,遂使早期拜占庭文化与基督教思想

---

①　关于斯拉夫人公社传统是否融入拜占庭农村社区,学界存在争议。陈志强:《拜占庭〈农业法〉研究》,《历史研究》1999年第6期。

②　他的传世作品有两部,John of Ephesus, *Lives of the Eastern Saints*, edited and translated by Brooks, Patrologia Orientalis 17–19, Paris: Firmin-Didot 1923–1925. John of Ephesus, *The Third Part of the Ecclesiastical History of John*, *bishop of Ephesus*, trans., R. Payne Smith, Oxford: University Press 1860。

相结合。①

古代西亚和波斯艺术对拜占庭艺术产生深刻影响。古代西亚和波斯艺术均带有该地区神秘主义思想,无论从艺术的形式到内容,还是艺术的题材和表现手法都贯穿着神秘主义倾向,与古希腊罗马艺术自然主义的风格形成鲜明对照。圣像造型艺术在拜占庭帝国的长足发展反映了神秘主义艺术的强大影响。② 例如,在拜占庭圣像画中常见的圣母子像中,人们几乎看不到现实主义的母亲婴儿的形象,也感受不到自然主义的人类感情,图画本身缺乏合理的布局和比例,古典艺术的和谐与真实感消失了。拜占庭艺术家认为,外在的形体并不重要,重要的是画面体现出的神秘感,他们以简洁的线条和对比强烈的色彩突出圣母子庄重的形象,通过带有特殊含义的线条和色彩表达重要的神学思想。他们尤其重视对眼睛的描绘,平白中透露着圣母子的纯洁和仁慈,以传达上帝的圣恩。他们力图使人忽视对圣像人物的欣赏,而追求画面背后的神学含义。同样,在雕刻艺术中,古典艺术的人物和自然中动植物的生动逼真的造型不见了,代之而起的是各种具有象征意义的符号。这一变化主要来自于波斯和西亚地区非人格化抽象艺术的影响。③

拜占庭帝国与包括古代中国和印度在内的远东民族的联系虽然较少,但是在文化交往中却有几笔珍贵的记载,其中广为流传的事例是,6 世纪拜占庭皇帝查士丁尼一世为打破波斯人对东方丝绸贸易的垄断,支持两名教士到中国学习养蚕技术,并将蚕卵和桑树苗带回拜占庭帝国,从此,拜占庭人在巴尔干南部建立起丝织业中心。④ 拜占庭文化中还保留了印度文化因素,据瓦西列夫的研究,8 世纪拜占庭作家大马士革人约翰写作的浪漫传奇小说《巴拉姆和约色芬》就使用了佛教故事的题材,认为该书是佛祖释迦牟

---

① 有人认为,修道士并未远离人世生活,而是取代了教职人员"官僚化"后削弱的部分功能。Cyril Mango,*The Oxford History of Byzantium*,pp.108-110.

② David Talbot Rice,*Byzantine Icons*,London:Faber and Faber 1959,pp.203-206.

③ A.A.Vasiliev,*History of the Byzantine Empire*,I,pp.88-90.

④ 6 世纪拜占庭作家普罗柯比就查士丁尼和中国丝绸技术西传提供了第一手资料,Procopios,*The Wars*,*the Buildings*,*the Secret History*,IV,17.现代学者大胆推测出"552 年,蚕卵被带入拜占庭帝国,568 年桑树移植成功,首先在腓尼基种植"。中国桑树移植成功具有决定性意义。Cyril Mango,*The Oxford History of Byzantium*,p.168.

尼本人生活素材为基督教所利用的典型事例。①

　　拜占庭文化在吸收其他民族文化的过程中，表现出极大的灵活性，"它将不同民族文化适用的部分融合在自身之中，以满足新的需求和弥补自身的不足。这种灵活性使拜占庭文化得以在欧洲和地中海世界古典文明普遍的衰败形势中迅速摆脱危机，并获得发展，达到较高的水平。就欧洲和西亚、北非地区而言，拜占庭文化发展的历史最为悠久，在 4 世纪到 15 世纪的千余年期间，拜占庭文化一直是该地区发展水平较高的文化之一，君士坦丁堡成为该地区最重要的政治、经济、宗教和文化中心。拜占庭文化相对迅速的发展为其向发展后进地区的传播创造了条件，而 7 世纪以前拜占庭帝国周边地区的斯拉夫人、阿拉伯人和在西罗马帝国废墟上新兴起的日耳曼人发展相对落后，普遍的野蛮和蒙昧状态为拜占庭文化的广泛传播提供了天地。"②

　　拜占庭帝国初期曾出现了接受古典希腊罗马文化的高潮，这个时期也是世俗文化迅速发展的阶段。古典文化从本质上看是一种重视自然的世俗文化，例如，以讲授哲学、法律、语言、算术、天文等课程为主的学校就属于世俗教育，学校中使用的教材也多来自古代希腊罗马的作品。世俗教育的发展推动了普及世俗知识的热潮，诸如培养建筑人才的各种实用技术专门学校在拜占庭帝国各地大量涌现，当时为数不少的建筑师、法学家、世俗文学家都是从这类学校中毕业的。世俗教育的发展促进了世俗知识的推广和学术水平的提高，国家因此设立了各种类型、规模不等的图书馆，并出资收集民间古典藏书，挽救大量濒于佚失毁坏的古典文献。③ 在此基础上，国家还

---

① A.A.Vasiliev，*History of the Byzantine Empire*，I，p.294.

② 陈志强：《论拜占庭文化的独特性》，《北京论坛（2006）文明的和谐与共同繁荣——对人类文明方式的思考："文明的演进：近现代东方与西方的历史经验"历史分论坛论文或摘要集》（下），北京大学出版社 2007 年版。

③ "阿莱莎斯有时就记载下他花费在这些方面的支出金额，使我们了解到，他的欧几里得抄本（现在收藏在牛津）花费了 14 个金币（nomismata），他的柏拉图（对开本 471 页）抄写花了 13 个金币，使用的羊皮纸花了 8 个金币，他的基督教使徒文集（现存巴黎）抄写花了 20 个金币，6 个金币用来购买羊皮纸。这是一笔相当大的花销，超过了最富有的个人能够承担的极限。我们对比一下就清楚了，一个中级朝廷大臣的年薪俸总额为 72 个金币。按照今天的物价水平换算（在可比的范围内），阿莱莎斯的柏拉图文集大约花费了 5000 英镑。"C. Mango（ed.），*The Oxford History of Byzantium*，p.223.

集中了一批著名学者从事古籍整理和翻译注释,这些学者中不乏世俗文学的高手,例如罗曼努斯(8世纪人)即熟练地运用古代希腊诗歌的优美韵律写作了大量基督教赞美诗,被后人誉为"伟大的天才"。① 5世纪初亚历山大城著名的世俗女学者海帕提亚(355/360—415年)曾协助其父修订注释托勒密《地理学》和《天文学大全》,出版数学专著,并因高水平的数学教学和以通俗易懂的语言向民众宣讲柏拉图、亚里士多德等人的古典哲学而闻名于拜占庭帝国。正是由于她在世俗文化方面取得的巨大名声,引起基督教狂徒的羡慕嫉妒恨,以乱石将其击毙。② 拜占庭历史早期世俗文化的长足发展为其长期存在和几度兴盛奠定了坚实的基础,此后,无论环境如何艰难,世俗文化始终没有销声匿迹,因为它已经深深植根于拜占庭帝国的土壤中,在拜占庭人中有广阔的社会基础。

拜占庭基督教文化是从5世纪初以后迅速发展的。当时最有代表性的基督教学者是凯撒利亚人瓦西里,他和小亚细亚地区的基督教同仁共同推动所谓"教父文学"的发展,其作品一时为人争相传阅,成了热门书籍。自4世纪尤西比乌斯撰写了第一部《教会史》以后,一种新的历史写作文体便成了作家们模仿的蓝本,据对现存史料的分析,仅撰写325年至439年间基督教历史的作者就有5人之多,而同期世俗编年史既不连贯,数量又少。③ 教会对教育的控制是这一时期教会文化发展的又一标志,教会不仅设立专门培养神职人员的学校,而且将世俗学校置于其掌握之中。皇帝福卡斯(602—610年在位)即下令关闭了君士坦丁堡大学,同时将许多传授世俗知识的学校交由教会管理,其后的伊拉克略皇帝虽然恢复了该大学,但是任命君士坦丁堡大教长为校长。④ 教会对教育的垄断显然有助于教会文化的发展,同时阻碍了世俗文化的发展。

毁坏圣像运动是拜占庭帝国世俗统治集团打击教会势力的斗争,这场运动的目标直指教会,以民众暴力斗争的方式,捣毁圣像,游斗教士,没收教

---

① K.Krumbacher, *Ιστορία της Βυζαντηνής Λογοτεχνίας*, II, p.517.

② A.A.Vasiliev, *History of the Byzantine Empire*, I, pp.716—718.

③ G.Ostrogorsky, *History of the Byzantine State*, p.24.

④ S.Runciman, *Byzantine Civilization*, N.Y.: Meridian Books, 1959, p.225.

产,焚烧宗教书籍和艺术品,使基督教文化遭到了巨大破坏,教会庞大的经济基础从此瓦解,教会文化也因此陷入相当长时间的消沉。① 与此同时,世俗文化得到恢复。此后,教、俗文化在拜占庭帝国专制皇权控制下进入了共同发展的阶段。拜占庭教、俗文化这两大主流文化在不同的领域中发挥各自的优势,并存共容。

在开放的教育体系中,基督教神学和世俗知识均是不可缺少的教育内容,学生们既要学习《圣经》,也要背诵《荷马史诗》,哲学、算术、天文、法律、物理和神学课程均是高级教育的组成部分。国家政府官员和教会高级僧侣均被要求具有教俗两方面的文化修养,例如君士坦丁堡大教长尼基弗鲁斯(806—815 年)即师从于世俗学者后就读于教会学院。② 而在重新建立的国立大学中,集中了许多名噪一时的优秀学者,其中包括以哲学家为其绰号的利奥、杰出的编年史家约翰和百科全书式学者普塞罗斯,他们均具有博大精深的世俗学问和全面的基督教知识。普塞罗斯撰写的多卷本《编年史》既是研究拜占庭帝国历史的珍贵资料,也是了解同期教会历史的第一手资料。③ 直到拜占庭帝国末期,名垂青史的大学者几乎都是精通教、俗文化的人物,只知神学的教士或对宗教问题无知的作家都难登大雅之堂,甚至许多高官显贵和政治家也是教、俗知识兼通的学者。由此可见,教、俗文化这两大主流文化在拜占庭帝国不是作为对立物存在的,而是互相补充,相得益彰。基督教文化在思想和艺术领域比较活跃,通过宗教活动和神学争论影响拜占庭社会心理、伦理道德和风俗习惯,而世俗文化则在传统的文史哲、语言和自然科学领域占主导地位。两者作为拜占庭社会文化和意识形态的重要组成部分,随着社会结构的变化而变化,满足拜占庭社会精神生活的需要。

拜占庭教、俗文化开放发展这一特点是拜占庭帝国特殊社会结构和政治制度决定的。自拜占庭帝国兴起之初,即形成了较为强大的中央集权,以

---

① 陈志强:《拜占庭毁坏圣像的原因》,《世界历史》1996 年第 3 期。

② K.Krumbacher, *Ιστορία της Βυζαντηνής Λογοτεχνίας*, II, p.709.

③ Michael Psellos, *Fourteen Byzantine Rulers*, trans. by E.R.Sewter, New York: Penguin 1966, Preface.

皇帝为中心的庞大官僚机构层层控制着包括教士在内的社会各个阶层。325 年召开的尼西亚基督教大会明确规定,皇帝是基督教教会的最高首脑,拥有对教会的最高领导权。皇权高于教权的思想和制度虽然在拜占庭历史上多次受到教会的挑战,但是总体而言,教会权力始终服从皇权。直到 1389 年,大教长安东尼奥斯(1389—1390 年在位)还致信莫斯科大公,"圣洁的皇上占据教会的最高地位,他不像其他地方的君主王公。皇上从开始即为全世界确立并肯定了真正的信仰,皇帝召集宗教大会,还以法律使人们服从神圣教会法确定的真正信条和教会正宗生活的东西,基督教不可能有教会而没有皇帝。"①教会在拜占庭帝国只是作为国家的一个部门而存在,它不能无限制地扩大权力,当教会势力可能对皇权构成威胁时,世俗君主就必然采取限制措施。同样,教会文化也不可能主宰世俗文化。事实上,教会文化不可能涉及知识的所有领域,包揽所有的学术分支,单靠教会文化难以满足拜占庭社会多方面的需求。例如,拜占庭帝国各级官吏都被要求接受相应的专业培训和比较系统的教育,所有法官必须修满规定的法律课程,通过考试合格者方能获准从事法律工作。② 同时,教会对神职人员资格的严格要求也决定了教会文化长期发展的外在需求。较高的社会文化要求使拜占庭帝国教、俗文化得以并存发展。

当我们在分析拜占庭文化的开放性时,还应注意拜占庭帝国政府采取的文化政策,后者也发挥了决定性的作用。在拜占庭历史上既有像朱利安(361—363 年在位)一样的皇帝公开支持世俗文化和多神教,③也有像查士丁尼一世一样的皇帝为强化皇帝专制而大力推行基督教化政策,前者为发展古典文化建立的图书馆藏书达到 12 万册,而后者不仅以各种借口关闭了诸多传播异己思想的学校,而且在其统治期间还发生了亚历山大图书馆被焚烧的事件。④ 伊苏里亚王朝对教会势力的打击使皇权得以控制帝国物质

---

① John Shelton Curtiss, *Church and State in Russia*, New York: Columbia University Press 1940,p.8.

② 陈志强:《拜占庭文明》,北京师范大学出版社 2016 年版,第 204—205 页。

③ 奥斯特洛格尔斯基著,陈志强译:《拜占庭帝国(324—1453)》,第 36 页。

④ A.A.Vasiliev, *History of the Byzantine Empire*, I, p.150.

和精神生活。皇帝们根据统治需要制定其文化政策,使拜占庭文化不能不带有明显的专制君主统治的政治烙印。总之,无论是宗教文化还是世俗文化都不可能摆脱皇权控制而独立发展,这一点是拜占庭帝国中央集权皇帝专制统治造成的。

拜占庭文化最后一个特别突出的特征是其传承性,即对周围地区和后世人的深远影响。受拜占庭文化影响最大的民族是斯拉夫人,其中最先接受拜占庭基督教文化的是南斯拉夫的摩拉维亚人和保加利亚人。斯拉夫人于6世纪进入巴尔干半岛时尚处于由原始氏族公社向阶级社会转变的阶段,文化发展水平十分低下,直到9世纪初,斯拉夫人国家中相对发达的保加利亚人尚无本民族文字,没有形成独立的文化体系。他们在入侵拜占庭帝国领土的同时接触到先进的文明生活方式,并极力模仿拜占庭政治和法律制度,将拜占庭皇帝和宫廷礼仪作为学习的榜样。9世纪中期,拜占庭文化对斯拉夫人居住区的传播进入高潮。当时,迫于法兰克国王查理曼入侵威胁的摩拉维亚大公拉斯迪斯拉夫(846—870年在位)与拜占庭帝国结盟,寻求军事和文化支持,希望米哈依尔三世派遣传教士到摩拉维亚。① 不久,保加利亚国王伯利斯一世(852—889年在位)也向拜占庭皇帝米哈伊尔三世请求传教。在此背景下,君士坦丁(也称西里尔,826—869年)和其兄弟麦瑟迪乌斯(Methodios)于862年受委派前往传教,②帮助斯拉夫人建立独立教会,并使用希腊字母为斯拉夫方言拼音,创造出西里尔文字,并用这种新文字进行《新约》和古希腊著作的翻译,从而奠定斯拉夫文学的基础,西里尔文字也成为斯拉夫各民族文字的来源。这一事件在斯拉夫文化发展史上具有重要意义,它标志着斯拉夫民族文明化的开端。

从此以后,斯拉夫文化迅速发展,逐步形成具有鲜明特征和丰富内容的独立文化体系,拉斯迪斯拉夫和伯利斯一世因此被后人尊为斯拉夫文化的

① Francis Dvornik, *Byzantine Missions among the Slavs: SS. Constantine-Cyril and Methodius*, Rutgers University Press 1970, pp.52-53.

② Constantine the Philosopher 生于塞萨洛尼基的贵族之家,进入修道院后取名为西里尔。Francis Dvornik, *Byzantine Missions among the Slavs: SS. Constantine-Cyril and Methodius*, pp. 53-145.

奠基人,他们倡导的独立教会也得到君士坦丁堡大教长的承认,获得合法地位。在教会的积极组织下,斯拉夫各地建立起许多修道院、学校和教堂,斯拉夫各国还派遣大批留学生到君士坦丁堡的教、俗学校学习。[①] 塞尔维亚人后来取代摩拉维亚人控制巴尔干半岛西北部,并接受西里尔文字和东方基督教,而克罗地亚、达尔马提亚则接受西方基督教。伯利斯之子西蒙(892—927年在位)统治时期,保加利亚成为传播拜占庭文化的中心。西蒙本人在君士坦丁堡接受过全面教育,回国后大力支持文化事业,保护精通拜占庭文化的艺术家,他还派遣学生专程去君士坦丁堡学习拜占庭建筑,重新建造本国首都,大量拜占庭的和古希腊的书籍被翻译成为斯拉夫文字,斯拉夫人古代的口传历史第一次得到系统整理。此外,他以拜占庭人为榜样,建立中央集权的官僚体制,重新建立政府机构,并确立起拜占庭式的税收制度。[②]

拜占庭文化对古罗斯人的影响非常大,9世纪末前后,诺夫哥罗德和基辅的留里克王朝就与拜占庭人发生联系,并接触到先进的文化,而拜占庭传教士开始对基辅进行访问,西里尔文字也在古罗斯流传,在罗斯人正式接受基督教以前,拜占庭基督教已经在悄然改变着罗斯人的原始宗教信仰。954年,大公伊戈尔之妻奥尔加皈依东正教[③],45年后,大公弗拉基米尔(980—1015年在位)强迫全体臣民受洗,接受基督教为国教。弗拉基米尔皈依基督教是俄国古代历史上的重要事件,从此以后,他们采取拜占庭式政府制度,广泛接受拜占庭文化。俄罗斯的绘画艺术和建筑风格在拜占庭文化的基础上逐步形成自己的特点,拜占庭教会的思想观念逐步渗透到俄国人民的日常生活中,俄罗斯民族语言文学则以西里尔文字为工具发展起来,俄罗斯首部古代史也很快问世了。[④] 拜占庭文化在斯拉夫各族群中得到认同,

---

① 乐峰的书也提到了俄罗斯早期文化的发展。乐峰:《东正教史》,中国社会科学出版社1999年版。

② 关于西蒙的研究成果大多为论文,仅有希腊学者出版过专著 A.Σταυρίδου-Ζάφρακα, *Η Συνάντηση Συμέον και Νικολάου Μυστικού*, Thessaloniki, 1972。

③ 奥尔加出访君士坦丁堡,受洗接受基督教的时间目前尚有争论,差异在3年左右,乐峰的《东正教史》对此避而不谈,本书采用多数拜占庭学家的意见。

④ 朱寰先生认为,此书最早于1113年写成。拉夫连季著,朱寰等译:《往年纪事》,商务印书馆2011年版;又见王钺:《往年纪事译注》,甘肃民族出版社1994年版。两位译者都确定该书出自涅斯托尔之手。

君士坦丁堡被东欧斯拉夫人看作是他们共同宗教和文化起源的中心。他们以拜占庭文化为基础,发展出更加粗犷简洁、各具民族特色的文化。在拜占庭帝国衰落过程中,拜占庭知识界继续发展与斯拉夫各民族的文化关系,逐步形成具有共同信仰并有别于西欧的东欧世界。

拜占庭文化对阿拉伯文化的影响早于伊斯兰教的兴起,但是,两种文化的频繁交往是在 7 世纪中期伊斯兰教兴起以后。伊斯兰文化随着阿拉伯军队大规模的军事扩张而发展,它与被征服地区各民族进行广泛的碰撞融合,并吸收其他文化因素,而拜占庭文化是早期伊斯兰教文化学习的对象。在阿拉伯军队占领的原拜占庭帝国领土上尚存许多拜占庭文化中心,例如叙利亚的安条克、巴勒斯坦的凯撒利亚和加沙等,其中埃及亚历山大最为重要。在这些中心,学者云集,图书馆和博物馆收藏丰富,文化气氛浓厚,在其他城市比较少见。作为这些文化中心的新主人,阿拉伯人自然拥有接受拜占庭文化的优越条件,他们从这些文化中心开始了解到古典文化和拜占庭学术和艺术。可以说,伊斯兰教文化是在波斯、小亚细亚、拜占庭和印度诸种文化的直接影响下形成的。[①]

8 世纪前半期,阿拉伯人军事扩张受阻后,开始重视文化交往,军事对抗造成的民族和宗教对立在和平时期的文化交往中得到缓和。当时拜占庭皇帝利奥甚至允许在君士坦丁堡建立清真寺,君士坦丁堡大教长还致信驻克里特的埃米尔,提出他们应该像兄弟一样共同生活,尽管两个民族习俗、生活方式和宗教信仰不同。[②] 事实上,阿拉伯人在西亚、北非地区的扩张也迫使拜占庭人认真调整其对阿拉伯人的政策,而文化渗透对拜占庭统治者来说是重要的外交工具,因此多数皇帝重视文化交往。哈里发的使节受到拜占庭王公最高规格的接待,在拜占庭朝廷外宾名册上,来自巴格达和开罗的使节排位在西欧使节之前,而拜占庭皇帝的使节也受到哈里发的盛情款待。[③] 在和平时期,哈里发将邀请拜占庭学者到巴格达讲学作为其文化活动的重大事件。正是这种人员往来促进两种文化的交流。917 年,拜占庭

---

① 哈全安:《中东史》上,天津人民出版社 2010 年版,第 306—308 页。
② A.A.Vasiliev, *History of the Byzantine Empire*, I, pp.274-275, 298.
③ 陈志强:《拜占庭文明》,第 186—187 页。

特使在巴格达受到盛大的欢迎,947 年,皇帝君士坦丁七世将精美的古希腊医学名著和罗马帝国史书的拉丁语手稿赠送给西班牙的哈里发。君士坦丁堡对伊斯兰教文化中心巴格达和科尔多瓦的文化影响持续到 11 世纪,在科尔多瓦 70 所图书馆中保存着大量来自拜占庭帝国的古代手稿。[①] 遵循"信仰知识"教义的哈里发积极支持整理和翻译古希腊罗马书籍,亚里士多德的哲学作品和希波克拉底及盖伦的医书很受欢迎。在阿拔斯王朝宫廷中,有许多学者从事翻译工作,他们将古代哲学、数学和医学著作从希腊语翻译为阿拉伯语,著名的拜占庭学者大马士革人约翰在哈里发宫廷中生活多年,他反对毁坏圣像运动的多篇论文在此写成。[②] 哈里发们公开承认拜占庭文化的辉煌,推行接受拜占庭文化的政策,哈里发瓦利得一世(705—715 年在位)曾向拜占庭皇帝提出派遣艺术家到大马士革、麦地那和耶路撒冷为清真寺和哈里发宫殿装修镶嵌画,科尔多瓦的后倭马亚王朝哈里发哈吉姆二世(961—976 年在位)也向拜占庭皇帝提出相同的请求,希望装修水平比大马士革更高,为此还派专人到拜占庭帝国学习制造镶嵌画的技术。此后,拜占庭皇帝将一批镶嵌画赠送给这位哈里发,君士坦丁七世一次赠送给哈里发多幅镶嵌画和 140 根大理石柱。[③] 哈里发马蒙曾派多名留学生去君士坦丁堡学习自然科学,他们在著名的拜占庭数学家利奥指导下学习,回国后对发展阿拉伯科技起了重要作用。马蒙曾致函塞奥菲鲁斯,愿以两国长期和平和 2000 金镑换取拜占庭学者利奥在巴格达的短期讲学,两国争夺人才的精彩故事世代传为佳话。[④]

现代学者对拜占庭和阿拉伯文学进行对比研究后,认为两国语言文学相互影响非常深刻,例如阿拉伯史诗中歌颂的英雄阿布达莱,其原型可能是

---

① 陈志强:《拜占庭文明》,第 184 页。

② T.F.X.Noble,"John Damascene and the History of the Iconoclastic Controversy", in *Religion*, *Culture*, *and Society in the Early Middle Ages*: *Studies in Honor of Richard E.Sullivan*, Kalamazoo 1987, vol.23, pp.95–116.

③ 拜尼斯主编,陈志强等译:《拜占庭:东罗马文明概论》,大象出版社 2012 年版,第 290 页。

④ A.A.Vasiliev, "Byzantium and Islam",载拜尼斯:《拜占庭:东罗马文明概论》,第 11 章。

拜占庭史诗中的狄格尼斯·阿克利达斯,因为他们的经历和英勇无畏的英
雄品质,以及史诗的表现手法都十分相像。这个形象后来又被奥斯曼土耳
其文学所接受,只是英雄的名称改为赛义德·瓦塔尔·加茨。① 在语言方
面,阿拉伯语中至今保留着许多拜占庭时代的用语。十字军战争和西欧十
字军骑士对巴尔干半岛和中东地区的破坏彻底改变了拜占庭人和穆斯林的
关系,同时,由于阿拉伯帝国和拜占庭国家的持续衰落改变了西亚政局,遂
使两种文化交往进入低潮。

　　拜占庭文化通过拜占庭帝国在意大利的属地对西欧产生深远影响,也
是拜占庭文化能够传续至今的重要因素。中古早期,意大利南部和东部长
期处于拜占庭帝国的势力范围,6 世纪拜占庭军队征服东哥特王国后,希腊
居民大量涌入南意大利,希腊语和拜占庭文化的各种因素也随之进入该地
区。由于拜占庭文化保留了古典希腊罗马文化的主要内容,因此很容易获
得当地人民的认同,伦巴第人在此后征服和统治意大利期间也接受了拜占
庭文化影响。巴尔干半岛的动荡局势使很多希腊人移居南意大利和西西里
岛,特别是在毁坏圣像运动期间,大批有教养的教士和修士逃亡到南意大
利,他们对拜占庭文化在西欧的传播起了重要作用。9—10 世纪,阿拉伯人
对西西里的征服和统治使希腊移民集中到卡拉布利亚、拉文纳等希腊人积
聚地区,形成了有共同民族语言、同样宗教信仰、相同文化传统和生活习俗、
人口密集的拜占庭文化传播中心。9 世纪以后,在上述地区出现拜占庭文
化传播的高潮,与西西里出现的阿拉伯人翻译古典文化作品的热潮相呼应,
促进西欧人对古代光辉文化有了更多的了解。

　　十字军时代,特别是第四次十字军东侵前后,拜占庭文化再次出现西传
的高潮。虽然这次战争对拜占庭帝国和中东地区造成极大破坏,但是,在客
观上也使西欧各阶层民众亲身了解和接触到拜占庭文化。亲身参加过君士
坦丁堡攻城战的法国骑士记载道:积聚在城下的西欧骑士们"不能相信整
个世界上竟然有如此富有的城市……如果不是亲眼所见,真是难以相信"。
这个时期,从君士坦丁堡抢夺的大批珍宝文物、图书和艺术品在西欧各国广

---

　　① 拜尼斯主编:《拜占庭:东罗马文明概论》,第 291—292 页。

泛传播,"拉丁人的住宅、官邸和教堂都用抢夺来的珍宝装饰起来。"①诸如玻璃制造、地图绘制等科学技术,也于同期从拜占庭帝国传入西欧。②

拜占庭文化西传的最后一次高潮出现在 14 世纪以后,这次高潮出现的原因是奥斯曼土耳其军队在巴尔干半岛的扩张引起地区性局势动荡,使大批拜占庭学者工匠移居西欧,直接促进拜占庭文化在西欧地区的传播和意大利崇尚古典文化热潮的形成。拜占庭文化对意大利文艺复兴的这种直接和间接的影响意义极为深远。当西欧早期资产阶级发动新文化运动时,拜占庭国家正遭到奥斯曼土耳其军队进攻走向灭亡,大批报国无望的知识分子不堪忍受异教的压迫和动乱形势的骚扰,纷纷逃亡到意大利,他们以深厚的古典文化功底和情趣影响着意大利人文主义者,推动文艺复兴运动的展开。③ 这段历史值得后人认真研究。

对意大利文艺复兴产生重要影响的第一位拜占庭学者是巴尔拉姆(1290—1348 年),他曾在君士坦丁堡、塞萨洛尼基和东正教圣地阿索斯修学多年,后来在意大利南部卡拉布利亚修道,皇帝安德罗尼库斯三世统治时期,他作为东西教会谈判特使被派往西欧,争取西欧君主的同情和支持,以共同反击土耳其人入侵。④ 他在阿维农教廷和意大利各地讲授希腊语,传播古希腊知识。早期意大利"文学三杰"之一的彼得拉克(1304—1374 年)怀着崇敬的心情谈到巴尔拉姆,称之为"激起我无限希望"和"使我加深理解希腊文化……的老师",将他描写成"杰出的希腊演说者",认为他思想丰富、思维敏捷。⑤ 另一位对文艺复兴运动有重要影响的拜占庭学者是巴尔拉姆的学生皮拉杜斯(15 世纪人),他青年时往来于希腊和意大利各地求学,学成后回到意大利教授希腊语言和文学,彼得拉克和薄伽丘(1313—

---

① 列夫臣柯:《拜占廷》,生活·读书·新知三联书店 1962 年版,第 182 页。

② Deno John Geanakoplos, *Constantinople and the West*, Wisconsin:the University of Wisconsin Press 1989,pp.132-136.

③ 南开大学张俊芳博士的毕业论文《14—16 世纪拜占庭学者与意大利文艺复兴关系研究》就深入探讨了相关问题(见"中国博士学位论文全文数据库")。

④ 近几十年有关巴尔拉姆的研究取得了不少重要成果。P.Leone, "Barlaam in Occidente",in *Studi in onore di Mario Marti*, Lecce 1981.

⑤ A.A.Vasiliev, *History of the Byzantine Empire*,II,pp.713-714.

1375 年)都曾是他的学生,后者在《异教诸神谱系》中将他说成"最伟大的希腊文学活权威和希腊传说故事的取之不尽的档案"。① 在佛罗伦萨逗留期间,皮拉杜斯将《荷马史诗》从希腊语翻译为拉丁语,是为该史诗的拉丁语新译本,对其在意人利和西欧的传播起了重要作用。② 可以说,巴尔拉姆和皮拉杜斯是早期意大利文艺复兴运动中的拜占庭文化先驱。

对意大利文艺复兴影响最大的拜占庭学者曼努埃尔·赫利索罗拉斯、基米斯杜斯·普来松和贝萨隆等人,被后人誉为"拜占庭人文主义者"。赫利索罗拉斯(1350—1415 年)为君士坦丁堡人,自幼饱学古书,后在君士坦丁堡任哲学、修辞学教授,由于其门下的许多意大利留学生回国后积极投身文艺复兴运动,使他在意大利名声远扬。后来,他受聘前往意大利,在佛罗伦萨、威尼斯和米兰等文艺复兴中心城市讲学,其学生中有许多人文主义者。由于他精通古希腊语和古希腊文学,故深受意大利人文主义者高度评价和极大尊重,他的神学论文、希腊语法教材,以及对柏拉图作品的翻译在人文主义者中传阅,他们盛誉他是深陷在文化黑暗中的意大利升起的太阳,是"希腊语和哲学的王子"。③ 普来松(1360—1452 年)是晚期拜占庭文化复兴热潮的领导人物,对意大利文艺复兴也有巨大影响,他在佛罗伦萨积极参与创建著名的柏拉图学院,并在该院讲授柏拉图哲学,对西欧学者复兴柏拉图哲学起了很大推动作用。④ 贝萨隆(1399—1472 年)出生在特拉比仲德,在君士坦丁堡接受过系统的教育,对古希腊诗人、演说家和哲学家进行过研究,并在伯罗奔尼撒半岛的米斯特拉修道院研究古希腊学术,后来担任尼西亚大主教。由于他具有精深的古希腊学问,受到意大利各界的广泛欢迎,定居罗马后,其驻地便成为人文主义者聚会的沙龙。特别值得提到的是,贝萨隆精心收集大量早期教父作品、神学论文和古代书稿,并将这些书

---

① A.A.Vasiliev,*History of the Byzantine Empire*,II,pp.714-716.

② 陈志强:《拜占庭文明》,第 307 页。

③ Deno John Geanakoplos, *Greek Scholars In Venice*, Massachusetts:Harvard University Press 1962,p.12;波特,G.R.编,中国社会科学院、世界历史研究所组译:《新编剑桥世界近代史》第 1 卷,中国社会科学出版社 1988 年版,第 140 页。

④ 陈志强、张俊芳:《末代拜占庭知识分子对文艺复兴运动的影响》,《史学集刊》2016 年第 3 期。

捐献给威尼斯图书馆,它们构成该图书馆最珍贵的收藏。① 他本人的大量
著作、神学论文和对古典作品的翻译对复兴古典学术起了积极的推动作用,
他对色诺芬、德摩斯梯尼和亚里士多德作品所作的翻译是文艺复兴时期最
好的拉丁文译本。现代学者对他高度评价,认为"贝萨隆生活在两个时代
的分界,他是拉丁化的希腊人……是保护学者的红衣主教,是捍卫柏拉图学
说的学者型神学家,一位对开启近现代文化作出无与伦比贡献的尚古的学
者"。② 拜占庭文化对意大利文艺复兴所作的另一个贡献是为当时的人文
主义者提供大量的古代手稿文物和书籍。一方面,流亡的拜占庭学者将包
括古希腊和拜占庭时代的许多手稿书籍带往意大利;另一方面,许多意大利
学者前往君士坦丁堡收集古代书稿和文物,其中最突出的是乔万尼,他在君
士坦丁堡、伯罗奔尼撒地区和爱琴海诸岛搜集了许多古希腊文物书籍。③
这些图书文物对当时具有新文化观念的知识分子震动极大,正如恩格斯所
说:"拜占庭灭亡时抢救出来的手稿,罗马废墟中发掘出来的古代雕像,在
惊讶的西方面前展示了一个新世界——希腊古代;在它的光辉的形象面前,
中世纪的幽灵消逝了;意大利出现了出人意料的艺术繁荣,这种艺术繁荣好
像是古典古代的反照,以后就再也不曾达到过。"④

　　拜占庭文化之所以具有明显的传承性,首先是拜占庭人对本国文化具
有强烈的自信心,这种自信是建立在对本民族文化深刻的理解和对本民族
历史文化的优越感基础之上的。他们清醒地认识到帝国文化的优越性,确
信在当时的世界上,其文化所占据的优势地位是不可动摇的,不可能受到其
他文化的挑战,经得住任何冲击。其次,拜占庭帝国所在的特殊的地理位
置,使它不仅在经济上独享东西南北过境商业贸易的便利,而且使它能够比
较容易地进行多种文化间的交流活动,至少频繁的贸易往来为拜占庭文化
对外开放提供了必要的条件。最后,活跃的商业和频繁的军事活动也成为

---

① 　陈志强、张俊芳:《末代拜占庭知识分子对文艺复兴运动的影响》,第 199—208 页。
② 　A. A. Vasiliev, *History of the Byzantine Empire*, II, pp.718—721.
③ 　张俊芳:《14—16 世纪拜占庭学者与意大利文艺复兴关系研究》,见"中国博士学位论文全文数据库",第 3 章。
④ 　《马克思恩格斯选集》第 3 卷,人民出版社 2012 年版,第 846 页。

拜占庭文化与其他文化交流的媒介。拜占庭帝国军事外交和商业贸易活动始终十分活跃,而在商旅、军营和外交使团中,经常有拜占庭学者或传教士,拜占庭帝国商业贸易和军事外交活动扩展到何处,其文化影响便传播到何处。应该说,拜占庭文化的传承性也是其历史演化的必然结果。

总之,拜占庭文化是欧洲中古文化的明珠,是人类文化宝库的重要组成部分,它在西方文化发展史上起了承上启下、继往开来的作用。拜占庭文化在世界范围内游牧民族普遍冲击农耕民族的时代,保护古典希腊罗马文化遗产免遭灭亡,使古典文化能够传于后世。同时,拜占庭人使古典文化适合于中古社会生活,形成古典文化的特殊形式。拜占庭文化内容丰富,体系完备,发展水平较高,因此在文化发展缓慢的中古欧洲发挥积极作用,直接促进斯拉夫世界的文明化,加速斯拉夫各古代民族国家的发展,并形成以东正教为核心的东欧世界。拜占庭文化还对周围其他民族文化产生积极的影响,推动中古时期不同文化间的交流。拜占庭文化为中古晚期的西欧提供了有利于未来发展的进步因素,在学术和艺术领域留下了宝贵遗产,并通过各种渠道传遍世界。

二、土地交易"优先权"

"优先权"是个法律用语,在拜占庭法典和法律中长期使用,特别是在马其顿王朝鼎盛的 10 世纪"黄金时期"频繁出现。国际拜占庭学法律研究和经济研究学者们也注意到了这个问题,他们认为马其顿王朝诸帝为此立法的目的是扶植小农,加强帝国专制统治的经济基础,带有明显的强化中央集权的意图。[①] 还有的学者认为,虽然此类立法具有强化皇权的政治目的,但是"优先权"的实施与当时的社会经济环境有密切关系,如果没有合适的

---

① G.Ostrogorsky,"The Peasant's Pre-emption Right:An Abortive Reform of the Macedonian Emperors",*The Journal of Roman Studies*,Vol.37,Parts 1 and 2(1947),pp.213-214.

先决条件,这一权利立法无法真正落实,只能算是一纸空文。① 有学者从皇帝遏止大土地贵族势力快速发展的角度看问题,认为此期相关立法重"权贵"约束而轻"小农"扶助,强化中央集权的政治目的鲜明。② 除了这些有代表性的意见外,涉及拜占庭"三农"研究的文章在"优先权"问题上都着墨不多,③诚如研究"优先权"问题的专家埃莱乌塞利亚·帕帕雅尼所说,拜占庭经济史和法律史家关注这一研究的实践情况,而非理论问题。④ 事实上,拜占庭立法中强调"优先权"具有特别重要的意义,对于我们深入解读马其顿王朝强势发展大有帮助,进而对于我们了解拜占庭人继承古代传统,在土地交易中植入"契约"精神,并通过保护弱者维持帝国社会秩序具有重要价值。⑤

"优先权"的希腊语为 προτίμησις,拉丁语为 priviledia,法语为 priviledes,英语为 preemption。通常人们理解的"优先权",是法律上基于特殊政策性考虑而赋予某些特权或其他权利的一种特殊效力,以保障该项权利能够优先实现。"优先权"属于物权的附属部分,是对某些权利法律效力的加强,它不是单独存在的一类权利,其性质仍未完全脱离其所强化的权利本身的性质。在拜占庭帝国,"优先权"则多指农民对自己的土地享受的优先购买权。

---

① A.E. Laiou eds., *The Economic History of Byzantium*: *From the Seventh Through the Fifteenth Century*, Washington, D.C.: *DOP* 2002, pp.1072-1073.

② R.Morris, "The Powerful and the Poor in Tenth-Century Byzantium: Law and Reality", *Past & Present*, No.73(Nov., 1976), p.187.

③ 国内专门涉及"优先权"的研究非常少见,在有关拜占庭"三农"问题研究的成果中,虽然有《拜占庭军区制和农兵》(《历史研究》1996年第5期)、《拜占庭〈农业法〉研究》(《历史研究》1999年第6期)、《拜占庭农业法所反映的村社特征》(《南开学报》2002年增刊)、《7—9世纪拜占庭帝国乡村和小农勃兴的原因分析》(《历史教学》2004年第6期)、《拜占庭〈农业法〉所反映的村社自由民的法权》(《历史教学》2008年第8期)、《9世纪后期至10世纪的拜占庭立法活动》(《历史教学》2009年第18期)、《权贵与土地——马其顿王朝社会解析》(人民出版社2010年版)等,但极少涉及"优先权"。南开大学博士生王妍专攻此课题,本书所引相关立法文献中文翻译参考了王妍的作品,在此表示感谢。

④ Eleutheria Papagianni, "*Protimesis*(Preemption)in Byzantium", in A.E.Laiou eds., *The Economic History of Byzantium*: *From the Seventh Through the Fifteenth Century*, p.1072.

⑤ 陈志强:《拜占庭立法中土地"优先权"解读——以马其顿王朝立法为例》,《经济社会史评论》2016年第4期。

　　土地交易在拜占庭帝国长期存在,对于土地交易的"优先权"也伴随始终。其中马其顿王朝鼎盛阶段的 10 世纪表现最为明显,其间颁布的相关法令也最多。马其顿王朝第二任皇帝利奥六世(Loe VI,886—912 年在位)在其 912 年前颁布的立法中就提到,土地交易中邻居拥有的"优先权"表现为,在交易第一年的前 6 个月内,可提出申诉并终止已经完成的交易,"一旦土地的价值得到评估,那么通过公平交易获得土地的购买者将保有他所购买的土地。邻居在第一年的前 6 个月内可以提出申诉,并在偿还购买者钱款之后,获得这一土地。"①这段文字显然表明了出售土地者的邻居在土地交易中的特殊地位,即便在土地交易结束之后 6 个月,仍能够根据其"优先权"获得邻居的土地。拜占庭农业史专家勒梅尔雷(Lemerle)认为,这个法令的用意是为了确保"优先权"的落实和防止对这项权利的滥用。②

　　如果说利奥皇帝"912 年前法令"对"优先权"的表达还不够明确的话,那么罗曼努斯一世皇帝(Romanos I,920—944 年在位)的立法对此的解释就非常清晰了。前引帕帕雅尼甚至认为,罗曼努斯皇帝于 922 年颁布的立法是这个时期最重要的"优先权"立法。③ 其中规定,所有类型的土地如"住宅、土地、葡萄园或其他形式的不动产"在参与多种形式的交易——如"通过出售、长期租赁或出租,转让他们的财产"——过程中,"必须照顾到我们提及的拥有优先购买权的人"(第 1 条第 1 款,以下简写为 1.1)。也就是说,拥有优先购买权的人在任何形式的土地交易中都享有"优先权"。该法令接着规定,所谓"拥有优先购买权的人"包括:"首先是共同拥有土地的亲属,其次是共同拥有土地的邻居,再次是那些与即将出售的土地相交错的土地所有者,他们可能对于转让者来说是陌生人。然后是属于同一纳税区且与即将出售的土地相邻的地产所有者,最后是那些有着部分联系的土地所有者"(1.2)。在此,法令确定了五种人,依次享有"优先购买权"。其核

---

①　Eric McGeer,*The Land Legislation of the Macedonian Emperor*,Toronto:Pontifical Institute of Mediaeval Studies 2000,p.35.麦克杰尔精通希腊语,专攻马其顿王朝土地法令,其译文极为准确,且融汇学界最新成果,因此受到学界一致首肯,也为笔者的主要史料依据。

②　Paul Lemerle,*The Agrarian History of Byzantium from the Origins to the Twelfth Century*,Galway:Galway University Press 1979,p.135.

③　Eleutheria Papagianni,"*Protimesis*(Preemption)in Byzantium",pp.1072-1073.

心是与出售者的土地之间的关系。在与待售土地的关系中,亲属的地位最高,其次分别是该土地的共有者邻居、土地相邻的购买者、同一纳税区且土地相邻者、部分关系者。该法令规定,"优先购买权"在交易开始的第 1 个月依法实行,此后 4 个月仍然对"那些曾经是战俘、被监禁或流放的人,他们不能参与公共与私人事务的处理,或者是未满二十五周岁者"持续保留(1.5)。法令还规定了保障"优先权"的原则,"在指定的村庄要实行这一法令:村庄的居民保有优先购买权。那些被取消优先购买权的人,那些应对纳税额损失负责的人,对转让者或亲属施以暴力或人身侮辱的人,其行为并不是偶然而是蓄谋之事,我们认为这些人决不能分享受害者的财产"(1.7)。值得注意的是,法令还确定了各种规避"优先权"的违法行为及其惩罚措施,"人们可以通过嫁妆、结婚礼物、遗嘱、交换、协议的方式将土地转让给村舍之人或外人,条件是那些以某种未知的原因出售或租赁土地给没有优先购买权之人,不得公开假称他们的交换满足了上述条件,如礼物、遗产或其他上述条件。由于上述原因拥有优先购买权的人可以要求卖者与买主宣誓,如果转让者胆敢做出违背法律的事情,而表面上装作若无其事,那么他们应在宣誓后被证明有罪,他们及参与他们不诚实交易的人将要受到惩罚;买者将会被没收财产,卖者私下所得钱款也将被充公,没收之物将要被移交公共国库,以便从公共财政向邻人做出转移。如果在宣誓之前买卖双方受到了欺骗,那么交易将不生效,意图不法转让土地之人也不得不被迫将土地售与拥有优先购买权的人"(1.8)。①

罗曼努斯一世"922 年法令"是正面规定"优先权"在土地交易中的落实,那么同一位皇帝在 12 年后颁布的"934 年法令"就对"优先权"的内容做了进一步的扩大,并明确了破坏"优先权"的多种违法行为及其惩罚措施。法令严格规定,所有权贵者"不论是以私人名义还是以帝国或教会财产的名义,都不得自己或者通过中介来侵蚀村庄或小村寨,不得借以出售、赠礼或遗产的名义——不论是整体的还是部分的——也不得找寻其他借口",否则"这种获取方式被认为是无效的,获得的土地,以及之后新增的收

---

① Eric McGeer, *The Land Legislation of the Macedonian Emperor*, pp.38-39.

益,都必须归还原主,还不得要求还款,或者如果他们及他们(小农)的亲属已经不在了,那么要将土地归还于乡村的邻居"(1.2)。该法令揭露权贵者们的恶行,"当看到小农为饥荒所迫,他们便以极低的价格,有些以银,有些以黄金,或以谷物或其他形式的交付,来购买不幸小农的财产。比这些更为残酷的是,在这些时候,他们像瘟疫一样侵袭村庄里不幸的小农,像坏疽一样侵入到村庄里,造成巨大的破坏"(2.1)。对于权贵阶层兼并小农土地的现象,法令不是仅仅停留在谴责的层面上,而是规定了一系列具体的惩处方法,以便帮助小农收回原有的土地。法令规定,所有已经兼并了农民土地的权贵们"不论是以部分的还是整体的形式,都要被驱除出去,他们可以从原主或农民们的后代、亲属那里得到退款,如果这些人没有这种意愿,那么他们可以从公共纳税人或村社处获得退款。如果考虑到土地的增值情况,不论是上述提及的人们是否有这种意愿,希望归还新增的财富,或者是不愿意归还,那些人(权贵)也必须离开,带上他们的所有物,条件是他们这些财富的获得是他们自己努力的结果,这些财富不应来自小农的资源或劳力"(2.2)。"我们规定,礼物、遗产或者其他经过类似乔装的获得或侵占,不论是过去还是现在的,均为无效,那些侵占者不得要求任何补偿。这些将要无条件地归还于各土地原主,如果他们(农民)已经死去,那么将要归还于他们的后代或亲属,如果其后代也不在世,则要归还给他们(农民及其后代)共同的纳税人"(2.3)。在这里,我们清晰地看到,农民的土地"优先权"不仅仅局限在土地交易过程中,也扩展到农民保有土地的权利上。即便在其土地已经通过交易转移成为其他地主的产业以后,原土地主人的农民仍然拥有重新获得原有土地的"优先权"。"那些被证明侵占了邻人的土地,间断地或持续地带给小农严重侵害的人,将要受到驱逐,并且要承受财产的损失,作为对其贪婪的惩罚"(4.2)。为了立即执行有关法令,皇帝明确"朕限定三年之期,在这期间土地将要归还小农,并且小农可以毫无困难地退款"(5.2)。而且这种"优先权"的落实方式是以"无条件"归还的强制措施加以保证的,即把"侵入"农村的权贵地主"驱逐"出去。国家的力量在此表露无疑。①

---

① Eric McGeer, *The Land Legislation of the Macedonian Emperor*, pp.51-54.

君士坦丁七世(Constantine Ⅶ,913—920 年、945—959 年在位)是马其顿王朝世袭血亲即位的皇帝,也是罗曼努斯一世的女婿,他独立执政后,继承前任皇帝的"优先权"政策。其"947 年法令"开宗明义指出,"权贵们违抗帝国的法律和天然的正义以及我们的命令,并未停止通过各种买卖、赠礼及遗产的方式侵蚀乡村地区,并以各种方式为借口压迫悲惨不幸的小农,使他们不得不从自己的土地上逃亡。"(序言)因此,皇帝再度立法宣布:"关于这些案件有一个普遍的决定,在皇帝允诺下已具有法律效力,根据上述法律被禁止购买的那些人都要毫不犹豫并立即被驱逐,他们也无权要求收回花费。那些人是指从我们的法令颁布之日起,明目张胆地侵入到农村公社或村庄,或染指贫困之人的不动产的人"(1.2)。因此,"那些被排除在外者(权贵)之间进行的所有的赠礼、遗产、协议和许可,现已不起作用,将被视为失效或无效,出售者(小农)也无需担心在这些交易过程中交还钱款的责任"(2.1),要求"被出售的土地需要立即被归还给出售者或他们的子孙,或同一税区的成员"(2.3)。同时考虑到小农存在偿还能力不足的问题,法令规定,"如果购买者是一位权贵或与权贵相熟,不论是世俗或宗教方面的(或许是一位教士),而出售者十分贫寒,资产少于 50 诺米斯马,他(小农)将被免除偿还购买的钱款。如果(出售者)资产超过 50 诺米斯马,可以(从购买者那里得到缓期)在 3 年之后偿还购买的钱款……如果出售者证明他们在交易过程中受到胁迫或欺骗,或者在出售前遭到购买者或他们家人的不公平对待或威胁,他们(小农)不必偿还购买的钱款,即便购买者不是权贵"(3.1)。由此可以看出,小农拥有自己耕地的权利进一步得到帝国法律的保障,即便是在土地转移过程完成后若干年,他们仍有收回土地甚至无偿收回土地的"优先权"。为了切实落实这一法律规定,皇帝还提出多种措施维护小农的这一"特权"。① 君士坦丁七世还在次年发布了"948 年法令",详细规定了对"农兵"土地"优先权"的一系列保护措施,特别明确规定了40 年不得转让的期限(1.8),其精神主旨和规定内容大体与前引各法令相

---

① Eric McGeer, *The Land Legislation of the Macedonian Emperor*, pp.61-65.

似,这里不再赘述。①

对于小农及其同类"农兵"享有的这种土地"优先权",马其顿王朝的后世君主不仅一再坚持,而且根据情势的变化而调整,或者加强,或者扩大。君士坦丁七世的儿子罗曼努斯二世皇帝(Romanos Ⅱ,959—963 年在位)的"961 年法令"继承了前代皇帝的精神,并坚持在农兵收回原有土地以后,"更贫困的农兵可以根据皇帝制定的法规不必归还钱款",也就是说,这些农兵可以免费收回原有土地(1.1)。该法令还将其他有能力偿还土地购置款的小农归还钱款的期限,从 3 年延长到了 5 年,"但是不超过 10 年"(1.3、2.1)。该法令结尾时公开宣布:农兵们"将毫无例外地收回其所有的军役土地,并像百姓收回他们的土地那样不用归还任何钱款"(3.1)。② 可见,罗曼努斯二世在小农收回原有土地后偿还土地购置款问题上,做出了有利于小农和农兵的调整,延长了他们还款的期限,甚至免除了他们还款的责任。到了尼基弗鲁斯二世(Nikephoros Ⅱ Phokas,963—969 年在位)这个篡位皇帝统治时期,许多前任皇帝的政策被推翻,但是在农民土地"优先权"问题上基本沿袭旧制,而且考虑到"优先权"扩大到小农后代方面的问题。其法令称,小农抛弃土地后,"他们的子孙仍可以收回土地,但是要在所有者离开后的三十年时间内。即便有些人(后来)在获得这些土地时,有监督者的证明或诏书,我们也规定所有这些证明全都无效。我们希望农兵的后代可以收回他们的土地"(1.2)。③ 同一个皇帝在另一个法令中,除了坚持禁止农兵出售田产的前代立法外,将出售土地价值 4 金镑的标准一下子提高到了 12 金镑,并明确规定,"如果他(农兵)的土地价值在 12 镑金币,他出售了其中的土地,那么他可以无需退款地收回土地"(2)。④ 尼基弗鲁斯这个马其顿王朝唯一的篡位皇帝下台后,作为恢复王朝皇族正宗血统的瓦

---

① Eric McGeer, *The Land Legislation of the Macedonian Emperor*, p.68. 笔者一直认为,农兵与小农同属一种经济身份,所处地位非常相近。有关论点参见陈志强:《拜占庭军区制和农兵》,《历史研究》1996 年第 5 期。

② Eric McGeer, *The Land Legislation of the Macedonian Emperor*, p.77.

③ Eric McGeer, *The Land Legislation of the Macedonian Emperor*, pp.97-98.

④ Eric McGeer, *The Land Legislation of the Macedonian Emperor*, p.102.

西里二世(Basil II,976—1025 年在位)登基,随同他一起名正言顺加以恢复的还有其先祖的一系列法律法规,包括"优先权"政策。诚如他在"988 年法令"中满怀深情地宣称的那样,"我们的帝王,我十分怀念的祖父君士坦丁七世,他的父亲利奥六世,祖父的祖父瓦西里一世颁布的十分正确并令上帝十分满意的法令,将会继续有效。"①

总之,马其顿王朝诸帝通过多个法令,一再申明、始终坚持的小农(及农兵)土地"优先权",不仅表现于小农在土地交易中的优先地位,而且表现在交易后几代人优先收回土地的特殊权利上,特别是表现在他们及其后人收回土地的"补偿方式"上。这种"优先权"表明,小农拥有土地的所有权得到了以皇帝为首的中央政府的认可和保护,也充分反映出小农占有土地立法的"契约"精神。

拜占庭帝国马其顿王朝皇帝们借助小农土地"优先权",公开保护小农的事实是明显的。问题在于,他们为何出台十余个立法保护小农的土地"优先权"? 他们这样前后一致地强调小农土地"优先权"的目的何在? 后人对于 10 世纪期间马其顿王朝皇帝频繁立法保护小农土地"优先权"的原因进行过深入的探讨,他们认为其中一个重要的原因是出于政治目的。换言之,皇帝以此为抓手来强化中央集权,严厉打击和限制权贵势力,从土地资源这一基本物质层面瓦解大土地贵族经济实力。

实际上,皇帝们的立法都直言不讳地谈到这一点。罗曼努斯一世"922年立法"即公开宣布,"我们禁止权贵通过以下任何一种方式获得土地"(2.1)。② 他还在"934 年立法"中对立法中所谓"权贵"做出了解释:"权贵之人,或者那些享有公职、官职的人,或者那些在政府或军事方面享有荣誉的人,或者那些在元老院任职,或隶属于军区的官员或非官方成员,或者是那些忠诚于上帝的虔诚人士、大主教、主教、执事、教会职员,或家臣,或皇室家族的管理者或首脑,不论是以私人的名义还是以帝国或教会财产的名义,都不得自己或者通过中介来侵蚀村庄或小村寨,不得借以出售、赠礼或遗产

---

① Eric McGeer,*The Land Legislation of the Macedonian Emperor*,p.109.

② Eric McGeer,*The Land Legislation of the Macedonian Emperor*,p.39.

的名义——不论是整体的还是部分的——也不得找寻其他的借口"
(1.2)。① 很显然,法令直指"权贵"阶层,即有权势的官员和贵族。同样,
君士坦丁七世"947 年立法"也将权贵当作立法限制的主要对象,他一针见
血地指出,"权贵的大多数并未放弃对小农危害深重的交易,以至于法官们
受到施加于他们身上的压力,"而不敢公正执法(1.1)。② 皇帝瓦西里二世
在其"996 年立法"中就明确概括了其"伟大先祖皇帝罗曼努斯一世"立法
的目的就是"从现在开始,他禁止权贵获得乡村的土地,他让人明白他是永
久地禁止他们"(1.1)。同一个皇帝还对权贵的表现深恶痛绝,斥责到:"但
是那些很明显被证实为杀人犯的人,或使用了阴谋、诡计、密谋或袭击来犯
下如此罪恶,或那些欺压下属,使这些罪恶行径得以发生的人,将不会享受
官职的任何益处,而是要受到惩罚并被处死,像那些没有任何荣誉及头衔的
人一样"(5.1)。③ 他们对权贵的抨击溢于言表。

　　事实上,以大土地为后盾的高官贵族势力一直是拜占庭帝国中央集权
的威胁,但凡"铁腕"帝王在位,无不高调打击贵族势力。如 6 世纪末,在
"农民皇帝"查士丁尼一世严格治理下,拜占庭大土地贵族几乎全部消失,
以至到 7 世纪时,拜占庭帝国不存在世袭大贵族。但是自 7 世纪军区制确
立以后,新兴军事大地产贵族势力又获得了重新发展。拜占庭皇权专制统
治的阶级基础是地主阶级,国家统治集团依靠的主要阶级力量是大贵族。
为了获得大地产贵族的支持,拜占庭帝国历代皇帝都在贵族中扶植亲信,委
以重任。军区制的推行就使地方贵族利用中央"放权"之机,大肆敛财兼并
土地。到了马其顿王朝统治的 10 世纪,在小亚细亚和巴尔干半岛北部地区
都出现了位高权重的"权贵者"(δυνατοί),他们主要是由军队高级军官,如
军区将军和中央高级官吏构成,其官职和爵位均由大家族的成员世袭。以
大贵族家族为依托的权贵们,积极参与朝政,干涉皇位继承,引发严重的政
治危机,特别是具有军事背景的贵族更是动辄发动武装政变。马其顿王朝

---

① Eric McGeer, *The Land Legislation of the Macedonian Emperor*, p.51.

② Eric McGeer, *The Land Legislation of the Macedonian Emperor*, p.61.

③ Eric McGeer, *The Land Legislation of the Macedonian Emperor*, pp.110-111.

的创立者瓦西里一世(Basil I,867—886 年在位)、罗曼努斯二世及其两个儿子斯蒂芬和君士坦丁、尼基弗鲁斯二世、约翰一世(John I Tzimiskes,969—976 年在位)等都是贵族干政篡位登基的典型。这些权贵自己当上皇帝以后,深知权贵阶层对王朝皇帝专制政权的危险有多大,因此他们无一例外地在政治上推行抑制权贵势力发展的措施。①

马其顿王朝诸帝保护小农土地"优先权"还有第二个目的,即更多地保持国家税户,维持国库岁入,缓解帝国财政压力。罗曼努斯一世在其"934年立法"中清楚地指出了这一点,"小农的稳定与富足可以有效地发挥其功用——即满足财政需求、履行军事义务——如果小农大量破产,其利必失。同时考虑到国家的稳定,也需要消除混乱的根源,驱除邪恶,维护人们共同的福祉"(1.2)。② 他在此前"922 年立法"中谈到,"如果他们(小农)希望通过出售、长期租赁或出租的方式,转让他们的财产,他们必须照顾到我们提及的拥有优先购买权的人"(1.1)。③ 君士坦丁七世的"948 年立法"也指出,"自从有军役土地以来,这便是士兵存在及生活的基础,但是现在这些土地减少了,并将陷于更加不利的状况,我们的皇帝受命于上帝,要把它们恢复得更健康更好,这将给整个社会带来好处。"(序言)他还严厉指责权贵们"是些收受贿赂的家伙,玩忽职守,不尚战事,比蚂蚁还要卑鄙,比豺狼还要贪婪"(3.1)。④ 皇帝尼基弗鲁斯二世在其"967 年立法"中也说,"我们的前任皇帝们颁布法令——禁止权贵购买小农及农兵的土地,他们这样做是对的,他们附加了一项小农对权贵的土地拥有优先购买权,不仅由于共同的所有权,还因为共同的纳税义务"(1.2)。⑤ 瓦西里二世的"996 年法令"更为鲜明地提出,"如果权贵恰巧正在获取或侵蚀村社土地,他的后代继承他财富的同时一并继承了他的影响力,这使得小农没有任何空间可以采取行动反对他们,特别是针对他们曾不正当地掠夺及剥夺的东西,非常明显,

---

① 陈志强:《拜占庭军区制和农兵》,《历史研究》1996 年第 5 期。其中关于军区制与权贵阶层发展之间的关系部分值得参考。

② Eric McGeer, *The Land Legislation of the Macedonian Emperor*, p.52.

③ Eric McGeer, *The Land Legislation of the Macedonian Emperor*, p.38.

④ Eric McGeer, *The Land Legislation of the Macedonian Emperor*, p.68.

⑤ Eric McGeer, *The Land Legislation of the Macedonian Emperor*, p.97.

不论这些事情过去多久,小农在寻求及恢复他所有的土地时不应当受到限制"(3)。①

众所周知,权贵势力的崛起是以牺牲小农为代价的,进而严重损害帝国政府的财政。以大地产为后盾的军事贵族阶层的兴起,必然在经济上侵害小农经济利益,构成对小农阶层的巨大威胁。在权贵和小农的博弈中,贵族的大土地经济具有比小农经济更优越的外在发展条件。小农经济十分脆弱,经受不住自然灾害和战乱的打击。特别是当占有大地产的军事贵族兴起之后,小农经济瓦解的过程大大加速。大地主利用小农破产之机,以提供庇护权为代价,加快吞并小农土地的速度,进而对小农的自由权利实行控制,使小农人身部分地依附于大地主。"拜占庭社会的直接劳动者基本上是农民,他们又因纳税的不同方式被称为国有小农和私有农民。国有农民在国有土地上耕作,受国家的直接控制,成为国家税收的主要来源。其中相当大部分在 7 世纪以后即转化为军区制下的农兵。"②他们本应直接缴纳给国库的租税在军区制下转化为军役义务,其耕地则转变为"军役田产"。在大地主土地上耕作的私有农民,因为受大地主的控制,他们本应上缴国家的租税被后者截流下来。权贵们常常获取某种特权,逃避国家税收,从而大量侵吞包括农兵在内的农民的劳动成果。国家税收税户因而急剧减少,国库收入逐年下滑,直接造成了朝廷的财政危机。因此,当权的皇帝急于限制权贵兼并小农土地,就包含着维持帝国财政收入的直接目的,其频频立法保护小农也就顺理成章了。

拜占庭帝国虽然工商业发达,但其本质上仍属农本国家,农业是最主要的经济来源,农民是最主要的劳动者。据学者估计,拜占庭帝国财政收入的95%来自于农业,仅5%来自于城市工商业。③ 拜占庭帝国中央政府建立了完善的税收体系,采取传统的"连保制"纳税制度,实行村社集体纳税制,即村社作为最基本的纳税单位,村社成员有义务为邻居缴纳赋税,因为他们要

① Eric McGeer, *The Land Legislation of the Macedonian Emperor*, p.111.

② 陈志强:《拜占庭军区制和农兵》,《历史研究》1996 年第 5 期。

③ Michael F.Hendy, *Studies in the Byzantine Monetary Economy*: *c. 300－1450*, Cambridge: Cambridge University Press p.157.

向国家整体纳税。如果某个农民弃耕土地,那么其税收并不能相应免除,而是由其邻居代为缴纳。而代替他完税的邻居有权经营其弃耕的田地,并拥有经营所得。① 很显然,这种拜占庭特色的税收体制有利于帝国财税岁收的稳定性。这也成为马其顿王朝皇帝大力推行农民土地"优先权"的实质性理由。

除了上述政治和经济原因外,马其顿王朝皇帝强化农民土地"优先权",还有其传统的法理依据和宗教因素的考虑。皇帝罗曼努斯一世在其"934 年立法"中声称,"我们颁布这些法令是怀着对穷苦者及公共福祉的慈善及保护之心。而那些权利来自上帝,拥有荣誉及财富的人们应该把对贫弱者的保护作为一项重要任务来对待。"(1.1)②皇帝利奥六世也在立法中提出"公平交易"的观念,"一旦土地的价值得到评估,那么通过公平交易获得土地的购买者将保有他的所得物。"上引罗曼努斯"934 年立法"对"不公正"现象也提出批评,"这些事件带来的极大困扰,不公正的强大势力,以及对于穷苦者的多方面压迫,还有弱者的叹息,因为这些缘由,上帝就现身了。"正因为上帝的无所不在,"弱者也不会受到压迫,这有益于大家共同的利益,上帝会欣然接受,国库也会盈余,国家也会受益匪浅"(序言)。皇帝尼基弗鲁斯二世的"967 年立法"也指出,"我们帝王的权力,即希望对所有人公平地对待及维持法律"(1.2)。③ 皇帝瓦西里二世在"996 年法令"中则提出了"正义"和"合理"的问题,"我们的皇帝并不是不加注意,也不是不合理地就终止了依据限制性法规的所有权,而是对小农表现了充分的怜悯,并十分关注于大众福祉及其状况,包括正义,并纠正贪欲引起的可怕灾难"(2)。④

拜占庭法律中的"正义""公平""合理"等概念是个非常复杂的问题,也不是本书的重要议题。我们更多关注的是其实际的法律运用,即操作层

---

① 陈志强:《拜占庭学研究》,人民出版社 2001 年版,第 83—84 页;波斯坦和哈巴库克主编,王春法等译:《剑桥欧洲经济史》第 1 卷,经济科学出版社 2002 年版,第 190—191 页。

② Eric McGeer, *The Land Legislation of the Macedonian Emperor*, p.52.

③ Eric McGeer, *The Land Legislation of the Macedonian Emperor*, p.97.

④ Eric McGeer, *The Land Legislation of the Macedonian Emperor*, p.111.

面的状况。通常而言,拜占庭人对法律法规的解释沿袭古代的传统。例如农民土地的私有性质问题,有学者如卡日丹(Kazhdan)总结各派学者的意见,认为拜占庭帝国时期的土地产权属于不完全意义上的私有。① 虽然法理意义上讲这是对的,但是农民土地"优先权"的法律含义首先是与土地私有权密切相关。拜占庭人继承古代罗马法传统,承认农民对其耕地享有充分的处分权,他们可以买卖、出让、转赠自己的土地,但这些土地要严格依据法令来进行处理。早在提奥多西一世(Theodosios I,379—395 年在位)时期,法令就规定了土地的"自由买卖",②到了利奥一世(Leo I,457—474 年在位)时,"468 年法令"又因当时局势而规定,"任何人都不得随意出售土地"。③ 查士丁尼一世下令编纂的《罗马民法大全》则再度限定了土地交易的范围。④

总之,马其顿王朝多位皇帝保护小农土地"优先权"的原因比较复杂,既有经济政治的考虑,也有法律传统的考虑,其中确实包含着对农民土地原始占有权的认可。即便是皇帝们功利主义地对待农民土地"优先权",其中也存在着对农民原始权利承认的"契约"精神。

拜占庭农民的土地"优先权"具有长期的古代传统。有学者认为,早在7 世纪"优先权"就已经系统出现在拜占庭立法中了,只是没有 10 世纪那么频繁,而其根源则可追溯至希腊化时期。⑤ 拜占庭人沿袭古代"优先权"概念,首先是将土地所有者置于特定的村社,农民作为土地的主人首先意味着他不是单独存在的个体,而是村社的一员。最初,作为村社成员的农民可能与其他成员存在密切的血缘关系,因此拜占庭立法中谈及"优先权"时也将亲属置于头等重要的地位。

---

① A Kazhdan, "State, Feudal, and Private Economy in Byzantium" in *Dumbarton Oaks Papers*, Vol.47(1993).

② Theodosius, *The Theodosian Code and Novels and the Sirmondian Constitutions*, trans., by C.Pharr, Princeton: Princeton University Press 1952, p.64.

③ Justinian, *Corpus Iuris Civilis*, trans.by S.P.Scott, A.M., Cincinnati: The Central Trust Company 2001, xi, 55.

④ Justinian, *Corpus Iuris Civilis*, 15: 214.

⑤ Eleutheria Papagianni, "*Protimesis*(Preemption) in Byzantium", pp.1071-1072.

拜占庭历史的早期阶段,农民的土地关系发生了变化。村社中不仅有许多亲属,而且也有许多非亲属成员。此时,土地关系中的"优先权"就不能仅仅局限于具有血缘关系的成员了,经济关系逐渐超越了血缘关系,上升为"优先权"考虑的最重要因素。5世纪末颁布的《提奥多西法典》中提及提奥多西一世,他于391年颁布的法令中规定:"之前,这一权利曾被授予近亲及共同合伙人,来阻止外部人员购买土地,人们不能随意出售他们的土地。但是,在这一空洞借口遮掩下,立法迫使人们违背意志处理土地,这是极不公正的,因此,特颁布诏令如下:每个人都能自由选择购买者。"①该立法显示出,早期拜占庭帝国农村土地关系的剧烈变化,经济关系正在突破血缘关系的束缚。但是,作为土地拥有者的农民,仍然享有占有、使用、经营、处理土地的"优先权"。《查士丁尼法典》中提及利奥一世"468年立法",称"另一法令直接禁止限售,虽然任何人都不得随意出售土地,但是他可以售予与他在同一税收单位的居民"。②"如果某人愿意转让自己的土地,不论是依据何种协定,都不得将土地的所有权与持有权转让给本村庄登记之外的任何人,因此,所有的外人都应意识到,他们通过违法的土地交易来获得的任何土地所有权,都被认为是无效的。如果交易完成,土地已被转让,那么土地应被归还。"③

这里提到了"所有权"和"持有权"。根据通常的理解,所有权是所有人依法对自己财产所享有的占有、使用、收益和处分的权利。这一权利在拜占庭人的司法实践中,特别重视其产业实际的持有状况。8世纪前后颁布的《农业法》第18条规定:"如果农民因贫困不能经营他自己的葡萄园而逃匿移居到外地,那么,让那些被国库要求负责缴税的人们来采集收获葡萄";第19条规定:"如果逃离自己田地的农民每年应缴纳国库特别税,那么,那些采集该田地果实和占用这块田地的人负担双份税收"。"税收"($\delta \eta \mu \grave{o} \sigma \iota o \ \lambda \grave{o} \gamma o$)一词在后一条中为单数($\tau o \tilde{\upsilon} \ \delta \bar{\eta} \mu \grave{o} \sigma \iota o \upsilon \ \lambda \grave{o} \gamma o \upsilon$)形式,而在前一条中随其逻辑主语"被要求的人们"($o \iota \ \grave{\alpha} \pi \alpha \iota \tau o \upsilon \mu \grave{\epsilon} \nu o \iota$)使用复数($\tau \omega$

---

① Theodosius, *The Theodosian Code and Novels and the Sirmondian Constitutions*, p.64.

② Justinian, *Corpus Iuris Civilis*, xi. 55.

③ Justinian, *Corpus Iuris Civilis*, 15:214.

δῆμὸσιω λὸγω)形式。这两条法规比较清楚地表明农民因破产而迁徙的自由权利,明确地肯定了,与逃亡农民同在一个村庄的其他农民们具有使用弃耕农田的"优先权"。前者强调因农民逃亡而成为弃耕土地的使用和该土地产品的归属问题,而后者强调的是纳税义务的转移和完税的责任问题。① 这里,立法向我们透露出,国家确保农民完成税收的组织机构是村庄,逃亡农民所在村庄的其他农民,以完成该土地税收的责任和义务,换取了使用弃耕田地的"优先权"。但是同时,法令的规定是建立在对农民土地私有权的承认基础上的,也就是说,农民对土地的所有权具有绝对性和排他性。农民在自己的祖居地上劳作便可以实现其权利,其他人不得非法干涉。土地所有者对土地享有的"物权",使他有权排除他人对其行使所有权的干扰。正因为农民享有在村社里拥有土地的"天然"所有权,因此他对于其所有物"土地"可以进行日常的、全面的支配,其中包括对其田产的占有、使用、收益,还包括对土地的最终处分权。可以说,农民的土地所有权是其"物权"的源泉,也是其"优先权"的基础。

还应该注意的是,拜占庭小农的土地所有权具有的灵活性特征。农民作为土地所有者在其离开土地期间,虽然占有、使用、收益甚至处分权都与他发生全部或者部分的分离,但他只要没有发生使所有权完全消灭的法律事实,他就仍然保持着对其土地财产的支配权,其土地所有权并不消灭。甚至在特殊时期,如马其顿王朝统治下,小农土地已经发生了暂时转让等使得其所有物灭失的现象,其所有物——土地上设定的其他权利如耕作、收益权也随之消灭,其土地所有权的负担也暂时消除的时候,土地所有权仍然能够恢复其圆满的状态,即分离出去的权利仍然能复归于所有权人。拜占庭小农土地"优先权"就是充分体现了其所有权的现象。从这个法理意义上看,马其顿王朝诸帝的立法具有充分的古代罗马法依据。

根据前引拜占庭皇帝立法可以看出,小农土地所有权具有永久性,即在他逃离原来的村庄后,其对祖居地田产的所有权仍然保留,任何人都不能对其所有权存续时间做出限定。正因为如此,其土地所有权逐渐观念化,即农

---

① 陈志强:《拜占庭〈农业法〉研究》,《历史研究》1999 年第 6 期。

民作为土地所有人不以对所有物的现实支配为必要,而土地所有权行使带来的利益比所有物的实际控制更为重要。这种所有权的观念化无疑使拜占庭皇帝在数代人期间频繁强化小农土地"优先权"。这里,我们还不得不说,拜占庭皇帝们充分利用了农民土地所有权具有的平等性特征,也就是农民的法律地位使"立法"能够理直气壮地保护他们免受权贵者的侵害。

言及于此,我们还要谈及拜占庭皇帝小农土地"优先权"立法的另一个值得注意的方面,即保护弱者的特点。随着权贵阶层的发展,拜占庭社会出现了越来越严重的贫富分化问题,社会关系呈现出日益紧张的状态。"优先权"立法从法理上看,能够加强对小农(包括农兵)的保护以及对弱势群体利益的维护,有利于保护社会底层的基本利益。10世纪虽然是马其顿王朝统治的鼎盛时期,也是拜占庭历史上的"黄金时代",但也是各种社会问题层出不穷的极富变动的世纪。正是在面对复杂问题不断涌现的时候,拜占庭皇帝们不约而同地采取保护弱者的政策,以"实质正义"取代"形式正义",以上帝代言人——皇帝的"公正""合理""正义""公平"作为保护小农的旗号。客观上看,"优先权"立法的规定,对于权贵们的土地交易是"不平等的",但是皇帝们提出了充分理由强制保护小农土地的"优先权",对"权贵们"和"贫穷者"实行不同待遇,那么形式意义上的"平等"就被打破了,从而达到了对于弱势群体的保护,进而实现了实质上的正义。

总而言之,拜占庭皇帝的小农土地"优先权"立法具有充分的古代法理传统,在承认农民对祖居地田产的"天然"所有权基础上,合理运用了由所有权引申出来的多方面法律依据,在维护农民土地权益方面采取了强制措施。这些保护弱势群体的立法显然有利于拜占庭社会的稳定。而地中海世界自古典时代一直存在的"契约"精神,则顽强地保存在拜占庭"优先权"立法中,这是值得我们深入思考的。

三、"德龙猛"

"在我们上面提到的5条船里,有1条属于皇帝……港湾里停泊着8艘大船……有皇帝的战船(德龙猛),以及威尼斯的三层桨帆船,以及更多的小船。"①这是 1453 年爆发的拜占庭帝国京都保卫战幸存者留下的记载,明确提到末代皇帝君士坦丁十一世(Constantine XI,1449—1453 年在位)能够调遣的守城海军舰船情况,其中包括 1 条主力战船"德龙猛"和若干条小船。有专家指出,当时皇帝总共拥有 10 条船,其中大部分是轻型快船,只有 1 条是战船"德龙猛"。② 我们姑且不谈从史料和后世研究结论来看,当时拜占庭帝国衰弱到了何种程度,仅就记载中提到的战船而论,"德龙猛"是能够投入战役的主战舰船。那么什么是"德龙猛"? 它有何强大之处能够使其成为拜占庭帝国海军的主力战船? 国际拜占庭学界军事史家曾对它进行过细致的研究,对于我们揭开其神秘面纱大有帮助。但是,他们通常认为,这种主力战船大多活跃在 7 世纪到 11 世纪,而后随着拜占庭帝国海军力量衰落而消失。但是,前引史料清晰地证明,直到拜占庭帝国最后一战,皇帝麾下仍有"德龙猛",可见它并没有彻底退出历史舞台,只是在拜占庭帝国衰亡的过程中逐渐丧失了其一度称霸地中海的威风。③

"德龙猛"δρόμωνες(dromons)最早出现于 5 世纪的拜占庭帝国海域,7 世纪成为拜占庭海军主力战船。据拜占庭史料,这个名称在古代是指适合于东地中海航行的轻便快船,并与更小的船只"哈兰迪亚"χελάνδια(chelandia)和更大的帆船"亚雷埃"γαλέαι(galeai,亦即西地中海流行的大帆船 galley)相区别。根据考证,"德龙猛"一词来自于古希腊语,原意为"快速",相当于拉丁语"mobilitas",形容作战中行动敏捷,后来引申为"机动灵活"。可能是因为海战中也同样崇尚快速灵活的作战风格,"德龙猛"屡显奇效,因此后来的拜占庭人也将其主力战船称为"德龙猛"。④

---

① Doukas's *Decline and Fall of Byzantium to the Ottoman Turks*,pp.213-214.

② S.Runceman,*The Fall of Constantinople*,1453, pp.83-85.

③ 事实上,作为帝国主战船只的"德龙猛",此时已经不能与意大利和土耳其的大型战舰相媲美了。陈志强:《拜占庭主力战船"德龙猛"》,《海洋史研究》2016 年第 12 期。

④ 当时人也记载说到这一点,"人们称其为'德龙猛',是因为它'跑得快';希腊语把'快跑'叫做'德龙猛'δρόμων"。Isidore of Seville, *Isidri Hispalensis episcopi etymologiarum sive originum libri XX*,ed.by W.M.Lindsay,Oxford 1911,XIX.i. 14. John H.Pryor and Elizabeth H.Jefereys,*The Age of the Dromon,the Byzantine Nave ca 500-1204*, Leiden:Koninklijke Brill NV. 2006,p.126.

拜占庭历史文献中常见有关"德龙猛"的记载,目前所知最早提及这个名字的文献,是 5 世纪初前后成书的《历史》。该文献长期被后人认定为匿名作家的作品,但近年来的研究结论确定它出自撒尔迪卡人尤纳比欧斯(Eunapios of Sardis, 345/346—414 年?)之手。据说他是皇帝朱利安(Julian,361—363 年在位)的好友,参与过大量帝国政治军事大事件,因此所著 14 卷《历史》提供了诸多珍贵历史信息。其中涉及"德龙猛"的部分在该书残卷 404 年以前,故可推测拜占庭帝国早期即 5 世纪初便开始使用这种战船了。[1] 但是,文字记述还是难以在人们脑海中形成比较准确的图像,故而后人不得不从四种古籍中找到"德龙猛"的插图。其一是现藏莫斯科历史博物馆的吉鲁多夫·普萨尔特古本,其二是现藏巴黎国家图书馆的格里高利《布道词》,其三是现藏巴黎国家图书馆的大马士革人约翰的散文。前者可以确定是 843 年至 847 年完成的文献,而后两者则属于 879 年至 882 年前后的作品。最后一种为 11 世纪拜占庭作家约翰·斯基利奇斯所撰写的《简明编年史》,现藏于马德里国家图书馆。它们提供的插图比较直观形象地描绘了拜占庭"德龙猛"。[2]

从图 1 中可以看出"德龙猛"的几个明显特征。首先从船体的造型上看,船头船尾高高卷起,呈现出明显的圆弧形弧线。这一点在此后涉及"德龙猛"的画面中非常突出,并与同一时期的阿拉伯战船"沙兰狄"(shalandi)有明显区别,与古罗马的战船也不同。根据学者考证,这个特征来自于古希腊造船风格,也许是东地中海古代船只的流行样式。之所以如此,除了东地中海浅海较多的地理因素外,据分析与船只的建造方式有直接关系。图 2

————————

① Eunapios of Sardis, *The Fragmentary Classicising Historians of the Later Roman Empire*: *Eunapius*, *Olympiasorus*, *Priscus*, *and Malchus*, ed. by R. Blockley, Liverpool, Great Britain: F. Caims 1981–1983, p.14.

② 这几个拜占庭文献分别为:Khludov Psalter, in Moscow, Historiacal Museum, MS. 129 D, fol.88r. Gregory of Nazianzus, *The Sermons*, in Paris, Bibliotheque Nationale, MS.Gr. 510, esp. fol. 367v. St.John Damascus, *The Sacra Parallela*, in Paris, Bibliotheque Nationale, MS.Gr. 923, fol.207. John Skylitzes' *Synopsis historian*, in Madrid, Biblioteca National, vitr. 26 – 2. *Ioannis Scylitzae Synopsis Histiarum*, by John Wortley, Manitoba: the University of Manitoba Press 2000。

图 1 引自约翰·斯基利奇斯作品插图局部①

是发现于塞浦路斯岛基雷尼亚(Kyrenia)近海的古希腊沉船,年代测定为公元前 4 世纪。从该古船遗物残片看,其建造方式是用木板组装船体,而非后世采用的龙骨支撑做船体骨架。这与“德龙猛”的建造方式相同。木板自下向上排列,相互间以榫眼和榫头紧密咬合,榫眼间隔距离为 7.5 公分。造船工按照图纸放样,船体木板一直有序排列到船帮位置,再以更结实的木材固定成型。船头船尾的卷曲可能有利于船形的稳固。以榫眼、榫头和木钉连接的船板十分牢固,再以植物纤维填充船体木板之间的缝隙,下水后,经浸泡,木材轻微膨胀,进一步加强了船体的密闭防水。9 世纪以后造船技术的变革逐渐改变了拜占庭“德龙猛”的建造方式,龙骨、肋骨、檩条作为船体支撑物,楔形榫眼和榫头造船工艺也渐渐退出地中海世界。②

图 1 显示的另一个特征是“德龙猛”为单桅杆船只,桅杆上挂有大型风

---

① Angus Konstam, *Byzantine Warship vs Arab Warship*, *7th - 11th centuries*, London: Osprey Military 2006, p.4.

② John H.Pryor and Elizabeth H.Jefereys, *The Age of the Dromon*, *the Byzantine Nave ca* 500-1204, p.147.

图 2　塞浦路斯近海发现的古代沉船①

帆。关于这种船只的桅杆和船帆,学界争论不休,原因是史料来源的多样性,信息的多样化造成研究结论各不相同。争论集中在"德龙猛"的桅杆数量和船帆的形状等问题上。有人认为,它最多拥有两个桅杆,从来没有三桅"德龙猛",通常只有一个桅杆或者没有桅杆,个头较小的战船更是如此。②也有的学者认为,三桅杆的"德龙猛"在后期也很常见。③ 那么"德龙猛"是采用方形帆还是三角帆呢? 学者们面对大量文献和艺术品提供的信息,也难以抉择。一个为多数学者接受的意见是,拜占庭"德龙猛"既继承了古代地中海战船传统的方形帆,也采用了后来出现的三角帆,前者以横梁悬挂在主桅杆上,根据需要可以卷起也可以放开。后者则以三角帆的一端悬挂在桅杆顶端,根据风向可以随时调整三角帆的方向,甚至在逆风的情况下也可以借助风力航行,只不过是采取"Z"字形航线。至于说拜占庭人使用桅杆的时间问题,学者早有定论:帝国海军最初的船只就安装了桅杆。④ 图3、图4提供的考古遗址墙壁上的涂鸦画作,也都能印证我们这里谈到的几个

---

① Angus Konstam, *Byzantine Warship vs Arab Warship*, p.27. Pryor, *The Age of the Dromon*, p.143.

② Angus Konstam, *Byzantine Warship vs Arab Warship*, p.43.

③ Alexander P.Kazhdan, ed., *The Oxford Dictionary of Byzantium*, Oxford:Oxford University Press 1991, p.662.

④ Pryor, *The Age of the Dromon*, p.157.

结论。许多涉及海战的文献还提到,拜占庭海军在投入战场前的一项准备工作是放倒船帆,也就是以此减少敌军的攻击目标,增加"德龙猛"在战场上的灵活性。图5表现了船员放倒桅杆的方式,为我们提供了这一推测的证据。据此我们还可以推测,参与搏杀的战船大多依靠桨手划桨提供前进或后退的动力。

图3 7—8世纪西班牙马拉加古迹遗址壁画①

图4 9世纪雅典古迹遗址壁画②

---

① Angus Konstam,*Byzantine Warship vs Arab Warship*,p.35.

② Angus Konstam,*Byzantine Warship vs Arab Warship*,p.34.

图 5 3 世纪突尼斯苏萨古迹遗址镶嵌画①

图 6 引自约翰·斯基利奇斯作品插图全图②

　　"德龙猛"的另一个重要特征是桨手提供船只主要动力,舵手掌握船只方向。桨手提供的动力在正面肉搏中可能比风帆提供的动力更为重要,同时也可以说,在以运输为主要目的的航行中,风帆的作用大于桨手的作用。拜占庭人继承古代地中海传统技术,大多采用单排桨制,每船 50 名桨手,分为两列排在战船两侧,桨手之间相隔 110 公分,以利于他们充分展开划桨动

------

①　Angus Konstam,*Byzantine Warship vs Arab Warship*,p.59.
②　Angus Konstam,*Byzantine Warship vs Arab Warship*,p.36.

作,避免相互影响。分列船舷两侧的桨手动作划一,集中发力提高船速。[1]
专家根据大量史料记载,计算出其航速为每小时 3 节半,相当于 6.5 公
里。[2] 单排桨"德龙猛"的船桨长度 4.66 米,它发展成为双层桨船只后(同
时意味着桨手数量上升到百人),上层桨手的位置恰好位于下层桨手的上
方甲板上。为了解决好两层桨手划动时的碰撞问题,确定上层桨手使用
5.178 米长的船桨,采用 28° 入水角划水,而下层桨手则用 4.66 米船桨,采
用 11° 入水角。[3] 图 7 和图 9 为两层桨"德龙猛",下层桨手隐蔽在甲板之
下,图片表现两层桨时有明显区别。图 8 为单层桨"德龙猛"。学者们认
为,拜占庭海军近海作战比较普遍,因此更为机动灵活的单层桨战船较
多。[4] 在所有关于"德龙猛"的历史图画中均可见到"舵手",即与船上桨手
相向而坐于船的一端者。读者可能产生的问题在于,如何判断画面中"德
龙猛"的方向? 通常而言,"德龙猛"继承古代罗马战船船头装置"撞击角"
的传统,但是专家认为,由于"德龙猛"船体比罗马帝国时代战船较小,因此
其撞击角也相对较小。另外,从画面判断舵手的直观因素还有一点,即船舵
的方向与船桨方向不同。

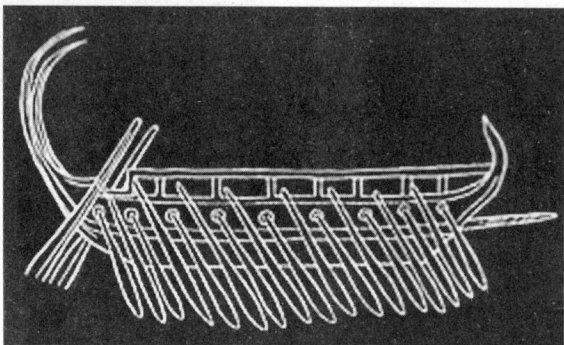

图 7 依据大马士革人约翰·斯基利奇斯作品插图绘制[5]

① Angus Konstam, *Byzantine Warship vs Arab Warship*, pp.41-42.
② J.H.Pryor, "Type of Ships and Their Performance Capabilities", in *Travel in the Byzantine World*, Hampshire: Ashgate Publishing Ltd. 2002, p.50.
③ Angus Konstam, *Byzantine Warship vs Arab Warship*, pp.41-42.
④ Pryor, *The Age of the Dromon*, pp.128-133.
⑤ Angus Konstam, *Byzantine Warship vs Arab Warship*, p.22.

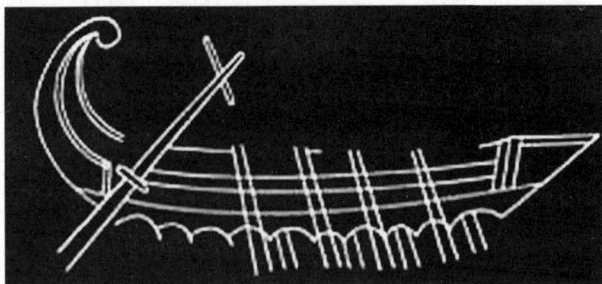

图8　依据格里高利《布道词》插图绘制①

图9　引自约翰·斯基利奇斯作品插图②

　　"德龙猛"为木质船体，因此为防护敌方船只攻击可能造成的损伤，拜占庭海军采取多种防护措施。从图像可见，一些船体侧面是用盾牌防护，有文献记载称某些船体用浸透海水的厚重湿布做防护。"德龙猛"的这一特点是与其进攻性设计思路密切相关的。专家推测，采用厚重湿布的防护措施是拜占庭军队在海战中大规模使用"希腊火"以后采用的，并认为这是拜占庭战船的一大优势。③ 图6可以清楚展现，拜占庭"德龙猛"上的一位将

① Angus Konstam, *Byzantine Warship vs Arab Warship*, p.30.

② Angus Konstam, *Byzantine Warship vs Arab Warship*, p.42.

③ Alexander P.Kazhdan, ed., *The Oxford Dictionary of Byzantium*, p.662.

士向敌人船只施放"希腊火"的场景。所谓"希腊火"又被拜占庭人称为"液体火焰"（ύγρόν πύρ，英文为 liquid flame），是 7 世纪下半叶拜占庭人在抵抗阿拉伯海军进攻君士坦丁堡时发明的火器。[①] 据史料记载，"希腊火"是由佳利尼科斯（Callinicos）发明的。此人曾在叙利亚从事建筑业，在寻找和研究建筑用防水材料时对炼丹术产生了浓厚兴趣，对其进行过长期的"化学"研究，因此，逐渐掌握了火药的配制方法。阿拉伯军队侵占叙利亚后，他随逃难的人群撤往君士坦丁堡，在途经小亚细亚地区时发现了当地出产的一种黑色黏稠油脂可以在水面上漂浮和燃烧，这种油脂实际上就是我们今天所说的石油。据现代学者的研究，"希腊火"是一种以石油为主体、混合了易燃树脂和硫磺等物质的黏稠油脂。它容易点燃，但不具备爆炸力，因此便于携带和运输。其性状如油，可以在水面上漂浮和燃烧，而且容易附着于物体表面。士兵们通常使用管状铜制喷射器将它喷洒向敌人，然后射出带火的弓箭将它点燃。也有的专家认为，"希腊火"在喷射时便已经点燃。拜占庭海军派遣轻便"德龙猛"引诱敌军大船出击，在诱敌过程中将大量"希腊火"洒在水面上，点燃后借助风力烧毁敌船。喷射器的结构并不复杂，大体类似于今日常见的儿童水枪，只是体积更大，喷口更粗，便于大量喷洒黏稠的"希腊火"。事实上，自从拜占庭帝国的高加索和亚美尼亚地区发现石油以后，就有相当数量的石油被运往君士坦丁堡，对于它的可燃性人们也早已熟悉。佳利尼科斯的新贡献在于将相当比例的易燃物质加入石油，使得它的可燃性变为易燃性，成为新式武器"希腊火"。[②] 由于原料充足，拜占庭人在很短的时间内就可以生产出大量的"希腊火"。拜占庭守城部队和海军就是依靠这种新式武器一度占据了海战优势。[③] 还有的专家通过多种古代战船的比较，得出结论认为，"德龙猛"与古罗马战船的重要区别之一在于船端的"撞击角"，拜占庭人吸取了前人的经验教训，将过去安装在吃水线以下的"撞击角"改到了吃水线以上船端部位。换言之，拜占庭"德龙猛"的船体攻击武器设计思路做出了重大调整。这反映出"德龙猛"的战

---

① Alexander P.Kazhdan，ed.，*The Oxford Dictionary of Byzantium*，p.873.

② J.R.Partington，*History of Greek Fire and Gunpowder*，Cambridge：W.Heffer 1960.

③ 陈志强：《拜占庭帝国史》，第 198—199 页。

术攻击对象从破坏敌人船只的船体转移到打击其桨手,以便使敌船丧失动力和战斗力。[①] 读者可以从图5和图10(图11)的对照中看清这一变化,前者是古罗马战船的基本形状,后者则是"德龙猛"的通常样式。从战船攻击性角度看,"德龙猛"更强调速度和灵活性,而不重视力量型的"肉搏"。

图10　引自约翰·斯基利奇斯作品插图[②]

图11　引自约翰·斯基利奇斯作品插图[③]

---

① Pryor, *The Age of the Dromon*, p.144.

② Pryor, *The Age of the Dromon*, p.144.

③ Angus Konstam, *Byzantine Warship vs Arab Warship*, p.49.

综上所述,依据历史文献和古籍插图可知,拜占庭主力战船"德龙猛"是一种木船,采用地中海世界传统的船桨和船帆等技术为动力,具有吃水浅、船体轻、机动灵活等特点,配合拜占庭各城市强大的城防工事和"希腊火"等新式武器,有效维护了其海上权益。学者根据多种史料推测,其船体长度至少超过 40 米,船体中部最宽处达到 5.5 米,可以搭乘约百人,而最大的"德龙猛"可能搭载 230 人,甚至更多。① 还有的学者准确计算了"德龙猛"的乘员数量,认为其最低数字为 108 人,其中包括桨手、战斗人员和指挥者。那么,这种小巧灵便的"德龙猛"是否真的成为拜占庭海军的主力战船了呢? 答案还需要从文献史料中查找。

拜占庭作家提及"德龙猛"的史料在 6 世纪以后迅速增多。

拜占庭作家马赛林努斯(Marcellinus Comes,6 世纪)在其《编年纪事》中就曾提到:"在意大利港口中聚集着数不清的军事用途的德龙猛战船"②,有专家考证,这段文字写作的准确年代是 518 年,显然,这个时期的拜占庭海军已经组建了成规模的"德龙猛"舰队。③ 同样是在 6 世纪,《查士丁尼法典》规定,"德龙猛编队也应提前做好准备和各项后勤保障"④,我们知道,这里引用的作家马赛林努斯·戈麦斯是西地中海人,长期在拜占庭帝国首都君士坦丁堡留学,并滞留在京城寻求仕途发展。后来他成为查士丁尼青年时代的好友,当查士丁尼(Justinian I,527—565 年在位)登基后,他也随同发达,受封爵位,名列贵族,成为皇帝的座上客。他的记载和《查士丁尼法典》互为印证,确定无疑地表明,6 世纪的拜占庭海军就以"德龙猛"为主力战船了。如果读者对上引史料还心存疑虑,对大量"德龙猛"编队是否组成了主力舰队不能得出肯定性答案的话,当时的另一位作家约翰(John Lydos,490—565 年)为我们提供了确凿的证据,他用希腊文完成的作品《官志》中明确写到:"拉文纳港湾中,这些小船在德龙猛舰队间传达命令",在此"του

---

① Alexander P.Kazhdan,ed.,*The Oxford Dictionary of Byzantium*, p.662.

② Marcellinus, *The Chronicle of Marcellinus: a translation and commentary*, Sydney: Australian Association for Byzantine Studies 1995,pp.20-30.

③ Pryor,*The Age of the Dromon*, p.124.

④ Justiniian,*Corpus iuris civilis*,trans.by S.Scott,Cincinnati 1932,CI,I. 27. 2. § 2. Pryor,*The Age of the Dromon*, p.124.

δρόμωνας"一词是用来修饰"舰队"的定语。① 查此公为拜占庭帝国小亚细亚省区人士,在查士丁尼一世治下为官 40 年,卸任后 15 年间专心致力于著书立说,多为客观记载查士丁尼时代王朝政事。他关于"德龙猛"的表述进一步证明了上引两条史料的可靠性。

拜占庭编年史作家约翰·马拉拉斯(John Malals,490—574 年)也在其作品中先后多次记载了拜占庭海军在备战中建造"德龙猛"战船的情况。② 但是,给人印象最深的是拜占庭历史上最杰出的作家普罗柯比(Procopios,? —565 年),他在其著名的《战史》中比较详细地谈到了"德龙猛",说"他们还有比较大型的战船准备投入海战,数量达到了 92 艘,它们都是装有防护甲板的单层桨船只,以便防止乘坐在船上的人员可能暴露在敌人的飞箭流石攻击下。这种战船被当时人称作'德龙猛';因为它们能够达到很高的速度"。③ 普罗柯比曾长期担任查士丁尼王朝中最重要的将领贝利撒留(Belisarios,505—565 年)的秘书和法律顾问,亲身参加了作品涉及的多次战争。后来奉诏调回朝廷,在皇帝身边专事写作,留有多部传世史书。其作品仿效古典希腊史家风格,描写生动细致。专家们特别重视普罗柯比在这里的记述,因为这种被确定称呼为"德龙猛"的战船在其描述 468 年的北非海战中并未提及,而是使用了"ναύς"和"πλοῖον"这两个名称,显然是其他种类的战船。论者甚至认为,正是在查士丁尼通过东征西讨扩张帝国时期频繁的海战中,新式战船(或改进型战船)"德龙猛"以其机动灵活的特点迅速占据了拜占庭海军主力战船的位置。④ "德龙猛"研究专家普尔耶认为,此期拜占庭主力战船重大的变革主要集中在防护甲板、船首撞击角和船帆三个方面。

7 世纪以后,提及"德龙猛"的史料就更多了。例如塞奥非拉克特

---

① John Lydos, *On powers, Ioannes Lydus on powers or the magistracies of the Roman state*, ed. and trans. by A.C.Bandy, Philadelphia: American Philosophical Society 1983, pt.II, § 14(p.106).

② John Malalas, *Chronographia*, trans. by Elizabeth Jeffreys et al., Melbourne: Australian Association for Byzantine Studies 1986, [9]. 10(p.166).

③ Procopios, *History of the Wars*, III.Xi. 15-16(vol.2, p.104).

④ Pryor, *The Age of the Dromon*, pp.126-127.

（Theophylaktos of Simokattes，580—641 年）所写的《历史》中有两处涉及"德龙猛"战船：其一是记载拜占庭帝国北方前线"将军"（即拜占庭军队前线指挥官）普利斯科斯，于 595 年在贝尔格莱德地方使用大批"德龙猛"快船出击侵入多瑙河防区的阿瓦尔人；其二是记载皇帝莫里斯（Maurice，582—602 年在位）于 590 年乘坐"德龙猛"从西林布里亚疾驶前往京城伊拉克略亚港。在描述中，作者多次描写"德龙猛"使用"πεντηκοντόρω"，即"50 名桨手"。① 这个记载与我们在本文第一部分的相关推测是吻合的，因为这一标准后来多次出现在后世的文献中。无论是皇帝利奥六世（Leo Ⅵ，886—912 年在位）的《兵法》，还是 10 世纪的其他史料，都一再谈到"德龙猛"的桨手通常为 50 人到 54 人，即每排桨手为 25 人到 27 人。专家甚至认为，这个桨手数量规模成为造船的定制，拜占庭人坚持使用到 13 世纪。在此期间，或有更大型号的多层桨帆船"德龙猛"，可能也是在这一定制基础上的发展。②

又如 11 世纪拜占庭作家约翰·斯基利奇斯（John Skylitzes）所撰写的《简明编年史》，是拜占庭史料中使用插图最集中提供拜占庭"德龙猛"信息的作品之一，从一个侧面反映了这个时期拜占庭海军的鼎盛状况。虽然这位作者的生平无从考证，但是学者们推测他曾担任朝廷重臣，其作品引用的材料和转引的前代作品都透露出他的特殊身份，因为该书最后一部分是他本人对亲历事件的记载和评论。在他推崇的军事将领中，卡塔喀隆（Katakalon Kekaumenos，？—1057 年）备受青睐，其一生战绩几乎都被记录在案。在其各项丰功伟绩中，他于 1043 年在博斯普鲁斯海峡海战中大败基辅罗斯大公海军、成功保卫君士坦丁堡得到了约翰浓墨重彩的描写。图 10 描绘的就是这场战役，拜占庭"德龙猛"凭借其船首装置的"撞击角"击溃罗斯舰船，敌军桨手纷纷落水，赤身裸体漂浮在水面上，而失去动力的敌船也丧失了战斗力。③

---

① Theophylaktos Simokattes, *Historiae*, trans. by Michael Whitby and Mary Whitby, Oxford: Claredon Press; New York: Oxford University Press 1986, 7. 10. 3.

② Pryor, *The Age of the Dromon*, pp.133–134.

③ John Skylitzes' *Synopsis historian*, in Madrid, Biblioteca National, vitr. 26–2, fol.130r. *Ioannis Scylitzae Synopsis Histiarum*, by John Wortley, Manitoba: the University of Manitoba Press 2000.

这里，我们要特别展示皇帝利奥六世的《兵法》。《兵法》又译《战术》，是利奥六世诸多传世作品之一,成书于905(或906)年。他在该作品前言中申明,为了有效对抗阿拉伯军事入侵,有必要系统地阐明拜占庭陆军和海军事务,包括将领、士兵、作战计划、装备、战法、武器、军需等。本书选取《兵法》中有关海军主力战船"德龙猛"的规定,以飨读者。"朕愿言及未在古代兵法手册中找到的海战问题。朕已读过相关奏折,也从我们海军'将军'那里了解了些许现下的经验,无论他们取得了什么胜利或者遭受了什么失败,朕都选取一些案例……对目前众所周知的德龙猛战船做如下简明规定。""你们必需装备适于进行打击敌人舰船海战的'德龙猛',在作战中抵抗和进攻敌人,你们必须使你们战船的装备能够在各方面击败敌军。""'德龙猛'的建造既不应过于沉重或在征途中航行迟缓,也不应太轻便或过于脆弱经不住海浪而破损,或被对方攻击而沉没。应对'德龙猛'采用适当工艺,以使它既不在征途上行动迟缓,也还要在风浪中和敌人攻击下保持坚固而不破损。""应该充分供应定型的'德龙猛'所有装备相同的复制部件,例如船舵、船桨、桨架、船桨圆形密封圈、枕木、船帆、船坞、桅杆,和其他造船工艺认为需要的东西。'德龙猛'还应拥有多余的船用木料,亦即甲板木料、船帮木料,以及麻刀、沥青和液体沥青。桨手中应有一人是配备了全套工具的修船工匠,工具包括扁斧、木匠手钻、木锯和其他相关工具。""最重要的是,船上应有一名'掷火者'坐在船头,通常应用青铜喷口喷射火焰焚烧敌人。在'掷火者'上方应加装防护甲板,防护堡本身以木板打造,海军将士可在其上站立,与敌船塔楼发动攻击的敌军搏杀,或者从防护堡上对敌人全船抛掷武器进行攻击。""此外,他们还应建造所说的木质堡垒,在最大型号'德龙猛'桅杆处的船中央周围以木板建造,军士将从这里向敌船中部抛掷打磨过的石弹或沉重的铁块,它们底部应具有刀剑形边缘,以便将士们能利用其重量砸穿敌船,或者砸碎那些躲藏在甲板下的敌人,或者他们能够取得其他意外的战果,不是放火烧掉敌船就是杀死船上的敌人。每条'德龙猛'应足够长短,以便很好地安置两层桨手座位,一层在下一层在上。""每排桨位至少应有25对桨手能够活动的座位,总共50个桨手,或有25对桨位在下,同样25对桨位在上,每对桨手应各就各位,一个在左,另一个在右。所有的桨手本身都应该是战士，包括上下两层，总共 100 人。除了这些船员，还应有‘德龙猛’船长，和执掌军旗的旗手，以及两名负责掌控‘德龙猛’战船的舵手，他们被称作‘舵手’，还另有一人作为预备船长。船首最后排的两个桨手，一人应为‘抛火者’，另一人应为‘抛锚人’，也即向水中抛掷铁锚的人。立于船首的弓箭手应全副武装。船长或舰船指挥的舱室应建在船尾，相互保持分开距离，应随时保护其安全，防止对方发射的流弹。司令官从指挥室能够总览全局，并对‘德龙猛’发出必要的指令。”“还应为你们建造其他更大的‘德龙猛’，具有 200 人的空间，可能更多或者更少，完全依据对敌作战时的需要而定。其中 50 人应在下层桨位服役，150 人应在上层服役，所有船员都应全副武装，并与敌人搏斗。”“同样，你们还应建造更小更快的‘德龙猛’，即人所共知的小船或单体船，你们应使用这种快速轻便的船作为前哨船只，或者用来完成其他基本任务。”“你们应建造其他供给船只，运输马匹和辎重，它们应装载所有将士们的装备军需，以使‘德龙猛’战船不必负担太重；特别是在战斗中，需要小船提供武器或其他物资，从事分发物资的任务。”①上引大段史料是有关拜占庭“德龙猛”战船最详尽的文字记载，从中可见“德龙猛”的各方面信息，包括这种战船的建造原则、基本的建造流程、重要部件的制造、造船的基本材料、使用的方法、船员的配置、桨手的人数、桨位的安排、作战中的基本战术、船员的保护、战船的指挥、其他配套“德龙猛”小船的任务等。其中最有趣的一点是，后人由此了解到“德龙猛”的建造方式是首先按照规定尺寸制作统一样式的部件复制品，而后整体组装。这些信息也印证了本文第一节中对“德龙猛”多种特征的描述。

　　也许正是利奥六世所在的马其顿王朝的强大实力，促进了以“德龙猛”为主力战船的拜占庭海军建设，并凭借其海上力量发动了多次海战，不仅在东地中海，而且在多瑙河和黑海及其出口的博斯普鲁斯海峡，取得了许多胜利。大教长尼古拉斯一世（Nicholas I Mystikos，852—925 年）在其致皇帝罗

---

① Leo VI, *Τακτικά*, *Περί Θαλασσομαχίας*, MS.B 119-sup.［gr. 139］（pp.180-181），in Dain, A., ed., *Naumachica:partim adhuc inedita*, Paris: Xociete d'edition "Les Belles Lettres" 1943. Pryor, *The Age of the Dromon*, pp.485-489.

曼努斯一世(Romanos I Lekapenos,920—944 年在位)的信中就对海战胜利表示祝贺。[①] 塞奥发尼斯也在其作品中描述了拜占庭海军于 960 年远征克里特、袭击穆斯林的海战。[②] 还另有一些史料记载了 911 年至 912 年、920 年至 921 年,以及 949 年拜占庭海军对克里特的多次远征,其快船成功发动了对克里特穆斯林的袭击。[③] 大量文献史料提供的证据证明了拜占庭海军主力战船"德龙猛"一度称霸东地中海,只是由于拜占庭帝国在马其顿王朝之后的衰败,导致帝国海军实力的下降,"德龙猛"也逐渐失去了其辉煌。但是,作为拜占庭人重要的水上作战武器,它仍然长期存在,直到拜占庭帝国灭亡的最后一战。

"德龙猛"成为拜占庭海军主力战船的原因很复杂,其中拜占庭帝国实力的强弱和东地中海特殊的环境,特别是海况,具有决定性作用。如何发挥"德龙猛"的特点,采取何种方式有利于利用其自身优势维护帝国海上权益,这些都是拜占庭海军以"德龙猛"为主力战船必须解决的重要问题。

拜占庭帝国自君士坦丁大帝(Constantine I,324—337 年在位)开启新都君士坦丁堡以后,继承了古代罗马帝国称霸地中海的传统。但是在此后数百年期间,入侵欧洲的日耳曼部落各路人马逐渐侵蚀和挑战帝国对地中海的控制权。直到查士丁尼一世发动大规模战争重新控制西地中海地区后,拜占庭帝国再度夺取地中海制海权。贝利撒留统率的海军舰队攻灭汪达尔王国、夺取其首都迦太基后,拜占庭舰队便重登地中海霸主地位,从君士坦丁堡和东地中海各海军基地出航的海军舰队发挥着维持地中海秩序的"巡警"作用。到 7 世纪中期时,地中海局势发生重大变动,斯拉夫海盗日益猖獗,阿拉伯海军加入伊斯兰教哈里发海军扩张行动,拜占庭海权因此遭到严重挑战,为此帝国重建强大舰队,旨在全面保卫广大的沿海地区城乡居民和通往首都君士坦丁堡的航线。

---

① Nicholas I, *Letters*, ed.By R.J.H.Jenkins and L.G.Westerink, Washington, D.C.: Dumbarton Oaks Center for Byzantine Studies 1973, 95, II, 10—14(p.362).

② Theophanes, *Theophanes continuatus*, *Ioannes Cameniata*, *Symeon magister*, *Georgius monachus*, ed.by I.Bekker, Bonnae: E.Weber 1838, IV. 34(p.196).

③ Pryor, *The Age of the Dromon*, pp.190—191.

正是在重建帝国海军舰队政策的推动下,"德龙猛"才以其轻便快捷和机动灵活的特点成为主力战船。拜占庭帝国地处东地中海,该区域以浅海为主。由于帝国海军采取防御性战略,其主要作战目标不是古罗马时代的远海征服,而是近海巡航,前者需要大型运兵战船,而后者需要大量较小型的"德龙猛"。在 7、8 世纪拜占庭帝国进行全面"军区制"改革中,由帝国中央政府统一辖制的帝国海军也悄然转变为地方军区"将军"指挥下的小舰队。"德龙猛"在新的海军编制内更有利于发挥自身的优势,一方面其建造更符合各地军区的实力,另一方面其特征更符合各地军区的作战任务。伊苏利亚王朝的利奥三世(Leo III,717—741 年在位)及其继任者先后组建了几个海上军区,如 732 年设置的基维尔海奥特区(Kiburrhaiotai)、843 年设置的爱琴海军区(Aegean Sea)和 899 年设置的萨莫斯军区(Samos),皇家海军舰队规模缩小,仅负责拱卫首都君士坦丁堡海域。如果帝国海军发动远征战事,则各军区要派出舰船和将士参与军事行动。史料明确记载的几次重大海战都是由中央和军区地方舰队联合作战,如 941 年歼灭基辅罗斯舰队、961 年克里特袭击战、965 年塞浦路斯海战。①

东地中海的海况特别有利于"德龙猛"战船的行动。根据欧洲史前史专家的研究,地中海在新仙女木期(约公元前 10800—前 9600 年)冰川气候之后,气温迅速上升,冰盖和冰川融化促使海平面升高,形成了地中海盆地沿海大量浅海地区,特别是拜占庭中心区海域的爱琴海和黑海一带,海水逐渐淹没了平原,形成该地区大面积的浅海床和岛礁。该海域 21 万多平方公里,平均深度仅 570 米,数千个大小岛屿星罗棋布,航海到任何地方都可以看到陆地。② 这种海洋环境特别有利于"德龙猛"这类轻型船只航行,因为它船体轻,吃水浅,便于灵活地在岛礁之间穿行,尤其不会轻易发生触礁沉船事故。诚如奥赫里德大主教塞奥非拉克特(Theophylaktos of Ohrid,1050—1108 年)所说,船员们都"用船桨触碰着干涸的土地",试探着防止船

---

① Alexander P.Kazhdan ed.,*The Oxford Dictionary of Byzantium*, p.1444.
② 简·麦金托什著,刘衍钢等译:《探寻史前欧洲文明》,商务印书馆 2010 年版,第 35—36 页。

只搁浅。① 这种帆桨快船的速度在 6 到 8 节之间,特别是在 7 世纪引入三角帆技术后更加灵活便捷。地中海每年 4 月到 10 月之间盛行北风,而其余时间盛行南风。船员掌握了季风和基本的气象知识即可在岛屿间航行。

近海航行和轻型船只还要求船员熟知航线地标和各个港口基地,因为正确的航行路线可以减少无谓的消耗,而小型轻便的"德龙猛"不能随船携带大量远航所需物资,特别是淡水,需要在"岛对岛"的航行中及时补充船员的给养。在顺风航行中,航程可以大大加快,但在逆风航行中,航行的时间就大大增加。拜占庭帝国重视重要航线沿途港湾、基地建设,与古罗马时代强调邮驿系统建设一样,只不过一个在海上,一个在陆上。难怪《兵法》对舰队指挥官和船长的要求中,特别提出他们必须具备天文和气象知识,"首先,海军部队'将军'必须具有海上经验,了解舰队编制排列,知道如何捕捉和预先发现空气中的细微变化和海风变化,通过观察群星出现的变化和群星中的迹象,通过发现太阳和月亮出现的征兆,预知海况。你们还必需具有季节变化的准确知识,这样在身处其中时,你们才能确保航行安全,并在海上风暴中正确行事。"②朝廷重臣尼基弗鲁斯(Nikephoros Ouranos,? —1007 年)也认为除了指挥官应该具备足够的航海知识外,他们还应该注意雇佣一批熟知航线状况和沿途地理的导航员,"'将军'应该随身伴有具有航行海区精确知识和经验的海员;他们知道吹动船帆的风向和来自陆地的大风。他们应了解藏在海面下的礁石,知道哪里没有深水航线,熟知船只沿岸的陆地和附近的岛屿,更了解众多的港湾码头,以及它们之间的距离。他们应知道沿途的国家和淡水供应;因为有很多人因为缺乏航海和海区知识及经验而丧命,大风则经常打翻和吹散船只,把它们刮到了其他地方。'将军'不仅应拥有我们刚刚说过的那些导航员,而且每条船上都应带上具有

---

① Theophylaktos of Ohrid, *Οι Δεκαπέντε Μαρτύρες της Τιβεριουπόλης*, Θεσσαλονίκη, *Ζήτρος*, 2008 2:139. 28−29.

② Leo VI, *Τακτικά*, *Περί Θαλασσομαχίας*, MS. B 119−sup. [gr. 139] (p.180), in Dain, A., ed., *Naumachica partim adhuc inedita*. Pryor, *The Age of the Dromon*, p.485.

这些知识的人,以便在我们需要时提出建议。"[1]

　　拜占庭海军舰队地方化的结果是削弱了中央统辖的海军整体实力,特别是军区舰队随着军区制在 11 世纪以后的迅速瓦解而缩小,有的军区建制太小而无力建造"德龙猛"舰队。于是中央政府重新收回海军统一指挥权,在君士坦丁堡建立总司令部,控制海军建设的财政支出和水兵招募。帝国舰队虽然继续巡游在沿海各地,加强各港口和基地的保护,拱卫进出首都的航线,但是其总体实力大为下降。皇帝约翰二世(John II, Komnenos, 1118—1143 年在位)开始增加用于海军建设的额外税收,并纳入国库体系,根据财力安排建造战船的规模和"德龙猛"的大小。随着拜占庭帝国整体实力的下降,帝国舰队日益缩小,不得不推行与西地中海各城市共和国结盟的政策,借助迅速崛起的威尼斯、热那亚、比萨等城市共和国的舰队,勉强维护其东地中海权益。可以说,到 12 世纪后期,拜占庭帝国衰落的加速直接伤及其海军实力,1204 年第四次十字军攻占君士坦丁堡时,拜占庭海军残余舰船大多参与了朝廷及其贵族们紧急撤离的行动。[2]

　　拜占庭帝国末代的帕列奥列格王朝创立者米哈伊尔八世(Michael VIII, Palaiologos, 1259—1282 年在位)为抵抗拉丁人复辟势力的海上进攻,一度紧急恢复组建了一支拜占庭舰队,其建制和技术均继承原有的传统,"德龙猛"这种现成的成熟经验必然在其恢复海军的工作中发挥了巨大作用。但是,帝国实力的衰败愈发严重,国库也无力支撑舰船建造和维修的庞大开支,于是皇帝安德罗尼库斯二世(Andronikos II, Palaiologos, 1282—1328 年在位)下令解散海军,遣散舰队,取消了帝国海军。此后到约翰六世皇帝(John VI, Kantakouzenos, 1347—1354 年在位)时期帝国海军曾一度恢复,还建造了一支小型舰队,但帝国财政捉襟见肘,入不敷出,小舰队便由更小的"德龙猛"组成,其中部分资金还来自于这个大贵族篡位皇帝的私人家产。在拜占庭帝国最后的岁月里,帝国海军虽然已经消失,但"德龙猛"的技术

---

　　[1]　Nikephoros Ouranos, *Taktika*, ed. by J. Meursius, Florence, 1741-1763, in Pryor, *The Age of the Dromon*, pp.57-58.

　　[2]　Alexander P. Kazhdan ed., *The Oxford Dictionary of Byzantium*, p.1444.

传统还保留着,直到末代皇帝孤军守城,其麾下仍有它的身影。

　　正如本文开章明义指出的那样,国际拜占庭学界专家大多认为,末代拜占庭王朝已经不再使用这类战船了,因为到 11 世纪拜占庭帝国开始衰败后,"德龙猛"即退出了历史舞台。事实上,我们不能设想它突然遭到弃用,因为帝国总体实力下降及帝国的最终衰亡是经历了一个漫长的过程。在这数百年间,这种一度成为拜占庭海军主力战船的"德龙猛"也不可能一下子消失,也有其逐渐消亡的过程。在解读末代拜占庭人坚守都城、抵抗奥斯曼土耳其大军攻击的文献中,我们就能找到诸多证据。例如加科莫·特达尔迪(Florentine Giacomo Tedaldi)这位佛罗伦萨商人,是最后逃出废都的战役幸存者之一,他就认为在守城一方的 138 条船中,皇帝有 3 条,其中就包括"德龙猛"。① 这个说法也得到了另一位幸存者威尼斯人尼科洛·巴尔巴洛(Nicolo Barbaro)的印证,只不过后者认为皇帝只有 1 条船。② 还有一位 1453 年拜占庭京都保卫战的幸存者莱奥纳多(Leonard of Chios)也证实上述说法,认为皇帝有 1 条战船。这位天主教教廷官员虽然对拜占庭人充满了偏见和蔑视,但是其在城破后第 77 天致教宗尼古拉五世(Nicolas V, 1397—1455 年)的信中,还是记载了围城战详细的军事部署情况,给后人留下了很多珍贵的信息。③

　　总之,拜占庭海军主力战船"德龙猛"曾长期活跃在地中海上,凭借其轻便灵活的特征,有效地在地中海特殊的海况环境中,维护帝国经济、政治和军事权益,在长达数百年间,成为拜占庭帝国称霸地中海特别是东地中海的主要海军利器。"德龙猛"在拜占庭帝国发展中极大地发挥其自身优势,起了极为重要的作用,其原因主要在于拜占庭人继承了古代希腊罗马时代的技术传统,并根据它适合东地中海地理环境的特点,恰当地调整其配置和编制,使之有效地为帝国近海防御总策略服务。

---

① *The Siege of Constantinople* 1453: *Seven Contemporary Accounts*, p.3.

② Nicolo Barbaro, *Diary of the Siege of Constantinople*, 1453, pp.29-30.

③ *The Siege of Constantinople* 1453: *Seven Contemporary Accounts*, p.21.

四、官制考

拜占庭帝国是欧洲中古时期历史最为长久的君主专制国家。其政治生活的一个明显特征是国家官僚机器完备庞大。长期以来,国际拜占庭学专家对此展开了深入细致的研究,取得了大量成果,其中英国学者布瑞的专著对 9 世纪拜占庭官职进行全面考察,是为这一研究领域的开山之作。① 此后,伊格诺米基斯、斯坦因、道格、圭兰德、顿拉普、埃温斯、哈尔顿和马克斯莫维奇的成果相继问世,②使人们基本上明了拜占庭帝国官僚体系的全貌。但是,在他们的研究中,6 世纪和末代王朝的拜占庭官职似有缺漏,至少研究比较薄弱。究其原因,在于此项研究所依据的诸如《职官图》、《仪式指南》等史料在这两个时期不够充分和系统。笔者在阅读 6 世纪拜占庭帝国著名作家普罗柯比《秘史》中,发现其中涉及的大量官职可以提供相关的信息,结合前人的研究和推论,我们似乎可以为上述研究做出补充。③

《秘史》作者普罗柯比早年追随著名军事将领贝利撒留东征西讨,作为这位将军的法律秘书和密友参加了查士丁尼时代的各次主要战争,回朝后

---

① J.Bury, *The Imperial Administrative System in the Ninth Century*, London: Pub. For the British academy by H.Frowde, Oxford University Press 1911.

② G.A.Oikonomides, *Diplomatikes histories*, Athena: Ekdoseis Gema 2009. N.Oikonomides, "The Etymology of Theme", *Byzantina* 1975, XVI.E.Stein, *Studien zur Geschichte des byzantinischen Reiches*, Stuttgart: Metzler 1919. F.Dolger, *Das Kaiserjahr der Byzantiner*, Munich: Verlag der Bayerischen Akademie der Wissenschaften 1949.F.Dolger, "Rom in der Gedankenwelt der Byzantiner", *Zeitschrift fur Kirchengeschichte*, LVI(1937), pp.1-42.R.Guilland, "Les Eunuques dans l'Empire Byzantin", *Etudes Byzantines*, I(1943), pp.197-238; II(1944), pp.185-225; III(1945), pp.179-214. J.E.Dunlap, *The Office of the Grand Chamberlain in the Latter Rroman and Byzantine Empires*, New York: Macmillan 1924. A.E.R.Boak and J.E.Dunlap, *Two Studies in Later Roman and Byzantine Administration*, New York, London: Macmillan 1924. J.A.S.Evans, *The Age of Justinian: The Circumstances of Imperial Power*, New York: Routledge 1996. J.F.Haldon, *Byzantine Praetorians. An administrative, institutional and social survey of the Opsikion and Tagmata*, Bonn: R.Habelt 1984.I.J.Maksimovic, *The Byzantine Provincial Administration*, Amsterdam: A.M.Hakkert 1988.S.

③ 笔者曾以《拜占庭职官考辨》为题做过专门研究,见《西学研究》,商务印书馆 2002 年版。

长期留任朝廷重要官职。由于他参与和接触了当时拜占庭帝国政治生活的重大事件和核心机密,因此其大量作品被后人认为具有极为重要的史料价值。后来,他因贝利撒留涉嫌"谋反"事件受牵连而对皇帝查士丁尼和皇后塞奥多拉心生怨恨,进而对他们的政策和人格进行无情的鞭笞,这些看法集中在《秘史》一书中。该书在他去世后秘密流传,直到 10 世纪才被认定是他的作品。由于《秘史》完全不同于普氏其他作品的政治倾向,使得后人一度怀疑他不是该书的作者。今天,学者们完全能够理解普罗柯比秘密写作和死后公开《秘史》的理由,也没有人对该书的可靠性表示怀疑了。①

　　首先我们来看皇帝这一拜占庭帝国最高权力的象征。《秘史》提到次数最多的名字是"皇帝",全书几乎每章都提到这个名字,但使用的方法有不同。这里仅举出数例以说明问题。

　　ὕστερον δὲ καὶ εἰς βασιλέα ἐλθὼν, αὐτόν τε καὶ τὴν βασιλίδα ἱκετεύων(后来,他甚至到皇帝那儿恳求皇帝和皇后,I.40);γράμματα γὰρ αὐτοῖς ἀνελέξατο, ἅπερ ἔναγχος ἡ βασιλὶς τῷ Ζαβεργάνῃ ἐτύγχανε γράψασα(他为他们阅读了皇后最近写给扎伯佳尼的信件,II.32);βασιλεῖ δὲ Ἰουστινιανῷ χαλεπώτατα νοσῆσαι ξυνέβη(皇帝查士丁尼身染重病,IV.1);καὶ Θεοδώρας βασιλείαν(和皇后塞奥多拉,XXIII.23)。这里多次提到βασιλέα和βασιλίδα,可见,βασιλεύς在当时是对皇帝最常见的称呼。这个称呼来源于古代希腊人对国王的称呼,并在古希腊文献和当地人的日常用语中常用不衰。罗马帝国时代在民间流行的政治思想倾向于反对君主专制,迫使当时的政治家将皇帝专制政治隐藏在 imperator 等称呼之后。虽然 imperator 也指皇帝,但是它更多具有军事领袖的含义,而βασιλεύς则具有突出的政治含义。拜占庭帝国开国皇帝君士坦丁一世强化了君主政治的合法性,利用基督教神学和希腊政治哲学奠定了皇帝专

---

　　① 关于《秘史》版本和内容的研究指南,读者可以参考罗耶布古典丛书《秘史》所作的前言,还可以参考中文版前言;Procopius, *The Anecdota*, trans by H.B.Dewing, Cambridge, Massachusetts:Hurvard University Press 1998.普罗柯比著,吴舒屏、吕丽蓉译:《秘史》,上海三联书店 2007 年版。

制制度的理论基础,βασιλεύς也因此被广泛使用,取代其他名字成为皇帝的主要称呼了。[①]

拜占庭帝国早期的历史是一个多种政治理念混杂的时期,反映着这个庞大帝国从上古社会向中古社会的转变。政治转型的深刻变化表现于皇帝称呼的多样性。普罗柯比有时在一章行文中使用βασιλεύς,而在另一章中使用αὐτοκράτωρ,有时则在同一章中使用两者。πολλοὺς μὲν οὖν ὅδε ὁ αὐτοκράτωρ ἐν τοῖς αὐτῷ καταλέγων ἐπιτηδείοις(皇帝以同样的方式使很多人成为他的亲信,X. 20);Πολλάκις δὲ τά τε ⟨τῆ⟩ συγκλήτῳ βουλῆ καὶ τῷ αὐτοκράτορι δεδοκιμασμένα(但是,元老院和皇帝的决定经常相互提交讨论并作最终决定,XIV. 7);λελέξεται δὲ ὅστις ἀνὴρ πρῶτος δικάζοντα δωροδοκεῖν τὸν βασιλέα τοῦτον ἀνέπεισε(我必须提及那个首先贿赂皇帝出售其决定的人,XIV. 15)。事实上,βασιλεύς在希腊人中泛指所有的国王,但是在罗马帝国统治东地中海时期,这个名称常指大国君主,例如波斯国王可以称为βασιλεύς,而其他小国君主则被称为 rex,当然,它们之间用法上的区别是微小的,不是非常的明确。αὐτοκράτωρ名称是皇帝拉丁语称呼 imperator 正规的希腊语翻译,它具有突出的军事首脑的意义,它与βασιλεύς混用反映出皇帝专制制度发展的现实。普罗柯比作为著名作家,不仅在对皇帝称呼的混用方面真实反映了当时的语言习惯,而且在行文中表达了对皇帝专制的不满和仇视。他以尖刻的语言攻击查士丁尼和塞奥多拉独断专行、残暴无情,说他们将整个帝国玩弄于股掌之间,包括达官显贵在内的其他人全都丧失了尊严。显然,他作为拜占庭知识界的代表,不能接受这种社会转型的政治现实。

除了上述称呼外,《秘史》还使用了其他名称。οἱ ῾Ρωμαίων βεβασιλευκότες ἐν τοῖς ἄνωχρόνοις(罗马皇帝们在帝国所有边疆,XXIV. 12);βεβασιλευκότες ἐκ τοῦ δημοσίου χορηγεῖσθαι(过去皇帝们从国库,

---

① 当时的御用文人和基督教思想家就大力论证皇帝专制政治的合理性,认为上帝创造的生命世界自然存在着"王",皇帝就是人类的"王",如同"蜜蜂王"。F. Dvrink, *Early Christian and Byzantine Political Philosophy: origins and background*, Washington, Dumbarton Oaks Center for Byzantine Studies 1966, vol.2, p.611.

XXVI. 5）；ταῦτα μαθὼν Ἰουστινιανὸς Ῥωμαίων αὐτοκράτωρ τήν（当罗马皇帝查士丁尼听说这个，XXVI. 30）；Βουλεύσας δὲ Ἡφαιστος οὗτος ὅπως τὴν βασιλέως διάνοιαν πολλῷ ἔτι μᾶλλον ἐξελεῖν δύνηται, προσεπετεχνήσατο τάδε. Διοκλητιανὸς Ῥωμαίων γεγονὼς αὐτοκράτωρ（这个赫菲斯托斯想得到皇帝更多宠爱，便又策划了下面这个新的阴谋。罗马人以前的皇帝戴克里先，XXVI. 40,41）；ὁ μὲν οὖν Σεβαστὸς ἐς ἄγαν διατεινόμενος τὸ πρᾶγμα ἐν σπουδῇ ἐποιεῖτο（于是，这位奥古斯都便千方百计地安排了这件事，XXVII. 23）；ἀλλὰ Βιγίλιος τηνικάδε παρὼν εἴκειν βασιλεῖ τὸ τοιοῦτον（但是，当时正在都城的维吉留决定在这件事上不服从皇帝，XXVII. 24）。这里多次出现 Σεβαστὸς 这个称呼。该称呼始见于公元初几个世纪希腊作家的作品，用以对称拉丁名字 augustus。在普罗柯比生活的 6 世纪，只有熟悉古希腊语的作家才在写作中使用它。它具有特殊的社会地位和司法含义。

这样，人们从《秘史》中了解到，6 世纪拜占庭人对皇帝的称呼主要有以上 3 种以及它们的变体形式。从中又可以进一步了解到，皇帝在拜占庭历史早期逐步发展成为集政治、军事、宗教、司法等多种权力于一身的最高权力的代表，其权势渗透到拜占庭社会各个方面。他被神化为上帝在人间的代表，无论在军队、元老院，还是在公民中，他都受到顶礼膜拜和山呼万岁。为了体现其特殊的神圣地位，太阳是皇帝的象征，沉默是他保持庄严的方式。自从君士坦丁大帝以后，皇帝就拥有了对教会的"至尊权"，不仅掌握着召集宗教大会和任免高级教士的权力，而且拥有对教义的解释权和对宗教争端的仲裁权。他还是法律的制定者。他的这些权力理论上来自于他对帝国全部土地的所有权、由此产生的财政权力和上帝的"委派"，实践上则来自于对军队的控制。为了推行其意旨并保持君主专制制度的运行，皇帝拥有庞大的官僚机构，并逐步使所有的官吏成为只对皇帝个人负责的工具。

按照传统，皇帝身边地位最高的人是元老们。元老院曾在晚期罗马帝国政治生活中发挥过重要作用，拜占庭帝国初期元老政治虽然逐渐衰落，但拜占庭人仍然在名义上沿袭旧制，直到普罗柯比所在的 6 世纪，这在《秘史》中有明确的反映。罗马帝国时代，元老院是权力最大、声誉最高的议事会和咨询机构，积极参与国家重大决策。戴克里先皇帝在强化皇帝权力的改革中，采取多项措施限制其权力，剥夺了元老院大部分行政功能。君士坦丁一世继承了戴氏的改革精神，但是加强了元老院参与市政工作的措施，他不仅保留了罗马城的元老院，而且在君士坦丁堡建立了新的元老院，指令他们在城市金库收支计划、城市粮食和其他食品供应和城市建筑规划方面协助市长。因此，普罗柯比在《秘史》中有相关记载。Πολλάκις δὲ τά τε ⟨τῇ⟩ συγκλήτῳ βουλῇ καὶ τῷ αὐτοκράτορι δεδοκιμασμένα ἐς ἑτέραν τινὰ ἐτελεύτησε κρίσιν（但是，元老院和皇帝经常相互提交讨论他们的决议并作最终决定，XIV. 7）；ἀλλὰ δόγμα ἐγεγόνει τῆς συγκλήτου βουλῆς μηδὲ ὄνομα τοῦ βασιλέως τούτου（但元老院还是以皇帝的名义通过了一项法令，VIII. 13）；οἱ μὲν οὖν ἐκ τῆς συγκλήτου βουλῆς τὴν διάγνωσιν（于是元老院调查了此事，XXVII. 29）；ἥ τε σύγκλητος βουλὴ τὴν διάγνωσιν ποιουμένη τῶν πεπραγμένων（元老院依据这一案件的事实判定……，XXIX. 10）。显然，元老院在行政和司法方面继续参与工作，他们还经常讨论皇帝的决议，并向皇帝提交自己的决议。特别是他们承袭自古代的立法权在 6 世纪仍然保留，只是作者没有进一步指出元老院决策和立法范围究竟有多大，他们是否能够对皇帝的意见进行否定。

普罗柯比还指责皇帝独断专行，说他 οὐ μὴν οὐδέ τις ἐκ τῆς συγκλήτου βουλῆς τὸ αἶσχος τοῦτο ἀναδουμένην τὴν πολιτείαν（没有一个元老院的元老敢于反对和阻止他……，X. 6）。这里提到的事情是有关查士丁尼修改法律，以便他作为元老可以与妓女出身的塞奥多拉结婚。如此重大且敏感的事情当然使元老们不敢表态反对。有些学者认为，查士丁尼时代的元老院只是保留了理论上的立法与决策权，他们的实际作用是表决通过皇帝法令，元老院议事大厅则成为皇帝颁布立法的场所。[①]《秘史》的记载证明这种意见不完全正确，第 27、29 章提到的事件涉及对元老福斯丁的指控和一桩命案，均属于司法范畴，由此可见，在司法领域元老院还发挥

---

① Αικ. Χριστοφυλοπουλου, *Η Συγκλετος στο Βυζαντινον Κρατος*, Αθενα 1949, p.46.

着相当重要的作用。

根据现有的资料,人们知道在拜占庭帝国早期历史上,不仅旧都罗马城和新都君士坦丁堡各自有独立的元老院,而且各个大城市也存在地方元老院。οὗτος ὁ Φαυστῖνος ἔς τε βουλῆς ἀξίωμα ἦλθε καὶ τῆς Χώρας τὴν ἀρχὴν ἔσχεν(这个福斯丁曾成为当地的元老和总督,XXVII.27);Ἀνατόλιός τις ἦν ἐν Ἀσκαλωνιτῶν τῷ λευκώματι τὰ πρωτεῖα ἔχων(阿什凯隆元老院中有一个最为重要的人物名叫阿纳托里乌斯,XXIX.17)。从这两段文字看,至少在巴勒斯坦和阿什凯隆存在地方元老院。有材料显示,君士坦丁大帝建立新都元老院后,明确授予它仅次于罗马元老院的全帝国第二位的地位,为了区别两地元老,罗马元老称为 clarissimi,而君士坦丁堡的元老称为 clari,最初的人数有 50 名。随着罗马在动荡局势中地位不断下降,君士坦丁二世在 357 年至 361 年间颁布法令,授予君士坦丁堡元老院具有第一位的地位。后来,在查士丁尼一世的法令中提到,罗马元老院只有监督物价和度量衡的权力。而君士坦丁堡元老院不仅继续发挥皇帝咨询会议和典礼仪仗队的作用,而且参与司法工作。

与罗马帝国时代相比,拜占庭帝国的元老院已经失去了政治中心的地位,皇帝取代了其原有的地位,元老院的成员“元老”逐渐成为荣誉头衔。他们作为一个利益集团,在政治生活中形成一种势力,拥有最高的社会地位,成为拜占庭等级社会中的最高等级。为了扩大君主专制的阶级基础,君士坦丁一世取消了戴克里先只允许少数达官显贵成为元老的法令,承认西部新增加的元老数额,鼓励东部名门大户和高级官吏进入元老阶层。同时,他推动“元老”的“头衔化”,减少其实际权力,成为皇帝控制下的荣誉地位的象征。元老头衔被正式划分为“杰出者”(Illustris)、“显赫者”(Spectabiles)和“辉煌者”(Clarissimus),他们在《礼仪指南》中的位置依此排列。其中地位最高的“杰出者”只授予大政区总督、执政官、首都市长、总理大臣和君士坦丁堡大教长。但是,随着元老名号的大量授予和元老人数的增加,上述头衔逐渐贬值,只有“杰出者”一直被用于元老,并采用了新的拉丁语形式 Magnifiei,到 6 世纪时又改称为“荣耀者”(Gloriosus),获得者除了上述达官显贵外,增加了陆军司令、司法大臣和皇宫宦官大总管,而贬值了的 Magnifiei 则授予下一级别的各部门或省区伯爵。①

值得注意的是,上述头衔只能终生享用,而不能世袭继承。资料显示,在 7 世纪初被皇帝福卡斯血腥镇压政策消灭的元老家族,是君士坦丁大帝在大贵族和大地主中发展元老以后,存在的最后一批早期元老家族了。

在《秘史》中,人们仍然可以发现普罗柯比提到了许多家世显赫的元老。καὶ Δαμιανὸν, ἄνδρα ἐκ βουλῆς, τοξεύματι βληθέντα πεσεῖν(名叫达米安的元老院成员因箭伤而死,XXIX.32);ἀλλ᾽ ἀνέκαθεν αἵματος τοῦ πρώ του ἔν γε τῇ συγκλήτ ῳ βουλῇ γεγονυῖαι(而且她们的祖先也曾是整个元老院最重要的家族的成员,XVII.7);Θεοδόσιον ὄνομα, καίπερ ἐς ἀξίωμα βουλῆς ἥκοντα(一名叫塞奥多修的元老,III.9)。这些元老在当时可能还是一些大家族的成员。但是,人们在普罗柯比的记载中还注意到一些出身低微的人后来成为高官和元老。第 27 章提到的被"提升至元老院阶层"的福斯丁就是来自于当时在拜占庭帝国备受歧视和迫害的犹太人家族。

而一旦获得元老头衔,无论他们原来的出身和地位如何,都可以保持其特殊地位,其财产不受侵犯,他们随时可以进宫觐见皇帝,表明其政治上的特权,其社会地位则反映在婚姻生活中。对此,普罗柯比在行文中有记载。ἀδύνατον δὲ ὂν ἄνδρα ἐς ἀξίωμα βουλῆς ἥκοντα ἑταίρᾳ γυναικὶ ξυνοικίζεσθαι(作为有元老地位的男人,他是不可能娶一位妓女为妻的,IX.51);καίτοι οὐδεπώ ποτε δημόσιον ἢ βασιλεὺς ἀφ᾽ οὗ γεγόνασιν ἄνθρωποι χρημάτων βουλευτικῶν μετασχεῖν ἔσχε(在人们记忆中从未有过国库和皇帝分享元老地产的事情,XXIX.20)。元老们在政治上的特权只是相对于普通民众而言,事实上,在皇帝为最高权力的君主专制统治下,元老已经丧失了与皇帝平等的传统地位,他们都成为皇帝的臣民,只是地位比其他臣民更高些而已。这一点明显地表现在他们觐见皇帝礼仪上的不同。πάλαι μὲν ἡ σύγκλητος βουλὴ παρὰ βασιλέα ἰοῦσα τρόπ ῳ τοιῷ δε

---

① M.T.W.Arnheim, *The Senatorial Aristocracy in the Later Roman Empire*, Oxford:Clarendon Press 1972,pp.46-102.

προσκυνεῖν εἴθιστο(在古代,元老觐见皇帝时习惯于遵循下述方式,XXX.21),即以手捂在右胸向皇帝致敬,同时皇帝要亲吻元老的头顶。其他等级的觐见者则必须右膝跪地向皇帝致敬。但是,查士丁尼要求所有元老和贵族在觐见皇帝和皇后时必须五体投地,分别亲吻皇帝和皇后的两脚,称为"吻靴礼"。这种宫廷礼仪上的变化反映了元老身份性质上的改变。

元老阶层在丧失其政治立法特权的同时,其称号转变为贵族的荣誉头衔。查士丁尼就授予所有杰出者元老获得贵族头衔。但是,贵族在查士丁尼时代得不到应有的尊重,《秘史》第15章中涉及贵族受侮辱的场面。καί ποτε[ἦν]τις τῶν πατρικίων γέρων τε καὶ χρόνον πολὺν ἐν ἀρχῇ γεγονώς(有一次,一位年迈的贵族,他曾供职多年〈依惯例吻了她的脚〉,XV.25)。该章节还记载了另一件事:在一次会见活动中,皇后精心安排嘲弄一位元老贵族的场面,指使随身宫女高唱低俗歌曲,ἡ δὲ γυνὴ ἀπεκρίνατο ἐμμελῶς,"πατρίκιε ὁ δεῖνα"(宫女们应和唱道:"贵族大人某某某"您的疝气真让您心烦,XV.34)。

除了元老的地位下降外,还有一些高级贵族的权力也被削减。综观拜占庭历史上的尊号头衔,大体分为7世纪以前的传统体系、前科穆宁王朝的头衔体系、后科穆宁体系和晚期拜占庭体系4种。《秘史》只是涉及第一个阶段的尊号头衔体系。元老阶层从实权派向荣誉头衔的转变反映了其实际政治地位的下降。

拜占庭帝国君主专制制度的重要内容是庞大的国家官僚机构。普罗柯比涉及了多种官职,反映了拜占庭政治生活的这种特点。Ἡμαρτάνετο δὲ τοιοῦτο κἀν τῇ τοῦ μαγίστρου καλουμένου ἀρχῇ κἀν τοῖς Παλατίνοις, οἳ δὴ ἀμφί τε τοὺς θησαυροὺς καὶ τὰ πριβᾶτα καλούμενα τό τε πατριμώνιον ἐπιτελεῖν ἀεὶ τὴν ὑπουργίαν εἰώθασιν, ἐν πάσαις τε συλλήβδην εἰπεῖν ταῖς ἐν Βυζαντίῳ καὶ πόλεσι ταῖς ἄλλαις τεταγμέναις ἀρχαῖς(相同的弊病也同样发生在人们所说的总理大臣和那些专门管理国库和皇帝产业的官员,广而言之,不仅包括首都拜占庭而且其他所有城市的常设官吏,XXⅡ.12),这里分别提到了总理大臣、国库官员和皇帝产业官员。

　　一般而言,拜占庭帝国官僚机构具有庞大完备、等级森严的特点。拜占庭官制大体上分为行政、军事和教会三个系列。①　各级官吏都有自己的办公地,其中高级官员的任免权控制在皇帝手中。《秘史》对此有所记载。οἵ τε οὖν ἄρχοντες διοικούμενοι τὰ εἰωθότα ἐν τοῖς καταγωγίοις τοῖς αὑτῶν ἔμενον(因此过去的行政官员都忙于他们自己的管理事务,呆在各自的衙门,XXX.29);τάς τε γὰρ ἀρχὰς καὶ ἱερωσύνας ἐχειροτόνει(世俗和教会官员的任免都操纵在她手里,XVII.27)。由于拜占庭帝国官职名称复杂多样、变化不定,本书不可能一一探讨,只对《秘史》提到的内容略证一二。

　　首先说执政官。执政官产生于罗马共和国时期,到晚期罗马帝国时失去行政职能,逐渐转变为荣誉称号。拜占庭帝国时期,执政官头衔继续保留,其拉丁文形式为"Consul",希腊文形式为"ὕπατ ός"。《查士丁尼法典》第105条第1款规定,皇帝每年任命两名执政官,其中一名在帝国西部都城,一名在帝国东部君士坦丁堡。正如《秘史》所记载的:ὕπατοι Ῥωμαίων ἀνὰ πᾶν ἔτος ἐγινέσθην δύο, ἅτερος μὲν ἐν Ῥώμῃ, ὁδὲ δὴ ἕτερος ἐν Βυζαντίῳ(每年选出两名罗马人的执政官,一个在罗马城,另一个在拜占庭城,XXVI.12),这里ὕπατοι是ὕπατός的复数形式。当选为执政官在当时是一种极大的荣誉,通常由皇帝提名任命。但执政官的主要来源是富有的贵族,因为这个头衔需要有大量的资金为后盾。当选的执政官必须负责出资安排大型公共欢宴,向穷苦市民发放救济,在大竞技场组织赛车活动,并向市民免费提供观礼票。普罗柯比估计,仅每年用于比赛活动的开支就高达2000金镑,当然,皇帝也要为此支付一定的开支。他写道:"其中一小部分出自他自己的钱财,大部分则由皇帝支付"。②

　　他还谈到:Εὐδαίμων ὄνομα, ἔς τε τὸ τῶν ὑπάτων ἀξίωμα ἥκων(名叫尤甾莫斯,曾官至执政官,XXIX.4);οὐκ ἐκ πατρός τε καὶ τριγονίας ὑπάτων μόνον(不仅她们的父亲和祖父都曾担任执政官,XVII.7);καὶ ὁ

①　J.Bury, *The Imperial Administrative System in the Ninth Century*, pp.36-39.

②　ὅστις δὲ εἰς τὴν τιμὴν ἐκαλεῖτο ταύτην πλέονἠ κεντηνάρια χρυσοῦ εἴκοσιν ἐς τὴν πολιτείαν ἀναλοῦν ἔμελλεν, ὀλίγα μὲν οἰκεῖα, τὰ δὲ πλεῖστα πρὸς βασιλέως κεκομισμένος.Procopius, *The Anecdota*, XXVI.13.

Βούζης οὖν εἰς τὸ βάραθρον τοῦτο ἐμβέβληται, ἐνταῦθά τε ἀνὴρ ἐξ ὑπάτων γενόμενος ἄγνωστος(所以,布泽斯被投入这个密牢,尽管他拥有执政官的头衔,Ⅳ.8);ἔς τε ὑπάτων ἀξίωμα ἥκεις καὶ πλούτου περιβέβλησαι τοσόνδε Χρῆμα(你已经晋升至执政官地位,并拥有了如此巨大的财富,Ⅱ.7)。这些记载表明,虽然执政官荣誉贬值,但是当时的拜占庭社会上层仍然认可执政官的荣誉地位。由于6世纪前后,像查士丁尼及其舅父查士丁这样一些来自社会下层的人进入上流社会,甚至爬上皇帝宝座,执政官中也增加了许多并非出自大户名门的人物,使得这一头衔逐渐失去了原有的特殊社会地位的象征。特别是执政官的传统义务使它成为花费巨大的头衔,因此,洞悉其中弊端的上流社会没有人乐于接受这个"徒有虚名而必使倾家荡产的光荣头衔",以致"执政官名表的最后一段时间所以常有缺漏"。① 目前所知,拜占庭文献中有关执政官的记载到7世纪上半期即消失了,也就是说在查士丁尼去世后几十年,执政官就退出了历史舞台。

其次来看大区长官。大政区总督又称为大区长官,其全称的拉丁文形式为"Praefectus praetorio",其希腊语形式为ἐπάρχος των πραιτωρίων,在实际使用中常有简化形式。从这个名称上人们就可以看出,它起源于晚期罗马帝国奥古斯都或恺撒控制下的御林军。自4世纪拜占庭帝国初期,它成为对御林军事务负责的行政官职。查士丁尼主持编撰的《罗马民法大全》公法部分对大政区总督有如下规定:"有必要简要讲述一下大区长官(Praefectus praetorio)是从哪里起源的,根据某些文献的记载,在古时,设立大区长官是为了代替骑兵队长,因为,如同以往一样,把最高治权暂时地赋予独裁官,独裁官自行任命骑兵队长,骑兵队长作为其军队管理方面的助手,位于独裁官之后行使职务,与骑兵队长相似,大区长官也由皇帝任命。并且皇帝赋予其在修改公共规章方面更广泛的权力。"②《秘史》对这一名称涉及不多,只有两处:πρὸς δὲ τοῦ τῶν πραιτωρίων ἐπάρχου ἀνὰ πᾶν ἔτος πλέον ἢ τριάκοντα κεντηνάρια πρὸς τοῖς δημοσίοις ἐπράσσετο

---

① 《罗马帝国衰亡史》下册,商务印书馆1997年版,第213页。

② 斯奇巴尼选编,张洪礼译:《民法大全选译·公法》,中国政法大学出版社1999年版,第97页。

φόροις（大政区总督每年除公共税收之外还要上缴皇帝3000镑，XXI.1）；ὄνομα ταύτῃ ἐπιθεὶς πραίτωρα δή⟨μων⟩（定其官名为"庶民总督"，XX.9）。普氏没有进一步说明该官职的职责，也没有解释为什么总督要向皇帝另外缴纳金钱。

大政区是由几个省区组成的，最初是在皇帝戴克里先改革划分四大区的基础上形成的。君士坦丁统一帝国以后，削弱该官职的权力，取消其军事权力，保留其行政司法权力。在拜占庭帝国早期历史上，东方、伊里利亚、意大利和加利亚四大政区设立总督。查士丁尼时代，继续保留了伊里利亚和东方大政区总督，分别驻扎塞萨洛尼基和君士坦丁堡，534年和537年又重新恢复了意大利和非洲大政区，分别以拉文纳和迦太基为首府。作为皇帝和副皇帝的助手，其地位仅次于皇帝。他经常以副皇帝的身份在其所辖区域内行使行政司法职权，负责辖区内的税收、司法、公路、邮政驿站、公共建筑、食品供应、士兵征募、军械兵器生产、区内贸易、商品物价和国立高等教育等项事务，代表皇帝处理上诉至帝国最高法庭的案件。他们有权按照皇帝的意旨起草和公布法规。为了完成工作，大政区总督设立各自的府邸，其属下官员大体可以分为行政司法事务官吏（schola exceptorum）和财政官吏（scrinarii）两大类。由于大政区总督权力极大，君士坦丁大帝以后的皇帝，采取逐步削权的措施，其部分职权转移给总理大臣。

大政区存在的时间不长，因为这种体制不利于管理，特别是不能及时应付边境区域的外敌入侵活动。因此，在查士丁尼统治时期，省长的作用日益加强，在一些特殊地区如北非和拉文纳实行总督区制，也许它们是查士丁尼皇帝有针对性的"试验特区"。大政区总督在普罗柯比去世后几十年的7世纪上半期被取消，代之以军区"将军"。

再者考察司法大臣。司法大臣曾是拜占庭帝国早期历史的高级官吏，由君士坦丁一世开始设立，当时称为 Quaestor sacri palatii，负责起草皇帝法令，并具有呈递皇帝奏折和司法诉状等职责。该官职的希腊语形式为 κοιαίστωρος。《秘史》中多处涉及：ὄνομα ταύτῃ ἐπιθεὶς πραίτωρα δή⟨μων⟩（称这个官职为"司法大臣"，XX.9）；οὐ τῷ τὴν κοιαίστωρος ἔχοντι τιμὴν（不交给担任司法大臣的官员，XIV.3）；μόνος ὁ Πρόκλος τὴν τοῦ καλουμένου κοιαίστωρος（只有担任司法大臣的普罗柯洛……，Ⅸ. 41）；τὴν τοῦ καλουμένου κοιαίστωρος Πρόκλος ὄνομα（名为普罗柯洛的司法大臣，Ⅵ. 13）。

司法大臣的重要性最初并不明显，其协助皇帝的作用大体上与法律秘书相似，但是，作为皇帝心腹的法律顾问，其影响极为广泛，且具有很大的发展潜力。随着皇帝专制统治的强化，中央政府各部门权力得到发展，包括司法大臣、总理大臣在内的高级官吏日益重要，地位不断提高。查士丁尼统治时期，最著名的司法大臣是具体主持《罗马民法大全》编纂的特利伯尼安。由于他权势太大，在朝野树敌过多，故君士坦丁堡"尼卡起义"民众迫使查士丁尼将其罢免。《秘史》中提到的普罗柯洛可能是他的后继者。史料记载，查士丁尼一世为了加强司法管理，曾增设君士坦丁堡司法总监，称为"Quaesitor"，处理首都政治与司法事务，特别是管理日益增多的外来定居者。司法大臣的地位到 8 世纪以后开始下降，最终成为普通法官。

司法大臣治下有许多法官，《秘史》也多处提及法官一职：οἵ τε δικάζοντες τὰς ὑπὲρ τῶν ἀντιλεγομένων（那些作出司法判决的法官们，Ⅶ. 32）；καὶ στρατιῶται οἱ τὴν ἐν Παλατίῳ φρουρὰν ἔχοντες ἐν τῇ βασιλείῳ στοᾷ παρὰ τοὺς διαιτῶντας γενόμενοι βιαίᾳ χειρὶ τὰς δίκας ἐσῆγον（担任宫廷侍卫的士兵在帝国法庭法官们升堂时参与审判，强制提出意见，ⅩⅣ. 13）；καὶ δικασταὶ ξυνελέγοντο πρὸς αὐτῆς ἀγειρόμενοι（会审的法官们被她召集起来，ⅩⅤ. 21）。拜占庭立法和司法体系完备，法官培养与执法水平较高，他们必须接受 5 年以上法学专门教育，全面掌握罗马民法后，通过严格的国家考试，取得证书，方可从事司法工作。[①] 拜占庭帝国早期历史上，法官享有广泛的司法权，他们中的许多人同时担任行政或财政官职。查士丁尼推行的司法改革要求法官专职化，《新律》第82条第1款规定建立专业法官团体，其目的在于将执法的法官与立法的法学家区别开

---

① A.H.M.Jones, *The Later Roman Empire*, Oxford：Oxford University Press 1964, vol.1, pp. 499–507.

来。《秘史》提到的这个名称即来自于《新律》，它与以前的称呼有所区别。①

第四来考察市政长官。市政长官可以简称为"市长"。君士坦丁堡市长起源于罗马帝国时期的罗马市长"Urban Prefect"，其希腊语形式为"ἐπάρχῳ τῆς πόλεως"。罗马市长属于高级官吏，排名在大政区总督之后。他的职责是管理罗马城的治安与秩序，打击犯罪。君士坦丁一世确定其辖区为罗马城方圆100英里，并增加了其权限，即除了负责首都治安外，还控制内外贸易，组织提供食品供应，规划公共建筑，安排城市大型活动。他因为掌握治安权，故控制一定数量的军队，是罗马帝国政治生活中的重要人物。在多数情况下，他还担任元老院首脑。君士坦丁大帝建立帝国东都后，其后人于359年设立君士坦丁堡市长一职，赋予其相当于罗马市长的权力，使其地位与一人之下万人之上的大政区总督一样。他的职责包括君士坦丁堡及其郊区范围内的所有事务，举凡市政建设与修缮、食品和饮用水供应、城市卫生与消防、罪犯惩罚与监管、治安与秩序维护、工商业管理、商品物价、高等教育等都在其职权范围内。他还是君士坦丁堡的最高法官，对司法纠纷和疑难案件作出终审判决。

《秘史》虽然没有详细列举市长的工作，但是其行文反映出市长的特殊地位。τότε δὴ ὁ βασιλεὺς τῷ τῆς πόλεως ἐπάρχῳ ἐπέστελλε τῶν πεπραγμένων（皇帝于是下令首都市长对〈各种罪犯〉进行惩罚，IX. 37）；Πρῶτα τῷ δήμῳ[οἱ] ἔπαρχον ἐν Βυζαντίῳ ἐκ τοῦ ἐπιπλεῖστον ἐφίστη（首先，他在拜占庭城任命了市长〈授予他批准店主任意定价出售商品的权力〉，XX. 1）；πρότερον τὰ ἐγκλήματα ἡ τῷ δήμῳ ἐφεστῶσα ἀρχή（以前，首都市长按惯例处理所有申述，XX. 7）；ταύταις τε καὶ τῇ τῷ δήμῳ ἐφεστώσῃ ἀρχῇ πάντων ὁμοίως（命令这些官员和首都市长〈同时审理所有犯罪指控〉，XX. 13）。这些记载清楚地向人们展示出，君士坦丁堡市长在其辖区内的巨大权力，不仅在商业领域，而且在司法领域。当然，他的权

---

① F.Schulz, *History of Roman Legal Science*, Oxford：Clarendon 1953, pp.36-67.

力来自于皇帝,首先要贯彻执行皇帝的命令。事实上,首都地区的司法审判原来属于司法大臣的职权范围。当皇帝对司法大臣的工作发生怀疑时,就指派首都市长和其他官员参与司法审判工作。普罗柯比对此颇以为不是,攻击这是对司法大臣权力的剥夺,目的在于通过案件审理聚敛钱财。

早在罗马帝国时期,首都市长的人选多为当地大户和权势家族的代表,后来查士丁尼确定君士坦丁堡市长时仍然挑选地方势力强大的市绅代表人物。《秘史》提到的隆基努斯就是这样的人。ὃς καὶ τὴν τοῦ δήμου ἀρχὴν ἐν Βυζαντίῳ ὕστερον ἔσχεν(他后来还担任过拜占庭城市长,XXVIII. 10),他正是凭借强大的地方势力,不仅可以全面控制首都事务,顺利开展工作,而且在担任市长期间,甚至对皇帝插手的司法案件也敢于提出否定意见,公开掴了皇帝亲信一个耳光。

第五来看总理大臣。总理大臣或被翻译为"执事长官"[1],其拉丁文形式为"Magistre officiorum",其希腊文形式为"μαγίστρος τῶν οφφικίων"。这一官职最早见于 320 年的文献,是由君士坦丁一世设立的,目的在于制衡大政区总督权力的发展。最初,该官职是半军事性质的,负责行政事务。后来,大政区总督的部分权力转移给总理大臣。他参与重大国事的决策,与大政区总督、军队司令和司法大臣等一样成为御前会议伯爵。[2] 查士丁尼时代,总理大臣仍然是朝廷最重要的高级官吏。《秘史》多处涉及该官职:οὐ γὰρ θέμις τινὰ ἐκ Βυζαντίου ἀνάγεσθαι οὐκ ἀφειμένον πρὸς τῶν ἀνδρῶν,οἳ τῇ τοῦ μαγίστρου καλουμένου ἀρχῇ ὑπουργοῦσι(因为任何人如果没有获得那个担任"总理大臣"官职的人同意就从拜占庭城运出货物将是犯法的,XXV. 3);καὶ Πέτρος δὲ τὸν ἄπαντα χρόνονἡ νίκα τὴν τοῦ

---

[1] 博克对"总理大臣"有专题详细研究,A.E.R.Boak and J.E.Dunlap,*Two Studies in Later Roman and Byzantine Administration*,pp.240-245。徐家玲:《早期拜占庭和查士丁尼时代研究》,东北师范大学出版社 1998 年版,第 62—67 页。

[2] 御前会议是皇帝的咨询机构,起源于罗马帝国时代的议事会,由于与会者均站立开会而得名。君士坦丁一世确定的御前会议成员包括大政区总督、总理大臣、司法大臣、圣库伯爵、皇家私产长官和军队司令官,以及部分职能部门的顾问和办事官员。A.H.M.Jones,*The Later Roman Empire*,vol.1,pp.333-341.

μαγίστρου καλουμένου εἶχεν ἀρχήν（在整个这一时期,彼得担任总理大臣, XXIV. 22）;‘Ημαρτάνετο δὲ τοιοῦτο κἀν τῇ τοῦ μαγίστρου καλουμένου ἀρχῇ（总理大臣的权力同样如此, XXII. 12）; τὸν ‘Ερμογένους τοῦ μαγίστρου γεγονότος [ἐπὶ μνηστῇ]（总理大臣埃勒莫耶诺斯的儿子, XVII. 32）; καὶ ἀπ'αὐτοῦ ἔς τε τὸ τοῦ μαγίστρου ἀξίωμα ἦλθε καὶ ἐπὶ πλεῖστον δυνάμεώς τε καὶ μάλιστα πάντων ἔχθους（他〈彼得〉因此被提升为总理大臣的官阶,获得了巨大的权力也招致普遍的仇恨, XVI. 5）。7 世纪初以前,总理大臣的职权包括指挥禁军团,检查巡视东方边境部队,派遣稽查使全面监督各级官员,监管全国各级公路和驿站,签发通关文牒(如第 25 章提到的),主持外交活动,参与对外谈判和缔结条约,安排外宾接待,掌管宫廷庆典仪式,参与审理重大案件,控制宫廷日常事务,管理皇宫内外全部照明事务。[1]

査士丁尼时代总理大臣的来源主要是那些能力超群且忠实于皇帝的中下层人士,其职责的特点决定了这一选任的标准。《秘史》中提到的人名均非贵族出身。有学者认为,在选任总理大臣时不注重其贵族出身和相应头衔,反映了当时的皇帝消除古代罗马共和传统,削弱元老政治势力的意图。[2] 7 世纪期间,总理大臣的权力被逐步剥夺,最终仅保留其官名,参加宫廷仪式而已。

第六涉及地方总督。地方总督是拜占庭帝国在某些特殊地区或城市设立的高级官吏,他们不隶属于省区行政机构,而是直接对皇帝或中央政府负责。诚如上文指出,他们作为皇帝试验特区的总管,自然与皇帝关系密切。《秘史》提到的地方总督涉及埃及、巴勒斯坦等地。τοῦτον δὴ ἐξεπίτηδες ἄρχοντα ἐπ' Αἰγύπτου καταστησάμενοι ἔστελλον（他们有意任命这个人为埃及总督,而后派他去那里, XII. 1）; ὅσπερ παραλαβὼν τὴν ’Αλεξανδρέων ἀρχὴν τὸν（他成为亚历山大的总督, XXVI. 35）; ἐτύγχανε δὲ ‘Ρόδων τις, Φοῖνιξ γένος, ἔχων τηνικάδε τὴν ’Αλεξανδρείας ἀρχήν

---

① M. Clauss, *Des magistor officiorum in der Spatantike*, Munchen: C. H. Beck 1980, pp. 122-160.

② 徐家玲:《早期拜占庭和查士丁尼时代研究》,第 67—69 页。

（某位腓尼基出生的罗得斯当时担任亚历山大的总督，XXⅦ.3）；Λιβέριον
οὖν τῶν ἐκ Ῥώμης ἄνδρα πατρίκιον καταστησάμενος ἐπὶ τῆς
Ἀλεξανδρέων ἀρχῆς（他任命罗马的一位贵族利维留担任亚历山大总督，
XXⅦ.17）；οὗτος ὁ Φαυστῖνος ἔς τε βουλῆς ἀξίωμα ἦλθε καὶ τῆς
χώρας τὴν ἀρχὴν ἔσχεν（这位富斯迪诺斯已经晋升为元老阶层，并成为
这个地区的总督，XXⅦ.27）；βασιλεῖ τε ὡμίλει ἐπίτροπός τε καταστὰς
τῶν ἐν Παλαιστίνῃ τε καὶ Φοινίκῃ βασιλικῶν χωρίων（当他被任命为帝
国在巴勒斯坦和腓尼基的总督，XXⅦ.31）。

埃及地区早在罗马帝国时期地位就十分特殊，当时它是皇帝直接控制
的行省。戴克里先统治时期，该地区被重新划分为6个行省。由于埃及盛
产粮食和农产品而成为君士坦丁堡等帝国中心地区城市的主要食品供应
地，所以拜占庭帝国初期，朝廷在埃及设立民事和行政机构，直属中央政府。
埃及政府机构的首脑称为"埃及总督"，其衙门设在首府亚历山大城，属下
官员包括"将军"（Duces）等武将和"长官"（Praesides）等文臣。382年立
法，确定埃及为高于一般普通省区的政区（Diocese），其下分为若干地区。
查士丁尼于538年立法中再度重新进行行政区划，为强化民事行政和军事权
力，特别规定埃及各省区省长（Doux）总揽各自辖区的军事行政权力，同时地
方税收则指派专门官员根据特殊方法征收。拜占庭帝国在埃及地区推行特
殊的政治经济和宗教文化政策，因此在该地区始终设立特殊统治机构。[1]

拜占庭帝国时期的巴勒斯坦比今天包括的地域更广泛，约旦、叙利亚都
在其辖区内。5世纪初，巴勒斯坦地区被划分为3个省区，称为"巴勒斯坦
甲、乙、丙"，省会分别为凯撒利亚、埃鲁撒和斯基多堡。至查士丁尼时代，
该地区首脑地位提升为总督，因为查士丁尼认为巴勒斯坦是上帝之子降临
人世的圣地，应该在皇帝的直接控制下，并使它更加繁荣。事实上，查士丁
尼加强控制该地区是为对抗波斯人对远东国际贸易的垄断，大力发展东地
中海和阿拉伯半岛沿海商业区，以求通过海上贸易突破波斯人的封锁。正
是在查士丁尼的特殊政策支持下，巴勒斯坦地区进入繁荣阶段。

---

① 陈志强：《拜占庭学研究》，人民出版社2001年版，第294—310页。

　　但是,埃及和巴勒斯坦地区的基督教信徒坚持独立信仰,与拜占庭帝国官方支持的正统信仰发生长期对立,中央政府在这两个地方多次推行宗教迫害政策,导致地方离心倾向日益增强,最终酿成7世纪中期在伊斯兰军事扩张中完全脱离拜占庭帝国,成为哈里发国家的领土。类似于埃及总督和巴勒斯坦总督这样的官吏在帝国其他地方,如北非和意大利个别地区也可以发现,因此《秘史》也有涉及。τάτε πρὸς τῶν ἀρχόντων καὶ τῶν ἄλλων ἀπάντων πανταχόθι πρασσόμενα τῆς Ῥωμαίων ἀρχῆς(罗马帝国各地总督和所有其他人的活动,XXX.1);καίτοι οὐδεπώποτε δημόσιον ἢ βασιλεὺς ἀφ' οὗ γεγόνασιν ἄνθρωποι χρημάτων βουλευτικῶν μετασχεῖν ἔσχε(无论国库长官还是皇帝以前都从来没有瓜分某个元老地产的事例,XXIX.20);καὶ χρήματα περιβεβλημένος πολλὰ ἐπίτροπος τέως τῆς βασιλέως οὐσίας ἰδίας(他非常富有,并一度担任皇家私产长官,XXIX.4);μόνος δὲ ἀεὶ τῶν θησαυρῶν ἄρχων ἐν ἐργολαβῶν τὸ ἐμπόλημα τοῦτο μοῖραν μὲν βασιλεῖ(但是国库长官始终是这一事务的唯一管理人,XXV.26);ἄρχει δὲ ταύτης ἔν γε Ῥωμαίοις τῆς ἐργασίας ὁ τοῖς βασιλικοῖς ἐφεστὼς θησαυροῖς(但是,控制这一特殊事务的至少在罗马人中间是负责帝国国库的官员,XXV.19);Οὕτω γοῦν καὶ τοῦτον τὸν Ἰωάννην ὁ Πέτρος ἐκδεξάμενος θησαυρῶν τε τῶν βασιλικῶν προΰστη(彼得接替这个约翰负责帝国国库,XXII.36);οἳ δὴ ἀμφί τε τοὺς θησαυροὺς καὶ τὰ πριβᾶτα καλούμενα τό τε πατριμώνιον ἐπιτελεῖν ἀεὶ τὴν ὑπουργίαν εἰώθασιν(和那些专门管理国库和皇帝产业的官员,XXII.12);ἰσχυρίζοντο γὰρ οἱ τοῖς θησαυροῖς τε καὶ ταμείοις καὶ ἄλλοις(那些负责国库所有事务和帝国其他所有金钱的官员,XIX.7)。

　　上述《秘史》提供的信息并不能使人非常清楚地了解拜占庭帝国财政管理体系及其官职,因为其中提到的官吏既有国库长官,也有皇产官员,他们之间的关系如何,各自的职能如何,都没有明确的描述。根据学者研究,①6世

---

　　①　J.F.Haldon, *Byzantium in the 7th Century*, Cambridge:Cambridge University Press 1990, pp.173-214.

纪拜占庭帝国财政管理被置于三个部门长官监管之下，即大政区总督、圣库伯爵和皇家私产长官。

大政区总督控制与公共工程、军队供应和谷物贸易有关的财政事务，因此，他掌管大政区金库$\breve{\alpha}\rho\chi\alpha$。该金库分为"总银行"$\gamma\epsilon\nu\iota\kappa\acute{\epsilon}\,\tau\rho\alpha\pi\acute{\epsilon}\zeta\alpha$和"专属银行"$\iota\delta\iota\kappa\acute{\epsilon}\,\tau\rho\alpha\pi\acute{\epsilon}\zeta\alpha$两个部门。国库长官在财政上的职责是征收辖区内工商业税收，各种税收测定和薪俸测定。测定的结果由大政区总督下发给政区首脑和省区首脑，最后各地方议会任命的官员负责向纳税人公布税额和具体要求，完成税收。原则上，大政区总督负责管理税收的征收和使用。政区财务部门中有多种官吏分头管理，大政区总督则派遣省级巡视员对地方工作进行监督。

第七，国库长官，也称圣库伯爵。圣库伯爵主要负责管理国家金银矿、铸币厂和国家手工作坊，后者包括军械武器生产、高级服装的贵金属装饰、丝绸染色和成衣制作，他还负责发放军饷。为了完成其复杂工作，圣库伯爵主管10个司，分别为教会事务司、岁入统计司、邮驿司、军饷司、铸币司、政区财政事务司、矿务司、工场司、军械司、皇帝服装司。圣库伯爵在各个政区和省区设立办事处或代表，并有独立的运输系统。圣库伯爵还监管国外贸易长官的工作。各司内部管理体系完备，例如铸币司首脑铸币司司长直接控制各铸币厂，查士丁尼时代，设立君士坦丁堡、塞萨洛尼基、迦太基和拉文纳四大金币厂，尼克米底亚、安条克、希吉库斯、亚历山大、车绳、卡撒基那六大铜币厂。①

皇家私产长官负责国家土地的管理和地租的征收。所谓国家土地理论上包括所有国土和附属国捐赠给帝国皇帝的土地。有些地区，例如卡帕多利亚和比塞尼亚，几乎整个属于皇帝私产。皇家私产长官后来被称为皇家私产伯爵，其下属官员再分为若干专门司，如土地转让司、地租司、土地出租司等。他们在各省建立自己的工作机构，监督所属职权范围内的事务。皇家私产部门设立独立的金库，其收入主要用于皇家各项开支，有时皇帝从该

① 拜占庭帝国铸币厂最多时达到20余个。A.H.M.Jones, *The Later Roman Empire*, vol.1, pp.374,437.

金库提取金钱用于公共事业。由于拜占庭帝国早期历史上政府部门变动频繁,财政官员及其名称和职责时常变化,后人难于掌握。据 566 年的资料,皇家私产部分为 5 个司:私产司、私产库、卡帕多利亚皇产司、(其他地区)皇产司和意大利皇产司。意大利皇产司显然是查士丁尼取得意大利战争胜利的结果。① 总之,《秘史》提到的国库长官是包括上述三类官员。

第八,秘书,或称书记官。秘书是一种专门从事文字工作的职员,在拜占庭各级政府中广泛使用秘书,只是因其服务的对象级别不同而地位有别。《秘史》对此多有涉及:τοῖς δὲ ἀσηκρῆτις καλουμένοις οὐκ ἀπεκέκριτο τὸ ἀξίωμα ἐς τὸ τὰ βασιλέως ἀπόρρητα γράφειν(长期履行书记职责的秘书官不再被信任起草皇帝的秘密指令, XIV.4);Τοῖς δὲ ῥεφερενδαρίοις καλουμένοις(被称为秘书官的那些人, XIV.11);ἦν δέτις Ἰουστινιανῷ ἐπιστολογράφος, Πρίσκος ὀνόματι(查士丁尼有个秘书,名叫普里斯柯斯, XVI.7);καὶ Λέοντα, ὅσπερ ῥεφερενδάριος ἦν τὴν τιμὴν(包括担任秘书官职的利奥, XVII.32);τις ἐγεγόνει ἐν Κίλιξι Λέοντος ἐκείνου γαμβρὸς, ὅσπερ εἶπεν, ὥσπερ μοι ἔμπροσθεν εἴρηται, τὴν τοῦ καλουμένου ῥεφερενδαρίου τιμήν(在西西里,前面提到那个担任秘书官职的利奥有个女婿, XXIX.28)。普氏频繁提及的多种秘书等级不同,种类繁多,反映了拜占庭帝国官僚文牍工作的繁重。但总体上看,秘书分为皇帝的秘书和普通秘书两类。前者专门为皇帝个人服务,起草各种文书,《秘史》中提到的主要是他们。后者则多为行政和军队长官的副手,发挥重要作用。例如,普罗柯比就是贝利撒留的法律秘书,而据史料记载,皇帝近臣"道路秘书"后来成为邮驿大臣的副官,相当于邮政部副部长②。

第九,使节,《秘史》中也多次提到:τὰ ἐς δρόμον τε αὐτῷ τὸν δημόσιον καὶ τοὺς κατασκόπους εἰργασμένα δηλώσει(将说明他对公共邮驿和间谍的所作所为, XXX.1);ἐς ἡμέρας ὁδὸν εὐζώνῳ ἀνδρὶ σταθμοὺς κατεστήσαντο(在一天顺畅旅途的距离内建立驿站, XXX.3);Χοσρόης

---

① J.F.Haldon, *Byzantium in the 7ᵗʰ Century*, pp.173-175.

② R.Chevallier, *Roman Roads*, Berkeley:University of California Press 1976, pp.82-90.

μὲν οὖν μείζους, ὥσπερ φασὶ, πεποιημένος τὰς τῶν κατασκόπων ξυντάξεις προμηθείας τῆς ἐνθένδε ἀπήλαυσεν(据说侯斯罗伊斯提高其间谍的薪俸,并得益于这一深谋远虑的措施,XXX.13);ἄνδρες πολλοὶ ἐν δημοσίῳ τὸ ἀνέκαθεν ἐσιτίζοντο(自古以来有很多人被派往敌国,XXX.12);αὐτίκα τοίνυν ἀναπείθει τὸν ἄνδρα, Πέτρον μόνον αὐτὸν ἄτε πρεσβεύσοντα ἐς Ἰταλίαν πέμψαι(派遣彼得单独出使意大利,XVI.2)。拜占庭帝国对外活动频繁,外交活动多由使节担负。使节地位一般比较高,多为皇帝心腹。他们既包括世俗官员,有时也包括教士,完全依据其担负的外交使命而定。

驿站来源于罗马帝国时代遍布全国各地的邮驿制度。拜占庭帝国早期皇帝重新组织规划国家邮驿系统,君士坦丁一世下令将道路分为用于商旅的商道和用于信使军旅的官道两大类。前者因重于商货运输,规定使用牛车,而后者强调时间且通行规模大,规定使用马车和骡子。除了信使外,官道上禁止任何人骑马疾行。沿国家公路,设立了大量国家驿站。《秘史》中记载,一般信使在一天内可以骑马通行5—8个驿站。驿站中备有过往人员所需要的粮草和休息的房间,以及国家信使换乘的马匹。驿站和道路最初由大政区总督下的邮驿官管理,后来转交总理大臣掌握,至7、8世纪专门处理邮驿事务的邮驿长官就上升为邮驿大臣Λογοθετές τοῦ δρόμου。驿站一度成为国家征收紧急物资的工作站。由于驿站所需马匹、粮草等开支成为地方政府的沉重负担,这一体制后来难以维持。①

第十,宫廷管家。《秘史》只有一处涉及管家,但是,拜占庭帝国皇宫中设立了许多类似的官职。ὅνπερ ταμίαν αὐτὴκαταστησαμένη ἐτύγχανεν(她〈塞奥多拉〉找了个机会亲自任命他为管家,XVI.11),此处的管家与先前的管家有所不同。早在君士坦丁一世时就设立了宫廷大总管Πραιπόσιτος τοῦ εὐσεβεστάτου κοιτῶνος以取代过去的管家(Cubiculo),他的职责是安排皇帝的内室,如寝宫、书房、服装室,并负责安排觐见皇帝的时间表。最初,他的官职地位虽然不高,但是,他作为皇帝的亲信,参与许多

---

① R.Chevallier, *Roman Roads*, pp.90-106.

重要的事务。到了 5 世纪,他在官职表中就上升到与司法大臣相当的地位。作为皇后的塞奥多拉可以任命自己的管家,但与皇帝的管家权力范围不同。宫廷管家权势的扩大也增加了其他官僚的怨恨,其职权遂被逐渐削弱。由于宫廷生活繁杂,宫廷大总管管理一大批以宦官为主的管家,除了负责内宫生活的管家外,还有负责喂养皇帝坐骑、皇家游艇、狩猎、放鹰等各方面的管家。但是,由于内宫管家与皇帝联系更密切,其地位普遍高于其他管家,例如服装管家被称为"圣装伯爵"(comes sacrae vestis)。①

值得注意的是,在拜占庭帝国领取薪俸的官职表中,还名列医生和教师。《秘史》也证明了这一点:᾽Αλλὰ καὶ τοὺς ἰατρούς τε καὶ διδασκάλους τῶν ἐλευθερίων τῶν ἀναγκαίων ἀπορεῖσθαι πεποίηκε(他还停止自由人儿童的医生和教师所必需的薪俸,XXVI.5)。显然,部分医生和教师被确定为领取薪俸的国家公职人员。晚期罗马帝国的教师大多在各市镇学校教书,拜占庭帝国初期继承了这一传统。由于教师工作的国有性质,他们从国库领取薪俸,并享有免除劳役和税收的经济特权。查士丁尼继续将教师编入国家官吏系列,《查士丁尼法典》第 10 卷第 53 条明确规定教师享有的经济特权。但是《秘史》却指责查士丁尼取消了教师的薪俸。这里两种史料提供的信息出现矛盾,应该如何解释? 根据其他史书记载,拜占庭帝国的教师分为初级学校教师和高级学校教师,前者主要从事相当于今天初中以下的教育工作,收入较低,而后者多为高中和大学教师,由于他们大多是著名学者或"科学家",故收入较高。医生的情况与教师相似,他们在拜占庭帝国初期也属于国家"干部",直到 7 世纪中期以后,医生和教师才逐渐失去其传统的特权,只有大学教授、宫廷医生和军队医生继续保持在国家官职名单中。②

军队是拜占庭帝国国家机器的重要组成部分,军事官职在拜占庭帝国

---

① A.E.R.Boak and J.E.Dunlap, *Two Studies in Later Roman and Byzantine Administration*, pp.178-223.

② Paul Lemerle, *Byzantine Humanism: the first phase: notes and remarks on education and culture in Byzantium from its origins to the 10th century*, Canberra: Australian Association for Byzantine Studies 1986, pp.286-298. L.C.Mackinney, *Medical Illustrations in Medieval Manuscripts*, Berkeley: University of California Press 1965, illus. 1,5.

官职体系中始终占有重要地位。特别是在 7 世纪军区制推行到帝国各地以前,拜占庭国家军、政权力相对独立,军职也因此具有独立性。

　　首先来看司令官。《秘史》多处涉及"司令官":μετρεῖν τε τοῖς τῶν στρατιω-τῶν χορηγοῖς, οὐ καθάπερ πᾶσιν ἀνθρώποις νόμος, ἀλλ᾽ ἥ περ ἐκείνοις ἂν βουλομένοις εἴη(他们还要将粮草卖给军队司令官,不是按天下通行的方式,而是按司令官的意愿,XXⅢ.12);καὶ ἀπ᾽ αὐτοῦ ἔς τε τὸ τοῦ μαγίστρου ἀξίωμα ἦλθε καὶ ἐπὶ πλεῖστον δυνάμεώ ς τε καὶ μάλι-στα πάντων ἔχθους(他为此被晋升为禁军团司令作为奖励,得到了极大的权力,也招致怨恨,XVI.5);Διὸ δὴ Βελισάριος ἄρχων τῶν βασιλικῶν καταστὰς ἱπποκόμων ἐς τὴν Ἰταλίαν(于是,贝利撒留因此被再度任命为皇家驻意大利的军队司令,Ⅳ.39);Βελισάριος μὲν οὖν ἀρχήν τε ἀπολαβεῖν τὴν οἰκείαν ἠξίου καὶ στρατηγὸς τῆς ἑῴας ἀποδειχθεὶς πάλιν(现在,贝利撒留被要求恢复其原来的军职,即东方前线军司令,Ⅳ.38);τῶν τε ἀρχόντων καὶ τῶν ἐν Παλατίῳ εὐνούχων τισὶν ἐπέστειλε διαδάσασθαι(分配给某些司令、将军和宫廷宦官,Ⅳ.13)。这里,普罗柯比使用了多种表达方式,表明当时这一军职因所在地区或级别不同而在名称上有所区别。他提到的贝利撒留是拜占庭帝国历史上最杰出的军事将领,参与指挥了查士丁尼时代的各次重大战役。贝利撒留出身于日尔麦亚的富裕农民之家,青年时期弃农从军,受到同样出身农民的皇帝查士丁尼的赏识。他先是被当作禁军士兵留在皇宫中,后升任禁军团团长。529 年,年仅 24 岁的贝利撒留被任命为东方军队司令,负责对波斯人的战事,这就是《秘史》提到的军职。此后,他在查士丁尼的调遣下,东征西讨,打败波斯人,灭亡汪达尔王国,剿灭东哥特人,立下卓越战功。但是,他同时也受到查士丁尼的猜忌,后者罗织谋反罪名对他进行迫害,只是由于皇后的保护才被无罪开释。这一事件在《秘史》中却给出了完全不同的解释。然而,贝利撒留后来官复原职,重新担任东方军队司令却是事实。①

---

　　① 《罗马帝国衰亡史》(上册),商务印书馆 1997 年版,第 216—220 页。刘榕榕、董晓佳:《查士丁尼与贝利撒留:拜占庭帝国皇权与军权关系的一个范例》,《世界历史》2016 年第 6 期。

　　拜占庭帝国初期军队沿袭罗马军队旧制,其司令官也继续使用过去的称呼"Magister Militum"。君士坦丁一世为了防止地方分裂势力发展,将大政区总督的军事指挥权力转移给禁军团长官,并将骑兵和步兵分为两种部队。事实上,骑兵和步兵的区别只是理论上的,实际上他们常相互混编。君士坦丁二世时期,确定东方、加利亚和伊里利亚三军设立司令官。此后,直到6世纪,司令官人数几经增减。由于4、5世纪期间日耳曼各部落大举迁徙进入原罗马帝国境内,军队的成分发生变化。特别是君士坦丁一世起用许多日耳曼将领的政策使拜占庭帝国初期军事将领多来自下层和日耳曼人。5世纪以后大贵族势力一度崛起,司令官也以名门望族和传统军事世家子弟为主。查士丁尼被认为是来自于下层农民的皇帝,他任用军政官员时不注重其出身,而看重其能力和忠诚的程度。他除了在主要的防御地区设立军队司令官外,还任命远征军司令官。各大政区军队司令官只拥有对其辖区内的军事指挥权,他们还被授予征兵权和对属下将士的司法权。自查士丁尼开始,军队司令官的数量再度增加,其作用也逐渐降低。在拉文纳和迦太基总督区,军事和行政权力合一,总揽地方各项权力,为7世纪以后推行军区制奠定了基础。军区最高首脑"将军"逐渐取代了司令官。①

　　其次,禁卫军团长。随着拜占庭帝国皇帝专制统治制度的发展,国家权力更加集中于皇帝为首的中央政府。同时,皇帝及其家族越发处于争权夺利的斗争旋涡,其安全显得更加突出。君士坦丁一世完成统一帝国的事业后,立即按照戴克里先的设想,在帝国西部宫廷设立5个禁军团,在帝国东部设立7个禁军团,每个团编制为500人。史料表明,他的禁军团以法兰克人和其他日耳曼人为主,而4世纪后期法律规定,禁军团将士必须信仰基督教。由于禁军团与皇帝保持密切而特殊的关系,它成为贵族子弟升迁的必要阶梯,许多贵族子弟通过购买方式进入禁军团。这也使禁军团在频繁的宫廷斗争中成为各方争夺的力量,查士丁尼的舅父查士丁即由此成为皇帝。

　　6世纪时,查士丁尼为了增加国库收入,增设4个禁军团,他还打算派

① A.Baok,"The Roman Magister in the Civil and Military Service of the Empire",*Harvard Studies in Classical Philology*,(1915)26,pp.117-164.

遣禁军团士兵参战,普罗柯比对此大加批评。《秘史》以后的禁军团已经丧失了原有的军事作用,成为礼仪兵,其保卫皇帝人身安全的职能转移给由300人组成的宫廷侍卫队。ἄρχοντα γὰρ αὐτὸν ᾿Αναστάσιος βασιλεὺς κατεστήσατο τῶν ἐν Παλατίῳ φυλάκων(皇帝阿纳斯塔修斯任命他〈查士丁〉为宫廷禁军团长,Ⅵ. 10);καὶ στρατιῶται οἱ τὴν ἐν Παλατίῳ φρουρὰν ἔχοντες ἐν τῇ βασιλείῳ στοᾷ παρὰ τοὺς διαιτῶντας γενόμενοι βιαίᾳ χειρὶ τὰς δίκας ἐσῆγον(担任宫廷侍卫的士兵在帝国法庭法官们升堂时参与审判,强制提出意见,ⅩⅣ. 13);ἐν δὲ τοῖς τῶν ὑπάρχων στρατιώταις καταλεχθεὶς(当他应征入伍成为宫廷侍卫队成员时,ⅩⅫ.5);ὕστερον καὶ τῶν ἐν Παλατίῳ φυλάκων τινὲς ἀνὰ πᾶσαν στελλόμενοι τὴν ᾿Ρωμαίων ἀρχὴν(后来,一些禁军团将士被派往整个罗马帝国各地,ⅩⅩⅣ.8);τὰ ἐξ ἀρχῆς ἐπὶ φυλακῇ τοῦ Παλατίου κατέστησαν, οὕσπερ σχολαρίους καλοῦσι(原属皇宫卫队的禁军被称为"禁军团",ⅩⅩⅣ. 15);᾿Ες μέντοι τοὺς ἐντὸς τοῦ τῶν σχολαρίων ἀριθμοῦ ὄντας ἐπενόει τάδε(他计划这样对待属于禁军团正规卫队的士兵,ⅩⅩⅣ. 21);ταῦτα μὲν τοῖς σχολαρίοις πολλάκις ξυνηνέχθη παθεῖν(这种事多次偶然发生在禁军团,ⅩⅩⅣ. 21);᾿Ιταλίαν γὰρ Θευδέριχος ἑλὼν τοὺς ἐν τῷ ᾿Ρώμης Παλατίῳ στρατευομένους αὐτοῦ εἴασεν(因为塞奥多里克占领意大利后离开驻扎地,而将罗马宫廷卫队留下,ⅩⅩⅥ. 27)。这里反映出,禁军团将士似乎还享有某些特殊的司法权,但是,目前还缺乏其他材料的佐证,姑且存之。

再者,军需总监。《秘史》中提到的"总监"Λογοθέτης 在当时还没有正式列入官职表,而只是作为军队中负责财政事务的下级军官。οἷς δὴ τοὺς 〈πονηροτάτους〉 ἐπέστησεν ἀνθρώπων ἁπάντων χρήματα σφᾶς(他在士兵之上任命了一个权力很大的军需总监,ⅩⅩⅣ. 1);οὗ δὴ ᾿Αλέξανδρος ὁ λογοθέτης σταλεὶς(当军需总监亚历山大被派到那时,ⅩⅩⅣ. 9)。根据拜占庭印章(铅封)学家劳伦特的研究,该官职在 6、7 世纪时经常见于拜占庭印章,表明是常见的官职。但是,它最初被用于许多下级职能部门的军官。后来,随着大政区总督地位的下降,道路总监、畜牧总监、水务总监、军需总监这类专职总监的权力在增加。①《秘史》涉及的总监，依据上下文，是指军需总监。

最后，宦官。宦官是专制皇权统治下的产物。他们虽然出身低下，但是在宫廷生活中、包括政治斗争中发挥特殊作用。《秘史》涉及的宦官不仅参与宫闱秘事，而且代表皇帝执行抄没家产的使命，并受到皇帝宠幸而得到赏赐。καί τις ἄρχων γεγονὼς τῶν ἐν Παλατίῳ εὐνούχων ὄνομα Εὐφρατᾶς（他名叫尤发拉达斯，曾任宫廷宦官大总管，XXIX.13）；Ἀμάντιον τῶν ἐν Παλατίῳ εὐνούχων ἄρχοντα（宫廷宦官大总管阿曼条斯，Ⅵ.26）；πέμψασα τῶν ἐν Παλατίῳ εὐνούχων τινὰ κεκόμισται πάντα（〈皇后〉就派遣一个宫廷宦官前去全部没收带回宫廷，Ⅳ.17）；καὶ τῶν οἰκετῶν εἴ τι ἐν πολέμῳ δόκιμον ἦν, τῶν τε ἀρχόντων καὶ τῶν ἐν Παλατίῳ εὐνούχων τισὶν ἐπέστειλε διαδάσασθαι（将他那些在战争中勇敢出色的仆人分配给某些军官和宫廷宦官，Ⅳ.13）；Φώτιος δὲ κατὰ τάχος ἐς τὴν Ἔφεσον στέλλεται, τῶν τινα εὐνούχων, Καλλίγονον ὄνομα（这时，愤怒的佛条斯匆匆赶到以弗索，押解着名叫卡里乔诺斯的宦官同行，Ⅲ.2）。拜占庭帝国历史上，有许多重要人物系宦官出身，例如大教长日耳曼努斯一世（715—730年）、麦瑟迪乌斯（843—847年）、伊格纳条斯（847—858，867—877年）和尤斯特拉条斯（1081—1084年）等。还有许多宦官经过多年专营晋升高官，诸如"宫廷大管家"和"同寝人"之类的高级内宫官员在许多世纪里都是由宦官担任。君士坦丁一世统治时期，皇宫中宦官的数量还比较少。但是其后，宦官与效忠于皇帝的官僚机构同步发展起来，成为拜占庭专制皇权统治的重要标志之一。

五、"伯利斯的疑惑"

伯利斯一世（Boris I，852—889年在位）是保加利亚沙皇，在位期间推行积极的外交政策，接受拜占庭文化和基督教信仰，开启了斯拉夫民族文明

---

① J.Bury，*The Imperial Administrative System in the Ninth Century*，pp.70-90.

化的进程。他于 865 年曾致信教宗尼古拉一世（Nicholas I, 858—867 年在位），提出了 106 个关于保加利亚人接受基督教信仰后产生的问题。这些问题涉及保加利亚人因基督教化而引发的社会生活习俗变化。这封信的原件保存在梵蒂冈档案馆。学者们确信，他的这些问题也同样向拜占庭大教长提出过，只是原信已失，缺乏确凿证据。① 伯利斯一世提出的问题反映了保加利亚国家在基督教化过程中产生的深刻社会变化，以及保加利亚人对这种重大变化产生的疑虑，我们姑且称之为"伯利斯疑惑"。学界通常将伯利斯一世视为斯拉夫人文明化的肇始人，当地各相关民族还将他奉为圣人。他的疑惑生动地折射出这一重大转变的图景，也深刻地反映出东欧世界形成其文化特征的最初状况。

伯利斯一世信件表现出斯拉夫人初识基督教的困惑和不解，也真实地反映出拜占庭宗教文化传播的历史过程。这一过程首先是从君士坦丁兄弟的传教活动开始的。

君士坦丁（Constantine the Philosopher, 826/827—869 年）和麦瑟迪乌斯（Methodios, 819—885 年）兄弟二人生于拜占庭帝国第二大城市塞萨洛尼基的高级官员之家，其先人可能具有一些斯拉夫人血统。君士坦丁天资聪慧，记忆力超群，年轻时求学于君士坦丁堡，深得大学者数学家利奥和神学家佛条斯的赏识，学业大进。他学成后任神甫，供职于圣索菲亚教堂，后担任哲学教师，曾出使哈扎尔汗国，在汗王的朝廷上与伊斯兰教阿訇和犹太教拉比进行过激烈的神学辩论，其雄辩的口才和缜密的逻辑思维受到广泛赞誉，也为之赢得了巨大的名声。② 他在一封信中谈及不同信仰时说："我们的帝国是基督的国度，正如先哲所说'天上的神将建立一个永远不毁的王国，它不会被留给其他的民'，而将化作许多部分，并同化所有的王国，而它将万世

---

① 这封保存在梵蒂冈档案馆的信件涉及保加利亚人日常生活中实行基督教礼仪的很多细节。D. Obolensky, *The Byzantine Commonwealth*, *Eastern Europe 500-1453*, New York: Praeger Publishers 1971, pp.87-93.

② 米洛拉德·帕维奇著，南山等译：《哈扎尔辞典》，上海译文出版社 1998 年版，相关段落。这部小说是根据真实的史实写作的，想象与可靠的史料相结合是其一大特点，国内有个别读者对此不大理解。

永存。"①麦瑟迪乌斯的学术天赋虽然不如其胞弟,但是其突出的组织能力使他仕途发达,曾官至省长。但是,他后来厌倦了官场生活,进入小亚细亚的一所修道院成为修道士和修道院院长。

863 年,君士坦丁(也称西里尔)和他的兄弟麦瑟迪乌斯应邀前往摩拉维亚传教,受到摩拉维亚大公拉斯迪斯拉夫的热情欢迎。为了完成用斯拉夫语传教的任务,他们使用希腊字母为斯拉夫方言拼音,创造了一种为斯拉夫人所理解的文字。这种文字包括 43 个字母,其中除了希腊字母外,还有他们自创的字母。事实上,他们自幼便生活在流行斯拉夫语的环境里,他们对这种语言的熟练掌握有利于后来对新文字的创造,但是,对新文字的创造也非短时间内可以完成。史料表明,早在他们出发前数年,极有语言天赋的君士坦丁就已经在其学生的帮助下,创造出新的文字体系,并将传教中最常用的一些圣经篇章翻译为西里尔文字。他们的行为曾遭到拜占庭教会内保守派的指责,因为拜占庭人一直怀有深刻的文化优越感,认为除了拜占庭人以外的其他民族都是野蛮的、缺乏教养、需要启蒙和教化的民族,因此绝不能使用野蛮人的语言传教。教会上层保守派的意见除了有其来自古希腊时代的文化优越心理的深刻根源,还包含着对由希腊教士控制教职的垄断性被打破的担忧。但是这种反对没有酿成公开的争端,特别是以皇帝为首的世俗贵族从外交需要出发坚决支持的态度,使新文字最终形成。这种最早的斯拉夫文字也被称为"西里尔文字",成为此后各种斯拉夫文字继续发展的基础,长期流行在巴尔干半岛,特别是塞尔维亚和马其顿地区,直到 18 世纪,仍为克罗地亚人使用,对斯拉夫人文明化和斯拉夫文化的独立发展起了积极的促进作用。② 根据 11 世纪上半叶基辅洞穴修道士涅斯托尔(Нестор)《往年纪事》的记载,"这二兄弟到达目的地后,首先是创造斯拉夫

---

① D.Obolensky,*The Byzantine Commonwealth*,p.73.

② 今天使用的多种斯拉夫语言文字仍以西里尔文字为基础,但是有一些变化,例如俄语有 32 个字母,保加利亚语有 30 个字母,乌克兰语有 33 个字母,塞尔维亚语有 30 个字母,其中俄语变化最大。这些国家的东正教会至今仍然使用西里尔文字印刷。目前,有关西里尔创造的文字问题存在争论,主要意见认为他创造的文字体系是更为复杂的格拉哥里提克文字,而目前被称为西里尔文字的文字体系是后来由麦瑟迪乌斯的学生根据希腊安色尔字体创造的。D.Obolensky,*The Byzantine Commonwealth*,pp.139-140.

字母,翻译《使徒行传》和《福音书》。斯拉夫人用自己的语言听到颂扬上帝的伟大,感到欣喜万分。后来他们又翻译《圣诗集》、《八重唱赞美诗集》,以及其他一些典籍。"①此后,他们留在宫中专门从事《新约》等宗教经典著作的翻译。在此过程中,拉斯迪斯拉夫大力支持他们的工作,组织聪明好学的年轻人在新建立的学校中跟随君士坦丁学习,帮助他进行古希腊文书的整理注释。同时,他们还积极培养斯拉夫人教士,推动独立教会的成立。那么,摩拉维亚大公为何对此如此热衷并给予大力支持呢?

摩拉维亚人原属阿瓦尔人的一支,主要活动于巴尔干半岛北部潘诺尼亚地区,阿瓦尔人被拜占庭人击溃解体后,他们乘势于 9 世纪初兴起。摩拉维亚大公拉斯迪斯拉夫(Rastislav,846—870 年在位)统治时期,其发展达到顶峰阶段。在东法兰克国王日耳曼路易(Louis the German,843—876 年在位)的扶植下,摩拉维亚大公国发展迅速。但是,实力强大羽翼丰满的摩拉维亚大公国不甘心受人摆布,力图摆脱法兰克王国的控制,积极向拜占庭帝国和教宗寻求支持。② 同时,摩拉维亚人还对强大的保加利亚人存有戒心,担心保加利亚人与法兰克人联手从南、西两面夹击。当时保加利亚国王伯利斯一世和法兰克人于 860 年重修和约,并允诺请法兰克传教士到保加利亚传教。862 年,拉斯迪斯拉夫请求皇帝米哈伊尔三世(Michael Ⅲ,842—867 年在位)派教士帮助他们建立独立教会,并使用斯拉夫语言传教。这一要求带有明显的政治目的,即建立与拜占庭帝国的联盟以对抗保加利亚和法兰克人之间的联盟。对此,米哈伊尔三世心领神会,立即指派大教长佛条斯物色和挑选了学识渊博的君士坦丁兄弟两人为传教特使。后来的历史证明,这一选择非常正确。因为这不是一次单纯的宗教活动,而是具有政治外交意义,以及通过扩大拜占庭文化影响缓解巴尔干半岛民族关系的外交活动,所以担负传教使命的人必须精通基督教神学和古代哲学,掌握拜占庭帝国外交政策和帝国历史,以及熟悉保加利亚和斯拉夫人历史和民俗,且信仰

① 王钺译注:《往年纪事》,第 58 页。
② S.Runciman, *First Bulgarian Empire*, p.104.

坚定、思维敏捷、能言善辩。这些素质恰好集中在君士坦丁身上。①

　　当时,欧洲国家关系的变动也影响拜占庭人在巴尔干半岛的传教活动。变动主要发生在摩拉维亚,因为这个国家远离拜占庭帝国,而他们受到的直接威胁来自西部近邻法兰克人。就在君士坦丁和麦瑟迪乌斯到摩拉维亚公国传教的第二年,"虔诚者"路易就派遣大军入侵摩拉维亚地区,并迫使拉斯迪斯拉夫降服。随着摩拉维亚国家政治局势的变动,君士坦丁兄弟的传教工作也变得更加艰难起来。罗马教廷支持下的法兰克人传教士采取排挤希腊教士的措施,使用西里尔文字编写的宗教祈祷词和弥撒词都被更换为拉丁文本,它们原本适用于使用斯拉夫语的摩拉维亚人。由于罗马教廷和希腊教会支持使用其他民族文字传教的习惯不同,教宗不允许任何民族使用拉丁语以外的其他民族语言传教或举行宗教仪式,拜占庭人相对更为自由。显然,拜占庭教会传教活动的成功不仅靠君士坦丁这样出色的传教士,而且需要有良好的政治环境。缺乏摩拉维亚人君主的保护,他们的活动就陷入困境。特别是当支持他们的拜占庭帝国与保加利亚人进入战争状态,他们所属的希腊教会与罗马教廷发生冲突与争执时,他们的处境就更加艰难。拉斯迪斯拉夫尽其所能,支持他们的活动,但是迫于法兰克人的军事压力,不能继续给予他们如同以前一样的支持。不久,欧洲的国际政治格局发生了变动,极力扩大教宗权的尼古拉一世与德意志人发生矛盾,他对日耳曼人传教士在世俗君主支持下,靠军事力量不断向东扩张势力范围表示不满。为了制约日耳曼人传教士势力的发展,他对君士坦丁兄弟表示公开支持,并于867年邀请他们到罗马访问。②

　　君士坦丁兄弟离开摩拉维亚后,首先在潘诺尼亚地区的斯拉夫人中逗留了几个月,继续扩大希腊教会的影响。他们所到之处受到斯拉夫人的热情欢迎,后者对他们表示了极大的敬意,一些屈服于法兰克人军事压力的斯

① Edward G.Farrugia, et al., *Christianity among the Slavs: the Heritage of Saints Cyril and Methodius*, by Pontifical Oriental Institute, Roma: Pont.Institutum Studiorum Orientalium 1988, pp. 34-45.

② Edward G.Farrugia, et al., *Christianity among the Slavs: the Heritage of Saints Cyril and Methodius*, pp.241-246.

拉夫君主也如拉斯迪斯拉夫一样，热情款待他们，组织贵族听取他们使用斯拉夫语进行布道或参加他们主持的宗教仪式。同年，兄弟二人到达威尼斯，当地拉丁教会立即组织教士对他们进行围攻，其激烈程度甚至超过了他们在摩拉维亚遭遇的反对。这些罗马教士咒骂他们是"落在鹰群里的乌鸦"，指责他们违背基督教只能使用希伯来、希腊和拉丁三种语言传教或主持宗教仪式的传统，攻击他们使用斯拉夫语讲经是亵渎神灵，嘲笑他们发明了什么新文字。君士坦丁兄弟发挥其擅长"舌战群儒"的特长，引经据典证明所有的语言都是上帝创造的，因此上帝恩准使用所有语言传播其福音。当拉丁教士指责他们是"使用三种语言以外的语言传教的异端"时，君士坦丁引用《圣经》的话："那讲灵语（指希伯来语）的不是对人讲，而是对上帝讲，因为没有人听得懂他的话……除非有人能把灵语翻译出来，使全教会得到造就，否则，宣讲上帝信息的就比讲灵语的更不重要……舌头若不说容易明白的话，怎能知道说的是什么呢？……所以讲灵语的人应该祈求特别的恩赐，好解释灵语的意思……在教会的聚会中，我宁可说五句使人明白、能够教导人的话，而不讲千万句灵语……若大家都讲灵语，一般外人或不信的人进来，不是要说你们都发疯了吗？"①其雄辩的口才使拉丁教士接连败下阵来。其保加利亚弟子甚至提出了更为激烈的反驳，认为只有斯拉夫语言才是由真正的基督教圣人创造的，是上帝的恩赐，而拉丁教士坚持的"三种语言"都是异教徒创造的，他们的理论依据显然来自他们的老师。

867年冬季，他们到达了更加温暖的罗马，受到新教宗哈德良二世的热情款待。此时，教廷已经与摩拉维亚公国的邻国保加利亚达成默契，保加利亚准备接受罗马教会传教，因此，教宗也希望通过君士坦丁兄弟将势力范围扩大到斯拉夫世界。他们在罗马受到了空前规格的接待，因为他们随身带来了早年被拜占庭皇帝流放到克里米亚地区并客死他乡的罗马主教克莱蒙特（St.Clement）的遗骨。教宗没有涉及使用何种语言传教的争论，而是充

---

① 他在辩论中还质问："难道来自上天的雨水不是同样地落到所有人的头上吗？难道阳光不是一样普照所有人吗？难道我们不是一样呼吸空气吗？"为什么斯拉夫语言就低一等。D.Obolensky, *The Byzantine Commonwealth*, p.151.经文引自《圣经·新约》（中国基督教协会中文版），《哥林多前书》，第14章。

分肯定了他们在斯拉夫国家 4 年的传教成就,高度赞扬了他们作为福音传播者和基督教学者的声望,而教宗热情接待他们的目的也在于,利用他们在东欧和中欧地区斯拉夫人中的威望,以及这些地区君主对他们的支持扩大教廷的影响。事实上,当时罗马教宗与德意志(即东法兰克王国)君主之间的关系正在发生微妙的变化,他们为争夺对欧洲教会事务的主导权矛盾逐渐升级。在这一中古国际关系转变的大背景下,哈德良二世对君士坦丁兄弟的支持是深谋远虑的行动,因为否定他们使用斯拉夫语传教有可能把这个地区的广大斯拉夫基督教徒推入德意志教士一边,而支持他们则会扩大教廷在整个欧洲的影响。当然,这种支持也具有一定的危险,因为他们毕竟开启了使用其他民族语言传教的先例。最终,哈德良二世颁布了允许君士坦丁兄弟使用斯拉夫语举行基督教仪式的特许状。①

869 年 2 月 14 日,42 岁的君士坦丁积劳成疾,因偶感风寒病逝于罗马。依据麦瑟迪乌斯的请求,他被下葬在圣克莱蒙特教堂。临终前几周,他宣誓成为修道士,取名西里尔。此后,麦瑟迪乌斯继续从事斯拉夫教会的理论建设和组织工作,并争取教宗正式批准他成为潘诺尼亚地区的大主教和教宗在该地区的代表,其管辖范围包括潘诺尼亚、摩拉维亚、斯洛伐克和克罗地亚的一部分。然而,当麦瑟迪乌斯于 870 年回到摩拉维亚公国时,情况发生了重大变化。支持他们兄弟传教的拉斯迪斯拉夫被其侄子斯瓦托布鲁克(Svatopluk)推翻,后者篡夺了大公权力后,宣布承认"虔诚者"路易(Louis the Pious,814—840 年在位)的宗主权,摩拉维亚公国遂成为德意志王国的附属国。他还支持德意志教士剥夺了麦瑟迪乌斯的大主教权,在"虔诚者"路易的授意下,借口麦瑟迪乌斯僭越了当地的主教管辖权,将其逮捕并移交东法兰克王国,后者被关押在士瓦本监狱中达两年半之久。直到 873 年,新教宗约翰八世(John Ⅷ)干预此事,说服"虔诚者"路易和巴伐利亚主教释放了麦瑟迪乌斯。但是,麦瑟迪乌斯在当地的处境并没有好转,特别是在神学上面临"和子句"产生的难题,因为作为拜占庭教会的传教士,他坚决反对

---

① Edward G.Farrugia, et al., *Christianity among the Slavs: the Heritage of Saints Cyril and Methodius*, pp.250-252.

东法兰克教士在神学上的"错误"，①使他一直陷于和敌对教士的争论之中，而这并不是他所希望的。同时，其管理教会事务的工作完全处于当时中欧地区变幻无常的政治动荡中，无论地方君主还是教宗对他的态度时而支持时而冷淡，特别是来自教廷的变动对他产生了直接的影响。例如约翰八世在880年致斯瓦托布鲁克的信中还在为他们以斯拉夫语传教辩护，②而约翰八世的继任者就公开反对以其他民族语言传教和举行宗教仪式了。

拜占庭世俗文化在这一时期的"复兴"也弱化了巴尔干半岛不同民族间的对立情绪，特别是毁坏圣像运动强化了以皇帝为首的世俗权力对文化和宗教事务的控制，有助于拜占庭人利用这些精神武器征服巴尔干半岛其他民族。"毁坏圣像运动"是拜占庭历史上的重大事件，这场运动发生在8、9世纪，其性质是拜占庭教、俗统治集团发动的禁止使用或崇拜圣像的社会斗争，最终以皇帝为首的世俗统治集团彻底击败教会势力为结束。这场运动涉及面广，影响极大。学者们以这场运动标志当时的历史，称运动发生的一百余年为"毁坏圣像时代"。③ 这场运动以皇帝利奥三世（Leo Ⅲ,717—741年在位）于726年夏季颁布《禁止崇拜偶像法令》为开端，至843年幼帝米哈伊尔三世（Michael Ⅲ,842—867年在位）统治时期，摄政皇后塞奥多拉于同年3月在首都举行的会议上颁布反对毁坏圣像的《尼西亚法规》为止，持续了117年。这场运动对巴尔干半岛地区的影响主要反映在拜占庭帝国对外政策的调整上，即更加重视传教和文化传播。特别是在皇帝塞奥非罗斯（Theophilos,829—842年在位）统治时期，文化繁荣，成果显著。他大力支持官方整理古典作品的工作，因此出现了专门整理抄写古籍的作坊，一种

---

① "和子句"filioque是指西欧教会在5、6世纪时将《尼西亚信经》中"圣灵自父出来"一句改为"自父和子出来"，故名"和子句"。这一改动遭到希腊教会和其他东方教会的反对，因为这意味着对全基督教共同认可的信条作了篡改，而且涉及当时拜占庭教会和罗马教会的关系。9世纪时"和子句"纠纷逐渐升级，引发一系列斗争，成为中古时期东、西欧洲基督教争论的重要神学问题。参见任继愈主编：《宗教大词典》，上海辞书出版社1998年版，第306页。

② 约翰八世在信中指出："用斯拉夫语唱弥撒，或阅读翻译注释准确的《新旧约全书》中神的教诲……肯定不违背信仰或信条，因为上帝既创造了希伯来、希腊和拉丁三种主要的语言，也创造了他自己赞许和荣耀的其他所有语言。"J.P.Migne, *Patrologiae cursus completes*, *Series latina*, Paris: Garnier 1958-1974, p.126.

③ A.A.Vasiliev, *History of the Byzantine Empire*, Wisconsin 1970, I, p.234.

被称为"安色尔字体"的文本使古籍整理规范化,为保存失传文献作出了巨大贡献。这种字体一直使用到印刷体出现。他还恢复了朝廷对君士坦丁堡大学的支持,不仅由官方任命教授,将他们列入国家官职,而且由朝廷支付其高额薪俸,使这座由君士坦丁大帝于 4 世纪建立的欧洲最早的大学重新焕发生机。拜占庭历史上一些最著名的学者,如数学家和自然科学家利奥、神学和哲学家佛条斯、神学家和文学家君士坦丁,都应皇帝的亲自聘请,前来任教并主持大学的学术和教育工作,培养出一大批人才。正是在利奥(Leo)任校长期间,他的两位高足佛条斯(Photios)和君士坦丁(Constantine)主持古典哲学的研究和教学。后来,佛条斯被皇帝任命为教会最高首脑大教长,他亲自筹划了对保加利亚人和斯拉夫人国家的传教活动,并亲自选定君士坦丁为皇帝的传教特使。①

　　拜占庭政治、经济、宗教和文化势力不仅在巴尔干半岛中部和南部地区逐步恢复,也对奥穆塔格统治下的保加利亚人产生多方面的影响。事实上,两国的和平是建立在双方实力平衡基础上的,其前辈血腥战争的记忆并没有消失,民族对立心理仍然长期存在。从保加利亚人方面来说,其上层贵族既希望通过接受拜占庭人的政治模式以保持对统一国家的统治,并从拜占庭人的生活方式中得到改善自己生活质量的方法,但是他们又担心拜占庭人通过宗教文化渗透实现其政治控制的目的。因为,他们非常清楚,作为从北方入侵并定居在巴尔干半岛的保加利亚人的后代,拜占庭人不仅没有忘记他们祖先之间的战争,而且一直将他们视为外族入侵者,一直在寻机消灭保加利亚国家或至少要把他们变为拜占庭帝国的臣民或附属国。而那些参加过早期入侵战争的老战士和贵族,更是将拜占庭人视为保加利亚人的世仇宿敌,这些人对保加利亚国家政策影响极大。这些决定保加利亚国家政策的阶层尤其注意坚持本民族的古老习俗和原始信仰,即保加利亚人从伏尔加河流域大草原游牧生活中保留的风俗习惯,以及对最高战神及祖先的崇拜。他们将这些视为保持政治独立和民族特性的重要措施,特别是当拜

---

① Photios, *Epistolae*, ed. by Johannes N. Baletta, Jildesheim: G. Olms 1978, 2, No. 34, pp. 20-25.

占庭人利用传播基督教信仰和文化来实现其政治目的的时候,这就显得愈发关键。奥穆塔格及其后继者曾经采取了反基督教措施,强制要求数万拜占庭战俘和被掠居民宣誓放弃基督教信仰,遭到拒绝,其中一些宗教领袖例如亚得里亚堡主教曼努埃尔(Manuel)甚至因此被处死。奥穆塔格的接班人、其子马拉米尔(Malamir,831—836 年在位)为阻止基督教影响的蔓延,处死了接受洗礼并坚持基督教信仰的亲兄弟恩拉沃塔斯(Enravotas)。①

当时,拜占庭人对法兰克人的东扩也深感忧虑。为了避免与法兰克人的直接冲突,拜占庭人采取积极的宗教和文化政策,与法兰克人争夺保加利亚人和其他巴尔干半岛北部民族。这一时期与法兰克人保持亲密关系的教宗也积极支持法兰克人,教廷向保加利亚人派遣特使,劝说他们皈依罗马教会。正是在这样的大背景下,拜占庭皇帝大力支持佛条斯选派饱学善辩之士前往保加利亚传教,而君士坦丁兄弟也是在这样的政治环境下进行传教的。

对拜占庭帝国抱有极大敌意的伯利斯一世与东法兰克王国重修和约的消息传到拜占庭首都后,立即引起拜占庭朝野的震动,因为这意味着法兰克人的势力将直接深入巴尔干半岛,直达色雷斯平原。皇帝米哈伊尔三世(Michael Ⅲ,842—867 年在位)立即调动军队,于 864 年向色雷斯北部边界地区运动,同时派出一支舰队沿黑海西岸北上。此时,保加利亚国内发生饥荒,军事上也未作好迎战的准备,因此在拜占庭军队逼近的压力下,被迫取消了与法兰克人达成的协议。864 年,伯利斯一世向君士坦丁堡派遣使节,明确表示放弃与法兰克人结盟,并同意接受拜占庭传教士。次年 9 月,伯利斯一世受洗皈依基督教。拜占庭人则停止军事行动,并许可一些保加利亚人到巴尔干半岛南部定居。这一事件有两点值得注意:其一,保加利亚人是被迫接受基督教信仰,而非自愿主动邀请拜占庭传教士;其二,接受洗礼的保加利亚沙皇伯利斯只是在宗教上皈依基督教,在文化领域接受拜占庭文

---

① 事实上,信仰问题只是保加利亚宫廷内部争夺最高王权的一个借口,马拉米尔处死恩拉沃塔斯的政治目的是剪除一个政治对手,正如君士坦丁以保护基督教徒而攻灭其妹夫李锡尼一样。Will S.Monroe,*Bulgarian and Her People*,Boston:The Page Co.1914,pp.12—23.

化,政治上仍然保持独立,而没有成为拜占庭帝国的附属国。①

对于拜占庭人积极支持君士坦丁兄弟传教活动的意图,学者多有分析。他们认为,这些活动的"目的完全符合皇帝米哈伊尔三世和瓦西里一世的外交政策",②而9世纪中期也是拜占庭帝国将单纯军事外交调整为宗教文化传播相配合,对巴尔干半岛文化扩张最频繁活跃的阶段。君士坦丁兄弟先在摩拉维亚、后在保加利亚的传教活动对巴尔干半岛历史与文化发展走势影响极为深远,不仅对拜占庭帝国而且对斯拉夫各民族意义重大。

由于拜占庭教会在结束毁坏圣像运动后重新恢复正常活动,并与世俗君主关系更加融洽,因此以大教长佛条斯为首的教会决策层得以更为积极地参与国家的外事活动。在十余年的时间里,这一工作成就十分显著,俄罗斯南部草原上的哈扎尔人也被拜占庭使节说服,允许在其人民中进行传教活动。君士坦丁兄弟在摩拉维亚传教活动的巨大进展有助于他们推动保加利亚人皈依基督教信仰,塞尔维亚人也由此开始接受福音书传播,俄罗斯人则首次接受了从君士坦丁堡派遣的主教,这一系列政治和宗教外交活动最终结出了拜占庭历史上对巴尔干半岛施加影响最丰硕的成果,其空前绝后的灿烂成就凸显出其重要意义。无论当时的拜占庭人是否意识到这些活动的重要性,也许活动的组织者对此始料未及,但是其客观上产生的深远影响是应该加以肯定的。③ 拜占庭时期东正教体现的民族平等思想也是其能够在东欧地区广泛流传的重要原因之一,其一贯主张的各民族基督教徒使用本地语言传教和举行仪式的惯例也是它与罗马教会的一个重要区别。

在9世纪的长期和平期间,拜占庭帝国加强了对整个巴尔干地区的文化与宗教传播,并取得了巨大进展。首先,拜占庭帝国的御用文人在爱琴

---

① 对于拜占庭作家关于保加利亚人因此成为拜占庭帝国附属国的记载,现代学者提出不同的看法,认为那只是"拜占庭人政治哲学"的推理。D. Obolensky, *The Byzantine Commonwealth*, pp.84-85.

② D. Obolensky, *The Byzantine Commonwealth*, p.150.

③ 米哈伊尔三世可能从一开始就意识到这些活动的重要性,他在附有西里尔文字的信中对拉斯迪斯拉夫说:"接受一种比金银宝石和暂时财富更加伟大珍贵的礼物……将使你也能够列名那些以自己的语言报答上帝荣耀的伟大国家之林。"F. Dvornik, *The Making of Central and Eastern Europe*, London: Polish Centre 1949, p.313.

海、亚得里亚海和小亚细亚西部沿海广大被斯拉夫人占据的地方借助传教活动推行拜占庭文化,传播拜占庭人的价值观和政治规则,取得了空前的进展,其中色雷斯、阿提卡、伯罗奔尼撒、伊庇鲁斯南部、阿尔巴尼亚和达尔马提亚等地区先后出现了许多东方基督教教堂,帝国在这些地区的政府机构得到恢复,大量古代文献被输送到保加利亚和斯拉夫国家的王宫。① 而后,沿着梅里奇河和瓦尔达河等河谷交通路线,文化和传教活动逐渐向北发展。而在沿海地区的农业和渔业地区的传教方式也逐渐转变为适应巴尔干半岛北部农业和牧业的传教方式,例如沿海以橄榄油、鱼肉和面包为宗教仪式的材料,进入半岛北方就改变为其他植物油和面包为主,特别是由于半岛北方气候寒冷,教堂建筑也因地制宜地发生了相应的变化,而在半岛南部以希腊语为主的传教活动适应当地希腊人占多数的情况,到半岛北部以斯拉夫人为主的环境中也必然进行相应的调整。正如俄国著名拜占庭专家乌斯本斯基所说,"毫无疑问,基督教开始传遍保加利亚的时间更早些……甚至早在8世纪君主宫廷里就有许多基督徒。"②

奥穆塔格及其后继者正是抱着这种深刻的疑虑采取了一些矛盾的政策。一方面,他们在统治中不得不采用拜占庭帝国的政治制度,使用希腊语记录和对外交流。另一方面,他们对基督教在保加利亚人中的传播极为恐惧,禁止保加利亚人接受基督教信仰,迫害传教士。尽管保加利亚上层采取抵制拜占庭文化影响的政策,但是,这种影响却越来越强烈。首先是保加利亚君主需要拜占庭工匠建筑王宫和其他纪念物,以向臣民显示专制权威、赫赫武功和丰功伟绩,树立其绝对权威。现代考古学的诸多发掘证明,许多纪功碑的石刻和墓志铭文都是奥穆塔格时代留传下来的,其中个别的铭文是使用希腊字母拼写古保加利亚语言,但绝大多数是直接使用希腊民间语。③这说明当时的保加利亚人有民族语言而没有独立的文字体系,他们还不得

---

① John Wilkes, *The Illyrians*, Oxford: Blackwell Publishers 1992, pp.234-250.

② 转引自 A.A. Vasiliev, *History of the Byzantine Empire*, Wisconsin 1970, I, p.282. George Ostrogorsky, "The Byzantine Background of the Moravian Mission", *Dumbarton Oaks Papers*, vol.19 (1965), pp.1-18。

③ John Beddoe, "On the Bulgarians", *The Journal of the Anthropological Institute of Great Britain and Ireland*, vol.8(1879), pp.232-239.

不使用希腊语言文字,在相当长时间里将希腊语用作官方语言。不仅如此,他们借助拜占庭政治体制掌控其民众,还借用拜占庭帝国的行政组织建制和官职名称,在首都普里斯卡设立朝廷,连汗王奥穆塔格为他本人建造的陵墓也仿效拜占庭皇帝的铭文,"人是要死的,即便他尊贵地活过,其他的人则要出生;让新生的人注视着这座陵墓,记住它的建造者。这位君王的名字是奥穆塔格大汗,神赐予他长命百岁。"①再者,战争时代被保加利亚人关押的大量战俘和掠夺的拜占庭俘虏,此时也通过婚姻和其他形式融入保加利亚社会,他们人数众多,成千上万,成为拜占庭文化最好的传播者,因为无论是当奴隶还是君主的奴仆,他们保持的生活习俗和基督教信仰比保加利亚人原始信仰和习俗更有吸引力。保加利亚社会各个阶层,甚至王族成员也逐渐接受了拜占庭人的影响,这个过程可以被视为"拜占庭化",类似于他们祖先经历过的"斯拉夫化"。

保加利亚人自觉或不自觉、情愿或不情愿地接受拜占庭文化和基督教是有其自身深刻的原因的。首先,保加利亚人在入侵和定居巴尔干半岛的过程中,也经历了从半游牧向农耕生活方式转变的过程,其生活风俗的改变是心理观念改变的结果,必然引起其原始的社会制度的改变。他们必须放弃在草原地带流动生活中养成的习惯,必须使其原有的多神教信仰转变为一神教信仰,以适应中央集权国家制度的需要。其次,保加利亚人与斯拉夫人的结合,即保加利亚人经历的斯拉夫化过程,使他们在9世纪大体接受了斯拉夫人的文化,而当时在保加利亚人中已经有相当多斯拉夫人皈依了基督教,他们和那些因战争而进入保加利亚社会的拜占庭人一起,对保加利亚人产生广泛影响。再者,随着拜占庭帝国实力的恢复和对巴尔干地区控制力的加强,保加利亚人感到日益增加的军事压力。同时,在保加利亚人的西北部,存在多个民族,其中威胁最大的是法兰克王国。如何在几个大国之间寻求生存的机会,对于保加利亚汗王也是敏感和难于把握的问题。832年,马拉米尔汗王和法兰克加洛林帝国的皇帝"虔诚者"路易订立和约,确定了两国沿多瑙河中游和蒂萨河的边界。此后,伯利斯一世(Boris I,852—889

① D.Obolensky,*The Byzantine Commonwealth*,p.82.

年在位)任沙皇时期,保加利亚国家更推行了亲法兰克人的外交政策,同时借助后者的势力向东部扩张。① 只是由于来自拜占庭的军事压力,他才被迫接受东正教传教。

伯利斯一世接受基督教信仰后不久即收到拜占庭大教长佛条斯的来信,佛条斯在信中详细谈到基督教仪式问题,特别强调伯利斯的基督教政策的英明正确,可以与欧洲历史上第一位基督教皇帝君士坦丁大帝相比。但阿谀奉承并未解除伯利斯心中的疑惑,因此写信询问。② 作为拜占庭大学者和大教长的佛条斯,事实上没有必要写这样一封信件,其真实目的在于坚定伯利斯一世的信仰,因为他已经接到这位君主迫于国内压力而发生反悔倾向的报告。③ 当时,伯利斯尽管采取了平息叛乱的措施,但是贵族和臣民

---

① 乔治·奥斯特洛格尔斯基:《拜占庭帝国》,第 194 页。

② "饮食习惯的问题包括是否可以吃宦官宰杀的动物肉? 哪些动物和飞禽可以允许基督教徒宰吃? 在斋戒期过后的早晨何时吃饭? 涉及日常行为的问题包括礼拜三和礼拜五是否可以洗澡? 礼拜天是否可以性交房事? 礼拜日和斋戒期人们是否可以工作? 涉及保加利亚人原始信仰的公平习惯的问题如普通信徒为什么不能进行公共祈雨仪式? 普通信徒在就餐以前为什么不可以在餐桌上画十字祝圣? 涉及继续使用原始习惯法的问题如是否可以接受叛乱的非基督教徒的悔罪? 基督教如何对待谋杀、偷盗、通奸罪行,这些重大罪行都可以得到宽恕吗? 还是只要忏悔不要惩罚? 罪犯在教堂里就可以获得庇护权吗? 涉及原始部落尚武习俗问题如是否可以用马尾当作旗帜? 战前是否可以占卜或举行唱歌舞蹈仪式? 是否可以穿长裤和对刀剑起誓,或带护身符作战? 士兵逃离战场或拒绝服从军令应如何对待? 跨国变节背叛的士兵难道不应被判处死刑? 士兵在战前没有作好武器和马匹等应做的准备该如何处罚? 显然这些日常生活的具体细节都因为引进基督教而受到触动,特别是拜占庭传教士对这类社会生活的干预引起保加利亚人普遍的反感。同时,他提出另一类涉及宗教事务的问题,例如没有戴腰带是否可以领受圣餐? 信徒在教堂里站立是否要把双手交叉抱在前胸? 一年中的斋戒期共有几天? 大斋期圣餐礼仪是否每天都可以举行? 妇女是否必须戴头巾方可进教堂? 提出这些涉及宗教仪式的问题表明,保加利亚人不仅不能适应新宗教的习惯,而且抱着普遍的抵触情绪,以致他们怀疑拜占庭传教权力的合法性。伯利斯一世就此明确提出如下问题:世界上总共存在多少真正的教区主教? 罗马主教之下谁是第二位的主教? 在教堂里举行基督教圣事时使用的圣油是否只能从君士坦丁堡生产并运往各地? 希腊教会圣传崇拜是否有效? 他之所以提出这些问题,可能是希望得到罗马教宗的支持。由于他面临社会变革产生的巨大压力,伯利斯一世准备改变初衷,断绝与拜占庭人的宗教联系,因此他也提出了相关问题,例如基督教国家如何对待基督教内部不同教派的? 如何对待异教偶像崇拜? 强制推行基督教信仰是否正确? 与友善民族结盟的正确方式是什么? 如果一个基督教国家撤销与另一个基督教国家订立的约定该怎么处理? 基督教国家是否可以与非基督教国家签约?" D. Obolensky, *The Byzantine Commonwealth*, pp.87-93.

③ Photios, *Epistolae*, 2, No.36, pp.120-125.

中对拜占庭人的反感并未因此而缓解,对他采取的基督教政策的不满也在保加利亚社会各个阶层中扩大。特别是拜占庭传教士们的活动常常超出宗教范围,他们在宣讲教义和主持宗教仪式中,有意无意地表示出明显的效忠拜占庭皇帝的政治倾向,这对于保持保加利亚国家的政治独立和维护民族特性危害极大。因此,为了防止保加利亚国家被拜占庭政治同化,同时又要使其基督教化政策有利于保加利亚民族发展,伯利斯一世一方面坚决清除反叛势力,下令处死策动起义的 52 名反叛者及其子女。[①] 另一方面向拜占庭皇帝提出建立保加利亚独立教会的请求。866 年夏季,他正式提出这一要求,其理由是当时的基督教世界已经存在的 5 大教区并不包括保加利亚人,罗马教区管理罗马帝国西部,君士坦丁堡、亚历山大、安条克和耶路撒冷教区管理罗马帝国东部,只有巴尔干半岛北部尚未划归任何教区,因此独立的保加利亚教区可以承担这一管理职责。这一要求显然与拜占庭人的计划相悖,因为他们认为保加利亚人是入侵帝国的野蛮民族,对他们进行的基督教化只是实现其最终政治征服的一个步骤。鉴于当时拜占庭帝国缺乏武力征服的能力和与罗马教会及法兰克人争夺保加利亚人的需要,拜占庭皇帝和大教长对伯利斯一世的要求迟迟不作回应。

伯利斯一世显然对拜占庭人的冷漠很反感,他立即决定恢复与法兰克人的联系并接受罗马教会的传教士。同年夏季稍晚,他派遣特使前往"虔诚者"路易国王的宫廷,要求重修友好关系。同时,他向罗马教廷派遣特使请求教宗派传教士来保加利亚。教宗尼古拉一世(Nicholas I,858—867 年在位)抓住这一时机,立即派了两位高级教士到普里斯卡面见伯利斯,并呈上教宗的亲笔书信。教宗在信中详细回答了伯利斯提出的 106 个问题,清楚地指出了罗马教会和希腊教会的区别,着重分析了拜占庭利用基督教吞并保加利亚的危险,并表明了从道义上同意保加利亚建立独立教会的要求。可以推测的是,伯利斯的这类问题大概也同样向佛条斯提出过,但是,后者可能认为它们太过琐碎而未逐条作复,只是笼统地谈论了基督教的神学和礼仪问题。根据佛条斯的回信,我们知道这些问题大多涉及日常宗教生活

---

① 乔治·奥斯特洛格尔斯基:《拜占庭帝国》,第 195 页。

要求的细节,诸如没有戴腰带是否可以领受圣餐、礼拜三和礼拜五是否可以洗澡之类。① 这两种不同的回信方式,在伯利斯看来,反映出教宗对他的尊重和拜占庭人对保加利亚人的蔑视,特别是教宗对拜占庭的政治目的的看法完全符合他本人的意见。

听命于罗马教宗的法兰克人传教士当时也在摩拉维亚传教,和君士坦丁兄弟展开竞争,他们同样将拉丁教会的祈祷仪式和弥撒词翻译为斯拉夫语的拉丁文字,但是这种文字缺乏系统,难于掌握,最终被淘汰。而君士坦丁创造的文字更符合斯拉夫人的语言传统,特别是他们兄弟及其弟子翻译的大量基督教经典、早期教父作品、当代拜占庭神学著作和古希腊文史哲杰作不仅能满足信仰而且能满足文化上的需要,从而获得广泛的民众支持,奠定了斯拉夫语言发展的基础。君士坦丁兄弟本人翻译的作品,不仅译文精确传神,而且合辙押韵,其翻译水平无人可比。其所以如此,原因在于他们对于希腊语和斯拉夫语两种语言文字都极为精通,且文学功底深厚,对基督教神学素有研究。由于君士坦丁兄弟早期翻译文本质量极高,因此在此后的几个世纪里,它们成为所有斯拉夫知识阶层的标准读本,也成为新一代斯拉夫学者的学术语言和整个东欧斯拉夫世界的国际语言。在君士坦丁兄弟的所有成就中,意义最为重大的是西里尔文字的形成,在大约一代人时间里,这种文字体系更加完善,成为斯拉夫人文明化的重要工具。此后陆续开展的翻译基督教经典、古希腊文献,开办学校等活动都被认为是斯拉夫人文明化过程中十分重要的事件,而这一时期也被后人当作斯拉夫人文明化的开端。

麦瑟迪乌斯于881年回到阔别18年的家乡,应瓦西里一世的邀请访问了君士坦丁堡。这次访问是在拜占庭帝国与罗马教廷关系缓和以后安排的,因为接受了教宗任命的麦瑟迪乌斯在此之前与君士坦丁堡教会大教长几乎断绝了联系。很多法兰克教士对此幸灾乐祸,认为这位由拜占庭人安排的希腊传教士肯定得不到佛条斯的原谅,原因是佛条斯的君士坦丁堡教会大教长职位一直没有得到罗马教宗的承认,而由他一手安排并大力支持

---

① Photios, *Epistolae*, 2, No.36, pp.126-128.

的麦瑟迪乌斯竟然接受了教宗的任命。皇帝瓦西里一世和佛条斯大教长热
情接待了他,并大力支持他继续在斯拉夫人中开展教会工作。他的弟子和
得力助手有的留在君士坦丁堡收集翻译宗教文献,有的被派往其他地区的
斯拉夫人中传教。事实上,拜占庭皇帝和教会也希望利用麦瑟迪乌斯在斯
拉夫人中的巨大声望扩大帝国的宗教和政治影响,特别是利用其成功的传
教经验和斯拉夫语言文字的宗教文献对其他斯拉夫国家展开传教活动,毕
竟在拜占庭帝国北部存在着保加利亚、塞尔维亚和俄罗斯等斯拉夫人国家,
他们的基督教化和对拜占庭文化的认同将有利于帝国的安全。几年后,当
麦瑟迪乌斯的弟子和门徒被威尼斯人扣留时,瓦西里皇帝还亲自派遣使节
将他们解救出来。此后,麦瑟迪乌斯以主要精力翻译基督教经典和拜占庭
立法文献,他不仅仔细修改了他协助君士坦丁翻译的基督教宗教仪式祈祷
词和《圣经·新约》,而且在其学生的协助下翻译注释了《圣经·旧约》的部
分章节、希腊教父作品、拜占庭历代法典和皇帝法令中涉及教会的条款、拜
占庭帝国著名法典《法律选编》。885 年,麦瑟迪乌斯不堪法兰克教士的骚
扰,在缺乏世俗君主保护和教宗支持的情况下,病逝于摩拉维亚。他死后,
斯瓦托布鲁克以莫须有的罪名将其主要的弟子打入大牢,其中包括他指定
接任其大主教职位的哥拉兹德(Gorazd)、劳伦斯(Laurence)、安格拉留斯
(Angelarius)、克莱蒙特(Clement)和纳乌姆(Naum)。他们中的大部分最终
被驱逐出摩拉维亚,流亡到保加利亚。

保加利亚人接受基督教和拜占庭文化的意义极为深远。然而,围绕是
否继续坚持接受拜占庭文化问题,在保加利亚国内出现了思想反复,甚至伯
利斯一世本人也发生了动摇。显然,任何影响历史发展进程的重大变革都
不会一帆风顺,要经历一番斗争。

尽管教宗没有答应伯利斯一世提出的保加利亚教会独立的要求,但这
位国王反复斟酌后,仍决定接受教宗的传教。比较拜占庭人避而不谈的态
度,他认为教宗提出的首先设立保加利亚总主教、而后根据教宗特使的报告
再决定是否设立独立教会的建议更为可行。于是,他在 866 年下半年,接待
了教宗特使和高级传教士,同时下令将希腊传教士驱逐出保加利亚国境。
拜占庭人对此的直接反应是,大教长佛条斯立即向东部各教会发出通知,准

备就保加利亚人的信仰变化召开宗教大会。他在通知中指出了罗马教会在宗教礼仪和信条方面的诸多错误，分析了保加利亚人在拉丁教会的误导下采取的错误行动及其严重后果。这个事件也造成拜占庭基督教教会和罗马教会之间关系紧张，教宗尼古拉甚至宣布开除佛条斯的教籍，而大教长佛条斯完全不理会教宗的命令，在皇帝米哈伊尔支持和主持下于867年在君士坦丁堡召开了宗教大会，并正式决定开除教宗尼古拉的教籍，将罗马教会的信条和仪式指责为异端。① 这个足以导致基督教第一次大分裂的事件却由于东、西教会的变故而发生戏剧性转折，进而未能升级为重大历史事件。同年，拜占庭朝廷发生宫廷政变，瓦西里一世（Basil I,867—886年在位）登基，建立了马其顿王朝，同时将前朝宠臣佛条斯罢免，任命伊格纳条斯（Ignatios）为新的大教长。几乎同时，教宗尼古拉去世，867年12月由哈德良二世（Hadrian II,867—872年在位）接任教宗。两大教会的新领袖私交甚好，故改变前任的政策，恢复友好关系。②

伯利斯对事情的最新进展可能感到失望，特别是对军人出身的拜占庭新皇帝感到不安，于是迫于拜占庭军事压力，重新对拜占庭教会示好。特别是当教廷拒绝了他任命自己的亲信担任保加利亚总主教、并要求他将任命提交教廷决定时，伯利斯更加坚定了倒向拜占庭人的决心。他派出保加利亚代表团参加了870年2月在君士坦丁堡召开的基督教世界宗教大会，听候大会对保加利亚人的决定。参加会议的多数主教站在拜占庭教会一边，而教廷的代表势单力薄。虽然后者一再重申，保加利亚教会归属教廷管辖的古代伊里利亚地区，因此应将其教会划归教廷，但是希腊教会和其他东方教区代表众口一词地辩驳说，巴尔干半岛都属于拜占庭帝国，因此保加利亚教会事务归君士坦丁堡教会管理。在会议召开的第三天，皇帝瓦西里亲自下令接受保加利亚人的请求，允许其保持一定的独立性。③ 大会之后，保加

① Despina Stratoudke White, *Patriarch Photios of Constantinople : his Life*, *Scholarly Contributions and Correspondence*, Brookline, Mass. : Holy Cross Orthodox Press 1981, p.87.

② Despina Stratoudke White, *Patriarch Photios of Constantinople*, pp.230−256.

③ Stanislaw Turlej, *The Chronicle of Monemvasia : the migration of the Slavs and church conflicts in the Byzantine source from the beginning of the 9th century*, trans by Marta Dabrowska, Cracow : Towarzystwo Wydawnicze 2001, pp.198−204.

利亚国家重新聘请回拜占庭教士,再将罗马传教士赶出国境。大教长伊格纳条斯还亲自任命了保加利亚教区大主教,委任后者相对独立地负责保加利亚教会事务。保加利亚总主教虽然在理论上和名义上隶属君士坦丁堡大教长,但是其地位仅次于伊格纳条斯,位在其他主教之上。这就部分地满足了伯利斯的要求。此后,保加利亚教会根据伯利斯的意愿划分各地教区,由主教们负责各教区事务。最初,这些主教也是由拜占庭人派任,大批随行教士和学者则充当了传播拜占庭文化的使者。许多保加利亚青年被派往君士坦丁堡学习,并在拜占庭修道院深造,而后回国任教职。在这些年轻人中就有伯利斯的儿子西蒙。①

　　晚年的伯利斯一世继续推行基督教化政策。其邻国摩拉维亚大公国当时已经调整了外交政策,转而亲近法兰克人,885 年,麦瑟迪乌斯去世后,他们驱逐了拜占庭传教士,其中包括麦瑟迪乌斯的弟子克莱蒙特(Clement)和纳乌姆(Naum),他们在君士坦丁于 869 年病故后继续坚持在摩拉维亚大公国的传教活动。被驱逐后,克莱蒙特一行沿多瑙河顺流而下,来到保加利亚,受到热烈欢迎,被从边境护送到首都普里斯卡。伯利斯一世亲自召见他们,并坐而问道达一整天,仔细探讨基督教神学如何与保加利亚斯拉夫人的传统相结合的问题,显然,伯利斯仍然思考着在接受基督教信仰并使其民族文明化的同时,不引起巨大的社会反抗,使其民众可以心平气和地接受这些外来事物。886 年,克莱蒙特被派往保加利亚西部的马其顿地区,即今天的阿尔巴尼亚东部和奥赫里德湖周围地区,进行传教活动,他还得到君主授权,在当地建立教堂和修道院,设立学校培养保加利亚神职人员。他在当地使用西里尔文字翻译希腊教会文献,使用斯拉夫语言传教,工作成就显著,信徒人数急剧增加,很快就使奥赫里德地区成为巴尔干半岛西部最重要的基督教圣地和斯拉夫文化中心。② 与此同时,纳乌姆被派往保加利亚东北地区的普里斯拉夫,并在那里建立了古代斯拉夫文学学校,在伯利斯一世及其

---

①　Adam Smith Albion, *Symeon*, *Tsar of Bulgaria*(893 – 927), *as seen through Byzantine Lenses*, Harvard University Press1988,pp.23-45.

②　Matthew Spinka,*Studies in Church History*,Chicago:The American Society of Church History 1933,p.256.

儿子西蒙的大力支持下,培养了许多著名的斯拉夫学者。893 年,克莱蒙特被任命为奥赫里德地区主教后,纳乌姆又受命前往协助他管理当地教会事务。

保加利亚国家的基督教化似乎可以确定其未来的进程了。然而,反复辟的斗争还没有结束。889 年,身心疲惫的伯利斯一世主动退位,将沙皇的权力交给其长子弗拉基米尔(Vladimir,889—893 年在位),而后进入修道院,准备在平静中度过晚年。但是,弗拉基米尔辜负了他的愿望,因为这个儿子性格优柔寡断,生活放荡荒淫。那些曾在伯利斯一世统治时期受到无情镇压的旧贵族及其后裔乘机复辟,他们聚集在弗拉基米尔宫廷中,一方面满足其声色犬马的需求,另一方面鼓动他改变其父亲的政策。在弗拉基米尔统治的 4 年里,拜占庭基督教再次受到排挤,希腊传教士遭到迫害。弗拉基米尔为了与日耳曼王阿尔努夫(Arnulf of Germany,896—899 年在位)签约而废除了与拜占庭人的和约。① 这一系列复辟活动和反基督教的政策损害了保加利亚的利益,特别是打乱了保加利亚人文明化的进程,有可能导致新的内乱。退位沙皇伯利斯一世对弗拉基米尔极为失望,特别是担心自己一生的事业可能毁在这个叛逆之子手里。893 年,他从修道院直接来到首都普里斯卡,召集忠心的重臣贵族,重新执掌皇权,宣布废除弗拉基米尔,并按照拜占庭法典处以瞽目重刑,将其打入死牢。同年,他召集保加利亚各地贵族大会,决定由其第三个儿子西蒙接替皇位,确定斯拉夫语言文字取代希腊语为保加利亚官方语,迁都至普里斯拉夫。② 弗拉基米尔代表的保加利亚旧贵族和复辟势力最后一次反扑遭到失败,此后,新沙皇西蒙忠实执行伯利斯一世制定的国策,继续推行斯拉夫文明化,加强中央集权和斯拉夫文化建设,引进拜占庭政治和经济制度,极大增强了保加利亚的国力。伯利斯则重回修道院,直到 907 年病逝。

保加利亚人基督教化和文明化的进程昭示出,不同文化之间的接触、融合是促进巴尔干半岛社会发展的重要方面,其积极意义和深远的效果远远

---

① Ian Grey,*Boris Godunov*:*The Tragic Tsar*, New York:Charles Scribner's Sons 1973,pp. 125-129.

② Stephen Graham,*Boris Godunof*, New Haven:Yale University Press 1933,pp.210-215.

超过武力冲突方式的后果。正是由于拜占庭人采取的这一新的方式,才使巴尔干半岛开始进入宗教与文化整合的新阶段。但是这一过程充满了新旧势力之间的斗争,甚至是流血的冲突。毋庸讳言,拜占庭文化在巴尔干半岛的传播伴随着武力、杀戮、阴谋、冲突、政变和流血,既有外部的也有内部的战争,但是,最终的结果是文明和理智战胜了野蛮和愚昧。[①] 而新生的斯拉夫人国家及其文明又为巴尔干半岛地区注入了新的活力。

---

① 对于这个判断有学者提出质疑,他们怀疑"这次皈依究竟对拜占庭帝国有利还是对保加利亚有利也是个问题"。Cyril Mango,*The Oxford History of Byzantium*,p.173.

第四章　多元文化交流视野下的拜占庭文化

一、拜占庭金币

自百余年前在中国境内首次发现拜占庭金币以来,有关的发掘报告和收藏报道不断见诸学术刊物和报纸。中国学术界对这些金币的系统研究始于已故著名考古学家夏鼐先生,近年来又有徐苹芳、罗丰、康柳硕等学者的著述涉及,其中徐苹芳先生在《考古学上所见中国境内的丝绸之路》的报告较为全面,而康柳硕的《中国境内出土发现的拜占庭金币综述》分析最为详细。[①] 但是,据我们更广泛的调查发现,学术界已经作出的报道不够完整,因为到目前为止中国发现的拜占庭金币数量达百余枚,其中最早的发现当属瑞典人斯文·赫定在新疆和田的出土金币。[②] 拜占庭金币因其特殊的品

---

① 参见徐苹芳:《考古学上所见中国境内的丝绸之路》,《燕京学报》新 1 期;罗丰:《固原南郊隋唐墓地》,文物出版社 1996 年版;康柳硕:《中国境内出土发现的拜占庭金币综述》,《中国钱币》2001 年第 4 期。

② 我们新近调查我国发现的拜占庭金属币数达到百余枚,其中金币及其仿制品便有百枚,银币 2 枚,铜币 1 枚,比徐苹芳先生的统计数字多 70 枚左右,比我们去年调查的结果多 60 余枚,比康柳硕的数字也多 60 余枚。另外,康柳硕文称斯坦因是在我国发现拜占庭金币最早的人,其实不然。瑞典人斯文·赫定在和田的发现比他早 17 年。陈志强、郭云艳:《我国发现的拜占庭金币考略》,《南开学报》2001 年增刊。泽特马尔·尤金尼:《丝绸之路艺术和考古学》,1991—1992,第 137—177 页,转引自 F.蒂埃里、C.莫里森著,郁军译:《简述在中国发现的拜占庭帝国金币及其仿制品》,《中国钱币》2001 年第 4 期。Montella Golsa, "Sven Hedin's archaeological collection from Khotan II", *Bulletin of the Museum of the Far Eastern Antiquities*, 10 (1938), pp. 83-106,转引自 F.蒂埃里和 C.莫里森著前引书,《中国钱币》2001 年第 4 期。康柳硕:《中国境内出土发现的拜占庭金币综述》,《中国钱币》2001 年第 4 期;另见《新疆钱币》1995 年第 1 期。康柳硕前引文,另见《甘肃钱币专辑》1991 年。《新民晚报》1996 年 8 月 29 日。党顺民:《西安发现东罗马金币》,《中国钱币》2001 年第 4 期。阎磷:《青海乌兰县出土东罗马金币》,《中国钱币》2001 年第 4 期。陈志强:《咸阳隋独孤罗墓拜占庭金币有关问题》,《考古》1996 年第 6 期。

质、形制和铭文很早就引起我国先人的注意，不仅用作随葬品或辟邪饰物，而且可能在西域用于通常意义的货币流通。① 但是中国有关拜占庭金币的研究还很欠缺，大多数仅有报道而未得到认真研究，而少数得到研究的成果也不为国际学术界所了解，或者了解甚少。② 笔者拟对目前在我国已经发现的拜占庭金币做初步分析。③

20 世纪在中国境内发现的拜占庭金币大多分布在我国北方地区，涉及西北、华北等 8 省区，特别以河西走廊沿线地区为主。

新疆维吾尔自治区境内发现的拜占庭金币共有 15 枚，分别出土于叶城 2 枚、和田 5 枚、吐鲁番阿斯塔那 8 枚。这些拜占庭金币中虽然有 7 枚为仿制品，但值得注意的是 15 枚金币全为出土文物，叶城与和田的 7 枚发现于古城遗址，而吐鲁番的 8 枚出土于阿斯塔那 1 区 3、5、6 号墓和唐麴娘墓、哈拉和卓 92 号墓、138 号、105 号唐墓和唐西州时古墓。这些拜占庭金币发现于古城遗址和古墓而非民间收藏的事实表明，新疆为我国发现的拜占庭金币多藏地区。④

甘肃省的 4 枚也是当地发现，而非外地流入，其中 1 枚出土于武威康国人康阿达墓，1 枚出土于清水县唐墓，2 枚得自天水和陇西县农民之手，虽然后两枚金币发现的细节不详，但报告人推测为当地农民在农田中拾得。⑤

---

① 《隋书》卷 24《食货志》称"河西诸郡或用西域金银之钱，而官不禁"，其中必有当时作为国际硬通货流通的拜占庭金币，我国发现的拜占庭金币或可为证。

② 例如 F.蒂埃里和 C.莫里森著，郁军译：《简述在中国发现的拜占庭帝国金币及其仿制品》一文中只提到 30 枚，《中国钱币》2001 年第 4 期。

③ 陈志强、郭云艳：《我国发现的拜占庭金币考略》，《南开学报》2001 年增刊；陈志强：《我国发现的拜占庭铸币及其相关问题研究》，《考古学报》2004 年第 3 期。

④ 相关报告参见 A.Stein, *Innermost Asia: detailed report of explorations in Central Asia, Kansu and eastern Iran*, Oxford: The Clarendon Press 1928. 宿白：《中国境内发现的东罗马遗物》，《中国大百科全书·考古学卷》，原始材料出于 A.斯坦因前引书；罗丰：《固原南郊隋唐墓地》，文物出版社 1996 年版，原始材料出于 A.斯坦因前引书；新疆维吾尔自治区博物馆：《吐鲁番阿斯塔那——哈拉和卓古墓群清理简报》，《文物》1972 年第 1 期；《新疆考古三十年》，新疆人民出版社 1983 年版，原载《文物》1975 年第 10 期。

⑤ 相关报道见夏鼐：《咸阳底张湾隋墓出土的东罗马金币》，《考古学报》1959 年第 3 期；刘大有：《甘肃天水新发现一枚东罗马福卡斯金币》，转引自刘大有：《丝路骑车访古觅钱录》，自印本。罗丰：《固原南郊隋唐墓地》，《中国钱币》1996 年第 4 期，原载《丝绸之路》1996 年第 4 期；康柳硕：《中国境内出土发现的拜占庭金币综述》，《甘肃钱币专辑》1991 年。

青海省乌兰县大南湾遗址出土拜占庭金币 1 枚。[①]

宁夏回族自治区固原一地竟发现 9 枚拜占庭金币,其中 4 枚出土于固原南郊小马庄史道德墓、南郊乡史索岩墓、南郊乡史诃耽墓、城南郊区史道洛夫妻墓。1996 年中日联合考古队在固原西郊田弘墓发现 4 枚,而得自农民之手的 1 枚也非外地流入,而是该农民在农田中拾得,在同一地点还发现黄釉瓷扁壶残片,可能为破损古墓的随葬品。[②]

陕西省为我国古代政治经济中心,也是我国拜占庭金币最集中的地区,共有 13 枚被发现,占总数的 24%。它们均为当地出土文物,其中 9 枚分别出土于咸阳底张湾隋独孤罗墓、西安西郊土门村 2 号唐墓、西安南郊西何家村、西安西郊曹家堡唐墓、咸阳国际机场贺若氏墓、西安东郊唐陈感意墓、陕西商州隋墓、西安市西郊劳动南路飞机场工地和西安长安城西市东郊,4 枚是西安市东郊金属回收公司和定边县安边镇从当地农民手中征集所得,而当地农民得到拜占庭金币的情况可能与固原农民类似。[③]

内蒙古自治区发现的 2 枚拜占庭金币也不是外来物品,而是分别在呼和浩特以西土默特左旗毕克齐镇古墓和内蒙古武川县乌兰不浪乡古墓出土的随葬品,这一情况特别值得注意。[④]

---

① 阎磷:《青海乌兰县出土东罗马金币》,《中国钱币》2001 年第 4 期。

② 相关报告参见宁夏固原博物馆:《宁夏固原唐史道德墓清理简报》,《文物》1985 年第 11 期;又见罗丰:《固原南郊隋唐墓地》,《中国钱币》1996 年第 4 期,原载《丝绸之路》1996 年第 4 期;樊军:《宁夏固原发现东罗马金币》,《中国钱币》2000 年第 1 期;罗丰:《固原南郊隋唐墓地》,文物出版社 1996 年版。相关新闻见《新民晚报》1996 年 8 月 29 日。

③ 夏鼐:《咸阳底张湾隋墓出土的东罗马金币》,《考古学报》1959 年第 3 期;夏鼐:《西安土门村唐墓出土的拜占庭金币》,《考古》1961 年第 8 期;王长启、高曼:《西安新发现的东罗马金币》,《文博》1991 年第 1 期;陕西省博物馆、文管会:《西安南郊何家村发现唐代窖藏文物》,《文物》1972 年第 1 期;中国文物交流中心:《中国の金银器、ガヲス展——正仓院の故乡》图版第 29,日本 NHK 大阪放送局 1992 年版,转引自徐苹芳:《考古学上所见中国境内的丝绸之路》;张海云等:《西安市西郊曹家堡唐墓清理简报》,《考古与文物》1986 年第 2 期;负安志:《陕西长安县南里王村与咸阳飞机场出土大量隋唐珍贵文物》,《考古与文物》1993 年第 6 期;张全民、王自力:《西安东郊清理的两座唐墓》,《考古与文物》1992 年第 5 期;王昌富:《商州市北周、隋代墓葬清理简报》,《考古与文物》1997 年第 4 期;李生程:《陕西定边县发现东罗马金币》,《中国钱币》2000 年第 2 期。

④ 内蒙古文物工作队、内蒙古博物馆:《呼和浩特市附近出土的外国金银币》,《考古》1975 年第 3 期。罗丰:《固原南郊隋唐墓地》,原载《内蒙古金融》1987 年第 8 期。

河北省共发现 5 枚拜占庭金币,分别出土于赞皇县南邢郭东魏李希宗夫妻合葬墓、磁县东魏茹茹公主闾氏墓。这说明,拜占庭金币分布地区范围继续向东扩展。①

拜占庭金币分布地区范围向东最远到达河南和辽宁,两地各有 1 枚,分别出土于洛阳龙门唐安菩夫妇墓和辽宁朝阳双塔区唐墓。②

近年有报道称杭州发现拜占庭金币,北京和上海等地博物馆也征集到拜占庭金币和铜币,但据报告人推测这些拜占庭金属币并非本地出土物,多由外地流入。③

从拜占庭金币主要出土于我国新疆(15 枚)、甘肃(4 枚)、青海(1 枚)、宁夏(9 枚)、陕西(13 枚)、河北(5 枚)、河南(1 枚)的情况分析,河西走廊连接的地区在拜占庭金币标示的年代(337—775 年)是我国古代先民与西方经济联系的主要通道,古都西安所在的地区是这条经贸通道最重要的中心,其商业辐射范围包括河北和河南的首府,而新疆则是我国境内另一个重要的对外贸易集散地。

拜占庭金币在我国出土地点所揭示出来的情况也证实了文献资料提供的信息。《汉书·西域传》记载:"自玉门、阳关出西域有两道。从鄯善傍南山北,波河西行至莎车,为南道;南道西逾葱岭则出大月氏、安息。自车师前王廷随北山,波河西行至疏勒,为北道;北道西逾葱岭则出大宛、康居、奄蔡焉"。④《隋书·裴矩传》记载:当时受命主持西域诸藩商贾事务的裴矩根据各国商人对"其国俗山州险易"的叙述,"撰西域图记三卷"。其中提到:"自敦煌至于西海凡为三道,各有襟带。北道从伊吾,经蒲类海、铁勒部、突

---

① 夏鼐:《赞皇李希宗墓出土的拜占庭金币》,《考古》1977 年第 6 期;石家庄地区革委会文化局文物发掘组:《河北赞皇东魏李希宗墓》,《考古》1977 年第 6 期;磁县文化馆:《河北磁县东魏茹茹公主墓发掘简报》,《文物》1984 年第 4 期。

② 相关报告参见洛阳市文物工作队:《洛阳龙门唐安菩夫妇墓》,《中原文物》1982 年第 3 期;辽宁省文物考古研究所等:《朝阳双塔区唐墓》,《文物》1997 年第 11 期。

③ 这种发生在现当代的古币赠与可以促进我国对外文化交流,但对古代中西交流研究意义并不大,因为它们附加的重要信息大多缺失,其重要价值远没有我国古墓出土的古币高,甚至在研究中可以不予考虑。屠燕治:《东罗马利奥一世金币考释》,《中国钱币》1995 年第 1 期;康柳硕:《中国境内出土发现的拜占庭金币综述》,《中国钱币》2001 年第 4 期。

④ 《汉书》卷 96 上《西域传》。

厥可汗庭，度北流河水至拂菻国，达于西海。其中道从高昌、焉耆、龟兹、疏勒，度葱岭，又经钹汗、苏对沙那国、康国、曹国、何国、大小安国、穆国，至波斯，达于西海。其南道从鄯善、于阗、朱俱波、喝槃陀，度葱岭，又经护密、吐火罗、挹怛、帆延、漕国，至北婆罗门，达于西海。其三道诸国亦各自有路，南北交通。其东女国、南婆罗门国等，并随其所往，诸处得达。故知伊吾、高昌、鄯善并西域之门户也。总凑敦煌是其咽喉之地"。① 这大概是当时人记载西域交通最详细的文字，但多集中在丝路东段。根据现代学者的研究，丝绸之路东段绕塔里木盆地，沿天山和阿尔泰山南麓、昆仑山北麓到达敦煌。过"咽喉"敦煌后便可进入酒泉、张掖、武威一线构成的河西走廊，直达古都长安和洛阳。目前发现拜占庭金币的重要地点正是《汉书》提到之北道和南道，以及《西域图记》提到的中道和南道沿线地点。其中新疆吐鲁番阿斯塔那地区为中道城市，叶城与和田（于阗）为南道重镇。《西域图记》中提到的"北道"是否可以与内蒙古和辽宁两地发现的 3 枚拜占庭金币相联系还有待进一步考古研究的证明。

另外，中国沿海地区没有出土拜占庭金币也说明，9 世纪以前我国与西方国家的交通以陆路为主，传统的"丝绸之路"在中西文化交流中发挥主要作用，而海上交通可能是在此后兴起。

客观而言，目前在中国境内发现的拜占庭金币并不是系统考古调查的结果，而是百余年来中外学者零星分散考古活动的成果。因此可以说，从这些金币所能得出的只是初步的结论。随着我国各地系统考古调查和文物收集工作的展开，更多的拜占庭金币将展现在世人面前，为更新的结论提供更充足的物证。

目前，中国已发现的拜占庭金币，其中只有少数能确定其在墓中的原始位置：含于口中者 10 枚，握于手中者 1 枚，此外，还有数枚位于墓主的颈部、身侧，因此也不排除口含、手握的可能。自 1915 年斯坦因首次在新疆阿斯塔那墓地发现该葬俗以来，在阿斯塔那和内地的许多地方都有发现，而且口含、手握的货币也不限于拜占庭金币，还有波斯萨珊银币和中国的圆形方孔铜钱。

---

① 《隋书》卷 67《裴矩传》。

　　然而该葬俗的源头以及意义一直没有定论,至今,从学者们丰富的研究成果中,可以找到几种解释,有助于我们理解口含、手握货币葬俗的意义。

　　1.古希腊葬俗。当英国人斯坦因在阿斯塔那发现墓主口中的 3 枚拜占庭金币仿制品和 1 枚萨珊银币后,他马上将它与古希腊的葬俗联系起来。在古希腊,为了让死者的亡魂顺利到达冥府,要在死者口中放 1 枚钱币(通常为 1 奥博尔 Obol),以作为向斯蒂克斯河(Styx)的摆渡神卡戎(Charon)支付的摆渡钱。尽管斯坦因知道关于佛经的故事,但他依然认为口含币习俗受到古希腊的影响。对于他的这一看法,我国考古学家夏鼐先生认为这是中国文化西来说的流毒。而日本学者小谷仲男却有些赞同。他列举了在中亚地区的考古发现,表明中亚地区从 1 世纪到 8 世纪的墓葬中都有死者含钱的习俗。因为古希腊的口含币习俗比中亚地区要早些,亚历山大东征造成中亚地区希腊化的同时,也有可能使当地人民接受希腊人的殡葬礼仪。但是小谷先生认为中亚并没有完全照搬,而是将自己的文化与思想融入当中,形成了中亚文化与希腊神话交融下的口含币习俗。这种习俗沿着丝绸之路进入中国,在西汉时就稍有影响,到隋唐之际大盛。

　　2.佛经。斯坦因还为后人提供了另一条线索,法国汉学家沙畹博士指出,汉译佛教经典《六度集经》曾提到口含金币的葬俗。这则故事是这样的:"昔者菩萨,为独母子,朝诣佛庙,捐雅崇真。""所处之国,其王无道,贪财重色,薄贤贱民。王念无常,自惟曰:'吾为不善,死将入太山乎,何不金聚以贡太山王邪。'于是,殇民金,设重曰:'若有匿铢两之金,其罪至死。'如斯三年,金全都尽,王讹募曰:'有获少金贡王者,妻以季女,赐之上爵。'童子启母曰:'昔以金钱一枚,著之父口,欲以赂太山王,今必存矣,可取之献王也。'母曰:'可。'儿取献焉。王令录问所由获金,对曰:'父丧之时,以金著口,欲赂太山王。实用大王设爵求金,始掘冢发木求金。'王曰:'父丧来有年乎?'曰:'十有一年。'曰:'尔父不赂太山王爷?'对曰:'众圣之书,唯佛教真,佛经曰,为善福建,为恶祸随,祸之于福,犹影响焉。走身以避影,抚山以关响,其可获乎?'王曰:'不可!'曰:'夫身即曰大也,命终四大离灵逝变化,随行而亡,何赂之有。大王前也布施为德,今获为王,又崇仁爱,则及遐迩,虽未得道,后世必复为王。'王心欢喜,大赦狱囚,还所多金。"其他的佛经中也有类似的故事提到口含金币的葬俗。

对于这些故事,小谷先生研究后认为,无论是在中国还是在印度,这种习俗本来是不存在的,而是由贵霜人从中亚、阿富汗北部带入犍陀罗和印度地区的。佛教徒为了向贵霜统治者宣扬其教义,而创作出的一则故事。而且由于贵霜帝国以前的中亚各个国家没有使用金币的习惯,贵霜金币的出现是在与罗马帝国进行直接的贸易往来后,受罗马金币的影响而铸造的,因此他认为佛经中的金币很可能是在贵霜金币流通背景下产生的。他还指出,2 世纪到 3 世纪,在犍陀罗山区,相继建造了许多新寺院,供奉了众多佛像,说明贵霜王族时代,人们不再将他们在丝绸之路贸易中积攒下来的金银财宝用来做墓葬的随葬品,而是献给了寺院。根据这样的推论,他认为中国西汉时发现的口含币习俗实际上是贵霜王朝兴盛时期,从中亚传入西域和中国内地,并波及到各个边境地区的。

另外,杜斗城先生认为口含金币是受佛教影响的一种葬式。因未见其原文,故不知其论述详情。但是这则故事的主题很明显是宣扬佛教,不赞成随葬金银,那么即使佛教不是反对口含、手握金币入葬的习俗,它也不会鼓励这个葬俗。所以口含币习俗的传播并非佛教之故。

3.中国古葬俗。夏鼐先生认为,口含、手握葬俗源于我国内地。"我国在殷周时代便已有死者口中含贝的风俗,考古学上和文献上都有许多证据。当时贝是作为货币的。秦汉时代,贝被铜钱所取代,将铜钱和饭及珠玉一起含于死者口中,成为秦汉及以后的习俗。广州和辽阳汉墓中都发现过死者口含一两枚铜钱。"这种口中含贝、珠玉的葬俗,我国古代称为口实或者饭含,其意义在于"缘生以事死,不忍虚其口也。"随着葬仪的渐次演进和日益奢华,口实也不断发展,从最早的饭米及珠玉、贝到东汉发展为"九窍塞"和"玉衣"等奢侈的葬具。同时,为了实现对财富和权力的控制,还随葬大量铜钱,东汉末年的墓葬中出土的铜钱竟达 6000 多枚。自曹操开始,历代大倡薄葬,珠玉渐渐淡出,钱币的随葬也大大减少,为纸钱所取代。一般只在墓中随葬两三枚钱币,放在墓主口中,既达到不虚其口的目的,又不致引起盗墓者的欲望,因此这种葬俗从隋唐一直延续至今。

中国大部分学者都采用夏鼐的观点,肯定新疆的口含币习俗源于中国内地。但是这种观点的缺陷在于，口含究竟如何从具有神秘力量的珠玉转为用于流通的货币，解释还缺乏说服力，而且对于魏晋南北朝到隋唐之际，中西交通之盛对葬俗的影响也没有很好地论证。这一观点，还需继续补正。

4.波斯祆教的影响。罗丰在《固原南郊隋唐墓地》一书的"死者口含或手握金、银币的若干意义"一节中，还提到中国古籍中关于口含的记录。《太平广记》卷420《独异志》的"李灌"条记载："李灌者，不知何许人。性孤静，常次洪州建昌县，倚舟于岸。岸有小蓬室，下有一病波斯。灌悯其将尽，以汤粥给之。数日而卒。临绝，指所卧黑毯曰：中有一珠，可径寸，将酬其惠。及死，毯有微光溢耀，灌取视得珠。买棺葬之，密以珠内胡口中，植木志墓。其后十年，复过旧邑……时杨凭为观察使，有外国符牒，以胡人死于建昌逆旅，其粥食之家，皆被梏讯经年。灌因问其罪，囚具言本末。灌告县寮，偕往郭墦伐树，树已合拱矣。发棺视死胡，貌如生，乃于口中探得一珠还之。"①《太平广记》中所载死者口中含珠的故事还有两篇，与此篇类似。

罗丰认为，含珠是西域胡人丧葬所特有的习俗，且为当时唐人所熟知，并与口含金银币具同样意义，是受宗教影响所致。而且他认为这宗教是拜火教，中国新疆与内地发现的死者口含币习俗是与中亚地区一脉相承的，但是中亚地区的葬俗却与希腊的含奥博尔一俗具有不同的意义。

关于这一问题，英国的A.斯坦因在其《亚洲腹地考古记》中说："从阿斯塔那古墓的遗骸口中，实际上共发现了4枚货币。其中3枚为拜占庭金币，或者说是仿制金币；另外1枚是波斯萨珊银币。我认为这一习俗理所应当同古希腊人的习俗相联系加以研究。"所提习俗是古希腊人将1枚货币奥博尔(Obol)放在死者口中，以便给阴间的渡船人卡戎(Charon)作为摆渡钱。同意这一观点的还有俾伐尔(A.D.Bivar)。②

上述报告依据夏鼐先生在20世纪五六十年代的说法进行描述，不同程度地出现如下失误：其一，金币背面女神为新都城城标"安淑莎"，而非古希

---

① 《太平广记》，中华书局1961年版，第3240—3241页。

② 参见《库米斯出土的萨珊铸币》（"The Sasanian Coin from Qumis"），载《皇家亚细亚学会会志》（JRAS）第33卷1970年第2期，转引自夏鼐：《综述中国出土的波斯萨珊朝银币》，《考古学报》1974年第1期，第104页。

腊的胜利女神;其二,金币正面铭文解释有误,应为"我们的主上某某皇帝万岁";其三,铭文 C、I 被普遍说成 G,实际上,拜占庭金币采用前者,而非后者;其四,个别报告对铭文 C 的解释不妥,沿袭夏鼐先生旧说;其五,对铭文"OB"解释有误,其意为"优质金"或"足金"。[①] 事实上,夏鼐先生于 1977 年著文修正了其过去关于铭文"OB"的意见,可惜后来的报告者多未阅读。

二、识别误区

自 1897 年俄国人古德弗雷(Godfrey)在中国新疆和田古城废墟发现拜占庭金币以来,特别是新中国成立后,我国各地不断发现拜占庭金币或其仿制品,有关的发掘报告和收藏报道不断见诸学术刊物和各种媒体,直到 2002 年 7 月在青海都兰发现拜占庭金币为止,已经报道的拜占庭古币数量总计达到 50 多枚。据我们更广泛的调查和综合考察相关考古报告及研究文章后,感到存在一些问题。一些综合性研究文章存在调查不够全面,研究不够系统的问题。例如,徐苹芳先生 1995 年的文章仅提到 20 余枚,罗丰于 1996 年出版的书中仅涉及 33 枚,康柳硕 2001 年的文章仅涉及了 36 枚,[②]法国拜占庭古币学家 C.莫里森和 F.蒂埃里合作于 1994 年发表的文章中仅排列了 27 枚,同一文章的部分内容于 2001 年被郁军翻译为中文发表时又增加了 9 枚,达到 36 枚,而笔者本人与学生合作于 2001 年年底发表的文章也只提到 40 枚。[③] 上述各位作者所涉及的拜占庭古币或互有脱漏,或重复报道。一些考古报告因无据可查,在对金币的表述和判断上不准确。例如

---

① 陈志强:《咸阳隋独孤罗墓拜占庭金币有关问题》,《考古》1996 年第 6 期。

② 徐苹芳:《考古学上所见中国境内的丝绸之路》,《燕京学报》新 1 期,北京大学出版社 1995 年版,第 291—344 页;罗丰:《固原南郊隋唐墓地》,文物出版社 1996 年版;康柳硕:《中国境内出土发现的拜占庭金币综述》,《中国钱币》2001 年第 4 期;羽离子:《对定边县发现的东罗马金币的研究》,《中国钱币》2001 年第 4 期。

③ F.Thierry et c.Morrisson,"'Sur les' monnaies byzantines trouvées en chine",*Revue Numismatique*,36,(1994),VIᵉ sérue,109-145.参见 F.蒂埃里、C.莫里森著,郁军译:《简述在中国发现的拜占庭帝国金币及其仿制品》,《中国钱币》2001 年第 4 期;陈志强、郭云艳:《我国发现的拜占庭金币考略》,《南开学报》2001 年增刊。

《考古与文物》1993 年第 6 期发表的关于咸阳机场出土之金币的报道将查士丁一世与查士丁尼二世混淆。可见,我国有关拜占庭古币的研究还很薄弱,大多数考古报告还有待深入研究。国际学术界对我国发现的拜占庭古币及其仿制品虽然有所了解,但所知甚少。随着我国考古学和文物保护事业的发展,拜占庭古币面世的数量还会增加,因此,本书拟依据目前国际拜占庭古币研究的权威和最新成果,对我国发现的并已经见诸报端的拜占庭古币的一些相关问题做初步分析,希望归纳总结出有关的鉴定参照原则,以便我国考古学和历史学界同人作为参考。[①]

根据我们对各方面报道的全面调查分析,截止到 2002 年 7 月,中国发现的拜占庭金属币总数达到 56 枚,其中金币 53 枚,银币 2 枚,铜币 1 枚。现将有关报道来源按照古币发现时间排列如下:

1 《丝绸之路艺术与考古》1991/1992 年第 2 期发表的《丝绸之路上的东(中国)土耳其斯坦,公元后千年内的货币证据》一文中明确提到 1897 年发现的金币:"东土耳其斯坦发现的首枚拜占庭货币出现在 19 世纪最后 25 年。("君士坦斯二世和查士丁统治时期的几枚金币"——见佛塞什书第 12 页;指 1897 年古德弗雷队长在和田得到的 7 世纪晚期皇帝君士坦丁五世的索里得,同类货币之资料由俄国驻卡什总领事呈报沙皇——参见霍尔雷书第 7—8 页,图版一之 1)。"这是现代学者提到的在我国发现最早的拜占庭古币。[②]

2、3、4 《远东古物博物馆馆刊》1938 年第 10 期刊载古斯塔·蒙代尔的《斯文·赫定和田考古收藏》一文,其中提到 1905 年发现的 3 枚拜占庭金币,称:"其余 3 个古物是作饰物用的货币。赫定博士在其初步报告中已经确定它们为拜占庭货币,在国家历史博物馆拉斯姆森博士大力帮助下,我

---

① 近 20 年来在我国发现的拜占庭古币数量几乎占了此类古币总数的一半。因此提供一个简单明了的鉴定参考原则将有助于在这一领域的系统研究。笔者就此课题到普林斯顿大学希腊文化研究中心进行了为期两个月的专题研究。笔者指导的博士研究生郭云艳全面参与了本项目的研究工作。陈志强:《我国发现的拜占庭铸币及其相关问题研究》,《考古学报》2004 年第 3 期。

② Zeimal Eugeny, "Eastern(Chinese)Turkestan on the Silk Road, First millennium A. D. : Numismatic Evidence", *Silk Road Art and Archeology* [Kamakura], (1991/92) II, p.169.

得以更肯定地确定这些货币"。该刊物在其图版七中,展示了这 3 枚金币仿制品,编号分别为 5、7、8。①

5、6　斯坦因在其《西域考古图记》(牛津大学出版社 1921 年版第 1卷)中描述了他于 1906 年在新疆叶城得到两枚银币的购买情况:"大约 20年前有个人从布哈拉(Bokhara)流浪到叶城……他从布哈拉带来了许多古大夏(Bactrian)、安息(Arsacidian)和其他希腊钱币,或是在他离开后仍然留在那里的朋友后来提供给他的。大多数银币是伪造的,而且要价很高,使得无法成交。"斯坦因最初确定这两枚银币是君士坦丁二世(337—340 年)和君士坦斯(337—350)的银币,后据 R.布兰德(Roger Bland)鉴定,这两枚银币一枚是君士坦丁二世银币,重 4.25 克,约在 330—335 年之间铸于安条克,另一枚是君士坦提乌斯二世银币,重 3.0 克,于 340 年铸于亚历山大。目前在大英博物馆,管理斯坦因考古文物的专家王海仑,在 1997 年《丝绸之路货币和文化研究》上发表《斯坦因得自中国中亚地区货币收藏》一文,也认为这两枚银币是 4 世纪铸造的。②

7　宿白先生为《中国大百科全书·考古学卷》(中国大百科全书出版社 1986 年版)撰写的词条"中国境内发现的东罗马遗物",其中列举 1914年新疆和田出土查士丁一世(518—527 年)金币 1 枚,宿白资料来源于斯坦因的《亚洲腹地考古记》,但斯氏所述为 1915 年获得 3 枚金币的情况。后康柳硕和罗丰均对宿白先生的资料加以引用。

8、9、10　斯坦因在其《亚洲腹地考古记》(牛津 1928 年版第 1 卷)中提到 1915 年其中国之行得到的 1 枚拜占庭金币和 2 枚仿制币的情况:"马什克是我们专门清理墓地的助手……他掰开这个尸骨的牙床,发现在口腔内有一枚薄金币,我立即就能认出那是拜占庭金币(见版图八十)。后来怀特海德先生鉴定其为皇帝查士丁尼一世(527—565)同时代前后的金币仿制

①　Gosta Montell,"Sven Hedin's Archaeological Collections from Khotan II",*Bulletin of the Museum of Far Eastern Antiquities X*,(1938),pp.83-106.

②　A.Stein,*Serindia*:*detail report of explorations in Central Asia and westernmost China carried out and described under the orders of H.M.India government by Aurel Stein*,Oxford:Clarendon Press 1921,vol.I,pp.140-41,Pl.CXL,12-13.

品……同组另外两个坟墓,即 Ast.I,5 号和 6 号也发现了两枚仅正面印有查士丁尼一世皇帝金币形制的仿制品"。他后来总结说:"实际上我们在阿斯塔那古尸口腔中发现的 4 枚货币中,3 枚是拜占庭金币及其仿制品(Ast.I,3—023 号、5—08 号和 6—03 号),1 枚是萨珊银币(Ast.V,2 —02 号)"。该书图版八十提供了它们的照片(15—17 号),但是读者还是不能确切知道这些拜占庭金币及其仿制品分别对应于几号坟墓。①

11　《考古学报》1959 年第 3 期发表的夏鼐先生《咸阳底张湾隋墓出土的东罗马金币》一文提到:"作者在 1945 年在河西走廊作考古调查时,曾到武威出土过康国人康阿达墓志的地点调查。据该地的居民说,这墓除墓志石之外,还曾出土过一枚金币。发现人拿它去到银行兑换了现钞,后来大概是被熔化了,无法追踪"。

12　夏鼐先生在《考古学报》1959 年第 3 期中同一篇文章中详细考证了 1953 年发现的东罗马金币的形制、铭文以及相关问题,称:"这枚金币直径 2. 1 厘米,重 4. 4 克。……正面是王者的正面半身像……文字如下:DNIVSTINVSPPAVG"。夏鼐先生认定该币为查士丁二世金币。他的文字表述后来成为我国有关考古报告的标准表述。本文笔者曾于《考古》1996 年第 6 期发表《咸阳隋独孤罗墓拜占庭金币有关问题》的短文,希图对夏鼐先生不确切的表述加以更正和补充。

13　《考古》1961 年第 8 期发表夏鼐先生《西安土门村唐墓出土的拜占庭金币》的研究报告,称:"这枚金币系 1956 年在 009 工地 M2 中出土,径 2. 15 厘米,重 4. 1 克。正面没有铭文,仅有半身像,图形和拜占庭的希拉克略(Heraclius,610—641 年)所铸的金币相同",并根据当时西亚地区阿拉伯国家兴起的政治形势确定它是仿制品。而徐苹芳先生在《燕京学报》新 1 期上发表《考古学上所见中国境内的丝绸之路》一文进一步确定它是 7 世

---

① A.Stein in his book *Innermost Asia, detailed report of explorations in Central Asia, Kan-su and eastern Iran, carried out and described under the orders of H.M.Indian government*, Oxford 1928, vol.I, p.646, vol.III, p.995, Pl.CXX, 15–17.

纪由阿拉伯人所仿制。①

14　《考古》1975 年第 3 期发表内蒙古文物工作队、内蒙古博物馆的《呼和浩特市附近出土的外国金银币》报告,第一次报道了该地区于 1959 年出土的拜占庭金币,称:其"直径 1.4 厘米,重 2 克……金币的两面有图像和铭文。正面是王者的半身像",并根据铭文断定其为利奥一世时所铸。这一报道后来由《内蒙古金融》1987 年第 8 期转载。

15、16　《文物》1972 年第 1 期发表新疆维吾尔自治区博物馆的《吐鲁番阿斯塔那——哈拉和卓古墓群清理简报》涉及两枚 1966—1969 年发现的拜占庭金币,分别为 TAM92 墓和 TAM138 墓出土,称:"和内地同一时期墓葬一样,死者口中往往含有钱币,波斯萨珊朝银币较多,也有东罗马金币(图六、七)"。该报告后为新疆人民出版社 1983 年出版的《新疆考古三十年》一书引用。其中唐开元中期 138 号墓出土的金币被蒂埃里和莫里森称之为莫里斯金币仿制品,因其正面图案为皇帝四分之三正面戎装胸像,双手各持十字架和球体,背面为天使像,铭文为:□H□H D□VU。

17　《文博》1991 年第 1 期发表王长启和高曼的《西安新发现的东罗马金币》,总结了前此西安地区发现的多枚东罗马金币。该文涉及的第一枚金币是 1966 年于何家村出土的阿纳斯塔修斯一世金币,称其"正面是皇帝的半身像……铭文由左向右,'DNAHASTANYSIVSPPAVG'"。由于该金币背面与阿纳斯塔修斯一世金币形制不同,莫里森在答复郭云艳的询问时称:"这是一枚铸有阿纳斯塔修斯金币正面和查士丁或查士丁尼金币背面的'混杂'仿制品"。

18　《文物》1972 年第 1 期发表陕西省博物馆和文管会的报告《西安南郊何家村发现唐代窖藏文物》,对 1970 年发现的上千件文物列表报道,提到东罗马希拉克略金币,并附有该币清晰图像。这是我国发现的第一枚窖藏拜占庭金币,其重要意义在于它提供了拜占庭金币可能在我国流通的证据。

19　《文物》1975 年第 10 期发表李征的《新疆阿斯塔那三座唐墓出土

---

① 徐苹芳:《考古学上所见中国境内的丝绸之路》,《燕京学报》新 1 期,北京大学出版社 1995 年版,第 3—4 页。

珍贵绢画及文书等文物》的报告,其中报道 1972 年发掘的 188 号墓时称:"墓中女尸口含东罗马金币仿制品一枚"。该报道后为新疆人民出版社 1983 年出版的《新疆考古三十年》引用。

20 《文物》1978 年第 6 期发表新疆维吾尔自治区博物馆考古队的《吐鲁番阿斯塔那——哈拉和卓古墓群清理简报》,在涉及 1975 年发掘的 75TKM102 号墓时提及"还有一枚仿制的东罗马金币"。该报道也为新疆人民出版社 1983 年出版的《新疆考古三十年》引用。由于其报道简单,没有引起罗丰、康柳硕等国内学者注意,而蒂埃里和莫里森却将其列入他们的文章。

21 《新疆钱币》1995 年第 1 期发表《吐鲁番哈拉和卓 105 号唐墓发掘报告》,提及 1976 年出土的拜占庭金币仿制品 1 枚,直径 17 毫米,重 0.4 克。该报道后仅为康柳硕引用,将其列入总表。而蒂埃里和莫里森却对此币未加注意。

22、23、24 《考古》1977 年第 6 期同时刊载了石家庄地区革委会文化局文物发掘组的《河北赞皇东魏李希宗墓》清理报告和夏鼐先生的《赞皇李希宗墓出土的拜占庭金币》研究文章。报告称:"有东罗马金币三枚,1 号直径 2.1 厘米,重 3.6 克,为提奥多西二世(408—450 年)所铸,正面为其胸像……2 号直径 1.68 厘米,重 2.49 克,为查士丁一世(518—527 年)和查士丁尼一世(527—565 年)合治罗马帝国时(即 527 年)所铸……3 号直径 1.7 厘米,重 2.6 克,亦为查士丁一世和查士丁尼一世时所铸",报告提供了它们的原大拓本。夏鼐先生文章对它们进行了详细研究,补充证据为:1 号金币有铭文"共 17 个字母,即'DNTHEODOSIVSPFAVG'",2、3 号为"DNIVSTINETIVSTINANPPAVG"。他认为这些金币只用做装饰物或随葬品,"远处于东方的赵郡(今日河北赞皇一带),是不会使用这些'西域'金币的"。

25、26 《文物》1984 年第 4 期发表河北省磁县文化馆的《河北磁县东魏茹茹公主墓发掘简报》,提及 1978 年发现拜占庭金币两枚,"1 号金币直径 1.6 厘米,重 2.7 克,系阿纳斯塔修斯一世(Anastasius I,491—518 年)所铸。正面为其胸像……2 号金币直径 1.8 厘米,重 3.2 克,为查士丁一世

（Justin I，518—527 年）执政时所铸。正面为其胸像"。该报告同时附有它们的正反面图像和拓片。

27、28 《文博》1991 年第 1 期发表王长启和高曼的《西安新发现的东罗马金币》报告，其中第二枚 168 号金币是 1979 年发现的，"正面是皇帝的半身像……其铭文为 DHAHASTA□□IVSPPARI"故确定为阿纳斯塔修斯金币。其中第三枚 30 号是同年年底由金属回收公司征集的，"正面半身像，与上述金币正面像相似。其铭文为：'DNAHASTAVSIRSPPARG'"，也被确定为阿纳斯塔修斯金币。由于该金币与大量唐代铜币同为窖藏，因此具有同何家村发现窖藏金币一样的重要意义。

29 徐苹芳先生在其《考古学上所见中国境内的丝绸之路》一文中引用了日本 NHK 大阪放送局 1992 年出版的中国文物交流中心编辑《中国の金银器、ガヲス展——正仓院の故乡》一书，其图版第 29 注明为西安出土。徐苹芳先生称：该金币"1980 年发现，径 1.7 厘米，重 2.4 克。为狄奥多西一世或二世（Theodosius I，II，379—395 年，408—450 年）所铸"。根据日本学者河野启子博士提供的资料显示，该金币正面铭文为：DNTHEODOS-IVSPFAG，属于提奥多西皇帝金币无疑。

30 《考古与文物》1986 年第 2 期发表张海云等所撰《西安市西郊曹家堡唐墓清理简报》，简要报道了 1981 年发现的金饰，"圆形，薄如纸，剪轮，直径 2 厘米，重 0.97 克，上面有一模压而成的深目高鼻、高颧骨、大胡子的胡人头像"，对此，夏鼐先生在复信中认为："拓片正背面相同，仅一面凸出，一面凹入，不是货币，当是饰物"。

31 《中原文物》1982 年第 3 期发表洛阳市文物工作队《洛阳龙门唐安菩夫妇墓的报告》，这样描述 1981 年于安菩墓出土的金币："圆形，周边不甚整齐，直径 2.2 厘米，重 4.3 克。正面为一戴王冠、留长须的半身男像……左边缘处有铭文：'FOCAS'"。

32 《文物》于 1985 年 11 月发表宁夏固原博物馆的《宁夏固原唐史道德墓清理简报》提及，1982 年发掘墓葬的墓主"口含外国金币一枚……直径 2 厘米，重 4 克"。此简报后为《甘肃金融》1989 年第 5 期引用。罗丰《固原南郊隋唐墓地》一书中有"东罗马金币的仿制品"一节，其中详细考证了 4

枚,第一枚即为这枚金币,称金币"正面是一东罗马皇帝的正侧面肖像⋯⋯铭文为'DNZENOPEPAVG'"。

33　《内蒙古金融》1987 年第 8 期报道了该自治区武川县乌兰不浪乡 1984 年发现拜占庭金币,该报道后为罗丰和康柳硕所引用。

34　罗丰书中提到的第二枚为 1985 年唐史索岩墓出土的金币,"直径 1.9 厘米,重 0.8 克⋯⋯正面为一东罗马皇帝半身肖像"。

35 甲　罗丰书中提到的第三枚为 1986 年唐史诃耽墓出土的仿制金币,"直径 2.3 厘米,重 2 克⋯⋯正中为一东罗马皇帝肖像"。

35 乙　罗丰书中提到的第四枚为 1986 年唐史铁棒墓出土的金币,"直径 2.5 厘米,重 7 克⋯⋯中为一国王侧面肖像",但其表中未见此币,可能认为它非仿制品,或未确定为东罗马金币。而莫里森和蒂埃里将此币列入其文章,编号为 15 号。[①]

36 甲　《考古与文物》1993 年第 6 期发表负安志文章《陕西长安县南里王村与咸阳飞机场出土大量隋唐珍贵文物》,提到 1988 年于唐贺若氏墓出土的金币,称:"正面为王者的半身像⋯⋯文为:DNIVSTINVSPPAVG⋯⋯直径 2 厘米,重 4.1 克",并初步确定为查士丁尼二世币。

36 乙　《中国钱币》1998 年第 4 期发表了张海云的报告《咸阳唐贺若氏及隋独孤罗夫妇墓的东罗马金币》,称"1988 年陕西考古所在咸阳国际机场发掘唐舒国公夫人贺若氏墓,于墓主头部附近出土东罗马金币一枚。金币径 20 毫米,重 4.1 克。币正面为皇帝半身像⋯⋯字母 15 个:'DNIVST-INVSPPAVG'",并确定其为查士丁二世的"索里得"。报告原载于《陕西金融·钱币专辑》1997 年增刊。

37　《考古与文物》1992 年第 5 期发表张全民和王自力的《西安东郊清理的两座唐墓》报告,报道了 1989 年 7 月在西安东郊唐墓发现的东罗马金币仿制品,"圆形略扁,剪轮,上下径 2 厘米,左右径 2.15 厘米,薄如纸,重 0.8 克⋯⋯正中是王者的半身像⋯⋯铭文为:DNANA □⋯⋯ □VS □□AVG"。报告图像显示其为阿纳斯塔修斯金币。

---

①　罗丰:《固原南郊隋唐墓地》,文物出版社 1996 年版,第 151—156 页。

38 甘肃刘大有先生 1989 年于天水发现佛卡斯金币后,出版自印本《丝路骑车访古觅钱录》一书,康柳硕在引用其资料时称:"另 1 枚发现于天水,直径 21 毫米,重 4.4 克(图 6)。……笔者见过原币,乃佛卡斯金币无疑"。

39 《文物》1997 年第 11 期发表辽宁省文物考古研究所和朝阳市博物馆报告《朝阳双塔区唐墓》,称 1992 年发现"金币 1 枚(M3∶1),圆形,直径 2 厘米,重 4.4 克。正面铸一大一小两个人的正面半身像"。根据图像,该币为希拉克略一世金币。《中国钱币》1998 年第 4 期也对此币给予报道。

40 《考古与文物》1997 年第 4 期发表王昌富的《商州市北周、隋代墓葬清理简报》,其中提到 1993 年发现金币 1 枚:"纯金模压,正面为一王者的半身像……金币直径 1.8 厘米,重 2.8 克"。《中国钱币》1998 年第 4 期也对此币给予报道。

41 《中国钱币》1995 年第 1 期发表屠燕治《东罗马利奥一世金币考释》一文,提到"杭州出现的这枚东罗马金币,系外地流入,直径 17.4、厚 0.5 毫米,重 2.808 克,经 X 射线荧光光谱测定,含金量 99.37。……正面是皇帝半身像……14 个字母'DNLEOPERRETAYG'"。

42 1995 年 8—9 月和次年 5—8 月中日联合考古队在宁夏固原比较集中地发现了多枚我国金币,引起《中国文物报》(1996 年 10 月 13 日)、《新民晚报》(1996 年 8 月 29 日)、《中国钱币》(1996 年第 8 期)等多家媒体注意和报道,但是报道比较简单,其中《中国文物报》特约记者雷润泽的长篇报道《宁夏固原中日联合考古发掘获重大成果》中提到:"史道德墓出土一枚东罗马查士丁尼二世金币,田弘墓出土四枚东罗马金币,分别为利奥一世、查士丁与查士丁尼舅侄共治时代和查士丁二世时期"。史道德墓出土的这枚古币在罗丰和康柳硕的文章中分别列入总表,为 1981 年出土,并确定为芝诺而非查士丁尼二世金币。显然,雷润泽所述为另一枚。

43、44、45、46 雷润泽报道的田弘墓出土之四枚东罗马金币在此前《新民晚报》1996 年 8 月 29 日消息《宁夏出土四枚东罗马金币》中具体化,后者提到田弘墓出土的这些金币,"它们比现在的人民币一分硬币稍大,直径不到 2 厘米,重 3 克以上,其中一枚上面是东罗马皇帝利奥一世头像,另一枚是查士丁与查士丁尼两人的全身像"。

47 《中国钱币》2000 年第 1 期发表樊军文章《宁夏固原发现东罗马金币》,称 1998 年发现的"该币直径 17.6、厚 0.54 毫米,重 3.1 克,经 X 射线荧光光谱测定,含金量为 99.2%。正面为皇帝半身像……'DNANASIAS-IYSPPAYG',共 17 个省略和变体拉丁文",确定其为阿纳斯塔修斯皇帝金币。

48 《中国钱币》2000 年第 1 期发表牟世雄报道《甘肃陇西发现拜占庭金币》,称 1998 年发现的"金币直径 18、厚 0.5 毫米,重 2.306 克(原来已剪边并严重磨损)。正面为皇帝头盔半身像……16 个字母'DNTHEODOS-IVSPFAV'",并确定其为提奥多西二世"索里得"。

49 《中国钱币》2000 年第 2 期发表李生程的报告《陕西定边县发现东罗马金币》,称 1998 年发现的"金币直径 17.4、厚 0.5 毫米,重 3.25 克;上部焊一金环……正面为帝王半身像。"这枚金币后经羽离子研究认定为芝诺皇帝金币,其文章《对定边县发现的东罗马金币的研究》发表于《中国钱币》2001 年第 4 期。

50 《中国钱币》2001 年第 4 期发表党顺民的报告《西安发现东罗马金币》,称 2000 年春节发现东罗马金币,"金币正面为半身王像……为查士丁二世戎装像。"

51 《中国钱币》2001 年第 4 期发表阎磷的《青海乌兰县出土东罗马金币》一文,称:2000 年发现的"金币直径约 12 毫米……正面为帝王半身像……该币为查士丁尼一世金币。"

52 康柳硕的《中国境内出土发现的拜占庭金币综述》一文列有中国钱币博物馆征集的佛卡斯金币一枚,"直径 21 毫米,重 4 克,资料未发表"。

53 上海博物馆青铜器研究部编辑出版的《上海博物馆藏钱币》一书第 629 页提供了"外国钱币"的图片和说明,铜币币面模糊,正面为二帝并立像,左侧人像稍壮于右侧人像,背面为大写 M,重 5.2 克。说明中注明此币为丝绸之路货币,由美籍杜维善、谭端言夫妇历年收集,1992 年赠给上海博物馆,关于铜币的出土情况不详。

54 《中国文物报》2002 年 7 月 24 日刊登记者刘宝山题为《青海都兰

出土拜占庭金币》的详细报道,"这枚金币直径 14.5 毫米,重 2.36 克,边缘剪轮。正面是皇帝的半身像,头部稍偏向一边……17 个字母'DNTHEOD-OSIVSPFAVG'……许新国研究员认为:'这枚金币是提奥多西二世(408—450 年在位)的金币'"。①

上述拜占庭金币及其仿制品所涉及的拜占庭皇帝有 14 位,按照其在位年代分别为:君士坦丁二世(5 号)、君士坦提乌斯二世(6 号)、提奥多西一世(29 号)、提奥多西二世(22、48、54 号)、利奥一世(14、41、43 号)、芝诺(32、49 号)、阿纳斯塔修斯一世(17、25、27、28、33、37、47 号)、查士丁一世(2、7、26、36、40、46、36 乙号)、查士丁一世和查士丁尼一世(23、24、44、45 号)、查士丁尼一世(4、8、9、10、16、42、51 号)、查士丁二世(12、50 号)、莫里斯(15 号)、佛卡斯(31、38、52 号)、希拉克略一世(13、18、39、53 号)和君士坦丁五世(1 号)。此外,有 9 枚未能确定其铸造年代(3、11、19、20、21、30、34、35、35 乙号)。

准确地确定拜占庭金币及其仿制品的铸造年代是一项非常复杂的工作,涉及拜占庭古币研究的一系列标准和方法,以及相关的历史知识和文献证据。我国目前有关的拜占庭金币及其仿制品的研究还相当薄弱,考古学和古币学者不仅各自画地为牢,而且参考的资料也大多比较陈旧,个别的研究很不系统,因此得出的结论比较粗糙。限于图书资料的短缺和学科专业发展的精细化,我国考古学和古币学者很难深入到拜占庭古币研究领域中。因此,笔者参照国际标准,对上述与我国发现之拜占庭古币有关系的问题做如下研究。

目前,国际拜占庭古币研究权威的和最新研究成果主要反映在如下著作中:

2002 年由哈佛大学顿巴登橡树园研究中心出版的 3 卷本《拜占庭经济史》包括拜占庭货币经济的历史发展,其中关于拜占庭货币经济和古币发

① 这里涉及的 50 余枚主要为我国境内发现的拜占庭货币,近年来又有国外馈赠 40 余枚,其参照价值大于研究价值,故此处不再提及。陈志强:《我国发现的拜占庭货币》,载《丝绸之路上的古钱币暨丝路文化国际学术研讨会论文集》,上海书画出版社 2011 年版,第 354—370 页。

展沿革的 4 章均由法国古币学家莫里森撰写。但是他关于拜占庭古币的代表性专著是《法国国家图书馆拜占庭货币目录（491—1204）》。① 该书因拜占庭古币收藏丰富和研究精细而著称。莫里森是其前辈法国学者塞巴提耶（J.Sabatier）和施伦伯格（G.Schumberger）的接班人，后两者均有拜占庭古币大全问世。

格里森和梅耶斯的《顿巴登橡树园和怀特莫尔古物收藏中的晚期罗马帝国古币目录》是在其前辈贝林杰（A.R.Bellinger）的同名拜占庭古币目录基础上按照新的鉴定标准完成的，代表了美国学术界在这一领域的最高水平。②

罗思的《大英博物馆拜占庭帝国古币目录》出版于 1908 年，是 20 世纪 60 年代以前该领域的主要参考书，夏鼐先生的研究大多参阅此书。该书虽然已经过时，但是它是最早建立拜占庭古币鉴定原则的书籍，其确定的标准至今大部分有效。③

古德克雷的《拜占庭帝国铸币手册》是以大英博物馆的拜占庭古币收藏为主，参考法、美等国收藏而完成的，该书以更新罗思的《英国大全》过时内容而受到重视。④

希尔的《拜占庭货币及其价值》与古德克雷的《拜占庭帝国铸币手册》具有相同的写作目的，它与后者可以共同代表英国当代拜占庭古币研究的最高水平。⑤

哈恩的 3 卷本《拜占庭帝国货币》涉及的拜占庭古币数量最多，该书以

---

① Cecile Morrison, *Catalogue des monnaies byzantine de la Bibliotheque Nationale*（491－1204）, Paris：Biliotheque nationale 1970.（以下简称《法国大全》）A. Laiou ed., *The Economic History of Byzantium*, Washington, D.C.：Dumbarton Oaks Research Library and Collection 2002.

② P.Grierson and M.Mays, *Catalogue of the Late Roman Coins in Dumbarton Oaks Collection and in the Whittemore Collection*, Washington D.C.：Dumbarton Oaks Research Library and Collection 1992.（以下简称《美国大全》）

③ W.Wroth, *Catalogue of the Imperial Byzantine Coins in the British Museum*, London：Order of the Trustees, the British Meseum 1908（以下简称《英国大全》）。

④ N.Goodacre, *Handbook of the Coinage of the Byzantine Empire*, London：Spink and Son Ltd. 1957（以下简称《铸币手册》）。

⑤ D.R.Sear, *Byzantine Coins and Their Values*, London：Seaby Audley House 1974（以下简称《货币与价值》）。

维也纳博物馆的收藏为基础,以严谨细致的分类为特点,书后所附图版极为清晰,为国际拜占庭古币学家所推崇。①

亨迪的《300—1453年拜占庭货币经济研究》也涉及了拜占庭货币制度的发展,由于该书从制度发展的层面考察拜占庭古币的变化,因此为拜占庭古币学家所重视。② 但是,该书并非拜占庭古币学专著。

怀丁的《拜占庭货币》出版于1973年,作者在其前言中,声称当时是"拜占庭货币研究的革命时代",为了说明这一点,他以较多笔墨分析了战后近20年拜占庭古币鉴定原则的变化和该领域新标准的形成。③

瓦吉的《罗马帝国货币与历史》分上、下两卷,前者为历史叙述,后者为古币研究,它补充了上述拜占庭古币研究书籍大多从5世纪阿纳斯塔修斯一世谈起的不足,使我们得以观察到4世纪君士坦丁一世以后百余年拜占庭古币变化的情况。④

还有一本值得注意的拜占庭古币参考书是法格利耶的《瑞典和丹麦发现的晚期罗马和拜占庭索里得》,它是以这两国集中发现的近千枚窖藏拜占庭金币为研究对象,成为上述权威著作的补充性参考书。⑤

此外,还有一些拜占庭货币专著,如胡梅尔的《拜占庭货币目录》和哈肯斯的《拜占庭货币》等,前者以瑞士国家博物馆收藏为基础,后者以巴黎卢浮宫博物馆收藏为基础,但其内容和涉及的拜占庭古币种类均没有超过上述著作。⑥ 目前,顿巴登橡树园和怀特莫尔拜占庭货币网站、牛津大学古币网站和拜占庭金币拍卖网站为相关网站中水平最高者。

---

① W.Hahn,*Moneta Imperii Byzantini*,*Rekonstruktion des Prageaufbaues auf Synoptisch-tabellarischer Grundlage*,Wien:Verlag der Osterreichischen Akademie der Wissenschaften 1973.(以下简称《奥地利大全》)

② M.Hendy,*Studies in the Byzantine Monetary Economy*,C.300-1453,Cambridge 1985.

③ P.D.Whitting,*Byzantine Coins*,New York:G.P.Putnam's Sons 1973.(以下简称《货币》)

④ D.L.Vagi,*Coinage and History of the Roman Empire*,c.82 B.C.-A.D.480,Chicago:Fitzroy Dearborn Publishers 1999.(以下简称《货币和历史》)

⑤ J.M.Fagerlie,*Later Roman and Byzantine Solidi Found in Sweden and Denmark*,New York:the American Numismatic Society 1967.(以下简称《瑞典丹麦大全》)

⑥ W.Hummel,*Katalog der byzantinischen Muenzen*,St.Gallen:Das Museum 1982.Tony Hackens,*Le Monnayage byzantin*:*émission*,*usage*,*message*,Louvain-la-Neuve:Séminaire de numismatique Marcel Hoc,Collège Erasme 1984.

参考上述拜占庭古币专著,我们分别对君士坦丁二世、君士坦提乌斯二世、提奥多西一世和二世、利奥一世、芝诺、阿纳斯塔修斯一世、查士丁一世、查士丁尼一世、查士丁二世、莫里斯、佛卡斯、希拉克略一世和君士坦丁五世的金币作系统简明的介绍。

拜占庭(或东罗马)帝国不仅在政治上继承罗马帝国的传统,而且在经济上沿袭旧制,在相当长一段时间里,拜占庭货币保持罗马帝国时代铸币传统。这种传统表现有三:一是标准金币重量为六十分之一磅,二是货币正面图案为侧面头像(多为左侧面),背面为罗马诸神或皇帝全身像,三是铭文和图案制作精细,四周有点状边缘装饰。这种名为 Aureus 的金币在 309—324 年被君士坦丁一世改革,首先将每枚金币的重量降低为七十二分之一磅,改称 Solidus(我国通译为"索里得"),大小 20 毫米左右,约重 4.4 克。同时发行相当于索里得一半重量的 Semissis(音译为"塞米西斯"),大小 17 毫米左右,约重 2.2 克。至于相当于 1/3 索里得重量的 Tremissis(音译为"翠米西斯")是在 380 年以后出现的,大小 14 毫米左右,约重 1.45 克。他同时增加了银币的重量和厚度,至其子君士坦提乌斯时,每磅白银可铸 144 枚银币,其个体重量相当于 Semissis。铜币也由传统的大 Nummus(直径 27—31 毫米)缩小一半。① 其次,他将货币正面图案的头像改为胸像,着戎装和有右肩扣的披风,左手托球体至胸前,但是头部仍然侧向左面或右面,而背面为皇帝全身像,着战袍,两侧为着长衫的有翼胜利女神,为其加戴胜利花环。这种制式此后数百年成为拜占庭帝国皇帝发行货币的标准制式。②

君士坦丁一世有三子,其中两人的银币在我国被发现。君士坦丁二世因年长成为名义上的最高皇帝,但在位时间短(Constantine II,337 年 9 月—340 年 4 月),后在内战中阵亡。其金、银币正面图像相同,仿效其父,侧面向其左,头戴发带式皇冠,着戎装,甲胄清晰可辨。金币背面多为胜利女神全身像。银币背面为两或三人立像,中间或有胜利柱。因三兄弟名字相近,

① 参见《货币和历史》第 1 卷,第 485 页。
② 《货币和历史》第 2 卷第 536 页提供了这种样式的货币,见 3098 号。

铭文为鉴别的主要根据,君士坦丁二世货币铭文必有"CONSTANTINVS"字样。①

君士坦提乌斯二世(Constantius II,337—361 年)是三兄弟中在位时间最长者,达 24 年,因此传世货币较多。其金、银币正面图像也相同,多为侧面向其左,头戴发带式皇冠,着戎装和甲胄。金币背面多为胜利女神全身像,举旗向左迈进姿态。银币背面为两或三人立像,或持长矛和盾牌,中间或有胜利柱。其货币铭文必有"CONSTANTIVS"字样。其银币与君士坦丁二世银币大小相同,直径在 15—22 毫米之间。值得注意的是怀丁的《拜占庭货币》提出君士坦提乌斯二世首先使用四分之三侧面胸像,着戎装,右手持矛扛于肩上,矛头从头后斜出于其左侧。其左侧有盾牌。这种样式一直使用到查士丁尼一世才有所变化。②

提奥多西一世(Theodosius I,379—395 年)金币正面图像多为侧面向其左的胸像,头戴发带式皇冠,上面装饰珠宝串下垂,脑后有飘带,着戎装甲胄和有右肩扣的披风。金币背面为君士坦丁堡城标(保护神)全身立像,右手持权杖,左手托球体,向左迈进姿态。正面铭文多为"DNTHEODOSIVS PFAVG",背面铭文为"CONCORDIA AVGGG",脚下有一杠,杠下有铭文"CONOB"。瓦吉的《罗马帝国货币与历史》认为,使用君士坦丁堡城标是沿袭罗马帝国货币使用罗马城标的传统,认为拜占庭货币使用这一制式始于提奥多西一世。③

提奥多西二世(Theodosius II,408—450 年)在位 48 年半,发行货币样式繁多,但是其正面图像变化不大,多为四分之三侧面略向其左的正面胸像,头戴王冠,上有羽毛装饰,其右耳后有飘带,着戎装甲胄和有肩扣的披风。右手持矛扛于肩上,矛头从头后斜出于其左侧。其左侧有盾牌,盾牌上有骑士图案。格里森和梅耶斯的《美国大全》认为这一样式始于此前的阿

---

① 《货币和历史》第 2 卷第 547 页详细列出其多种铭文。
② 《货币》,第 98 页。
③ 《货币和历史》第 1 卷,第 587—589 页;第 2 卷,第 607 页。

卡迪乌斯皇帝(420—429 年在位)。① 金币背面变化较多,约有 6 种以上样式,其中 a 种为君士坦丁堡城标(保护神)全身坐像,右膝高于左膝,身着长衫及脚面,面向其左,左手托球体,右手持权杖。② 420 年他改变样式,背面为女神四分之三侧立像,头发高绾,着束腰长衫,胸乳羽翅清晰,右手持长十字架,此为 b 种。③ 女神立像比较少见。此期金币背面的另一种样式为皇帝正面全身像,着戎装甲胄和束腰披风,左手持上有十字架的圆球,右手持拉伯龙军旗,此为 c 种。④ 还有一种样式与着戎装的皇帝像基本相同,但右手不是持军旗而是抓提俘虏,为表现皇帝的高大,俘虏形似小儿,此为 d 种。⑤ 其统治晚期,金币背面图像出现两人或三人坐或立像,一般为右手位高,左手位低,头部有光环,王座有靠背,此为 e 种。⑥ 正面铭文多为"DN-THEODOSIVS PFAVG",背面铭文为"CONCORDI AAVGGG"或"VICTORI-AAVCC",脚下有一杠,杠下有铭文"CONOB"。其在位末年,多种金币图案样式混用,特别是其姐普拉西利亚大权在握,发行金币样式复杂,此类统称 f 种。提奥多西一、二世金币的区别主要在正面图像,前者多为侧面像,后者多为正面持矛像。

利奥一世(Leo I,457—474 年)统治约 17 年,但发行金币样式之多不亚于提奥多西二世。其中发现较多的样式采用五分之四侧面略向其左的正面胸像,头戴有羽毛装饰的皇冠,右耳后有飘带,着戎装甲胄和披风。右手持矛扛于肩上,矛头从头后斜出。其左侧有盾牌,盾牌上有骑士图案。背面为

----

① 《美国大全》,第 124—125 页,图版 207—217 号;《英国大全》第 1 卷第 1 页也提出相同观点。

② 《铸币手册》,第 29—32 页;《瑞典丹麦大全》,第 31—39 页,图版 212—215 号;《美国大全》,图版 295—296、298—306、313—318 号为此种。

③ 《瑞典丹麦大全》,第 31—39 页,图版 207、208 号;《美国大全》,第 142—144 页,图版十三 350—355 号。

④ 《美国大全》,第 142—144 页,图版十四 359—369 号;《瑞典丹麦大全》,第 31—39 页,图版 211、284 号。

⑤ 《美国大全》,第 142—144 页,图版十五 430—432 号。

⑥ 《瑞典丹麦大全》,第 31—39 页,图版 216 号和《美国大全》,第 142—144 页,图版十三 371—378 号为双人背面;《瑞典丹麦大全》,第 31—39 页,图版 201、290 等为三人背面;《铸币手册》认为背面三人中间者为提奥多西二世,两侧分别为西部皇帝瓦伦提安及其妻尤多西亚,见《铸币手册》,第 31 页。

女神四分之三侧面立像,头发高绾,束腰长衫突出女性曲线,胸乳羽翅清晰,右手持长十字架。这种样式比较常见,此为 a 种。①《美国大全》列有 3 种少见样式,其一正面与上述样式无异,但背面为皇帝四分之三侧面立像,头部有光环,戴皇冠穿皇袍,右手持上有十字架的圆球,左手空垂,此为 b 种。② 这是其登基时发行的货币。其二正面也与上述样式相同,仅背面为利奥一世与其孙子利奥二世坐像,均着皇袍,各自持圆球,头部有光环,两者头间有金星,此为 c 种。③ 其三是正面侧脸胸像,着执政官礼服,即饰有方格图案、领口交叉的服装,左手持长十字架,右手举哑铃式权标(该权标称为 mappa)。背面为皇帝正脸坐像,头部有光环,左手也持长十字架,右手举权标,此为 d 种。铭文没有变化。④ 其货币正面铭文必有"DNLEOPE RP-TAVG"字样,背面多为"VICTORI AAVCCC",下部铭文为"CONOB"。

芝诺(Zeno,474—491 年)为蛮族军阀出身,登基之初,地位不稳固,宫廷内争激烈,长达两年半,直到 476 年秋天稳定政局,在位 15 年。他发行的金币大多采用利奥一世旧制,为五分之四侧面向其左的正面胸像,头戴皇冠,上有羽毛装饰,耳后有飘带,身着戎装甲胄和披风。右手持矛扛于肩上,矛头从头后斜出。其左侧有盾牌,盾牌上有骑士图案。背面为女神 3/4 侧立像,头发高绾,着束腰长衫,胸乳突出,羽翅清晰,右手持长十字架,束腰长衫突出女性曲线。其货币正面铭文为"DNZENO PERPAVG"字样,背面多为"VICTORI AAVCCC",下部铭文为"CONOB"。⑤ 但在执政初期曾发行与其子利奥二世同席,且位在下手的金币。

---

① 《美国大全》,第 162—169 页,图版二十一二二十二 516—529、553—555、591—592 号;《铸币手册》,第 40—41 页;《瑞典丹麦大全》,第 45—53 页,图版 378、408—410 号等;《货币和历史》,第 1 卷,第 600—602 页列出三种铭文。

② 《美国大全》,第 172—173 页,图版二十 532 号;《瑞典丹麦大全》,第 45—53 页,图版 532 号;《铸币手册》,第 41 页。

③ 《美国大全》,第 172—173 页,图版二十 533 号;《瑞典丹麦大全》,图版 521 号。

④ 《美国大全》,第 172—173 页,图版二十一二二十一 530—531、556—559 号;《货币和历史》,第 2 卷,第 616—617 页,图 3780—3786 号;《瑞典丹麦大全》,第 45—53 页,图版 531 号。

⑤ 《美国大全》,第 181—188 页,图版二十五 640—669 号;《货币和历史》第 2 卷,第 620—622 页;第 1 卷列 3 种铭文;《瑞典丹麦大全》,第 54—59 页,图版 548、555、575 号等;《铸币手册》,第 44—46 页。

阿纳斯塔修斯一世(Anastasius I,491—518 年)在位 27 年余,其间大力推行货币改革,成效显著,但在发行金币式样方面没有大的改变,多为四分之三侧面略向其左的正面胸像,头戴上有羽毛装饰的皇冠,着戎装甲胄和披风。右手持矛扛于右肩上,矛头从其左侧头后斜出。其左侧有盾牌,盾牌上有骑士图案。背面为女神四分之三向其右侧立像,着束腰长衫,右手持长十字架,女性曲线明显。其货币正面铭文为"DNANASTA SIVSPPAVG"字样,背面为"VICTORI AAVCCC",下部铭文为"CONOB"。① 他发行的塞米西斯和翠米西斯也是品质上乘,重量和纯度与君士坦丁一世时代相同。塞米西斯的图像正面为传统侧面中胸像,背面为女神侧面坐像,双手持盾牌,盾牌上有文字或图案。翠米西斯正面与塞米西斯相同,背面为女神立像。

查士丁一世(Justin I,518—527 年)为军人出身,在其外甥查士丁尼帮助下成为皇帝,在位 9 年,国事多交给查士丁尼处理。他发行的货币种类多,样式复杂。登基之初,他颁行过一种"双索里得",顾名思义重量为索里得的两倍,目前只有少数存世,仅见于法、英、奥三国收藏。其常见的索里得金币正面为四分之三侧面略向其左的胸像,头戴有羽饰的皇冠,着戎装甲胄和披风。右手持矛扛于右肩上,矛头从其左侧头后斜出。其左侧有盾牌,盾牌上有骑士图案。不同于阿纳斯塔修斯之处是面部有短须。背面为男神正面立像,无束腰及女性曲线,双翼羽翅清晰,右手持长十字架,其中三分之一有"基督符",左手持上有十字架的圆球。其货币正面铭文为"DNIVSTINVSPPAVG"字样,背面为"VICTORI AAVCCC",下部铭文为"CONOB"。② 其发行之塞米西斯和翠米西斯与阿纳斯塔修斯相同,区别仅在铭文。527

① 《法国大全》第 1 卷,第 18 页,图版一 01—14 号;《货币与价值》,第 33—34 页,1、5、10 号等;《英国大全》第 1 卷,第 1—2 页,图版一 1—2 号;《货币》,第 13—14 页,图版 3—4 号;《铸币手册》,第 61—62 页;《瑞典丹麦大全》,第 66—71 页,图版 677—721 号;《奥地利大全》第 1 卷,第 31—37 页,图版一 2—7、14—15 号,值得注意的是此书第 6、7 号金币女神手中十字架顶端首次出现"基督符"Christgram。

② 《货币》,第 57—58 页,图版 77 号,该书认为将女神改为男神 St.Michael 的样式始于此帝;《法国大全》第 1 卷,第 37 页,图版四 03—12 号;《货币与价值》,第 41—42 页,55、60 号;《英国大全》第 1 卷,第 11 页,图版二 10—11 号;《铸币手册》,第 65 页;《瑞典丹麦大全》,第 72—73 页,图版 722—726 号;《奥地利大全》第 1 卷,第 38—45 页,图版五 2—3、6—7 号,该书也提供了 3 枚背面有女神像的金币图片。

年 4—8 月,查士丁一世病重,查士丁尼以共治皇帝身份代理国政,发行新币。其正面为双人正面坐像,一般高,均左膝高于右膝,着长袍无皇冠,头部有光环,左手持圆球,右手置胸前。两者头部之间有十字架。背面与其发行的其他金币无异。其正面铭文为"DNIVSTI NETIVSTINIANPPAVG"字样,背面为"VICTORI AAVCCC",下部铭文为"CONOB"。①

查士丁尼一世(Justinian I,527—565 年)在位 38 年又 3 个月,统治时间长,但发行的货币变化少。其金币基本样式有二,一种与阿纳斯塔修斯索里得金币相同,为四分之三侧面略向其左的正面胸像,头戴上有羽毛装饰的皇冠,着戎装甲胄和披风。右手持矛扛于肩上,矛头从其左侧头后斜出,其左侧有骑士图案盾牌,此为 a 式。另一种为全正面胸像,头戴上有羽毛装饰的皇冠,两侧有珠饰下垂,着戎装甲胄和披风,右手持上有十字架的圆球,其左侧盾牌上有花纹,此为 b 式。金币背面为男神正面立像,着长衫,双翼羽翅清晰,无束腰及女性曲线,右手持长十字架,多有"基督符",左手持上有十字架的圆球。其货币正面铭文为"DNIVSTINI ANVSPPAVG"字样,背面为"VICTORI AAVCCC",下部铭文为"CONOB"。

查士丁二世(Justin II,565—578 年)在位 13 年,发行的金币样式有所变化。其正面图像仿造其舅为全正面胸像,头戴上有羽毛装饰的皇冠,两侧有珠饰下垂,着戎装甲胄和披风,其左侧盾牌上有骑士花纹,右手持圆球,球上立一有翅胜利神,头上加戴桂冠。金币背面为君士坦丁堡城标(保护神)全身侧坐像,面向其左,着束腰长衫及脚面,头发高挽,胸乳羽翅清晰,右手持权杖,左手托有十字架的球体。正面铭文为"DNIVSTI NVSPPAVG"字样,背面为"VICTORI AAVCCC",下部铭文为"CONOB"。② 其发行之塞米

---

① 《法国大全》第 1 卷,第 53 页,图版七 01—3 号;《货币与价值》,第 48 页,117 号等;《货币》,第 84—85 页,图版 122 号;《铸币手册》,第 67 页;《奥地利大全》第 1 卷,第 44—45 页,图版十二 1a—d 等,但是该书 2a 和 3a 号与此有细微差别,即两人手中无物,置胸前作祈祷状。

② 《法国大全》第 1 卷,第 127 页,图版二十一 01—9 号;《货币与价值》,第 82—83 页,346、351 号等;《英国大全》第 1 卷,第 75—76 页,图版十一 1—2 号;《货币》,第 115—116 页,图版 173—175 号;《铸币手册》,第 76 页;《奥地利大全》第 2 卷,第 37—51 页,图版一一三 1—10、12—23 号,值得注意的是该书图版十 1—2 号共 3 枚,图像为双人正面胸像,这是其晚年生病不能视事,由提比略代理朝政共治,故发行新币,此种罕见。

西斯和翠米西斯也与阿纳斯塔修斯无异，仅铭文有区别。

莫里斯（Maurice Tibere，582—602 年）在位 20 年又 3 个月，金币式样有两种，主要在正面，一种如查士丁尼一世之 b 式，全正面胸像，头戴上有羽毛装饰的皇冠，两侧有珠饰下垂，着戎装甲胄和披风，右手持上有十字架的圆球，其左侧盾牌上有骑士花纹，此为 a 式，最为常见。另一种为其登基时发行，为正面坐像，着长袍大礼服，右手持长权杖，左手持长十字架，此为 b 式，仅在《法国大全》和《奥地利大全》各有 1 枚。背面为男神正面立像，头部有光环，着长衫有腰带，但无女性曲线，双翼羽翅清晰，右手持有"基督符"的长十字架，左手持上有十字架的圆球。其正面铭文为"DNMAVRC TIBP-PAVG"字样，背面为"VICTORI AAVCC"，下部铭文为"CONOB"。① 其发行之塞米西斯和翠米西斯与阿纳斯塔修斯略微有异，这里不细述。

佛卡斯（Phocas，602—610 年）在位将近 8 年，其金币类似莫里斯金币 a 式，全正面胸像，头戴上有十字架装饰的皇冠，两侧珠饰下垂，着戎装甲胄和披风，右肩可见肩扣，右手持短十字架，高举至耳际，其左侧有甲胄无盾牌，三角脸形，中长胡须。背面为男神正面立像，头部有光环，着有腰带的长衫，双翼羽翅清晰，左手持上有十字架的圆球，右手持有"基督符"的长十字架。其正面铭文为"DNFOCAS PERPAVG"字样，背面为"VICTORI AAVCC"，下部铭文为"CONOB"。②《货币》和《奥地利大全》提供了其特殊样式的金币，即右手持执政官权标"mappa"，左手持长十字架，着登基大礼服。《货币》一书认为，执权标样式首次被佛卡斯使用，但是，我们在利奥一世 b 式中已经看到。此样式金币显然比较少见。

希拉克略一世（Heraclius I，610—641 年）属于拜占庭帝国的长寿皇帝，

---

① 《法国大全》第 1 卷，第 180—182 页，图版二十八 02—26 号；《货币与价值》，第 105—107 页，478、485、596 号等；《英国大全》第 1 卷，第 127—129 页，图版十七 1—3 号；《货币》，第 84—85 页，图版 124—125 号；《铸币手册》，第 85 页；《奥地利大全》第 2 卷，第 59—75 页，图版十七 3—14、37—46 号等。

② 《法国大全》第 1 卷，第 221—222 页，图版三十六 01—29 号；《货币与价值》，第 126—128 页，616、618、620 号等；《英国大全》第 1 卷，第 162—164 页，图版二十 4—5 号；《货币》，第 123—125 页，图版 189—192 号等；《铸币手册》，第 90 页；《奥地利大全》第 2 卷，第 76—83 页，图版二十九 2—22、30—35 号等。

在位时间长,发行货币制式变化多,最初的索里得与佛卡斯金币相似,全正面胸像,头戴上有十字架和羽毛装饰的皇冠,两侧珠饰下垂,着戎装甲胄和披风,右肩可见肩扣,右手持短十字架,高举至耳际,其左侧有甲胄无盾牌,只是脸形不同,呈长方形,正面铭文为"DNhERACLIYSPPAVG",此为 a式。① b 式为父子双人正面胸像,其上位右手为父,其左为子,父高子低,均戴上有十字架装饰的皇冠,着戎装甲胄和可见肩扣的披风,左肩有甲无盾。父子头部之间有十字架。背面为拜占庭式十字架,正面铭文为"ddNhERA-CLIYSEZhERACONSTPPAV"。② c 式为父子双人正面胸像,其上位右手为父,其左为子,父子一般高,均戴上有十字架装饰的皇冠,着戎装甲胄和可见肩扣的披风,左肩有甲无盾。父子头部之间有十字架。不同于 b 式之处是父亲长髯至胸前,儿子也有短胡须。正面铭文为"ddNNhERACLIYSEThER-ACONSTPPAV"。③ d 式为父子三人正面全身像,中间为父,长髯至胸,着长袍内有甲胄,其上位右手为少年,高及其胸,其左为青年,几乎与父同高,也着戎装甲胄和披风,少年头上方空间有一十字架,其他两人均戴上有十字架装饰的皇冠。三人均右手持有十字架饰物的圆球。外圈无铭文。④ 希拉克略一世金币背面多为拜占庭式十字架,基坐下有 3 级台阶,或在两侧有金星。这种十字架样式首先出现在他以前的提比略二世金币背面,后来莫里

---

① 《法国大全》第 1 卷,第 261—262 页,图版三十九 01—11 号;《货币与价值》,第 143—4 页,731、850 号等;《英国大全》第 1 卷,第 184—188 页,图版二十三 1—3 号;《货币》,第 140—141 页,图版 216—217 号;《铸币手册》,第 96 页;《奥地利大全》第 3 卷,第 83—122 页,图版——八 1—7 号等。

② 《法国大全》第 1 卷,第 262—263 页,图版四十 12—24 号;《货币与价值》,第 145 页,735、738 号等;《英国大全》第 1 卷,第 188—189 页,图版二十三 4—7 号;《货币》,第 141 页,图版 218 号;《铸币手册》,第 97 页;《奥地利大全》第 3 卷,第 83—122 页,图版——八 8—20 号等。

③ 《法国大全》第 1 卷,第 264—265 页,图版四十 25—35 号;《货币与价值》,第 146 页,746、749 号等;《英国大全》第 1 卷,第 188—189 页,图版二十三 8—9 号;《货币》,第 140 页,图版 219 号;《铸币手册》,第 97 页,22 号;《奥地利大全》第 3 卷,第 83—122 页,图版——八 21—38 号等。

④ 《法国大全》第 1 卷,第 276—278 页,图版四十一 36—42 号;《货币与价值》,第 147—148 页,758、761 号等;《英国大全》第 1 卷,第 189—92 页,图版二十三 10—12 号;《货币》,第 141 页,图版 220—221 号;《铸币手册》,第 98 页,28 号;《奥地利大全》第 3 卷,第 83—122 页,图版——八 39—53、66—69 号等。

斯和佛卡斯也都用于他们的塞米西斯和翠米西斯上。只是在希拉克略一世时代,金币背面全使用这种式样。

君士坦丁五世(Constantine Ⅴ,741—775 年)是希拉克略一世以后的第十位皇帝,两者相距百年。其金币样式特别,易于与其他皇帝金币区别,有两种样式。其一为全正面胸像,头戴上有十字架装饰的皇冠,长发卷曲下垂至肩,长方脸有络腮胡须,着戎装甲胄和可见肩扣的披风,右手持十字架,高举至耳际,左手握权标在胸前。其特别之处是背面与正面几乎相同,铭文为"GNCONSTANTINYS",此为 a 式。其二为父子双人正面胸像,父子一般高,其上位为父,其左为子,均戴上有十字架装饰的皇冠,着饰有方格图案、领口交叉的服装。父子头部之间有十字架。铭文细小,为"CONSTANTIPOS-SLEOPOPEOS",此为 b 式。①

我国发现拜占庭金属货币的历史学意义大于古币学意义。换言之,我们不可能根据这些货币总结出关于拜占庭货币体系的知识,而有可能从这些货币及其仿制品的发现地点、使用状况、出土时间、铸造年代等信息探索其中的历史含义。综合截止到 2002 年 7 月我国有关报道和研究文章,笔者愿就一些普遍存在的问题与同人商榷。

由于我国发现的拜占庭金属货币以金币为主,而波斯货币以银币为主,我国古代货币则多是铜币,于是使人产生错觉,以为拜占庭人只使用金币,萨珊波斯人只用银币。事实上,黄金作为稀有的贵金属,在世界各地都受到重视,只是由于各个地区黄金矿产多寡不同而形成铸造货币的区别。在拜占庭帝国千余年的历史中,历代皇帝充分利用丰富的黄金资源铸造金币,但是,金币大量被用于对外关系活动,例如作为礼物赠送给外国君主,或作为年贡送交某强国以换取和平,或作为国际贸易的媒介被商人带往世界各地,或作为军饷拨发给远征军将领。例如根据阿拉伯史料记载,拜占庭皇帝君

①　《法国大全》第 2 卷,第 468—469 页,图版六十七 1—10 号为 a 式;《货币与价值》,第 253—256 页,1550、1571 为 a 式,1551、1565 号为 b 式;《英国大全》第 2 卷,第 378 页,图版六十三 22 号等为 a 式,23 号为 b 式;《货币》,第 249—250 页,图版 408—409 号为 a 式;《铸币手册》,第 140 页,9 号为 a 式,16—17 号为 b 式,该书认为正面人像为君士坦丁五世,背面为其子利奥四世。

士坦丁九世(Constantine IX, 1042—1055 年)送给哈里发的礼物有 50 万枚金币,相当于 2.2 吨黄金。曼努埃尔一世对意大利西西里的远征使用了 216 万枚金币,相当于 8 吨黄金。[①] 7 世纪中期阿拉伯军事征服以前,拜占庭帝国主要依靠埃及地区丰富的黄金资源,现代考古学在尼罗河流域和红海沿岸发现的上百处金矿工场遗址为此提供了充足的证据。7 世纪以后,亚美尼亚和马其顿地区的金矿成为拜占庭帝国主要的黄金来源地。[②] 10 世纪以后拜占庭帝国政治形势的不断恶化,也导致金矿开采中心向巴尔干半岛,特别是半岛南部地区转移,莫里森在《拜占庭经济史》第 3 卷中提供的大量图表证明,科林斯等巴尔干半岛南部城市成为拜占庭金币主要铸造地。而大量馈赠金币的现象自 7 世纪以后也逐渐减少。[③] 拜占庭社会日常生活中使用的主要是铜币,这也是为什么在几乎所有拜占庭货币大全中,铜币总是占多数的原因。就目前收藏的数量而言,铜币比例最高,金币次之,数量最少的是银币。为了维持金本位货币体系,拜占庭历代皇帝不断颁布法令强化金币的质量和重量标准,《提奥多西法典》和《查士丁尼法典》对此都有明确规定。8 世纪以前拜占庭帝国所有铸币场铸造的索里得必须符合七十二分之一磅的重量和 98% 以上的纯度要求,并标志为"OB",意为"足赤金"。而铜币不经过银币直接与金币挂钩,构成了其"货币体系的第二个主要特征",特别是在银币退出流通时期,铜币作用十分突出。由于铜币包括纯铜(copper 名为 follis)和合金铜(billon),所以铜币与金币的比值浮动在 1∶630 到 1∶924 之间,即 1 枚索里得大体兑换 288 枚标准铜币。这种灵活性使拜占庭金本位货币体系得以多次渡过危机,保持了千年之久。[④] 中国之所以没有出土拜占庭铜币,原因是其本身的材质不属贵金属,仅适于日常小额交易使用,不宜长途携带,而且其质量不稳定,缺乏信誉。但是这不能说明拜占庭人不使用铜币。

---

① A.Laiou ed., *The Economic History of Byzantium*, vol.1, p.3(以下简称《拜占庭经济史》)。

② 《拜占庭经济史》第 1 卷,第 115—116 页。

③ 《拜占庭经济史》第 3 卷,第 921 页。

④ 《拜占庭经济史》第 3 卷,第 919—921 页,作者对铜币的作用给予高度评价。

中国发现的拜占庭货币铸币厂问题产生于对铭文"CONOB"的误解。夏鼐先生最初认为它的意思是"印铸于君士坦丁堡"（1959 年文章），后来进行了改正，明确提出它"不是表示铸造地点为君士坦丁堡"（1977 年文章）。可惜这一正确的认识没有受到应有的重视，羽离子于 2001 年发表的文章仍然认为它是"君士坦丁堡造币厂"的缩写。根据怀丁《拜占庭货币》一书的统计，至少有 24 个城市是拜占庭铸币厂所在地，除首都君士坦丁堡外，小亚细亚地区的尼科米底亚、西基库斯、尼西亚、迈格尼西亚、塞留西亚，叙利亚地区的安条克、亚历山德雷塔，埃及的亚历山大，巴尔干半岛的塞萨洛尼基、雅典、科林斯、萨洛纳，意大利地区的罗马、拉文纳、那不里斯、卡塔尼亚、叙拉古、佩鲁迦，北非地区的迦太基、君士坦迪亚，西班牙的卡塔格纳，黑海沿岸的车绳和特拉比仲德都曾铸造货币，其中君士坦丁堡、亚历山大、迦太基、塞萨洛尼基、罗马、卡塔格纳等城市所铸金币都标注"CONOB"的铭文。[①] 这个问题没有必要详细论证，因为诚如夏鼐先生 1977 年的文章所说："从前以为是铸造地点，现下则一致认为是指黄金的纯度相当于君士坦丁堡的标准，有点像我国清代的'京钱''京秤'一类的名称"。[②] 这一意见值得学界重视。

中国发现的拜占庭金币大多为金币正背两面印模方向相对倒置，因此部分研究者认为这是"工匠心不在焉，转动了上模，打出的币两面的图文就不都顺着一个方向"，由此看来，似乎印铸金币是件很随便的事情。这是对拜占庭铸币方式明显的误解。顿巴登橡树园和怀特莫尔拜占庭货币网站和牛津大学古币网站的拜占庭货币部分，展示了拜占庭铸币过程，特别是 2002 年出版的《牛津拜占庭史》更提供了一幅考古发掘出的铸币工具图。该工具类似大剪子，呈 X 形状，手柄部分可以任意控制金币上下模具的开合。[③] 这样的工具才可能满足拜占庭帝国大量铸造货币的要求，也才符合拜占庭人严格控制金币质量的历史事实。另外，关于拜占庭金币正背两面印模相对倒置问题，早已由夏鼐先生指出："这是拜占庭铸币印模排列的常

---

① 《货币》，第 68—71 页，并见第 69 页"拜占庭铸币厂分布图"。
② 夏鼐：《赞皇李希宗墓出土的拜占庭金币》，《考古》1977 年第 6 期，第 404 页。
③ C.Mango ed., *The Oxford History of Byzantium*, p.63."度量衡和铸币"部分插图。

例,很少例外。这和近代法、意等国铸币相同,而和波斯萨珊朝银币的正背两面印模作九十度直角,以及现今我国铸币和近代英国皇家铸币厂铸币的正背两面印模排列同一方向,是完全不同的"。世界各国收藏中有许多穿孔币,它们为夏鼐先生的意见提供了充足的证据,例如《法国大全》的一枚阿纳斯塔修斯一世金币在正面皇冠上方有穿孔,其位置在背面女神脚下铭文处,可见印模倒置;希尔《拜占庭货币及其价值》一书中查士丁一世金币60号也是相同情况;古德克雷的《拜占庭帝国铸币手册》中莫里斯 a 式金币有穿孔,位置也是如此;《奥地利大全》提供了两枚希拉克略一世 d 式金币,穿孔都在正面中间位置的父亲头上方,处于背面铭文"CONOB"下边。① 这种穿孔金币大多可以证明拜占庭铸币印模排列的常例,个别例外则仅发现于希拉克略一世 b 式,即正背两面印模排列同一方向。

拜占庭金币正面图像大多为当朝皇帝,也有舅甥同席,或父子共坐的图像,这一样式很常见。但我国有研究文章认为,芝诺和利奥二世同时出现在金币正面是罕见的,"于是东罗马的新币上便有了历史上罕见的父子二帝共坐一床面对芸芸众生的肖像"。其实,这种图像早在芝诺以前两代皇帝就已经出现,提奥多西二世 e 式即为三人同像,而利奥一世更与其孙子利奥二世并排坐于皇帝宝座上。在芝诺后,也如我们前面叙述的,查士丁一世和查士丁尼一世像共同印铸在金币正面。希拉克略一世更有多种金币是与其子合像,不仅与一子而且与两子共同出现在金币正面,前述所列之 b、c、d 三种式样可以为例。还有君士坦丁五世和其子利奥同像的 b 式金币。② 可见,这种父子两代或祖孙隔代人同像的样式不是罕见的币种,而是拜占庭金币常见样式。

拜占庭金币正面铭文是辨别其铸造时代和地点的主要依据。由于包括我国在内的世界各地发现和收藏的拜占庭金币铭文变化多,希腊拉丁字母

---

① 《法国大全》第1卷,图版一02号;《货币与价值》,第42页,60号;《铸币手册》,第85页,3号;《奥地利大全》第3卷,图版八67—68号。

② 提奥多西二世 e 式金币参见本书第253页注⑥;利奥一世与其孙子利奥二世坐像金币可参见本书第254页注③;查士丁和查士丁尼合像金币可参见本书第256页注①;希拉克略一世的此类金币太多,不必一一举例,可见前述;君士坦丁五世金币见《铸币手册》,第141页,16—17号。

混用,字体变形比较普遍,而且多为简化缩写,因此是拜占庭古币学家倍感头痛的难点。随着世界各地收藏数量的增加,对铭文意义的准确解释时有调整。但是学术界对一些铭文的意义已经形成共识,解释比较一致的金币正面常用铭文如下:"DN = Dominus Noster",意为"我们的主上","PF = pius felix",意为"虔诚而幸福的","PP = perpetuus",意为"万寿无疆的","AVG = augustus",意为"奥古斯都(即指皇帝)","AEL = Aelia",意为"奥古斯塔(即指皇后)",这些铭文多用于皇帝,而"CAES = Caesar",意为"恺撒(即副皇帝)"。铭文混合使用的情况下,原意并不改变,如"PERPF = perpetuus pius felix",意为"虔诚幸福且万寿无疆的(皇帝)"。铭文断句是根据图像布局需要而定,为保持皇帝形象完整,断点大多在皇帝头部,铭文大体对称分布两侧。金币背面铭文多用"VICTORIA = Victoria",意为"无往不胜的","AVG(GG)= Augustorum",意为"奥古斯都们","GGG"最初代表皇帝数量,395 年提奥多西一世去世后,其子阿卡狄乌斯和霍纳留斯金币上的 3 个"GGG"仍然保持未变,此后成为铭文的习惯,G 字母的多少不是根据皇帝人数变化,而是铸币版面需要而定。① 事实上,字母变形并不改变其原有的意义。我国近年一些研究文章过分注意铭文变化的深刻含义,甚至指责报告者叙述错误,实属小题大做,没有必要。至于 9 世纪以后拉丁希腊字母混用的情况,因为与我国发现的拜占庭金币无关可略而不谈。

拜占庭金币索里得图像大多为正面或四分之三侧面胸像,这与罗马帝国金币或萨珊银币有明显区别。但是,我国发现者对其中人物服装和手中所持物品常常不明就里,叙述混乱。事实上,这类金币人物服装大多相似,为戎装甲胄和右肩可见肩扣的披风,这种样式从君士坦丁一世以后便成为传统,在对外战争和内部冲突不断的拜占庭帝国,皇帝重视武装,强调军事领袖的地位是顺理成章的事情。值得注意的是戎装甲胄和礼服不同,后者

---

① 《美国大全》,第 77—86 页详细叙述了这些铭文的意义,反映了国际拜占庭古币研究的新成果。夏鼐先生发表于《考古》1977 年第 6 期的文章也对其过去的误读作了更正。本书作者也于《考古》1996 年第 6 期著短文说明这个问题,需要解释的是,该短文强调字母 G、C、I 之间的不同是不妥的,《英国大全》第 2 卷,第 313 页注释 1 明确提出这些字母及其别的变形均为字母 G,这一意见目前已成共识。

又分为两种情况,其一是皇帝登基之后发行纪念性金币时,在其正面常见的大礼服,即饰有方格图案、领口交叉的服装,称为"consular robes"或"consular tunic",与此同时皇帝一般手持长十字架和哑铃式权标。其二是基督教成为拜占庭帝国国教后,一些皇帝为强调其以信仰治国的形象而放弃戎装穿着皇袍,其样式并无特别之处,图像上表现类似我国清代长袍,被称为"loros"。为了神化皇帝,其头部背景有光环,手持长十字架。这种强调基督教作用的样式在查士丁尼二世(Justinian II,685—695年,705—711年)金币上达到顶点,他首先将基督正面胸像用于金币,基督头部背景是拜占庭式大十字架。① 而金币背面的神像情况比较复杂,但大体有胜利女神(此女神为基督教之天使,非古典时代的胜利女神,后者被基督教理解为异教)、圣米哈伊尔、君士坦丁堡城标(有学者考证其名或称"安淑莎")、罗马城标等宗教人物化形象,其详细情况可见前述。至于金币两面人物所持物品,大致有长矛、盾牌、拉伯龙军旗等军事器械,这些比较容易识别。另外有执政官权标、权杖、胜利花环桂冠、象征统治天下之权力的圆球等行政权威标志,这些也不会发生混淆。还有长、短十字架、顶端带基督符的十字架等宗教性标志。

中国发现的拜占庭金币多为古墓中的随葬品,窖藏的只有两枚。学术界对于这些拜占庭古币在我国的用途有不同意见。夏鼐先生在1959年的文章中认为它们作为货币用于正常流通,并引《隋书·食货志》"河西诸郡或用西域金银之钱,而官不禁"一句话为文献证据。但是,他于1977年的文章中对以前的说法进行了调整,认为它们在我国用于装饰物。后种意见对考古学和历史学界影响较大。值得注意的是康柳硕2001年的文章最后部分,倾向于夏鼐先生先前的看法,并补充了更有说服力的证据。这里有两方面的情况需要考虑,第一是作为我国发现拜占庭金币主要地区的新疆和河西走廊地区,新中国成立前古代遗址破坏严重。斯文·赫定就此写到:"由

---

① 《法国大全》第1卷,第403页,图版六十一04—10号;《货币与价值》,第213页,1248号等;《奥地利大全》第3卷,第164—168页,图版三十九8—9号等;《货币》,第160—161页,图版243—244号等;《铸币手册》,第114—118页,5号;《英国大全》第2卷,第330—331页,图版三十七15—17号,其文字叙述受到怀丁批评,认为其叙述中的正面当修正为背面,但是金币为同类币种。

于发掘和田文化遗址的那些人只是为了寻宝而挖掘,大量有历史价值的出土物毫无疑问被直接投入了熔炉"。斯坦因也在其报告中称:被河水冲刷出来的"第一批黄金古物很快就吸引来一批批流动人群,他们是在和田靠洗金、掘玉和寻宝艰难为生的人。由于有暴利可图,这个活路就被'Niaz Hakim Beg',即'Yaqub Beg'派驻和田的总督所垄断,在他任职期间,大部分遗址都被挖掘过"。① 这种情况甚至在 1945 年还时有发生,夏鼐先生当时在河西走廊作考古调查时,就听说一枚金币被拿去换现钞和熔化了的事情。只是由于新中国考古事业的发展,使得我国发现的拜占庭金币受到重视和保护。但是,可以想象这些零散发现的金币只是一小部分,它们反映的历史事实十分有限。换言之,我们不能根据这些金币作出我国没有数量较多的拜占庭金币窖藏的结论,更不能由此引申出拜占庭金币在我国不曾流通的观点。第二个情况是目前已经发现的两枚窖藏拜占庭金币,它们具有重要的意义,因为它们与唐代铜币、萨珊银币一同收藏,显然不仅仅是为了保值,可能还被用于国际贸易货币流通。而它们的发现地西安古都确实曾是国际贸易繁华的东方中心。拜占庭金币仿制品是否在欧亚各地用于流通,目前尚无定论,但北欧、阿拉伯地区拜占庭金币仿制品用于流通是公认的事实。因此对于我国发现的这类仿制品的用途不可轻易下结论。

拜占庭金币真伪的辨别也是学术界多有不同意见的问题,有文章提出辨别方法是"看制作的精美程度","看铭文的完整程度","看重量的准确程度"等。② 综合考察是辨别拜占庭金币真伪的正确方法。但是,细看文章具体的解释,发现多是不可靠的或模糊的方法。例如关于精美程度,拜占庭金币真币并非"人物、服饰、图像都比较精致美观",更非"人物图像线条细腻,栩栩如生",这种描写只适用于罗马帝国金币。遍查拜占庭金币大全,称得上精美细腻的只有 4 世纪君士坦丁一世和 14、15 世纪曼努埃尔二世的金

---

① Gosta Montell, "Sven Hedin's Archaeological Collections from Khotan II", *Bulletin of the Museum of Far Eastern Antiquities X*, (1938), p.83; A.Stein, *Preliminary Report on a Journey of Archaeological and Topographical Exploration in Chinese Turkestan*, London: Eyre and Spottiswoode 1901, p.30.

② 康柳硕:《中国境内出土发现的拜占庭金币综述》,《中国钱币》2001 年第 4 期,第 6 页。

币,其面部眉眼颧骨比例准确,高低层次过渡合理,衣帽服饰线条细腻,可谓栩栩如生。然而前者是秉承罗马工艺传统铸造的,后者则是皇帝于 1400 年 4 月出访威尼斯时由威尼斯人铸造的。相比而言,其他拜占庭金币真可说是制作粗糙,比例失调线条简单者有之,印铸深浅不一者有之,眉眼朦胧难辨者有之,铭文变形者有之,实在谈不上"美感"。对于铭文的辨别也是如此。"仿制币的铭文大多拼写错误,且不完整,有的字母变形而不可识",这种说法不准确。事实上,这些情况也发生在真币上,字母短缺变形的并非少数,特别是拜占庭首都以外各地铸币厂在战争情况下铸造的金币和上引仿制币的描述相当。而在北欧和阿拉伯地区发现的一些仿制币反而比真币质量更好。至于重量,拜占庭金币一直存在误差度,从世界各主要收藏品看,索里得的重量可以在 3.27—4.50 克之间,塞米西斯在 1.7—2.2 克之间,翠米西斯也有大小不一的情况。考虑到拜占庭金币作为国际货币在其他国家不会受到在其本国境内那样严格的管理,可能出现故意剪边或无意磨损,所以根据重量辨别真伪币也难成立。鉴别拜占庭金币比较科学的方法是,参照目前世界各主要收藏目录(或称大全),对各方面信息进行综合分析,这样得出的结论大概是比较准确的。

三、蒙古国拜占庭金币考

2016 年 8 月 10 日至 18 日,在中山大学教授林英老师的组织下,本书作者和河北大学郭云艳博士一行三人应邀前往蒙古国进行考察,不仅零距离地接触和具体研究了蒙古考古学家发掘的拜占庭金币,而且对蒙古国中部地区的古代墓葬、古城遗址进行巡访。

作为蒙古考古学家的客人,我们在东道主的周到安排下,先后参观了蒙古国的政治中心、首都乌兰巴托的成吉思汗广场、附近的蒙古国家历史博物馆和蒙古造型美术博物馆、哈拉和林博物馆(特别是其中收藏的巴彦诺尔墓葬文物)、额尔德尼昭(Erdene Zuu)喇嘛庙;考察了乌兰巴托郊区的暾欲谷祭祀遗址、哈拉和林古城及其附近的鄂尔浑河(Erxon)河谷、突厥疑似祭祀遗址、位于鄂尔浑河流域的毗伽可汗（Bilge Khan）祭祀园遗址、阙特勤（Kultegin）碑、名为"龙城"的疑似回鹘公主宫殿、传统萨满教祭坛、中蒙联合考古队几年前发掘的回纥墓葬、蒙德合作发掘的哈拉巴拉克斯城（即回纥时期的黑虎城）遗址、辽代突厥贵族墓及其附近 3 公里处的"红城"（Ulaan Kherem，意为红城）、巴彦诺尔古墓附近地区散布着的约 25 个墓葬群；并深入巴彦诺尔古墓地下墓室，直接目测墓室状况和墓道壁画，了解拜占庭金币出土的详细情况。但是在众多参观考察中，最令我们印象深刻的是精心收藏和展示在博物馆展厅中心位置的 33 枚拜占庭金币，它们在展厅中大量黄金饰品、金桃、金扣、金杯中，特别显眼，可能是因为我们的拜占庭历史专业对此特别敏感。在我们几位中国专家直接考证这些金币、对其中重点金币进行零距离放大观察的同时，我们与蒙方专家进行了深入研讨，进一步了解到，在这个古墓中总共出土了 44 枚拜占庭金属币，其中 40 枚为金币。为了更多地获得这些珍贵金币的考古信息，我们前往巴彦诺尔苏木向北 12 公里的突厥贵族古墓。遗憾的是，该古墓最初由哈萨克斯坦与蒙方合作发掘时，并未发现墓志铭和其他文字性的古物，因此无法确定墓主身份。但是，从古墓的唐代形制和朝向南方，以及墓道两侧壁画大多为唐代风格和内容推测，墓主人可能是受到唐朝册封的突厥贵族，这一推测还从此次考察在墓室门框下方发现的汉字（确定为古墓施工的唐代工匠签名）得到佐证。所有的猜测都有待该古墓主要发掘者蒙古科技大学的考古学家宝力道先生在其即将出版的有关专著中作出分析和结论的确凿验证。

令我们深思的是，像巴彦诺尔古墓一个墓地发现数十枚拜占庭金币的情况在整个东亚地区尚无第二例，即便在传统公认的丝绸之路主道东段，即我国古代西域直到西安、洛阳沿途的古墓发掘中，也从来没有如此大规模的集中发现。虽然经过我们研究，这些拜占庭金币几乎全部为仿币，但是其货币种类之多也令人惊讶不已，其中有些金币的印模和铭文在我国也没有发现过。[1] 由于发现这些金币存放的方式非常集中，并与墓主人的其他珠宝

_____

① Ochir A. Erdenebold L., *Cultural Monuments of Ancient Nomads*, Ulaanbaatar 2017, pp. 219-232，该书精美的彩色图版展示了全部 44 枚拜占庭金属币及其仿制品的图像。

装饰物放在一起,我们同意蒙古考古学家的初步意见,即在展览说明中指出的:这些金币用于装饰而非流通。值得注意的是,尽管它们属于装饰品或者随葬品,但是这些仿制品涉及的币种之多还是引发我们的思考。因为即便是我国古墓中发现的拜占庭金币也没有达到如此丰富的程度,那么我们是不是可以设想,如果这些拜占庭金币是在本地仿制的,那么这些仿制品的原型(模子)是否确实用于流通? 如果它们是在其他地方仿制后带入这个地区的,那么这些金币是在哪里仿制的? 后面这个问题还牵扯到它们是如何被人携带进如此偏远的地区而不破损(因为零距离的研究让我们发现了它们中的不少枚非常脆弱,极易变形)? 还有,巴彦诺尔古墓的这批拜占庭金币是否意味着它们只是蒙古国各地大量尚未出土的拜占庭金币的"冰山一角"? 我们从蒙古考古学同行那里初步得到了肯定性的答案。无论这些问题的答案是什么,有一个不可否认的、显而易见的事实是,这个地区曾经是古代东西方贸易的重要通道之一。

我们的考察团从乌兰巴托出发一路向西,到达龙苏木(Lun)后偏向西南继续奔驶,一马平川,直到哈拉和林古城,两侧不足 500 米高的山脉一直伴随着我们。从地图上看,我们正远离蒙古国北部的肯特山(也称不儿罕山),走进西北——东南走向的杭爱山系,朝着该国西部同样走向的阿尔泰山脉进发。在这些山脉之间,形成了贯通东西的大草原通道。当我们在清晨的阳光中,站在哈拉和林古都西侧山顶的"三国碑"前,俯瞰鄂尔浑河(Orxon)河谷时,立刻就被眼前的美景所震撼,大河从西边的山谷中蜿蜒而出,在广阔的草原上向东沿山麓绕过山坡向北而去(听说它将汇入遥远的贝加尔湖),画出了一道优雅的曲线。遥想古代匈奴、突厥和蒙古领袖们,正是在这里构想着大帝国的版图,缔造了草原民族伟大的辉煌。三大草原帝国的君王们之所以不约而同地选择此地作为庞大帝国的都城,并不仅仅因为这个河谷地区水草丰厚,更重要的在于这里是东西"草原走廊"的交通枢纽。也许这条通道早在人类游牧活动开始之初就已经存在了,只是我们对它并不了解而已。特别有趣的是这里离著名的"金山"不远,我们的向导宝力道教授指着远处天边的山脊,说那里就是"金山"("阿尔泰"在当地语言中即为"金山"),自古便成为草原帝国源源不断的财源。现代地质学已经探明，蒙古国拥有 80 多种矿产，其中金矿和铜、铁矿开采的历史最早，前者的储量高达 3400 吨，后两者的储量超过了 20 亿吨，而银矿储量更是达到 7000 吨。充足的贵金属显然极大地促进着古代的商贸活动，也使这条通道具有了特殊的重要性。

传统上，我们习惯性地认为古代丝绸之路在我国的西域，而其开通的时间也在张骞"凿通"之后。当德国学者李希霍芬于 1877 年在其《中国》一书中首次提出了"丝绸之路"的概念时，没有人想到在塔里木盆地和天山山脉以北的草原地带还存在着这样一条通道，更没有人想到这条草原通道的存在可能早于张骞之行。我们至今还延续着认识上的缺失，尤其是中原古籍文献的记载常常忽视这条通道的存在，加深了人们关于丝绸之路的传统认知。如今，在所有相关的书籍和论文中，几乎还没有人将这条通道纳入到丝绸之路中，所谓的丝绸之路东段也从来不包括沿蒙古杭爱山和阿尔泰山向西伸展的草原道路，我们翻开任何一幅丝绸之路的地图，找不到关于这条路线的任何踪迹，在 2014 年 6 月多哈大会上宣布的"丝绸之路：长安—天山廊道的路网"世界文化遗产图谱上也没有其踪影，甚至在蒙古国多家博物馆的相关地图上也没有它的标记，似乎它根本就不曾存在过。事实上，在考察中的直观感觉告诉我们，这条"被遗忘"的丝绸之路东段北线应该引起学者们的注意。尤其在当下共建"一带一路"的大背景下，更应该抓住时机从学术上展开研究，挖掘出这条被忘却的路线在东西文化交流中的重要作用，揭开其神秘的面纱。

此次学术访问虽然从一开始就确定了考察拜占庭金币的目的，但是在蒙古国进行的更为广泛的考古活动中，我们有了更多的收获，不仅对蒙古国发现的拜占庭金币有了新的认识，而且对丝绸之路东段北路草原通道路线有了新的认识，进而对我们的世界史宏观理论思考有了新的启发。

四、丝绸之路西端

古典时代的罗马城一度是整个欧洲地中海世界的中心，其辉煌的历史记忆至今流传于世。但是公元 4、5 世纪,欧亚大陆自东而西的移民大潮改变了一切,罗马城几度毁于战火,精美的建筑大多崩坏,只留下残垣断壁,汪达尔人为取暖烧掉了珍贵的古代文献,古罗马的辉煌消失了。那么,此后的一千年里,罗马的光荣到哪里去了?原来帝国的中心从西部转移到了东部,东罗马帝国首都君士坦丁堡成为欧洲地中海世界的千年明珠,直至 1453年,照亮了千年的中古时代。①

我们的旅程从这里开始。伊斯坦布尔这个中古时代的"新罗马",两千多年来,经历了马尔马拉海风雨的洗礼,成为镶嵌在博斯普鲁斯海峡上的璀璨明珠。土耳其伊斯坦布尔曾是拜占庭帝国(又称东罗马帝国)的都城君士坦丁堡,由拜占庭帝国皇帝君士坦丁大帝在古希腊商业殖民城市拜占庭旧址上修建而成,并于 330 年正式启用,改称为"君士坦丁堡"(意为君士坦丁的城市)。由于该城市在拜占庭帝国历史发展中发挥了极其重要的作用,成为这个千余年帝国变迁史上最具典型意义的中心和拜占庭文明的象征,因此后代学者以其旧城"拜占庭"这一名称为帝国冠名。②

君士坦丁堡位于博斯普鲁斯海峡西侧,是自黑海经马尔马拉海和爱琴海到东地中海的海上交通枢纽,也是连接欧亚大陆最方便的桥头堡。公元前 7 世纪前半期,富于进取精神的希腊商人首先在此建立殖民城邦,并用其首领柏扎思的名字为新城命名,称拜占庭城。虽然西方"历史之父"古希腊的希罗多德、地理学家斯特拉波和古罗马史家塔西佗等古典作家都对拜占庭城作过描述,但其重大发展却始于公元 4 世纪。

当时,拜占庭帝国开国皇帝君士坦丁大帝慧眼识金,选择此地为"新罗马"的城址,使古城拜占庭的天赋优势得以发挥,成为世界名城。这位长期征战沙场的君主,既是杰出的军事将领,更是千古难得的帝王,他独具慧眼,洞悉该城的地理优势及其政治经济价值,因此力排众议,决定在拜占庭城旧址上建设"新罗马"。

---

① 陈志强:《古罗马的文明传承:千年明珠"新罗马"君士坦丁堡》,《天津日报》2016 年5 月 16 日,第 10 版"大讲堂"。

② 陈志强:《拜占庭帝国史》,商务印书馆 2003、2006 年版,第 4—5 页;陈志强:《拜占庭帝国通史》,上海社会科学院出版社 2013 年版,第 27 页。

与欧洲地中海地区大多数古代中世纪城市相比,君士坦丁堡作为拜占庭帝国都城的政治功能最为突出。由于这个城市自其作为帝国东都之日起,就成为拜占庭帝国这个庞大的皇帝专制集权国家的心脏,因此其特殊的政治地位就赋予它鲜明的政治中心特点,其政治功能也因此特别强大。这一点是欧洲地中海地区其他城市所无法比拟的。

公元 324 年,皇帝君士坦丁一世在战胜各路军阀完成统一帝国大业后,①发布命令兴建"新罗马",并任命重臣着手进行建筑工程的准备工作。为了在最短时间里完成新都的建设,他下令建立专门学校大量培养当时急需的各类建筑人才。325 年,建筑工程正式开工。君士坦丁一世对这项工程极为重视,不仅亲自跑马勘测、圈定城市界标,还参与确定城市规划图纸和建筑设计。"新罗马"全面复制旧罗马,为了找到"七丘",他圈定的地界大大超出其宫廷大臣的想象;新都中央大道也建成旧罗马的"卡皮托利";旧都"帕拉蒂诺的罗马广场"在新都变成了"君士坦丁广场"。当时,随从的官员对皇帝圈定如此巨大的面积感到惊讶,疑惑不解地问道:"我的殿下,您将继续往前走多远?"他回答说:"我要继续走下去,直到在我前面引路的上帝认为合适停下为止"。事实上,他正在按照脑海中旧罗马的样子规划"新罗马"的蓝图。

君士坦丁一世还下令调集地中海世界各地大量奇石异物,动用军队将无数古代的建筑和艺术杰作运往拜占庭城市建筑工地。罗马、雅典、亚历山大、以弗所和地中海各地古典时代文化名城的精美大理石雕像、花岗岩方尖碑都运到了"新罗马"的工地上,有些至今矗立在伊斯坦布尔街头广场。不计其数的黑海沿岸原始森林的优质原木、爱琴海岛屿出产的各色大理石源源不断运抵该城北部的"黄金角"海湾。他适时调整用兵计划,将庞大的军力转化为城市建设的生力军,为实现其迅速建立新政治中心的目的服务。在他亲自指挥监督下,"新罗马"工程经过 5 年精心施工,基本完工。那个面积仅相当于新都十几分之一的古城拜占庭荡然无存,一座规模宏大、豪华

---

① 爱德华·吉本著,席代岳译:《罗马帝国衰亡史》第 1 卷,吉林出版集团 2014 年版,第 353—354 页。

典雅的"新罗马"在博斯普鲁斯海峡西侧和马尔马拉海北岸拔地而起。"新罗马"的面积超过拜占庭城十几倍，城区面积达 8 平方公里。其面积和规模都远远超过了故都罗马，也超过了古代的巴比伦、雅典、中古欧洲的伦敦和巴黎，成为中古西方世界第一大城。

豪华的皇宫傲然矗立在"新罗马"地势最高的小山丘上，既是新都的制高点，也成为整个城市的核心区。洁白的大理石屋面、精心雕琢的阳台和雄伟的柱廊，在金色的阳光和蔚蓝的大海衬托下显得格外典雅庄重。大皇宫是全城的中心，建造得最为奢华。它由几个比邻的独立宫院组成，包括各种大殿、宫室、花园和柱廊。这个君士坦丁堡最豪华的建筑群占地数十万平方米，代表了帝国皇帝的威严和尊贵。①

然而，皇宫建筑群与崇尚古典民主的旧罗马不同。作为政治中心的君士坦丁堡，在城市布局上也突显其中央集权国家权力的各种特征。在这个平面图呈三角形的城市里，皇帝及其文武大臣所在的大皇宫地位最高，占地最广。它是整个帝国行政中心所在地，因此成为全帝国的神经中枢和心脏，一切政令都从这里发出，通过遍布帝国的公路网，传送到各地。由这个中心点向西伸展出两条大道，出了城门便与皇家驿道相连。驿道上来往着信使和向各地委派的高级地方官吏，他们随时将帝国各地的军事和政治情报送入大皇宫，也带着皇帝和朝廷的命令奔赴各地。特别是标有"军情"标志的流星信使马不停蹄地奔驰在各驿站之间，首都发出的命令以最快的速度被送到最远的边区。

作为拜占庭帝国权力核心的新都因其政治地位的特殊性，迅速吸引了地中海世界的各色政客，他们怀着不同目的和愿望，纷纷迁居到此。即使是已被派往各地的官员也在首都留有宅府和家眷，这既是中央政府的命令，也是他们的愿望，因为保持与权力中枢的密切联系将有利于他们在仕途上的发展。为了满足这些达官贵人的需要，京城内不仅修建了大量公共建筑物，而且开辟出许多贵族豪宅。从大皇宫所在的三角形城区的顶点，沿"黄金角"海湾和马尔马拉海岸向西伸延的城墙约 4300 米，与城西的君士坦丁城

① 徐家玲：《拜占庭文明》，人民出版社 2006 年版，第 15—23 页。

墙连接。就是在这道坚不可摧的城墙内，集中了大量优美的建筑，除了大皇宫外，还有与旧罗马一样的元老院议事大厦和公共图书馆，比旧罗马椭圆形角斗场更大的竞技赛场如今以赛车为乐，还有两座剧场、8个豪华的公共浴池、153个私人浴池、52道沿街柱廊、5座囤粮谷仓、8条引水渠道、4座用于集会和法院公审的大厅、14所教堂、14座宫殿和4388座贵族官邸和豪宅。①

　　最值得一提的是君士坦丁堡大竞技场，它继承了古罗马城市建筑的传统，但比罗马的角斗场长40米左右，赛车道可容10辆马车并排奔跑。举办竞技和赛车活动不仅仅是一种娱乐，而且通过免费观看来聚拢和收买民心。唯一有所区别的是，笃信基督教的君士坦丁一世一改古罗马人嗜血的娱乐，将马拉战车作为主要的竞技比赛。竞技场中央展台上均匀分布着许多立柱和方尖碑，立柱上则装饰各种雕像。可容纳近十万人的看台用花岗岩分区建造，分蓝、绿、红、白四色，外墙则由四层拱形门廊构成，其上装饰精美的大理石雕刻和英雄雕像。

　　众多的公共建筑群是"新罗马"的又一亮点，它们是拜占庭帝国中央集权政治活动的舞台。沿柱廊拱卫的中央大道向西，圆形的君士坦丁广场周围矗立着一大片公共建筑群，是政治活动的第一大中心。这里，最高大雄伟的帝国议会和元老院完全仿照旧罗马元老院议事堂，十几级大理石台阶是政要显贵、文人墨客向公众阐述政治见解和显露文学天赋的论坛。广场中心还耸立着数十米高的巨型花岗石圆柱，坐落在白色大理石基座上，圆柱直径超过3米，顶端是君士坦丁大帝像。而稍后在该广场西侧修建的皇帝提奥多西广场呈方形，是多条重要的罗马军事大道的汇合点。向西南伸展的麦西大道是举世闻名的大理石柱廊大道，两侧有巍峨的市政厅、森严的将军府和国库，以及雄伟的国家图书馆和优雅的贵族宅区。在这里，风格各异的罗马贵族庭院也按旧罗马城贵族住宅式样建造，以便吸引各地名门显贵。

　　君士坦丁堡建设工程完成后，皇帝即下令举行全国庆典活动，凸显出这个城市的政治中心地位。330年5月11日，君士坦丁一世亲自主持了盛大

① 《罗马帝国衰亡史》上册，商务印书馆1997年版，第378—384页。

的新都落成典礼,拉开了持续 40 天的庆祝活动的序幕。① 为了强化热烈的气氛,他调用国库的金钱支持民众免费庆祝。公众在欢庆"新罗马"建成的同时,尽情载歌载舞,彻夜狂欢,颂扬君士坦丁一世的万世功德。从此,人们又把"新罗马"称为"君士坦丁堡",意即"君士坦丁的城市"。此后,帝国政府采取了一系列措施提高新都的地位,使新都迅速发展,超越旧罗马,成为欧洲和地中海世界第一大城市。君士坦丁一世曾亲自批准罗马贵族免费迁入新都贵族住宅,君士坦丁堡元老院也获得了与旧罗马元老院同等的法律地位。君士坦丁还鼓励和命令原罗马城骑士以上的贵族全部迁居新都,这一系列特殊政策极大地推动了新都的发展,城市人口急剧增长,在数十年内,君士坦丁堡城区居民数达到数十万人。现代拜占庭学家根据该城粮食进口贸易的记载粗略估计,4 世纪末时,君士坦丁堡的人口在 50 万—100 万之间。这一数字在整个中古欧洲的城市中都是少见的,甚至到 13、14 世纪,欧洲最富有的威尼斯仅有 20 万人口。②

可以说,拜占庭帝国的历史就是以君士坦丁堡为中心的历史,在这里上演着帝国千余年的历史剧,作为拜占庭帝国首都的君士坦丁堡遂成为拜占庭兴亡历程的主要见证。无论拜占庭帝国遭受到多么严重的外敌冲击,也无论帝国各地的经济遭受多么严重的损害,只要君士坦丁堡坚固的城墙不破,那么拜占庭国家就存在,只要"新罗马"不倒,帝国就能死灰复燃,东山再起。

君士坦丁堡具有易守难攻的地貌优势,它坐落在博斯普鲁斯海峡欧洲一侧的小山丘上,南临马尔马拉海,北靠"黄金角"海湾,博斯普鲁斯海峡成为它自然的屏障,其西面居高临下俯瞰色雷斯平原,这种三面环水—面俯视山下平原的地貌走势就使它具有了军事堡垒的天然优势。从该城南端伸展出的军事据点可以控制达达尼尔海峡,同时在博斯普鲁斯海峡黑海出口处建立的前哨堡垒扼守海峡航道,这两处军事要塞与君士坦丁堡形成掎角之

---

① 西里尔·曼戈著,陈志强、武鹏译:《牛津拜占庭史》,北京师范大学出版社 2015 年版,第 21 页。

② 徐家玲:《拜占庭文明》,第 23 页。

势。就拜占庭帝国军事交通体系而言,这里还是罗马帝国重要的军事大道埃格南地亚大道和小亚细亚地区军事公路的汇合点,是通向亚洲的必经之地。同时,由于它控制黑海经由爱琴海进入地中海的水上交通要道,因此也就把握了拜占庭帝国的中轴线和心腹地带,具有极为重要的战略意义。拜占庭城北的"黄金角"海湾全长 10 公里,是一个条件极佳的自然港湾,主航道宽约 460 米,并有多处分支水巷,可供船只停泊。自古以来,这里不仅是世界各地商船汇集的地方,而且是城市北部的屏障。自"新罗马"启用之时起,拜占庭军队就在"黄金角"海湾建立了强大的城防工事,末代皇帝更是在其出口处筑造起巨大的铁链闸口,每当船只进出,铁链屏障就会开启,而当战事紧张时,铁链屏障便紧急闭关,且有大批水军在此防护。

拜占庭帝国所在的地理位置,决定了军事活动在这个帝国的重要地位,也决定了君士坦丁堡必须构筑坚固的城防工事。该城防体系是欧洲地中海世界城市中绝无仅有的,而其城防技术水平也是中古世界第一流的。正是依靠其坚固完善的城防体系,君士坦丁堡成为拱卫拜占庭帝国千年历史的要塞。早在 6 世纪中期,当斯拉夫人南下席卷整个巴尔干半岛时,面对君士坦丁堡高大的城墙,斯拉夫人无计可施,悻悻而退。城西陆地一侧建立的君士坦丁城墙长约 3000 米,是第二道城防,而后加修的提奥多西城墙长约 6000 米,构成了第一道城防。605 年侵入拜占庭帝国的波斯军队抵达博斯普鲁斯海峡亚洲一侧,却在君士坦丁堡城下受到阻击,无功而返。几乎与此同时,另一支中亚民族阿瓦尔人兵临君士坦丁堡城下,他们与斯拉夫人合作甚至一度攻破首都外城,但仍然无法攻破整个城防体系。奥斯曼土耳其苏丹穆罕默德二世的前辈七度攻城未果,直到 1453 年才最终夺取了君士坦丁堡,据说这位苏丹在围城战中调动了数十万大军,且配以当时世界上最大口径的火炮,连续攻城近两个月,才拖垮了拜占庭数千守军,攻占该城。[①]

在君士坦丁堡城内,形成了繁华的都市生活,其活跃的工商贸易为其政治、文化和宗教生活打下了坚实的物质基础。这里成为中古时期丝绸之路的西端。来自遥远东方的丝绸和黑海北部各草原民族的商品通过活跃的东

———————

① 见本书第二章的相关部分。

方贸易活动进入"新罗马",珍贵的丝质服装、土著纺织品、首饰珠宝、梳柔毛皮、皮革、奴隶等调剂着"新罗马"贵族们猎奇的口味。查士丁尼一世派人成功地从中国获取育蚕制丝的秘密,在君士坦丁堡建立起国家控制的丝绸生产,特别是在君士坦丁堡、安条克、提里和贝鲁特,以及提比斯建立了丝织业中心,并使之逐渐成为拜占庭帝国最兴盛的手工业和极为重要的税收来源。"黄金角"沿河地带的巨大商业区确实使来此交易的商人满载黄金而归,汇集着全国各地的商品和来自世界各地的珍奇货物,各种肤色的商贾身着各国服装来来往往,集市上熙熙攘攘,人们用各种语言进行交易,"黄金角"海湾中则停泊着来自世界各地的船只,拜占庭金币成为各国商人从事交易的国际硬通货,这种金币至今在我国的古墓中时有发现。

君士坦丁堡的城市生活质量堪称欧洲地中海世界之冠,富人都穿戴奢华的服装,住在豪华的宅院里,使用金银丝线装饰的桌椅家具。其奢侈品需求极为旺盛,宫廷仪式和宗教礼仪都追求奢华服饰装潢的戏剧化效果,需要大量的礼服、织物、容器以及各种各样的豪华装饰品,其极尽奢华的珠宝使西欧骑士感到万分惊讶。以君士坦丁堡为典型代表的拜占庭民族手工业为满足国内外的巨大需求,大量生产包括丝绸织物、织金锦缎、精细布料、贵金属艺术品、珠宝首饰、镶嵌珐琅画、各式杯盘、圣物箱、青铜制品、玻璃器皿、象牙雕刻的奢侈品。这在我国古籍中被称为"大秦宝众"。[①]

君士坦丁堡还是中古欧洲地中海世界最重要的文化中心,这是与其政治、军事和经济中心地位相符合的。正是这个政治中心具有的强大政权力量为多彩的文化生活提供了合法的舞台和官方保护,也是这个强大的军事要塞为文化创作和消费活动提供了安全的场所,还是这个聚集了整个帝国大部分财富的经济中心为文人墨客创造了财政支持和巨大的消费市场,作为拜占庭帝国权力核心的皇帝集权,同样也决定着官方支持的意识形态,从而使君士坦丁堡成为拜占庭人精神生活特别是信仰活动的最高圣坛。

君士坦丁堡的政治中心作用决定了它在宗教、文化等社会生活方面的

---

① 张绪山:《中国与拜占庭帝国关系研究》,中华书局 2012 年版,第二章相关部分;林英:《唐代拂菻丛说》,中华书局 2006 年版,第 19—21 页;林英:《金钱之旅:从君士坦丁堡到长安》,人民美术出版社 2004 年版,第 9—16 页。

特殊地位。3、4 世纪,在古罗马帝国境内形成的罗马、亚历山大、耶路撒冷、安条克和君士坦丁堡教区,代表着迅速崛起的基督教最强大的几股势力,其中"新罗马"君士坦丁堡教区的宗教地位迅速上升,在皇帝们的支持下,很快获得了和罗马教区同等重要的地位,甚至在许多方面超过了罗马,君士坦丁堡大教长也因此成为东部各教区的首领。

拜占庭帝国具有特别鲜明的基督教色彩,这也是它与古罗马帝国最重要的区别之一。在这个笃信基督教信仰且普通信徒的宗教情结近乎疯狂的国度,其宗教事务是国家事务的重要组成部分,也是其政治权力在精神生活领域的体现。拜占庭帝国历代皇帝和皇亲国戚均大力支持基督教会,使这座都城遍布教堂、修道院和其他教会附设组织,其教会机构的数量和教士在人口中的比例均高居整个帝国各个城市之首。在"新罗马",圣索菲亚教堂以国家教堂的身份取代了旧罗马的"万神殿",成为万方朝拜的圣地。圣索菲亚教堂在 6 世纪重建后,创造了中古世纪的一大奇迹,其中央大厅的穹顶距离地面 56 米,可容纳万人同时礼拜。更为奇特的是,在地震十分频繁的君士坦丁堡,这座教堂稳如泰山,1500 年来保存完美,令人赞叹不已。①

作为欧洲地中海最大的文化中心,"新罗马"富足的物质生活促生出丰富的精神生活。积聚在旧罗马和其他城市的文人墨客、学者作家和分散在帝国各地的知识分子纷纷涌入新都,地中海世界原有的各个文化中心在迅速崛起的君士坦丁堡面前都相形见绌。吟诵古典诗篇和古代名篇是当时多数知识分子和贵族的时髦风雅,更是上流社会有教养的标志,讲不好正宗的希腊语在这里会受到嘲笑。艺术家和工匠来到"新罗马"开设作坊,承包工程,制作艺术品,订单不断,作品供不应求。整理古代图书,注释古希腊罗马时代的重要文献,学习古希腊语、拉丁语,收集抄写古籍文书蔚然成风,而经常上演的古代戏剧也成为街头巷尾的"热门"话题。正是在这个崇尚古典文化的热潮中,形成了以中世纪希腊语为基础的拜占庭抄本古典文献和以亚历山大柯普特语为基础的译本。这两种版本和叙利亚语的古代文献就成

---

① 爱德华·吉本著,席代岳译:《罗马帝国衰亡史》第 4 卷,吉林出版集团 2014 年版,第 60—65 页。

为后世阿拉伯学者和西欧学者进行翻译工作的主要依据。

"新罗马"君士坦丁堡的教育水平在中古时代始终保持一流水准,成为地中海世界和欧洲各国王公贵族及其弟子向往的求学之地,来自欧洲各国的王公贵族子弟与拜占庭学生同堂学习。425 年重新组建的君士坦丁堡大学迅速发展成为新型高等学府,其聘请的教师都是当时最著名的大学者。正是其高水平的文化影响,直接推动拜占庭传教士君士坦丁(也称西里尔)于 9 世纪中期在斯拉夫世界传播宗教信仰和文化知识获得成功,其创造的"西里尔文字"成为斯拉夫各民族文字发展的基础,其启蒙斯拉夫人的历史功绩千古流芳。丰富多彩的文化生活促使拜占庭文化体系日益完备,其艺术发展呈现出绚丽多彩的特征。拜占庭艺术家将镶嵌画艺术发展到了极致,以至于这种早在古典时代就出现的艺术成了拜占庭的民族特色艺术,每当人们在谈论拜占庭文化时就会立即联想起色彩斑斓的镶嵌画,今天当我们漫步在世界著名博物馆中,都会看到这些镶嵌画杰作。①

1453 年"新罗马"君士坦丁堡被奥斯曼土耳其大军攻占,苏丹穆罕默德二世立即对该城加以保护,并以该城的希腊名称Κονσταντινουπόλιν的简称"京城"στο πόλιν为其新都命名为"伊斯坦堡"。"新罗马"君士坦丁堡延续了古罗马的光荣,在中古欧洲地中海世界成为最耀眼的明珠。直到意大利文艺复兴运动敲开了近代生活的大门,"新罗马"的知识分子们才将文明的火炬传给了人文主义者们。

五、文艺复兴运动的拜占庭文化渊源

意大利文艺复兴运动是欧洲近代早期发生的新文化运动,一直是学界高度关注的研究热点。近年来我国学者在这个领域取得的进展非常突出,一系列标志性的研究成果代表了我国相关研究的新水平,其中涉及的课题

---

① 西里尔·曼戈著:《牛津拜占庭史》,第 208—210 页和第三章"新宗教与旧文化";陈志强:《盛世余晖:拜占庭文明探秘》,云南人民出版社 2001 年版,第 160—187 页。

就包括拜占庭文化对文艺复兴运动的影响。① 事实上,拜占庭末代王朝的知识分子特别崇尚古典希腊文化,希望以此拯救衰亡中的帝国。他们的才华非常巧合地在意大利找到了发挥的舞台,他们以精湛的古希腊学问吸引了大批意大利人文主义者,而他们携带大量手抄本西迁的行动也不自觉地促进了意大利复兴古典文化的热潮。末代拜占庭知识分子对文艺复兴运动的文化影响一直受到国际学术界的注意,法国学者查尔斯·迪尔、美国学者迪诺·约翰·金纳考普洛斯等都不约而同地表达了相同的看法。② 后者甚至认为拜占庭末代王朝"帕列奥列格时代伟大的教授们是恢复研究古希腊工作的开创者,他们为人文主义的伟大运动做了准备",他认为,"就拓宽西欧学者的眼界而言,在中世纪后期和文艺复兴时期,没有任何东西可以与古希腊文化的复兴相提并论,而在复兴过程中起重要作用的正是从拜占庭逃往意大利的希腊学者"。③ 深入考察意大利文艺复兴运动的拜占庭文化渊源,对于我们全面了解这场资本主义萌芽时期的新文化运动具有重要意义。

意大利文艺复兴运动与拜占庭文化最为直接的关系,首先表现在拜占庭学者担负起培育一代意大利人文主义者尚古情怀的教育责任,末代拜占庭学者们亲自担任文艺复兴杰出人物的教师,并以其深厚的古典学问吸引新文化运动的进步学者,以其执着而痴迷于古典文明的热情感染了意大利学人,为逐步形成以"复古"为特征的文艺复兴运动人文主义人才群体提供了有力支持。可以毫不夸张地说,拜占庭导师们对于其亚平宁弟子们的培

---

① 南开大学张俊芳博士的毕业论文《14—16 世纪拜占庭学者与意大利文艺复兴关系研究》就深入探讨了相关问题。(见"中国博士学位论文全文数据库")陈志强、张俊芳:《末代拜占庭知识分子对文艺复兴运动的影响》,《史学集刊》2016 年第 3 期。

② 代表欧洲大陆学术动向的新编剑桥史也提到,"他们(即拜占庭流亡学者)之中有些人对意大利等地的希腊研究做出了宝贵的贡献。到 1470 年,对于希腊的探索在意大利已经达到相当高的发展程度。" J. B. Bury, *The Cambridge Medieval History*, London: Cambridge University Press 1929, p.777; C. Diehl, *Byzantium: Greatness and Decline*, translated from the French by Naomi Walford, New Jersey: Rutgers University Press 1957, p.245. G. R. 波特主编,中国社会科学院、世界历史研究所组译:《新编剑桥世界近代史》第 1 卷,中国社会科学出版社 1988 年版,第 140 页。

③ Deno John Geanakoplos, *Greek Scholars In Venice*, Massachusetts: Harvard University Press 1962, p.1.

养是文艺复兴运动的一个决定性环节,没有这批青史留名且博古通今的文化"巨人",文艺复兴运动是不可想象的。

金纳考普洛斯总结文艺复兴时期古典学术发展的五大标志性人物中,有四人为拜占庭学者:即莱恩提乌斯·皮拉图(Leontius Pilatus,? —1366年)、曼纽尔·克利索罗拉斯(Manuel Chrysoloras,1350—1415 年)、德米特利尔斯·考坎迪利斯(Demetrius Chalcondyles,1423—1511 年)、马科斯·姆修拉斯(Marcus Musurus,1470—1517 年),还有一位是意大利人瓜里诺(Guarino of Verona,1373—1460 年),而他也是克利索罗拉斯最出色的学生。克利索罗拉斯激发起意大利人学习希腊语的热潮,令他的学生列奥纳多·布鲁尼(Leonardo Bruni,1370—1444 年)大为吃惊,认为"这是意大利700 年来有人第一次教授希腊语",其激发起来的热潮空前绝后。[①] 他的说法毫不夸张,克利索罗拉斯作为拜占庭帝国末代王朝的外交家、皇帝的代表和学贯语言文学、修辞学、哲学、神学的大学者,[②]在为帝国衰败而悲伤的同时,更以民族复兴和传播希腊学问为己任。克利索罗拉斯为人谦和,举止得体,才思敏捷,学识渊博,举手投足透射出大家风范。法国文艺复兴史家蒙尼尔(Monnier)称他是"一位真正的希腊人,他来自拜占庭……是通过在意大利的教学恢复古典传统的第一位希腊教师"。[③] 这位导师身上具有的人格魅力对众多弟子产生了强烈的吸引力,其地位很快便得到普遍承认。毫无疑问,像克利索罗拉斯这样的拜占庭学者是以其深厚的古典学问和修养征服了思想活跃的意大利人文主义者。

除了克利索罗拉斯这样顶尖的大学者致力于古希腊传统教育外,德米特利尔斯·考坎迪利斯也值得一提,他曾先后在佩鲁贾、帕多瓦、佛罗伦萨和米兰讲授希腊语,其丰富的学识和娴熟的希腊语教学将大批学生吸引到课堂,他的一个学生说:"我以狂喜的心情听他的课……他看起来像是另一

---

① Deno John Geanakoplos,"The Discourse of Demetrius Chalcondyles on the Inauguration of Greek Studies at the University of Padua in 1463," *Studies in the Renaissance*,Vol.21(1974),pp. 118-119.

② Donald M.Nicol, *A Biographical Dictionary of the Byzantine Empire*,London:Seaby Ltd. 1991,p.24.

③ A.A.Vasiliev, *History of the Byzantine Empire 324-1453*,p.719.

个柏拉图。"①作为西欧所有大学中第一个享有固定薪水的希腊语教师,他全身心投入教学工作,1466 年完成的《希腊诗文集》不仅方便学生的学习,而且成为不可多得的古希腊诗集。② 又如塞奥多·加扎(Theodore Gaza,1400—1475 年),他不仅讲授希腊语,而且告知他的意大利学生们,古罗马人同样具有丰富的希腊文化知识,因为希腊文化对于罗马人参与政治生活具有难以估量的意义。他受到 16 世纪荷兰最著名的人文主义者伊拉斯莫的高度评价,"大家都认为所有的希腊语法学家中排在第一位的应当是塞奥多·加扎,我个人也认为如此"。③ 当然,拜占庭学者远离战乱的故土,在意大利受到高规格的礼遇,他们也心存感激之心,诚如考坎迪利斯在其就职演讲中所说,"我被任命为希腊语教师……我将尽全力回报这一厚爱"。④ 考坎迪利斯没有食言,他在帕多瓦大学任职期间全力推进该大学成为意大利的一流大学,达到其发展的顶峰,并使它无可争辩地成为欧洲希腊语教学的中心。后来,考坎迪利斯还分别在佛罗伦萨大学和米兰任教,他在任之时都是这些学校历史上最辉煌的时期。

还有许多拜占庭学者也是终生为此奋斗,譬如贝萨隆(Bessarion,1403—1472 年)、马科斯·姆修拉斯、詹那斯·拉丝凯利斯、约翰·阿基罗保罗斯(John Argyropoulos,1394—1487 年)等人。以阿基罗保罗斯为例,他也是在文艺复兴时代具有广泛影响力的拜占庭学者。他对这场新文化运动的贡献不仅仅是向佛罗伦萨人传授希腊哲学知识,更重要的是,促使佛罗伦萨人文主义者的兴趣由语言修辞学转向古希腊哲学。他通过担任佛罗伦萨大学希腊哲学教师的机会,向崇拜自己的意大利学生们长期讲授柏拉图哲

---

① John Edwin Sandys, *A History of Classical Scholarship*, Bristol: Thoemmes Press 1998, Vol. II, p.64.

② 关于考坎迪利斯的教学经历,还有一种说法认为他出生于 1424 年,1463 年至 1471 年在帕多瓦大学任教 8 年,1471 年至 1491 年在佛罗伦萨大学任教 20 年,1492 年佛罗伦萨统治者罗伦佐·梅迪奇去世后,考坎迪利斯也离开了佛罗伦萨到米兰继续任教,直至 1511 年去世。见 John Edwin Sandys, *A History of Classical Scholarship*, Vol.II, p.64。

③ Erasmus, "On the Method of Study", *Collected Works of Erasmus*, *Literary and Educational Writings*, ed.by C.Thompson, Vol.2, Toronto 1978, p.667.

④ Deno John Geanakoplos, *Byzantium: Church, Society and Civilization Seen Through Contemporary Eyes*, Chicago: University of Chicago Press 1984, pp.443-445.

学,其精彩的授课和渊博的学问受到广泛好评,促使当局将其年薪提升到
400 弗罗琳金币,这可能是当时教师的最高收入。① 阿基罗保罗斯的学生几
乎都成为新文化运动的杰出人物。在长达 18 年的教书生涯中,他和弟子们
共同推动佛罗伦萨人文主义者将学术兴趣从语言修辞学转向柏拉图哲学,
他所在的佛罗伦萨大学则成为意大利文艺复兴运动主流思想的中心。

16 世纪活跃在意大利的马科斯·姆修拉斯,是同时得到意大利文化界
和出版界高度评价和认可的一位拜占庭流亡学者。他不仅精通希腊语和拉
丁语,而且在教书育人方面也颇有好评,②他在威尼斯边教学边进行柏拉图
著作的编辑工作。姆修拉斯讲授的课程包括语法、诗歌、哲学,他每天上午
讲授古希腊语法,晚上则讲授荷马、赫西奥德、里奥克利特斯等古希腊诗人
的诗歌。③ 同时代的阿尔杜斯·曼努提乌(Aldus Manutius)在 1513 年的信
中竟然将威尼斯称为"第二雅典"。④

值得注意的是,拜占庭学者在意大利学生心目中都保持着极高的地位,
无论是渊博的古典学问、高尚的道德情操、谦和的举止行为,还是严谨的治
学风格和认真的教学态度都深深地感染了这些学生,他们都对其拜占庭老
师高度肯定,赞赏有加。克利索罗拉斯的学生布鲁尼谈及导师,心情激动,
夜不能寐,"我学习的热情是那样炽热,以至于晚上入睡后,脑海中仍回顾
白天所学的内容"。⑤ 克利索罗拉斯的另一位高足瓜里诺更是把克利索罗
拉斯比作"照亮意大利黑夜的一盏明灯"。⑥ 塞奥多·加扎的学生阿尔杜
斯·曼努提乌后来成为意大利著名的希腊文出版家,他对其导师充满了感
激之情,"我们要感谢塞奥多·加扎,意大利人……都是使用他的语法书学
会希腊语的"。以上提到的这些意大利人都是名噪一时的人文主义名人。⑦

---

① Deno John Geanakoplos, *Constantinople and the West*, London: The University of Wisconsin Press 1989, p.104.

② See N.G.Wilson, *From Byzantium to Italy*, London: Duckworth 1992, p.148.

③ Deno John Geanakoplos, *Greek Scholars In Venice*, p.139.

④ Deno John Geanakoplos, *Greek Scholars In Venice*, p.144.

⑤ James Hankins, *Plato in the Italian Renaissance*, Vol.I, New York: E.J.Brill 1994, p.29.

⑥ John Edwin Sandys, *A History of Classical Scholarship*, Vol.II, p.21.

⑦ N.G.Wilson, *From Byzantium to Italy*, p.10.

　　拜占庭学者在意大利的教学活动为意大利培养了一大批学有所成并多有建树的人文主义者,他们都成为文艺复兴运动的主力和骨干力量。克利索罗拉斯在佛罗伦萨和帕维亚的教学工作极其成功,不仅为其意大利学生打下了坚实的希腊语言文学基础,而且培养了他们终生痴迷古典文化的热情。另外,克利索罗拉斯以问答形式写成的希腊语法教材《语法》质量极高,它将复杂的古希腊语法尽量简化,将古希腊语名词的种类由 56 种简化为 10 种,极大地方便了学生的学习,①直到 16 世纪这本教材还被广泛使用。② 克利索罗拉斯在教学中强调的"记录""背诵""练习"等配套学习方法后来得到广泛的模仿。③ 拜占庭教师培养的学生很多都成为此后意大利文艺复兴时期复兴古典知识与学术传统的杰出人物,他们后来又把古典文化的影响推向整个意大利。

　　我们不可能详尽列举所有接受过拜占庭教师教育的人文主义者,也不可能完全展示这些出色弟子们在文艺复兴运动中的所有贡献,仅择其突出者说明问题。布鲁尼是克利索罗拉斯的学生,他学成后即投入新文化运动,成为佛罗伦萨政治和文化生活的中心人物。他不仅在共和国公共政治生活中风云一时,而且治学有方,在佛罗伦萨大学期间撰写了 12 卷的《佛罗伦萨人民史》,翻译了包括巴西里尔斯、色诺芬、柏拉图、埃斯琴斯、普鲁塔克、狄摩西尼和亚里士多德等古代作家的作品,其中影响最为广泛的是亚里士多德的《伦理学》《政治学》和《经济学》的译著。瓜里诺是克利索罗拉斯的另一位出色弟子,他培养的学生后来成为人文主义教育家,开办了威尼斯贵族子弟学校,专事在上层社会传播希腊文化。④ 考坎迪利斯在帕多瓦、佛罗伦萨和米兰大学的教学培养了众多优秀的学生,他们都在文艺复兴运动中发挥了积极的作用,对于文艺复兴运动在整个欧洲的扩展做出巨大贡献。

　　拜占庭文化对意大利文艺复兴运动的重要影响还表现在拜占庭人传承

---

　　①　N.G.Wilson, *From Byzantium to Italy*, pp.8-9.

　　②　Ian Thomson, "Manuel Chrysoloras and the Early Italian Renaissance", *Greek, Roman and Byzantine Studies*, Vol,7, No.1(1996), p.74.

　　③　Ian Thomson, "Manuel Chrysoloras and the Early Italian Renaissance", *Greek, Roman and Byzantine Studies*, Vol,7, No.1(1996), p.67.

　　④　John Edwin Sandys, *A History of Classical Scholarship*, Vol.II, p.21.

大量珍贵的古典文献方面。在意大利学人搜寻古籍的热潮中,拜占庭学者自觉或不自觉地将古代手稿携带到意大利,或者通过其他途径传入亚平宁半岛。拜占庭知识分子具有深厚的学术功底,而人文主义者渴望掌握古代学问,这些都建立在对古代文史哲抄本文献的解读基础上,他们对于收集和掌握、翻译和整理古代典籍具有相同的爱好。而拜占庭学者无论在文本的保存还是在文献的解读方面都具有优势,因此他们责无旁贷地承担起了为新文化运动提供文化素材的历史重任。

拜占庭学者中对意大利文艺复兴运动贡献古籍文献最多的当首推贝萨隆,他不仅以其卓越的学问深刻地影响着整整一代意大利人文主义者,而且在传承古代文本方面也首屈一指。红衣主教皮耶特洛·柏姆布(Pietro Be-mbo)在 1539 年发表的演讲中,曾对威尼斯人说"你们和希腊人像邻居一样生活在一起……你们不乏完成这一任务所需的大量教师和书籍"。① 拜占庭人贝萨隆原是尼西亚主教,也是当时著名学者,一直喜好收藏古代典籍,即使后来前往意大利任罗马红衣主教,也将其典藏带在身边,直到他最终选择威尼斯作为其古代手稿的永久存放地。这些手稿总数 746 卷,其中 482 卷为珍贵的希腊典籍古代抄本,几乎囊括了古希腊所有最重要的作品。这些古本成为文艺复兴时期意大利最重要的希腊文献收藏,至今仍是威尼斯图书馆的镇馆之宝。② 贝萨隆在 1468 年写给威尼斯总督的信中说,"在希腊被征服之后,我为我的祖国选择了威尼斯作为手稿的存放地"。③ 研究表明,正是缘于贝萨隆这样的一大批拜占庭学者的贡献,才使得现存于世的75% 的古希腊文献以拜占庭手抄本的形式流入意大利。④ 诚如恩格斯所

① Deno John Geanakoplos, *Byzantine East and Latin West*, New York: Harper Torchbooks 1967, p.125.

② N.G.Wilson, *From Byzantium to Italy*, p.62.

③ L.Labowsky, "Manuscripts from Bessarion's Library Found in Milan", *Medieval and Re-naissance Studies*, V, pp.108-131; D.J.Geanakoplos, *Greek Scholars in Venice*, pp.75-77.贝萨隆的弟子阿堡斯陶利斯成为其保存古代典籍最好的帮手,如今修昔底德最权威的希腊文版本就是后者搜集的。见 J.E.Powell, "The Cretan Manuscripts of Thucydides," *The Classical Quarterly*, Vol. 32, No.2(Apr., 1938), p.103。

④ M.H.哈里斯著,吴晞、靳萍译:《西方图书馆史》,书目文献出版社 1989 年版,第78 页。

说:"拜占庭灭亡时抢救出来的手稿,罗马废墟中发掘出来的古代雕像,在惊讶的西方面前展示了一个新世界——希腊古代;在它的光辉的形象面前,中世纪的幽灵消逝了;意大利出现了出人意料的艺术繁荣,这种艺术繁荣好像是古典古代的反照,以后就再也不曾达到过。"①

　　拜占庭学者们充分发挥其掌握古代希腊语言和拥有古籍文献的优势,在翻译整理古希腊典籍方面也做出了独特的贡献。比如前面提到的克利索罗拉斯曾在帕维亚任教期间翻译了柏拉图的《理想国》,这个拉丁译本经过其弟子尤波特·迪塞幕布里奥(Uberto Decembrio)的修改成为当时最权威的版本。② 克利索罗拉斯翻译整理的古希腊著作不仅忠实于原文,而且符合拉丁语表达方法,可谓信达雅的典范,超越了此前的任何一位翻译家。他的学生对此书赞不绝口。③ 他还翻译了《理想国》和托勒密的《地理学》,并指导布鲁尼成功翻译了柏拉图的《政治学》。布鲁尼还就此留下了一段广为流传的话,"希腊语在(意大利)中断了700年之后又复活了"。④ 克利索罗拉斯另一位弟子奥利斯帕曾多次前往拜占庭各地搜寻古代手稿,仅第二次找到的珍稀古代手稿就有238卷,他还在意大利广泛推介古典文献,极大地推动了古代手抄本在意大利的商业化。⑤

　　意大利文艺复兴运动在15世纪渐入佳境,而复兴古典文化的热潮仍方兴未艾。在众多的拜占庭流亡学者中,塞奥多·加扎脱颖而出,他以办学的方式将自己对古希腊文学、哲学、数学的兴趣扩展开来,并将其在君士坦丁堡开办高等学校的教材带到了意大利。⑥ 在教宗尼古拉五世的邀请和支持下,他的事业在罗马达到了顶峰,获得了广泛的社会声望。凭借精通希腊语和拉丁语,加扎很快成为当地希腊文化研究圈中的主要翻译家,他翻译的亚

---

① 《马克思恩格斯选集》第3卷,人民出版社2012年版,第846页。

② John Edwin Sandys,*A History of Classical Scholarship*, Vol.II,pp.20-21.

③ N.G.Wilson,*From Byzantium to Italy*, p.11.

④ 布鲁尼明确宣称自己使用的是克利索罗拉斯的方法而非中世纪传统的莫贝克方法(Moerbeke),后者指中世纪神学家莫贝克的诸字直译古代文献的方法。参见王挺之、徐波、刘耀春:《新世纪的曙光:文艺复兴》,中国青年出版社1999年版,第151页。

⑤ Jack Lindsay,*Byzantium into Europe*,London:The Bodley Head 1952,p.449.

⑥ Deno John Geanakoplos,*Byzantium:Church,Society and Civilization Seen Through Contemporary Eyes*,pp.402-403.

里士多德、西奥弗雷特、狄摩西尼、希腊教父如克里萨斯东、奥瑞强等人的著作成为最权威的版本。这些译著对于西方人文主义的发展具有难以估量的价值,因为它们不仅使天主教信徒和西欧知识界认识到从未听说过的大量希腊作家和拜占庭作家,而且使他们真正理解了古典文化的精髓。此前,虽然天主教经院神学家也通过阿拉伯人转译的文本翻译过亚里士多德、托勒密和希腊教父的著作,但阿拉伯译本是由多种语言转译的文本,漏洞百出,无法准确表达希腊文本的原意和优美的文字风格。加扎准确保留了原著的风格和情感色彩,多采用意译的方法,将古代作品真实地展现于世。在罗马文化圈良好的氛围中,加扎还参与了意大利第一家出版社的编辑工作,并编辑了奥拉斯·盖里尔斯《阿提喀之夜》的拉丁文版本,学界认为这可能是意大利第一个拉丁文印刷物。次年,他们又合作出版了普林尼的《自然史》,加扎则依据柏拉图的《高尔吉亚》原文,编辑出版了希腊文摘,该书后来成为意大利文艺复兴时期希腊语出版物的范例。[①]

在翻译整理古代作家的拜占庭学者中,还有一位值得关注,即前文提及的阿基罗保罗斯。早在帕多瓦任教期间,阿基罗保罗斯便全文抄写过拜占庭作家评注的亚里士多德的《物理学》,由其整理出版的著作,大部分都是亚里士多德的著作。在他指导下,佛罗伦萨著名新柏拉图主义者马西利奥·费奇诺(Marsilio Ficino)后来翻译了柏拉图的《对话集》,据考证,在翻译期间,费奇诺曾直接请教过当时在佛罗伦萨大学讲授希腊哲学的阿基罗保罗斯。[②]

如果我们仅仅将拜占庭学者视为传承古代文化的"二道贩子",则有失公允。他们不仅在收集、整理和翻译出版古代典籍方面贡献颇多,还撰写了大量作品,其中较为突出的是各种类型的工具书和教材。例如考坎迪利斯于1466年编写的《希腊诗文集》非常受欢迎,与他人合作出版的希腊文《语

---

① M.Manoussakas, and K.Stailos, "The Publishing Activity of the Greeks During the Italian Renaissance(1469-1523)", *Benaki Museum*, September(1987), pp.24-31.

② N.G.Wilson, *From Byzantium to Italy*, pp.87-88.

法》一直被视为欧洲第一本完整的希腊文教材。① 1488 年，考坎迪利斯又在佛罗伦萨编辑出版了《荷马史诗》，该书成为文艺复兴运动中第一本深受读者欢迎的希腊语史诗。后来在定居米兰期间，他精心撰写的一本有关伊索克拉底思想的书正式发行，②同年他自撰的希腊文《语法》一书显然更受欢迎，该书以浅显易懂、一问一答的形式讲解希腊语法，人文主义者伊拉斯莫对此极为推崇。③ 在帕多瓦大学讲授希腊诗歌和演说词期间，考坎迪利斯以希腊诗人赫西俄德的《田功农时》为主要内容，编辑了相关教材，这些教材史学价值颇高，不仅有助于人文主义者研读古典作家，④更能激发他们新的兴趣，也许赫西俄德关注古代日常生活的观点和人文主义者对人本身的新认识产生了某些契合。

正是拜占庭学者培养的这代人文主义者掀起了文艺复兴运动翻译整理古代文献的热潮。前述布鲁尼曾跟随克利索罗拉斯刻苦学习多年，他不仅研读了荷马、柏拉图、狄摩西尼等古希腊诗人、哲学家、演说家、历史学家的著作，而且效仿古代作家文风完成了多卷本历史著作《佛罗伦萨人民史》。特别值得一提的是，布鲁尼以 30 余年之功力翻译了多种古希腊著作，其中包括巴西里尔斯、色诺芬、柏拉图、埃斯琴斯、普鲁塔克、狄摩西尼和亚里士多德等人的作品，被公认为意大利文艺复兴初期影响最大的翻译家。⑤ 加扎最杰出的学生是人文主义哲学家罗伦佐·瓦拉，后者于 1444 年创作了著名的《评注》，这篇专题论文通常被视为现代西方圣经校勘学出现的标志。瓦拉之所以能够准确地理解希腊文和拉丁文版本的新约全书，显然是深受其导师的影响。⑥ 维罗纳的瓜里诺是克利索罗拉斯的另一位得意门生，他

---

① 康斯坦丁·拉丝凯利斯（Constantine Lascaris）以精通希腊语著称。见 Geanakoplos, *Byzantium：Church, Society and Civilization Seen Through Contemporary Eyes*, pp.443-445。

② 伊索克拉底（Isocrates, 公元前 436—338 年），雅典雄辩家和修辞学家，他的信件和小册子是古希腊政治思想的宝贵文献。

③ N.G.Wilson, *From Byzantium to Italy*, pp.96-97.

④ 张广智：《西方史学史》（第二版），复旦大学出版社 2006 年版，第 9 页。

⑤ 谭载喜：《西方翻译简史》，商务印书馆 2004 年版，第 43 页。

⑥ 在标注日期 1449 年的一封信中，提到瓦拉仍在寻求像塞奥多·加扎和里努乔·阿雷迪诺（Rinuccio Aretino）那样能够给他的这篇论文提供专业指导的学者。Deno John Geanakoplos, *Constantinople and the West*, p.86.

学成后长期从事古籍文献的翻译工作,他的译著包括古希腊传记作家普鲁塔克、希腊修辞学家鲁善、希腊戏剧家阿里斯托芬,还有其导师克利索罗拉斯等人的作品。① 佛罗伦萨最著名的人文主义者、翻译家费奇诺是考坎迪利斯没入门的弟子,他高度赞扬老师说,"雅典人考坎迪利斯在哲学和修辞学方面不亚于其他任何一个阿提卡人。"②斯凯戴尔(Hartmann Schedel)也是考坎迪利斯的学生,他终生保持着对希腊文化的浓厚兴趣,曾于1467年整理注释了安德里斯·朱利安纳斯(Andreas Julianus)的作品。此外,他还广泛收集各类希腊文书籍,其中包括修士乔万尼·克拉斯托尼的《希腊—拉丁词汇》和拜占庭学者曼纽尔·克利索罗拉斯的《语法》、大马士革的约翰(John of Damacus)和耶路撒冷的考斯莫斯(Cosmas of Jerusalem),以及尼斯的圣格利高利等人的作品。③

　　上述突出例证充分地表明了拜占庭知识分子对意大利文艺复兴运动复兴古典知识与学术做出的重要贡献,尤其在珍贵古典文献的搜寻推介、翻译注释、整理出版方面,他们的历史贡献是不可替代的。正当意大利进步知识分子掀起新文化运动而急需古希腊文化素材之际,拜占庭学者凭借自身优势做出了积极的响应,不仅提供了大量古代手抄本,而且在翻译解读和整理出版工作中发挥了不可替代的作用,成为这场运动重要的组成部分。

　　意大利文艺复兴运动是欧洲中古晚期、近代早期最重要的新文化运动,其突出特点是"破旧立新",亦即冲破天主教神学压抑信徒思想的精神桎梏,使在十字架下沉重叹息的人类精神获得解放。就是在这场破旧立新的文化运动中,拜占庭知识分子发挥了极其重要的作用,他们促使人文主义者冲破"经院哲学"陈旧观念的思想牢笼,推动整个意大利知识界更新思想认识,并以他们各自的风采激发起复兴古典文明的巨大热情,使拜占庭文化在帝国衰亡的时代绽放出灿烂夺目的光彩。

---

① N.G.Wilson, *From Byzantium to Italy*, p.23.

② Deno John Geanakoplos, "The Discourse of Demetrius Chalcondyles on the Inauguration of Greek Studies at the University of Padua in 1463", *Studies in the Renaissance*, Vol.21(1974), p.127.

③ 尼斯的圣格利高利(Gregory of Nyssa)是东正教神学家,在4世纪的三位一体争论中领导保守教派。

拜占庭文化的一个突出特征是对古典希腊罗马文化的继承性,①在拜占庭帝国千余年的历史中,一直贯穿着强烈的崇尚古典文化的倾向,尽管这种尚古之风披上了基督教的外衣,但是对以古希腊语言文学为载体的知识系统的认知和古典时代的学术传统一直是拜占庭知识分子的治学追求。在拜占庭帝国风雨飘摇的衰亡时期,拜占庭人将这种对古典学问的喜好带到了意大利,而这里恰好正在经历新文化运动初期的洗礼。

以古典学术促进亚平宁半岛思想突破的是一批重量级的拜占庭学者,其中特别值得关注的是吉米斯托·普莱松(Gemistos Plethon,1356—1450年)。这位出生在帝国废都君士坦丁堡的拜占庭学者,在当时拜占庭文化的最后堡垒米斯特拉(Mistra)生活了将近一个世纪,②他热衷于古希腊文化,特别信奉柏拉图的学说,推崇柏拉图的哲学观点,并坚信"理想国"中的理念永恒不朽和灵魂不灭等客观唯心论思想,批评亚里士多德提倡的"中庸之道"原则。1439年,他以83岁高龄参加旨在促成天主教和东正教和解的费拉拉—佛罗伦萨宗教会议,③并代表拜占庭教会做了长篇发言,阐明了柏拉图哲学思想的正确性。普莱松的演讲不仅深刻地震撼了佛罗伦萨知识界,还使佛罗伦萨统治者科西莫·梅迪奇(Cosimo Medici,1389—1464年)感到震惊和折服,梅迪奇称他为"第二个柏拉图",遂决定出资建立著名的佛罗伦萨柏拉图学院,柏拉图的思想由此在佛罗伦萨和整个西欧流行起来。④ 对此,当时佛罗伦萨的著名学者马西利奥·费奇诺记载到,"普莱松热情、生动的讲解深深打动了科西莫·梅迪奇,那时候梅迪奇的头脑中已经有了重建柏拉图学园的想法"。⑤ 佛罗伦萨文化知识界为何会产生巨大的思想震动呢? 自中世纪早期以来,天主教神学一直受托马斯·阿奎纳

---

① 陈志强:《拜占庭文明对古代文明的继承》,《光明日报》2015年8月1日,第11版。

② 也有一种说法认为他生活在1360年至1452年间。Paul Oskar Kristeller, *Renaissance Thought and Its Sources*, New York: Columbia University Press 1979, p.156. 另见陈志强:《拜占庭学研究》,第269页。

③ Jack Lindsay, *Byzantium into Europe*, p.451.

④ Paul Oskar Kristeller, "The Platonic Academy of Florence", *Renaissance News*, Vol.14, No.3(Autumn,1961), p.150.

⑤ John Edwin Sandys, *A History of Classical Scholarship*, p.60.

(Thomas Aquinas)的影响,古希腊亚里士多德哲学被改造成天主教的御用哲学,特别是在经院哲学盛行的年代,天主教思想家只重视亚里士多德研究,而对柏拉图的思想却知之甚少。① 天主教神学青睐亚里士多德学说并不奇怪,因为亚氏对外部世界给出的系统理论框架非常符合天主教强调的等级秩序思想,在这方面柏氏哲学略逊一筹。普莱松的演讲和他的论文《论亚里士多德和柏拉图的区别》似乎打破了天主教神学掌控下的一潭死水,随即引发了那场两大哲学派别的论战,具有官方意识形态色彩的亚里士多德学说开始受到怀疑,长期禁锢天主教信徒的思想枷锁也因此被打开,而破旧立新的利器便是柏拉图主义。

如果说普莱松只是开启了意大利的"疑古"时代的序幕,那么他的弟子贝萨隆则使柏拉图哲学在文艺复兴时代的意大利站稳了脚跟。在 15 世纪移居意大利的所有拜占庭学者中,贝萨隆无疑是声望最高的一位。他天资聪颖,后拜普莱松为师,②在老师的引导下,认真钻研古代和拜占庭时代的柏拉图文本,并由此成为柏拉图学说的忠实捍卫者。③ 他撰写的《驳柏拉图的诋毁者》是当时影响极大的哲学著作,因为该文首次系统驳斥了自 12 世纪以来拉丁教会对柏拉图思想的批评,为人文主义者反对经院神学提供了令人信服的理论依据。他有力地证明了柏拉图的思想比亚里士多德更接近基督教核心教义,更有利于基督教神学体系的完善。④ 同时,他全面系统地阐明了柏拉图思想的主要特点,开阔了充满怀疑精神的人文主义者的视野,使他们得以正确理解柏拉图哲学。⑤ 对于渴求新思想的人文主义者来说,贝萨隆的批驳显得意义非凡,因为此前的意大利人文主义者对柏拉图的观点几乎一无所知,直到 15 世纪前半叶,他们仍然被限制在亚里士多德的学

① 研究认为,15 世纪前的西欧只有 4 篇柏拉图的对话和 1 篇关于《蒂迈欧》(Timaeus)的评注。见 James Hankins, *Plato in the Italian Renaissance*, Vol.I, p.5。

② John Monfasani, *Byzantine Scholars in Renaissance Italy*, Hampshire & Vermont: Ashgate Publishing Company 1995, p.319; A.G.Keller, "A Byzantine Admirer of 'Western' Progress: Cardinal Bessarion", *Cambridge Historical Journal*, Vol.11, No.3(1955), pp.343-344.

③ Donald M.Nicol, *A Biographical Dictionary of the Byzantine Empire*, p.20.

④ Bessarion, *In Calumniatorem Platonis*, in Deno John Geanakoplos ed., *Byzantium: Church, Society and Civilization Seen Through Contemporary Eyes*, p.400.

⑤ N.G.Wilson, *From Byzantium to Italy*, p.58.

说中,对柏拉图持否定态度。贝萨隆利用拜占庭时期注释的新柏拉图观点恢复了柏拉图学说的原貌,为强烈渴望突破经院主义思想牢笼的人文主义者提供了武器。可以毫不夸张地说,贝萨隆对于柏拉图哲学在西方的传播和复兴是个决定性的人物。诚如美国学者穆尔所说,"现在,柏拉图以他的权威压倒了亚里士多德,伟大的经院哲学体系的基础开始动摇了。"① 俄国学者凯利伊维斯基(J.V.Kireyevsky)也认为,"当君士坦丁堡陷落后,西方的思想家们可以更方便、更容易地呼吸到从东方吹向西方的希腊思想之风,清新纯正,经院哲学的整个结构立即倒塌了"。② 正是在拜占庭学者的努力下,柏拉图哲学顺应时代发展的需要逐渐成为文艺复兴运动的主流思想。

值得注意的是,拜占庭学者看待两位古希腊哲人的态度深刻地影响了文艺复兴的思想家们。他们虽然在学理的层面上对柏拉图学说更为青睐,但是并不排斥亚里士多德,因为他们认为两位哲人都是古代最有智慧的人,其哲学都是宝贵的古代精神遗产。贝萨隆就此写道,"我们应当尊敬这两位哲人"。③ 加扎也一再告诫意大利人文主义者,亚里士多德和柏拉图哲学在很多方面是可以调和的,而非彼此对立。④ 正因为如此,某些后世学者把加扎称作文艺复兴运动中真正的亚里士多德主义者。⑤ 这种态度与天主教经院神学家那种非此即彼的思维模式形成鲜明对照,拜占庭学者对柏拉图主义的宣传恰好为意大利人文主义者质疑和批判亚里士多德的权威性提供了理论依据,并为他们的思想变革树立起一个与之旗鼓相当的古代哲人。在新旧思想的斗争中,拜占庭学者对古代先贤采取的更为冷静、理智的态度,凸显出他们更富有智慧、理性和思辨性的特点,因此他们深受文艺复兴运动进步学者的推崇。

---

① G.F.穆尔著,福建师范大学外语系编译室译:《基督教简史》,商务印书馆 1981 年版,第 210 页。

② A.A.Vasiliev, *History of the Byzantine Empire 324–1453*, Vol.II, p.714.

③ Bessarion, *In Calumniatorem Platonis*, in Deno John Geanakoplos ed., *Byzantium: Church, Society and Civilization Seen Through Contemporary Eyes*, p.399.

④ Deno John Geanakoplos, *Constantinople and the West*, p.83.

⑤ Stein, "Der Humanist T. Gaza", pp. 427 – 429. 转引自 Deno John Geanakoplos, *Constantinople and the West*, p.83.

　　同样,在帮助人文主义者全面认知古代文明遗产方面,拜占庭文化也发挥了重要作用。克利索罗拉斯最得意的门生、意大利人皮埃尔·保罗·维尔杰利奥(Pier Paolo Vergerio)在其1404年完成的著名论文《论文雅风范与青年的人文教养》中充分展示了其导师的思想,并提出了课程的修订方案,包括语法、逻辑学、修辞学、诗歌、音乐、数学、天文学、自然史、绘画、医学、法学、伦理学和神学,这显然是对中世纪教育的巨大突破。此后,意大利人文主义者按照维尔杰利奥的构想,进行了一系列教育实践,近代教育因此萌生,帕多瓦、曼图亚、威尼斯、维罗纳、费拉拉等地涌现出一批新式学堂。①具有同样主张的拜占庭学者阿基罗保罗斯也强调古希腊哲学对于日常生活的重大作用,他的一系列公开演讲对以彼特拉克和布鲁尼为代表的文艺复兴代表人物产生了强烈影响。可以说,阿基罗保罗斯的教学为希腊哲学尤其是柏拉图哲学的实践与应用开辟了新道路。②

　　在拜占庭学者的推动下,文艺复兴运动形成了复兴古典知识和学术的热潮,这种追寻古代文明的时尚对于营造有利于人文主义发展的氛围具有重要意义。最初,一些拜占庭学者亲自带领其意大利弟子前往拜占庭故地巡游,造访末世拜占庭文化的重要中心,充当求学若渴的人文主义者们的引路人。克利索罗拉斯曾率领佛罗伦萨大学的弟子们前往拜占庭学习希腊语言,实地考察拜占庭文化,收集古希腊文本。在随行学生中,就有维罗纳人文主义者瓜里诺,他成为前往拜占庭旧地"淘宝"的先锋。此后,前往君士坦丁堡和其他拜占庭城市游学的意大利人文主义者络绎不绝,其中包括那个时代最杰出的希腊学专家奥利斯帕(Aurispa)。奥利斯帕分别于1417年和1422年两次从拜占庭运送古代手稿,举凡索福克里斯、欧里庇德斯的悲剧、修昔底德的历史,以及荷马、品达、鲁西安、普鲁塔克、阿里斯托芬、斯特拉波、狄摩西尼、柏拉图和色诺芬的作品均在其名单之中,他欣喜地说,"为了这些书,我的货物、现金甚至衣服都可以不要了"。③ 费尔弗还娶了其拜

　　① Ian Thomson,"Manuel Chrysoloras and the Early Italian Renaissance,"*Greek,Roman and Byzantine Studies*,Vol,7,No.1(1996),p.66.

　　② Deno John Geanakoplos,*Constantinople and the West*,pp.104-106.

　　③ Jack Lindsay,*Byzantium into Europe*,p.449.

占庭老师的女儿做妻子,他后来成为少数几个能用古希腊文写作的意大利人文主义者之一。① 他们访学的成功在意大利产生了极大的震动,他们从拜占庭故地带回的古代文本立时成为奇货可居的珍宝,直接引发了人文主义者访问巴尔干半岛的热潮。对此,考坎迪利斯给出了独特的解释,他认为学习古希腊文化对于深刻理解拉丁文化具有重要意义,因为希腊文化是西方所有文化的来源,古罗马人不仅对希腊语和拉丁语同样重视,而且还乐于把自己的弟子送到雅典去接受教育。② 可见拜占庭学者在全面推介古希腊文化上不遗余力,在促成亚平宁半岛的"复古"之风方面功不可没。

总之,文艺复兴时代的意大利人在拜占庭学者的引导下得以掌握古希腊知识,欣赏古典学术,热爱古代语言,因为这"被视为开启最高智能的钥匙"。在学习拜占庭文化的同时,他们开始转变思想,更新观念,逐步真正理解古希腊文化,重新认识古典文明,进而为文艺复兴运动找到了理想的文化素材。③ 而这些意大利人文主义者又引领了文艺复兴时代的思想动向和文化潮流。

综上所述,意大利文艺复兴运动具有深厚的拜占庭文化渊源,这场反映新兴资本主义生产生活方式的新文化运动兴起之际,恰好是拜占庭帝国衰落并最终走向灭亡的时期,众多具有坚实古典希腊学问和坚守古代学术传统的拜占庭知识分子离开风雨飘摇、战乱不定的故土,来到了渴求新知识的意大利。他们以其良好的品性和渊博的学问,培养和教育出一代人文主义者,不仅以新哲学理念推动人文主义者们冲破传统的思想束缚,打开了天主教神学的精神枷锁,并重构了与古典传统重视人性和理性相吻合的新思想框架,从而适应了新兴资产阶级的需要。他们还从衰亡的拜占庭故乡带来了大量珍贵的古代文献手抄本,客观上保护了这些人类文化宝库中的珍宝,并通过翻译和整理,使其文化精髓得到传承。他们言传身教、以身作则,推

---

① Paul Oskar Kristeller, *Renaissance Thought and Its Sources*, p.143.

② Deno John Geanakoplos, *Byzantium: Church, Society and Civilization Seen Through Contemporary Eyes*, p.444.

③ F.I.芬利主编,张强、唐均等译:《希腊的遗产》,上海人民出版社 2004 年版,第455 页。

动了文艺复兴运动复兴古代学问和传统的热潮,使这场新文化运动具有了最鲜明的特征。拜占庭帝国虽然灭亡了,但是其文化经过大量末代拜占庭知识分子的努力,深刻地影响了意大利文艺复兴运动,并由此获得了新的发展。拜占庭文化不只是人们的一种回忆,更是人类文明宝库的重要组成部分,已经融入人类文明发展的大潮中。

第五章 拜占庭"封建论"再思考

一、拜占庭"封建化"

拜占庭帝国是否存在"封建主义"？拜占庭社会是否经历过"封建化"这个过程？拜占庭"封建制度"在拜占庭社会表现如何？要回答这类问题首先必须梳理清封建理论中的一系列重要概念。①

拜占庭封建化问题的提出是与欧洲学者探讨西欧封建问题同时发生的。有关欧洲学者讨论的详细情况在马克垚先生的《西欧封建经济形态研究》一书中有全面的论述。② 拜占庭学者们像他们在史学其他领域的同行一样，首先围绕着"封建""封建主义""封建制度""封建关系""封建化"等概念展开激烈的争论，始终也没有得出一个公认的结论。在嗣后结合拜占庭社会历史实际、探讨拜占庭"封建化"的争辩中，学者们更是众说纷纭，陷入概念与逻辑的混乱，以至于最终逐渐放弃使用这个"误导人"的词汇。我们在近 20 年来的国际拜占庭研究成果中，几乎看不到拜占庭学者提及拜占庭"封建化"的话题。

拜占庭多数学者在讨论中形成的共识认为，所谓拜占庭的"封建"命题主要涉及的是拜占庭历史上两度出现的贵族权力对拜占庭帝国中央集权的

① 陈志强：《拜占庭"封建化"问题研究》，《多元视角下的封建主义》，社会科学文献出版社 2013 年版；陈志强：《拜占庭"封建化"史料研究》，《贵州社会科学》2013 年第 2 期，第 80—84 页。

② 马克垚：《西欧封建经济形态研究》，人民出版社 2001 年版。鉴于这本书非常详尽地讨论了欧洲学术界关于封建问题的研究，笔者就不在此赘言，只集中介绍拜占庭学界在这个问题上的学术进展。

分解。7世纪初和11世纪末这两个时期,拜占庭帝国都先后遭遇了大规模的重大军事溃败,伴随着领土丧失和疆域的缩小。而每次军事溃败都出现了帝国贵族兴起的预兆。历史学家的注意力也主要聚焦在这两个时期,他们千方百计地寻找能够反映所谓"封建"现象的因素,即贵族权力的崛起和此后军事溃败之间的联系。① 争论的焦点在于,拜占庭帝国在两次军事瓦解中都有外部军事压力加大和后来被称为"封建"社会关系加强这两点因素。② 事实上,在研究这两个时期历史变革时使用"封建"或者"第一封建"这些词汇的确没有什么意义,"只能进一步分散学者们的注意力,使他们不能集中到核心问题上。"③而专门研究拜占庭农业问题的法国学者勒梅勒早在30多年前就贬斥"拜占庭封建主义"的研究是"追逐野鹅的游戏"。④

有关"封建"概念及其引发的难题在于,不同的历史学家对这个词汇的解读多有不同。⑤ 无论孟德斯鸠、魏慈、洛特、贝洛夫、梅特兰等从法律和政治方面解读封建主义,还是布洛赫、亨茨、冈绍夫、斯蒂文森等从更广泛的意义上说明封建主义,都对拜占庭学界有所影响。⑥ 我们大家比较熟悉的法国中世纪史学家马克·布洛赫认为,"封建主义"就是描述军事化领主关系的社会,其中,领主及其封臣之间的纵向依附纽带构成这个社会关系体系的

① P.Sarris, *Economy and Society in the Age of Justinian*, Cambridge: Cambridge University Press 2006. G.Ostrogorsky, "Agrarian Conditions in the Byzantine Empire in the Middle Ages", in *The Cambridge Economic History of Europe Volume I: The Agrarian Life of the Middle Ages*, Cambridge: Cambridge University Press 1966, pp.207-230. P.Lemerle, *The Agrarian History of Byzantium from the Origins to the Twelfth Century*, Galway, Ireland: Officina Typographica, Galway University Press 1979.

② 根据这种理论分析,7世纪初被称为"第一封建"期,而11世纪以后被称为"封建",理论上的混乱可见一斑。A. Harvey, *Economic Expansion in the Byzantine Empire 900-1200*, Cambridge: Cambridge University Press 1989.

③ Liz James ed., *A Companion to Byzantium*, Blackwell Publishing Ltd., West Sussex, UK, 2010, p.40.

④ 意指自娱自乐的无聊命题。Lemerle, *The Agrarian History of Byzantium from the Origins to the Twelfth Century*, viii.

⑤ 马克垚:《西欧封建经济形态研究》,第58—79页。

⑥ 诸多意见相互补充或对立,但各有特色,有的被我国学者称为"模式",如"冈绍夫模式"。弗朗索瓦·冈绍夫著,张绪山等译:《何为封建主义》,商务印书馆2016年版,中文版序言。

核心关系,封建领主逐渐取代国家,掌控和行使此前由国家行使的权力,私人军事庇护权逐渐填补了由于国家中央集权缺失或者消失造成的空白。①大约同时,其他致力于从狭义法权角度描述封建主义特征的学者认为,被称为"采邑"的地产就是土地及其义务的特殊单位,其诸种义务中首先是军事义务,由土地持有者向其领主履行,作为持有土地的回报。正如冈绍夫本人所说,"采邑如果不是基石的话,那它至少也是这类社会涉及的土地权利等级体系非常重要的因素。"②然而,他们所描述的西欧中古社会出现的特殊情况,都不适用于拜占庭社会。马克思认为封建主义的意义在于前资本主义社会时期,封建主义意味着前工业社会,在这个社会中农民作为生产者事实上是其耕作的世袭土地的拥有者或者实际控制者,地主为了从他们那里榨取剩余劳动,就必须靠暴力和人身依附。这个说法对拜占庭学者影响最大,其中以苏联学者为代表。③

拜占庭学界普遍认为,拜占庭帝国历史上并没有出现封建主义的采邑核心模式。如果说一定要找到类似的现象,那么晚期拜占庭历史阶段出现的"普罗尼亚"(pronois)制度多少显得与采邑有些相似。④ 但是这一派狭隘的研究视角并不为多数拜占庭学家接受。同时,根据布洛赫那种细节研究方法进行比较研究的学者注意到,拜占庭帝国的国家权力从来也没有衰落到像后罗马或后加洛林时代西欧那种程度。7 世纪初以前,拜占庭帝国的某些中央权力确实遭到大地主的侵蚀,一些帝国法典和纸草文书都提到,当时不少大地主违法建立私人监狱和私人武装扈从,以暴力强制其庄园地产上的劳动者(例如在埃及),并威胁其邻居。拜占庭帝国推行军区制改革后,部分掌控东部军区的军事大地主贵族逐渐军事化,反映在这个时期富有

① 马克·布洛赫著,张绪山等译:《封建社会》,商务印书馆 2004 年版,第 652—659 页。

② F.L.Ganshof, *Feudalism*, Buffalo: University of Toronto Press 1996, xvi.

③ 我国引进的苏联拜占庭学者列夫臣柯所著《拜占廷》就是突出代表作品。列夫臣柯:《拜占廷》,生活·读书·新知三联书店 1962 年版。

④ A.Kazhdan, "*Pronia*: The History of a Scholarly Discussion", *Mediterranean Historiacal Review*, (1995-6) 10, pp.133-163. M.Angold, *The Byzantine Empire 1025-1205*, London, New York: Longman 1997, pp.158-159. G.Ostrogorsky, *Pour l'histoire de la feodalite Byzantine*, Brussels: Editions de l'Institut de philologie ed d'histoire orientales ed slaves 1954.

军事文化和精神气质的作品上,他们讴歌拓疆扩土的英雄,一些史诗譬如
《边防战士安康李达》(*Digenes Akritas*)就非常类似于同时代西方骑士文学
《罗兰之歌》。① 但是,这个时期拜占庭帝国中央集权依然强大,与军事贵族
并存的是君士坦丁堡皇宫继续聚集存在着的官僚阶级,他们对于过度强大
的军区贵族采取了分而治之的政策,将最初的 6 大军区逐步划分为小军区,
如一个东方军区最终分为十几个小军区,且军政权力被强行分开。这种情
况即便在早期甚或中世纪高潮时期的西欧都不曾存在过。

西欧封建主义意味着中央集权的衰落和贵族势力的兴起,伴随着政治
分裂、经济衰败和国家整体军事实力的下降。具体到拜占庭历史,贵族于 6
世纪早期和 11、12 世纪达到其最大影响力期间,许多农民确实丧失了"物质
生产资料"的实际占有权和经营权,不拥有生产资料或者与它们分离,他们
多数属于占有部分劳动成果的劳动者,一些学者认为,他们如同任何其他生
活在农业资本主义环境中的农村无产者一样。② 一些从经济学角度分析问
题的学者认为,拜占庭贵族势力两度兴起对拜占庭经济并没有产生什么不
利的影响,至少不存在任何证据表明这一点。无论在古代晚期还是在中古
拜占庭时代,贵族势力的崛起都曾经推动和支撑着拜占庭国家经济的增长。
在早期,这一点部分地与精英(地主)特殊的城市特征有关,没有定居在城
市里的贵族只满足于自给自足,而不会注重金钱收入带来的好处。③

从一系列拜占庭皇帝颁布的法律文献可以看出,以皇帝为首的中央集
权对大地主贵族一直保持高度的警惕性。在上述贵族势力两度兴起的时
期,拜占庭帝国经济发展趋势、国家军事实力和中央集权政治确实受到威
胁。也正是在这两个时期,拜占庭皇帝对贵族侵吞农民土地的现象表示极

---

① R.Beaton and D.Ricks, *Digenes Akrites: New Approaches to Byzanitne Heroic Poetry*, Alder-shot, Hampshire, Great Britain: Brookfield, Vt., USA: Vaiorum 1993. A. Kazhdan and S. Franklin, *Studies on Byzaninte Literature of the Eleventh and Twelfth Centuries*, Cambridge: Cambridge University Press 1984. H. Maguire, *Byzantine Court Culture from 829 to 1204*, Washingron, DC.: Dumbarton Oaks Research Library and Collection 1997.

② P.Sarris, "On Jairus Banaji Agrarian Change in Late Antiquity", in *Historical Materialism*, (2005)13, p.218.

③ Liz James ed., *A Companion to Byzantium*, p.41.

大的担忧,因为这降低了国家掌控的重要财政资源,进而威胁拜占庭帝国军事实力。正因如此,查士丁尼在539年颁布的法典中公开指责埃及大地主,说他们逃避税收的行为威胁着"我们国家自身的凝聚力";查士丁二世于566年颁布法令称,帝国财政的危机直接影响了军事战斗力;罗曼努斯皇帝更是明确指出,"权贵阶层侵占"军役土地和税收造成了帝国的基础被瓦解的事实,"因为人口殖民定居(屯田)已经显示出其巨大的功能效益——即对税收的贡献和完成军事义务——如果普通农兵消失了,这些利益都将完全丧失";君士坦丁七世立法也宣布,"就像头脑之于身体,军队就是国家的头脑;当它们的情况发生变化时,整个身体都要发生同样巨大的变化。凡是不以极大的注意力关注这些事务的人都将在其自己的安全方面酿成大错,特别是如果他必须把帝国看作是他自己的安全领域的时候。"[1]皇帝们的这些法令反映出对拜占庭贵族势力威胁中央集权的担忧,这些立法的皇帝非常清醒地意识到,贵族崛起的趋势正在不断持续地聚集着对皇权的压力,部分具有洞察力的皇帝也预感到军事危机灾难时期的到来。但是,拜占庭最高统治者的这种担忧究竟在多大程度上反映拜占庭帝国的真实情况,又在多少细节上能够反映贵族"分封建制"的真实情况,这些还是需要做大量具体的研究。

马克思主义关于前资本主义社会中的封建主义理论给后人留下了极大的研究空间,虽然研究的注意力经常游离在经济基础和上层建筑之间,但是很明显,物质层面的研究始终是重中之重,而这方面的研究首先面临巨大的史料困难。笔者非常同意马克垚先生提出的"要对西欧封建社会作再认识,除了马列主义为指导外……还必须具备三个条件"的建议,其中第三个条件是"要详尽占有原始资料,独立地得出自己的结论",这一点同样适用于拜占庭研究。[2] 有关拜占庭经济史,特别是"三农"和土地方面的资料,无论在系统的调查整理还是具体的解读分析方面还有待加强,目前已经取得

---

[1]　Justinian, *Laws*: Justinian, *The Digest of Roman Law*, trans. by C. F. Kolbert, New York: Penguin Books 1979, p.13.

[2]　马克垚:《西欧封建经济形态研究》序言,第5页。

的丰硕成果,①还不足以全面系统地说明拜占庭"三农"问题。这里,有必要简略地梳理有关资料依据。

总体而言,相关研究的史料大体可以分为四类,即政府文件、立法文书、文学作品、考古发掘(特别是古钱货币)。② 这几类史料中,后一种在近30年的研究中发挥了更为重要的作用。因为随着越来越多考古物被发掘出来,特别是不断更新的科技手段分析拜占庭钱币得出的结论,使得许多定性研究得到量化的准确说明,弥补了文件、文学作品和立法材料证据的不足。首先在政府文件证据方面,拜占庭经济史家与西欧中古史家相比,并不具有任何史料方面的优势。除了7世纪以前的埃及辖区史料外,人们还缺乏拜占庭世界大部分地区的系统材料,特别是对经济生活研究具有实际意义的计量数据。埃及的情况比较特殊,属于经济史料普遍匮乏状态中的一个例外。由于该地区在阿拉伯人征服前一直属于拜占庭领地,加之这里尼罗河流域干燥的沙漠有利于保护大量文本文件,因此目前已经发现数百件纸草文件文本,包括信函、诉讼、合同、地产账目等,其年代可以确定在4—7世纪,它们提供了关于农民、地主、佃户、租户实际生活的证据。它们描绘出来的图景是一个高度复杂和货币化的经济,其中存在着高效的货币化农业,这

---

① 参见 J.Banaji, *Economy and Agrarian Change in Late Antiquity*, Oxford: Oxford University Press 2007。Sarris, *Economy and Society in the Age of Justinian*. A.Laiou ed., *The Econmic History of Byzantium*, Washington, D.C.: Dumbarton Oaks Research Library and Collection 2002. A.Laiou and C.Morrisson, *The Byzantine Economy*, Cambridge: Cambridge University Press 2007. A.Harvey, *Economic Expansion in the Byzantine Empire 900-1200*. Lemerle, *The Agrarian History of Byzantium*. M. Mundell Mango ed., *Byzantine Trade 4th - 12th Centuries*, Farnham: Burlington, VT: Ashgate Pub. 2009. J.Haldon, *Economic Expansion in the Byzantine Empire 900-1200*. Ostrogorsky, *Pour l'histoire de la feodalite Byzantine*. S. Reynolds, *Fiefs and Vassals*, Oxford: Oxford University Press 1994. P.M.Sweezy, *The Transition from Feudalism to Capitalism*, London: NLB: Atlantic Highlands: Humanities Press 1976. Kazhdan, *Studies on Byzaninte Literature of the Eleventh and Twelfth Centuries*. Angold, *The Byzantine Empire 1025-1205*. Beaton and Ricks, *Digenes Akrites*. Maguire, *Byzantine Court Culture from 829 to 1204*. F.L.Ganshof, *Feudalism*. Marc Bloch, *Feudal Society*, New York: Routledge 2014.

② P.Sarris 将拜占庭史料做五种分类,将拜占庭钱币单独列为一类,笔者认为可以将后者列入拜占庭考古物的类别,另增加音像民俗史料一类。Peter Sarris, "Economics, Trade, and 'Feudalism'", in *A Compantion to Byzantium*, edited by Liz James, Blackwell Publishing Ltd.2010, p.25.

个农业经济由贵族大地主所主宰,他们占有其地产商品化的生产物。^① 但是,这些现存纸草文件证明,农产品也在市场上作为商品进行买卖,也不只是属于地主控制的"贵族财产"。^② 另一方面,从大地产农庄获取农业利润和交易货币的收入是要承担一定风险的,大地主在这类交易中比农民耕种者具有更稳定的优势。显然,在农民社区里存在比较明显的社会贫富差异,富有的农民在这类农业贸易竞争中占据优势地位。但是,我们只是掌握了埃及一地的文献资料,而不掌握其他地区同类文件证据,比如除了一些巴勒斯坦南部内撒那(Nessana)和约旦彼特拉(Petra)的纸草文件外,几乎没有其他地区"三农"史料。随之而来的问题就是,这些埃及纸草文件究竟在多大程度和多大范围上能够用来推测那些没有文件记载的地区的情况。^③ 埃及农业生产主要受到每年一度的尼罗河泛滥的影响,泥沙肥沃的土地保证了农耕活动的定期收入,因此该地区能够养育密度较高的居民。据专家估计,古代晚期东部帝国人口中的四分之一左右集中生活在埃及,这就进一步推动依靠农产品原料的手工业生产和市场逐渐成熟。加之沿尼罗河流域形成的便利交通也有助于商品和人口的流动,促使便捷廉价的贸易直接推动区域经济的统一发展。然而,埃及的情况只能代表拜占庭埃及区域经济的发展,却不能反映地中海其他更广泛地区的情况。^④ 那些地区的经济活动和社会组织可能具有相对原始的特点,其大部分生产目的在于自给自足的生活资料生产,而不是追求利润的商品生产,很多证据表明,其他许多地区的人要满足自给还有相当困难。

7世纪以后,随着拜占庭帝国丧失了对埃及的控制,有关该地区的政府文件史料基本缺失。而有关中期、晚期拜占庭历史资料主要还是依靠来自修道院和贵族地产的记载。这些能够保存下来的文件既不系统数量又少,

---

① Sarris, *Economy and Society in the Age of Justinian*, p.40.

② J.Keenan, "Aurelius Phoebammon, Son of Triadelphus: A Byzantine Egyptian Land Entrepreneur", *Bulletin of the American Society of Papyrologists*, (1980)17:145–154.

③ C.Wickham, *Framing the Early Middle Ages, Europe and the Mediterranean 400–800*, Oxford: Oxford University Press 2005, pp.22–25.

④ Jones 的名著中涉及这个时段的史料几乎都来自埃及。A.H.M.Jones, *The Later Roman Empire(284–602)*.

有关贵族地产和农民生活的文献很难提供系统的信息。一般而言,土地被看作是"牟利的生产资料",无论国家还是私人地主都通过征收货币地租的方式,榨取农民的剩余劳动产品,这种地有时被称为"自主地"(autourgia)。① 然而,这种形式的土地关系是否能够代表拜占庭农村经济生活的主要方面? 从现有的文献资料看,还无法得出明确的结论。换言之,无论从纵向的时间维度还是从横向的空间维度观察,现有的文件证据仍嫌太少,人们无法肯定地回答这些问题,只能提出某些不确定的观点。

拜占庭立法文献非常多,现代拜占庭学者得益于现存非常良好的大量立法文本,其数量远比政府文件多。有关的史料包括一系列皇帝立法和法典,从 5 世纪初的提奥多西法典(Theodosian Code)到 6 世纪的查士丁尼法典(Justinianic Code)及查士丁尼法典最后那部"法律"(novels,也称为"新律"new constitutions),到此后拜占庭皇帝们陆续对查士丁尼法典的重编,譬如所谓的利奥六世皇帝立法"皇帝法律"(Basilica)、10 世纪皇帝们的立法等,它们记载了当时社会生活的主要方面,而大量经济活动就是在法律的引导下进行的。这些法律涉及"三农"生活诸多方面,比如地主和农民之间的关系、合法的贷款利率和兑换利率、社会经济发展中涉及农业的重要事务、财产的安全转移或继承等。而立法史料在研究中也存在问题:一是法律更多说明的是当局的态度和思想而不是真实的行为和后果。法律是对存在的事实做出规范还是对即将发生的事实进行指导,以及它们实际发挥的效力如何? 这不仅对拜占庭时代而且对我们今天的生活也是个有争议的问题。如果所有的法律文献能够得到政府文件和其他物质证据的佐证,那么法律史料的价值就会更高。目前,只有查士丁尼法典的部分内容能够得到埃及情况的证实。到 11 世纪,尤斯塔修斯(Eustathius Rhomaios)编纂的拜占庭法律说明指南也有助于这方面的研究。② 另外,依据这些法律文件还难以还原或者重新构建当时的农村社会环境,因此很难了解皇帝们立法的背景

---

① Sarris, *Economy and Society in the Age of Justinian*, pp.41-42. A.Laiou, *The Economic History of Byzantium*, p.357.

② T.Gagos and P.Van Minnen, *Settling A Dispute: Towards A Legal Anthropology of Late Antique Egypt*, Ann Arbor: University of Michigan Press 1994, p.124.

和客观条件。譬如 6 世纪和 10 世纪大土地贵族兴起之前,朝廷颁布了一系列法律旨在阻止大土地主合法兼并其附近农民的土地。[①] 但是,这类立法究竟能够揭示出什么社会经济生活的真实状况? 皇帝们是不是真的要通过法律保护无助的农民,或真的要压制贪得无厌的大地主贵族? 抑或是皇帝为代表的国家以此从政治上打压威胁中央集权的贵族势力? 或者为确保当局的土地收入而限制侵害农村社区的行为? 毕竟稳定的农村社区对朝廷财政来源是必不可少的。这类问题在立法文献中很难得到答案。

　　法律史料证据主要能够提供静态的社会生活情景。例如人们普遍关注的"市长法"就提供了关于首都君士坦丁堡经济生活的图景,这部 911—912 年颁布的法律,由于京城千余年生活的需要而被一直保存,被人们广泛称为"市长法"(Book of the Prefect)或者称"市长书"(Eparch)。[②] 该法律规定了在帝国都城里活动的各种行会必须遵守的法规,提到了公证员、丝绸工匠、商人、香料商人、香料出售者、生猪屠宰夫、面包师等。尤其是该法律给人造成的印象是,拜占庭首都经济生活是由国家主宰掌控的。譬如其中提到了有关行会的细节规定,涉及"市长"这位皇帝委派的高官具有的经济、政治和仪式方面的"指挥权",他还负责组织首都居民口粮的交易、朝廷需求的供给、那些重要特权商品如丝绸的管控。丝绸和贵金属制品在拜占庭外交中一直发挥极其重要的作用。这个法律文本提供了君士坦丁堡经济生活静态的图景,而没有反映出商人的狡诈善变、银行家的诡计多端和旅行家的冒险精神。有关农村经济生活的法律文献主要分散在各个时期不同的立法文书中。我们依据这些成文证据,大体上推测并努力重新构建拜占庭"三农"和拜占庭农村社会关系的情况。除了前文提及的埃及地区资料比较丰富外,拜占庭学术界特别注意"农业法"文本,该法律的细节涉及许多用于农

---

① 　Sarris, *Economy and Society in the Age of Justinian*, p.43. R. Morris, "The Powerful and the Poor in Tenth-Century Byzantium: Law and Reality", *Past and Present* (1976) 73, pp.3–27. E. Mc-Geer, *The Land Legislation of the Macedonian Emperors*, Toronto: Pontifical Institute of Mediaeval Studies 2000, pp.123–124.

② 　E. H. Freshfield, *Book of the Prefect/Eparch*, tran. by E. H. Freshfi, *Roman Law in the Later Roman Empire-Byzantine Guilds Professional and Commercial-Ordinances of Leo VI Rendered Into English*, Cambridge: Cambridge University Press 1938, p.407.

村社区的法规。对于该法的标题"选摘自查士丁尼法典"和其完成的年代及其来源目前还存在争议,但是,该文献提供了比较详细的农村生活信息,反映出拜占庭农村中存在的土地关系,有关细节将在后文中展开。农民(georgoi)或者农业劳动者身份的认定仍然是争议的焦点,他们既有分成制农民,即耕种别人土地的农民,也有亲自躬耕的土地主人,希腊语称他们为"地主"(kyrioi),显然他们是其耕作土地的主人。这表明"农业法"涉及的这些农民是在其自己的田地上耕作。但问题在于"地主"这个词汇的解释,因为查士丁尼法典中"主人"(拉丁语为 dominus)也包括土地上的产品"果实"(fructuary)的主人,而不只是指实际占有该土地的主人。正如查士丁尼法典指出的,"主人这个名字是包括产品的",①因此农业法中"主人"这个词的含义还有待进一步确认,进而揭示出占有农产品的租佃农民的实际地位。②

　　拜占庭文学作品中也保留下来非常丰富的"三农"信息,但它们大多属于间接史料。比如 5 世纪昔兰尼主教西尼修斯(Synesius of Cyrene)的书信集和11、12 世纪奥赫里德的塞奥非拉克特(Theophylaktos)的书信集,就提供了关于当时人对贸易的态度和经济主张的信息。历史文本和编年史中的某些细节也能够提供证据,反映货币价值的影响、外国入侵的影响等涉及经济环境的信息。与文学史料关系最直接的是农业论文或者"农书"(Geoponica),这类书籍在普通民众中非常受欢迎。③ 还有著名的《秘史》涉及对帝国财经政策的直接批评。④ 近年来拜占庭学术界整理出大量圣徒传记,即基督教圣徒生平,例如现存 6、7 世纪的传记,揭示出非常丰富的拜占庭世界精神生活的情况,特别是古代晚期和早期拜占庭时期的情况。但是在使用这些史料重新构

---

① *Justinian*, *The Digest of Roman Law*, 42. 5. 8.

② 有关拜占庭中期农民具有可用农产品权利的问题, Harvey, *Economic Expansion in the Byzantine Empire 900—1200*, p.37。

③ J. L. Teall, The Byzantine Agricultural Tradition, *Dumbarton Oaks Paper*, (1971) 25, pp. 35—59.

④ 普罗柯比:《秘史》(中文版)。Prokopios, *Secret History and Buildings*.

建农村社会实际图景时要特别谨慎小心,①因为它们不只包括了大量类似于报道的记述,它们还是宗教机构支持的私人写给某些社会精英们的,其写作的目的在于说服上层社会提供捐赠,所以未必能反映农民的真实情况。

随着现代科技应用于历史研究,考古学与钱币学提供的证据越来越受到重视,它们提供了准确的量化信息,常常是文本材料无法比拟的。拜占庭考古在古代晚期直到7世纪时段上成果最为突出,其结论对于拜占庭城乡定居模式和商品集散及交换问题上的认识发挥了极大的促进作用,特别是促使人们全面修正了以往对7世纪拜占庭城市的学术观点。② 同样,考古学正在扩大人们研究拜占庭史的眼界,例如考古学在重新建立年代"排列秩序"上越来越受到重视,陶器形制可以确定年代,陶器形状提供了无与伦比的考古学标志。拜占庭历史遗址中发掘出的大量货币通过多种技术测定,都提供了财政货币环境的重要证据。有些货币是以窖藏或零散形式被发现的,能够比较准确地按照年代顺序反映经济变动的情况,进而有助于描述帝国公共财政的状况。③ 但是,考古学史料在用于研究时也有其不足之处。譬如,考古学结论能够传达出关于拜占庭经济结构和经济规模方面清晰的概念,但是在揭示构成经济体制真正动力来源特别是社会关系的情况上却非常有限。又如,考古学使得我们能够描绘产品或商品流散的图表,但是却难以揭示出商品如何和为什么流动。在乌克兰发现的11世纪拜占庭玻璃念珠就无法确定究竟是贸易的结果还是奇袭抢劫的赃物。再有,钱币学确定的货币成色变动虽然反映经济的变动,但是我们很难确定两者是否同步发生,甚至农村经济的变动可能是在货币没有变动的情况下发生的。6世纪拜占庭作家科斯马斯(Kosmas Indikopleustes)就记载了尚处于拜占庭影响下的埃塞俄比亚商人与来自非洲内地的部落民直接进行以物易物的交

---

① P.Brown, *The World of Late Antiquity: from Marcus Aurelius to Muhammad*, London: Thames and Hudson 1971.Sarris, *Economy and Society in the Age of Justinian*.

② C.Foss, "The Persians in Asia Minor and the End of Antiquity", *English Historical Review*, (1975)90,pp.721-747.

③ M.Hendy, *Studies in the Byzantine Monetary Economy C.300-1450*.

换而不使用货币。① 《市长法》也记录了君士坦丁堡商人与携带蜂蜜和亚麻的北方保加尔商人进行以物易物的贸易。② 这表明,古代货币研究虽然揭示出5、6世纪拜占庭经济处于高度货币化阶段,但是有些商业贸易仍然可以在货币实际流通数量相对少的情况下进行。③

总之,这几类史料中每一种史料对于拜占庭城乡经济生活研究既十分重要,又各有其局限性,在实际运用中要格外谨慎。这里,我们尝试解读《农业法》来说明问题。

拜占庭《农业法》(Rural Code 或 Farmer's Law, 希腊文作 Νόμος γεωργικός),是拜占庭农业发展史上最重要的立法文件。拜占庭学者研究的一般结论认为,7、8世纪是拜占庭农业经济发生重要变化的阶段。在这个时期,拜占庭帝国统治者放弃了查士丁尼一世致力于在罗马帝国体制内重建旧帝国的经济政策,在全国范围内推行军区制,从而在客观上促进了对拜占庭帝国生存极为重要的小农经济的发展,并奠定了拜占庭帝国此后数百年强盛的物质基础。但是,这一时期拜占庭农业经济发生的变化却没有留下更多资料可供后人研究,我们所掌握的文献资料和考古文物比较零散,而伊拉克略、伊苏里亚和阿莫利诸王朝的皇帝立法在涉及农村、农业和农民问题方面都不系统,当时的历史作家塞奥发尼(Theophanes,752—818 年)的《编年史》和君士坦丁堡大教长尼基弗鲁斯(Nicephorus,758—829 年)的《简史》也仅仅提供了有关的补充材料。正因如此,《农业法》的资料价值就显得更为突出,可以说,要考察拜占庭农业问题必须了解《农业法》,不研究这部《农业法》就无法解决拜占庭"三农"问题。拜占庭经济史专家格外注意研究这部立法,对其成书年代、性质和其反映的客观情况已经进行过多方面的探讨,并因观点各异而争论不休。《农业法》共有85条,我国学者整理翻译出来的仅有37条,且是从俄文版本转译,存在不少需要斟酌的地方。笔者数十年前曾参照希腊语原文和英译本做过全文翻译,并对拜占庭农业

---

① Laiou,*The Economic History of Byzantium*,p.694.

② *Book of the Prefect*,ed.by A.E.R.Boak,Cambridge,Mass.:Harverd University Press 1929,p.28.

③ Sarris,*Economy and Society in the Age of Justinian*,p.41.*Book of the Prefect*,p.15.

经济问题进行研究,深感这部立法的重要,因而在此试图以该法为主要依据,重构拜占庭农村经济图景,并作一些粗浅的分析。① 笔者看重《农业法》还有一个理由,即该法被广泛地长期使用,一方面说明其各项规定能够满足拜占庭农村普遍的法律需求,另一方面表明该法律比较真实地反映了拜占庭农村社会生活的一般状况,至少它关于农村组织、土地利用、农民权益、农民身份等方面的具体规定,可以为后人提供描述 8 世纪前后,以及此后数百年拜占庭农村社会图景的信息。而《农业法》提供历史材料之生动具体,恰恰是其他重于法理阐述的法典所缺乏的。

1.农村基层组织

根据《农业法》,拜占庭农村以村庄为基层组织单位,农民生活在大小不等的村庄中。"村庄"（χωρίο）一词主要是地域概念,泛指有农民居住的某个地区。在一个村庄内以农民住区为核心分布着农民的生活区域和生产区域,前者包括住房、磨坊（84 条）、谷仓（68 条）、草垛（65 条）、酒窖（69条）、饲料棚（65 条）、车库（63 条）等,后者包括份地（78 条）、林地（56 条）、牧场（27 条）、打谷场（64 条）、菜园（50 条）、果园（61 条）,还有羊栏（46条）、马厩（47 条）等家畜区和公共用地（81 条）。村庄和村庄之间以地界（óρos）分开,"古老的地界"（óρos αρξαíos, αρχαία διατηρὴσιs）在村庄之间因土地发生争执时是最权威的判断根据（7 条）。同时,在村庄内农户之间也存在各种形式的地域划分,这在该法律的第 1 条"界沟"（αυλάκαs）和第 57 条"他人地界"（óρos αλλοτρíον）的提法中得到证明。

值得注意的是,拜占庭农村中的村庄组织具有的纳税单位的含义。《农业法》第 18 条规定:"如果农民因贫困不能经营其自己的葡萄园而逃匿移居到外地,那么让那些被国库要求负责缴税的人们来采集收获葡萄",第 19条规定:"如果逃离自己田地的农民每年应缴纳国库特别税,那么那些采集该田地果实并占用这块田地的人负担双倍税收"。"税收"（δημόσιο λóγο）一词在后一条中为单数（του δημόσιο λóγου）形式,而在前一条中随其逻辑主语"被要求的人们"（οι απαιτουμένοι）使用复数（τω δημοσíω λογω）形

① "Farmer's Law", *Journal of Hellenic Studies*, 30-32(1910-12), pp.87-95.

式。这两条法规比较清楚地表明农民因破产而迁徙的自由权利,明确地肯定了与逃亡农民同在一个村庄的其他农民们具有使用弃耕农田的优先权,前者强调因农民逃亡成为弃耕土地的使用和该土地产品的归属问题,而后者强调的是纳税义务的转移和完税的责任问题。《农业法》并非为国家税收官员提供服务的立法,因此,涉及税收问题的条款很少。但是,这两条法规向人们透露了重要的信息,即当一块田地成为弃耕田后,该田地原来承担的国家税收义务并不因为原主人的消失而消失,其税收义务不是确定在农民身上,而是承负在田地上,换言之,国家只关心土地税收,而不关心土地经营者,只要能够保证完成政府税收,土地使用权的归属并不重要。而国家确保农民完成土地税收的组织机构是村庄,逃亡农民所在村庄的其他农民以完成该土地税收的责任和义务换取了使用弃耕田地优先权。国家通过立法杜绝土地荒芜,以强制村庄集体完税来保证财税收入。在一定的税收年度期间,政府测定的地方纳税额度是固定的,因此对村庄内农民而言,每块荒芜农田都意味着增加了自身的税收量,解决问题最好的办法是占用弃耕土地。在这里,《农业法》提供了拜占庭帝国税收"连保制"的证据,按照这一制度,荒芜农田的税收由其所在的村庄代缴。① 同时,这一信息也有助于加深人们对于拜占庭帝国皇帝多次颁布的"保护小农"立法的认识,例如,根据皇帝罗曼努斯一世922年立法规定,农民及其所在村社享有优先占用农田和农村建筑的权利,②这一法令除了通常人们理解的限制大土地发展,进而加强中央集权的政治含义外,还具有国家保护其税收,维持财政收入的经济含义。③ 我们在《农业法》以外发现的有关资料反过来也为我们解读这两个条款提供了帮助。

至于村庄的管理机构,《农业法》未作任何说明,显然该法不涉及国家行政问题。但是,从9世纪的《官职表》中可以发现,国家通过行省政府实现对地方的管理,地方政府则主要以派遣巡回法官和税收官吏控制农村居民。④

---

① I.Καραγιαννόπουλος, *Το Βυζαντινόν Κράτος*, Θεσσαλονίκη 1983, pp.90-99.

② I.Zepos, *Ius Graeco-Romanum*, Athens 1931, vol.1, p.233.

③ 参见陈志强:《拜占庭军区制和农兵》,《历史研究》1996年第5期。

④ 菲洛塞奥斯的《官职表》完成于9世纪,是研究此期数百年拜占庭帝国行政管理问题的最重要的资料,目前有多种文本行世,本文参考 J.B.Bury, *The Imperial Administrative System in the Nine Century*, pp.131-179 所附原文本。

法官不定期地在某一地区各村庄之间巡回,处理农民日常生活中发生的各类纠纷。《农业法》第7、37和67条多处提到"法官"(το δικαίωμα,ο ακροατής),规定由他们调查和判决有关地界、借用牲畜和利息等纠纷,证明我们关于《官职表》的分析是正确的。同时该法律确定同一村庄由多名农民作证的契约和协议具有法律效力的规定(第3条)也说明,法官并非常驻一地,而是不定期巡回,在法官离开某村庄期间,农民可以按照法律订立契约。这里,法官具有行政管理的意义,其权力来自于政府任命,通过司法管理来实现。国家对村庄的经济管理则是通过行省税务官员每年5月和9月征税活动实现的,他们每三年重新清查农村土地状况,确定税收额度,这即是《农业法》第17条规定"三年"(τρία έτη)期限和多处涉及土地"划分"的原因,这种村庄土地"划分"问题,显然是与村庄作为国家税收基本单位的作用紧密相关的。①

2.土地使用状况

《农业法》涉及土地问题的法规计有44条,占全部条款的一半以上,其中论及土地使用的行为包括农田划分(第8条)、保存地界(第1条)、犁耕(第2条)、播种(第4条)、交换份地(第3条)、收获(第6条)、租佃土地(第9条)、田园管理(第12条)、果实分成(第10条)、土地租期(第17条)、土地权益(第21条)等。在村庄内,土地主要用于耕种,农田以"份地"(μερίδα)形式分配给农民,种植谷物等粮食作物的田地不在农民住区附近,采取敞开式耕作方法,农民份地之间以"沟渠"为界,就此,《农业法》第1条明确规定合法耕种的农民"不得越过其邻居的界沟"(αυλάκας του πλησίον),这里所谓"界沟"是指村庄内农民份地之间的分界,与第7条提到的两个村庄之间的"地界"(όρος)不同。第78、79条中禁止农民将牲畜放入其已经先行收割而其他农民尚未收割的农田,说明农民份地之间的分界不足以防止牲畜进入农田。菜园、果园、葡萄园和种植橄榄树的林地②也分配给农民使用,除了后者采取敞

---

① 此期拜占庭帝国税收管理问题,参见前引 I. Καραγιαννόπουλος, *Το Βυζαντινόν Κράτος*,Θεσσαλονίκη,1983,p.97。

② 橄榄树种植多在贫瘠的山坡地,《农业法》中多处论及,其中使用的词汇为当时拜占庭人习惯用语,这使个别学者产生误解,以为当时拜占庭人放弃橄榄种植。Lemerle, *The Agrarian History of Byzantium*,p.37.

开式耕种外,园地都以栅栏和壕沟围起来,防止牲畜啃噬和不法之徒偷盗。各村庄还保存一定数量的公共土地,为村庄所有农民共同使用,它们分散在村庄核心区的农民生活住区和村庄周围地带,放牧用的草场、砍伐生活用材的树林、河流经过的河畔等均为公共土地。

土地划分($\mu\epsilon\rho\iota\sigma\acute{\iota}\alpha\nu$)是说明土地使用状况的重要现象。《农业法》规定:"如果划分土地时,在分配份地或分配地点方面错待了农民们,那么他们有权取消这次划分"(第8条);"在尚未划分的地方种植的树木"归种树者所有,其所有权在土地划分以后不变,但是,划分后土地的新主人有权要求用另一棵树换取这棵树的所有权(第32条);"土地划分之后在其自己份地上"建筑的磨坊归建筑者,其他农民无权提出异议(第82条)。这些规定表明,村庄内的农民经常进行土地划分。那么,为什么要进行土地划分?既然农民已经在自己世代生活的土地上耕种经营,似乎没有理由进行土地划分,如果村庄里经常出现划分土地的现象,其原因何在?划分哪些土地?由什么人进行划分?每次划分间隔的时间有多久?《农业法》对这些问题作了回答。首先,该法律多次提到农民因"无力耕种""无力经营"($\alpha\pi o\rho\grave{\eta}\sigma\alpha\nu\tau os$)(第11、12条)、"贫穷"($\alpha\pi\acute{o}\rho os$)(第14条)和"因贫困不能经营自己的葡萄园而逃匿移居到外地"(第18条)造成的弃耕土地问题,这样,我们就确知在村庄里存在着相当数量的弃耕土地。其次,该法律多次涉及公共土地(第81条)和"尚未划分的地方"($\tau\acute{o}\pi\omega \,\alpha\mu\epsilon\rho\iota\sigma\tau\omega$)(第32条)。这些弃耕的土地和尚未划分的公共土地就成为村庄土地划分的内容。从有关村庄集体缴纳税收的研究中人们了解到,村庄为保持完税的能力,必须使弃耕的土地恢复生产,而农村人口的增加又迫使村庄中的农民不断划分公共土地。这样,在村庄中进行的土地划分就不是土地重新分配,而是土地追加分配。《农业法》揭示,非正式的划分平时即在进行,有能力经营的农民们有权参与非正式的土地划分,并占用这种划分后的土地,这种划分具有法律效力,因为,该法律第21条明确规定:"如果农民在他人田地或份地上建造房屋或种植葡萄园,过了一段时间后,土地的主人们回来了,那么,土地的主人们无权推倒房屋或拔除葡萄藤……他们可以得到一块相等的土地",可见在确保土地生产的前提下,任何农民都可以参与村庄内的非正式土地划分。但是,由政府派遣的税务官吏主持进行的正式土地划分具有决定意义,因为平时进行的非正式土地划分由于多户农民的参与,必然会在划界、地点等问题上产生争执,进而在税收方面造成问题。政府每三年进行一次的农村土地清查登记,就成为村庄内土地的正式划分。在正式土地划分期间,税务官和法官将按照《农业法》审查认定农民平时进行的土地划分的合法性,同时进行土地税收清查。

划分后的土地即成为农民个人的份地(ίδια μερίδα),农民对自己的份地拥有完全自主的使用权和处置权,《农业法》规定"如果两个农民在两三个证人面前互相协商交换土地,并且同意永久交换,那么他们的决定和他们的交换应是牢固、可靠和不容置疑的"(第 3 条);"两个农民或暂时或永久交换其土地"均属合法行为(第 5 条);各种种植形式的土地均可以任何方式租佃、代耕和转让,其中包括"什一分成"租佃(μορτίτος)(第 9、10 条)、代耕(第 11 条)、"对分"租佃(ημίσειαν)(第 13、14 条),等等。农民在自己的土地上具有种植决定权,并有权采取包括筑篱笆、挖壕沟和设陷阱等保护庄稼的措施,并对因此造成的牲畜死亡不负任何责任(第 50、51、52 条)。《农业法》还进一步将农民的土地权利扩大到农业产品方面,以产品归劳动者所有的原则保护农民的权益,规定虽取得土地经营权但未进行整枝、松理土地、筑篱挖沟等管理劳动的农民无权获得该土地上的收成(第 12 条);经协商同意,在他人橄榄树林地经营的农民可以享有三年该林地的收获(第 17 条)。该法律对偷盗或故意毁坏他人劳动果实的行为给予极为严厉的处罚,如偷割他人谷穗和豆荚者遭到鞭打(第 60 条),砍伐他人已经结果的葡萄藤或烧毁他人饲料棚者应被砍手(第 59、65 条),纵火焚毁他人谷堆被处火刑(第 64 条),屡次偷盗谷物和葡萄酒者被处瞽目(第 68、69 条)。值得注意的是,《农业法》没有关于土地买卖的条款,这是否能够说明在 8 世纪的拜占庭帝国禁止土地买卖,这一问题还需要依据更新的资料作更深入的研究,至少从《农业法》本身还难以得出任何结论。

3.农村居民成分

《农业法》提到的农民(γεωργός)成分复杂,包括"什一分成"租佃制和对"分租"租佃制的承租人和租佃人(第 10、13、14 条)、领取工钱的雇工(第

33 条)、收取定金的代耕者(第 16 条)、破产逃亡农民(第 18 条)、牧牛人(第 23 条)、园林看管人(第 33 条)、奴隶主人(第 71、72 条)、磨坊主(第 83 条)、牧羊人(第 75 条)等,可见这里所谓农民是指在农村生活劳动的居民,他们中既有以种植土地为生的农业劳动者,也有以经营畜牧业为生的牧民,他们贫富不同,生产劳动形式有别,但是,其地位平等,享有同等权利。

根据《农业法》,拜占庭农民均拥有独立财产,其中不仅包括住房、库房、酒窖等固定资产,而且包括份地、果园、劳动工具和牲畜等生产资料,农民对这些私人财产拥有完全的自由支配权,并受到法律的保护。除此之外,农民还享有自由迁徙移居权,当他们面临破产时,可以将自己的土地委托他人经营而远走他乡,而当他们感到在本地的发展更便利时,还可以返回原来的村庄,法律仍然承认其原有的权利,第 17 条规定返回村庄的农民有权收回其原有的土地,第 21 条提出了如果其原有土地的生产条件变动太大难以收回的补充措施,即"可以得到一块相等的土地"。另外,农民均有参与村庄公共事务的权利,他们不仅可以作为证人参加邻里之间的协议(第 3 条),而且可以监督村庄内共有土地和水资源的使用情况(第 81、83、84 条),甚至可以否决村庄中不公平的土地追加分配(第 8 条)。在《农业法》中,所有的农民,无论是贫穷的还是富有的,无论是土地出租者还是承租者,都是经营自己土地的劳动者,至少该法律没有提供不劳而获的地主和控制依附农民的领主的资料。这种情况显然与同期西欧农村中普遍发展的庄园制和领主制有极大区别,我们是否可能据此提出,以西欧农业发展历史为依据得出的理论模式不适用于拜占庭帝国历史?①

然而,《农业法》提供的资料表明,虽然农民享有平等的法权,但他们的实际状况却存在较大的区别,主要反映在贫富差距比较大这一事实上。从该法律看,村庄中最富有的农民拥有多份土地,其中除了其自家的份地外,还包括代耕暂时离开村庄农民的土地,第 11 条提到这种代耕"约定"(σύμφωνα)的实际内容是以犁耕换取分配收成,第 16 条规定取得代耕权

---

① 苏联拜占庭史学界总是力图以西欧历史发展理论套用解释拜占庭历史,尤其在拜占庭社会封建化问题上纠缠不休,其代表作品反映在 20 世纪五六十年代我国翻译的有关论著中。我国学术界深受其影响,至今反映在许多世界历史教科书中。参见列夫臣柯:《拜占廷》。

利的农民在收取了代耕定金以后必须履行的义务。这部分农民既种植谷物,又经营葡萄园和橄榄树林,还饲养牲畜或拥有磨坊,甚至放贷取息,该法律对他们的财产明确作出保护。需要指出的是,这些富有的农民与晚期拜占庭历史上的大地产主有本质区别,他们不是有权有势的权贵(δυνατός),而是村庄中的普通成员,不是不劳而获的地主,而是经营份地的劳动者。与此同时,村庄中贫穷的农民只有少量的份地,一些外来农民则没有土地,他们依靠租佃来的土地为生,其中什一分成租佃农民可以占有土地收成的十分之九,而五五对分租佃农民只占有二分之一的收成,这里出现的巨大差别可能是因税收造成的,即前者的土地税收由承租人负担,而后者的税收由土地租佃人承担。根据我们对拜占庭帝国中期历史上土地税、园地税、牲畜税、户籍税和各种非常规特殊税的考察,其税收总量大体相当于农村人均年收入价值的三分之一。① 这大概就是《农业法》中两种分成租佃农民占有收成不同比例的原因。由此,我们还可以进一步理解村庄农民逃亡的重要原因在于摆脱国家税收负担,因为逃亡农民在新的定居村庄至少可以逃避部分税收义务,尤其对贫穷农户而言,逃亡可能是减少税收负担的主要途径。

《农业法》还提及奴隶(δούλos),但是根据有关条款(第 45、46、47 条)记载,他们主要被用于放牧牛羊,可能属于家奴。奴隶与农民的区别在于,奴隶不具有法律责任人地位,第 45 条规定,"如果奴隶在树林里杀死牛、驴或羊,那么他的主人应给予赔偿",第 47 条也明确规定奴隶主负责赔偿其奴隶造成的损害。拜占庭帝国时期,奴隶的实际地位介乎人与牲畜之间,虽然 6 世纪的立法规定杀害奴隶的人以杀人罪论处,②但是奴隶本人因无法律责任人资格而不承担法律责任,这在《农业法》中得到证明。

《农业法》在拜占庭农村中的广泛应用,说明该法律所涉及的小农生产生活方式在拜占庭帝国中期历史上比较普遍,成为当时占主导地位的农村社会关系。这部《农业法》依据以查士丁尼法典为主的前代帝国皇帝立法,由 8 世纪伊苏里亚王朝时代的法学家汇编成书。该法律有针对性地规范了

---

① I.Καραγιαννόπουλος, *Το Βυζαντινόν Κράτος*, Θεσσαλονίκη 1983, pp.95-96.

② I.Zepos, *Ius Graeco-Romanum*, Vol.1, pp.68-69.

8 世纪前后数百年拜占庭农村居民的生产生活行为,因此在相当长时间内通行于拜占庭帝国。《农业法》比较清晰地揭示出拜占庭农村基层组织、土地利用、村庄成员构成,以及生产关系的一般状况,由于它以法律形式长期存在,因此其提供的信息真实可靠。通过《农业法》,我们不难看出,8 世纪前后数百年拜占庭帝国农业经济以小土地经济为主,农村居民以拥有小块份地的自由农民为骨干。这种状况的形成源于 7 世纪伊拉克略王朝推行的军区制改革对拜占庭帝国小农经济发展的促进,而小农经济的复兴也构成了拜占庭国力数百年强盛的基础。上述结论与拜占庭帝国历史发展的总脉络相吻合,从一个侧面证明我们对《农业法》的分析基本正确。由此,我们进一步认为,拜占庭"三农"发展史经历了与西欧社会不同的演变,在考察其发展过程的研究工作中应实事求是,尊重史料提供的信息,防止主观臆断,摈弃先入为主的偏见,杜绝教条主义的思考方式,力求使我们对拜占庭社会经济问题的认识更接近真实的历史事实。

布洛赫认为,"依附农民;附有役务的佃领地(即采邑)而不是薪俸的广泛使用——薪俸是不可能实行的;专职武士等级的优越地位;将人与人联系起来的服从——保护关系(这种关系在武士等级内部采用被称作附庸关系的特定形式);必然导致混乱状态的权力分割;在所有这些关系中其他组织形式即家族和国家的存留(在封建社会第二阶段,国家将获得复兴的力量)——这些似乎就是欧洲封建主义的基本特征。"①这种意见虽然比他以前的学者更宽泛,但是好像还不如其前辈思想家伏尔泰的看法全面,后者认为"封建主义不是一个事件;它是一种有着不同运动形式的古老的社会形态,存在于我们所在半球四分之三的地区。"②这里"不同运动形式"和"古老的社会形态"两点具有深刻的理论含义。对西欧封建经济深有研究的马克垚先生也多次谈到类似的观点,"经过长期的研究,在前资本主义时代,大土地所有制和小生产的结合,是各国家、民族的共同经济特征,应该是没有问题的。"③他在全面系统分析了诸多西方学者的意见后,指出:"他们大

---

① 马克·布洛赫:《封建社会》,第 704—705 页。
② 马克·布洛赫:《封建社会》,第 697 页。
③ 马克·布洛赫:《封建社会》,第 11 页。

都主张,封建制度主要是一种封君封臣制度,它形成于9世纪查理曼帝国瓦解之后。从西罗马灭亡到查理曼帝国瓦解这400年的过程是封建化过程(当然也有追溯及罗马或主张只是突变等等说法)。在此期间逐渐形成了封臣制与封土制,并使二者结合起来。而在此之前(即9世纪末以前),封建制度在西欧是并不存在的……苏联学者根据历史唯物主义的原理,把封建主义、封建制度看作一个社会经济形态,一个人类社会发展的必经阶段,这和我们是一致的。因此,他们也并不认为封建制度是西欧的特有现象,而是世界范围的现象,大多数国家、民族都要经过它……其特征是封建大土地所有制和农民小生产相结合,封建主阶级通过超经济强制的手段,把农民固着在土地上加以剥削等等"。①　笔者浅见,这种观点大概是迄今关于"封建"概念最合理的解释。据此,让我们尝试对拜占庭"三农"问题进行粗浅的理论分析。

依据拜占庭历史各个时期多种文献看,学术界通常认为拜占庭"三农"制度经历了不断的变革。在拜占庭帝国早期,土地集中在大土地贵族手中,但他们屈从于强大的中央集权,到查士丁尼一世时,贵族势力遭到彻底打击,不仅是当局的政策,而且是战争形势所迫。有些学者甚至认为,查士丁尼统治后期,拜占庭社会中大土地贵族已经消失。此后在毁坏圣像运动期间,教会这个大土地势力也遭到真正的削弱,土地逐渐分散到农耕者和农村公社里。军区制改革和斯拉夫人入住巴尔干半岛强化了这一趋势。但是11世纪随着军区制的瓦解,又出现了大地产制度的复兴。因此,保护小土地持有者的斗争成为从罗曼努斯一世一直持续到瓦西里二世时期拜占庭帝国政府的重要任务,但是最终还是遭到失败。拜占庭学术界对这样的总结基本上是接受的,认为这一总结基本准确,但是每个时期的起始和结束的年代还不确定,究竟大土地占有还是小土地占有的形式占了优势,还是不确定

---

①　马克垚:《西欧封建经济形态研究》,第67页。勒高夫曾对封建制度在欧洲各地的发展做过精彩的概论,认为它只在法兰西和德意志更发达些,在意大利从未完成,在西班牙更谈不到,在英格兰和西西里是被输入的,在北欧则完全没有出现。他对封建制度的理解更为狭隘。勒高夫著,徐家玲译:《中世纪文明(400—1500年)》,上海人民出版社2011年版,第92页。

的问题。《农业法》普遍适用于拜占庭世界这个事实似乎可以肯定拜占庭小土地占有形式的广泛存在。当然在关注小土地持有者的《农业法》成效的同时,大土地占有也一直存在,只不过无法确定其比例有多大。人们形成共识的是,从查士丁尼时代直到帕列奥列格王朝时期(6—15世纪),小土地占有似乎广泛存在。而小农占有的土地在理论上属于皇帝,类似"普天之下莫非王土"的中国。中央政府一直推行保护小土地耕种者的政策可以解释小农普遍存在和遭遇破产危险的两种事实,但这种政策无疑有利于小土地占有制的发展。人们通常将马其顿王朝以及之前个别皇帝进行的反对大土地贵族的斗争,进行军事、政治和财政状况角度的解读,认为其目的更多在于解决军事需求,因为如果"军役地产"(农兵)被私人大土地主吞噬的话,那么当局就被迫雇佣外族军队,这支雇佣军的花费是中央政府巨大的财政负担。末代王朝统治下的拜占庭帝国,大土地贵族已经变成真正的"封建"贵族了,这不仅是因为1204年以后拉丁骑士占领君士坦丁堡后将西欧封建制度移植到拜占庭土地上,而且军区制的瓦解也从内部改变了拜占庭帝国原有的经济政治结构。这些各霸一方的封建贵族频繁发动反叛,甚至夺取皇位。而西欧式的封建体制也没有存在很长时间,很快导致拜占庭帝国被奥斯曼土耳其军队所灭亡。

如果我们仔细观察拜占庭农民的实际状况,那么他们不仅拥有独立财产权,而且拥有主要的生产资料,农民对私人财产拥有完全自由的支配权,并受到法律的保护。特别重要的是,农民还享有自由迁徙远走他乡的移居权,并有权将自己的土地委托他人经营,法律承认他们重返原来村庄的各项权利。另外,农民享有参与所在村社公共事务的权利,有权作证人,有权参与协商,有权监督村内公共事务,有权否决村中不公平的土地分配。他们都是经营自己土地的劳动者,享有平等的法权。农民中虽然存在明显的贫富差距,但是富有的农民与末代拜占庭历史上的大地主有本质区别,他们不是贵族,而是村庄中的普通成员,不是不劳而获的地主,而是经营份地的劳动者。当然,如前文所说,在拜占庭末代王朝统治的一个非常短暂时期,随着大地产贵族的兴起,农民的这些权益逐渐丧失,地位下降,数量激增的"普罗尼亚"农民就非常类似于西欧的依附农,即便如此他们仍然享有迁徙的人身自由。

至于拜占庭小土地持有制度是如何形成的,目前的研究大多属于推测。公认的意见认为,它是在8世纪前后流行起来的,[①]是伴随着此前普遍存在的大地产数量的迅速减少而发展起来的,而此期大土地主衰落的主要原因是斯拉夫人、波斯人和阿拉伯人的入侵,加之从查士丁尼一世到福卡斯、查士丁尼二世等皇帝残暴打压贵族。农民总是要生活的,也许缺少了大地主的农村环境使小农生活得更惬意。另外,根据《世界人口简史》估计,公元600年时俄罗斯以外欧洲的总人口只有2200万,因此出现普遍的农业劳动力不足。[②] 从境外向帝国境内进行的移民,或者省区之间的移民,改变了农业人口的成分。帝国政府的军区制和殖民政策推动了新移民区普遍出现小农兴起的现象。几乎帝国全部省区,甚至那些并没有遭受多少侵扰的省区也都推行了军区制,出现了农业移民,新移民人口在其定居的无主土地上实行小土地占有制就是顺理成章的了。同时,拜占庭军区制改革推动帝国管理体制军事化,军区军队规模虽然只有6万人,但是由农兵带动的小农经济由此大发展。[③] 农兵持有的"军役土地"大多位于原本失去控制而后以各种手段收归的地区,那里的土地属于国有。由此可以说,拜占庭小农土地占有制是拜占庭帝国历史发展自然形成的。

我们再来分析早期和晚期拜占庭大地产的情况。大地产现象的出现可能是有经济的、管理的、政治的和宗教的多种原因。从政治角度看,皇帝们本身就属于大土地贵族,从一开始,皇家就设有专门管理皇家地产的"伯爵",而皇帝的专制统治依靠贵族官僚阶级的支持,他们本质上构成了具有共同利益的大土地贵族阶级。只不过在强大的专制皇权下,皇帝可以凭借政治权力打击有可能威胁皇权的大贵族。瓦西里二世就以莫须有的罪名处

[①]　苏俄学者强调一种"斯拉夫说",认为是斯拉夫新定居者带给原来耕种地区农民的。但是这种"斯拉夫说"早已经被斯拉夫人自己放弃了。陈志强:《〈农业法〉研究》,《历史研究》1999年第6期。

[②]　马西姆·利维巴茨:《世界人口简史》,北京大学出版社2005年版,第28页。学者们对这个数字的估计差距非常大,从2700万到1470万不等。

[③]　参见陈志强:《拜占庭军区制和农兵》,《历史研究》1996年第5期。

理过许多大土地贵族。① 随着军区制的瓦解,"军役土地"制度被放弃,大土地贵族势力逐渐兴起,小农势力必然走下坡路,出现了半农奴式的"普罗尼亚"制度,大土地贵族势力坐大,直至中央政府无力加以控制。有学者认为,十字军采取的西欧模式的(封建)骑士制度对拜占庭王朝具有强大的吸引力。② 对于小农经济的破产和大土地经济的崛起,笔者曾在《拜占庭军区制和农兵》一文的最后部分进行专题研究,认为拜占庭军区制改革向地方放权的措施埋下了大贵族势力兴起的祸根,换言之,拜占庭大土地占有制也是拜占庭帝国历史发展的必然结果。包括马其顿王朝那些君主们极力反对大土地贵族的斗争,从本质上是无法克服大土地占有和小生产之间的深刻矛盾的,因此无论是最初几个世纪的皇帝们还是晚期皇帝们在对大土地贵族的斗争中都没有取得彻底胜利。

从经济学角度分析,大地产在中古拜占庭社会是最稳定的利益收益来源,因此获得土地是中古社会富有阶层的一致选择。经济扩展和贵金属增加导致物价上涨,大地产主、数量不少的高级官吏和许多私人业主必然将其手中持有的大量资金投向地产。而大地产主通过农产品价格上涨致富,高级官吏因皇帝恩赐或贪污腐败发财也会在地产上寻求金钱安全。他们既没有今天的投资渠道(银行生息、贸易投机、产业盈利),也被禁止放贷生息,严厉的法律限制迫使他们转向地产。③ 而商业和手工业由于行会制度和国家控制,产生的利润有限。这样,投资农业特别是购买地产就成为唯一有利可图的办法,当国家外部压力减低,城乡人口快速增长时,农业肯定变得越来越利润丰厚,大地产的社会经济基础就显得更为坚实。教会地产也是需要认真考虑的因素,修道院大概是最大的地主之一。在基督教为国教的拜占庭社会,不仅众多虔诚信仰上帝的信徒向教会盲目捐赠,可以想象修道院必定不断接受大量的地产捐赠,而且他们作为一种政治势力,包括皇帝在内

---

① 瓦西里二世打击大地主贵族的行为一直受人们关注。奥斯特洛格尔斯基著:《拜占庭帝国》,第234—238页。

② 有关这类意见参见 N. Iorga, *Histoire de la vie Byzantine*, Bucharest: Edition de l' auteur 1934, Vol. III, chap. 1。

③ G. Ostrogorsky, *Geschichte des byzantinischen Staates*, Munich: Beck 1940, p. 131。

的各级贵族通过捐赠地产作为拉拢他们的手段。当然修道院本身也千方百计扩大自己的产业,他们在争取捐赠方面不仅毫不手软,而且在发财致富时表现出极大的灵活性。① 不过当局没收教会地产的事情也时有发生,类似于拜占庭中期历史上发生的"毁坏圣像运动"大肆没收教产。

在大地产主和小农两种势力的消长中,后者常常处于不利地位,因此成为前者兴起的牺牲品。当经济原因促使"权势贵族"购买土地产业时,"穷困阶层"就因为其脆弱的经济或当局的税收压力而出售土地。小农担负着货币税收的沉重负担,而且还有"劳役"即强制性体力劳动和实物赋税。此外,大量强加于小农的多种义务和不定期赋税加速了小农破产的过程。理论上讲,财政管理法规对富人和穷人一视同仁,同等对待,但是,在实践中,拥有充足资金的"权势贵族"可以在任何情况下完成纳税,而他们处于优势的社会地位使之比小农更容易应付税收官。大地产主常常规避纳税规定和规章制度,当局的财政措施对他们并没有构成沉重的负担。但小农却经常遭受国家官吏的侵害,他们甚至不如大地产主或修道院门下的农奴,因为后者的生活能得到基本保护,特别在年成不好的时候,还能得到其主人的帮助。在晚期拜占庭阶段,小农自愿成为"普罗尼亚"农这种农奴或半农奴。

与同时代的西欧相比,中古拜占庭农业呈现出持久的繁荣。拜占庭学界的研究表明,8、9世纪的农村相当富有,不仅能养活帝国人口,而且还能提供出口产品。拜占庭政府大力支持农民种植谷物和栽培园艺植物,鼓励农民进行水果、草药、棉花和桑树等种植。大量的蜜蜂养殖为糖加工手工业提供丰富的原料,同时,畜牧业养殖了大量畜群,如绵羊、山羊、生猪、马匹,既能满足竞技比赛也能满足军需。在某些恶劣年份,农业人口因穆斯林和保加利亚人的侵扰而减少,瘟疫和地区性饥荒也推波助澜,致使部分土地荒芜。在某些地区或某些时期,农业发展非常繁荣,同时在其他一些地区情况非常糟糕,这是前工业化中古帝国统治的普遍现象,毕竟那个时代缺乏全国性的"计划经济"。这里,笔者想要说明的是,大地产并不总是对帝国农业

---

① Eustathios of Thessalonike, *The Capture of Thessaloniki*, trans. by Melville Jones, Canberra: Australian Association for Byzantine Studies 1988, pp. 211-213.

产生不利影响,也不必然与经济衰败相联系,因为大地产比小地产更有利于组织生产和分配农产品。有证据表明某些大地产主和修道院事实上做到了这一点。在拜占庭"三农"分析的个案中,我们只是强调了大地产贵族对中央集权制国家的负面影响。12世纪时到访君士坦丁堡的外国旅行家对该城市充足的食品供应感到震惊,其实这是有其繁荣的农村经济作为基础的,8世纪时,一个并不属于大土地贵族的土地所有者拥有100头耕牛、500头菜牛、80匹马和骡子、12000只羊,以及大量的农奴。①

最后,我们分析一下拜占庭军区制问题。布洛赫认为拜占庭军区制是"为国家提供军事义务的佃领地。这些佃领地在某种意义上是真正的采邑,但与西欧采邑不同的是,它们只是农民采邑,每一处采邑都由一小块农田构成。此后,帝国政府最关注的事情是保护这些'士兵的财产'及一般的小持有地不受富人和豪强的侵蚀。然而,11世纪末出现的情况是,经济状况使经常陷于债务的农民难以保持其独立性,帝国为这种经济状况所困扰,且进一步受到内部纷争的削弱,不再能够对自由农民提供有效的保护。这样,帝国不仅丧失了宝贵的财政资源,而且发现自己陷于大贵族的控制之下,此后只有这些大贵族才能从他们的依附者中征募必要的军队。"②这样的分析过于牵强,至少他对11世纪以前拜占庭军区制问题的分析有失大师水准。按照他的分析逻辑,那么我国古代曹魏时代的"屯田"和唐代的府兵制也可以算作封建采邑了。也许就是为了自圆其说把整个欧洲纳入其理论体系中,他才出现了这种偏差。

拜占庭军区制又称"塞姆制",是7世纪至12世纪在拜占庭帝国境内推行的军事和行政制度,这种军政兼容、兵农合一的制度促使拜占庭农兵阶层的形成和发展,对加强拜占庭国防力量,稳定社会经济均起到极为重要的作用。尽管对于军区制的起源、推行过程,特别是影响问题,学者们还有不同看法,但是由朝廷自上而下进行的这个国家组织军事化改革并不是"封土建制"的过程,拜占庭帝国也没有因此形成所谓封君封臣关系,更没有出

---

① N.H.Baynes and H.Moss eds.,*Byzantium:An Introduction to East Roman Civilization*,p.60. 拜尼斯:《拜占庭:东罗马文明概论》,第54页。

② 马克·布洛赫:《封建社会》,第697页。

现以采邑为纽带的封建土地制度。农兵平时经营军役土地,战时集中作战。他们经营的是负有军役义务的田产。不论何种兵种军阶的士兵都把经营军役田产的收入作为他们支付军事开支的经济来源。他们定居在其部队驻守的地区,平时经营田产,军区将军以下各级官兵自给自足,自备兵器装备。在服役期(一般为 15 年)内,其土地不可剥夺,享有免税权。这种"士兵田产"一旦颁给士兵,即可永久占有,士兵可自由处理,可以买卖,也可以赠送他人,还可以将田产连同军役义务一同转给继承人。而兵役土地的义务是提供给国家而非"将军"个人的,一般采取直接服役和间接服役两种形式,前者由经营田产的士兵履行服役义务,后者由兵役户提供军需。经营军役田产的农兵仍然保持军队编制,随时听从军区将军的命令,随时集中,从事军事工程劳役或随军作战。显然,将军区制比附成封建制是极为不妥的。

中国拜占庭学界受苏联拜占庭学家的影响,十分重视所谓的拜占庭封建化问题。苏联拜占庭史学界的部分学者总是力图以西欧中古史发展理论解释拜占庭历史,千方百计地将西欧封建制度发展模式套用在拜占庭社会,尤其在拜占庭社会封建化问题上纠缠不休,其代表作品反映在 20 世纪五六十年代我国翻译的有关论著中,也反映在我国世界史教科书的编写中。笔者认为,拜占庭"封建化"之所以成为极为复杂的问题,首先在于其概念本身模糊不清,把这种西欧特有的封建概念生硬地套用于拜占庭历史就更显出其理论上的牵强。这种从理论到理论的思维方法,很容易将拜占庭"三农"问题研究导入死胡同。甚至在法国,相关研究的概念也在发生变化,如新版《新编剑桥中古史》就认为,"11 世纪的法兰西出现了多方面的转折点,社会经济结构发生了基础性变动,权力结构和宗教与文化生活都发生了巨变。然而这些变化并非发生在同一时间或者变化速度都一样,即便是在人们通常大体称为法国的这个区域内,或者至少在法国北部地区,就出现了大量的地区性差异。但是毫无疑问的是,1100 年的法国(无论如何定义的法国)与 1000 年的法国相比,有极大的不同。有时'封建'社会的发展会被看作是这一巨变的特征,或者如果人们专门谈论涉及国王的话题,那就是'封建王朝'的发展。任何一次使用'封建'这个词汇本身就存在极大问题,如果要给它一个明确定义的话,既不应指广义的社会也不是指 11 世纪的法国国王。如果人们一定要给这个新型社会及其政府形式一个笼统的名称的话，那么可能称之为'加佩王朝'社会更好些；最重要的是，'墨洛温王朝'和'加洛林王朝'这两个名称已经被广泛使用，分别指称 5—9 世纪和 9—10 世纪，包括从艺术风格到司法制度的所有事物。还有一种可能就是借用建筑学用语'罗马式'，来说明'罗马式'社会的产生，这个用语可能比'加佩王朝'这个词更能特指 11 世纪和 12 世纪了。"①

总之，我们应该改变研究思路，根据史料实事求是地研究相关问题。如果我们按照广义封建主义的理论概念，对拜占庭"三农"问题进行视野更开阔的考察，也许可以得出更多有益的结论。

二、政治生态

环境因素包括自然环境和人文环境。前者涉及资源生态环境，而后者涉及历史文化环境。皇权政治属于上层建筑领域，它与自然的和人文的环境之间是否存在某些直接的或间接的联系，换言之，环境因素在皇权政治中发生了何种作用，笔者力图提出和弄清相关问题。②

讨论拜占庭皇权政治的前提是对拜占庭学界关于"封建"概念争论的初步了解。目前比较一致的看法认为，拜占庭封建化是现代学者用以说明拜占庭社会、政治和经济多样性特点而提出的概念。国际拜占庭学界对"封建主义"及其相关概念的定义多有争议，对于拜占庭帝国是否存在过封建主义，何时成为封建社会，拜占庭社会的哪些部分可以算作是封建的，以及"封建主义"是否能用于拜占庭社会均提出不同观点。总体考察，拜占庭学界对此问题的意见可以大体归纳为以下两种。最早提出这一问题的是坚持以马克思主义历史唯物论分析拜占庭历史的苏联学者，他们认为，封建主义概念有广义和狭义之分，相当长时间里一直被当作是西欧中古社会各国

---

① David Luscombe, *The New Cambridge Medieval History*, Vol. IV, Part II (c. 1024 – c. 1198), Cambridge: Cambridge University Press 2008, pp.142-143.

② 陈志强:《拜占庭封建政治形态研究》,《河南大学学报》2002 年第 3 期。

共有的,并被视为西欧地区区别于其他地区的封建主义概念属于后者。而前者是指社会发展的一定阶段。根据历史学家和社会学家的说法,这个阶段是任何民族社会演化和发展必经的历史时期。那种认为封建主义复杂的政治、社会和经济现象只属于西欧的观点是一种偏见。正是由于广义封建主义概念逐渐为人们所认同,拜占庭学者如同其他学者在古代埃及、阿拉伯哈里发国家、古代日本、中国和古代俄国发现封建化现象一样,也深入研究拜占庭封建化问题。他们主张,拜占庭封建化的方式和程度不同于西欧封建社会,其封建化过程远没有达到完善的程度,只表现在社会生活的某些方面。但是,他们强调只有运用封建社会的理论才能了解拜占庭社会。[①] 还有一些拜占庭学者将封建主义定义为统治阶级成员中等级制度确立的关系体系,因此认为在西欧中古社会普遍存在的封主封臣之间的封建义务、采邑和封地等封建概念不适用于拜占庭社会。[②] 尽管拜占庭学者对封建主义的看法各异,但是他们都承认,拜占庭社会存在某些与西欧中古社会相似的制度和现象,例如君主制、特权、官僚贵族、依附农、亲王封地等,这些制度和现象似乎不是古代罗马社会的遗产而是拜占庭帝国后来出现的"土特产品"。因此,大多数拜占庭学者主张即便不使用"封建主义"这个词,也要使用"封建倾向"或"封建化"来说明相关问题。但是,迄今为止关于拜占庭封建化问题的讨论还局限于制度层面,没有涉及其中极为重要的环境因素。

　　笔者认为,按照广义的理解,把封建主义当作中古社会发展的一个阶段,并就这个阶段人们对包括生产资料在内的资源占有形式、物质产品的生

---

　　① 他们在拜占庭社会完成封建化的时间上有不同意见,分别持 3 世纪、7 世纪和 10 世纪说,主要依据包括,晚期罗马社会的隶农是否演变为农奴,以及 10 世纪的农村公社成员是否是自由的小农,或国家的农民。这派学者中认为封建主义是指公共国家权力转移到私人手中的学者主张,拜占庭社会广泛的特权,如经济上的免税权、管理权和司法权等权力何时和在多大范围上转移到大地主手中是衡量拜占庭封建化的标志,而这一过程在 14—15 世纪拜占庭帝国灭亡前夕时才达到顶峰。Ostrogorsky, *Pour l'histoire de la feodalite Byzantine*, pp.143-145.

　　② 他们认为实行高度专制统治的拜占庭贵族并没有形成"我的封主的封主不是我的封主,我的封臣的封臣不是我的封臣"形式的等级贵族。部分学者甚至认为,用封建主义概念说明拜占庭社会产生了严重的误导,把完全属于西欧社会本土特有的现象硬塞进拜占庭社会,使拜占庭社会的许多特点被忽视。Sarris, *Economy and Society in the Age of Justinian*, p.41.

产和分配方式、劳动组织、相关政治制度和居民精神文化生活,以及最基本的环境问题进行全面考察,那么拜占庭封建化的提法是成立的,因为毕竟多一种观察问题的角度更有助于了解拜占庭社会,进而通过比较研究,了解世界各地中古社会的多样性。事实上,人们已经不再把狭义的西欧封建主义当作普遍适用的模式,诚如学者指出的:"随着史料的增多,地方史研究的兴起,发现即令在西欧,原来概括出的普遍性能否成立也大有问题"。①

拜占庭皇权是拜占庭封建化的重要内容,涉及拜占庭社会政治、经济、司法、宗教、文化各项制度和生活方式等社会生活的各个方面。它又是拜占庭社会关于公共权力形成的最重要的表现形式,其实质是保证拜占庭社会各种资源得到合理配置,使物质资源的潜能得到最大限度发挥。这里所谓"最大"是从拜占庭统治阶层最高权力的角度而言的,因为皇帝专制制度是拜占庭帝国最具典型意义的内容。

拜占庭社会的政治结构呈金字塔形,皇帝处在塔尖,其下有庞大的等级森严的官僚贵族集团,社会最低层是广大的城乡劳动者。皇帝是拜占庭帝国的象征,是各种权力的集中代表。可以说,皇帝是拜占庭封建政治生活的核心。皇帝在拜占庭历史早期就成为集政治、军事、宗教、司法等多种权力于一身的最高权力的代表者,其权势渗透到拜占庭社会各个方面。他被神化为上帝在人间的代表,无论在军队、元老院,还是在公民中,他都受到顶礼膜拜和山呼万岁。为了体现其特殊的神圣地位,太阳是皇帝的象征,沉默是他保持庄严的方式。皇帝拥有对教会的"至尊权",不仅掌握着召集宗教大会和任免高级教士的权力,而且拥有对教义的解释权和对宗教争端的仲裁权。他还是法律的制定者,其权力理论上来自于他对帝国全部土地的所有权和由此产生的财政权,实践上则来自于对军队的控制。从历史发展趋势上看,拜占庭帝国皇权不断得到强化,其他政治权力则被削弱。元老院曾在晚期罗马帝国政治生活中发挥过重要作用,元老院是权力最大、声誉最高的议事会和咨询机构,积极参与国家重大决策。拜占庭时代采取多项措施限制其权力,剥夺了元老院大部分行政功能。甚至要求元老们像其他等级的

①　马克垚:《西欧封建经济形态研究》序言。

臣民一样,在晋觐时必须五体投地,分别亲吻皇帝和皇后的双脚,行"吻靴礼"大礼。这种宫廷礼仪上的变化反映了元老身份性质上的变化。类似的变化也发生在执政官职务上,该官职丧失行政职能逐渐转变为荣誉称号这一事实表明社会权力向皇权集中,7世纪上半期,执政官就退出了历史舞台。又如控制朝政的主要官员总理大臣(或被翻译为"执事长官"),曾权倾一时,参与重大国事的决策,与大政区总督、军队司令和司法大臣等一样为御前会议伯爵,控制朝廷的行政事务,举凡指挥禁军团,检查巡视东方边境部队,派遣稽查使全面监督各级官员,监管全国各级公路和驿站,签发通关文牒,主持外交活动,参与对外谈判和缔结条约,安排外宾接待,掌管宫廷庆典仪式,参与审理重大案件,控制宫廷日常事务,包括皇宫内外照明,都在他的职权范围内。但是,这样重要的官职到7世纪时,其权力被逐步剥夺,最终仅保留官名,参加宫廷仪式而已。拜占庭皇权集权程度之高、存在时间之长,在欧洲历史上是绝无仅有的。

拜占庭帝国何以出现了欧洲范围内最高程度的君主专制?除了过去人们谈论较多并有许多研究结论的意见外,笔者认为环境因素不可忽视。

让我们首先从拜占庭人的衣、食、住、行和生活状态谈起。根据拜占庭匿名作家的《论食物》记载,拜占庭人的饮食主要包括面包、豆类(加入汤或菜中)、鱼、肉、蔬菜、水果和葡萄酒,其中橄榄是每餐必备,奶类食品除鲜奶外,奶酪也必不可少。葡萄酒多为家酿,酒精含量约在10%左右。蔬菜的种类很多,史料提到的有卷心菜、黄瓜、各种萝卜、大蒜、圆葱、韭菜、南瓜和莴苣等,而水果以苹果、无花果、桃子、葡萄和西瓜为主。水产品以海鱼为主,淡水鱼为辅,来自江、河、湖的鱼多用来喂猫狗。海鱼的种类很多,按口味和多寡分不同档次,最贵的高档海鱼是从非洲贩运来的鲟鱼。新鲜肉类是主餐的中心食物,包括鸡、鸭、鸽、鹅等各种飞禽和牛、羊、猪、马等各种家畜鲜肉,但是使用晒、腌、熏、烤等方式制作的肉食也是常用食品。泡制橄榄的食用可能不如对橄榄油的使用,因为几乎所有拜占庭人的食物里都加入橄榄油。拜占庭人的口味偏甜,逢餐必有甜点,多是用蜂蜜、鸡蛋、奶和面粉烤制而成。温暖的地中海气候使拜占庭人的服装比较轻便单薄,其样式复杂丰富,从贵族到农民,从教士到乞丐,服装的质料千差万别,主要有棉、麻、毛、丝绸,其中丝绸为皇家控制的材料,没有皇帝的特许不得穿戴,而棉布和亚麻服装最普通。羊毛织物因其厚重,多为冬季服装的材料,或制作拜占庭特产地毯、挂毯、帐篷等。拜占庭人的住房等级差别更为悬殊,贵族的豪宅多集中在城镇的中心区,与普通人和穷人住区分隔,两者的数量和质量比例悬殊,例如,皇宫建筑精美宏大,一般贵族的住房也有花园,而平民住宅拥挤,没有庭院。农民的房屋则集中在村社的特定住区,房前屋后都有空地或菜园。房屋适应地中海温暖干燥的气候特点,建筑材料多为小石块和砖瓦。拜占庭帝国多山地少平原,因此交通工具以驴马为主。丰富的资源有利于拜占庭帝国的小农经济发展和国家税收体制完善。

从拜占庭人的消费资料可以看出,他们所在的东地中海地区属于亚热带农业区域。自该地区出现早期人类文明以来,大气候环境的变动并不剧烈。数千年来,每年大体分为旱季和雨季,虽然文献中提到春夏秋冬季节,但没有明显的四季气候。当4月阳光普照、春暖花开时,气温迅速上升,晴朗无云的旱季可以延续到10月,而后风雨骤至,阴雨连绵,北部马其顿各地甚至雨雪交加,但少数最寒冷的日子气温不过零下10摄氏度。温暖潮湿的气候使拜占庭帝国广袤的土地形成了地方特色多样化的农业,埃及、南意大利和小亚细亚平原盛产谷物(小麦为主),巴尔干地区有限的可耕地适合各种蔬菜水果的生长,特别是日照时间很长的山地丘陵特别适合橄榄树生长,而且产量稳定,质量上乘,含油量高。各地所产的谷物、肉类和蔬菜首先满足当地人口的需求,而像拥有50万(有的专家认为是100万)居民的君士坦丁堡这样的大型城市和中等规模城镇的粮食供应主要依靠贸易和中央政府调拨。7世纪以后,拜占庭帝国丧失了北非、西亚大片领土后,粮食供应短缺,人们的饮食习惯也发生了变化,肉类食品比例增加,也带动畜牧业长足发展,而拜占庭帝国多山的中心地区适合各类家畜放养。据记载,同一时期服装原料也因盛产棉花的埃及被阿拉伯军队占领而转向以亚麻和羊毛为主。总之,与生产生活资料相关的"土地"资源的变化导致居民生存状态的变化。

拜占庭帝国所在地区多样性的资源环境决定了当地人居环境的优越性,使得该地区成为具有巨大诱惑力的富庶的农耕区,并吸引大量外族居民的迁入,进而成为地中海和欧洲地区多种古代民族迁徙的主要区域,促使拜占庭帝国人口不断增加。根据学者的初步研究,在中古时期,拜占庭人口占欧洲总人口的比例一直高于欧洲其他地区。根据齐波拉主编的《欧洲经济史》我们知道,①自 500 年到 1340 年间,意大利人口从 400 万增加到 1000 万,法兰克人口从 500 万增加到 1900 万,英国人口从 400 万增加到 1000 万,德意志和北欧人口从 350 万增加到 1150 万。而大约在同一时期,拜占庭人口远远高出欧洲其他地区,最多时达到 5000 万。像拜占庭首都君士坦丁堡这样的大型城市,在欧洲其他地区没有出现过。直到 1150 年到 1300 年间中欧和西欧人口增加最快时,②其首次出现的所谓大城市人口不过数万人,如政治和商业中心城市巴黎、伦敦、科隆、布拉格的居民仅 3 万余人。而君士坦丁堡在 6 世纪时人口高达 50 万以上。一般而言,当居民人数达到了一定数量后,社会公共权力必然趋于集中,其政治形态也相应地趋于专制。当某一地区居民人数没有超出血缘联系的范围时,其社会公共权力的发展似乎停留在"原始公社"阶段。而当其人数因种种因素,特别是自然和人文环境(包括阶级)因素的影响而扩大,使原有的权力结构无法容纳或解决由此引发的其他问题时,新的公共权力形式便出现了,城邦(邦国)也由此而产生。而当人数进一步增加,由此引发的矛盾进一步突出时,专制权力便应运而生。上古时代,分散在世界各地的诸古代民族大体都经历了相同的历史发展进程。这也是在古代世界范围内,有些地区出现了专制王权,而有些地区没有类似的权力形态,有些地区甚至至今保持原始形态的"公平"和"民主"制度的原因。

由于历史的原因,拜占庭帝国继承了罗马帝国的政治传统。在西罗马帝国日益衰亡的过程中,拜占庭帝国却不断强化其皇权。为了推行其意旨并保持君主专制制度的运行,拜占庭皇帝建立起庞大的官僚机构,并逐步使所有的官吏成为只对其个人负责的国家机构,他严密控制高级军政官僚贵

---

① 《欧洲经济史》提供的数字单位为百万计。另外,东欧的人口数字与本书无关,仅列出合计,不再列出东欧地区详细人口变化情况。卡洛·M.齐波拉主编:《欧洲经济史》第 1 卷,第 28 页。

② 马克垚:《西欧封建经济形态研究》,第 372 页。

族的任免权,并将包括教会在内的各种势力当作维持统治的工具。就各种社会权力的高度集中和官僚机构的庞大完备而言,中古时期欧洲其他国家无出拜占庭帝国之上者。这也是拜占庭政治生活的第二个重要特点。官僚贵族是皇帝推行专制统治的工具,是组织严谨的阶层。拜占庭帝国官僚机构具有庞大完备、等级森严的特点,大体上分为行政(包括司法)、军事和教会三大系列,其中高级官员的任免权控制在皇帝手中。例如元老头衔被划分为"杰出者""显赫者"和"辉煌者",其中地位最高的"杰出者"只授予大政区总督、执政官、首都市长、总理大臣和君士坦丁堡大教长。中央朝廷部门齐全,各司其职,其中最重要的部门是国库,6世纪拜占庭帝国财政管理被置于3个部门长官监管之下,即大政区总督、圣库伯爵和皇家私产长官。大政区总督掌管大政区金库,即"总银行"和"专业银行"两个部门。圣库伯爵主管教会事务司、岁入统计司、邮驿司、军饷司、铸币司、政区财政事务司、矿务司、工场司、军械司、皇帝服装司等10个部门。而皇家私产长官又称皇家私产伯爵,主管土地转让司、地租司、土地出租司、私产司、私产库、卡帕多利亚皇产司、(其他地区)皇产司和意大利皇产司。如此细密的官僚机构可保证按照皇帝意旨调配资源和搜刮财富。为确保官僚系统高效率的运行,拜占庭人通过严格的遴选制度保持官吏具有较高文化素质,他们不仅广泛继承古典时期文明的丰富内容,通过完善的文化制度和系统的教育方法,而且不断培养各级官员,要求所有的政府官员必须接受系统的教育,特别是司法能力的培训,并通过考试获得认可,方可任职。包括皇帝在内的拜占庭统治阶层的文化水平远高于其他国家的同时代人。为了防止官僚集团势力控制皇权,每代皇帝都不断打乱调整官僚的等级。这是拜占庭政治生活的又一重要特点。大政区总督的情况就是如此,该官职原为军职,后来扩大为行政官职。《罗马民法大全》公法部分规定:"大区长官也由皇帝任命。并且皇帝赋予其在修改公共规章方面更广泛的权力"。他经常以副皇帝的身份在其所辖区域内行使行政司法职权,负责辖区内的税收、司法、公路、邮政驿站、公共建筑、食品供应、士兵征募、军械兵器生产、区内贸易、商品物价和国立高等教育等项事务,代表皇帝处理上诉至帝国最高法庭的案件,有权按照皇帝的意旨起草和公布法规。由于大政区总督权力极大,拜占庭皇帝采取逐步削权的措施,将其部分职权转移给总理大臣,7 世纪上半期该官职被取消。最初,军区首脑"将军"权限广泛,后来被皇帝逐步削弱,7 世纪的阿纳多利亚军区到 10 世纪被分为 10 个小军区,其"将军"的权力自然相应缩小。拜占庭帝国庞大的官僚机器也是其他欧洲和西亚民族无法比拟的。

　　一方面是不断强化的皇权,另一方面是迅速完善的官僚系统,使得拜占庭帝国成为欧洲历史上最具典型意义的皇帝专制国家。而高度强化的皇权(特别是庞大的官僚机构)存在的物质基础是相对发达的农业生产。拜占庭农业得益于古代希腊罗马时期的技术遗产,其发展水平长期领先于欧洲和西亚其他民族。其农具大多为古代传统的工具,包括浅单划犁、镢头、手笆、长短镰刀等,没有复杂的脱粒机械,而是使用畜力碾压。设计最为巧妙的葡萄酒和橄榄油压榨机械并非完全来自拜占庭人的灵感,而是在古希腊技术基础上改造而成。小型引水系统取代了大型灌溉,扩大了土地耕种的面积。水车不是用于提水,而是为磨房提供动力。多种史料反映,农业中谷物生产的份额低于畜牧和园艺经营。谷物生产以小亚细亚的硬粒小麦为主,辅以巴尔干地区的大麦和黑麦,产量稳定,易于保存。现代学者估计,拜占庭人谷物种植的产量普遍在播种量的 2—5 倍之间,个别高产农田可以达到 20 倍。

　　由于起源于巴勒斯坦地区的基督教的影响,拜占庭社会流行一夫一妻的婚姻制度,并导致普遍的长期的人力资源缺乏。为了缓解人力资源短缺的压力,拜占庭帝国通过立法限制人口流动,或大力推行移民政策。例如对斯拉夫部落的几次移民,最多时达到数十万人。8 世纪的《农业法》最能反映农村劳动者的状态和能力,即各种劳力(人力、畜力、自然力)是如何与自然资源相结合的。① 学者们对 4—6 世纪自由农民是否衰落存在不同解释,原因在于当时的立法将农民固着在土地上。事实上,限制农民迁徙自由的立法旨在解决劳力不足的问题。7 世纪初以后,拜占庭军区制普遍推行,促进了以农兵为主体的小农经济的发展。8 世纪以后,长期通行在拜占庭各

---

　　① 现代学者对"农民"这个名称的概念争议颇多,在拜占庭时代,农民是指以土地耕种为生的农村居民。由于他们的地位频繁变化,在拜占庭历史上出现了许多类型的农民,故对他们的研究必须考虑具体因素,结论必然因时因地而不同。

地的《农业法》表明,农民普遍生活在村社里,耕种由村社分配的份地或经营葡萄园和果园,集体承担赋税,并由村社集中缴纳,每年两次。对于平时发生的纠纷,如牲畜损毁庄稼、盗伐林木、偷摘果实等,需在巡回官员面前解决。他们大多有自己独立的经济,土地使用权来自"古老"的传统,农民有迁徙的自由,他们可以因为各种原因前往他乡,但并不丧失原有土地的所有权,因为在他们返回时可以收回其份地,只是要对在他们离开期间耕种其土地的邻居给以经济补偿。而拥有使用土地优先权的邻居则必须承担迁徙农民应负的税收义务。从这部法律看,拜占庭农村中大体有如下几种劳动者,即富裕农民、贫穷农民、佃户、奴隶。按照7—11世纪普遍施行的军区制,农兵以服兵役为代价换取耕种兵役土地的权利,平时以生产为主,战时以打仗为主,兵器马匹和粮草服装自备。10世纪以后,军区制开始瓦解,农民的地位不断下降,逐渐依附于新兴的大地主。这个时期出现的依附农被称为"帕力克",希腊语原意为"外来的邻居",他们与地主达成租佃契约,以支付赋税和承担国家劳役为代价获得土地耕种权。他们有独立经营的经济权和自由迁徙权,只是没有主张自愿或非自愿离开租佃土地时权利的权力。他们与后来出现的"普罗尼亚"农民还有区别。11世纪以后,依附农的数量增加,到13世纪超过了以前的小农。值得注意的是,以经营租佃土地为生的依附农一直没有丧失人身自由,这种情况延续到拜占庭帝国灭亡。

拜占庭帝国似乎一直没有出现过"人多地少"而导致的社会危机。农民生活的村社是集地理、经济和行政管理为一体的社区,它既是纳税的单位,也是司法活动的单位,从某种角度看,村社相当于国家政权的基层组织。每个村社都有"古老"的边界,村社中主要包括份地、葡萄园、果园、公共草地和林地、宅地和菜园,大的村社设有磨房,利用穿村而过的小河流解决动力问题。大村社中还有家庭式铁匠炉,为本村简单的工具需求服务。农民在村社中享有多方面的权利,其土地使用权是世代继承的,不可剥夺,并表现为份地形式。份地之间有分隔的标志,种植谷物的份地的边界多为沟渠,而葡萄园和果园则以篱笆围起来。村社拥有村民大会,不定期召开,讨论调整土地分配、对外防御和公共设施建设等重大事件,并对农民之间转让土地使用权作见证。村社"农村法庭"负责调解农民之间的纠纷,并代表本村农民的整体利益对外打官司。按照《农业法》，村社应保护农民的土地使用权、葡萄园(果园)经营权、劳动成果所有权等,对于侵犯农民财产的行为按罪定罚。村社"长老"即本村的德高望重的老人负责接待每年两度来访的政府官员和税收官。每个村社都有相对固定的"教父"作为其精神生活的主持人,他们多数是附近修道院的院长和著名修道士,宗教和与农事有关的庆典都由他们操持。村社集体纳税功能使拜占庭帝国政府一直强调村社的作用,并极力维护其存在,甚至到 13 世纪以后村社仍继续保存。

拜占庭帝国高度中央集权的皇帝专制制度是建立在皇帝拥有全国土地所有权的基础上,这也是拜占庭封建政治有别于欧洲其他国家的特点。无论是皇产、教产还是农民或地主的私产,都自愿或被迫服从皇帝的安排。如果一定要以"国有"或"私有"的概念来衡量的话,拜占庭帝国土地是处于皇权控制下的流动状态,即不断变换两种所有权。皇帝可以将土地赏赐贵族,使该土地从国有变为私有。皇帝也可以没收贵族的土地充公,使该土地从私有转变为国有。以服兵役为代价分配给农兵耕种的军区所辖地被军事贵族侵吞后,就使该土地的主权发生转移。而国家通过法令强制恢复对教会土地的税收则意味着恢复了该土地的国有性质。总之,以皇帝为首的拜占庭政府以纳税为条件将土地通过多种形式分配给个人使用,个人之间以地租为条件转换使用权,国家始终保持对任何土地的税收和没收权力,这是否相当于我国古代的"普天之下莫非王土"? 税收是皇帝实现其土地所有权的主要方式,因此拜占庭帝国拥有西方中古世界最完备的税收体制,有一支训练有素、素质极高的税收官僚队伍。拜占庭帝国从开始就征收货币和实物结合税,而纳税人的范围包括所有臣民,税收的种类遍及所有行业。直到拜占庭帝国晚期,皇权衰落使政令只能在首都及其郊区实行,此时在遥远的黑海南岸和爱琴海沿海个别地区出现了"亲王封地",在小亚细亚出现了军事贵族大地产主,脱离了国家税收体制的控制。总之,拜占庭皇权就建立在这一税收体制上。

由于在拜占庭社会经济生活各种因素中,人力资源相对匮乏,而自然资源相对充分,特别是土地资源的利用面临的压力主要来自劳动力短缺,没有出现人多争地的现象,尽管有大规模的移民运动,但仍无法根本解决问题。

因此,对资源的利用长期停留在浅层开发和使用自然状态的资源,技术发展迟缓,发展动力不足。另一方面,大土地所有和小农生产之间的矛盾始终不突出,大地主和农民之间的对抗也不明显。这与欧洲其他地区在 10 世纪后出现的人口增加导致的自然资源相对不足形成鲜明的对照,也是拜占庭历史上从未出现大规模人口外迁现象的主要原因。

皇帝专制制度使拜占庭人避免了西欧等级封建制度的诸多弊端,并依靠国家的整体实力在东地中海动荡的军事环境中保持了相对安定的人文环境,维持了相当长时期的社会繁荣。事实上,富庶稳定的生产生活环境形成了正负两方面的后果,一方面帝国成为人口自然流动的中心,另一方面是外族入侵的对象。拜占庭首都和心腹地区所处地理战略位置极为重要,该地区控制欧洲与亚洲的传统交通要道,扼守黑海进入地中海的海路。南来北往的便利交通即为拜占庭人提供了得天独厚的经济地理优势,但也形成了不断面临诸多外来民族攻击的险境。拜占庭帝国中期历史上出现的军区制改革完成了社会军事化,使资源配置适合战争的需要,人力和物力资源暂时满足了战争的需求,使国家保持了近 500 年的强盛。而当这一合理的资源配置遭到破坏后,拜占庭帝国就进入其衰亡阶段了。

拜占庭皇帝专制程度在中古欧洲范围内达到了顶峰,但是在世界范围内却表现出诸多局限性。换言之,拜占庭皇权受到多方面的制约。

首先以皇权继承为例,拜占庭皇权没有出现我国中古时代比较单一的父死子继的方式。有的学者认为兄终弟及的继承方式是原始社会母权制残余的反映,是长子继承制发展的必经阶段。① 但是在拜占庭帝国,这一继承方式则成为父死子继的补充,它不仅体现了男性继承的原则,而且维护长子继承原则,因为,它是在父死子继和长子继承无法实现的情况下才发挥作用。马其顿王朝的皇帝瓦西里二世(Basil II,976—1025 年在位)终身未娶,去世时没有继承人,其弟君士坦丁八世(Constantine VIII,1025—1028 年在

---

① 辜燮高先生在其《苏格兰、日本、英格兰和中国的兄终弟及制》说明了这种意见,他认为,兄终弟及制度是母系氏族社会的残余,是父死子继制度形成的必经阶段。《苏格兰、日本、英格兰和中国的兄终弟及制》,《世界历史》1986 年第 4 期;另见辜燮高:《从继承制看马克白斯在苏格兰历史上的地位》,《世界历史》1981 年第 6 期。

位)遂按兄终弟及的原则即位,使王朝得以延续。① 拜占庭皇帝继承制度表现出来的多样性是否反映了拜占庭政治发展的落后呢? 答案是否定的。一般来讲,父死子继制度的产生是人类社会私有制发展的结果,"随着财富的增加,财富便一方面使丈夫在家庭中占据比妻子更重要的地位;另一方面,又产生了利用这个增强了的地位来废除传统(即母系——引用者注)的继承制度使之有利于子女的原动力图。"②皇权作为最高的社会权力,不仅可以像财富一样成为继承的内容,而且其继承的意义比财富继承的意义更大。为了确保统治权力能够长期稳定地为皇族或王室控制,父死子继制度就成为近代以前世界各国、各民族政治发展的最高形态。但是,这种制度的形成和实施需要有必要的外部条件为前提,或者说,由于外部条件的差异,父死子继制度在古代世界各国的表现有所不同。拜占庭帝国传统的婚姻制度和基督教婚姻法制约其父死子继制度的正常推行,同时也产生出多种补充形式辅助这种主要的继承方式。

如果拜占庭婚姻制度能够为皇权继承提供更好的保障,其继承结果会更加稳定。这在同样实行君主专制的中国古代得到验证。我国封建王朝很早即有较为完善的夫人系统,以唐朝为例,皇后之下,依次设贵妃 4 人,贵嫔 9 人,婕妤 9 人,美人 9 人,才人 9 人,宝林 27 人,御女 27 人,采女 27 人,③这样的系统可以保证产生皇帝权力的继承人。而拜占庭帝国实行一夫一妻婚姻制度,杜绝蓄妾,其立法针对罗马帝国时期蓄妾成风的情况,严禁重婚,特别是基督教立法坚决禁止重婚和蓄妾,教会公开指责蓄妾无异于嫖娼。《查士丁尼法典》也总结君士坦丁一世以后诸帝吸收教会法、明文禁止蓄妾的法律,对违反者处以剥夺公民权的惩罚。④ 这样,在基督教婚姻制度不能保证产生皇帝继承人的同时,禁止蓄妾的制度又堵塞了解决问题的其他途径,拜占庭皇帝继承中的危机始终难以缓解。

基督教婚姻制度导致的晚婚晚育对拜占庭皇权还产生继承结果不稳

---

① Michael Psellos, *Chronographia*, pp. 158-167.

② 《马克思恩格斯选集》第 4 卷,人民出版社 2012 年版,第 64 页。

③ 王超:《唐朝皇帝制度的发展与完善》,《南京大学学报》1985 年第 4 期。

④ Justinian, *The Digest of Roman Law*, V, xxvi, 1.5.

定、王朝统治时间短暂的后果。除了统治者实行的政策不得人心、严重的自然灾害多为学术界所重视的原因外,皇帝与其继承人年龄差距大也是不可忽视的重要原因。拜占庭帝国1100余年历史中共经历12个王朝的统治,其中大部分是短命王朝:君士坦丁王朝仅经历了两代5位皇帝,其中3位同时在位,该王朝统治共39年,平均每个皇帝在位不到8年;提奥多西王朝经历3代4主,其末代血亲皇帝提奥多西二世虽在位42年,终因无男性后裔,王朝灭绝;利奥王朝与前朝经历类似,仅经3代灭亡;查士丁尼王朝曾是拜占庭帝国统治强盛时期,但是,皇位仅传两代3主;伊拉克略王朝经历5代6皇,比其前代统治时间略长,其间有3帝并立时期;伊苏里亚王朝再次下降到4代5主,其末代女皇废黜亲生儿子自立,终使王朝灭亡;阿莫利王朝3代3帝,末代皇帝两岁即位,27岁时被杀,王朝灭绝;马其顿王朝虽有6代19位皇帝主政,但是,其中只有9人为皇室血亲,其他10人或是篡位的军事将领或是玩弄权谋的宫廷政客,他们通过与皇族联姻获得合法地位,该王朝晚期竟有5人是以皇室公主情人身份登基的;科穆宁王朝是由两个家族构成的,一些学者将之分为科穆宁和杜卡斯两王朝,其5代10帝如按家族计算均没能超过4代;安格罗斯王朝则仅经历了2代4帝,皇室内讧导致首都陷落;流亡时期的尼西亚王朝只经历了4代4帝,其第二代皇帝并非皇室血亲;末代王朝帕列奥列格王朝经历8代11帝,是拜占庭帝国历史上统治时间最长的。相比之下,我国古代除了分裂时期和秦、隋两朝外,统一王朝的寿命平均在10代以上。欧洲其他各国中古时期专制王朝也存在寿命短暂的现象,但是很少存在像拜占庭帝国这样多个短命王朝轮番主政的现象。例如君主专制政体建立以前的法国加佩王朝,共有22代28王,均为王室血亲;实行君主专制统治的波旁王朝经历10代7王,其中路易十四(Louis XIV,1643—1715年)在位72年,大概是世界上在位时间最长的君主。英国于1066年建立诺曼底王朝,传世9代11王,其中被称为"金雀花王朝"创立者的亨利二世(Henry II,1154—1189年)实际上是诺曼底王朝亨利一世(Henry I,1100—1135年)的外孙,是前朝血亲;兰加斯特王朝的创立者爱德华三世(Edward Ⅲ,1327—1377年)事实上是诺曼底王朝直系血亲,传位7代。由简单的比较分析可见,拜占庭帝国皇权继承极不稳定,同时反映了其受到的制约。

　　虽然拜占庭皇帝专制始终控制东正教的发展,使教会没有如天主教在西欧那样强大,但是教会对皇权一直有多方面的限制。君士坦丁一世确立的皇帝对教会的"至尊权"包括召集主教大会权、任免教会最高首脑权、仲裁教会争端权、教义解释权等。换言之,皇帝将教会变为精神统治的工具,使教会等同于政府的一个部门。当东正教羽翼未丰势力尚弱时,世俗统治集团拉拢扶植其发展,两种势力相互利用,密切配合。而当教会实力膨胀,成为重要的社会力量,教会就干预朝政,使教、俗权力发生冲突。8世纪爆发的拜占庭"毁坏圣像运动"就是以皇帝为首的世俗权力集团以"圣像之争"为借口,对教会权力集团发动的斗争。而教会对世俗土地的占有也导致皇权多次对教产大肆没收。教会以利奥六世"第四次婚姻"为借口引发的政治危机延续了数十年。直到拜占庭人陷入土耳其重兵包围,帝国命运危在旦夕时,皇帝君士坦丁十一世仍因教会的掣肘而无法实现其从西欧搬兵救援的计划。

　　拜占庭统治阶层很早就以奢侈的城市生活为主要方式,而城市生活需要以工商业为基础。拜占庭统治者很早就认识到发展工商业的好处,几乎历代皇帝均大力支持商业贸易,严格推行国有手工业政策,在涉及丝绸纺织、武器制造、贵金属加工等中古重要行业中实行官营。为了创造有利的国际贸易环境,皇家不仅一直极力维持拜占庭金币的国际货币的地位,而且不惜诉诸武力开拓海外市场,并建立起世界上最早的海关制度。然而,工商业的发展需要有比农业更"昂贵"的良好环境。安定的人文环境、便利的交通条件、丰富的物资资源等,都成为拜占庭皇权的"负担"。特别是城市中聚集的众多中下等居民构成一种强大的社会力量和特定的利益阶层,他们最初继承了古代罗马帝国的传统,通过"竞技党"干预国家政治。6世纪尼卡起义失败遭到血腥清洗后,城市的特别是首都君士坦丁堡的居民改变了干预政治生活的方式。他们不仅多次发动推翻皇帝的骚乱,而且积极参与兴立君主的活动,成为历任皇帝不能轻视的政治力量,特别是在内外形势动荡的多事之秋,城市居民往往自觉或不自觉地担当起改朝换代的历史任务。有的西方拜占庭学家将城市居民列入决定皇权继承的几个重要因素之一。

换言之,拜占庭皇权也受制于首都居民形成的政治势力。

三、中国学者新视角

习近平主席在致"第二十二届国际历史科学大会"的贺信中提出诸多重要思想,其中"历史研究是一切社会科学的基础,承担着'究天人之际,通古今之变'的使命"的观点非常重要,具有极大的指导意义,历史研究工作者对此倍感亲切,深受鼓舞。笔者作为终身从事世界史高等教育和研究的教授,愿意就中外历史研究工作者加强学术交流的话题浅谈想法。①

众所周知,我国世界史研究近年来获得的长足发展与实施改革开放政策有最直接且密切的关系,正是在中国加快融入世界和世界积极认识中国的大背景下,世界史(也称外国史)学科取得了飞跃式的发展。作为该学科的一个研究领域,我国拜占庭学也经历了从无到有、从小到大的发展历程。诚如习近平主席在信中明确指出的那样:"每个国家、每个民族都有自己的发展历程,应该尊重彼此的选择,加深彼此的了解,以利于共同创造人类更加美好的未来⋯⋯这次大会是一个很好的交流学问、加深理解的机会。"自20 世纪80 年代中期以来,我国拜占庭学的发展非常迅速,除了其他因素外,加强频繁的学术交流、深化国际同行的相互理解是极为重要的原因。30年前,我国拜占庭历史研究无论在基础史料数据库建设,还是在后备学术人才专业化培养方面,均存在巨大的缺陷和困难,屈指可数的研究人员普遍存在研究语言能力欠缺、基本研究资料奇缺的难点,大学里没有相关的课程和人才培养制度,图书馆里找不到基本的研究用书。改革开放政策的全面落实也给我国拜占庭学发展提供了宝贵的机遇,在国家教育部和留学基金委的支持下,一批高校教师受到国家派遣前往国外学习,专攻拜占庭历史与语言,并在与国际同行密切交流合作中推进我国拜占庭研究的奠基工作。首

---

① 陈志强:《以唯物史观为指导推进拜占庭研究》,《中国社会科学报》2015 年 4 月 8 日"历史学"版。

先,在国家财政支持下购买了一批重要的书籍资料和研究用史料文献,特别是在国际拜占庭学界同人帮助下引进了包括《希腊文古籍数据库》(简称TLG)在内的科研教学数据库,初步解决了原始资料不足的问题。而在人才培养方面,我国拜占庭学者不仅在各个学校组织的帮助下,完善了从本科到博士研究生的培养体制,而且加强与国际一流学术机构联合合作,陆续培养出许多高质量的后备人才,打造出了一支近百人的研究队伍,为我国拜占庭学的可持续发展打下了坚实的基础。

但是,如何在拜占庭历史研究中做出中国学者的解读,如何突出我国拜占庭历史与文化研究的中国特色? 这个问题首先受到我国拜占庭研究者们的关注。实事求是地讲,中国拜占庭学发展还处在初步的奠基阶段,与国际同行数百年的拜占庭史研究和我国历史研究其他领域的发展相比,我们刚刚起步。但是,我们在承认不足和差距因此奋起直追的同时,也不妄自菲薄,充分发挥起点高、弯路少的"后发优势",快速发展。中国拜占庭学人一直进行不懈的努力,在扎扎实实的研究中突出中国视角,积极主动地向世界同行发出中国学者的声音,力争在国际拜占庭学发展的潮流中注入东方智慧,力求充分展示具有中国学术价值取向的学术观点,在诸多重大历史与文化发展问题上提出具有中国特色的学术观点。

事实上,我们在国际学术交流中经常听到外国同行的呼声,他们希望能够领略东方学者的历史见识,从"东方智慧"中寻求启迪。我国拜占庭学者长期坚持唯物史观,秉持实事求是的原则,关注拜占庭历史与文化重大问题的物质背景,强调历史发展的社会物质基础研究,在关注具体个案细节研究的同时,注意对重大问题的宏观思考。不仅如此,我们积极筹划集体合作,在国家社科基金的大力支持下,开展国家社科重大项目研究,努力在项目实施过程中更自如自信地坚持历史唯物论,逐步形成国际拜占庭学界的"中国声音"。目前已经问世的近千篇相关文章和40余部相关书籍,初步形成了我国拜占庭历史研究不同于其他国家的重要特点,反映出我国拜占庭研究的历史唯物论特色,受到国际同行的关注。一些过去似乎已经有了定论的课题得到重新探讨,对比研究和比较研究也普遍受到重视,许多新的研究方法正在尝试之中,以原始史料文本为主,以文物、图像和遗址研究为辅的史料观念正在形成。我国学者越来越注意将大量第一手文献和考古成果用于研究工作，其研究的专业化水平迅速提高，一些研究成果已经达到国际拜占庭学界一流水准，其涉及的某些问题如古代中西文化交流研究等正逐渐成为国际拜占庭学界的前沿话题。我们将在国家重大项目的支持下，完善中国拜占庭历史研究的系统理论。

正如习近平主席所说，每个国家每个民族都有各自不同的历史，而后世历史研究工作者对复杂的历史也会有不同的理解和认识。只有在平等对话的交流中才能加深相互理解，进而推动我们"共同创造人类更加美好的未来"。正是由于我国拜占庭学人坚持研究工作中的中国特色，因此越来越受到国际同行的尊重，其取得的带有中国特色的研究成果不仅获得国内多层次奖项，而且得到国际同行的认可，我国学者多次应邀出访国际著名拜占庭研究机构从事合作研究、出席相关国际会议作大会发言，有的学者还获得了希腊研究金质勋章。

我们相信，只要我们坚持正确方向，强化研究的专业化标准，突出拜占庭历史与文化研究的中国特色，持之以恒，不懈努力，就一定能取得更大的成就。

第六章　拜占庭史料与史学新探

一、拜占庭史学

拜占庭史料极为丰富,以至于有学者称:中国是世界史料第一大国,拜占庭帝国则是世界史料第二大国。[①] 在拜占庭文献史料中既包括历史著作、宫廷档案、商业文书、旅行杂记、外交报告、公私书信,也包括诗词歌赋、传道散文、各类讲演、小说戏剧、读书随笔等,类似于我国经、史、子、集各部。此外还有大量拜占庭帝国财政档案、纸草文书、合同契约、税收记录、军事论文、圣人传记、旅行札记、神学文章、教会文件、会议决议、布道演讲词、悼词、诗歌集、教会法、战争纪事、修道院制度、请示报告、随笔便条,等等,这些文献史料都成为研究拜占庭史学史发展的珍贵信息。究其原因在于拜占庭学术和文化传承源于古典时代的希腊罗马,拜占庭文化在千余年间始终以古典文明为其发展的基础,拜占庭知识分子自觉或不自觉地将灿烂的地中海古典文明作为继承发扬的主体,将基督教精神与传统文明结合起来,使拜占庭文化成为中世纪地中海和欧洲世界最耀眼的明珠。深厚的文化底蕴使拜占庭人给我们留下了极为丰富的史料,其中文献资料是最重要的研究依据。很多历史学家乐于进行史料的归类,分列出"历史著作"或"文学作品"等。这种分类存在明显的缺陷,因为古代作家的写作是不做这类区分的。例如6世纪拜占庭作家普罗柯比被后人当作"史家",其实他本人和当时人称之为"修辞家",类似于我们今天通称的"作家"或"文学家"。此外,随着现代

[①]　陈志强:《拜占庭史学》,载于沛主编:《西方史学思想史》,湖南教育出版社 2015 年版,第 86—102 页。

考古学和人类学的发展,大量的拜占庭文物和音像资料也进入历史研究的史料范围。例如拜占庭铸币特别是金币已成为拜占庭经济史研究的重要史料,系统的拜占庭金币研究成果已经奠定了拜占庭经济史最可靠的史料基础。又如无伴奏的东正教唱诗音乐保存了完整的拜占庭音乐历史发展的史料。总体而言,相关研究的史料大体可以分为五类①,即政府文件、立法文书、文学作品、考古发掘(特别是古钱货币)和音像民俗史料。这几类史料中,考古史料在近 30 年的研究中发挥了更为重要的作用。因为随着越来越多的考古物被发掘出来,特别是不断更新的科技手段分析拜占庭钱币得出的结论,使得许多定性研究得到量化的准确说明,弥补了文献、文学和立法材料证据的不足。② 据学者的初步统计,目前已经入选史料总目的文献达到 54000 种,其中整理完成并正式出版的拜占庭历史文献总计达到 22000余种,它们成为拜占庭历史研究的巨大宝藏。

拜占庭人十分注重历史记载,这可能是受古典时期希腊罗马作家的影响。拜占庭帝国的许多教会史家、年代纪史家、编年史家、传记作家等为后人留下大量珍贵的文字。其撰写史书的方式不同于中国古人,而是继承了古希腊罗马历史写作的风格,即在写作中围绕历史事件展开的叙述体例和注重民俗风气的社会文化视角。综观拜占庭历史作品,其共同点在于普遍关注王朝政治斗争和教、俗重大事件。正是这些年代相继不绝的历史作品,使后人能够追寻到拜占庭帝国上千年历史的主要线索,得以了解这个千年帝国上演的一幕幕悲喜剧,使我们可以窥见当时人的生活和思想。这些文献资料在拜占庭历史文化的研究和学习中起着极为重要的作用,但是由于篇幅所限,我们只能对最主要的拜占庭历史作家及其作品特别是其在史学发展中的贡献做简要介绍。这里所谓"最主要的"历史作品是指那些经文献学研究证明记述可靠、涉及年代相互衔接连贯的拜占庭史书。事实上,拜

---

① Peter Sarris, "Economics, Trade, and 'Feudalism'", in *A Compantion to Byzantium*, Edited by Liz James, Malden, MA: Wiley-Blackwell Publishing Ltd., 2010, p.25.

② 拜占庭历史与文化研究的文物资料数量很多,可以按照文物性质分门别类,其中最为专家学者关注的涉及拜占庭建筑、拜占庭圣像、拜占庭珠宝、拜占庭铸币、拜占庭印章等。这些文物资料散布在世界各地,由全世界各国专家整理出版。读者可以通过互联网搜索引擎,比较方便地找到各自需要的信息。

占庭历史作品中最重要的文献大多被翻译为西方主要文字,其中英文版本可以为我国更多读者所接受。①

　　依据笔者的观点,拜占庭历史应该以拜占庭帝国首都君士坦丁堡正式启用的 330 年为开端。那么,最早的拜占庭历史作品就出自凯撒利亚人尤西比乌斯(Eusebios of Caesarea,260—340 年)之手。他于 260 年出生在巴勒斯坦地区的凯撒利亚城,少年时即师从当地著名的教会学者潘非罗斯(Pamphilos),深受其影响,甚至在后者入狱的两年间继续帮助其师著书立说,直到潘非罗斯被处死,他被迫流亡。他经历了拜占庭帝国初期剧烈的政治宗教动荡,53 岁得到平反,当选为家乡的主教,并与皇帝君士坦丁一世成为好友。他一生著述不断,身后留下大量作品,其中有三部最重要,即《教会史》、《编年史》和《君士坦丁传》。现存 10.2 万余字的《教会史》的内容涉及早期基督教的历史,直到 324 年,而总字数 24 万余字的《编年史》则从圣经传说的亚当一直到 3 世纪末。② 从拜占庭史学史发展的角度看,尤西比乌斯最大的贡献不在《编年史》和《君士坦丁传》,因为这两种写作体例来源于古典时代的历史作家。他最大的贡献在于开创了教会史的写作风格,他在其多卷本作品中大量使用前代文献,结合他所经历的各种事件,阐明了这样的道理:只有遵循上帝意旨办事才能获得最终胜利,而获得最后胜利的人都是在上帝指引下的,君士坦丁一世是杰出的代表。这种历史编撰体例此后成为拜占庭历史写作的重要分支,代表着拜占庭史学的新贡献。

　　教会史的特殊之处在于,历史家赋予历史解释的独特视角,不仅以上帝作为宇宙的创造者,因此是历史的设计人,而且将上帝的意旨和千年王国的理想当作人类努力奋斗不懈追求的目的。这样,一种历史目的论就被纳入历史哲学之中。由于这个崇高目的的存在,人世的变化演进就不再是古典时代普遍流行的轮回学说,历史的发展就从循环模式逐渐演变为线性的进

---

　　①　目前,我国引进的《希腊文古籍数据库》(TLG)建立在南开大学东欧拜占庭研究中心,其中包括现已整理出来的所有拜占庭文献。本文介绍的拜占庭学原始资料原文均可在该数据库中查询到。

　　②　这些作品目前均有英文译本,其中比较权威的版本有"劳埃布古典丛书"、"企鹅丛书"、克鲁塞、威廉姆斯、迈克基夫特等译本,其中迈克基夫特译本全文可在"互联网中世纪资料书籍"(http://www.fordham.edu/halsall/ sbook.html)找到。《教会史》等作品已有中文本。

化过程了,历史进化论,即从人类堕落的现世经由耶稣基督的拯救而最终进入完美的上帝之城,就成为教会史的思想主题。尤西比乌斯之后,教会史写作传统一直被拜占庭历史家所传承。例如苏克拉底(Sokrates Scholastikos,379—440年)及其代表作品《教会史》(7卷本)和索卓门诺斯(Sozomenos,约400—450年)的《教会史》(9卷本)。前者虽然将教会事务作为主题,但其内容不局限于基督教事务,而是广泛涉及305—439年间的重要历史事件,特别注重那些对君士坦丁堡政治影响较大的地方性事件,视野比同时期的教会史作品更开阔。① 后者的《教会史》是尤西比乌斯作品的续篇,因此从尤氏《教会史》中断的324年写起,直到443年。索卓门诺斯是皇帝提奥多西二世的好友,在他写作之初,皇帝就其写作内容提出了要求,以纠正和补充奥林匹多罗斯《历史》中有关其统治期间的历史。据说,后来提奥多西皇帝仔细阅读了该书,并认可了其内容。《教会史》对苏克拉底作品中关于教义和神迹的批判,以及对基督教在波斯、亚美尼亚、阿拉伯和哥特人中间的传播的叙述凸显了该书重要的史料价值。② 又如塞奥多利特(Theodoret of Cyrrhus,393—466年)的《教会史》(5卷本)极富史料价值。他积极参与当时激烈的宗教争论并写下大量神学论文,而其《教会史》涉及323—428年间正统基督教对阿里乌派异端斗争的细节,因此为后人提供了大量叙利亚地区宗教和政治史的信息。③

---

① 他生于拜占庭帝国首都君士坦丁堡,自幼接受系统的教育,后师从著名的非基督教学者,当时从亚历山大城流亡到京城的阿莫尼欧斯和海拉迪欧斯,成为小有名气的文法家和律师。该书第一次问世时曾受到一些当代作家的质疑,认为其原始资料存在诸多可疑点。为此,苏克拉底重新修改,多年后完成了第二个版本,后者即是流传至今的版本。该书每卷以一位皇帝在位时间为范围,自戴克里先开始,依次谈及君士坦丁一世、君士坦提乌斯二世、朱利安、瓦伦斯、提奥多西一世和提奥多西二世等皇帝统治时期的历史。全书现存10.4万余字,其权威的英文本为米格奈本。Socrates, *The Ecclesiastical History*, edit, by Schaff, P., New York: Christian Literature Publishing Co.1886.

② 全书共9卷,但涉及425—443年的最后一卷散失,原书最后叙述的443年提奥多西巡视贝撒尼亚地区一事仅保留在后来其他史家的作品中。《教会史》权威的英译本为沃尔富特译本。Sozomenos, *A History of the Church*, trans.by E.Walford, London: Henry G.Bohn 1846.该书中文版也将问世。

③ 该书共分5卷,现存7万余字,他留下的数百封书信则广泛地反映了当时拜占庭帝国的社会生活。塞奥多利特作品权威的英译本为杰克森译本和法拉尔译本。Theodoret, *Ecclesiastical History*, NPNF2–03, pp.3–523, general editor Philip Schaff, New York 1892.

再如埃瓦格里乌斯(Evagrios Scholastikos,536—595 年)的《教会史》(6 卷本)涉及 431—594 年的历史事件,其取材和叙述都不局限于教会事务,资料来源广泛,描写生动,语言比较华丽。值得注意的是,他作为教会史家并不完全采用传统的教会史写作方法,而是交替使用教会诗歌文体和古典文史写作风格。① 埃瓦格里乌斯有一位表弟值得一提,他叫约翰(John of Epiphaneia,6—7 世纪人),是安条克地方的名人,不仅活跃在知识界,而且担任安条克教区大主教乔治的顾问,也曾续写埃瓦格里乌斯的《教会史》。

　　与上述教会史相比,编年史在拜占庭文献中虽然数量更多,但重要性却逊色一些,因为大多数编年史的开篇章节都从《圣经》中选取写作资料,并采取几乎相同的叙述风格,从上帝创造万物和亚当夏娃开始写起。但是,编年史作者在涉及其所在时代历史事件时常常给予更多关注,这就使拜占庭编年史成为教会史和年代纪的补充和旁证。拜占庭编年史写作源于古典时代希腊罗马史学传统,但有其特点。如塔西佗的《编年史》(16 卷本)涉及公元 14—66 年间的历史,其第 1 卷前 5 章从罗马建城谈起。② 相比而言,从上帝创世谈起的拜占庭编年史具有更大尺度的时空观念。这表现在世界史观、线性史观、阶段发展观等方面,也就是说,拜占庭编年史家的历史观具有鲜明的基督教历史哲学特色,他们认为上帝创造的宇宙人世是不分物种、肤色、人种、语言的差异,他们只有等级差别而没有本质区别;而上帝创世以来的 5000 多年经历着阶段性的进化发展。这一点比之古希腊罗马时代“异族”“蛮族”的历史叙述无疑是一种进步,也正因为如此,拜占庭编年史的叙述眼界更为宽广。例如,约翰·马拉拉斯(John Malalas,490—574 年)的《编年史》(18 卷本)涉及广泛,对其他民族历史写作产生了巨大影响,特别是对斯拉夫人和格鲁吉亚人产生深刻影响。其前 14 卷大量引用前人作品,

---

　　① 他是一位持正统教义信仰的作家,但是对其他教派采取宽容态度。他对拜占庭帝国事务的叙述不受信仰的束缚,特别推崇马尔西安、提比略和莫里斯等皇帝的功绩和能力。可能是对安条克更熟悉的原因,他的《教会史》对这个城市倾注了比对君士坦丁堡更多的笔墨。总字数达到 5.6 万余字的《教会史》的重要价值还表现在他记载了许多其在安条克亲身经历的事件,以及详细列出的参考书目。该书权威的英文译本为沃尔富特译本,其中文版也将问世。Evagrius,*Ecclesiastical History*,trans.by E.Wlaford,London:S.Bagster and sons 1854.

　　② 塔西佗:《编年史》(上、下),商务印书馆 1997 年版。

并具体注明原作者的姓名,使许多遗失的古代文献得以保存。该书后 3 卷则仿效修昔底德的文风大量引用演讲词和布道词,并涉及许多其本人经历的重大历史事件。最后一卷涉及作者所在的查士丁尼一世统治时期,特别对当时的宗教政策提出委婉的批评,表达了作者对受到迫害的"一性论派"的同情。《编年史》一直写到查士丁尼统治结束,后经他人续写到 574 年。①埃及尼基乌地方主教约翰(John of Nikiu,7 世纪人)的《编年史》完全承袭拜占庭编年史写作传统,即从上帝造人写起,亚当以后数千年的历史则完全依赖《圣经》的资料,一直写到阿拉伯军队攻占埃及。他的《编年史》最重要的价值在于,它是第一部涉及阿拉伯军事扩张,特别是对埃及征服的记述,比阿拉伯人的相关记载早大约 200 年。②"忏悔者"塞奥发尼斯(Theophanes the Confessor,752—818 年)的《编年史纪》是 7 世纪后半期和 8 世纪前半期最重要的作品,涉及 284 年到 813 年具体史实。该书取材广泛,引用了前代许多年代纪作品,例如普罗柯比、马拉拉斯、塞奥发尼斯、塞奥非拉克特等人的作品。一些现代学者批评他不加考证地大量引用前人作品,这从保存史料的角度看并非缺点,可以为我们提供许多未加改动的珍贵的旁证材料。他在作品中一再申明,他记载的都是客观事件,其中许多内容虽然与他本人的观点不同,但是他忠实原作,不进行任何改动。由于他的作品是按照严格的年代顺序编写,因此成为后代作家的工具书。《编年史纪》的英文和原文

---

① 约翰·马拉拉斯生于叙利亚,在当地文化重镇安条克接受系统教育,后成为当地官员,530 年以后移居君士坦丁堡。其代表作品为 18 卷本《编年史》,值得注意的是该作品是以通俗希腊民间语写作的,在以阿提卡方言为主要语言的拜占庭文史作家圈内带来清新的变化。马拉拉斯的作品《编年史》约 10 万字,其英文译本和原文对照本由杰夫里斯完成。Malalas, *The Chronicle*, trans. by Elizabeth Jeffreys, Michael Jeffreys, Roger Scott, Melbourne: Australian Association for Byzantine Studies 1986.

② 该书使用希腊语和在埃及流行的柯普特语写作,但是原文已经散失,目前使用的古代版本为埃塞俄比亚本,该文本是 17 世纪初从阿拉伯文本转译整理而成。据现代学者研究,这个文本与原始文本有一些区别,因为其中有个别脱漏,有的章节标题与内容不符,但是人们仍然不能确定区别在哪里。John of Nikiu, *The Chronicle of John, Bishop of Nikiou*, trans. by R. Charles, London and Oxford: Published for the Text and Translation Society by Williams & Norgate 1916.

对照本是由图特雷多夫完成的。① 修道士乔治(George Hamartolos,9 世纪人)的《编年史》非常有名,从亚当写起,按编年顺序记述了直到 842 年的历史事件。其中涉及罗马帝国历史时,关注教会事务,例如有关恺撒的内容只有 20 行,而关于"背教者"朱利安的内容仅 10 行,他对恺撒的叙述还主要与基督诞生相联系。该书大量引用教会文件,特别是主教大会决议和早期教父作品。② 10 世纪最著名的编年史家是"大官"西蒙(Symeon Logothete,10 世纪人),其《编年史》首先以"绪言"开篇,遵从拜占庭编年史的传统写法,从《圣经》故事中的亚当开始,简略叙述到查士丁尼二世。该书第一部分,大体与乔治的《编年史》相似,按编年顺序叙述 7 世纪末至 842 年间的历史事件。第二部分涉及的时间范围从 842 年到 948 年,是由几个不同写作风格的部分组成,包括米哈伊尔三世和瓦西里一世的故事,以君士坦丁堡纪年录为基础的利奥六世和亚历山大的故事,只有913—948 年间的内容是以作者亲身的经历和亲自观察为基础。③ 约翰·斯基利奇斯(John Skylitzes,11 世纪人)的《简明编年史》与"忏悔者"塞奥发尼斯的《编年史纪》具有同等重要的价值,主要内容涉及 811—1057 年

---

① 塞奥发尼斯出生在君士坦丁堡,其父为掌控爱琴海军区的"将军",军事贵族家庭背景使他青年时代即成为利奥四世宫中的官员,他不仅结交了一批上层人士,而且与贵族之女结婚。新婚后他和新娘即进入修道院,他还在巴尔干北部西格兰山上建立了迈卡格罗修道院。当时拜占庭帝国正处于毁坏圣像运动的高潮,皇帝更迭导致政策多变。塞奥发尼斯支持主张调和两派的大教长塔拉修斯,反对支持毁坏圣像派的新大教长塞奥多利。他对皇帝毁坏圣像政策的反对使他受到迫害,并客死流放地。塞奥发尼斯的《编年史纪》共 13.5 万多字,是以其前代学者乔治的作品为榜样,后者的《编年史》从亚当写到 285 年。Theophanes, *The Chronicle*, trans. by H.Turtledove, Philadelphia:University of Pennsylvania Press 1982.

② 他使用的独立资料大多是其经历的事件,然而他在这部分叙述中过多地加入了先入为主的看法,例如他以激烈刻薄的语言公开表达了对毁坏圣像派、伊斯兰教、摩尼教和偶像崇拜行为的憎恨。值得注意的是,他毫不隐讳自己对柏拉图学说的推崇,声称在阐述其哲学时绝无不懂装懂,宁可"磕磕巴巴地复述,也不弄虚作假"。乔治的作品被后人翻译为斯拉夫语和格鲁吉亚语,对相关民族的历史写作产生深刻影响。该书现存 12.2 万余字,目前只有德文和原文对照本。George Hamartolos, *Chronicle*, trans. by F.L.Cross and E.A.Livingstone, Oxford:Oxford University Press 2005.

③ 生平不详,从其绰号看,曾任高级官吏。西蒙的《编年史》原文数十万字,现存 3.5 万多字,有多种版本,有的附有续写到 963 年的续编。该书后来被翻译为其他民族语言,目前的英文和原文对照本就是从古代斯拉夫语转译出来的。Symeon Logothetes, *The Chronicle*, trans. by Stephanus Wahlgren, Berlin;Novi Eboraci:W.de Gruyter 2006.

间的大事,被认为是"忏悔者"塞奥发尼斯的《编年史纪》的续编。约翰在对比了前代历史家的作品后,赞扬塞奥发尼斯是最值得信赖的历史家。①

　　11世纪以后特别是14、15世纪目睹了拜占庭帝国衰落和最后灭亡的悲惨过程,动荡的局势使学术和文化陷入迷乱的境地,一些学者为躲避战乱移居意大利,不愿意背井离乡的学者无可奈何地等待最后时刻的到来,历史创作也反映着普遍的颓废心理。这一时期,各种历史作品都比较少,但编年史传统仍然继续。约翰·仲纳拉斯(John Zonaras,12世纪人)的《精粹编年史》是12世纪拜占庭编年史中的代表作品。该书的前部与其他编年史一样,以《圣经》为依据,从亚当写起,按照编年体例一直写到1118年。书中大量使用了普塞罗斯的《编年史》和约翰·斯基利奇斯的《简明编年史》的材料,以充实811年以后的内容。关于阿莱克修斯一世统治期间的历史则主要取材于其本人的经历和见闻,带有明显的批判性,显然是针对安娜公主颂扬其父的《阿莱克修斯传》。② 与仲纳拉斯同为12世纪编年史作家的君

---

　　① 他的生平也不为后人所知,人们只是推测其主要活动年代在11世纪后半期,从其名称上还可以推测他曾担任高级官职。其《简明编年史》的写作风格多变,前后不统一。有关米哈伊尔四世统治时期的内容是按照塞奥发尼斯的写法处理的,即以年代顺序记述一系列相互并无关联零散的事件,而对君士坦丁九世时期的处理则无任何年代标记,只有大段的叙事,有时是不同年代事件的汇编。该书最后一部分是作者对自己的亲身经历和观察的记录,其中对军事将领褒奖有加。作者对当时拜占庭军队的著名将领卡塔喀隆特别青睐,视其为心目中的英雄。卡塔喀隆是约翰同时人,贫困家庭出身,从军后因战功卓著而不断升迁,曾胜利完成西西里远征,平息君士坦丁堡暴动,担任多瑙河前线总司令和包括安条克在内的东部几个地区总督,成功击溃罗斯军队对君士坦丁堡的围困,因此被人成为"斯基泰人和匈牙利人的克星"。约翰的作品保持了拜占庭编年史的传统,故被后人续写,《简明编年史续编》(又称《斯基利奇斯编年史续编》)即是匿名作家完成的简明《编年史》,涉及1057—1079年间的事件。这两部作品总字数达到15万字,已经被现代学者整理出版。John Skylitzes, *Byzanz. Ioannis Scylizes Continuatus*, trans.by H.Thurn, Graz 1983.

　　② 他的生卒年月和生平不详,但从其作品看,他曾担任阿莱克修斯一世朝廷高官,后因反对皇帝任人唯亲而被免职,1118年进入圣格雷克利亚修道院,在其后40年的修道士生涯中,他完成了《精粹编年史》。他公开批评阿莱克修斯皇帝将公共的钱财分给皇亲国戚,他们有的因此发了大财,富可敌国,有的竟然拥有几个城市。他还指责这位皇帝过分放纵士兵,造成军纪散乱,将士专横跋扈,特别指责阿莱克修斯的几次远征是对国家物力和人力毫无意义的浪费。该书在150年前就被整理出来,共24万字左右,其英文译本出现在1977年。John Zonaras, *Epitome Historiarum*, English trans.by M.Dimaio, Missouri-Columbia 1977.

士坦丁·曼纳萨斯(Constantine Manassas,1130—1187年)和米哈伊尔·格雷卡斯(Michael Glykas,12世纪人)也有传世之作。前者以《精粹编年史》为蓝本,刻意模仿荷马史诗,遣词造句注意对仗和韵律,使作品读起来朗朗上口,颇受民间欢迎。可能是他的贵族出身决定了他的政治倾向,他尖锐批评尼基弗鲁斯三世的平民政策,认为其宽容金属匠、木匠、商人和其他手工工匠,而克扣贵族的措施是导致其短命统治的重要原因。后者也仿效仲纳拉斯的风格,其内容从亚当直到1118年。在这部作品中,他宣泄其反对科穆宁王朝的政治倾向,特别是对该王朝创立者阿莱克修斯一世进行强烈抨击,如同曼纳萨斯指责皇帝是色情狂一样,他攻击曼努埃尔是星相狂。值得注意的是,他明确反对神意决定论,并因此否定除亚里士多德以外的所有崇尚命运的古典文史作家。① 13世纪的3部重要编年史各有特点。《编年史精要》是由卓埃尔(Joel,13世纪人)完成的,作者认为,自曼努埃尔一世以后20余年间的6个皇帝统治短暂,并不得善终,完全是上帝对拜占庭人罪恶的正义惩罚。这部书的价值在于,提供了拜占庭帝国和相关国家君主的准确年表。《编年史》是由塞奥多利·斯库塔留迪斯(Theodore Skoutariotes,1230—1300年)完成的。该书内容的时间范围从上帝创造世界到1261年,其资料价值有限,因为它的第一部分来自《圣经》,涉及拜占庭帝国早期历史的第二部分资料几乎完全和仲纳拉斯作品相同,而最后部分的资料来自侯尼雅迪斯和阿克罗包利迪斯的作品。唯一有价值的部分是全书的附录,其中包括某些经济史研究的资料。《莫利亚编年史》是匿名作家完成的作品,该书按照年代顺序记载自第一次十字军东征至1292年间发生在该地区

---

① 曼纳萨斯生于君士坦丁堡的贵族之家,成年后任宫廷高官,是科穆宁王朝的宫廷史家和作家,写过多种颂扬皇帝和大贵族的散文,以及浪漫题材的史诗,其中《简明编年史》对当时人影响深刻。该书的前部以《圣经》历史故事为主线,从亚当写到罗曼努斯四世登基的1081年。他以仲纳拉斯为榜样,就其资料价值而言并无新奇之处,但是,其优美的文笔表现出文学价值。格雷卡斯生于希腊西部沿海的科孚岛,曾任宫廷大学士,因卷入推翻皇帝曼努埃尔一世的阴谋活动,被捕入狱,受到瞽目惩罚。其作品包括12.2万余字的《编年纪事》。曼纳萨斯和格雷卡斯的作品可以作为仲纳拉斯的《精粹编年史》的补充和旁证,目前均被整理出版。Constantine Manassas, *Breviarun Historiae*. Michael, *Annals*, ed. I. Bekker, Corpus Scriptores Historiae Byzantinae, Bonn 1837.

的重大事件。① 来自色雷斯埃诺斯地区的埃弗莱姆(Ephraim Ainios,13 世纪初—14 世纪初)的《编年史》采用十二音节诗歌形式写作,涉及罗马帝国和拜占庭帝国君主帝王编年史,直到 1261 年帕列奥列格王朝重新占领君士坦丁堡。米哈伊尔·潘纳雷多斯(Michael Panaretos,1320—1390 年)的《编年史》现存 10 万余字,是拜占庭古籍中唯一关于特拉比仲德(帝国)历史的文献,涉及 1204 年至 1390 年的事件。②

拜占庭年代纪和名人传记延续着古典文化的人性与理性传统,这种传统源于更早时代的英雄史诗,而拜占庭时代则出现了帝王传和基督教圣徒传记,充分反映了拜占庭君主专制的政治现实和基督教信仰为核心的精神生活状况。年代纪相当于我国古代纪事本末体例的史书,这方面最突出的当属 6 世纪拜占庭帝国最重要的历史作家普罗柯比(Procopios,? —565年),他的主要作品有记载当时三次重大战争的《战史》、歌颂查士丁尼修建京都功德的《建筑》和抨击时政并对皇帝皇后进行猛烈人身攻击的《秘史》。8 卷本《战史》详细描述了拜占庭帝国对波斯人、汪达尔人和东哥特人的战争,不仅对影响战争进程的各次战役进行评述,而且还涉及了相关民族和地

<hr>

① 《编年史精要》前半部是《圣经》年表,后半部主要由一系列君主年表组成,涉及犹太君主、东方君主、罗马君主和拜占庭皇帝、他们在位的年代和死因。所谓麦利亚是指伯罗奔尼撒半岛。该书按照年代顺序记载自第一次十字军东征至 1292 间发生在该地区的重大事件,但是对伯罗奔尼撒地区以外的事件或者涉及很少,或者错误百出。从该书混用希腊语和拉丁语,以及敌视拜占庭人和东正教的情况分析,作者可能是西欧化的希腊人或是在希腊生长起来的西欧人。这 3 部作品也有现代版本。Joel,*Chronogrphia Compendia*, Theodore,*Chronicle.Crusaders as Conquerors*;*The Chronicle of Morea*,ed.I.Bekker,Corpus Scriptores Historiae Byzantinae,Bonn 1836.

② 该《编年史》还附有基督教自使徒安德列建立教会到 1323 年大教长伊赛亚即位期间所有教会的主教名单。现代学者推测,伊赛亚可能是作者的同时代人。该书的资料来源主要是仲纳拉斯、侯尼雅迪斯和阿克罗包利迪斯的作品,其中叙述最详细的部分是西欧十字军占领君士坦丁堡的历史。该作品现存 5.4 万余字。米哈伊尔·潘纳雷多斯是埃弗莱姆的同时代人,出生在黑海南部地区,后来成为特拉比仲德的大科穆宁家族的高官和编年史家。从作品可知,他曾在该家族阿莱克修斯三世军中服役,担任过御林军队长一类的军职,参加过多次战争,并两度到访君士坦丁堡。潘纳雷多斯该书前半部记述不详,后半部涉及 1340 年以后历史部分比较详细,因为其大部分出自作者亲身的经历和见闻。全书重点在描写宫廷生活重大事件,例如婚丧嫁娶和军事远征。他以讲述故事的方式,按照编年体例进行写作,不时以第一人称和事件参加者的角度叙述,语言通俗易懂。由于该书的年代体系不同于其他拜占庭编年史,所以判断其内容的正确年代是很困难的事情。他们两人的作品均由兰普西迪斯整理出版。*Ephraen Aenii Historia chronica*, Michael Panaretos,*Chronicle*,ed.O.Lampsides,Athens 1958.

区的历史。他对战事胜负原因的分析基本摆脱了神学的影响,但是对于拜占庭军队战胜"蛮族"抱着明显的颂扬态度。《建筑》中充满了对查士丁尼肉麻的吹捧,有学者认为,作者是在"软禁"期间和查士丁尼淫威下被迫完成的,其价值在于提供了当时君士坦丁堡公共建筑和社会生活的宝贵信息。最有争议的作品是《秘史》,因为作者在书中一反常态,全面否定了查士丁尼时代的各项政策,并对皇帝和皇后的人格人品大肆诋毁,语言刻毒粗俗,以致后世人怀疑普氏不是《秘史》的作者。从书中描写的宫廷秘史和写作风格看,这种怀疑并不成立。唯一的解释是作者后半生遭受的冤屈改变了他原有的思想观点。无论如何,普罗柯比的作品为我们展示了查士丁尼时代广阔的历史画卷,是这一时期最重要的史料,它们涉及查士丁尼开始主政直到 552 年的历史。① 阿嘎塞阿斯(Agathias,532—580 年)是普罗柯比同时代人,比后者年轻。使阿嘎塞阿斯青史留名的作品是其《历史》一书,因为他明确指出其写作目的是续写普罗柯比未完成的历史记叙。在 5 卷本的《历史》中,他从普罗柯比中断的 552 年写起,详细描述了此后 37 年的政治军事事件,刻意追求普罗柯比的写作风格,注重发生在帝国东、西部的各次战争、查士丁尼皇帝晚年的神经质,以及当时拜占庭社会政治和文化生活,而教会的事务被有意或无意地省略或简化了。② 马赛林努斯·戈麦斯

---

① 他生于巴勒斯坦地区凯撒利亚的贵族家庭,接受过系统的教育,后来赴京城寻求发展,结识了青年军官贝利撒留。当后者因突出的军事才能而跃升为拜占庭帝国东部前线司令时,普罗柯比受聘为他的秘书和法律顾问。自 527 年以后,普罗柯比随军南北转战,东征西讨,亲身参加了查士丁尼一世发动的各次战争。这些经历对于他后来的写作帮助极大。542 年,他受贝利撒留的牵连,被迫回到京城,处于皇帝的直接监督下,此后就没有离开君士坦丁堡,直到去世。其作品被整理问世后,先后被翻译成世界各主要文字,其中数十万字的《战史》篇幅最长,《建筑》现存 23 万余字,《秘史》现存 3.3 万余字,其权威的英文译本包括劳埃布古典丛书中的译本、卡迈隆删节本、威廉森译本和阿特沃特译本。《秘史》和《战史》的中文本已经问世。Procopios, *The Wars*, *the Buildings*, *The Secret History*, trans. by H. Dewing, London, Loeb Classical Library 1914-1935.

② 他是小亚细亚地区米利纳地方人,早年经历不详,曾是斯米尔纳地方负责公共建筑的官员,后来成为君士坦丁堡有名的法学家和诗人,写过一些六步韵律诗和情诗,以及散文和法学作品,还编辑过一本小有名气的时事讽刺诗集,其中包括他自己的上百首诗歌。该书最抢眼之处是他致查士丁尼皇帝的前言,反映当时崇尚古希腊文化的知识阶层的心声。总字数为 6 万余字的《历史》最初被收入柏林出版的《拜占庭史籍大全》中,其权威英文译本为富伦多所译,另有卡迈隆删节本可供参考。Agathias, *The Histories*, trans. by J. D. Frendo, in Corpus Fontium Historiae Byzantinae 2A, Berlin 1975.

（Marcellinus Comes,6 世纪人）的《编年纪事》涉及 379—534 年间的历史,重点在帝国东方事务,提供了许多细节。该书的价值是它为拜占庭帝国史书提供了拉丁作家的旁证,其英文和原文对照本在悉尼问世。① 塞奥发尼斯（Theophanes of Byzantium,6 世纪人）与同时代人曼南德尔（Menander Protector,6 世纪人）的事情令后人不解,因为两人的作品不仅同名,而且内容几乎相同,前者 10 卷本《历史》涉及 566—581 年的历史,而后者的作品涉及558—582 年的事件,时间范围和叙述对象雷同。至今人们难以确定谁是原创者,谁是抄袭者。塞奥发尼斯在该书前言中追溯历史到 562 年,其内容侧重于外交关系和对外战争,对拜占庭帝国东部地区相邻民族,如波斯人、亚美尼亚人和高加索地区各民族社会风俗都有记述。该书资料来源独特,为同时代其他历史书籍所未见。例如有关突厥人的资料就极为珍贵,以提比利斯为都的埃伯利安人的资料也是其他同时代作品中缺少的。他对有关中亚僧侣从中国贩运养蚕育桑技术到拜占庭帝国的叙述是关于这一问题史料的原始出处之一,后经普罗柯比引用,广为流传,至今成为中国古代文化西传的一段佳话。②

中期拜占庭国力强大,文人学者众多,古籍也非常丰富。塞奥非拉克特（Theophylaktos of Simokattes,580—641 年）的 8 卷本《历史》涉及莫里斯皇

① 他出生在伊里利亚的斯科普杰,属于拉丁人,但却前往君士坦丁堡寻求发展。他在查士丁尼一世任恺撒时就成为这位未来皇帝的亲随,后来授公爵名号,位列贵族。Marcellinus, *The Chronicle of Marcellinus*, Sydney 1995.

② 该书残卷不足千字,但其续编近 10 万字。曼南德尔生于君士坦丁堡贵族家庭,据他自己说,早年遵从父命,在京都学习法律,因为这是为官的必要条件。后来,他和其他寻求仕途生涯的贵族子弟一样,进入宫廷侍卫队,曾任御林军军官,一度卷入当时流行在君士坦丁堡等大都市的"竞技党"活动。莫里斯皇帝掌权后,他受命写作历史,并负责接待各路学者。由于他随和的性格和写作才能,他一直与当朝皇帝保持良好的关系,不仅为查士丁二世和提比略一世所赏识,而且是莫里斯的好友。这些特殊的经历有助于他了解拜占庭帝国高层事务,接触宫廷文件。他多次对拜占庭帝国皇帝与波斯国王和其他君主谈判细节的描写说明了这一点。值得一提的是,这两位作家特别注重对不同民族风土人情风俗习惯的描述,观察独到细微,记载翔实具体,并注意对叙述对象所在的地理地貌进行准确的描写。他们的作品为后代作家广泛引用。目前该书有两个古代版本,但是两个本子并不完全一致。最好的英文译本为布罗克雷译本。Menander, *The History*, trans. by R. Blockley, Liverpool 1985; Theophanes, *Fragmenta Historicorum*, ed. C. Muller, Paris 1959.

帝统治时期的拜占庭历史。特别有意思的是,他在《历史》的前言中采用了
拟人式的对话,让历史与哲学各自阐述观点,以突出历史写作的独特风
格。① 尼基弗鲁斯(Nikephoros I Patriarch,750—828 年)写作《简史》的目的
在于批判毁坏圣像派作家"错误"引用和解释前代历史。涉及 602—769 年
拜占庭帝国的历史,从崇拜圣像派的立场叙述当时的重大历史事件。他不
是按照年代顺序,而是遵循事件发展写作,对涉及的地理地貌有更准确的描
写。他还完成了一部《编年史》和一部《教会史》,但前者更像是一部年表,
包括自上帝创造万物以后直到 828 年间"世界"统治者们的年表。《编年
史》在当时的影响似乎更大些,被翻译成拉丁语和斯拉夫语,流行于地中海
世界。② 尼基弗鲁斯之后,拜占庭年代纪似乎沉寂了相当长一段时间,作品
少的原因是历史家普遍青睐编年史的写作。拜占庭历史上第一位亲自撰写
文史书的皇帝是君士坦丁七世(Constantine VII,905—959 年),客观而言,
他算不上杰出的拜占庭皇帝,但却是真正的学者。在其多部关于拜占庭帝
国军区、政府、宫廷礼仪的著作之外,他主持编纂的《皇帝历史》属于史籍
类。该书共分 4 卷,共 20 万余字,涉及 813—961 年间的王朝政治史。第一

---

① 塞奥非拉克特生平不详,后人只知道他出生在埃及,曾任察尔西顿主教的助手。其
主要著作与曼南德尔的《历史》相接,重点叙述莫里斯时期君士坦丁堡的重要事件。正是由于
他观察的重点在首都,特别在朝廷,所以书中有大量有关京城庆典和宫廷仪式的细节描写,这
是同时代其他作品中缺乏的内容。他对拜占庭帝国东部地理的记载一直伸延到古代中国,表
现出作者对古代地理学家斯特拉波的推崇和熟悉。另外,他在写作中带有强烈的基督教信仰
色彩,特别注意描述所谓的神迹和上帝的"奇迹"。其作品现存 6.5 万余字,其英文译本以怀
特比译本为最好。Theophylact, *The History*, trans. by Michael. Whitby and Mary Whitby, Oxford
1986.

② 他出生在君士坦丁堡的教会贵族家庭,当时毁坏圣像运动正处于高潮,其父因坚持
崇拜圣像而被皇帝君士坦丁五世驱逐流放,他随父亲流亡。伊琳妮皇后摄政期间重申崇拜圣
像,他才得以返回京城,并得到平反重用,官拜皇帝的秘书。退休后,他周游帝国各地,在小亚
细亚建立多所修道院。802 年,他重新回到京城,被任命主管首都最大的救济中心,4 年后担
任君士坦丁堡大教长,达 9 年之久。在此期间,他不遗余力地以温和手段平抚毁坏圣像派残
余势力,积极维护皇帝权威,但是未能成功。当朝廷以强制手段镇压反对派时,他拒绝签署迫
害决定,愤然辞职。尼基弗鲁斯一生著述丰硕,留下了多部批驳毁坏圣像派主张的著作和长
篇论文。该书现存 1.7 万余字,尼基弗鲁斯作品的英文译本由曼戈完成。Nicephorus, *Short
History*, translation, and commentary by Cyril Mango, Washington, D.C.: Dumbarton Oaks, Research
Library and Collection, 1990.

卷的内容以 813—867 年间利奥五世、米哈伊尔二世、塞奥非鲁斯、米哈伊尔三世等皇帝统治时期的事件为主,可能是作为著名编年史家塞奥发尼斯(Theophanes the Confessor)作品的续写,因此《皇帝历史》有时又被冠以《塞奥发尼斯作品的续篇》。第二卷单独记载君士坦丁的祖父、马其顿王朝的创建人瓦西里一世的生平,极力歌颂这位皇帝的文治武功,肯定军事将领的作用,贬低商贾。第三卷涉及 886—948 年间 6 位皇帝在位时期的历史事件。可能直到君士坦丁去世时,该书的编辑工作仍在进行,因此最后一卷是在他死后两年完成的。全书充满了对皇族和福卡斯家族、布林加斯家族、库尔库阿斯等军事贵族的欣赏和崇敬,其视野因而受到限制。① 与《皇帝历史》衔接的作品是利奥(Leo the Deacon,950—994 年)的《历史》,利奥笃信上帝的力量,确信命运是无法摆脱不能对抗的,而一切成功都体现了神意的肯定,而所有的失败和灾难都是上帝对人的惩罚。这使他的作品具有浓厚的悲观主义色彩。利奥是位尚古作家,他将歌颂的对象比喻为古代的英雄,他们不仅具有古代英雄的人格品行,而且简直就是古代英雄下凡,战无不胜,他笔下的皇帝尼基弗鲁斯成为再世的赫拉克利特,皇帝约翰则变为复生的提丢斯,基辅大公斯维亚托斯拉夫被视为阿喀琉斯的后裔。② 普塞罗斯(Michael Psellos,1018—1080 年)是拜占庭历史上著名的学者和作家,他的

---

① 他虽然是皇帝利奥六世和贵族出身之宫女邹伊的亲生儿子,但是命运坎坷。其父生前多次结婚,一直希望有男性皇位继承人。君士坦丁是利奥第四次婚姻的结果。由于这次婚姻违反了基督教婚姻法规而导致严重的政治危机,邹伊的皇后地位未能得到教会的承认,君士坦丁也因此被排斥在王朝权力中心之外长达 40 年。可能是他的这种特殊经历为他提供了生活条件优越而又置身权力斗争之外的环境,还可能是他继承了其父学者的天赋,君士坦丁一生向学,热爱古代文化,大力支持学术,褒奖各种文化活动,吸引大批学者在其周围,推动"马其顿文艺复兴"。目前,该书有德文和原文对照本。该书英文本也已问世。Constantine VII, *Vom Bauernhof auf den Kaiserthron*, trans. by C. Mango, Washington, D.C. 1990. Constantino, *De thematibus*, A. Pertusi. Città del Vaticano: Biblioteca apostolica vaticana 1952.

② 利奥是小亚细亚人,早年受教育于君士坦丁堡,后任宫廷执事,随瓦西里二世出征。利奥的《历史》涉及 959—976 年间的历史事件,重点叙述王朝政治和对外战争,特别是对保加利亚人的多次战事,包括成功的和失败的战斗经历。他使用的资料可能来自目前尚未发现的福卡斯家族史,因此他在写作中表现出对出自福卡斯家族的皇帝尼基弗鲁斯二世的敬佩。总之,现存约 3.5 万字的《历史》的文学色彩浓厚,影响了其写作的可靠性。该书的英文译本为塔尔伯特译本。Leo the Deacon, *History*, trans. by Alice-Mary Talbot, Washington, D.C. 2005.

《编年史》实为年代纪,主要涉及 976—1078 年间的政治和军事大事。古希腊历史作家对他的写作产生深刻影响,他在叙述中始终强调大自然的作用,注意从现世事物中寻找事件发生的原因,而很少描写神迹。他根据自己的观察和分析,而不是从神学的角度理解历史事件,因此,在他的书中没有正义与邪恶、光明与黑暗、善与恶的鲜明对立,他笔下的人物和事物几乎都是矛盾的,因为他力图从人性的缺陷中追寻失败的原因。普塞罗斯的作品得益于他丰富的阅历,许多关于皇帝和宫廷生活的描写来自其亲身近距离的观察,因而比较可靠,成为后人反复引用的资料来源。[①] 小亚细亚阿塔利亚人米哈伊尔(Michael Attaliates,约 1020—1085 年)的《历史》是其许多作品中的主要代表作。该书涉及 1034—1080 年间拜占庭帝国重大历史事件,与普塞罗斯的作品相比,更为客观,没有个人对事件的评论和价值判断,而主要是从第三者角度记述事件的原委,即使在不得不涉及其本人参与的过程时,也绝少自我吹嘘,这在拜占庭历史作家中是不多见的。[②] 安娜公主的第

---

① 普塞罗斯出生于君士坦丁堡中等的殷实之家,其父母极为重视对他的系统教育,师从当时多位学者,教俗知识兼通,奠定了日后发展的基础。他属于当时思想活跃,学识渊博的学术新星,在首都知识界脱颖而出。他在 36 岁时因其庇护人退出政坛而被迫进入奥林匹斯山修道院。不久,他重返首都政界,成为宫廷学者,在君士坦丁九世、罗曼努斯四世和米哈伊尔七世统治期间发挥了重要的政治和学术作用,曾任帝国哲学院院长(类似我国古代"翰林院大学士")。他晚年失势,在贫穷和失落中去世。普塞罗斯是一位多产作家,其大量作品涉及历史、哲学、神学和法学,还写作了大量韵律诗歌、散文、札记和书信。其《编年史》按照当时流行的传统,首先根据圣经的记载对上帝创世以后的历史进行简介,而后进入正文。《编年史》现存 7.8 万余字,被翻译为多种文字,其中权威英文版本为邵特尔译本。Psellos, *Fourteen Byzantine Rulers*, trans.by E.R.Sewter, N.Y.Penguin 1966.

② 米哈伊尔是普塞罗斯的同代人,他的《历史》可以与后者《编年史》相互印证。他出生在阿塔利亚的中等家庭,但是自幼聪明,在君士坦丁堡受到的系统教育使他在仕途上发展顺利,曾任法官和元老,主管京都供水工作。这些职位不仅使他跻身拜占庭帝国上层社会,而且为他带来可观的财富。他的作品涉及多方面的知识,包括他根据自己的了解完成的历史作品、个人传记、为他建立的修道院制订的法规制度,以及从罗马共和国到马其顿王朝的法学方面的法书,等等。他的关注点主要集中在君士坦丁堡等城市生活,其笔下的人物大多与城市民众活动相联系。由于尼基弗鲁斯皇帝以 80 岁高龄退位时,《历史》尚未完成,后代学者认为,本书对他的肯定反映了作者的政治倾向,而不掺杂阿谀奉承的成分。应该说,《历史》的资料是可靠的。可贵的是作者对大自然产生的浓厚兴趣使他对诸如大象和长颈鹿作了细致的描写。该书现存约 6.2 万字,目前有权威的德文和法文本,部分内容的英文译本由邓尼斯完成。Michael, *Historia*, trans.by John D.Polemes, Athens:Ekdoseis Kanake 1997.

二个丈夫小尼基弗鲁斯(Nikephoros the Younger Bryennios,1064—1137 年)的《历史素材》是部未完成的作品,涉及 1057—1080 年间拜占庭帝国的军事外交活动。与安娜不同的是,他特别注重当时几个势力极大的家族为争夺皇权进行的斗争,包括科穆宁、杜卡斯和布雷恩努斯等军事贵族势力集团的政治活动。在表面上歌颂阿莱克修斯一世的字里行间,他含蓄地批评和否定这位皇帝的人格,而对其父亲加以肯定。他认为其父具有贵族的一切优秀品行和条件,即高贵的血统、万贯家财、为理想献身的勇气和军事天赋。① 在以年代纪和编年史为主要历史编纂体裁的拜占庭帝国,塞萨洛尼基人尤斯塔修斯(Eustathios of Thessalonika,1115—1196 年)的《塞萨洛尼基陷落记》可谓独树一帜,是记述单一事件的史籍。他认为人类社会经历着从低级社会向文明的高级社会的进步过程,人们之间的关系将日益紧密,其重要性必然超越包括宗教仪式在内的各种外在的公共活动。1185 年,作为当时拜占庭帝国第二大商业贸易中心的塞萨洛尼基一度被来自意大利的诺曼人占领。尤斯塔修斯身临其境,对这一事件进行了详细描写,特别是对各种类型的居民在突发灾难面前的表现作了生动的刻画,该作品被后人称作拜占庭人"百态图"。②

衰落时期的拜占庭史书充满了颓废之气。侯尼雅迪斯(Niketas Choni-

---

① 根据他的自传《历史素材》记载,他同名的父亲是米哈伊尔七世时期著名的军事将领,曾任保加利亚地区军队司令和多瑙河下游地区总督,后发动政变推翻了米哈伊尔的统治。尼基弗鲁斯三世登基后,不接受恺撒称号,继续军事反叛,终被阿莱克修斯击败受刑,后得到皇帝的赦免,晚年以盲目成功指挥对库曼人作战而闻名。小尼基弗鲁斯娶安娜为妻后,成为军事将领,一直希望夺取皇权,并参与了安娜的宫廷政变。他失败后,继续参与指挥帝国军队,曾随约翰二世远征安条克。他的这部书现存 3.1 万余字,目前只有原文与德文和法文对照本。Nikephoros the Younger,*Materials*,trans.by Paul Gautier,Brussels 1975.

② 他生在塞萨洛尼基的贵族家庭,在首都接受系统教育,后进入教会任职,当过大教长米哈伊尔三世的秘书,并升任副执事和教区常务总管,1178 年担任塞萨洛尼基大主教。他崇尚古希腊文化,对荷马史诗极为精通,曾对这部古典名著作过详细注释。此外,他组织收集整理古希腊文史作品,使一大批古籍得以保存下来。作为一位具有原发性思维的思想家和作家,他在《塞萨洛尼基陷落记》中对皇帝曼努埃尔的政策作出诸多评估,基本上肯定了这位皇帝的所作所为,但同时也大胆指出他试图调和基督教与伊斯兰教教义等政策上的失误,敢于褒贬时政,公开指责官僚作风和腐败堕落的修道士,公开否定役使奴隶的现象,认为这是邪恶和反自然的制度。该书近 3 万字,其英文译本由迈尔维勒-詹尼斯完成。Eustathios,*The Capture of Thessalonica*,trans.by J.Melville-Jones,Canberra 1988.

ates,1155—1217 年)的《记事》涉及 1118—1207 年的历史,是有关该时期最重要的史料。他以散文的风格,近距离地观察当时拜占庭帝国各阶层民众,认为他们是善恶混杂的矛盾体,是历史的主题和最活跃的因素,而上帝则提供了最完美的道德准则。他将皇帝安德罗尼库斯的统治视为残暴、堕落的灾难时期,并歌颂处于困苦环境中的人类尊严、财富和人生乐趣。但是,1204 年的灾难性事件给他带来的心理震撼远远超过了肉体痛苦,反映出当时拜占庭知识阶层中普遍存在的自信心的瓦解。宿命论体现在其作品的字里行间,全书充满了灾难降临的预兆,突如其来的风暴、损失严重的海难、无法控制的火灾、野兽血腥的扑食场面、流行病和瘟疫等都被他赋予神启的含义,冷嘲热讽,脏话满篇,甚至不时开些残酷的玩笑,而在夸大的心理观察中突出了性的描写。这些使《记事》成为拜占庭文史作品中不多见的"颓废"之作。① 乔治·阿克罗包利迪斯(George Akropolites,1217—1282 年)的《当代编年史》全面记载了拜占庭人在尼西亚励精图治、艰难奋斗、积聚力量、东山再起的过程,特别对米哈伊尔皇帝充满敬佩甚至吹嘘。该书还广泛涉及当时占领君士坦丁堡的拉丁帝国的历史,其时间范围大约为 1203—1261 年。② 哥里高拉斯(Nikephoras Gregoras,1290—1361 年)撰写的 37 卷本《罗马史》具有最重要的史料价值。他在写作中采用了严格的资料考证方法,

---

　　①　侯尼雅迪斯出生在小亚细亚西部地区,在君士坦丁堡接受教育,受其在雅典任主教的兄长影响曾赴黑海地区任地方官员。任满回都后,一度成为宫廷高官。1204 年,第四次十字军攻陷君士坦丁堡后,他随大批贵族官吏逃亡尼西亚。他的《记事》真实记录了这一重大历史事件,该书现存 16.3 万余字,其英文译本为马古里亚斯译本。Niketas Choniates, *City of Byzantium*,trans.by H.Magoulias,Detroit 1984.

　　②　他是拜占庭人在尼西亚流亡期间最著名的历史家。他出生在被第四次十字军占领下的君士坦丁堡。其父母为原拜占庭贵族,对他施以严格的家教,并在其 16 岁时将他送往尼西亚宫廷,使他在当时最著名的大学者布莱米迪斯等人门下全面学习古代教俗知识,学业大长。1240 年,年仅 23 岁的阿克罗包利迪斯成为皇子的老师,并以大学士身份主持皇家法庭,以皇帝特使身份从事外交活动。皇子塞奥多利二世即位后,他出任军政要职,监察驻扎在马其顿地区的拜占庭军队。由于他是皇帝米哈伊尔八世的亲戚,君士坦丁堡重新被拜占庭人控制后,立即被委以重任,负责全面恢复拜占庭皇家教育和学术。作为皇家大学的哲学、几何学、修辞学教授,他培养出许多出色的弟子,有些成为后来的拜占庭文化名人。他这部作品现存近 4 万字,其英文译本由马格达林诺完成。George Akropolites, *Chonike Sungraphe*,trans.by R.Macrides,Oxford;New York:Oxford University Press 2007.

对前代史书中记载的事件进行认真考核,特别是将主要的笔墨用于其亲身经历的历史。作为教会领袖,他对教会内的争议和斗争极为关注。值得注意的是,他不相信宿命论,更反对以神意解释历史事件,强调人世的邪恶不能归于上帝。《罗马史》是研究 14 世纪上半期最重要的古籍。[①] 接续哥里高拉斯历史写作的是著名的约翰六世(John Kantakouzenos,1292—1383年)。他的代表性作品是 4 卷本《历史》,该书涉及 1320—1357 年的历史事件,几乎都是他本人亲身经历的事件,资料来源主要是他的私人日记。他崇尚古希腊文史作家的风格,特别推崇修昔底德,《历史》便深受《伯罗奔尼撒战争史》的影响。但是,他与古典作家最主要的区别在于,他笃信上帝决定人的命运,认为他在官场上最终失败不是人为的,而是天意。[②]

---

① 其作品在涉及的时间跨度上远远超过帕西迈利斯的作品,其内容包括 1204 年第四次十字军占领君士坦丁堡直到 1359 年一个半世纪的历史事件。他幼年丧失双亲,由时任伊拉克略城主教的叔叔约翰养育成人,接受良好的教育,后被送到君士坦丁堡师从大学者格雷基斯学逻辑与修辞,跟塞奥多利学习天文和哲学。在王朝内战期间,他支持老皇帝,但是并未因此而得罪与老皇帝作战的小皇帝,后来因学识超群而得到后者的重用。在安德罗尼库斯三世统治时期,他成为皇帝心腹重臣坎塔库震努斯(即后来的约翰六世)的死党,并在后来的王朝战争中支持约翰六世。这对他晚年的失势有极大影响,他不仅遭到宗教大会的谴责,而且被当局拘禁在家中,其作品被列入禁书,死后被焚尸,骨灰遍撒京城,让万人践踏。哥里高拉斯多才多艺,完成多种文学、哲学、艺术、史学作品,其中《罗马史》该书现存 35.3 万余字,目前只有原文和德文对照本。Nikephoras Gregoras, *Historia Rhomaike*, trans. by J. van Dieten, Stuttgart 1973.

② 他出身古老世家坎塔库震努斯家族,其父为巴尔干半岛南部伯罗奔尼撒地区总督,故与皇家关系密切。他与后来成为皇帝的安德罗尼库斯同龄,结为终身挚友。当安德罗尼库斯反叛其祖父时,约翰坚定站在好友一边,甚至当后者战场失利时也不惜家财,倾力支持。后来,他成为安德罗尼库斯三世的宰相和大将军。安德罗尼库斯三世死后,约翰受先帝托孤,成为 9 岁的约翰五世的监护人,摄政帝国军政。后因遭到外戚贵族集团的排挤,发动内战,并于 1347 年击败对手,自立为共治皇帝,同时将女儿嫁给约翰五世。他凭借其万贯家财和大地主的支持,以及塞尔维亚和土耳其人的支持,巩固了统治地位,在位 7 年,直到被约翰五世推翻,被迫进入修道院。在修道院度过的近 30 年的后半生成为他潜心写作的时期,其间完成了大量作品。他熟练地驾驭历史材料,举凡这个时期的大小事件都在其关注中,无一遗漏。但是,他在写作中将自己放在事件的中心,吹嘘其在位期间政策的英明,自我标榜为运筹帷幄的战略家。尽管如此,由于他身处拜占庭政治生活的核心,其总字数达 31.6 万的《历史》具有极高的资料价值,是后人了解 14 世纪上半期拜占庭政治军事宗教史的最重要依据。作为接受过良好系统教育的贵族,他代表了当时的社会上层。该书最权威的对照本为德文和原文对照本,而英文译本大多是部分内容的翻译。Kantakouzenos, *Historiarum*, trans. by G. Fatouros and T. Krischer, Stuttgart 1982-1986.

拜占庭帝国最终灭亡时期的历史记载是由杜卡斯（Doukas，约1400—1470年）完成的。他的《历史》涉及1341—1462年间拜占庭帝国衰亡史，许多事件为其亲身经历见闻，记述虽然可靠准确，但带有政治倾向。该书不仅使用希腊文资料，而且使用意大利热那亚和土耳其方面资料，因此，比一般拜占庭作家的史书资料更加丰富。① 拜占庭帝国衰亡阶段的历史文献还包括大量记载各地地方性事件的史籍。塞萨洛尼基大主教西蒙（Symeon，？—1429年）的长篇《谈话录》真实地反映了当时人的心态和宗教情绪，其关于宗教生活的细节描写也具有较高的史料价值，他提到东正教教士的等级制度、洗礼的过程、圣餐的内容、忏悔的方式、涂油礼和葬礼的要求，等等，甚至具体列举了复活节庆典需要的物品、教堂中家具和圣器摆放的位置、各类参加者出场的顺序的清单。在宗教生活描写细腻方面，大概只有君士坦丁七世的作品可以与之比美。② 类似的作品还有利奥条斯·马克海罗斯（Leontios Makhairos，15世纪人）编纂的专门记载当时塞浦路斯历史的《塞浦路斯乐园叙事》，涉及1359—1432年间的事件；约翰·卡诺那斯（John Kanonas，15世纪人）的作品重点叙述1422年土耳其苏丹穆拉德二世进攻君士坦丁堡的《编年纪》；约翰·阿纳哥斯迪斯（John Anagostes，15世纪人）记载了1430年穆拉德二世击败威尼斯人夺取塞萨洛尼基的事件。这

① 其生平一直不为后人所知，至今也没有发现有关的资料。但是，人们从其作品中了解到，其祖父是约翰六世的拥护者，内战期间流亡小亚细亚重镇以弗所，托庇于当地土耳其埃米尔。杜卡斯年轻时曾任拜占庭地方高官的秘书，后服务于莱斯伯斯岛大贵族加提鲁修家族，由于他通晓意大利语和土耳其语，故以代表身份多次造访土耳其苏丹国和意大利。特别值得注意的是，他描写了1416年发生在小亚细亚西部地区的农民起义，这在拜占庭史书中是绝无仅有的，他注意到这次农民起义实行"人人平等"的制度，公开宣称穆斯林和基督徒是平等的兄弟。与大多数同时代作家赞扬苏丹穆罕默德二世不同，他严厉批评这位拜占庭帝国的"终结者"道德败坏、荒淫无耻、残酷无情，公开主张东正教应与罗马天主教联合，以争取西欧君主的援助，挽救拜占庭帝国。他认为土耳其军队攻占君士坦丁堡是上帝对拜占庭人违背神意和罪孽的惩罚，是人力无法改变的惩罚。《历史》现存7万余字，其英文译本由马古里亚斯完成。Doukas, *Decline and Fall of Byzantium*, trans. by H. Magoulias, Detroit 1975.

② 其作品就记载了当时发生在这座拜占庭第二大城市的历史事件，叙述了15世纪20年代塞萨洛尼基城面临来自土耳其和威尼斯人两方面的巨大压力，最终投降威尼斯人的过程。其作品目前只有原文和德文对照本。Symeon, *Politico-historical Works*, by D. Balfour, Vienna 1979.

些反映拜占庭帝国末代王朝各地情况的历史极大地丰富了拜占庭历史研究的基本史料。① 劳尼库斯·查尔克康迪利斯（Laonikos Chalkokondyles，1423—1490 年）的 10 卷本《精粹历史》带有浓厚的古典风格，例如，其中关于其他民族的描写就充分体现出希罗多德的写作风格，而其中大段引用演讲词又有修昔底德的文风，甚至不时使用古代雅典人常用的阿提卡方言。② 乔治·斯弗兰齐斯（George Sphrantzes，1401—1478 年）的《简明编年史》涉及 1413—1477 年间的历史，主要依据他本人的日记，其中既有当时重大事件的年代记事，又有其子女生卒日期记录，属于私人回忆录，最珍贵的是他关于 1453 年战役的记载。③ 塞尔维斯特（Sylvester Syropoulos，约 1440—1453 年）的《回忆录》真实记载了发生在 1438 年前后的宗教和政治事件，涉及许多宫廷秘史和逸闻趣事，包括皇帝身边的大量阴谋诡计，是后人了解这

---

① Leontios Makhairos, *Recital*. John Kanonas, *Chronikon*. John Anagostes, *Sphrantzes*, by I. Bekker, Bonn 1838.

② 该史书以大量有关拜占庭帝国和土耳其苏丹国的外交资料补充这个时期的历史文献。劳尼库斯为雅典人，青少年时代随父亲流亡希腊，师从隐居米斯特拉的大学者普莱松，后在爱琴海地区从事文化活动。他的《精粹历史》涉及 1298—1463 年间的历史事件，特别是关于拜占庭帝国和土耳其等周边民族交往的历史，除了土耳其人，还包括阿拉伯穆斯林、俄罗斯人、德意志人、南斯拉夫人、西班牙人等，其中来自土耳其文的资料极为重要。劳尼库斯宣称自己的写作目的就是记载"伟大的希腊帝国的衰亡"和奥斯曼土耳其帝国的兴起，这在自傲的拜占庭历史家中是十分少见的。可能是他早年受到的古代希腊文化的深刻影响，作为历史著作，该书最主要的不足是缺乏年代记载。该书现存 10.7 万字，其权威版本是德文与原文对照本。Laonikos, *Europa in XV Jahrhundert*, Graz 1954.

③ 他是末代王朝的宫廷史家，还在青年时就进入上流社会，成为曼努埃尔二世的朝臣，后来又是君士坦丁十一世的心腹大臣，特别是作为特使出访土耳其、热那亚、特拉比仲德和爱琴海诸多岛屿。1430 年，他被任命为希腊南部帕特拉地方总督，1446 年转任米斯特拉总督，1453 年土耳其占领君士坦丁堡时，他被俘入狱。获释后，他出家修道，游历各地，浪迹天涯，足迹遍及意大利、巴尔干和地中海各岛屿，老死于科孚岛。他在写作中放弃了拜占庭历史作品传统的文言体语言，而使用民间口语，其中夹杂许多土耳其和意大利方言和词汇，这在拜占庭文史作品中也是极少有的。该书现存近 2.5 万字，其准确的年代记录提高了其使用价值，被后人翻译为多种语言，其中权威的英文和原文对照本为菲力匹底斯本。George Sphrantzes, *The Fall of the Byzantine Empire*, trans. by M. Philippides, Amherst 1980.

一时期拜占庭政治生活的重要史料。[①]

　　拜占庭名人传记最初也是继承古典希腊罗马传统,关注政治、军事著名人物,因此拜占庭帝国帝王传记史不绝书。例如约瑟夫(Joseph Genesios,912—? 年)的《列皇纪》就是根据他在宫廷中接触到的大量文档和书信写成的,涉及 813—886 年间的多位皇帝,包括利奥五世、米哈伊尔二世、塞奥非鲁斯、米哈伊尔三世和瓦西里一世。[②] 10 世纪匿名作家的 4 卷本《编年史纪续编》不是编年大事记,而是涉及利奥五世、米哈伊尔二世、塞奥非罗斯和米哈伊尔三世、瓦西里一世、利奥六世、亚历山大、君士坦丁七世、罗曼努斯一世及其两个儿子、罗曼努斯二世等皇帝的业绩。[③] 最著名且杰出的人物传记出自科穆宁王朝公主安娜(Anna Komnene,1083—1154 年)的手笔,她为其父皇阿莱克修斯一世写作的传记《阿莱克修斯传》使她成为拜占庭历史上最杰出的女性作家,其饱含深情的作品体现出女性作家特有的细

---

　　① 他是拜占庭帝国灭亡前夕的著名学者,也是东正教高级教士,任君士坦丁堡教区总管和大教长的助手。当时拜占庭帝国面临土耳其人的巨大军事压力,灭亡在即。1438 年,他作为东正教代表团重要成员,前往意大利参加著名的费拉拉——佛罗伦萨宗教和解大会,并在《东西教会合并法令》上签字。据他本人说,他是在被关押胁迫中不得不签字的。而这一法令在拜占庭帝国民众中产生了强烈的反响,大部分教士和信徒都反对两个教会的联合,认为这是罗马教会乘人之危迫使东正教屈服的阴谋。他回国后改变立场,公开支持反对合并派,斥责《东西教会合并法令》。尽管他本人并非朝廷命官,也非宫中常客,但是《回忆录》还是涉及了诸多宫廷大事秘闻。该书只有意大利和原文对照本。除了记载某一重要事件的文献外,还有专门记载某位皇帝的传记,例如米哈伊尔·克利多布鲁斯的《穆罕默德二世传》。Sylvester, Les" Memoires", trans. by V. Laurent, Rome 1971.

　　② 约瑟夫出生在君士坦丁堡高级官宦之家,自幼接受系统的贵族式教育,学识渊博,与皇帝君士坦丁七世关系密切,是聚集在后者皇宫中的文人学者圈子里的重要成员,也是"马其顿文艺复兴"热潮的积极推动者和参与者。该书的资料来源主要是前代和当时作家完成的编年史和基督教圣徒传记,例如修道士乔治的作品。《列皇纪》的近代版本早在近 200 年以前就被德、法学者整理出来,共 2.3 万余字,最新的权威原文版出现在 1973 年,其最新原文与德文对照版本出现在 1989 年。Joseph Genesios, Basileiai, ed. C. Lachmon, Corpus Scriptorum Historiae Byzantinae, Bonn 1828.

　　③ 其作品按照一系列皇家人物的传记编排 813—963 年间的历史事件。第一卷中说明自己只是塞奥发尼斯的继承者,但是在写作体例上全书可能是多位作者的共同作品,其中各卷政治倾向不完全相同,但是,从其从始至终贯穿的对马其顿王朝皇帝的赞誉看,它应该是宫廷组织的编史活动的成果。据现代学者的研究,君士坦丁七世就组织过这样的工作。该书仅有德文和原文对照本。Scriptores post Theophanem, ed. I. Bekker, Corpus Scriptores Historiae Byzantinae, Berlin 1838.

腻情感令读者下泪。① 约翰·金纳莫斯(John Kinnamos,约 1143—1203 年)的《约翰和曼努埃尔功德纪》在时间上接续了安娜公主的作品,其涉及的历史从 1118 年到 1176 年。金纳莫斯的历史观是上帝决定论,命运和神意决定历史的发展和事件的过程。他还高度评价曼努埃尔的军事组织改革和对改造军事技术的支持。② 涉及拜占庭帝国末代王朝的史家有多位,首先应该提到乔治·帕西迈利斯(George Pachymeres,1242—1310 年),他的代表作品名为《帕列奥列格王朝的米哈伊尔和安德罗尼库斯》,涉及这两位皇帝在位的 1260—1308 年间的拜占庭帝国历史。他敏锐地感到末代王朝统治下的拜占庭帝国已经是明日黄花,衰败之象处处显露,因此他对国家和人民的前途充满忧虑,其悲观主义的历史观体现在上帝决定一切的宿命论叙述

---

① 她是皇帝阿莱克修斯的长女,生长在皇宫中,接受全面的皇家教育,后嫁给前朝皇帝米哈伊尔七世·杜卡斯的儿子君士坦丁。这次婚姻实际上是阿莱克修斯加强统治地位的举措,但是她误以为这是自己成为皇后的机会。1118 年其父去世其弟即位时,她在母后杜凯纳的支持下阴谋发动宫廷政变,被其弟约翰二世挫败,被迫成为修女。其后半生 30 余年被软禁在修道院里,这使她有时间撰写《阿莱克修斯传》。该书不仅仅记载了阿莱克修斯的业绩,而且广泛涉及 1069—1118 年间的拜占庭帝国发生的重大事件,特别是有关军事和外交方面的细节。全书充满了她对父亲的歌颂,开篇就描写了阿莱克修斯的胜利,并从后者的活动中解释这个时期拜占庭人对外战争胜利的原因。作为古典文化的爱好者,安娜不仅在写作中随时引用古希腊诗人的名句,而且对当代基督教狂热思潮持批判和否定态度。她对古希腊作家的作品和前代拜占庭人取得的成就深感自豪,特别对阿莱克修斯治下的社会生活推崇备至,因此对约翰及其后继者曼努埃尔一世的统治持批评态度。由于该作品大部分是其亲身经历事件的记录,因此资料价值极高。她文笔细腻,一些场面的描写生动感人,这在拜占庭作家中是不多见的。该书属于拜占庭历史作品中的上乘之作,总字数约 15.2 万字,被现代学者翻译为欧洲多种文字,其中英译本有大维斯和索特尔两种版本。Anna Komnene, *The Alexiad*, trans. by E. Dawes, London 1928; trans. by E. Sewter, N. Y. Penguin 1969.

② 金纳莫斯的生平不详,从其他同时代作家得知,他曾任皇帝曼努埃尔一世的秘书,参加过多次对外战争,在皇帝阿纳斯塔修斯一世短暂统治期间,卷入神学争论。其作品原始文本多有破损,书名为后人所加,内容重点叙述科穆宁王朝两位皇帝的事迹。他对曼努埃尔的文治武功极为推崇,特别是对其具有的英雄气质十分欣赏。根据现代学者的观点,曼努埃尔是拜占庭帝国第一位"西欧化"的皇帝,曾长期生活在意大利西西里。因此,金纳莫斯对这位皇帝的肯定表明了作者在思想上倾向于东、西欧联合的"世界帝国"的政治主张。这种政治倾向也决定了他对十字军战争的看法,他认为这场战争有助于基督教世界的联合。该文献现存 6.3 万字,英文译本由布兰德完成。Kinnamos, *Deeds of John and Manuel Comnenus*, trans. by C. Brand, New York 1976.

中。正因为如此,他十分注意在追寻人物动机和事件原因中表现神意。① 还有两部涉及拜占庭帝国末代王朝的匿名年代纪值得提出,其一是完成于 16 世纪的《君士坦丁堡的皇帝、大教长和苏丹》,叙述 1391—1543 年间君士坦丁堡发生的历史事件,其中包括多位拜占庭帝国末代皇帝和东正教大教长,以及占领并统治君士坦丁堡的土耳其苏丹。另一部书名为《1373—1513 年的拜占庭城、欧洲和奥斯曼帝国初期的苏丹》,完成于 17 世纪,涉及 1373—1513 年间的历史。② 近年来,国际拜占庭学者在发掘整理抢救拜占庭古籍文献中发现,圣徒传记是其名人传记的重要组成部分。

除了史学著作外,在拜占庭文献中还有大量政治类和法学类作品,它们既是拜占庭帝国皇帝专制中央集权国家的真实写照,也可以为拜占庭历史研究提供典章制度资料。例如有关拜占庭官僚制度和官职的《职官录》《教会职官录》和《君士坦丁堡职官录》是其中具有代表性的文献。③ 专门讨论

---

①　帕西迈利斯生于尼西亚,其少年时代是在拜占庭帝国流亡政府卧薪尝胆、努力收复京都的氛围中度过的,接受了具有强烈爱国主义情绪的系统教育,19 岁时随老师阿克罗包利迪斯到君士坦丁堡,后进入教会阶层,其教职不断升迁,成为教俗高级官吏。由于该书记述的事件大多为其本人的亲身经历或亲眼所见,来自他的观察和体验,所以内容比较可靠。他注重当时引起拜占庭社会分裂的宗教冲突和教义争论,虽然力图不带个人意见地比较客观地叙述历史,但是对米哈伊尔的人品和政策仍提出批评,认为这位皇帝脾气暴躁,虚伪做作,对教会人士粗鲁敌视,这种倾向显然受到其教会立场的影响。他在写作中的尚古倾向得益于其渊博的古典知识和坚实的古希腊学识,大量典故随笔而出,甚至使用古代的名称记载年代和月份,但是这也使他的作品比较难读。该书目前只有德文和法文译本。George Pachymeres, *De Michaele*, trans. by V. Lautent, Paris 1984.

②　这两部书提供的珍贵资料使人们得以了解拜占庭帝国何以未能再次恢复,从此退出历史舞台。这两部书目前都已被翻译为英文,它们的权威版本均由菲力匹底斯完成。*Emperors, Patriarchs and Sultans of Constantinople*, trans. by M. Philippides, Brookline 1990. George Sphrantzes, *The Fall of the Byzantine Empire*, trans. by M. Philippides, Amherst 1980.

③　《职官录》是拜占庭帝国早期的作品,主要是由当时帝国东、西部文臣武将的官职清单组成的。该表的目的可能是为参加重大庆典的各级各类官员确定各自出场的顺序和位置,这种官职表很可能是在旧表基础上根据当时对个别官吏所作的调整修改而成。由于各个王朝甚至许多皇帝对文臣武将官职的调整不同,不同时期的《官职录》也不尽相同。目前相关研究中最出色的成果当属英国学者布瑞的《9 世纪帝国政府制度》一书,其后附有原始文献的译文。《教会职官录》的数量比《职官录》多,它主要是由东正教教阶官职清单组成的,主要用途也是为宗教仪式服务的。根据目前保存的大量教会职官表,君士坦丁堡大教长的地位最高,其次是各大教区和大城市的教长,而后是大主教,主教排在最后。其他教会神职人员则分列在上层教会官职之下。目前发现最早的《教会职官录》是 6 世纪初完成的,此后陆续问世的教

拜占庭官职和宫廷活动的作品首推君士坦丁七世的《帝国政府》,该书十分详细地叙述了拜占庭官僚机构,包括中央和地方各级官吏的职责,以及他们的历史沿革。其次应该提到约翰·莱多斯(John Lydos,490—565)的《论罗马人民的官员》。其重点讨论从晚期罗马帝国到拜占庭帝国政府的变化,资料价值极高。[1] 类似的史料还有一些,但都不如这两部书。拜占庭帝国继承罗马帝国的法律传统,历任皇帝均注重法律建设,为后人留下大量法律文献,其中除了近百位皇帝发布的法令外,比较重要的是一系列法典。法典中最著名且最有价值的当属查士丁尼主持下完成的《罗马民法大全》、438年颁布的《提奥多西法典》、739年完成的《法律选编》、870年以后颁布的《法律指南》、880年前后修订的《法律手册》、利奥六世颁布的《皇帝法规》、1345年编成的《六书》,以及《农业法》《士兵法》《市长法》和《海洋法》等,它们都为历史研究提供了可靠的参考资料。[2]

会职官表大约有20部。《君士坦丁堡职官录》主要反映首都各级文武官员的情况。这类职官表的价值在于,它们不仅提供了宫廷和教会活动的许多细节,而且提供反映拜占庭政治状况和经济形势的信息。Bury, *The Imperial Administrative System. The Notitia Dignitatem. Notitiae dignitatum. Corpus notitiarum*, ed. E. Gerland, Istanbul 1931.

[1] 这本书是君士坦丁七世皇帝为其后人管理帝国朝廷和各级官员而专门写作的,其中保留了大量前代文献,具有极高的史料价值。莱多斯出生在里底亚,20岁以前接受系统教育,后到京都寻求发展,入宫为官40年,对6世纪以前拜占庭帝国官制极为精通,曾受到查士丁尼皇帝的重用。他的作品涉及晚期罗马帝国政府结构和官职的变化,并广泛叙述了查士丁尼时代的政治生活,反映了当时知识分子的一般状况。Constantine VII, *De Administrando Imperio*, trans. by J. Jenkins, Washington DC. 1967. John Lydos, *On the Magistracies*, trans. by T. Carney, Lawrence 1971.

[2] 查士丁尼一世即位之初,首先着手调整帝国社会关系,针对当时成文法律极为混乱的情况,下令组成法律编纂委员会,该委员会汇集了当时最著名的法学家特里波尼安、法律教授狄奥菲鲁斯等十名法学专家。经过法学家一年多努力编成的10卷本《查士丁尼法典》于529年4月正式颁布,其收录范围自罗马帝国皇帝哈德连(117—138年在位)到查士丁尼一世时期历代皇帝颁布的法律。该法典包括前言、法理1卷、私法7卷和刑法1卷,534年修订后又增加公法3卷。该法律颁布后立即取代其他与此矛盾的旧法,成为拜占庭帝国唯一具有权威性的法典。530年,特里波尼安再次指导扩大为16人的法学编辑委员会编辑《法学汇编》,并于3年后编成颁布。该书汇集古代法学家的论著,共分50卷,是学者们阅读参考约2000部古书编撰的巨著,共300万行。由于编撰工作十分繁重,时间又相对仓促,这部法律汇编内容比较粗糙,一些古代法律相互矛盾,某些法律条文的注释概念模糊不清,还由于专家们在搜集和审阅此前所有公认的法学家的著作过程中,对古代文献进行摘录、节选、分类和评介多有不同,人多手杂,使个别总结性的评语存在明显错误。为了普及法律知识,培养法律人才,查士

总之,拜占庭史学在古典希腊罗马史学传统基础上,以基督教信仰为指导思想,在教会史、编年史、年代纪、人物传等方面产生出大量历史杰作,不仅为后人留下了丰富的历史资料,而且推动了史学理论、历史编纂的发展,产生了广泛而深远的影响,使拜占庭史学在欧洲乃至世界史学史上占有重要的地位。

二、他山之石可以攻玉

英国拜占庭学的发展比自意大利文艺复兴以后领风气之先的法国和德国略晚,但是其发展从一开始即保持高水平,并始终占据国际拜占庭研究的领先地位。英国拜占庭研究发挥后发优势快速发展,并保持着延续至今的可持续发展态势,其中缘由值得探究。①

近代早期资本主义兴起以后,西欧学者开始注意拜占庭帝国历史与文化的研究。1453 年"君士坦丁堡陷落的消息震惊了西方世界","西方得到的最恐怖的消息莫过于君士坦丁堡陷落和皇帝战死。"②处于奥斯曼帝国统治下的希腊人坚持其传统的东正教信仰,与基督教欧洲其他地区保持稳定的联系,并获得基督教欧洲民众的广泛同情。此时的拜占庭人大多放弃了"罗马人"的称呼,改为"希腊人",他们使用希腊语在教堂和教会主办的学校里教育本族子弟,力图通过文化复兴来实现民族复兴的梦想。这种热情

丁尼要求特里波尼安、狄奥菲鲁斯和法律教授多罗塞乌斯完成《法理概要》,并于 533 年发表,全书分为 5 卷,以通俗易懂的语言和明确的法学概念简明系统地总结《法学汇编》的全部内容。在查士丁尼统治末期,他又将自己在 534 年以后 30 年期间颁布并没能收入法典的法令编辑成《查士丁尼新律》作为补充,《查士丁尼新律》使用希腊语完成。*The Digest of Justinian*, trans.by Th.Mommsen and P.Krueger, Philadelphia 1985. *The Institutes of Justinian*, trans. by A. Thomas, Amsterdam 1975. *Corpus Jurus Civilis*, ed.P.Krueger, Berlin 1895. *The Civil Law*, trans.by Scott,S.P.,The Lawbook Exchange,Ltd.2001.除了这部法典外,比较著名的还有 Leo Ⅲ and Constantine V, *Ecloga*, trans.by E.Freshfield, Cambridge 1927.

①　陈志强:《英美拜占庭学发展及其启示》,《史学理论研究》2015 年第 2 期。

②　罗伯特·福西耶著,李桂芝等译:《剑桥插图中世纪史(1250—1520)》,山东画报出版社 2009 年版,第 271、270 页。

一度转变为收集和翻译整理古代文物文献的行动,并迅速与意大利文艺复兴时代人文主义者的尚古热潮结合在一起,推动西欧资产阶级新文化运动的发展。"拜占庭灭亡时抢救出来的手稿……展示了一个新世界——希腊古代;在他的光辉的形象面前,中世纪的幽灵消逝了;意大利出现了出人意料的艺术繁荣"①。大量的希腊古代手稿因此在这一时期流入西欧,为拜占庭研究工作的开展奠定了文献资料基础。在 15、16 世纪的早期研究阶段,德、法两国的学者像其意大利先驱一样,掀起了搜集和整理古代希腊罗马手稿和文物的热潮,推动文艺复兴运动从意大利向阿尔卑斯山脉以北扩展,在全欧洲范围大规模展开。在这次高潮中,英国作为孤悬海上的岛国,其新兴的文化力量并没有特别突出的表现,拜占庭历史故事不过是追赶欧洲大陆学术风尚和热爱"博古学"的有闲绅士们的话题。

在欧洲大陆涌动的新文化潮流中,我们能够看到 16 世纪末德意志奥格斯堡的富格尔家族秘书、著名学者赫罗尼姆斯·沃尔夫(Hieronymus Wolf,1516—1580 年)的身影,看到沃尔夫去世后其弟子威尔海曼·赫尔兹曼(Wilhelm Holzmann)、大卫·赫施尔(David Hoeschel)和约翰尼斯·伦克拉维乌斯(Johannes Leunclavius)的身影,也能够找到法国教会学者迪尼斯·比陶(Denis Petau)和荷兰学者沃尔坎努斯(B. Vulcanius)以及约翰尼斯·缪尔修斯(Johannes Meursius)的身影,甚至在奥斯曼帝国统治下的希腊也不乏知名学者尼古拉斯·阿林曼努斯(Nicolaus Alemannus)和利奥·阿拉丢斯(Leo Allatius)等,但我们就是找不到英国学人的踪迹。

直到启蒙运动时期,英国出现了一批著名的思想家,也出现了著名的拜占庭研究者,这就是爱德华·吉本。有人会问,何以将吉本算作拜占庭研究专家?读过其名著《罗马帝国衰亡史》的人一定都会注意到,吉本没有写罗马帝国"兴亡史",却偏偏关注"衰亡史"。在吉本看来,这个罗马帝国的"衰亡"过程非常漫长,从晚期罗马帝国一直到 1453 年君士坦丁堡的陷落。而他的这部经典名著的绝大篇幅也都用在了这漫长的千余年历史上。显然,我们将吉本说成是拜占庭史家并不为过。事实上,当时代表新兴资产阶级

①　《马克思恩格斯选集》第 3 卷,人民出版社 2012 年版,第 846 页。

进步思想的学者们掀起了批判宗教神学、提倡理性主义的启蒙运动,他们沿用文艺复兴时代的学术理念,把欧洲中世纪称为"黑暗时代",认为在这一黑暗时代,欧洲古典文化全面倒退,遭到落后的蛮族和基督教的扼杀,他们还对深受基督教神学思想影响、并以东正教为国教的拜占庭帝国持批判态度。伏尔泰(Voltaire,1694—1778 年)、孟德斯鸠(Montesquieu,1689—1755 年)等思想家对拜占庭历史和文化无不持否定态度。深受欧洲大陆学术思想影响的爱德华·吉本(Edward Gibbon,1737—1794 年)也持同样的立场,在其《罗马帝国衰亡史》中把拜占庭帝国千余年的历史视为罗马帝国长期的衰亡史,并将这一衰亡过程称为"蛮族主义和宗教的胜利"。[1] 显然,就学术思想和政治理念而言,吉本没有脱离欧洲大陆的影响,换言之,他在思想上并没有新的创造发明。这与他 5 岁开始在姑母支持下自学古典希腊罗马语言文学并长期游学欧洲大陆、且活动于著名学术沙龙之间有密切关系,对年轻气盛但体弱多病的吉本而言,英伦三岛特别是牛津大学的短暂学习留下的回忆并不美好。他选中这一课题也绝非如他在前言后记中声称的那样,是在落日余晖下罗马古迹中的灵感冲动,而是从历史的角度论证"宗教迷信、愚蠢盲从和专制制度"的种种弊端。吉本的这部名著思想性极强,观察问题的视角非常独特,诚如吴于廑先生评论的那样,他"叙述了和分析了基督教在早期罗马帝国时代的成长和传布。他揭去神学家所加于基督教的圣洁的外衣,冷静地、客观地、有时是隐约其词地,把基督教作为一个久居地上的尘俗现象,从它和一定环境下的人的错误和腐化行为的联系,进行了深入的、理性的考察……其征考文献之广,辨析史事之勤,也就是讲求理性验证之严格,在 19 世纪西方史学大兴史料研究之前,是难见其匹的。"[2]今天我们仍然对这部学术经典抱有崇敬的心情,其广泛的史料考证、理性的历史思辨和典雅的文学语言一直享有极高的声誉。可以说,吉本所代表的英国拜占庭学界一炮打响,一举抢占了欧洲拜占庭研究的制高点,其关于拜占庭帝国的学术观点影响长达两个世纪。

---

① Gibbon, *The History of the Decline and Fall of the Roman Empire*, I, p.53.

② 吴于廑:《吴于廑学术论著自选集》,首都师范大学出版社 1995 年版,第 275 页。

　　这种现象的出现是有其政治经济背景的。吉本生活的 18 世纪,恰好是英国工业革命进行的时期,新科学技术和新生产制度将英国迅速推向了权势的顶峰。在大英帝国的打造过程中,历史学如同其他学术领域一样,也成为英国进步知识分子竞争的舞台,他们要在工业文明的发展和扩张浪潮中建立自己的话语,一批英国的知识精英们因此脱颖而出,号称英国"史学三杰"的人物就是在此期间建立其稳定的学术地位,引领史学风骚上百年。曾记否,年轻的吉本在用法语出版了他的处女作之后,在是否使用母语作为其庞大写作计划的工作语言问题上犹豫不决,请教大思想家休谟,后者高瞻远瞩地告诫他:年轻人,不要犹豫,法语的天下终将让位于英语。事实证明,休谟的预言是准确的,充分反映出大思想家对纷繁世事的洞察力,也反映出大英帝国将要主宰世界的趋势。在这种背景下,英国拜占庭学的迅猛发展就是顺理成章的。

　　细心的读者一定注意到,英国拜占庭学的发展长盛不衰,杰出人物辈出,这成为英国拜占庭学发展的又一个重要特点。在吉本之后出现的另一位著名的拜占庭学家是布瑞(J.B.Bury,1861—1927 年),他在拜占庭史学方面的贡献甚至超越了吉本。正是布瑞一改吉本时代学者凭借个人天赋和才能治学的传统,而是明确提出历史不是文学的分支而是独立的"科学"学科,不等同于"文学创作",而是严谨的学术考证,为此他在高等学府建立相关的科研机构和人才培养体系。布瑞本人出身于爱尔兰安立甘宗教会牧师家庭,在都柏林三一学院就读,留校任教后被聘任为三一学院希腊历史与文化教授,41 岁时受聘于剑桥大学,一直在此任教了 25 年,其间主持编写了大英百科全书的相关词条,倡导并主编了享誉世界的《剑桥古代史》。而他的成名之作是建立在注释吉本的《罗马帝国衰亡史》上,至今,这部名著最好的版本仍然是由布瑞注释的版本。这也清楚地表现出英国拜占庭学人代代相传的"学缘"关系。① 布瑞之所以被定位于"拜占庭学家"还因为他以历史学严谨的考证方法完成出版了多卷本的《晚期罗马帝国史》,正是这一工作使他成为复兴英国拜占庭学的领袖人物。在其诸多伟大的成就中,最

---

① 　参见黄宜思和黄雨石翻译的中文版和席代岳译中文全译本。

值得提及的是他指导培养了仁西曼这样出色的弟子,后者成为下一代拜占庭学的杰出人物。让我们浏览一下他在拜占庭学方面的作品,包括《晚期罗马帝国史,从阿卡迪乌斯到伊琳妮》(1889)、《罗马帝国史,从建城到马库斯去世》(1893)、《亚历山大大帝去世前的希腊史》(1990)、《圣帕特里克传及其历史地位》(1905)、《东罗马帝国史,从伊琳妮逊位到瓦西里一世登基》(1912)、《自由思想史》(1914)、《进步的理念》(1920)、《晚期罗马帝国史,从提奥多西一世去世到查士丁尼去世》(1923)、《蛮族对欧洲的入侵》(1928)、《19世纪教宗史》(1930)等,最后两部是在他去世后出版的。可见他一生的主要研究都集中在拜占庭历史及其相关问题上。①

如果说布瑞的生活专注于学术和近乎隐居写作的话,那么另一位特别值得一提的是范莱(George Finlay,1799—1875年),后者的生活轨迹和学术成就与布瑞形成了鲜明的对照。范莱于1799年出生于英国肯特郡一个苏格兰军官家庭,3岁时在皇家火药场担任皇家工程师的父亲不幸去世。他的苏格兰籍母亲和舅舅从此担负起教育培养小范莱的责任,先后送他去著名的格拉斯哥大学、哥廷根大学和爱丁堡大学接受系统教育。但是他违背了长辈们希望他成为律师的愿望,将自己的兴趣投向希腊民族的解放事业,积极投身帮助希腊人民摆脱奥斯曼土耳其帝国统治的战争,与著名诗人雪莱一同奔赴希腊前线,并肩长期奋战在斗争的第一线。这个时期正是奥斯曼帝国衰落瓦解的阶段,处于土耳其人统治压榨下的希腊人民与东地中海地区其他民族一样,在英国、法国、俄国等欧洲列强的帮助下,开展激烈的民族独立斗争,形势如火如荼。作为欧洲工业文明的老大哥,英国政府积极介入巴尔干地区事务完全是为大英帝国的利益服务的。范莱和当时一切进步的知识分子一样,在"自由"与"专制"、"民族平等"与"帝国秩序"的斗争中,坚定地站在了希腊人民一边,虽然不自觉地成为大英帝国政府对外扩张的斗士,但在纷繁复杂的生活中毅然选择了符合历史潮流的道路,并将一生献给了希腊人民的解放事业。他用自己的家产在雅典附近购置了土地,作

---

① 布瑞策划的《剑桥古代史》(14卷)于1924—1939年出版,1970年再版,2005年重新修订出版,目前由中国社会科学院立项进行翻译。该书是世界公认的经典教科书,代表着欧美高等教育教材的最高水平。

为策划斗争的根据地,一直奋斗到 76 岁去世时。在此期间,他写作了《希腊史》以唤起希腊人民的民族意识,其清新的写作风格不同于吉本那富有哲理的英国绅士散文风格,也不同于布瑞那穷宗追源的历史学究考证论文风格,而是充满了积极进取的活力、审视局势的洞察力和分析人性的思辨性,在欧洲深受好评,以至数年后于 1877 年以《希腊史,从罗马征服到当下:公元前 146 年到 1864 年》为名再版。如果说吉本代表的英国拜占庭学是理性主义时代历史学家理性分析历史的榜样的话,那么范莱就是将理性分析获得的新价值观念(即工业文明价值观)付诸实践的典型,是历史家用自己的学识服务现实生活的杰出人物,而布瑞则代表了学院派历史家的共同特点。但无论如何,他们都站在了国际拜占庭学发展的前沿。范莱的希腊通史中有关拜占庭帝国时期的历史后来被单独编辑出版,名为《拜占庭帝国史》。①

英国拜占庭学人才辈出的秘诀在于英国的精英教育一直保持世界领先水平,至今人们仍然津津乐道于"英国式的导师制",因为这成为现代教育三大核心模式之一。英国的拜占庭学家代代相传,在其规范而注重基础的人才培养体制中,不断涌现出国际拜占庭学界的杰出人物。首先让我们来看看布瑞的高足仁西曼(S. Runciman, 1903—2000 年)。这位长寿学者出身政治世家,父母都是工党议会成员,祖父是富有的船商。他之所以奇特在于其超群的语言天赋,据说他不仅可以讲拉丁、希腊等欧洲所有语言,而且可以读懂土耳其、叙利亚、阿拉伯、波斯、希伯来、亚美尼亚、格鲁吉亚古语史料。当年他拜布瑞为师时,起初被严词拒绝,但当他说自己可以读懂俄文时,布瑞不再反对,而是让他编辑一大堆保加利亚语文章,从此进入师门,成

---

① G. Finlay, *History of the Byzantine Empire*, London: Jmdent & Sons 1906, 1913. 吉本:《罗马帝国衰亡史》中文版。E. Gibbon, *The History of the Decline and Fall of the Roman Empire*, London: George Bell and Sons 1889. Steven Runciman, *Byzantine Civilization*, London: E. Arnold & Co. 1933, 1959. Steven Runciman, *A History of the First Bulgarian Empire*, London: G. Bell & Sons, Ltd. 1930. A. Macone, "A Long Late Antiquity? Consideration on a Controversial Periodization," *Journal of Late Antiquity*, Vol. 1, No. 1, 2008, 4-19. 4. Peter Brown, *The World of Late Antiquity: From Marcus Aurelius to Muhammad*, London: Thames and Hudson, pp. 19-20. Peter Brown, "The Rise and Function of the Holy Man in Late Antiquity", *The Journal of Roman Studies*, No. 61, 1971, 80-101.

为远离世事"一心只读圣贤书"的布瑞"第一个也是唯一的学生（研究生）"。聪明的学生在大师熏陶下，默默地成长为"自由知识分子"，他像吉本一样5岁即背诵希腊史诗和拉丁古诗，但与吉本时代英国高等教育比较落后不同，仁西曼在名校剑桥大学三一学院接受名师布瑞的系统培养，他不成为顶尖拜占庭学家才是怪事！第二次世界大战前，他接受了祖父的巨额遗产，放弃了三一学院优厚的待遇，辞职周游世界。在战争期间，他于1942—1945年任教于土耳其伊斯坦布尔大学，担任拜占庭艺术和历史教授，同时尽情考察游历东地中海古迹名胜。这位长寿的老派学者阅历丰富，生活自由潇洒，在外人看来多少有些古怪，他曾为我国末代皇帝溥仪弹奏钢琴，为埃及福亚德国王讲解塔罗牌，还在伊斯坦布尔的佩拉酒店遭到德军流弹袭击受伤，在拉斯维加斯投币老虎机上中了两次头彩。这一切都不影响他在拜占庭历史与文化方面的爱好，其20部相关著作奠定了他在国际拜占庭学界牢不可破的地位，他活动在学院派体制外也并不影响其国际声誉，笔者于1984年在希腊留学期间有幸聆听他的演讲，并亲身讨教，其诙谐幽默的回答闪烁着英国绅士的智慧。他的《拜占庭文明》《皇帝利卡潘努斯罗曼努斯及其统治》《十字军史》和《第一保加利亚帝国史》在国际拜占庭学界获得普遍的好评，使他成为继布瑞之后英国拜占庭学的学科代表人物。[1]

从1961年到1971年担任英国拜占庭研究会理事长长达十年的胡塞（Joan M.Hussey，1907—2006年）也是该国拜占庭学界的著名人物。胡塞出生于一战前的英国，因聪明好学，18岁就毕业于牛津圣胡格学院，获得了学士和硕士学位，后在伦敦大学深造，师从著名拜占庭学家拜尼斯（N.H. Baynes），于1935年完成博士学位，后任教于剑桥大学、曼彻斯特大学、牛津大学等著名高校，专门从事拜占庭历史与文化教学与科研，硕果累累：1937年出版《拜占庭帝国的教会和学术，867—1185年》、1950年出版《11世纪的拜占庭帝国》、次年出版《约翰·毛罗普斯的作品研究》、1957年出版名著

① Steven Runciman, *Byzantine Civilization*.Steven Runciman, *The Emperor Romanus Lecapenus*, Cambridge：Cambridge University Press 1929. Steven Runciman, *A History of the Crusades*, Cambridge：Cambridge University Press 1951.Steven Runciman, *A History of the First Bulgarian Empire*.

《拜占庭世界》、1960 年出版《祭拜仪式献词注释》、1970 年出版《11 世纪拜占庭的禁欲生活与人文主义》、1973 年出版《范莱论文集》、1988 年出版《胡塞八十岁寿辰论文集》、1990 年出版《拜占庭帝国的东正教教会》、1995 年编辑出版《乔治·范莱的刊物书信集》，但真正使其获得国际声誉的是 1956 年翻译出版奥斯特洛夫斯基的《拜占庭国家史》（原版为德文）和主编《剑桥中世纪史》拜占庭分卷，以及主持 1966 年在牛津召开的第十三届国际拜占庭研究大会。

我们不可能——详述英国拜占庭学界的杰出人物，类似上述这些拜占庭学者的还有一些，例如略晚于范莱和布瑞的拜尼斯（N.H.Baynes，1877—1961 年），一直任教于伦敦大学学院（UCL），培养出许多该领域的后起之秀。又如奥伯伦斯基（D.Obolensky）、卡梅隆（Averil Cameron）、曼戈（Cyril Mango）、布朗（Peter Brown）等，都成为国际拜占庭学界的突出人物。那么，我们要问，如果说俄国等东欧国家的学者关注拜占庭研究尚可理解的话，为什么离拜占庭帝国最远的欧洲国家英国对这个中古帝国如此关心？要很好地理解这个问题，我们有必要看看当下的美国。美国建国时拜占庭帝国已经灭亡了好几百年，这个与美国人几乎没有任何直接关联的中古帝国却在战后引起美国学术界的关注。读者也许注意到了，第二次世界大战的一个重要后果是世界文化中心的洲际转移，战后的美国取代欧洲的世界文化中心地位，在许多领域超越了欧洲。① 众所周知，欧、美的诺贝尔获奖者数量比例在二战前后发生了倒转。原因其实不难找到。二战最大的获益者美国在战后成为世界上最富有的超级大国，这为美国的拜占庭学发展提供了两个宝贵的条件，一是拜占庭学发展的物质基础，二是发展这门绝学的大国文化心态。美国的很多拜占庭研究中心图书资料齐全，研究环境极佳，条件一流，且以优厚的待遇吸引全世界顶尖拜占庭学者参与其合作项目，欧洲各国的拜占庭研究机构都无法望其项背。而更加难得的是，美国实行的公、私参与的学术管理体制使拜占庭研究具有极大的灵活性，充满了活力，显示出一个超级大国争夺人类文化所有领域制高点的积极态度。如果我们仔细考察

---

① 李工真：《纳粹德国流亡科学家的洲际移转》，《历史研究》2005 年第 4 期。

美国拜占庭学奠基人物经历的话,就不难发现,他们大多是二战期间和战后移居美国的文化精英。法西斯排犹运动和欧洲战后恢复的艰辛都推动了包括拜占庭学在内的世界文化中心从欧洲转移到北美洲。美国的情况能够使我们理解当年英国拜占庭学发展的状况了,毕竟当年大英帝国的世界性影响也包括拜占庭学的国际领先地位。

　　当今英国拜占庭学发展势头仍然强劲,不仅在传统的研究方向上继续保持国际一流水准,而且在新理论、新方法、新领域上卓有建树。可以说,英国拜占庭学长盛不衰的另一个特点在于不断创新。仅举"古代晚期"学派一例加以说明。这个学派的创始人和旗手是彼得·布朗。彼得·布朗(1935——　)出生于爱尔兰都柏林,曾在牛津大学接受系统的拜占庭学教育,40岁进入牛津大学任教,后远赴北美在加州伯克利分校和普林斯顿等多所名校讲授历史课程。1966年,他于牛津大学发起"拜占庭与北方和东方的邻居们:公元500—700年"这一新专业,标志着"古代晚期"系统研究的开始。1971年,布朗撰写的通俗读物《古代晚期世界》出版,[①]标志着"古代晚期"成为一个专门的学术研究领域,此后,又相继出版了以古代晚期为研究背景的几部著作。卡梅隆(1940——　)则从1989年开始一直担任牛津大学"古代晚期和拜占庭研究教授"。他们两位是当今国际"古代晚期学派"的旗手,在他们不懈地推动下,该学派已经成为欧洲上古中古史研究的一大热点,相关学术成果丰硕。作为这一领域的奠基人,彼得·布朗因具有释读希腊、叙利亚和阿拉伯等多种文本的语言才能而蜚声学术界,他长期执教英美名校,培养了大批学生,使他们成长为从事古代晚期研究的专门人才。

　　布朗的代表性作品很多,值得注意的是其1971年完成的通俗读物《古代晚期世界》、长篇论文《古代晚期圣徒的兴起及意义》、1996年出版的《西方基督教世界的兴起》、1998年参与编写的新版《剑桥古代史》第13卷"帝国晚期:公元337年至425年"、1999年主编的大型辞书《古代晚期——后古典世界研究指南》、2001年撰写的《阐释古代晚期:后古典世界论集》、

---

　　①　Peter Brown, *The World of Late Antiquity : From Marcus Aurelius to Muhammad*, London: Thames and Hudson 1971.

2002 年撰写的《晚期罗马帝国的穷人与领导权》和《管窥:罗马的富庶与衰亡以及基督教在西方的形成》等,①卡梅隆在其《古代晚期的地中海世界:公元 395—600 年》中对此做了充分的总结。②

无论布朗还是卡梅隆,他们原本都是英国新一代的拜占庭学者,但是他们在自己的研究领域勇于创新,大胆突破,不仅为拜占庭学发展开辟了新的天地,而且也再度彰显出英国拜占庭学发展的创新性。总之,英国拜占庭学的发展起步虽晚但起点高,其注重学科基础建设,强化人才培养,始终坚持学术研究的高标准,保持开阔的学术视野,不断进行理论创新,这些特点和经验十分宝贵,我们当加以学习,他山之石可以攻玉。

三、古代晚期学派

"古代晚期"(Late Antiquity)是指从古典希腊罗马时代末期(或公元 3 世纪)到 8 世纪初期这一特定的历史阶段,主要描述以地中海和欧洲为中心,包括西罗马帝国、东罗马帝国和近东地区出现的社会转型时期,这一时空范畴恰好就是拜占庭早期历史研究的对象。③ 关于"古代晚期"具体的分

---

① Peter Brown, *The World of Late Antiquity: From Marcus Aurelius to Muhammad*, London: Thames and Hudson, pp. 19 - 20; "The Rise and Function of the Holy Man in Late Antiquity", *The Journal of Roman Studies*, No. 61, 1971; *The Rise of Western Christendom: Triumph and Diversity 200 - 1000 AD*, John Wiley & Sons 2003; Chapters 21 & 22 *in The Cambridge Ancient History*, *Volume XIII*, *The Late Empire*, *A. D. 337 - 425*, Cambridge University Press 1998; G. W. Bowersock etc., ed., *Interpreting Late Antiquity: Essays on the Postclassical World*, Press of Harvard College 2011, ix; *Through the Eye of a Needle: Wealth*, *the Fall of Rome*, *and the Making of Christianity in the West*, *350 - 550 AD*, Princeton University Press 2012. http://www.princeton.edu/history/news/archive/? id = 8949.

② Averil Cameron, *The Mediterranean World in Late Antiquity AD 395 - 600*, London: New York: Routledge 1993.

③ 陈志强:《古代晚期研究:早期拜占庭研究的超越》,《世界历史》2014 年第 4 期;李隆国:《从"罗马帝国衰亡"到"罗马世界转型"——晚期罗马史研究范式的转变》,《世界历史》2012 年第 3 期;另见李隆国:《古代晚期研究的兴起》,《光明日报》2011 年 12 月 22 日第 011 版。他对"古代晚期"的兴起进行过比较细致的介绍,只是在他所说的"对此进行研究"的三大学术群体中尚未包括拜占庭研究者。

期时限还存在争议,狭义上指的是从君士坦丁一世(324—337 年在位)到伊拉克略一世(610—641 年在位)时期,大致从 3 世纪到 7 世纪这三百年间;广义上,则可追溯到公元 50 年至 150 年,后延至公元 800 年,以穆斯林的军事、文化入侵为终结。① 作为一种观察欧洲地中海中古早期历史的视角,学者们对这一分期不断提出讨论与修改。事实上,"古代晚期"这一概念早就出现在瑞士学者布克哈特(J. Burckhard)的《君士坦丁大帝的时代》(1853 年)一书中,后来奥地利著名艺术史家、艺术学科重要创始人里格尔(Alois Riegl)在《晚期罗马的工艺美术》(1901 年)一书中提出了"古代晚期"(late antiquity)的概念,并被德国学术界接受。② 但当时学界提出这一概念时,是将古代晚期研究与晚期罗马帝国研究结合在一起,局限在罗马帝国的政治框架内,重点研究传统的古典语言学、古代历史、早期基督教神学、考古学方法等。1938 年,法国古典史学家马罗(H.I.Marrou)在《圣奥古斯丁与古典文化的终结》一书中也使用了这一概念。真正推动"古代晚期"研究有所突破的是 20 世纪的一批英国拜占庭学家,他们使"古代晚期"的理论观点逐步系统化,并成为独立的历史研究领域,在英语学术界和读者中产生深远影响。这一发展主要归功于爱尔兰裔学者彼得·布朗(Peter Brown)和牛津学者卡梅隆(Averil Cameron)等人的努力。

事实上,古代晚期并非学者们随意杜撰出来的,而是在长期从事早期拜占庭研究的基础上,突破传统思维框架,建构起来的一种新学术坐标。其研究思路与传统不同,富有新意。但是,仔细考察该学派就可以发现,古代晚期研究与早期拜占庭研究十分相近,无论是研究主体还是研究客体,即主要领袖人物和研究骨干大多来自以前专攻早期拜占庭研究的学者,而研究涉及的时空范围和资料来源又大体与早期拜占庭研究暗合。

譬如古代晚期学派开创者或奠基人彼得·布朗就是我们熟知的早期拜

---

① 关于古代晚期断限的讨论参见 A.马考尼:《古代晚期有多长? 关于一种有争议的历史分期的思考》,A. Macone, "A Long Late Antiquity? Consideration on a Controversial Periodization",转引自李隆国前引文。

② A.李格尔著,陈平译:《罗马晚期的工艺美术》,湖南科学技术出版社 2001 年版。引自李隆国前引文。

占庭研究的学者,我们不知道促使彼得·布朗转向新学术方向的动因是什么,但是作为早期拜占庭研究的专家,他一定是有感于传统研究陷入低谷迫切需要学术创新,才毅然决然挑起古代晚期研究的大旗。又比如对查士丁尼时代拜占庭史研究十分精深的著名学者卡梅隆,从 1989 年开始一直担任牛津大学"古代晚期和拜占庭研究教授"。她在其早期学术生涯中专门研究查士丁尼治下的拜占庭帝国社会。后来,她在与彼得·布朗的交往中深受后者的启发,逐渐将其早期拜占庭研究扩展到更为广阔的领域,研究视角更为开阔新颖。但是,我们从她坚持开设的牛津课程上看,她没有放弃其早期拜占庭研究的优势,而是在此基础上增加了新内容。

他们两位是当今国际"古代晚期学派"的旗手,在他们不懈地推动下,该学派已经成为欧洲上古中古史研究的一大热点,相关学术成果丰硕,后备人才辈出,如今已经在欧美各地担当起学术重任。作为这一领域的奠基人,彼得·布朗在其长期执教英美名校的生涯中,特别注意后备人才的培养,对晚辈学者也特别关照。[①] 笔者在普林斯顿大学希腊文化研究中心从事合作研究期间,曾在关于拜占庭史的学术活动中与他多次谋面,进行过简单的交流,其睿智活跃的思想给人留下深刻印象,更加深了他作为早期拜占庭学研究者的印象。

古代晚期研究的学人多自早期拜占庭研究领域发展而来,这是与古代晚期和早期拜占庭研究内容多有重合密切相关。事实上,我们从两者的时空范围可以看出这一点。古代晚期研究的范围从狭义上看,涵盖从拜占庭帝国首位皇帝君士坦丁一世到中期拜占庭帝国皇帝伊拉克略一世统治时期,大致从 4 世纪到 7 世纪这三百年间,而这一时空定位恰好就是早期拜占庭研究的时空范围。如果从广义的古代晚期时空范畴看,则可追溯到公元50 年或 150 年,一直到公元 800 年,也就是以穆斯林的军事、文化入侵为终结。这样的时空定位,其主题仍然是早期拜占庭研究的范畴。考虑到这一

---

① 诚如李隆国所说:布朗长期执教英美名校,讲课富有激情,受其影响者不在少数,他培养的一批又一批学生成长为从事古代晚期研究的专门人才,对传播布朗的理念和方法,推动古代晚期研究的兴起,起到非常重要的作用。前引其发表于《世界历史》一文,第 121 页注释 3。

时间段欧洲中古历史资料的积累,那么无论是古代晚期还是早期拜占庭研究都不可避免地要倚重这个时期的东地中海史料,特别是早期拜占庭史料。可以说,古代晚期研究变换的是研究思路而不是基本史料,是指导理论而不是具体的史料梳理。

从古代晚期学派的研究成果看,它们都不能脱离早期拜占庭研究的基础。布朗的代表性作品很多,值得注意的是其 1971 年完成的通俗读物《古代晚期的世界》、长篇论文《古代晚期圣徒的兴起及作用》、1996 年出版的《西方基督教世界的兴起》、1998 年参与编写的新版《剑桥古代史》第 13 卷"帝国晚期:公元 337 年至 425 年"、1999 年主编的大型辞书《古代晚期——后古典世界研究指南》、2001 年撰写的《阐释古代晚期:后古典世界论集》、2002 年撰写的《晚期罗马帝国的穷人与领导权》和《管窥:罗马的富庶与衰亡以及基督教在西方的形成》等。这些成果虽然多冠以"古代晚期"的题目,但其实质与早期拜占庭研究密切相连。

如果只是把古代晚期学派与早期拜占庭研究进行简单的联系似乎还不妥当。需要注意的是,古代晚期学派在早期拜占庭研究的基础上多有创新之处,可以说这个新兴学派的研究是对传统的早期拜占庭研究的超越。

首先,其史观不同。古代晚期研究的倡导者们不同意文艺复兴以来形成的经典解释,他们认为罗马帝国的晚期史并不是一部衰亡的历史,相反,从"公元 3 世纪大危机"时代前后,到 8 世纪穆斯林势力进入地中海世界之前,欧洲地中海世界经历了 500 年左右的重要变迁和革新。这种变化不像自文艺复兴以来传统史学理论认为的那样完全是消极的、倒退的,反之是多元文化冲突交融且充满活力的,是古典时期文化向新时代的转型,是多元文明和地缘政治的结合,也是一种新型文化萌生发展的重要阶段,是多种复杂地缘政治因素产生和相互冲突的时代。例如基督教文明就是在这个时期从无到有,从小到大,从弱变强,其在欧洲地中海世界扩张期间完善了自身的建构,并成为中古时期该地区最重要的文化元素。又譬如欧洲古典的地中海文化此时发生了重要的转变,它不是在日耳曼民族迁徙浪潮中发生了退化,而是在融合其他文化因素中形成了新的文化,因此从这个角度看中古欧洲文化出现了重生的过程,并在此过程中最终形成了新型的欧洲中古文明。这就突破了按照罗马帝国政治史框架分析历史进程的理念。

其次,其研究覆盖的地理范畴和时间概念不同。以吉本的《罗马帝国衰亡史》为代表的"衰亡说"主要关注罗马帝国的东、西部,并以西部帝国为侧重点,这就将其研究的时空范围局限在地中海世界。"古代晚期"学派将研究视角放宽到整个地中海和欧洲世界,不再局限在阿尔卑斯山脉南侧和多瑙河南岸的地中海沿海地区,他们尤其侧重于地中海东部沿岸和西亚地区多元文明的发展,以及这种发展对古典地中海世界的分裂产生的深刻影响,特别是欧洲中古文化中心逐渐从南欧北移至中欧西欧地区的现象。他们还不满足于早期拜占庭研究局限于帝国辖区的时空范围,将研究触角深入该地区多元文明演化的视域,这就打破了传统意义上的帝国疆界的时空概念,以文化地理为研究参照。

再者,其研究的侧重领域迥异。"衰亡说"的观点倾向于从政治、军事、经济史出发,关注罗马帝国政权的兴衰变迁,也正是从这一视角,得出了衰亡的结论。古代晚期学派则将注意力转向以往忽略的文化、宗教和艺术领域,运用人类学、社会学、宗教学等跨学科方法进行研究。他们认为,在这一时段内,环地中海的广阔世界形成了独特的文化,这种文化既是对欧洲古典文化的继承,又是对传统的重要变革、创新。该学派认为,古代晚期最重要的变革发生在宗教和文化领域,这是一个文化交融、变革与创新的时代。古典的希腊—罗马传统、日耳曼各部落的"蛮族"文化、基督教文化,以及多种西亚文明在这一时期相互交融,为原有的古希腊罗马文明注入了新鲜血液,因此诞生了新的宗教、艺术、文学、建筑风格,造就了欧洲中古早期的文明形态,影响极为深远。

古代晚期学派的创始人们在各自的拜占庭研究领域勇于创新,大胆突破,不仅在时间、空间和重要观照点等多个维度上突破传统研究的藩篱,为拜占庭学发展开辟了新的天地,而且也再度彰显出国际拜占庭学发展的创新性。从这点观察,我们可以毫不夸张地说,古代晚期是对早期拜占庭研究的积极超越。

四、研究视角

　　史料是历史研究的基本依据。无论是以何种思想理论为指导的历史研究都不能抛开史料说话。严肃的历史研究必定是以大量的史料为基础的，言之有据，查有出处。信笔写来或有感而发的作品只能归于散文式的文学创作，而不能混同于历史研究。① 历史研究者只有在认真考证史料、准确解读史料、合理运用史料的基础上，才能对历史问题作出相对客观正确的结论。但是，如何从大量的史料中选择必要的素材以重新描述历史事实、还原历史真实，却常常决定于历史研究者的立场和观察问题的角度。以 6 世纪拜占庭作家普罗柯比在其作品中留下的关于瘟疫的史料为例，读者无数，但研究结论大不相同。长期以来，人们大多没有注意到这些史料记述的历史事件的重要性，总以为"人力"胜于"天力"，关注的重点在当时的皇帝查士丁尼一世推行的内外政策上。近年来，医学界对于这次瘟疫表现出更大的兴趣，特别是疾病史研究者给予极大重视，学者们充分认识到其严重影响，将它与 13 世纪欧洲爆发的"黑死病"相提并论。我国近年出版的相关书籍对此也有涉及。② 目前，"查士丁尼瘟疫"作为地中海世界第一次"黑死病"的史实基本上无人质疑，但是，这次瘟疫造成的严重后果似乎还没有引起史学界应有的注意。由此，反映出在历史研究中存在的研究视角和史料的关系需要加以探讨。

　　历史研究的视角常常决定历史工作者对史料的取舍。或言之，由于人们考察问题的角度和眼光不同，在他们面对大量史料时，必然会因此对不同史料采取重视或轻视的态度。

---

　　① 　陈志强：《史学研究的视角与史料》，《史学集刊》2006 年第 1 期。翻译大家杨宪益先生的《译余偶拾》（生活·读书·新知三联书店 1983 年版）是"自己主要还是个翻译匠"的随笔，但不知为何近年来却被人炒作为历史考据的佳作，令人啼笑皆非。笔者所知，至少在中西关系史学界还没有出现这种低级错误，继续保持着学术研究的严肃性。

　　② 　参阅本书以上相关章节。

以往的拜占庭历史研究侧重社会制度和文化思想演化的过程,忽视自然灾害的影响力,特别是忽视疾病对人类生活和历史发展进程的影响,①以至于 6 世纪拜占庭作家普罗柯比记载的一次大瘟疫并没有引起后世研究者的足够注意。他在其《战史》中明确记载了“一场几乎使人类全被灭绝的瘟疫……在这场瘟疫面前,所有的区别都消失了。它在夏季袭击一些人,在冬季又会袭击另一些人,在一年的其他季节还会袭击其他人”。② 普氏对这次瘟疫的严重性强调的不可谓不突出,不仅把它称为“毁灭人类”的灾难,而且一再说明瘟疫流行的时间长、范围广,把造成其惨烈后果的原因归于“上帝的惩罚”。③ 然而,当时作者如此重视的灾难,却没有引起后人足够的重视。例如,最著名的现代拜占庭学者奥斯特洛格尔斯基就没有合理判断瘟疫的严重影响,而是批评当朝皇帝,“查士丁尼虽有诸多成功之处,他还是给其后人留下了一个内力耗尽,财政经济完全崩溃的帝国。”④瓦西列夫同样没有重视普氏的这段记载,他认为皇帝个人意志决定了帝国的命运,因为“查士丁尼这个强力人物退出历史舞台,其精心打造并曾一度维系帝国均衡发展的整个政府体系轰然衰败。”⑤显然,半个世纪以前的拜占庭学重量级学者都没有重视瘟疫这个重要的历史事件。这也难怪一些外行学者怀疑普罗柯比的相关记载是伪造之作。⑥ 现代学者忽视“查士丁尼瘟疫”的原因在于,他们研究的重点是社会制度的变化,强调的是统治者施政效果及其影响,疾病和自然灾害的研究尚未进入其“法眼”。直到人类面临的资源环境压力日益强化到今天的严重程度,历史工作者才开始关注疾病史研究。从这个角度看问题,前代拜占庭学者忽视“查士丁尼瘟疫”是时代的局限性。

---

① 参见拜占庭学最重要刊物《拜占庭研究》(Byzantinische Zeitschrift)提供的专著论文索引。

② Procopius, *History of the Wars*, xxii, 451.

③ 英国现代拜占庭学著名学者喀麦隆就明确分析过普罗柯比的这种“基督教思维方法”。见 A.M.Cameron, The "Scepticism" of Procopius, *Historia* (1966), xv, p.474.

④ G.Ostrogorsky, *History of the Byzantine State*, p.72.

⑤ A.A.Vasiliev, *History of the Byzantine Empire*, I, p.169.

⑥ J.W.Barker, *Justinian and the Later Roman Empire*, Madison: University of Wisconsin Press 1966, pp.191-192. 希罗多德著, 王以铸译:《历史》, 商务印书馆 1997 年, 第 695 页。C.A.Smith, "Plague in the Ancient World", http://www.loyno.edu/~history/journal/(2002-10-28).

　　历史研究视角的变化不仅决定着研究主体对史料的取舍,也极大地影响着他们对史料的解读。同样的史料会由于研究者立场观点的不同而产生出不同的解释,有关"查士丁尼瘟疫"史料解读就是一个突出的例证。

　　普罗柯比关于此次瘟疫普遍症状的描写非常详细,其中"腹股沟淋巴腺体不断肿胀""扁豆大小的黑色脓包""原因不明的呕血"等,①非常符合鼠疫感染者的典型表现,其描述与现代传染病学研究得出的鼠疫特点基本吻合。如果说其记载的细节,如即精神萎靡、衰弱嗜睡、幻觉、焦躁不安、谵语等与人类其他疾患之"中枢神经系统症状"雷同的话,那些与淋巴腺体严重炎症乃至溃烂相关的种种表现就完全符合"原发性肺鼠疫""败血型鼠疫""腺鼠疫"(统称为"黑死病")的典型症状了。② 我们不能责怪前辈拜占庭学者缺乏流行病学知识,但他们在解读相关史料时忽略瘟疫的严重性是个很大的缺陷。英国著名的晚期罗马帝国史家琼斯在其论及查士丁尼时代历史的部分中,正确地指出了"最严重的灾难是鼠疫",但是,他没有展开其所谓"对帝国影响最严重"的观点,还是认为这位皇帝政策上的失误,特别是大规模的对外战争使意大利和北非实力耗尽,人财两空,"耗尽了帝国……而得不到任何补偿以增加其资源"。③ 法国拜占庭学家布莱赫尔也是如此,在其详细描述查士丁尼时代的章节中只用了少半句话谈到此次瘟疫,说"城市被鼠疫所摧毁",特别是在评价查士丁尼时,他认为这个皇帝犯了重大的政策性失误。④ 显而易见,他们都没有充分认识到瘟疫对拜占庭帝国的破坏非常严重,在解读相关史料时显得无足轻重。我们由此看到,不同学者对同样的史料给出的解释有很大区别,其重要原因在于他们分析史料的研究视角有区别,进而影响了他们解读史料时的"在场"思维。

　　研究视角的变化使研究者对史料反映的历史事实的价值判断也受到不容忽视的影响。正是由于历史研究者从不同的视角分析问题,他们呈现给

---

① 　Procopius,*History of the Wars*,xxii,455-465.

② 　王凝芳等主编:《21 世纪医师丛书:传染病分册》,第 355 页。

③ 　A.H.M.Jones,*Later Roman Empire 248-602*,pp.288-289、300.

④ 　L.Brehier,*The Life and Death of Byzantium*;*Les institutions de l'Empire byzantin*;*La civilisation byzantine*.

读者的"历史"带有强烈的个人色彩,这一点在他们进行历史事件的价值判断时显得更加突出。

普罗柯比以生动的笔触描述了在大灾害面前,人们正常的生活秩序发生混乱,"各类工作都停顿了……在一座完全停止了所有善事的城市里,饥荒十分肯定会导致骚乱。"①因瘟疫引发的社会问题相当严重,但是,更为严重的是出现了普遍的精神崩溃,即便是恶人行善事也只是因恐惧而出现的反常举止,一些人"卑劣邪恶、肆意狂为、无法无天,真是到了无以复加的程度"。② 现代拜占庭学者中对普氏描述的瘟疫引发的社会问题比较关注,但是对瘟疫的历史影响的认识仅停留在政治层面上,例如,他们特别关注皇帝查士丁尼身染鼠疫而导致的宫廷斗争,几乎所有相关的著作都提到在其重病期间出现的另立皇帝的谣言。只有英国著名拜占庭史家布瑞的看法比较独特,他在"大瘟疫"这一专门章节里,清醒地认识到鼠疫造成的社会大危机,甚至提出,"公元542年的大瘟疫恰好标志一个新时代的开端。如果我们要谈到历史的分水岭,那么这次鼠疫就是我们称之为古代和中世纪之间的分水岭。"③他如此强调"查士丁尼瘟疫"的特殊历史地位,主要依据的理由是瘟疫改变了人们的精神世界和道德价值取向。普氏字里行间流露出的因无法确切了解瘟疫而表示出的无奈,以及把瘟疫的降临归于"上帝的惩罚",真实地反映着当时人对上帝的笃信和对上帝惩罚的畏惧。新时代因此拉开序幕。但是,以瘟疫强化了人们基督教信仰的价值判断来说明其历史影响是否合适还是个问题。大规模瘟疫往往产生深刻的社会影响,特别是在人类防治疾病能力相对低下的古代社会,人们的精神生活因此发生巨大变化。一方面,瘟疫的高死亡率引发强烈的社会恐惧情绪;另一方面,由此导致普遍的绝望心理,特别是普遍出现的信仰危机会改变人们正常的生活秩序。诚如一些学者明确提出的,"传染病对罗马覆灭以及阻碍查士丁尼的事业到底起了多大作用,还有待研究。"④事实上,人类社会的发展一直

---

① Procopius, *History of the Wars*, II, p.459.

② Procopius, *Secret History*, pp.46-71.

③ J.B.Bury, *History of the Later Roman Empire*, p.399.

④ 弗雷德里克·卡特赖特等著:《疾病改变历史》,第17页。

伴随着与各种致命瘟疫的斗争,一些古代文明因当地居民遭到不明疾病袭击而衰亡的例子并不鲜见。如今我们以生态环境史观念作为一种价值判断标准,能够非常肯定地说人类历史上发生的多种疾病深刻影响了人类文明的发展。

笔者无意批评前辈学者的"疏忽",只是希望通过现代拜占庭学者就普罗柯比关于"查士丁尼瘟疫"的史料作出的历史研究,来说明研究视角的不同是如何强烈地影响历史研究工作。

史料是人类过去生活中留下的文字和文物,其反映的客观真实的历史如同云雾中的仙女,她神秘的面容永远遮挡在时间的面纱后面。历史家凭借史料描述的"真实历史"只能部分地再现以往的历史,而不可能尽窥其全貌,因为他们掌握的史料只是个别作家的记载,相对于"真实历史"而言,只能算是零散的和不完整的。不同时代的史家在解读这些史料时,由于其所处时代导致其研究视角的不同,也必然给出不尽相同的解释。在丰富多彩的认识对象面前,历史研究之整体和个体的有限性只能得出相对客观的结论。从这个意义上说,我们所了解的历史都是"个人的"历史,是历史家从某种角度按照某种解释体系重新构建起来的历史。因此,历史家呈现给读者的"历史"多种多样异彩纷呈,不仅带有时代的色彩,还有个人的特点。在经济全球化、政治多级化、文明多元化发展日益强劲的今天,人类在认识自然、社会和人类自身时也在调整思想方法,那么历史研究视角的变换和增加是不是更有助于我们解读浩繁的史料,进而认识丰富多彩的"真实历史"呢?

20 世纪中国历史学发展最明显的问题是个性化的研究太少,其原因种种不言而喻。21 世纪初,社会生活的巨大变革要求我国历史研究突出个性化。[①] 在我们进行拜占庭研究后备人才培养的工作中,特别注意强化他们的大局观,也就是希望他们在自己的学习和研究中能够对人类发展的整体、对现实世界变动的趋势形成全局性的看法,并将具体的、个案的拜占庭研究置于"大局观背景"下。

---

① 陈志强:《历史研究变革趋势下的世界史重构》,《历史研究》2003 年第 1 期。

个性化的研究首先取决于对急剧变化的形势的深刻理解。在知识经济、信息时代、WTO、经济全球化、欧美政局多变等新事物大量涌现、人们深切地感到现实生活的巨变和我们周围发生的事物日新月异不断变革的时代,历史研究必须应对当代世界如火如荼的新形势,历史学家必须自觉参与和主动应对变动中的世界。主动自觉地参与应对的前提是观念更新,即充分认识我们这个时代知识爆炸、信息快速堆积传播的现实,深刻理解经济全球化在社会生活各个层面上产生正负两方面的多种影响。① 多数从事历史研究和教学工作的同人不是没有感受到社会生活的变革,而是思想观念不能很快跟上形势的变化,因此对时代变革在学术领域的影响或表现得麻木不仁或视而不见,甚至对变革已经造成的冲击采取消极抵触的态度,嘲笑他人"赶时髦",对许多新鲜事物动辄否定,以为自己读不懂的作品都是"标新立异"的东西。观念不更新,历史研究应对时代挑战就无从谈起。②

历史学家在应对经济全球化引发的社会文化变革时,首先要自觉参与到生活的变动中来,了解新事物,适应已经出现的变革,而后才能主动应对变革引发的一系列挑战。接受新事物表现在不同的层次上。在技术处理层面上,历史研究应和其他学科的研究一样,充分利用发展极为迅速的信息技术。一方面,历史家应适应写作方式的"革命",节省抄写誊清的时间,避免书写错误,规范化资料征引和专用人、地名的翻译,降低历史研究中技术处

---

① 20世纪末,我国史学界各个分支出现了总结百年来学术发展、展望未来前景的所谓"世纪末现象",此类学术文章见诸不同的媒体,《历史研究》发表的此类文章重在回顾,而《光明日报》"史学版"则重在展望。各种相关讨论会在多种层次和范围内召开,例如中国历史学会于2003年5月在昆明召开的"21世纪中国历史学展望学术讨论会"和同年10月在武汉大学举行的"新世纪世界史学科建设学术研讨会"等,均反映出我国历史研究工作者对新形势冲击的冷静反应。

② 例如有关历史发展普遍规律的讨论就涉及史学观念变革的深层次问题。承认规律的有限性、多样性、变动性和承认人类认识历史发展普遍规律的局限性同样是困难的,然而这样的观念更新对于历史研究的多样性和个性化发展有百利而无一害。事实上,当代自然科学的最新发展趋势已经为更为复杂的人文社会科学未来的发展提供了样板。"当1988年《时间简史》初版时,万物的终极理论似乎已经在望了。从那时开始情况发生了什么变化呢? 我们是否更接近目标? 正如本书将要描述的,从那时到现在我们又走了很长的路。但是,这仍然是一条蜿蜒的路途,而且其终点仍未在望"。史蒂芬·霍金著,吴忠超译:《果壳中的宇宙》,湖南科学技术出版社2002年版,前言。

理的工作强度,等等。另一方面,历史家要去除新技术带来的心理困惑,克服新技术造成的困难,尽快利用快速便捷的网上资源,提高研究效率。目前,大多数人初步感受到网上历史研究资源提供的便利,但是,尚未充分了解或熟练掌握利用这些资源的方法。许多人不知道从哪里准确获取网上资源,更多的人面对浩如烟海的网上资源感到茫然。事实上,电子资源包括了几乎历史研究涉及的所有领域的史料,历史家可以通过网络部分地解决文献材料问题,而世界范围内各种学术信息的急剧积累又为研究工作提供了大量实物资源,包括最新考古发掘报告、古物、钱币、印章、图像、声音等在内的资料均可以被程度不同地使用。特别是一些专题性研究的学术网站,其高水平的学术信息为历史研究创造了空前便利的工作基础。① 在语言工具层面上,历史家也应及时跟上这次新的人类语言革命,适时调整历史研究的工作语言。一方面,计算机性能不断提高带动了规范化的词库不断增量,其中包含的语言越来越丰富,各个学科的研究术语因此获得了相互融通的机会。而在这个"技术处理"过程中历史研究的常用语言被逐渐"规范化"了,换言之,专业化和个性化的表达方式日益减少。表达方式的标准化和大众化迫使所有从事研究工作的人必须逐步放弃个性,因为留给他们发挥个性的空间将越来越小。将广义相对论和量子力学结合统一为量子力学理论的当代大科学家史蒂芬·霍金也加入到撰写普及读物的行列中,②说明与其他专业难于沟通或为大众难于理解的作品越来越不受欢迎。而表达方式的转变也引起思维方式的变化,历史研究也可以进行"发散"式思维或"意识流"式写作。在理论思维层面上,历史研究应不断扩大理论思维的空间,不仅研究视野必须无限扩展,而且微观研究和宏观研究的界限应逐渐打破,历史研究的理论体系应接收更多的"新思潮"。新的理论和思维将推动历史研究突破传统的领域,历史家应该直面人类面临的多种疑难和困惑,应从新

---

① 现代化的史学研究和教育技术日新月异,网络联接的大量专业学术网址使人们可以足不出户地利用各种史料,例如百余个世界中世纪史研究和数十个拜占庭研究学术网址曾使笔者在相关研究中获益匪浅。

② 史蒂芬·霍金的《时间简史》自1988年出版以来被翻译成40多种语言,成为世界畅销书,湖南科学技术出版社2000年和2001年版还分别出版了中文译本和插图本。

的角度重新审视过往的一切,应对被人们视为结论的历史重新进行研究。例如传统历史研究中忽略的环境和资源问题应得到重视,生态史学应大力提倡。

而所谓"自觉应对"是说,历史学家在新形势中除了要及时更新观念,增强学习新技术的欲望,利用多种途径学习新知识,尽早采用现代研究手段,跟上信息时代的步伐外,还要注意经济全球化造成的负面影响,对因此出现的挑战作出积极的应对。事实上,科技进步是一把双刃剑,其负面影响不可小视。在全球经济一体化的同时,也出现了自然资源枯竭化、物种单一化、生态环境恶化、世界经济结构脆弱化、金融资本泡沫化、政治倾向和经济贫富两极化、小国穷国边缘化等种种严重现象,[1]其中对历史研究影响最大的是世界文明的单一化,即话语单一、价值取向单一、思维模式单一、标准单一,而这种单一化趋势来源于以先进科技和雄厚经济为基础的西方文化的霸权主义。我国历史研究应充分认识始于近代资本主义兴起和对外扩张的时代,并随资本主义世界体系形成而强化的西方文化霸权。特别是当西方文化已经成为世界主流文化,借助已成不可逆转之势的经济全球化而愈演愈烈。西方国家凭借其科技优势和对信息技术的垄断,强制推行其物质生活方式、人生观、世界观和价值标准,以之作为全世界的行为准则。[2] 西方文化霸权的表现多种多样,其一是通过信息网络建立和维护其世界范围的话语霸权,在虚拟空间里控制人类精神和情感的交流。其二是借助信息技术和传媒工具将西方文化的优越感转变为普世的标准,并以此对其他民族文化进行价值判断,非我族类必在打压之列。其三是把文化霸权当作推行强权政治的理论依据,为西方新殖民主义的行为披上华丽的外衣,并在国际

---

[1]　中国青年出版社出版的一本通俗读物将人类面临的危机归纳为 47 个问题,其中涉及遍布全球的西方"文化暴力"。顾德欣:《地球村落里的困惑——人类面临的 47 道难题》,中国青年出版社 1996 年版,第 174—181 页;一些西方学者将人类面临的问题总结为"生态与人类精神的失衡",见阿尔·戈尔著,陈嘉映等译:《濒临失衡的地球——生态与人类精神》,中央编译出版社 1997 年版,导论。

[2]　有一些学者认为全球化引发的社会文化问题比环境危机严重得多,他们指出,"有人曾固执地认为这是因为'自然因素'造成的,而我们的解释尤其是社会学和其他学者揭示出的原因要比这个复杂得多"。罗宾·科恩等著,文军等译:《全球社会学》,社会科学文献出版社 2001 年版,第 20 页。

事务中强化"弱肉强食"和"单边主义"。① 作为新世纪历史研究的从业者，对历史研究中的西方文化霸权的种种表现和长期影响也应充分认识。在历史理论和研究方法方面，长期以来存在"西欧中心论"或"欧洲中心论"，各种形式的西方优越思想在历史研究中占据主导地位。② 很多人自觉或不自觉地将欧洲社会发展模式当成人类发展的标准样式，而其他民族的历史发展被有意或无意地强制纳入欧洲社会发展的理论框架，或者按照欧美的模式将其他民族的历史称为"特例"。"欧洲中心论"虽然遭到越来越广泛的批评，但是其影响还普遍存在，根深蒂固。冷战结束以来，"西方文化优越论"借助欧美国家的强权政治和金元外交广泛流行。③ 这种理论鼓吹西方文明具有政治上和经济上的竞争力、意识形态和文化上的感召力、生活方式上的吸引力，以西方历史发展的理论弱化其他民族发展的特点，极力建立一种以西方文明价值为核心的历史发展标准，并冠以"公认准则"的美名，否定或贬低其他文化的价值。从事历史研究的人在适应经济全球化和文明单一化的新环境时，更应强调历史研究的多样性和个性化，要积极参与"普世标准"的建设。个性化的研究能揭示人类历史发展的多样性，展示世界各民族文化的特性和魅力，化解西方文化的霸权主义，并对公正合理的人类共同价值体系的形成有所帮助。历史研究的多样性是由人类历史本身具有的

---

① 单边主义是指个别强国依仗其强大的经济军事实力，在处理国际事务中不顾公认的国际规则，按照自己的意志行事的思想理论。王帆：《唯美国独尊的"单极稳定论"》，《光明日报》2001 年 2 月 23 日，国际专栏。

② 早在 20 世纪 80 年代初，应联合国教科文组织的委托而从事《当代史学主要趋势》写作的杰弗里·巴勒克拉夫就对声称自己是"站在月球上观察世界"的斯塔夫里亚诺夫批评道："但是实际上非常明显，这依然是以西方为中心。这种经过掩饰的西方中心论并不是绝无仅有的"。杰弗里·巴勒克拉夫著，杨豫译：《当代史学主要趋势》，上海译文出版社 1987 年版，第 248 页；将近 20 年过去了，贡德·弗兰克在其为中文版《白银资本——重视经济全球化中的东方》的前言中仍然继续对"欧洲特殊论"进行批判，"人们已经多次证明，这种欧洲特殊论不过是一种胜利者的神话和十足的种族主义神话"。贡德·弗兰克著，刘北成译：《白银资本——重视经济全球化中的东方》，中央编译出版社 2001 年版，中文版前言，第 19 页。

③ 例如，以提出现代世界体系论而著称的沃勒斯坦在总结其理论体系时，有意或无意地总是将话题转向"我们称之为中心区的"欧洲，他说的也许是今日世界的现实情况，但是其摆脱不掉的欧洲或西方情结却是明显的。伊曼纽尔·沃勒斯坦著，尤来寅等译：《现代世界体系》第 1 卷，高等教育出版社 1998 年版，第 460—473 页。

不平衡、多元、多线条、多种模式的特点决定的。任何民族文化的产生和发展都有其独特的过程,显现出各不相同的特点,人类就是在复杂多样的发展中形成了绚丽多彩的历史。多样性的历史研究就是要重建真实的历史,以人类发展的多样性经验解决全球经济一体化和国际政治单边主义产生的种种问题,克服文明单一化的倾向。具体而言,我国历史研究工作者在新世纪里应强化个性化研究,开拓新领域,创立新学派。①

多样性的历史研究应该体现研究的个性,即在选题上要有充分的自由。当历史家面对浩瀚史料记录再现复杂的人类历史时,他应该有选择和确定选题的权利。这里所谓选题个性化决不仅仅指历史家个人的选择,而是指鼓励自由选题的机制。加强对自选课题的支持力度,将会使蕴藏在历史研究工作者中的巨大热情得到应有的发挥,这有助于克服历史研究领域中出现的个别违规行为。其次,个性化的历史研究应该提倡理论思维的多样性。客观真实的历史如同云雾中的仙女,她神秘的面容永远遮挡在时间的面纱后面。历史家借以描述"真实历史"的根据只是一些零散的记载,因此不可能完整地恢复其丰富的内容。从某种意义上说,历史都是"个人的",是历史家按照一定的解释体系重新构建起来的历史,因此,历史家呈现给读者的历史应该是多种多样的,不仅有时代的共同色彩,还应有个人的特点。② 单一的思想理论无法揭示历史的多样性。优秀的历史作品必定是那些具有新意和独立理论体系的作品。突破僵化的思维定式,在现成的结论中寻求理论突破点,几乎是所有成功的历史研究成果的共同特点。当人们在谈论历

---

① 中国学派的提法可能会引起争论,但是笔者认为这一提法的核心是中国特色的历史研究理论如何形成的问题。事实上,西方出现的一系列新史学理论,诸如政治文化社会资本人类学互惠理论、道德经济产权制度与交易成本理论、查雅诺夫和舒尔茨的农民经济理论、经济增长阶段理论、世界体系理论、普通法与平衡法理论、克里斯塔勒的区位理论等已经影响史学界并产生了一批有分量的史学作品,表明思想解放和观念更新会导致我国史学研究理论上的创新。参见陈勇:《学科交叉、比较研究与世界史新态——当代世界史研究略议》,载《"新世纪世界史学科建设学术研讨会"论文集》,武汉大学,2002 年 10 月 11—16 日。

② 克罗奇"一切真历史都是当代史"的命题表明了一种历史哲学观念,他至少指明了每个时代的历史家在从事历史研究中不可避免地受到他所处时代的影响,其中也包括他们自身摆脱不掉的各种因素的影响,他甚至认为所谓"历史"就是历史家在某种世界观和历史观指导下与史料之间的对话。克罗奇:《历史学的理论和实际》,商务印书馆 1982 年版,第 3 页。

史研究理论的个性化时，又不得不重提宽松和谐的治学环境，特别是百花齐放和百家争鸣方针政策的落实。这里，公正合理的学术评论体制的建立是实现学术平等、推陈出新的途径。再者，强调研究方法的多样性是历史研究个性化的重要方面，尤其在新技术发展极为迅速的今天，多样性的研究方法更能提供揭示历史复杂性的途径。我国自古就有治史传统，历史研究的方法极为丰富，如何充分挖掘古代史学遗产，并与现代研究方法结合是强化史学研究个性化的关键。史学研究应强调宏观的、定性的、抽象的、综合的研究和微观的、定量的、具体的、个案的研究相结合。

以被当今国际学术界视为热点问题之一的世界史体系的重新构建为例。

"世界"的观念古已有之，我们的祖先称之为"天下"。而古人治史从来都是"世界"眼光的，并习惯将本民族置于世界的中心。他们对真实世界认识的局限性和地理知识的不足丝毫也不影响其"胸怀天下"的理论视野。希罗多德以后的众多西方史学家在写作中就是如此，[①]司马迁以后的中国史家也是这样，他们的作品无一不带着"世界史"的色彩。只不过他们眼中的世界和我们今天的世界相比，在地理范围上狭小得多，在时间跨度上暂短得多，在内部结构和活动上简单得多。希罗多德的"世界"大体上只包括地中海和黑海地区，司马迁的"世界"也只是汉天子统治下的中国，其涉及范围最远不超过西亚。[②] 中世纪的西方作家从基督教神学中接受了直线发展的历史观念，逐步确立起基督教神学的世界史理论。奥古斯丁认为，世界历

[①]　希罗多德开宗明义指出："他所以要把这些研究成果发表出来，是为了保存人类的功业"，但其文字涉及的空间范围十分有限。希罗多德著，王以铸译：《历史》上册，商务印书馆1997年版，第1页；修昔底德宣称伯罗奔尼撒战争不仅仅"影响到大部分非希腊人的世界，可以说，影响到几乎整个人类"。修昔底德著，谢德风译：《伯罗奔尼撒战争史》上册，商务印书馆1997年版，第2页。

[②]　《史记·大宛传》所载世界最西部的大宛、大月氏、乌孙、康居、奄蔡、安息、条支等只相当于我国西域和中亚地区。学术界对条支及其西边的"西海"之确切位置多有争议，例如夏德就认为西海是波斯湾，这已受到国际汉学家和我国学者的批评，但这些地名的地理位置大体范围相当西亚地区是没有争议的。参见夏德著，朱杰勤译：《大秦国全录》，商务印书馆1964年版，第46—47页；李喜所主编：《中外文化交流史》第1卷，世界知识出版社2002年版，第73页。

史就是上帝之城代表的善和人间世界代表的恶之间斗争的历史,并将它分为前律法阶段、律法阶段和上帝的天国三个历史阶段。但是奥古斯丁的"世界史"大体是以上帝创造万物为起点,以欧洲和地中海为核心的历史。[①]无论是在奥古斯丁世界历史观长期影响下的西方历史作家,还是中古时代异军突起的伊斯兰教史家,他们的"世界"在空间上大体相当于欧亚大陆和地中海地区,在时间上则依据各自的宗教信仰有所区别。

近代新思潮的出现也改变了人们对世界的看法,新航路的开通极大地扩展了人们的视野,此后几个世纪人们对世界的认识空前增长,世界范围的经济文化交往比此前有了极大的扩展。[②] 西欧文艺复兴运动、宗教改革运动和启蒙运动带来了欧洲人精神的解放,世界各地区之间空前活跃的交往在人们面前展示了真实的"世界"。随着工业文明的发展和扩张,人们对世界整体认识的局限被打破,具有近现代科学意义的"世界史"观念逐步形成。以理性主义史学大师伏尔泰《风俗论》(《论世界各国的风俗和精神》)为代表的西方"世界史"观认为,人类历史的发展是统一的整体,世界史不仅仅是欧洲的历史,中国、阿拉伯、印度和波斯等东方民族在欧洲文明发展中起了巨大的作用。[③] 受其影响,欧洲各国出现了一批重要的历史家和史学流派,诸如孔多塞、吉本等。欧洲思想解放的大趋势为 19 世纪欧洲"世界史"理论形成奠定了基础,一批思想家和史学家从不同角度阐述了他们对世界历史的看法。崇尚客观主义的"兰克史学"思想影响广泛而深远,他和他的弟子形成了"兰克学派",他们要"在个人的生活中,在各代人和各民

[①] 奥古斯丁的《上帝之城》确立了基督教世界史观念,认为一切历史都在上帝预定的计划中,"你(上帝)开始在时间之中执行你的预定计划"。奥古斯丁著,周士良译:《忏悔录》,商务印书馆 1987 年版,第 323 页。

[②] 近年来,一些学者就新航路开通对人类历史发展产生的重大作用和正反两方面的影响进行了深入的探讨,宣称"在这一阶段文明人类认识的陆地又扩大了约一倍。在地图上又新增加了约一倍的大陆、大岛海岸线的明细图"。张箭:《地理大发现研究》,商务印书馆 2002 年版,第 471 页。

[③] 伏尔泰嘲笑"西方人所写的关于几个世纪以前的东方民族的事情,在我们看来几乎全都不像是真的;我们知道,在历史方面,凡是不像真事的东西,就几乎总是不真实的"。他的作品确实不分优劣地涉及了当时法国人所知的东西方各个民族。伏尔泰:《风俗论》,商务印书馆 2000 年版,第 3 页。

族的生活中"，寻找"凌驾它们的上帝之手"。① 重于思辨的历史哲学家斯宾格勒创立了文化形态学，他不仅将各种不同文明而且将世界史视为有机的统一体，认为它们都有成长、发展、鼎盛、衰老直至灭亡的过程。② 欧洲主要国家都出现了编撰世界史的作家，但是，他们总是自觉不自觉地将西欧视为世界的中心，他们的世界史观带有明显的"欧洲中心论"色彩。马克思主义历史唯物论以前所未有的冷静研究人类自身的发展过程，认为"世界史不是过去一直存在的；作为世界史的历史是结果"。③ 这一被广泛引用的名言反映出经典作家的"世界史观"，即认为以资本主义体系联系起来的世界史才是真正的"世界史"，其理由是"各民族的原始封闭状态由于日益完善的生产方式、交往以及因交往而自然形成的不同民族之间的分工消灭得越是彻底，历史也就越是成为世界历史"。④

20 世纪是人类生活剧烈动荡的时期，在科技迅猛发展的同时，人类社会出现了一系列新问题，两次世界战争和两种社会制度或明或暗的前景，引发了多次思想文化界对人类自身认识的争论。"欧洲中心论"体现出来的优越感和心理优势在急剧变动的形势下受到冲击，对资本主义前景抱悲观态度的思想家开始以批判的眼光审视以前的历史，世界史观也在这种大背景下得到发展。首先是汤因比的"文化形态说"历史观，他们将包括欧洲文明在内的各种文明视同于生命体从生到死的过程，将世界史看作是多种文明生长和衰亡的历史，认为任何文明在对外部因素的"挑战和应战"过程中，都不能逃脱生老病死的规律。他以历史综合比较研究方法对欧洲文明和其他文明进行同一尺度的考量，无疑是世界史观的进步，但是他的"世界"仍然是各个文明（或汤因比称为"文明单元"的社会）的总汇，他们的世

---

① 他主张"历史的根本任务是通过个体直觉地了解整体精神，即历史运动中的'主导理念'，以揭示历史的本质"。张广智主著：《西方史学史》，复旦大学出版社 2000 年版，第214 页。

② 斯宾格勒认为，"世界历史的表现形式在数量上是有限的"，而"对于每一有机体说来，生、死、老少、终生等概念是带有根本性的"。斯宾格勒著，齐世荣等译：《西方的没落》上册，商务印书馆 1995 年版，第13—14 页。

③ 《马克思恩格斯选集》第 2 卷，人民出版社 1995 年版，第 710 页。

④ 《马克思恩格斯文集》第 1 卷，人民出版社 2009 年版，第 540—541 页。

界史理论还是缺乏"整体性"。① 在世界历史的表述上出现了多种模式,如按照时间划分的"上古、中古、近代"的分期,按照资本主义扩张的地理标志划分的"地中海时代、欧洲时代、大西洋时代"的分期等。二战以后,人们对于人类历史的发展逐渐形成了一些共识,人们普遍注意到人类由彼此隔绝、分散孤立、各自封闭的状态发展成为相互依存、联系密切、共同利益日益增多的事实,与此相应的世界史观也得到普遍的认同。②

苏联科学院出版的数十卷本的《世界通史》是"社会经济形态说"历史观的代表作品,是在马克思列宁主义历史理论指导下完成的。它力图在重视物质生产方式的基础上,探讨人类社会变革的规律,将世界各国、各民族的历史纳入原始、奴隶、封建、资本主义和社会主义五个社会发展阶段的模式。在这部大部头的世界通史中,囊括了几乎所有民族、国家、地区的历史,唯独缺少的是"世界史",没有反映出"世界"的整体性发展。③ 法国年鉴学派的"整体史学"扩大了历史研究的视野,布罗代尔提出的"长时段""中时段"和"短时段"分析方法实现了整体史学的纲领。年鉴学派理论的优劣自有公论,但是其缺乏对"世界史"的关注却是明显的,或者这个学派有意回避这一课题。④

杰弗里·巴勒克拉夫对传统的世界史理论体系深感不满,提出整体观察世界历史的方法,他将公元前9000年以后直到1975年的人类历史纳入其考察范围,阐明了世界历史从孤立分散向整体发展的过程。但是,巴勒克拉夫的世界史理论缺乏对发展机制内在因素的探讨,或者说他只是描述了

---

① 汤因比一直试图将人类的历史视为一个整体,并从世界性的角度去考察它,但是他罗列出来的二十几个考察对象既非民族国家史,也不是断代史,而是所谓"社会"。"某种重大的、往往也是惊人的公共事件是一种挑战,它激起了以历史诊断为形式的一种应战","没有像挑战一样的应战,就不会产生创造性的火花"。汤因比著,曹未风等译:《历史研究》下册,上海人民出版社1997年版,第425—426页。

② 张广智主著的《西方史学史》以专门章节讨论了"世界史体系的重新构建",见该书第332—339页。

③ 苏联科学院主编:《世界通史》第1—13卷(共25册),生活·读书·新知三联书店1959—1990年版。

④ 布罗代尔:《15至18世纪的物质文明、经济和资本主义》;布罗代尔:《菲利普二世时代的地中海和地中海世界》。

过程而没有回答我们今天的"整体的"世界为何得以实现。① 斯塔夫里阿诺斯力图回答这样的问题,他在《全球通史》中明确提出重新构建符合时代发展、体现"全球历史观"的新体系,这一新体系"研究的是全球而不是某一国家或地区的历史;关注的是整个人类而不是局限于西方人或非西方人"。② 他明确宣称他就像栖身月球的观察者从整体上看待地球上发生的一切。在他的世界史叙述中,特别强调"联系"的重要性,即是将不同民族和文化之间的联系视为发展的动力,联系越多发展越快,"交往"被视为历史发展的决定性因素。也许是每种理论出发点不同因此不可避免地存在弱点,斯塔夫里阿诺斯没有回答"联系"和"交往"的原因何在,他只是说明了"联系"及其影响的事实。

"新马克思主义"学者沃勒斯坦的"世界体系论"一经提出即引起学术界的争论。他认为构成人类历史的各个民族、国家的历史不是独立,而是相互联系的,它们总是处在"世界性体系"中。16 世纪以前,"世界性体系"主要表现为"世界性帝国",16 世纪以后,则表现为以西欧北美为中心的"资本主义的世界性经济体系"。他在精心构建现代世界体系中的中心区、半边缘区和边缘区及其相互间有机关系的同时,却一直回避对 16 世纪以前"世界性体系"的细节研究。③ 正如德国学者弗兰克指出的:"尽管沃勒斯坦这部著作的书名是《现代世界体系》,但是他并没有为世界历史提供一个更好的框架"。以费正清为代表的国际汉学界深入探讨的"朝贡体系",试图通过中国古代历史的个案研究回答这个问题,而阿拉伯裔学者阿布—卢格霍特的《在欧洲霸权之前:1250—1350 年间的世界体系》、马丁·伯纳尔

---

① 他明确提出:"认识到需要建立全球的历史观——即超越民族和地区的界限,理解整个世界的历史观——是当前的主要特征之一"。杰弗里·巴勒克拉夫著:《当代史学主要趋势》,第 242 页。

② 他还说"正如西方历史不是西方各国历史的总和,世界历史也不是世界上各种文明的总和"。斯塔夫里阿诺斯著,吴象婴等译:《全球通史》上册,上海社会科学出版社 1997 年版,第 56 页。

③ 他认为"帝国是五千年来世界舞台的恒久特征","15 世纪末 16 世纪初,一个我们所说的欧洲世界经济体产生了",即资本主义的世界体系。沃勒斯坦:《现代世界体系》第 1 卷,第 12 页。

的《黑色的雅典娜》和弗兰克的《白银资本——重视经济全球化中的东方》则希望通过实证性研究说明在 16 世纪以前存在的"世界性帝国"及其"世界体系"。①

我们今天生活的这个世界是否形成了什么体系,这个体系何时形成,怎样形成,以及其结构如何等问题长期争论,聚讼不休。事实上,世界史观念的出现是全球经济一体化不断深化和不同文化交流日益频繁这一形势在历史研究领域引起的反应。由于全球经济一体化的进程比较漫长,发展比较曲折,因此对于相关问题的探讨呈现出多样性。值得注意的是,在这场旷日持久的大讨论中,并不是只有欧、美学者参加,也不是只有"欧洲中心论"(包括其许多变种理论)一种声音。以吴于廑为代表的中国世界史学者提出了一种"世界史纵横发展论",认为"人类历史发展为世界历史,经历了一个漫长的过程。这个过程包括两方面:纵向发展方面和横向发展方面。这里说的纵向发展,是指人类物质生产史上不同生产方式的演变和由此引起的不同社会形态的更迭…… 所谓世界历史的横向发展,是指历史由各地区间的相互闭塞到逐步开放,由彼此分散到逐步联系密切,终于发展成为整体的世界历史这一客观过程而言"。② 这一观点吸收了马克思主义的"社会经济形态"理论和巴勒克拉夫提出的整体观察世界历史的方法,既阐明了人类社会由原始向现代的阶段性发展,又描述了从孤立分散向整体发展的世界史的形成。只是人们仍然无法从"世界史纵横发展论"里找到发展的动力何在,即人类世界发展到今天的动力是什么这个问题的答案。

弗兰克十分信服费正清,他认为后者提出的研究方法可以视为历史研究的定律,即绝不要从开端开始,历史研究应该向后推进,而不是向前推进,换言之,要让问题引导着你向后回溯。按照这样的思路,我们不妨从当前人

---

① 贡德·弗兰克:《白银资本——重视经济全球化中的东方》,第 12 页。该书作者还在其前言中对这一问题进行了全面的总结。

② 吴于廑:《吴于廑学术论著自选集》,第 62 页。这篇杰作完整反映吴于廑先生关于世界史体系的理论,代表了我国世界史学科理论的最新发展,也被用作吴于廑和齐世荣主编的(教育)部颁教材《世界史》(高等教育出版社 1994 年版)的总序,该教材目前每年再版。

类社会面临的资源、环境、人口等问题重新审视过去的历史,在前人已经取得的研究成果基础上尝试重新构建新的世界史理论。

整部人类历史既是人类社会生活各个方面演化变动持续发展的历史,又是人类开发利用自然资源和改变生存环境的历史。以前的研究大多关注人与人、人与社会的关系,以及衍生出来的各种制度和思想成果,而把人与自然资源、人与生存环境的关系置于次要地位。人们不是认为后一种关系不重要,而是因为人的能力在自然面前显得渺小而被忽视了。当自然资源枯竭环境状况恶化的严重程度日益显露,人类自身的发展已经受到制约的时候,人类才可能意识到人与自然关系的真正意义。①

作为"特殊物质"的人,其建立复杂社会关系的前提是人与自然的关系。这种最初始的关系包括人与生存环境和人与自然资源的关系两个方面,它们是先于"生产"而存在的关系,"一切生产都是个人在一定社会形式中并借这种社会形式而进行的对自然的占有"(马克思语),人类社会的其他关系都是在这个基础上展开的。某种生产生活方式的形成首先决定于特定人群在特定生存环境中对自然资源的利用和开发,特定环境中人们对特定资源的占有、开发和利用决定了社会生活其他方面的特征。离开了人与生存环境和人与自然资源的关系,我们似乎难以回答为什么在某地形成了"这种"而不是"那种"生产生活方式及其文化特点。

在人类发展的历史上,可以大体确定的几种生产生活形态包括采集的、游牧的、农耕的、工业制造的。在这些生产生活形态的基础上,形成了前资本主义的、资本主义的和后资本主义的社会形态。由于人类生活与生存环境和自然资源的矛盾在相当长时期里并不突出,或者说它没有引起人们足

---

①　这样提出问题可能会受到"赶时髦"的指责,但是"赶时髦"在学术研究中并不是一种耻辱,以往世界史观的提出何尝不是"赶时髦"的结果?当欧洲资本主义陷入困境的时候不是出现了质疑欧洲文明前途的"文化形态史观"吗?当无产阶级革命风起云涌的时代不是诞生了马克思主义吗?当世界各地联系空前紧密、地球似乎变小了的时候不是才形成了强调"全球史观"的整体性的世界史思想吗?关注人类开发自然资源和生存状态的历史书籍已经问世。如艾尔弗雷德·克罗斯比著,许友民等译:《生态扩张主义——欧洲900—1900年的生态扩张》,辽宁教育出版社2002年版;彼得·詹姆斯等著,颜可维译:《世界古代发明》,世界知识出版社1999年版;菲利普·赛福著,刘乐亭等译:《地球素描》(剑桥文丛),江苏人民出版社1997年版。

够的重视,因此大多数学者关注的是人与人、人与社会的问题。就人类历史的整体发展而言,这些已经存在的形态一旦出现并形成就不会消失,它们在不断积累的过程中并存,并因人与生存环境和自然资源的关系变动而成为一个时代的主导方式。

在以采集(包括渔猎这种"采集"动物而非采集植物的方式)为主的生产生活形态中,人类纯粹自然地处于各自的生存环境中,被动地接受来自自然的各种压力,并且为了种群的繁衍本能地应对各种自然挑战,从其周围自然资源中直接采集使用生活资料。这个时期的人类与其他高等动物的差异不大,还没有完全摆脱自然循环的生物链和种群灭绝的压力,唯一的区别在于,人类开始制造和使用原始的工具,并迅速发展其智力。在相当长时期内,人类生活"消费"留下的垃圾能够为自然环境及时化解。从全球整体的角度看,相对于数量极少的人类,自然资源似乎"无穷无尽",但是人类利用自然资源水平的低下决定了人类可以直接利用的生活资料相对短缺。从地区性角度看,来自自然环境的种种困难因素和群居生活引发的疾病虽然限制了人口数量稳定增长的速度,[1]但却不能改变人口增长的趋势。这样,生活资料的相对短缺与人口数量的持续增加之间的矛盾逐渐突出,迫使人类在两个方向上寻求解决矛盾的出路。其一是"多余"人口的流动,其二是改进利用自然资源的方法。前者扩展了人类生存的空间,后者改变了人与自然的传统关系,增加了自然资源转变为生活资料的数量;前者是早期人类不停流动,从非洲腹地逐渐遍及全球各个大陆的动力,[2]后者则是这一时期人类生存方式从采集向游牧和农耕转化的原因。这里,"人类探索未知世界的好奇心"和"人类改造自然的天性"等说明都是现代人加在早期人类身上的富有浪漫色彩的幻想。事实上,早期人类只是在"种群灭亡"的自然压力和威胁下苦苦挣扎,游牧和农耕也是在无数人类种族分支灭亡或自然消亡中探索到的出路。

---

① 克罗斯比:《生态扩张主义——欧洲900—1900年的生态扩张》,第202页。

·② 人类基因组研究已经证明了近代考古学结论的正确,早期古人类在各大陆的流动路线就是如此。菲利普·拉尔夫等著,赵丰等译:《世界文明史》,商务印书馆1998年版,第11—18页。

人类从动物和植物的采集中发展出来游牧和农耕生产生活方式,意味着人类凭借不断发展的智力驯化了部分自然生存能力较弱的动物和植物,它们需要人类的"指导"和"保护"才能使其种群不灭,而人类则从它们那里获得更稳定的生活资料。在人类提高其利用自然资源能力的同时,也在改善自身生存的质量,这意味着人均资源消费量的增加。由于采用游牧和农耕两种方式的人类,形成了与自然环境不同的关系,并因其从自然资源中索取生活资料的手段不同,决定了游牧民族和农耕民族发展道路的不同。游牧民族利用的是土地"表层资源",即草场,而农耕民族利用的是土地"浅层资源",即农田。前者通过放牧牲畜将杂草转化为人类可以食用的动物蛋白,而后者通过犁耕土地和选育高产植物生产碳水化合物供人类食用。前者满足单个人生存需求的"表层"自然资源的面积比后者的需求大得多,而且脆弱得多。正是这种脆弱性造成了游牧生活的不稳定性,草场自然生态状况直接决定了游牧民族的生存状况,持续不断的生存危机造成了他们总是不断扩大被视为"财富"的畜群数量。与之相比较,农耕方式从"浅层"自然资源获得生活资料更稳定,一是因为植物的驯化远比动物的驯化更容易,被驯化的植物种类更多,二是农耕方式获得土地资源蕴涵的能量比游牧方式更易保存,干燥的种子和果实比肉和奶保存的时间长得多。这使得农耕民族普遍能将多余的产品转化为"财富"。特别重要的是,游牧方式"逐水草而居"的迁徙生活决定了游牧民族居无定所,他们不断放弃固定的剩余产品,而被迫不断将"财富"转化为畜群。流动生活直接限制了人类智能的发展,而这在农耕的定居生活中却形成了巨大的优势。农耕与游牧两种方式在"财富"积累的速度和方向上的区别又导致在两者基础上形成的人类社会文化发展的种种差距。以农耕方式为主的民族中出现了比例相当高的"闲散"人群,其中智商较高的部分人因此有可能在人类生产生活相关的各个方面创造"文明",特别是在开发、占有、利用、分配资源方面发展人类的智能。而在游牧方式为主的民族中"闲散人"的比例大为降低,其文明程度普遍低于农耕民族的原因主要在于此。农耕民族从自然资源中获取生活资料的能力,或称劳动生产率,比游牧民族高得多。今天大气物理学研究告诉人们的有关气候周期性变化的知识,使我们了解了在人类历史上发生的同样变化。① 这种人类生存环境的变化对于游牧民族的影响大于农耕民族。在气候条件有利于植物生长的环境中,畜群数量的急剧增长也带动了人口的增长,而人口的增长直接加剧了自然资源相对短缺和生活消费总量上升的矛盾。于是在游牧民族中出现了争夺牧场和水源(地区霸权即是由对资源控制权转化而来)的内部战争,部落之间毁灭性的杀戮,以及由此形成的其他"原始的""残暴的"社会风俗因此长期保留。而当内部杀戮这种"自然性质"的人口平衡方式仍然无法解决问题时,对外战争便爆发了。这就是漫长的前资本主义时代一直不断爆发游牧民族"冲击"农耕民族、游牧世界不断"主动侵入"农耕世界的主要原因。②

如果我们从生存环境和自然资源的角度观察问题,那么世界历史上的所有现象似乎都可以重新解释。例如,商业贸易只不过是自然资源流动的另一种形式。早期的物产交流大约在同一时期发展为成熟的古代商业,贸易活动中培养了一批商人。他们用以"赚钱"的商品无非是农耕或游牧或采集方式的产品,这部分剩余的"财富"是以产品形式出现的自然资源。货币在任何社会里都是"权利符号",代表着持有人对自然资源的潜在所有权。又如,手工业是对自然资源的再加工方式,但由于它是人类技能的深化发展,凝结着更高水平的人类智能,因此它具有比前此其他生产生活方式更复杂更多样的形态。同时,由于它将自然状态的资源和采集、游牧、农耕方式的产品都当作加工的对象,因此其进一步发展的空间无限扩大了,其转化自然资源为生活资料的能力也空前提高了,工业就是由此发展而来的。再如,城市也是由直接获取自然资源的"剩余人口"构成的,它建立在农业生产生活方式基础上、由工商业支撑、并为控制自然资源的人类"权力"所

① 气候专家指出:气候"是自然界环境中的一个极为活跃的组成部分。这是由于气候在各环境成分中变化最大,至今人类了解最少,又缺乏有效控制手段的一部分"。张家诚:《气候与人类》,河南科学技术出版社 1987 年版,第 105 页。

② 吴于廑先生对游牧世界和农耕世界作出了准确的定义,并将前工业时代游牧对农耕世界的入侵总结为"三次历时长久的迁徙和冲击浪潮",见吴于廑:《吴于廑学术论著自选集》,第 68—76 页。可惜他没有涉及任何资源和环境的内容。有关吴先生提出的最具有中国特色的世界史纵横发展宏观理论的学习心得,见陈志强:《论吴于廑"整体世界史观"》,《世界历史》2013 年第 2 期。

保护。

资源环境的概念具有明显的时代特点,它随着人类开发利用自然资源技能的发展而变化。当人类还不能利用风力、水力时,他们不会把这些自然力当作资源;当人类面对雷电战栗不止甚至顶礼膜拜时,电力也不被列入资源的名单;被人类当作大自然慷慨恩赐的淡水因为"无穷无尽"而长期被人大肆挥霍,直到全球性缺水时代到来,它才被当作了重要资源。工业的出现标志人类获取自然资源新时代的到来。首先,工业方式是从"深层"自然资源中获取生活资料,表现在对地表以下数千米内资源的开采,对采集、游牧、农耕产品的再加工,以及对多种形态物质的开发。其次,工业方式逐步改变了人类获取自然资源的传统思路,增加了从自然资源转化生活资料的渠道和方法,人类开始多维度多领域多层次改变生存环境和自然资源,人类科技和能力迅猛发展。更由于工业时代劳动生产率的提高,使更多"剩余人口"及其"剩余智力"加入到开发自然资源新手段的队伍中去,人类的知识因此"大爆炸",在数百年间超越了数百万年间的知识积累。由于人类以工业方式获取自然资源的能力持续增强,在工业时代的初期,许多原本不被视为自然资源的矿藏成为重要的工业原材料,为不同地区的人类所争夺,甚至成为某些战争的目标。工业方式引发的人类社会的变动相当剧烈,资本主义打乱了人类数千年生活的节奏,人类对生存环境的破坏在"征服自然改造自然"的旗号下加速进行,人类获取自然资源的能力使得部分资源几告枯竭。[1] 随着部分"发达工业"国家居民生活质量的提高,其他"不发达工业"国家人民的状况进一步恶化。今天我们仍然处于工业时代的不成熟阶段,从世界史发展的角度看,全球工业化的进程远未完成。一方面,个别地区和国家的所谓"发达工业"是以牺牲其他地区和国家甚至全球的"廉价"资源环境为代价;另一方面,世界大部分地区和国家仍然停留在农业水平上。工业时代人类转化自然资源的方式与农业时代相比虽然有所改变,但是仍然

---

① 例如水资源枯竭(包括绝对和相对的)是多种资源枯竭中最明显的,只占全球总水量2.5%的淡水资源"在全世界分布很不均匀。结果,人类文明的发展多多少少受限于淡水的分配情况,与淡水分配的地理模式取得一致。这个模式的任何持久改变因此将对我们现有的全球文明形成战略性威胁"。阿尔·戈尔:《濒临失衡的地球——生态与人类精神》,第79页。

没有本质变化,因为这种变化只表现为"消费"自然资源速度的增加和人类生存环境的恶化。只有当人类最大限度地获取自然资源并将其转化为生活资料,即在加工过程中不产生"废料",同时不以损坏生存环境为代价时,人类才进入了工业时代的成熟阶段。也许只有当人类在物质的"原子水平"上获得生活资料,并使所有自然资源改变为可再生资源时,才能走出工业时代,即进入"后工业时代"。

由于世界各地区生存环境和自然资源状况的不同,不同地区生产生活方式呈现明显的多样性,这就影响了各地区各民族发展过程和水平的不平衡性,因而形成了经济和文化特点的差异。这种差异是不同文化交往和联系的前提。如果说交往越多就越有利于发展的话,那只是因为用于交往的"产品"反映着不同地区自然资源的特点,以及开发资源的人类智能。但是,新能力的引进一方面促进了某个地区居民利用自然资源的水平的提高;另一方面也带来了"物种入侵"的负面问题,后者是历史家一直忽略的问题。① 从交往的方式看,不同地区民族或不同文化一般采取和平和战争两种途径,根本的目的仍然是通过对已经或尚未转化为生活资料的自然资源的控制,解决本地人口增长和资源相对短缺的矛盾。如果某地区这一矛盾不突出,那么这一地区对外交流就缺少内在的动力,而工业时代早期西欧民族扩展的动力大体源于对其他地区资源占有的欲望。这样思考问题,似乎可以合理地解释为什么一些地区对外交流"恶性膨胀",而世界上至今仍存在与世隔绝的、其原始生存形态长期不变的土著民族。

总之,人类世界的历史就是一部对生存环境和自然资源关系以及由此引申出来的人与人、人与社会关系的发展史。在当前资源和环境问题空前突出的背景下,世界史的重构应更关注作为其他关系基础的人与环境和资源的关系。由于各种文明对待这一关系的不同,这部世界史还可以揭示它们各自历史的特征,当然这一任务需要大量细致的研究才能完成。最后需

① 克罗斯比以 3 章篇幅对植物、动物和病菌的"物种入侵"分别进行了个案分析。克罗斯比:《生态扩张主义——欧洲 900—1900 年的生态扩张》,第 153—219 页。

要说明的是,笔者无意否定或取代其他世界史的解释体系,只是通过上述粗浅的理论说明新形势下史学研究的创新还有大量工作要做,个性化历史研究的发展空间无限广阔。

主要参考文献

西文：

Agathias of Myrina, *Historiarum Libri V*, Bolin 1967.

Agathias, *The Histories*, translated with an introduction and short explanatory notes by Joseph D. Frendo, Berlin: Walter de Gruyter & Co., Germany 1975.

Agathias, *The Histories*, trans. by J. D. Frendo, in Corpus Fontium Historiae Byzantinae 2A, Berlin 1975.

A History of the Crusades, Cambridge : Cambridge University Press 1951.

Ἀικ. Χριστοφυλοπουλου, *Η Συγκλετος στο Βυζαντινον Κρατος*, Αθενα, *1949*.

Akropolites, George, *Chonike Sungraphe*, trans. by R. Macrides, Oxford ; New York : Oxford University Press 2007.

Albion, Adam Smith, *Symeon, Tsar of Bulgaria (893-927), as seen through Byzantine Lenses*, Harvard University Press 1988.

Andreades, A. M., "Economic Life of the Byzantine Empire", in *Byzantium; an introduction to East Roman civilization*, eds. by Baynes Norman Hepburn, and H. St. L. B. Moss, Oxford: Clarendon Press 1948.

Allen, P., "The 'Justinianic' Plague", *Byzantion* 1979.

Arnheim, M. T. W., *The Senatorial Aristocracy in the Later Roman Empire*, Oxford: Clarendon Press 1972.

Angold, M., *Church and Society in Byzantium Under Comneni, 1081-1261*, Cambridge: Cambridge University Press 1995.

Angold, M., *The Byzantine Empire 1025-1205*, London, New York: Longman 1997.

Babinger, F., *Mehmed the Conqueror and His Time*, trans. Ralph Manheim, ed. William C. Hickman, Bollingen Series XCVI, Princeton, N. J.: Princeton University Press 1978.

Banaji, J., *Economy and Agrarian Change in Late Antiquity*, Oxford: Oxford University Press 2007.

Baok, A., "The Roman Magister in the Civil and Military Service of the Empire", *Harvard Studies in Classical*, Cambridge University Press 1929.

Barbaro, Nicolo, *Diary of the Siege of Constantinople, 1453*, trans. by J. R. Jones, New York: Exposition Press 1969.

Barker, John W., "Review", *Speculum*, vol. 69, no. 3 (Jul., 1994).

Barker, J. W., *Justinian and the Later Roman Empire*, Madison: University of Wisconsin Press 1966.

Bartusis, M. C., *The Late Byzantine Army, Arms and Society, 1204-1453*, Philadelphia: University of Pennsylvania Press 1992.

Beaton, R. and Ricks, D., *Digenes Akrites: New Approaches to Byzanitne Heroic Poetry*, Aldershot, Hampshire, Great Britain: Brookfield, Vt., USA: Vaiorum 1993.

Beddoe, John, "On the Bulgarians", *The Journal of the Anthropological Institute of Great Britain and Ireland*, vol. 8 (1879).

Boak, A. E. R. ed., *Book of the Prefect*, Cambridge, Mass.: Harverd University Press 1929.

Boak, A. E. R. and Dunlap, J. E., *Two Studies in Later Roman and Byzantine Administration*, New York, London: Macmillan 1924.

Brehier, L., *The Life and Death of Byzantium*, New York: North-Holland Pub. Co. 1977.

Brehier, L., *La civilisation byzantine*, Paris: P. Geuthner 1946.

Brehier, L., *Vie et mort de Byzance; Les institutions de l'Empire byzantin*, and *La civilisation byzantine*, Paris：A.Michel 1969.

Brown, P.R., *Society and the Holy in Late Antiquity*, Berkeley：University of California Press 1982.

Brown, P., *The World of Late Antiquity*：*from Marcus Aurelius to Muhammad*, London：Thames and Hudson 1971.

Brown, Peter, "The Rise and Function of the Holy Man in Late Antiquity", *The Journal of Roman Studies*, No.61, 1971.

Brown, P., *The Rise of Western Christendom*：*Triumph and Diversity 200-1000 AD*, John Wiley & Sons 2003.

Brown, P., *The Cambridge Ancient History*, Chapters 21 & 22 *in The Cambridge Ancient History*, *Volume XIII*, *The Late Empire*, *A.D.337-425*, Cambridge University Press 1998.

Brown, P. and G.W.Bowersock etc., ed., *Interpreting Late Antiquity*：*Essays on the Postclassical World*, Press of Harvard College 2011.

Brown, P., *Through the Eye of a Needle*：*Wealth*, *the Fall of Rome*, *and the Making of Christianity in the West*, *350 - 550 AD*, Princeton University Press 2012.

Browning, R., *Justinian and Theodora*, New York：Thames and Hudson 1987.

Brugg, Allison, "Ancient Ebola Virus?" *Archaeology*, (Nov./Dec. 1996) 28.

Brocquiere, Bertrandon de la, *Early Travels in Palestine*, trans. T. Wright, Londong：Henry G.Bohn 1848.

Bury, J.B., ed., *Byzantine Texts*, London 1849.

Bury, J.B., *The Imperial Administrative System in the Nine Century*, London：Pub.For the British academy by H.Frowde, Oxford University Press 1911.

Bury, J. B., *History of the Later Roman Empire*, Amsterdam：Adolf M. Hakkert 1966.

Bury, J., *The Imperial Administrative System in the Ninth Century*, London：

Pub.for the British academy by H.Frowde,Oxford University Press 1911.

Bury, J. B. , *The Imperial Administrative System*, *The Notitia Dignitatem*, *Notitiae dignitatum*, *Corpus notitiarum*, ed.E.Gerland, Istanbul 1931.

Bury, J.B. , *The Cambridge Medieval History*, London: Cambridge University Press 1929.

Cameron, Averil, *The Mediterranean World in Late Antiquity AD 395-600*, London; New York: Routledge 1993.

Cameron, A.M. , "The 'Scepticism' of Procopius", *Historia* 1966.

Charanis, P. , *Social Economic and Political Life in the Byzantine Empire*, *Collected Studies*, London: Variorum Reprints 1973.

Chevallier, R. , *Roman Roads*, Berkeley: University of California Press 1976.

Choniatae, Nicetae, *Historia*, trans.by J.L.van Dieten, Berolini; New York: de Gruyter 1975.

Chronicon Paschale, *284-628 AD* translated with notes and introduction by Michael Whitby and Mary Whitb, Liverpool University Press 1989.

Clauss, M. , *Des magistor officiorum in der Spatantike*, Munchen: C. H. Beck 1980.

Cochrane, C.N. , *Christianity and Classical Culture: A Study of Thought and Action from Augustus to Augustine*, Oxford: Oxford University Press, A Galaxy Book 1957.

Constantine VII, *De Administrando Imperio*, trans.by J.Jenkins, Washington D.C.1967.

Constantine VII, *Vom Bauernhof auf den Kaiserthron*, trans.by C.Mango, Washington, D.C.1990.

Constantino, *De thematibus*, trans. by A.Pertusi, Città del Vaticano : Biblioteca Apostolica Vaticana 1952.

Comnena, Anna, *The Alexiad*, trans. by Elizabeth A.Dawes, London 1928.

Comnena, Anna, *The Alexiad*, edited and translated by E.R.A.Sewter.Harmondsworth: Penguin 1969.

Comnene, Anne, *The Alexiade*, trans. by E. R. A. Sewter, England, Clays Ltd.2003.

Curtiss, John Shelton, *Church and State in Russia*, New York: Columbia University Press 1940.

Damascus, St.John, *The Sacra Parallela*, in Paris, Bibliotheque Nationale, MS.Gr.923, fol.207.

Demus, O., *Byzantine Art and the West*, New York: New York University Press 1970.

Diehl, C., *Byzantium: Greatness and Decline*, translated from the French by Naomi Walford, New Jersey: Rutgers University Press 1957.

Dixon, Bernard, "Ebola in Greece?" *British Medical Journal*, 313 (17 Aug., 1996).

Dolger, F., *Das Kaiserjahr der Byzantiner*, Munich: Verlag der Bayerischen Akademie der Wissenschaften 1949.

Dolger, F., "Rom in der Gedankenwelt der Byzantiner", *Zeitschrift fur Kirchengeschichte*, LVI (1937).

Ducae, Michaelis, *Historia Byzantina*, trans. by I. Boulliau, Bonnae: Weber 1834.

Doukas, *Ducae Historia Turcobyzantina (1341-1462)*, ed.and tr.V.Grecu, Thesaurus Linguae Graecae from Homer to the fall of Byzantium in AD 1453, No.3146, XXXVIII, 3-4.

Doukas's *Decline and Fall of Byzantium to the Ottoman Turks*, an annotated translation of "Historia Turco-Byzantina" by Harry J. Magoulias, Wayne State University, Detroit: Wayne State University Press 1975.

Doukas, *Decline and Fall of Byzantium*, trans.by H.Magoulias, Detroit 1975.

Dunlap, J.E., *The Office of the Grand Chamberlain in the Latter Rroman and Byzantine Empires*, New York: Macmillan 1924.

Dvorink, F., *Early Christian and Byzantine Political Philosophy: Origins and Background*, Washington, Dumbarton Oaks Center for Byzantine Studies 1966.

Dvornik, F., *The Making of Central and Eastern Europe*, London: Polish Centre 1949.

Emperors, Patriarchs and Sultans of Constantinople, trans.by M.Philippides, Brookline 1990.

Erasmus, "On the Method of Study", *Collected Works of Erasmus, Literary and Educational Writings*, ed.by C.Thompson, Vol.2, Toronto 1978.

Eugeny, Zeimal, "Eastern (Chinese) Turkestan on the Silk Road, First millennium A.D.: Numismatic evidence", *Silk Road Art and Archeology* [Kamakura], (1991/1992) II.

Eunapios of Sardis, *The Fragmentary Classicising Historians of the Later Roman Empire: Eunapius, Olympiasorus, Priscus, and Malchus*, ed.by R.Blockley, Liverpool, Great Britain: F.Caims 1981–1983.

Eustathios of Thessalonike, *The Capture of Thessaloniki*, trans. by Melville Jones, Canberra: Australian Association for Byzantine Studies 1988.

Evans, J.A.S., *The Age of Justinian: The Circumstances of Imperial Power*, New York: Routledge 1996.

Evagrius, *A History of the Church in Six Books, from A.D.431 to A.D.594, A New Translation from the Greek: With an Account of the Author and his Writings*, trans.by E.Wlaford, London: S.Bagster and sons 1854.

Fagerlie, J. M., *Later Roman and Byzantine Solidi Found in Sweden and Denmark*, New York: The American Numismatic Society 1967.

Farmer's Law, Journal of Hellenic Studies, 30–32 (1910–1912), 87–95.

Farrugia, Edward G., et. al, *Christianity among the Slavs: The Heritage of Saints Cyril and Methodius*, by Pontifical Oriental Institute, Roma: Pont.Institutum Studiorum Orientalium 1988.

Finlay, G., *History of the Byzantine Empire*, London: Jmdent & Sons, 1906, 1913.

Fletcher, Sir Banister, *A History of Architecture*, revised by J. C. Palmes, London: University of London, The Athlone Press 1975.

Foss, C., "The Persians in Asia Minor and the End of Antiquity", *English Historical Review*, (1975)90 : 721-47.

Fossier, R.ed., *The Cambridge Illustrated History of the Middle Ages*, Cambridge: Cambridge University Press 1986-1997.

Francis Dvornik, *Byzantine Missions among the Slavs*: *SS. Constantine-Cyril and Methodius*, Rutgers University Press 1970.

Freely, J., *Istanbul, the Imperial City*, London: Penguin Books Ltd.1996.

Freshfield, E.H., *Book of the Prefect/Eparch*, trans. by E.H.Freshfi, *Roman Law in the Later Roman Empire-Byzantine Guilds Professional and Commercial-Ordinances of Leo VI Rendered into English*, Cambridge: Cambridge University Press 1938.

Fryde, E., *The Early Palaeologan Renaissance (1261 - 1360)*, Leiden; Boston: Brill 2000.

Gagos, T.and Minnen, P.van, *Settling A Dispute*: *Towards A Legal Anthropology of Late Antique Egypt*, Ann Arbor: University of Michigan Press 1994.

Ganshof, F.L., *Feudalism*, Buffalo: University of Toronto Press 1996.

Ganshof, F. L., *Feudalism*. Marc Bloch, *Feudal Society*, New York: Routledge 2014.

Geanakoplos, D.J., *Medieval Western Civilization and the Byzantine and Islamic Worlds*: *Interaction of Three Cultures*, Lexington, Mass.: D.C.Heath 1979.

Geanakoplos, Deno John, *Constantinople and the West*, Wisconsin: the University of Wisconsin Press 1989.

Geanakoplos, Deno John, *Greek Scholars in Venice*, Massachusetts: Harvard University Press 1962.

Geanakoplos, Deno John, "The Discourse of Demetrius Chalcondyles on the Inauguration of Greek Studies at the University of Padua in 1463", *Studies in the Renaissance*, Vol.21(1974).

Geanakoplos, Deno John, *Byzantium*: *Church, Society and Civilization Seen through Contemporary Eyes*, Chicago: University of Chicago Press 1984.

Geanakoplos, Deno John, *Byzantine East and Latin West*, New York: Harper Torchbooks 1967.

Geanakoplos, Deno John, "The Discourse of Demetrius Chalcondyles on the Inauguration of Greek Studies at the University of Padua in 1463", *Studies in the Renaissance*, Vol.21(1974).

Genesios, Joseph, *Basileiai*, ed. C. Lachmon, Corpus Scriptorum Historiae Byzantinae, Bonn 1828.

Gibbon, E., *The History of the Decline and Fall of the Roman Empire*, London: George Bell and Sons 1889.

Golsa, Montella, "Sven Hedin's archaeological collection from Khotan II", *Bulletin of the Museum of the Far Eastern Antiquities*, 10(1938).

Goodacre, N., *Handbook of the Coinage of the Byzantine Empire*, London: Spink and Son Ltd.1957.

Gottfried, R.S., *The Black Death*: *Natural and Human Disaster in Medieval Europe*, London: A Division of Macmillan Publishing Co., Inc.1983.

Gregoras, Nikephoras, *Historia Rhomaike*, trans. by J. van Dieten, Stuttgart 1973.

Grierson, P.and Mays, M., *Catalogue of the late Roman Coins in Dumbarton Oaks Collection and in the Whittemore Collection*, Washington D.C.: Dumbarton Oaks Research Library and Collection 1992.

Graham, Stephen, *Boris Godunof*, New Haven: Yale University Press 1933.

Gregorae, Nicephori, *Historiae Byzantina*, trans. by H. Wolfius, Bonnae: Weber 1829.

Gregory of Nazianzus, *The Sermons*, in Paris, Bibliotheque Nationale, MS. Gr.510, esp.fol.367v.

Grey, Ian, *Boris Godunov*: *The Tragic Tsar*, New York: Charles Scribner's Sons 1973.

Guilland, R., "Les Eunuques dans l'Empire Byzantin", *Etudes Byzantines*, I (1943); II (1944).

Guillou, A., *La civilisation byzantine*, Paris : Arthaud 1974.

Hackens, Tony, *Le Monnayage byzantin : émission, usage, message*, Louvain-la-Neuve : Séminaire de numismatique Marcel Hoc, Collège Erasme 1984.

Hahn, W., *Moneta Imperii Byzantini, Rekonstruktion des Prageaufbaues auf Synoptisch-tabellarischer Grundlage*, Wien: Verlag der Osterreichischen Akademie der Wissenschaften 1973.

Haldon, J. F., *Byzantium in the 7th Century*, Cambridge: Cambridge University Press 1990.

Haldon, J. F., *Byzantine Praetorians. An administrative, institutional and social survey of the Opsikion and Tagnata*, Bonn: R.Habelt 1984.

Hamartolos, George, *Chronicle*, trans.by F.L.Cross and E.A.Livingstone, Oxford: Oxford University Press 2005.

Hankins, James, *Plato in the Italian Renaissance*, Vol. I, New York: E.J. Brill, 1994.

Harvey, A., *Economic Expansion in the Byzantine Empire 900-1200*, Cambridge: Cambridge University Press 1989 and 1990.

Hebrew Bible, I Samuel.

Hendy, M.F., *Studies in the Byzantine Monetary Economy: c.300-1450*, Cambridge: Cambridge University Press 1985.

Hepburn, B.N. and Moss, H.St.L.B., eds, *Byzantium; an Introduction to East Roman Civilization*, Oxford: Clarendon Press 1948.

Hummel, W., *Katalog der byzantinischen Muenzen*, St. Gallen : Das Museum 1982.

Hussey, J.M., *The Orthodox Churchi in the Byzantine Empire*, Oxford: Clarendon Press 1986.

Hussey, J.M.ed., *The Cambridge Medieval History*, Cambridge: Cambridge University Press 1978.

Iorga, N. , *Histoire de la vie Byzantine*, Bucharest: Edition de l'auteur 1934.

Isidore of Seville, *Isidri Hispalensis episcopi etymologiarum sive originum libri XX*, ed. by W.M.Lindsay, Oxford 1911.

James, Liz, ed. , *A Companion to Byzantium*, Blackwell Publishing Ltd. , West Sussex, UK 2010.

Joel, *Chronogrphia Compendia*, Theodore, *Chronicle. Crusaders as Conquerors: The Chronicle of Morea*, ed. I.

Bekker, Corpus Scriptores Historiae Byzantinae, Bonn 1836.

John, Bishop of Nikiu, *Chronicle*, trans. by R.H.Charles, London ; Oxford : Published for the Text and Translation Society by Williams & Norgate 1916.

Jones, A.H. M. , *Cities of the Eastern Roman Empire*, Oxford: Oxford University Press 1964.

Jones, A. H. M. , *Later Roman Empire 248 – 602*, Oxford: Basil Blackwell 1964.

John Lydos, *On the Magistracies*, trans. by T.Carney, Lawrence 1971.

John of Ephesus, *Historiae Ecclesiasticae pars tertia*, trans. by E. W.Brooks, Louvain, L.Durbecq 1952.

John of Ephesus, *Lives of the Eastern Saints*, edited and translated by Brooks, Patrologia Orientalis 17–19, Paris: Firmin-Didot 1923–1925.

John of Ephesus, *The Third Part of the Ecclesiastical History of John*, *bishop of Ephesus*, trans. , R.Payne Smith, Oxford: University Press 1860.

John of Nikiu, *The Chronicle of John*, *Bishop of Nikiou*, trans. by R.Charles, London and Oxford: Published for the Text and Translation Society by Williams & Norgate 1916.

John Skylitzes' *Synopsis historian*, in Madrid, Biblioteca National, vitr. 26–2.*Ioannis Scylitzae Synopsis Histiarum*, by John Wortley, Manitoba: the University of Manitoba Press 2000.

Justinian, *Laws* : *Justinian, The Digest of Roman Law*, trans. by C. F. Kolbert, Yew York: Penguin Books 1979.

Justinian, *Corpus Iuris Civilis*, trans. by S. P. Scott, A. M., Cincinnati: The Central Trust Company 2001.

Justinian, *The Institutes of Justinian*, trans. by J. A. C. Thomas, Amsterdam: North-Holland Pub. Co. 1975.

Justinian, *The Digest of Justinian*, trans. by Th. Mommsen and P. Krueger, Philadelphia 1985.

Karagiannoulos, I., *Το Βυζαντηνόν Κράτος*, Θεσσαλονίκη 1983.

Κανάκη, Εκδόσεις, *Ναυμαχικά*, Αθήνα 2005.

Kantakouzenos, *Historiarum*, trans. by G. Fatouros and T. Krischer, Stuttgart 1982–1986.

Kazhdan, A., "*Pronia*: The History of a Scholarly Discussion", *Mediterranean Historiacal Review*, (1995–1996) 10: 133–63.

Kazhdan, A. and Franklin, S., *Studies on Byzaninte Literature of the Eleventh and Twelfth Centuries*, Cambridge: Cambridge University Press 1984.

Kazhdan, A, "State, Feudal, and Private Economy in Byzantium", in *Dumbarton Oaks Papers*, Vol. 47 (1993).

Kazhdan, Alexander P. ed., *The Oxford Dictionary of Byzantium*, Oxford: Oxford University Press 1991.

Keller, A. G., "A Byzantine Admirer of 'Western' Progress: Cardinal Bessarion", *Cambridge Historical Journal*, Vol. 11, No. 3 (1955): 343–344.

Khawam, R. R., *L'univers culturel des chretiens d'Orient*, Paris: Editions du Cerf 1987.

Kinnamos, *Deeds of John and Manuel Comnenus*, trans. by C. Brand, New York 1976.

Kolias, T., *Byzantinische Waffen: ein Beitrag zur byzantinischen Waffenkunde von den Anfangen bis zur lateinischen Eroberung*, Vienna 1988.

Komnene, Anna, *The Alexiad*, trans. by E. Dawes, London 1928; trans. by E. Sewter, N. Y. Penguin 1969.

Konstam, Angus, *Byzantine Warship vs Arab Warship, 7th – 11th centuries*,

London : Osprey Military 2006.

Kristeller, Paul Oskar, *Renaissance Thought and Its Sources*, New York: Columbia University Press 1979.

Kristeller, Paul Oskar, "The Platonic Academy of Florence", *Renaissance News*, Vol.14, No.3(Autumn, 1961).

Krumbacher, K., *Geschichte der byzantinischen Literatur*, Athens: Gregoriades(Αθήναι: Εκδόσεις Βας. Ν.Γρηγορίαδης) 1974.

Laiou, A. E. ed., *The Economic History of Byzantium: From the Seventh through the Fifteenth Century*, Washington, D.C.: DOP 2002.

Laiou, A., *Peasant Society in the Late Byzantine Empire: A Social and Demographic Study*, Princeton, NJ: Princeton University Press 1977.

Lamb, H., *Theodora and the Emperor*, Garden City: Doubleday 1952.

Laonikos, *Europa in XV Jahrhundert*, Graz 1954.

Lemerle, Paul, *Byzantine Humanism: The First Phase: Notes and Remarks on Education and Culture in Byzantium from its Origins to the 10th century*, Canberra: Australian Association for Byzantine Studies 1986.

Lemerle, P., *The Agrarian History of Byzantium from the Origins to the Twelfth Century*, Galway, Ireland: Officina Typographica, Galway University Press 1979.

Leo III and Constantine V, *Ecloga*. trans. by E. Freshfield, Cambridge 1927.

Leo VI, *Taktika*, *Περ Θσλασσομαχ' ιας*, MS. B 119-sup.[gr.139], in Dain, A., ed., *Naumachica: Partim Adhuc Inedita*, Paris: Xociete d'edition Les Belles Lettres 1943.

Leo the Deacon, *History*, trans. by Alice-Mary Talbot, Washington, D.C.2005.

Leone, P., "Barlaam in Occidente", in *Studi in onore di Mario Marti*, Lecce 1981.

Lindsay, Jack, *Byzantium into Europe*, London: The Bodley Head 1952.

Logothetes, Symeon, *The Chronicle*, trans. by Stephanus Wahlgren, Berlin;

Novi Eboraci: W.de Gruyter 2006.

Lopez, R. S., Silk Industry in the Byzantine Empire, in *Speculum*, (1945) XX.

Lopes, R. S., *The Byzantine Economy in the Early Middle Ages*, London 1978.

Luscombe, David, *The New Cambridge Medieval History*, vol.IV, Part II (c. 1024-c.1198), Cambridge: Cambridge University Press 2008.

Lydos, John, *On powers, Ioannes Lydus on Powers or the Magistracies of the Roman State*, ed. and trans. by A. C. Bandy, Philadelphia: American Philosophical Society 1983.

Mackinney, L.C., *Medical Illustrations in Medieval Manuscripts*, Berkeley: University of California Press 1965.

Macone, A., "A Long Late Antiquity? Consideration on a Controversial Periodization", *Journal of Late Antiquity*, vol.1, No.1, 2008, 4-19.4.

MacMullen, R., *Christianzing the Roman Empire*, New Haven 1984.

Maguire, H., *Byzantine Court Culture from 829 to 1204*, Washington, D.C.: Dumbarton Oaks Research Library and Collection 1997.

Makhairos, Leontios, *Recital*. John Kanonas, *Chronikon*. John Anagostes, *Sphrantzes*, by I.Bekker, Bonn 1838.

Maksimovic, I.J., *The Byzantine Provincial Administration*, Amsterdam: A. M.Hakkert 1988.

Malalas J., *The Chronicle*, trans. by Elizabeth Jeffreys, Michael Jeffreys, Roger Scott, et al, Melbourne: Australian Association for Byzantine Studies 1986.

Manassas, Constantine, *Breviarun Historiae*. Michael, *Annals*, ed. I. Bekker, Corpus Scriptores Historiae Byzantinae, Bonn 1837.

Mango, M.Mundell ed., *Byzantine Trade 4th-12th Centuries*, Farnham: Burlington, VT: Ashgate Pub.2009.

Mango, C., *The Oxford History of Byzantium*, London: Oxford University

Press 2002.

Manoussakas, M., and Stailos, K., "The Publishing Activity of the Greeks During the Italian Renaissance (1469 – 1523)", *Benaki Museum*, September (1987): 24–31.

Marcellinus, *The Chronicle of Marcellinus: A Translation and Commentary*, Sydney: Australian Association for Byzantine Studies 1995.

Matschke, Klaus-Peter, "The Late Byzantine Urban Economy, 13th – 15th Centuries", *The Economic History of Byzantium ,from the Seventh through the Fifteen Century*, ed.by Angeliki E.Laiou, Washington, D.C.: Dumbarton Oaks Research Library and Collection 2002.

McGeer, Eric, *The Land Legislation of the Macedonian Emperor*, Toronto: Pontifical Institute of Mediaeval Studies 2000.

Menander, *The History*, trans.by R.Blockley, Liverpool 1985 ; Theophanes, *Fragmenta Historicorum*, ed.C.Muller, Paris 1959.

Michel le Syrien, *Chronique de Michel le Syrien*, *Patriarche Jacobite d' Antioche(1166–1199)*, trans.by J.B.Chabot, Tomes I,II, Paris: Leroux 1899–1904.

Michael, *Historia*, trans. by John D. Polemes, Athens: Ekdoseis Kanake 1997.

Migne, J. P., *Patrologiae cursus completes*, *Series latina*, Paris: Garnier 1958–1974.

Mitylene, Zachariah, *Syriac Chronicle*, trans. by F. J. Hamilton and E. W. Brooks, in *Byzantine Texts*, ed.by J.B.Bury, London: Methuen & Co.1899.

Moffatt, A., *Classical*, *Byzantine and Renaissance Studies*, Canberra: Australian Association for Byzantine Studies 1984.

Monfasani, John, *Byzantine Scholars in Renaissance Italy*, Hampshire & Vermont: Ashgate Publishing Company 1995.

Monroe, Will S., *Bulgarian and Her People*, Boston: The Page Co.1914.

Montell, Gosta, "Sven Hedin' s Archaeological Collections from Khotan II", *Bulletin of the Museum of Far Eastern Antiquities X*, (1938) ,83–106.

Morrison, Cecile, *Catalogue des monnaies byzantine de la Bibliotheque Na-tionale* (*491-1204*), Paris: Biliotheque nationale 1970.

Morris, R., "The Powerful and the Poor in Tenth-Century Byzantium: Law and Reality", *Past & Present*, No.73(Nov. , 1976) , 73.

Nicephorus, *Short history*, translation and commentary by Cyril Mango, Washington, D.C.: Dumbarton Oaks, Research Library and Collection 1990.

Nicephorus, *Historia syntomos*, Athēna : Ekdoseis Kanakē 1994.

Nicholas I, *Letters*, ed. By R.J.H.Jenkins and L.G.Westerink, Washington, D.C.: Dumbarton Oaks Center for Byzantine Studies 1973, 95.

Nicol, Donald M. , *A Biographical Dictionary of the Byzantine Empire*, Lon-don: Seaby Ltd.1991.

Nicol, Donald M. , *The Immortal Emperor: The Life and Legend of Constan-tine Palaiologos*, *Last Emperor of the Romans*, Cambridge, England: Cambridge University Press 1992.

Nicol, D.M. , *The Last Centuries of Byzantium*, Cambridge, England: Cam-bridge University Press 1993.

Nicol, D.M. , *The Last Centuries of Byzantium*, Cambridge: Cambridge Uni-versity Press 1993.

Nikephoros the Younger, *Materials*, trans.by Paul Gautier, Brussels 1975.

Niketas Choniates, *City of Byzantium*, trans.by H.Magoulias, Detroit 1984.

Noble, T.F.X. , "John Damascene and the History of the Iconoclastic Con-troversy", in *Religion*, *Culture*, *and Society in the Early Middle Ages: Studies in Honor of Richard E.Sullivan*, Kalamazoo 1987.

Norwich, John J. , *A Short History of Byzantium*, New York: A Division of Random House, Inc.1997.

Romans, Cambridge, Eng.: Cambridge University Press 1992.

Norwic John Julius, *A Short History of Byzantium*, New York: A Division of Random House, Inc.1999.

Obolensky, D. , *The Byzantine Commonwealth*, *Eastern Europe 500-1453*,

New York: Praeger Publishers 1971.

Oikonomides, G.A., *Diplomatikes Histories*, Athena: Ekdoseis Gema 2009.

Oikonomides, N., "The Etymology of Theme", *Byzantina* 1975, XVI.

Olson, Patrick, "The Thucydides Syndrome: Ebola Virus? (or Ebola Re-emergent?)" *Emerging Infectious Diseases*, 2 (Apr.-Jun., 1996), 1—23.

Ostrogorsky, G., *Geschichte des byzantinischen Staates*, Munich: Beck 1940.

Ostrogorsky, G., "Agrarian Conditions in the Byzantine Empire in the Middle Ages", in *The Cambridge Economic History of Europe Volume I: The Agrarian Life of the Middle Ages*, Cambridge: Cambridge University Press 1966.

Ostrogorsky, George, "The Byzantine Background of the Moravian Mission", *Dumbarton Oaks Papers*, vol.19 (1965).

Ostrogorsky, G., "The Peasant's Pre-emption Right: An Abortive Reform of the Macedonian Emperors", *The Journal of Roman Studies*, Vol.37, Parts 1 and 2 (1947).

Ostrogorsky, G., "Agrarian Conditions in the Byzantine Empire in the Middle Ages", in *The Cambridge Economic History of Europe*, ed. by M. M. Postan, Cambridge: Cambridge University Press 1966.

Ostrogorsky, G., *Pour l'histoire de la feodalite Byzantine*, Brussels: Editions de l'Institut de philologie ed d'histoire orientales ed slaves 1954.

Ostrogorsky, G., *Quelques problemes d'histoire de la paysannerie*: Bruxelles: Editions de Byzantion 1956.

Ostrogorsky, G., *History of the Byzantine State*, trans. by Joan Hussey, Oxford: B.Blackwell 1956.

Ostrogorsky, Geory, *Byzantinische Geschichte, 324-1453*, Munchen: Verlag C.H.Beck OHG 1996.

Ostrogorsky, G., *History of the Byzantine State*, tr. J. Hussey, Oxford: Blackwell 1968.

Pachymeres, George, *De Michaele*, trans.by V.Lautent, Paris 1984.

Palaiologos, T., *Les Enseignements de Theodore Paleologue*, ed.C.Knowles,

London: Modern Humanities Research Association 1983.

Panaretos, Michael ed., *Ephraen Aenii Historia chronica. Chronicle*, ed. O. Lampsides, Athens 1958.

Papagianni, Eleutheria, "*Protimesis* (Preemption) in Byzantium", in A. E. Laiou ed., *The Economic History of Byzantium: From the Seventh through the Fifteenth Century.*

Partington, J. R., *History of Greek Fire and Gunpowder*, Cambridge: Cambridge University Press 1960.

Pears, E., *The Destruction of the Greek Empire and the Story of the Capture of Constantinople by the Turk*, London 1903 and New York: Greenwood Press 1968.

Photios, *Epistolae*, ed. by Johannes N. Baletta, Jildesheim: G. Olms 1978.

Polite N., *Proverbs and Traditions of the Greek People*, Athens 1904.

Powell, J. E., " The Cretan Manuscripts of Thucydides", *The Classical Quarterly*, Vol. 32, No. 2 (Apr., 1938).

Procopios, *The Wars, the Buildings, The Secret History*, trans. by H. Dewing, London, Loeb Classical Library, 1914-1935.

Procopius, *The Anecdota or Secret History*, trans. by H. B. Deving, Harvard University Press 1998.

Procopius, *History of the Wars*, trans. by H. B. Deving, Harvard University Press 1996.

Procopius, *History of the Wars*, trans. by J. Haury, Harvard University Press 1962.

Procopius, *The Anecdota*, trans. by H. B. Dewing, Cambridge, Massachusetts: Hurvard University Press 1998.

Pryor, John H. and Jefereys, Elizabeth H., *The Age of the Dromon, the Byzantine Nave ca 500-1204*, Leiden: Koninklijke Brill NV. 2006.

Pryor, J. H., "Type of Ships and Their Performance Capabilities", in *Travel in the Byzantine World*, Hampshire: Ashgate Publishing Ltd. 2002.

Psalter, Khludov, in Moscow, Historiacal Museum, MS.129 D, fol.88r.

Psellos, *Fourteen Byzantine Rulers*, trans. by E. R. Sewter, N. Y. Penguin 1966.

Psellos, Michael, *The History of Psellus*, ed. J.B.Bury, London: Methuen & Co.1899.

Psellos, Michael, *Fourteen Byzantine Rulers*, trans. by E. R. Sewter, New York: Penguin 1966.

Reynolds, S., *Fiefs and Vassals*, Oxford: Oxford University Press 1994.

Rice, D.T., *Art of the Byzantine Era*, London: Thames and Hudson 1963.

Runciman, S., *Byzantine Civilization*, New York: Meridian Books 1959.

Runceman, S., *The Fall of Constantinople*, 1453, Cambridge: Cambridge University Press 1965.

Runciman, Steven, *Byzantine Civilization*, London: E. Arnold & Co., 1933, 1959.

Runciman, Steven, *A History of the First Bulgarian Empire*, London: G.Bell & Sons, Ltd.1930.

Sandys, John Edwin, *A History of Classical Scholarship*, Bristol: Thoemmes Press 1998.

Sarris, P., *Economy and Society in the Age of Justinian*, Cambridge: Cambridge University Press 2006.

Sarris, P., "On Jairus Banaji Agrarian Change in Late Antiquity", in *Historical Materialism*, (2005) 13.

Sarris, Peter, "Economics, Trade, and 'Feudalism'", in *A Compantion to Byzantium*, Edited by Liz James, Malden, M. A.: Wiley-Blackwell Publishing Ltd.2010.

Sear, D. R., *Byzantine Coins and Their Values*, London: Seaby Audley House 1974.

Schulz, F., *History of Roman Legal Science*, Oxford: Clarendon 1953.

Scriptores post Theophanem, ed.I.Bekker, Corpus Scriptores Historiae Byzantinae, Berlin 1838.

Simokattes, Theophylaktos, *Historiae*, trans. by Michael Whitby and Mary Whitby, Oxford: Claredon Press; New York: Oxford University Press 1986.

Skylitzes, John, *Byzanz. Ioannis Scylizes Continuatus*, trans. by H. Thurn, Graz 1983.

Skylitzes, John, *Synopsis historian*, in Madrid, Biblioteca National, vitr. 26-2, fol. 130r. *Ioannis Scylitzae Synopsis Histiarum*, by John Wortley, Manitoba: The University of Manitoba Press 2000.

Smith, C. A., "Plague in the Ancient World: A Study from Thucydides to Justinian", *The Student Historical Journal*, vol. 28, 1996 – 1997, Loyola University, New Orleans, 4/5/2002 (http://www. loyno. edu/~ history/ journal/ 2002-10-28).

Socrates, *The Ecclesiastical History*, ed. by Schaff, P., New York: Christian Literature Publishing Co. 1886.

Sozomenos, *A History of the Church*, trans. by E. Walford, London: Henry G. Bohn 1846.

Sphrantzes, George, *The Fall of the Byzantine Empire*, trans. by M. Philippides, Amherst 1980.

Sphrantzes, George, *The Fall of the Byzantine Empire*, *A Chronicle by G. Sphrantzes, 1401-1477*, Amherst: The University of Massachusetts Press 1982.

Spinka, Matthew, *Studies in Church History*, Chicago: The American Society of Church History 1933.

Σταυρίδου–Ζάφρακα, Α., *Η Συναντήση Συμέον και Νικοάου Μυστικού*, Thessaloniki 1972.

Stein, E., *Studien zur Geschichte des byzantinischen Reiches*, Stuttgart: Metzler 1919.

Stein, A., *Innermost Asia: Detailed Report of Explorations in Central Asia, Kan-su and eastern Iran*, Oxford: The Clarendon Press 1928.

Stein, A., *Serindia: Detail Report of Explorations in Central Asia and West-*

ernmost China Carried out and Described under the Orders of H.M.India Government by Aurel Stein, Oxford: Clarendon Press 1921.

Stein, A., *Preliminary Report on a Journey of Archaeological and Topographical Exploration in Chinese Turkestan*, London: Eyre and Spottiswoode 1901.

Sweezy, P. M., *The Transition from Feudalism to Capitalism*, London: NLB; Atlantic Highlands; Humanities Press 1976.

Sylvester, *Les "Memoires"*, trans.by V.Laurent, Rome 1971.

Symeon, *Politico-historical Works*, by D.Balfour, Vienna 1979.

Teall, J.L., The Byzantine Agricultural Tradition, *Dumbarton Oaks Paper*, (1971) 25.

The Chronicle of Arbela, http://www.tertullian.org/fathers/index.htm#Evagrius_Scholasticus.

Theodoret, *Ecclesiastical History*, *NPNF2−03*, general editor Philip Schaff, New York 1892.

Theodosius, *The Theodosian Code and Novels and the Sirmondian Constitutions*, trans., by C.Pharr, Princeton: Princeton University Press 1952.

Theophanes, *The Chronicle*, trans.by H.Turtledove, Philadelphia: University of Pennsylvania Press 1982.

Theophanes, *Theophanes continuatus, Ioannes Cameniata, Symeon magister, Georgius monachus*, ed.by I.Bekker, Bonnae: E.Weber 1838.

Theophanes Confessor, *The Chronicle of Theophanes Confessor, Byzantine and Near Eastern History AD 284−813*, Translated with Introduction and Commentary by Cyril Mango and Roger Scott, Oxford: Clarendon Press 1997.

Theophylaktos of Ohrid, Οι Δεκαπέντε Μαρτύρες της Τιβεριουπόλης, Θεσσαλονίκη, Ζήτρος 2008.

Theophylact, *The History*, trans. by Michael. Whitby and Mary Whitby, Oxford 1986.

Thierry, F., Morrisson, C., " ' Sur les ' monnaies byzantines trouvées en chine", *Revue numismatique*, 36(1994), VIe sérue, 109-145.

Thomson, Ian, " Manuel Chrysoloras and the Early Italian Renaissance", *Greek, Roman and Byzantine Studies*, Vol, 7, No.1(1996).

Treadgold, Warren, *A History of the Byzantine State and Society*, California: Stanford University Press 1997.

Treadgold, T., *Renaissances before the Renaissance*: *Cultural Revivals of Late Antiquity and the Middle Ages*, Stanford, Calif.: Stanford University Press 1984.

Turlej, Stanislaw, *The Chronicle of Monemvasia*: *The Migration of the Slavs and Church Conflicts in the Byzantine Source from the Beginning of the 9th Century*, trans. by Marta Dabrowska, Cracow: Towarzystwo Wydawnicze 2001.

Underwood, P., *The Kariye Djami*, New York 1966.

Vasiliev, A.A., *History of the Byzantine Empire*, Madison, Wis.: University of Wisconsin Press 1958.

Vryonis, S., *Byzantine Imperial Authority*, Paris 1982.

Vagi, D.L., *Coinage and History of the Roman Empire*, *c.*82 *B.C.*-*A.D.*480, Chicago: Fitzroy Dearborn Publishers 1999.

White, Despina Stratoudke, *Patriarch Photios of Constantinople*: *His Life*, *Scholarly Contributions and Correspondence*, Brookline, Mass.: Holy Cross Orthodox Press 1981.

Whitting, P.D., *Byzantine Coins*, New York: G.P.Putnam's Sons 1973.

Wickham, C., *Framing the Early Middle Ages*, *Europe and the Mediterranean 400-800*, Oxford: Oxford University Press 2005.

Wilkes, John, *The Illyrians*, Oxford: Blackwell Publishers 1992.

Wilson N. G., See N. G., *From Byzantium to Italy*, London: Duckworth 1992.

Wroth, W., *Catalogue of the Imperial Bywqntine coins in the British Museum*, London: Order of the Trustees, the British Meseum 1908.

Zepos, *Ius Graeco-Romanum*, Athens 1931.

Zonaras, John, *Epitome Historiarum*, English trans. by M. Dimaio, Missouri-

Columbia 1977.

中文：

杰弗里·巴勒克拉夫著,杨豫译:《当代史学主要趋势》,上海译文出版社 1987 年版。

W.N.H.拜尼斯主编,陈志强等译:《拜占庭:东罗马文明概论》,大象出版社 2012 年版。

布尔加科夫著,徐凤林译:《东正教——教会学说概要》,商务印书馆 2001 年版。

布罗代尔著,顾良等译:《15 至 18 世纪的物质文明、经济和资本主义》,生活·读书·新知三联书店 1996 年版。

布罗代尔著,唐家龙等译:《菲利普二世时代的地中海和地中海世界》,商务印书馆 1996 年版。

G.R.波特主编,中国社会科学院、世界历史研究所组译:《新编剑桥世界近代史》,中国社会科学出版社 1988 年版。

马克·布洛赫著,张绪山等译:《封建社会》,商务印书馆 2004 年版。

布莱恩·蒂尔尼等著,袁传伟译:《西欧中世纪史》,北京大学出版社 2011 年版。

拉尔斯·布朗沃思著,吴斯雅译:《拜占庭帝国:拯救西方文明的东罗马千年史》,中信出版社 2016 年版。

波斯坦和哈巴库克主编,王春法等译:《剑桥欧洲经济史》,经济科学出版社 2002 年版。

陈钦庄:《基督教简史》,人民出版社 2004 年版。

陈志强、徐家玲:《试论拜占庭文化在中世纪欧洲和东地中海文化发展中的地位和作用》,《历史教学》1986 年第 8 期。

陈志强:《拜占庭军区制和农兵》,《历史研究》1996 年第 5 期。

陈志强:《拜占庭毁坏圣像运动影响的研究》,《世界中世纪史新探》,内蒙古大学出版社 1996 年版。

陈志强:《拜占庭毁坏圣像的原因》,《世界历史》1996 年第 3 期。

陈志强:《咸阳隋独孤罗墓拜占庭金币有关问题》,《考古》1996 年第 6 期。

陈志强:《拜占庭皇帝谱牒简表》,《南开大学历史系建系 75 年周年纪念文集》,南开大学出版社 1998 年版。

陈志强:《独特的拜占庭文明》,中国青年出版社 1999 年版。

陈志强:《拜占庭皇帝继承制度特点研究》,《中国社会科学》1999 年第 1 期。

陈志强:《拜占庭〈农业法〉研究》,《历史研究》1999 年第 6 期。

陈志强:《拜占庭学研究》,人民出版社 2001 年版。

陈志强、郭云艳:《我国发现的拜占庭金币考略》,《南开学报》2001 年增刊。

陈志强:《盛世余晖:拜占庭文明探秘》,云南人民出版社 2001 年版。

陈志强:《拜占庭封建政治形态研究》,《河南大学学报》2002 年第 3 期。

陈志强:《历史研究变革趋势下的世界史重构》,《历史研究》2003 年第 1 期。

陈志强:《拜占庭帝国史》,商务印书馆 2003、2017 年版。

陈志强:《我国发现的拜占庭铸币及其相关问题研究》,《考古学报》2004 年第 3 期。

陈志强:《史学研究的视角与史料》,《史学集刊》2006 年第 1 期。

陈志强:《论拜占庭文化的独特性》,《北京论坛(2006)文明的和谐与共同繁荣——对人类文明方式的思考:"文明的演进:近现代东方与西方的历史经验"历史分论坛论文或摘要集》,北京大学出版社 2007 年版。

陈志强:《拜占庭帝国灭亡的经济考察》,彭小瑜主编:《外国史读本》,北京大学出版社 2007 年版。

陈志强:《地中海首次鼠疫研究》,《历史研究》2008 年第 1 期。

陈志强:《"查士丁尼瘟疫"影响初探》,《世界历史》2008 年第 2 期。

陈志强:《现代拜占庭史学家的失忆现象》,《历史研究》2010 年第 3 期。

陈志强:《我国发现的拜占庭货币》,载《丝绸之路上的古钱币暨丝路文化国际学术研讨会论文集》,上海博物馆 2011 年版。

陈志强:《拜占庭"封建化"问题研究》,《多元视角下的封建主义》,社会科学文献出版社 2013 年版。

陈志强:《论吴于廑"整体世界史观"》,《世界历史》2013 年第 2 期。

陈志强:《末代帝国民众的精神状态》,《历史教学》2013 年第 12 期。

陈志强:《拜占庭帝国通史》,上海社会科学院出版社 2013 年版。

陈志强:《拜占庭"封建化"史料研究》,《贵州社会科学》2013 年第 2 期。

陈志强:《拜占庭帝国末代皇帝的最后传说》,《史学集刊》2014 年第 2 期。

陈志强:《拜占庭火炮研究》,《社会科学家》2014 年第 2 期。

陈志强:《古代晚期研究:早期拜占庭研究的超越》,《世界历史》2014 年第 4 期。

陈志强:《拜占庭文明对古代文明的继承》,《光明日报》2015 年 8 月 1 日第 11 版。

陈志强:《拜占庭史学》,载于沛主编:《西方史学思想史》,湖南教育出版社 2015 年版。

陈志强:《英美拜占庭学发展及其启示》,《史学理论研究》2015 年第 2 期。

陈志强:《君士坦丁堡战役参战人数考辨》,《历史研究》2015 年第 6 期。

陈志强:《谁该为 1453 年君士坦丁堡战役的失败负责》,《史学月刊》2015 年第 1 期。

陈志强、张俊芳:《末代拜占庭知识分子对文艺复兴运动的影响》,《史学集刊》2016 年第 3 期。

陈志强:《拜占庭立法中土地"优先权"解读——以马其顿王朝立法为例》,《经济社会史评论》2016 年第 4 期。

陈志强:《拜占庭主力战船"德龙猛"》,《海洋史研究》2016 年第 12 期。

陈志强、李秀玲:《皇帝阿莱克修斯的帝国政治治理研究》,《华中师范大学学报》2016 年第 1 期。

陈志强:《末代拜占庭军队兵器落后原因研究》,《南开学报》2016 年第 5 期。

陈志强:《蒙古国拜占庭金币考古断想》,《南京政治学院学报》2016 年第 2 期。

陈志强:《同代人眼中的末代拜占庭人——以莱奥纳多书信为例》,《历史教学》2016 年第 10 期。

陈勇:《学科交叉、比较研究与世界史新态——当代世界史研究略议》,载《"新世纪世界史学科建设学术研讨会"论文集》,武汉大学 2002 年。

崔艳红:《查士丁尼大瘟疫述论》,《史学集刊》2003 年第 3 期。

磁县文化馆:《河北磁县东魏茹茹公主墓发掘简报》,《文物》1984 年第 4 期。

党顺民:《西安发现东罗马金币》,《中国钱币》2001 年第 4 期。

恩格斯:《〈自然辩证法〉导言》,《马克思恩格斯选集》,人民出版社 1995、1972 年版。

贡德·弗兰克著,刘北成译:《白银资本——重视经济全球化中的东方》,中央编译出版社 2001 年版。

樊军:《宁夏固原发现东罗马金币》,《中国钱币》2000 年第 1 期。

罗伯特·福西耶主编,陈志强等译:《剑桥插图中世纪史》,山东画报出版社 2006 年版。

罗伯特·福西耶主编,李桂芝等译:《剑桥插图中世纪史(1250—1520)》,山东画报出版社 2009 年版。

F.I.芬利主编,张强、唐均等译:《希腊的遗产》,上海人民出版社 2004 年版。

伏尔泰:《风俗论》,商务印书馆 2000 年版。

阿尔·戈尔著,陈嘉映等译:《濒临失衡的地球——生态与人类精神》,中央编译出版社 1997 年版。

辜燮高:《苏格兰、日本、英格兰和中国的兄终弟及制》,《世界历史》

1986 年第 4 期。

辜燮高:《从继承制看马克白斯在苏格兰历史上的地位》,《世界历史》1981 年第 6 期。

顾德欣:《地球村落里的困惑——人类面临的 47 道难题》,中国青年出版社 1996 年版。

弗朗索瓦·冈绍夫著,张绪山等译:《何为封建主义》,商务印书馆 2016 年版。

M.H.哈里斯著,吴晞、靳萍译:《西方图书馆史》,书目文献出版社 1989 年版。

哈全安:《中东史》,天津人民出版社 2010 年版。

《汉书》卷 96 上《西域传》。

爱德华·吉本著,席代岳译:《罗马帝国衰亡史》,吉林出版集团 2014 年版。

爱德华·吉本著,黄宜思、黄雨石译:《罗马帝国衰亡史》,商务印书馆 1997 年版。

史蒂芬·霍金著,吴忠超译:《果壳中的宇宙》前言,湖南科学技术出版社 2002 年版。

史蒂芬·霍金著,吴忠超译:《时间简史》,湖南科学技术出版社 1988、2000、2001 年版。

克罗奇:《历史学的理论和实际》,商务印书馆 1982 年版。

罗宾·科恩等著,文军等译:《全球社会学》,社会科学文献出版社 2001 年版。

康柳硕:《中国境内出土发现的拜占庭金币综述》,《中国钱币》2001 年第 4 期;另见《新疆钱币》1995 年第 1 期。

艾尔弗雷德·克罗斯比著,许友民等译:《生态扩张主义——欧洲 900—1900 年的生态扩张》,辽宁教育出版社 2002 年版。

斯蒂文·朗西曼著,马千译:《1453——君士坦丁堡的陷落》,时代出版传媒股份有限公司 2014 年版。

李梦东主编:《实用传染病学》,人民卫生出版社 1998 年版。

李生程:《陕西定边县发现东罗马金币》,《中国钱币》2000 年第 2 期。

辽宁省文物考古研究所等:《朝阳双塔区唐墓》,《文物》1997 年第 11 期。

林英:《唐代拂菻丛说》,中华书局 2006 年版。

林英:《金钱之旅:从君士坦丁堡到长安》,人民美术出版社 2004 年版。

罗丰:《固原南郊隋唐墓地》,文物出版社 1996 年版。

洛阳市文物工作队:《洛阳龙门唐安菩夫妇墓》,《中原文物》1982 年第 3 期。

列夫臣柯:《拜占庭》,生活·读书·新知三联书店 1962 年版。

刘榕榕、董晓佳:《查士丁尼与贝利撒留:拜占庭帝国皇权与军权关系的一个范例》,《世界历史》2016 年第 6 期。

弗·洛斯基著,杨德友译,吴伯凡审译,《东正教神学导论》,河北教育出版社 2002 年版。

乐峰:《东正教史》,中国社会科学出版社 1999 年版。

拉夫连季著,朱寰等译:《往年纪事》,商务印书馆 2011 年版。

刘大有:《甘肃天水新发现一枚东罗马福卡斯金币》,转引自刘大有:《丝路骑车访古觅钱录》,自印本。

罗志田、张洪斌:《学术史、思想史和人物研究——罗志田教授访谈》,《学术月刊》2016 年第 12 期。

罗竹风主编:《宗教通史简编》,华东师范大学出版社 1991 年版。

勒高夫著,徐家玲译:《中世纪文明(400—1500 年)》,上海人民出版社 2011 年版。

李隆国:《从"罗马帝国衰亡"到"罗马世界转型"——晚期罗马史研究范式的转变》,《世界历史》2012 年第 3 期。

李隆国:《古代晚期研究的兴起》,《光明日报》2011 年 12 月 22 日第 11 版。

李工真:《纳粹德国流亡科学家的洲际移转》,《历史研究》2005 年第 4 期。

马西姆·利维巴茨:《世界人口简史》,北京大学出版社 2005 年版。

列夫臣柯著,包溪译:《拜占庭简史》,生活·读书·新知三联书店1959、1962年版。

奥古斯丁著,周士良译:《忏悔录》,商务印书馆1987年版。

菲利普·拉尔夫等著,赵丰等译:《世界文明史》,商务印书馆1998年版。

马克垚:《西欧封建经济形态研究》,人民出版社2001年版。

马克思:《〈政治经济学批判〉导言》,《马克思恩格斯选集》第2卷,人民出版社1972年版。

马克思和恩格斯:《德意志意识形态》,《马克思恩格斯选集》第1卷,人民出版社1972年版。

G.F.穆尔著,福建师范大学外语系编译室译:《基督教简史》,商务印书馆1981年版。

简·麦金托什著,刘衍钢等译:《探寻史前欧洲文明》,商务印书馆2010年版。

西里尔·曼戈著,陈志强、武鹏译:《牛津拜占庭史》,北京师范大学出版社2015年版。

《毛泽东选集》第一卷,人民出版社1991年版。

麦克曼勒斯主编,张景龙等译:《牛津基督教史》,贵州人民出版社1995年版。

内蒙古文物工作队、内蒙古博物馆:《呼和浩特市附近出土的外国金银币》,《考古》1975年第3期。

宁夏固原博物馆:《宁夏固原唐史道德墓清理简报》,《文物》1985年第11期。

米洛拉德·帕维奇著,南山等译:《哈扎尔辞典》,上海译文出版社1998年版。

杰弗里·帕克等著,傅景川等译:《剑桥插图战争史》,山东画报出版社2004年版。

杰弗里·帕克著,傅景川等译:《剑桥战争史》,吉林人民出版社1999年版。

克莱夫·庞廷著,王毅等译:《绿色世界史》,上海人民出版社 2002 年版。

普罗柯比著,崔艳红译,陈志强审校注释:《战争史》,商务印书馆 2010 年版。

普洛科皮乌斯著,王以铸、崔妙因译:《普洛科皮乌斯战争史》,商务印书馆 2010 年版。

普罗柯比著,吴舒屏、吕丽蓉译:《秘史》,上海三联书店 2007 年版。

奥斯特洛格尔斯基著,陈志强译:《拜占庭帝国》,青海人民出版社 2006 年版。

任继愈主编:《宗教大词典》,上海辞书出版社 1998 年版。

斯崇文等主编:《现代传染病治疗学》,安徽科学技术出版社 1998 年版。

斯奇巴尼选编,张洪礼译:《民法大全选译·公法》,中国政法大学出版社 1999 年版。

《圣经·新约》(中国基督教协会中文版)。

《圣经·撒姆尔记》。

《隋书》卷 24《食货志》。

石家庄地区革委会文化局文物发掘组:《河北赞皇东魏李希宗墓》,《考古》1977 年第 6 期。

陕西省博物馆、文管会:《西安南郊何家村发现唐代窑藏文物》,《文物》1972 年第 1 期。

《隋书》卷 67《裴矩传》。

《史记·大宛传》。

菲利普·赛福著,刘乐亭等译:《地球素描》(剑桥文丛),江苏人民出版社 1997 年版。

斯宾格勒著,齐世荣等译:《西方的没落》,商务印书馆 1995 年版。

斯塔夫里阿诺斯著,吴象婴等译:《全球通史》,上海社会科学出版社 1997 年版。

苏联科学院主编:《世界通史》,生活·读书·新知三联书店 1959—

1990 年版。

汤因比著,曹未风等译:《历史研究》,上海人民出版社 1997 年版。

谭载喜:《西方翻译简史》,商务印书馆 2004 年版。

王挺之、徐波、刘耀春:《新世纪的曙光:文艺复兴》,中国青年出版社 1999 年版。

屠燕治:《东罗马利奥一世金币考释》,《中国钱币》1995 年第 1 期。

唐柳硕:《中国境内出土发现的拜占庭金币综述》,《中国钱币》2001 年第 4 期。

塔西佗:《编年史》(上、下),商务印书馆 1997 年版。

王超:《唐朝皇帝制度的发展与完善》,《南京大学学报》1985 年第 4 期。

王钺:《往年纪事译注》,甘肃民族出版社 1994 年版。

王凝芳等主编:《21 世纪医师丛书:传染病分册》,中国协和医科大学出版社 2000 年版。

王季午、刘克洲等主编:《人类病毒性疾病》,人民卫生出版社 2002 年版。

王晴佳:《西方史学如何完成其近代转型——四个方面的考察》,《北京大学学报》2016 年第 4 期。

王莹、张振中:《奥斯曼土耳其帝国攻陷君士坦丁堡述略》,《史学月刊》1982 年第 6 期。

王其钧编著:《拜占庭的故事》,机械工业出版社 2009 年版。

王长启、高曼:《西安新发现的东罗马金币》,《文博》1991 年第 1 期。

王昌富:《商州市北周、隋代墓葬清理简报》,《考古与文物》1997 年第 4 期。

吴于廑、齐世荣主编:《世界史》,高等教育出版社 1994 年版。

吴于廑:《世界历史上的游牧世界与农耕世界》,《吴于廑学术论著自选集》,首都师范大学出版社 1995 年版。

乌达里曹娃:《论十五世纪拜占庭帝国灭亡的内在原因》,《史学译丛》1955 年第 1 期。

希罗多德著,王以铸译:《历史》,商务印书馆1997年版。

夏德著,朱杰勤译:《大秦国全录》,商务印书馆1964年版。

新疆维吾尔自治区博物馆:《吐鲁番阿斯塔那——哈拉和卓古墓群清理简报》,《文物》1972年第1期。

夏鼐:《咸阳底张湾隋墓出土的东罗马金币》,《考古学报》1959年第3期。

夏鼐:《西安土门村唐墓出土的拜占庭金币》,《考古》1961年第8期。

夏鼐:《赞皇李希宗墓出土的拜占庭金币》,《考古》1977年第6期。

夏鼐:《综述中国出土的波斯萨珊朝银币》,《考古学报》1974年第1期。

徐苹芳:《考古学上所见中国境内的丝绸之路》,《燕京学报》新1期。

徐家玲:《拜占庭文明》,人民出版社2006年版。

徐家玲:《早期拜占庭和查士丁尼时代研究》,东北师范大学出版社1998年版。

修昔底德著,谢德风译:《伯罗奔尼撒战争史》,商务印书馆1997年版。

伊曼纽尔·沃勒斯坦著,尤来寅等译:《现代世界体系》,高等教育出版社1998年版。

尹曲:《拜占庭帝国是怎样灭亡的》,《历史教学》1956年第3期。

尹忠海:《权贵与土地——马其顿王朝社会解析》,人民出版社2010年版。

余凤高:《流行病》,山东画报出版社2003年版。

于可:《世界三大宗教及其流派》,湖南人民出版社2005年版。

阎磷:《青海乌兰县出土东罗马金币》,《中国钱币》2001年第4期。

泽特马尔·尤金尼:《丝绸之路艺术和考古学》,转引自F.蒂埃里和C.莫里森著,郁军译:《简述在中国发现的拜占庭帝国金币及其仿制品》,《中国钱币》2001年第4期。

羽离子:《对定边县发现的东罗马金币的研究》,《中国钱币》2001年第4期。

张绪山:《中国与拜占庭帝国关系研究》,中华书局2012年版。

张俊芳:《14—16世纪拜占庭学者与意大利文艺复兴关系研究》,"中国博士学位论文全文数据库"。

张海云等:《西安市西郊曹家堡唐墓清理简报》,《考古与文物》1986年第2期。

张全民、土自力:《西安东郊清理的两座唐墓》,《考古与文物》1992年第5期。

张广智:《西方史学史》(第二版),复旦大学出版社2006年版。

张广智主著:《西方史学史》,复旦大学出版社2000年版。

张家诚:《气候与人类》,河南科学技术出版社1987年版。

赵彦编著:《拜占庭文明》,北京出版社2008年版。

彼得·詹姆斯等著,颜可维译:《世界古代发明》,世界知识出版社1999年版。

中国文物交流中心:《中国の金银器、ガヲス展——正仓院の故乡》图版第29,日本NHK大阪放送局,1992年,转引自徐苹芳:《考古学上所见中国境内的丝绸之路》。

周一良、吴于廑主编:《世界通史》,人民出版社1962年版。

后　记

　　初春下午的斜阳中，品着浓浓的红茶，闻着手上新书散发出的墨香，《古史新话——拜占庭研究的亮点》带来的喜悦真的让人陶醉，我的幻梦甜甜地带我陷入联想。差不多是一代半人以前，当我初次接触奥斯特洛格尔斯基的那本名著时，闻到的不是墨香而是图书馆里积年累月的灰土味，夹杂着些许纸页腐朽的霉味。那时，我作为一个初学者想要找到拜占庭史的中文书籍几乎是不可能的。且不说图书馆迟缓的借阅效率能在外文书库里寻觅到这本书的踪迹已经不容易了，从发黄的书页和边角看，好像它自进入书库里就没有人类接触过。多亏了系里老先生指点，正是这本书帮我打开了君士坦丁堡庄严的"金门"，带我走进了圣索菲亚教堂神圣的大厅，领我迈入了拜占庭帝国神秘的宫殿，拜占庭历史与文化的宝库从此向我打开。此后的岁月，不仅是在刻苦读书、海内外求学中，更是在遍游拜占庭故地的考察中度过的，是在筚路蓝缕、披荆斩棘、克服重重困难的奋斗中走过来的。

　　如今对照当初的设想，我们在推动我国拜占庭学发展中，初步实现了打好后备人才基础和搭好资料平台这两大目标。我们不仅在多个高校完善了从本科生到博士研究生的培养体制，组建起本专业方向的学术研究机构，充实着不断增加的研究资料库，保持着与国际一流研究机构的交流，而且持续不断推出新的研究成果，其中近百种相关中文书籍和每年数十篇研究性文章特别具有标志性，我国拜占庭研究领域的学者们也能够集体合作联合攻关，与其他先行领域的同仁一样，开展国家重大项目的研究工作。我们可以自豪地说，今天的初学者再也不会遭遇我们当年的困顿了。拜占庭研究工作在我国的快速发展是有目共睹的，作为这一学科发展的直接参与者和巨大变化的见证人，我感到发自内心的高兴。谁能够对我们这些专门从事拜占庭研究的工作者队伍日益壮大不感到欢欣鼓舞!? 哪位老师能不为包括自己的学生在内的近百名后备人才取得的一点一滴成绩感到欣喜宽慰!? 还有什么能比手捧一部部拜占庭学领域刚刚问世的新著感到更加惊喜愉悦!? 在为我国拜占庭研究事业稳定发展的奋斗中,我收获良多,不仅从中找到了无限的乐趣,结识了全球的朋友,而且在学海中享受着泛舟畅游的意趣,笑看后辈稳步提升不断取得新的佳绩。

回想 21 世纪初以来,我在读书学习中不断获得的心得体会与以前多有不同,偶然触及的若干重大问题研究也确实花费了很多心力。但每一个新灵感的闪烁都令人怦然心动,每个新思想的萌发都让人着迷,特别是在与朋友同仁、学生弟子的交流中,新想法给我提供了源源不断的动力。在连连不断的喜讯中,欣闻新生命的到来,我可爱的外孙女出世了! 如今她已满一岁了。这本书就献给她,作为迎接她的礼物吧。

作　者

2018 年 2 月于南开园

责任编辑:于宏雷

封面设计:肖　辉　汪　阳

责任校对:孙寒霜

图书在版编目(CIP)数据

古史新话:拜占庭研究的亮点/陈志强 著. —北京:人民出版社,2019.2

ISBN 978－7－01－018407－4

Ⅰ.①古… Ⅱ.①陈… Ⅲ.①拜占庭帝国-历史-研究 Ⅳ.①K134

中国版本图书馆 CIP 数据核字(2017)第 256797 号

古史新话

GUSHI XINHUA

——拜占庭研究的亮点

陈志强　著

人民出版社 出版发行

(100706　北京市东城区隆福寺街 99 号)

环球东方(北京)印务有限公司印刷　新华书店经销

2019 年 2 月第 1 版　2019 年 2 月北京第 1 次印刷

开本:710 毫米×1000 毫米 1/16　印张:28.75

字数:430 千字

ISBN 978－7－01－018407－4　定价:88.00 元

邮购地址 100706　北京市东城区隆福寺街 99 号

人民东方图书销售中心　电话 (010)65250042　65289539